总第 15 期　NO.15

# 2013
# 贵阳统计年鉴
# GUIYANG STATISTICAL YEARBOOK

贵阳市统计局　国家统计局贵阳调查队　编
Compiled by Bureau of Statistics NBS Survey Office in Guiyang

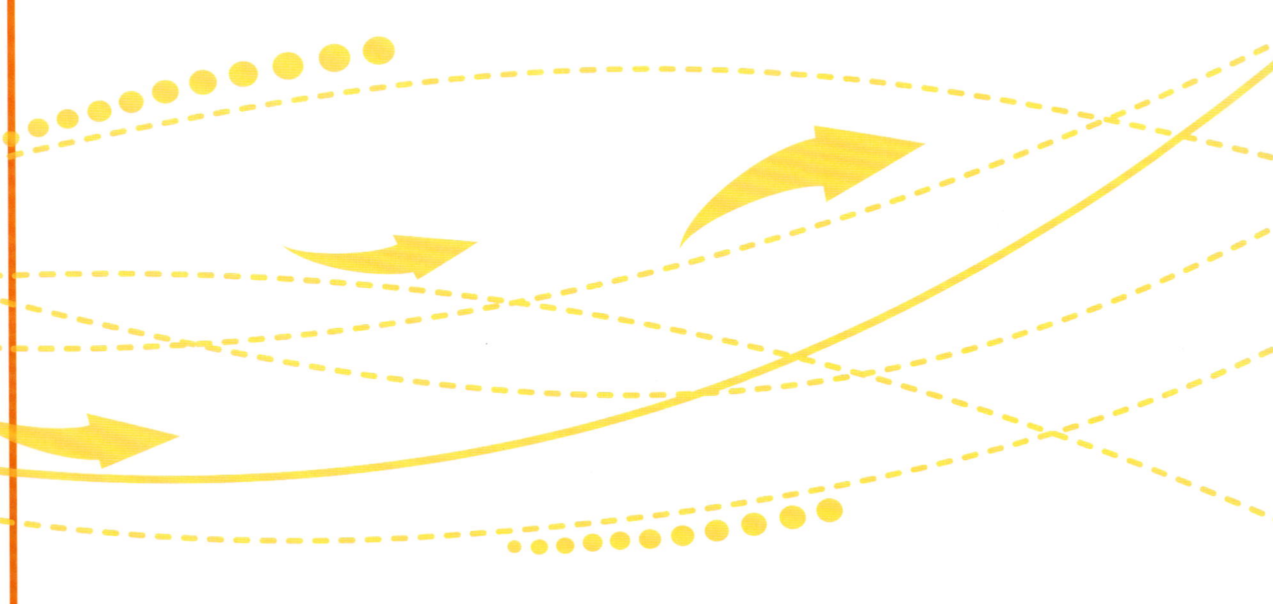

中国统计出版社
China Statistics Press

图书在版编目（CIP）数据

贵阳统计年鉴. 2013 / 贵阳市统计局编. -- 北京 : 中国统计出版社, 2013.10
ISBN 978-7-5037-6972-6

Ⅰ. ①贵… Ⅱ. ①贵… Ⅲ. ①统计资料－贵阳市－2013－年鉴 Ⅳ. ①C832.731-54

中国版本图书馆 CIP 数据核字(2013)第 220516 号

贵阳统计年鉴-2013

作　　者/贵阳市统计局
责任编辑/ 陈越月
装帧设计/ 华健在线
出版发行/ 中国统计出版社
地　　址/ 北京市丰台区西三环南路甲 6 号　邮政编码/100073
电　　话/ 邮购（010）63376909　书店（010）68783171
网　　址/ http://csp.stats.gov.cn
印　　刷/ 广州市保诚印务有限公司
经　　销/ 新华书店
开　　本/ 890mm×1240mm　1/16
字　　数/ 895.6 千字
印　　张/ 34.5
版　　别/ 2013 年 10 月第 1 版
版　　次/ 2013 年 10 月第 1 次印刷
定　　价/ 300.00 元

如有印装差错，由本社发行部调换。

国家统计局李强副局长与经普综合试点普查员交流
The State Statistical Bureau deputy director Li Qiang exchange with the economic census general comprehensive pilot census workers

国家统计局李强副局长视察经普综合试点入户登记工作
The State Statistical Bureau deputy director Li Qiang inspected the economic census general comprehensive pilot house registration work

贵阳市政府召开全市统计调查工作会
Guiyang city hall held the city's statistical investigation work

贵阳市召开第三次经济普查工作动员会
Guiyang city held the third economic census mobilization

省统计局征求“群众路线教育实践活动”意见
Provincial statistics bureau ask for “the mass line educational practice activity” opinion

省经普办领导调研全国经普综合试点准备工作
Province Economic Census Office lead the research of the national economic census general comprehensive pilot preparations

市人大到市统计局调研
Municipal People’s Congress to the Municipal Bureau of Investigation

生态文明贵阳国际论坛 2013 年年会
Eco Forum Global Annual Conference Guiyang 2013
ECO FORUM GLOBAL
Eco Forum Global Annual Conference Guiyang 2013
Eco Forum Global Annual Conference Guiyang 2013
生态文明贵阳国际论坛2013年年会
对话——中国在可持续发展目标设定与执行中的角色与作用论坛
生态文明指标体系研讨会
Eco- Civilization Index Seminar

# 编　者　说　明

一、《贵阳统计年鉴—2013》是一部全面反映贵阳市国民经济和社会发展情况的资料性年刊，信息量大，综合性强。本书收录了2012年贵阳市经济和社会发展等各方面的统计数据以及改革开放以来的主要统计数据。

二、本年鉴内容包括：行政区划和自然资源；综合；人口与计划生育；从业人员及职工工资；固定资产投资；能源消费；工业；建筑业；农业；国内外贸易及旅游；交通、运输、邮电、城市公用事业；财政、税收、金融、证券、保险；城乡调查；科技、教育、文化、广播；卫生、体育、民政及其他；全国、全省及省会城市和副省级城市主要经济指标；主要年份资料。

三、本年鉴资料来源于统计年报、抽样调查和部门资料，部分统计指标的范围及统计口径变化在表下加有注释，使用时请注意。

四、本年鉴部分数据合计数或相对数由于四舍五入而产生的计算误差均未作机械调整。

五、凡有以前出版的统计资料数据与本年鉴不一致的，均以本年鉴为准。

六、本年鉴县域经济中各区（县、市）资料有部分指标是区（县、市）属口径，使用时请注意。

七、本年鉴表中的符号使用说明："空格"表示该项数据不详或无数据，"#"表示其中数，"-"表示该项指标取消或无可比性，无法计算。

本年鉴在编辑过程中得到有关部门的大力支持和帮助，在此深表感谢！由于时间紧、信息量大和水平有限，书中难免存在不足之处，为了更好地满足社会各界的需要，希望广大读者提出宝贵意见和建议。

2013年10月

# Preface

Ⅰ. Guiyang Statistical Yearbook 2013 (abbreviated as Yearbook hereafter ) is an annual statistical publication， which reflects comprehensively the economic and social development in Guiyang. It covers data for 2012 and key statistical data since the reform and opening-up of China.

Ⅱ. The Yearbook contains seventeen chapters: 1. Divisions of Administrative Areas and National Resources; 2. General Survey; 3. Population and Family Planning; 4. Employment and Wages; 5. Investment in Fixed Assets; 6. Energy Consumption; 7. Industry; 8. Construction; 9. Agriculture; 10. Domestic Trade, Foreign Trade and Tourism; 11.Traffic， Transportation, Postal and Telecommunication Services, Urban Public Utilities; 12. Government, Taxation, Banking, Securities and Insurance; 13. Urban and Rural Survey; 14. Science and Technology， Education , Culture and Radio; 15. Public Health, Sports, Social Welfare and Others; 16. Major Economic Indicators of China, Guizhou Province, Provincial Capital and Deputy Provincial Cities in China; 17. Major Indicators in Main Years.

Ⅲ. The major data sources of this publication are obtained from annual statistical reports， sample surveys and document of related departments. Some statistical data in this yearbook have been adjusted accordingly, and we have made footnote to these indicators. Users of this yearbook should notice those footnote when using these data.

Ⅳ. Statistical discrepancies due to rounding are not adjusted in this yearbook.

Ⅴ. In case of any discrepancy of data between previous yearbook and this one, data in this Yearbook shall prevail.

Ⅵ. Some indicators of districts and counties in the Yearbook have their own regional standard, you should pay attention to that when using these data.

Ⅶ. Notations used in this yearbook： "(blank)" indicates that data are not available； "#" indicates the major items of the table； "-" indicates the data are cancelled or not comparable.

During the editions of this yearbook, we have won wide support from related departments, and we deeply thanks for these all. Because of the massive information， the limitation of time and our ability， perhaps there are some mistakes in the book. Any candid comments and criticism are welcome.

Oct. 2013

# 《贵阳统计年鉴－2013》编辑委员会

# Editorial Board

# 《贵阳统计年鉴—2013》编辑人员

主　　编：彭显华　孟兆维

副 主 编：唐纯庆　王远志　张　缨　姚梦兰　董筱仙

王晓维　刘筑玲　黄　戟　张　英　程劲松

编辑部主任：张　华　杨　云

分科主编：涂　勇　袁明亮　苏　枫　王　强　梁楚黔　肖　飞

刘　萍　徐　勇　梁春梅　申晓希　谌生全　涂　彪

路海燕　邓德政　李亚雄　樊红梅　陈季菊　杨光明

姜精新　张慧霞　彭　钢　李　玲　沈　蓉　罗庆玲

张书涛　管　意　崔　笛　刘　洋

编辑人员：张光尧　周　园　梁祖碧　裴　俊　贺　敬　张　萍

谭　平　熊武冬　刘　贤　陈天娥　岑　琪　何　刚

段　江　杨　敏　杨承伟　付珊珊

英文翻译：张　娇　夏誉芩

电脑排版：顾文娅

编务人员：许张万　朱宗武

# Editorial Staff

# 目　　录

# CONTENTS

## 一、行政区划和自然资源

## Divisions of Administrative Areas and Natural Resources



## 二、综　合

## General Survey

## 五、固定资产投资

## Investment in Fixed Assets



## 六、能源消费

## Energy Consumption

## 八、建筑业

## Construction

## 九、农　业

## Agriculture



## 十、国内外贸易及旅游

## Domestic Trade, Foreign Trade and Tourism

## 十一、交通、运输、邮电、城市公用事业

**Traffic, Transportation, Postal and Telecommunication Services, Urban Public Utilities**

## 十二、财政、税收、金融、证券、保险

## Government , Taxation， Banking, Securites, Insurance



## 十三、城乡调查

## Urban and Rural Survey

## 十四、科技、教育、文化、广播

## Science and Technology, Education , Culture and Radio

## 十五、卫生、体育、民政及其他

## Public Health, Sports, Social Welfare and Others



## 十六、全国、全省及省会城市和副省级城市主要经济指标

## Major Economic Indicators of China, Guizhou, Provincial Capitals and Deputy Provincial Cities in China



## 十七、主要年份指标

## Major Indicators in Main Years

**附　录**
**Appendix**

1

One

# 行政区划和自然资源

# Divisions of Administrative Areas and Natural Resources

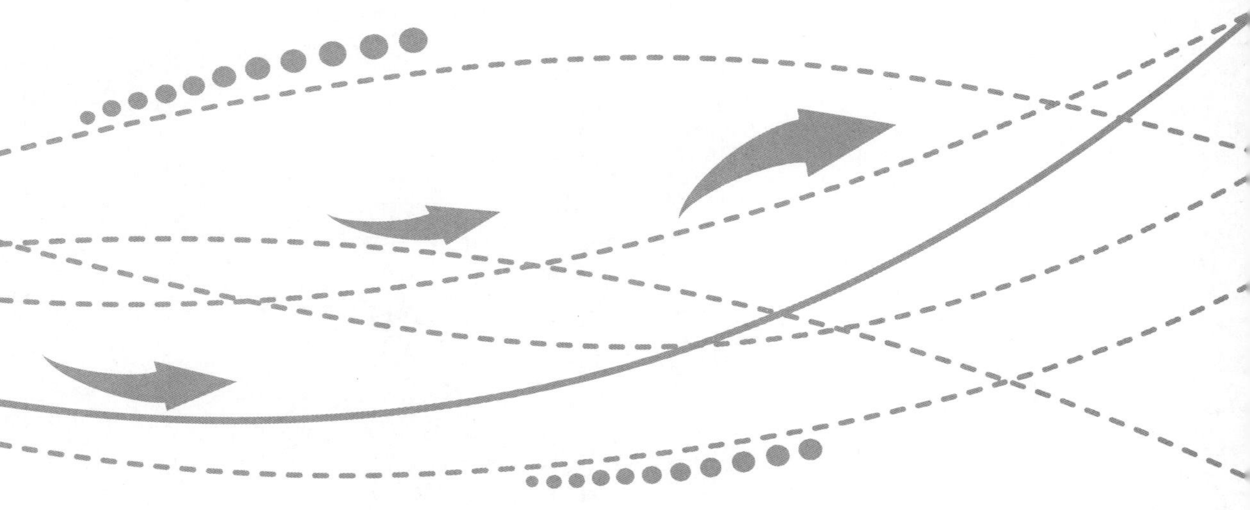

# 1-1 区、县(市)及乡(镇)、社区办名称(2012年)
# Name of Each District, County(City), Township(Town)Office and Community Office(2012)

| 区 县（市）名 称<br>District, County(City) | 乡(镇) 社区办名称<br>Township (Town) Office and Community Office | | | | |
|---|---|---|---|---|---|
| 南 明 区<br>Nanming | 新华社区服务中心<br>Xinhua | 西湖社区服务中心<br>Xihu | 大南社区服务中心<br>Danan | 中南社区服务中心<br>Zhongnan | 市府社区服务中心<br>Shifu |
| | 河滨社区服务中心<br>Hebin | 遵义社区服务中心<br>Zunyi | 兴关社区服务中心<br>Xingguan | 沙冲社区服务中心<br>Shachong | 花果园社区服务中心<br>Huaguoyuan |
| | 油榨社区服务中心<br>Youzha | 中曹社区服务中心<br>Zhongcao | 二戈寨社区服务中心<br>Ergezhai | 见龙社区服务中心<br>Jianlong | 龙洞社区服务中心<br>Longdong |
| | 太慈社区服务中心<br>Taici | 沙南社区服务中心<br>Shanan | 水口寺社区服务中心<br>Shuikousi | 小碧乡<br>Xiaobi | 永乐乡<br>Yongle |
| | 云关乡<br>Yunguan | 后巢乡<br>Houchao | | | |
| 云 岩 区<br>Yunyan | 中华社区服务中心<br>Zhonghua | 中环社区服务中心<br>Zhonghuan | 中东社区服务中心<br>zhongdong | 东山社区服务中心<br>Dongshan | 延中社区服务中心<br>Yanzhong |
| | 北京路社区服务中心<br>Beijinglu | 市西社区服务中心<br>Shixi | 普陀社区服务中心<br>Putuo | 贵乌社区服务中心<br>Guiwu | 金狮社区服务中心<br>Jinshi |
| | 中天社区服务中心<br>Zhongtian | 黔东社区服务中心<br>Qiandong | 栖霞社区服务中心<br>Xixia | 威清社区服务中心<br>Weiqing | 头桥社区服务中心<br>Touqiao |
| | 金龙社区服务中心<br>Jinlong | 三桥社区服务中心<br>Sanqiao | 圣泉社区服务中心<br>Shengquan | 宅吉社区服务中心<br>Zhaiji | 省府社区服务中心<br>Shengfu |
| | 金关社区服务中心<br>Jinguan | 蔡关社区服务中心<br>Caiguan | 金鸭社区服务中心<br>Jinya | 荷塘社区服务中心<br>Hetang | 普天社区服务中心<br>Putian |
| | 金惠社区服务中心<br>Jinhui | 黔灵镇<br>Qianlin | | | |
| 花 溪 区<br>Huaxi | 明珠社区服务中心<br>Mingzhu | 阳光社区服务中心<br>Yangguang | 贵筑社区服务中心<br>Guizhu | 清溪社区服务中心<br>Qingxi | 溪北社区服务中心<br>Xibei |
| | 花孟社区服务中心<br>Huameng | 高坡苗族乡<br>Gaopo Miao Village | 黔陶布依族苗族乡<br>Qiantao Buyei and Miao Village | | 马铃布依族苗族乡<br>Maling Buyei and Miao Village |
| | 孟关苗族布依族乡<br>Mengguan Miao and Buyei Village | | 湖潮苗族布依族乡<br>Huchao Miao and Buyei Village | | 党武乡<br>Dangwu |
| | 燕楼乡<br>Yanlou | 麦坪乡<br>Maiping | 久安乡<br>Jiuan | 青岩镇<br>Qingyan | 石板镇<br>Shiban |
| 乌 当 区<br>Wudang | 振新社区服务中心<br>Zhenxin | 创新社区服务中心<br>Chuangxin | 顺新社区服务中心<br>Shunxin | 新天社区服务中心<br>Xintian | 高新社区服务中心<br>Gaoxin |
| | 金源社区服务中心<br>Jinyuan | 金岭社区服务中心<br>Jinling | 金麦社区服务中心<br>Jinmai | 新世界社区服务中心<br>Xinshijie | 世纪城社区服务中心<br>Shijicheng |
| | 碧海社区服务中心<br>Bihai | 逸景社区服务中心<br>Yijing | 金华园社区服务中心<br>Jinhuayuan | 会展城社区服务中心<br>Huizhancheng | 新场乡<br>Xinchang |
| | 下坝乡<br>Xiaba | 百宜乡<br>Baiyi | 新堡布依族乡<br>Xinpu Buyei Village | 偏坡布依族乡<br>Pianpo Buyei Village | 东风镇<br>Dongfeng |
| | 水田镇<br>Shuitian | 羊昌镇<br>Yangchang | 金华镇<br>Jinhua | 朱昌镇<br>Zhuchang | |

1-1 续表 (continued)

| 区县(市)名称 District, County(City) | 乡(镇) 社区办名称 Township (Town)Office and Community Office |
|---|---|
| 白云区 Baiyun | 艳山红社区服务中心 Yanshanhong; 红云社区服务中心 Hongyun; 大山洞社区服务中心 Dashandong; 沙关社区服务中心 Shaguan; 铝兴社区服务中心 Lvxing; 都新社区服务中心 Duxin; 都拉布依族乡 Dula Buyei Village; 牛场布依族乡 Niuchang Buyei Village; 艳山红镇 Yanshanhong; 麦架镇 Maijia; 沙文镇 Shawen |
| 小河区 Xiaohe | 黄河社区服务中心 Huanghe; 三江社区服务中心 Sanjiang; 平桥社区服务中心 Pingqiao; 金竹社区服务中心 Jinzhu; 金欣社区服务中心 Jinxin; 小孟社区服务中心 Xiaomeng; 航天社区服务中心 Hangtian; 航空社区服务中心 Hangkong; 清浦社区服务中心 Qingpu; 瑞华社区服务中心 Ruihua; 黔江社区服务中心 Qianjiang; 兴隆社区服务中心 Xinglong |
| 开阳县 Kaiyang | 紫兴社区服务中心 Zixin; 南山社区服务中心 Nanshan; 毛云乡 Maoyun; 南龙乡 Nanlong; 龙水乡 Longshui; 米坪乡 Miping; 宅吉乡 Zhaiji; 高寨布依族苗族乡 Gaozhai Buyei and Miao Village; 禾丰布依族苗族乡 Qiaofeng Buyei and Miao Village; 南江布依族苗族乡 Nanjiang Buyei and Miao Village; 城关镇 Chengguan; 双流镇 Shuangliu; 金中镇 Jinzhong; 冯三镇 Fengsan; 楠木渡镇 Nanmudu; 龙岗镇 Longgang; 永温镇 Yongwen; 花梨镇 Huali |
| 息烽县 Xifeng | 新华社区服务中心 Xinhua; 西山乡 Xishan; 流长乡 Liuchang; 鹿窝乡 Luwo; 石硐乡 Shidong; 养龙司乡 Yanglongsi; 永靖镇 Yongjing; 小寨坝镇 Xiaozhaiba; 温泉镇 Wenquan; 青山苗族乡 Qingshan; 九庄镇 Jiuzhuang |
| 修文县 Xiuwen | 龙岗社区服务中心 Longgang; 谷堡乡 Gupu; 六屯乡 Liutun; 小箐乡 Xiaojing; 洒坪乡 Saping; 六桶乡 Liutong; 大石布依族乡 Dashi Buyi Village; 龙场镇 Longchang; 扎佐 Zhazuo; 久长镇 Jiuchang; 六广镇 Liuguang |
| 清镇市 Qingzhen | 红新社区服务中心 Hongxin; 新岭社区服务中心 Xinling; 百花社区服务中心 Baihua; 巢凤社区服务中心 Chaofeng; 红塔社区服务中心 Hongta; 百花湖乡 Baihuahu; 犁倭乡 Liwo; 暗流乡 Anliu; 流长苗族乡 Liuchang Miao Village; 王庄布衣族苗族乡 Wangzhuang Buyi and Miao Village; 麦格苗族布衣族乡 Maige Miao and Buyei Village; 红枫湖镇 Hongfenghu; 站街镇 Zhanjie; 新店镇 Xindian; 卫城镇 Weicheng |

# 1—2 行政区划(2012年)
# Administrative Divisions(2012)

单位：个 (unit)

| 区、县（市）名称 | District, County(City) | 乡 Township | #民族乡 Ethnic Township | 镇 Town | 社区委员会 Community Council | 村民委员会 Village Committee | 社区服务中心 Community Service Center | 社区服务机构 Community Service Institution |
|---|---|---|---|---|---|---|---|---|
| **贵阳市** | **Guiyang** | **46** | **18** | **31** | **498** | **1156** | **90** | **346** |
| 南明区 | Nanming | 4 | 1 | | 140 | 29 | 18 | 18 |
| 云岩区 | Yunyan | | | 1 | 136 | 19 | 26 | 26 |
| 花溪区 | Huaxi | 9 | 5 | 2 | 52 | 160 | 17 | 85 |
| 乌当区 | Wudang | 6 | 2 | 5 | 62 | 123 | 14 | 14 |
| #金阳新区 | Jinyang | 1 | | 2 | 43 | 49 | 9 | 9 |
| 白云区 | Baiyun | 2 | 2 | 3 | 32 | 56 | 6 | 62 |
| 开阳县 | Kaiyang | 8 | 3 | 8 | 13 | 108 | 2 | 110 |
| 息烽县 | Xifeng | 6 | 1 | 4 | 13 | 161 | 1 | 14 |
| 修文县 | Xiuwen | 6 | 1 | 4 | 10 | 217 | 1 | 12 |
| 清镇市 | Qingzhen | 5 | 3 | 4 | 40 | 283 | 5 | 5 |

注：2012年底小河区划入花溪区，因此花溪区数据包含原花溪区与原小河区的数据。

a) The data of Huaxi includes the former data of Huaxi and Xiaohe because Xiaohe has been classified into Huaxi in the end of 2012.

# 1—3 自然资源(2012年)
# Natural Resources(2012)

| 指标 | | Item | | 数量 Amount |
|---|---|---|---|---|
| **土地** | | **Land** | | |
| 国土面积 | (平方公里) | Total Land Area | (sq.km) | 8034 |
| 耕地面积 | (千公顷) | Cultivated Land | (1000 hectares) | 95.59 |
| **气候** | | **Climate** | | |
| 平均温度 | (℃) | Average Temperature | (℃) | 13.7 |
| 极值高温 | (℃) | Highest Temperature | (℃) | 31.9 |
| 极值低温 | (℃) | Lowest Temperature | (℃) | -4.1 |
| 年降水量 | (毫米) | Yearly Precipitation | (mm) | 1226.4 |
| 平均相对湿度 | (%) | Average Relative Humidity | (%) | 85.0 |
| 日照时数 | (小时) | Sunshine Hours | (hour) | 681.6 |
| **森林** | | **Forest** | | |
| 森林面积(管护面积) | (平方公里) | Forest Area(guarded) | (sq.km) | 3633.33 |
| 森林覆盖率 | (%) | Forest Coverage Rate | (%) | 43.20 |
| **水利** | | **Water Conservancy** | | |
| 地表水资源总量 | (亿立方米) | Annual Average Surface Water Resources | (100 million cubicmeters) | 50.21 |
| 地下水资源总量 | (亿立方米) | Annual Average Underground Water Resources | (100 million cubicmeters) | 20.05 |
| 河长10公里以上或流域面积大于20平方公里河流 | (条) | Number of River over 10 Kilometres Long or with Drainage Area over 20 Square kilometers | (line) | 98 |
| 多年平均径流量 | (亿立方米) | Annual Runoff | (100 million cubicmeters) | 45.15 |
| 水能理论蕴藏量 | (万千瓦) | Hydroenergy Reserves in Theory | (10 000 kwh) | 128.22 |
| 水能可开发量 | (万千瓦) | Available Hydroenergy Resources | (10 000 kwh) | 101.64 |
| 大中型水库总容量 | (亿立方米) | Total Capacity of Large and Medium-sized Reservoir | (100 million cubicmeters) | 47.12 |
| **矿产(保有储量)** | | **Ensured Reserves of Minerals** | | |
| 铝土 | (亿吨) | Bauxite | (100 million tons) | 3.56 |
| 磷 | (亿吨) | Phosphorus | (100 million tons) | 10.45 |
| 煤 | (亿吨) | Coal | (100 million tons) | 10.86 |

# 1–4 气象情况(2012年)

| 指　　标 | | Item | | 年 Year | 一 月 January | 二 月 February |
|---|---|---|---|---|---|---|
| 平均气温 | (℃) | Average Temperature | (℃) | 13.7 | 0.7 | 2.5 |
| 平均最高气温 | (℃) | Average Highest Temperature | (℃) | 17.7 | 2.9 | 5.8 |
| 平均最低气温 | (℃) | Average Lowest Temperature | (℃) | 11.2 | -0.6 | 0.8 |
| 极端最高气温 | (℃) | Annual Highest Temperature | (℃) | 31.9 | 11.7 | 13.9 |
| 极端最高气温出现日期 | (日) | Date | | 8月11日 | 16 | 13 |
| 极端最低气温 | (℃) | Annual Lowest Temperature | (℃) | -4.1 | -4.1 | -3 |
| 极端最低气温出现日期 | (日) | Date | | 1月25日 | 25 | 10 |
| 总降水量 | (mm) | Total Precipitation | (mm) | 1226.4 | 19.6 | 24.2 |
| 一日降水量 | (mm) | Daliy Precipitation | (mm) | 102.2 | 2.4 | 2.7 |
| 最大降水量出现日期 | (日) | Occurring Date of Maximum Daily Precipitation | | 7月13日 | 3 | 21 |
| 最长连续降水日数 | (天) | Long Continuous Rainy Days | (day) | 14 | 9 | 8 |
| 最长连续无降水日数 | (天) | Longest Continous Dry Days | (day) | 9 | 9 | 2 |
| 雨 | (天) | Rain | (day) | 260 | 28 | 28 |
| 雾 | (天) | Fog | (day) | 81 | 9 | 15 |
| 露 | (天) | Dew | (day) | 87 | | |
| 雷　暴 | (天) | Thunderstorm | (day) | 41 | | |
| 雪 | (天) | Snow | (day) | 6 | 3 | 1 |
| 结　冰 | (天) | Freeze | (day) | 25 | 12 | 8 |
| 霜 | (天) | Frost | (day) | 1 | | |
| 平均气压 | (百　帕) | Average Atmospheric Pressure | (100 Pa) | 876.7 | 880.7 | 878.1 |
| 平均相对湿度 | (%) | Relative Humidity | (%) | 85 | 92 | 91 |
| 平均总云量 | (成) | Total Cloud Cover | (amount) | 8.5 | 9.8 | 10 |
| 日照时数 | (小　时) | Sunshine Hours | (hour) | 681.6 | 4.1 | 2.4 |

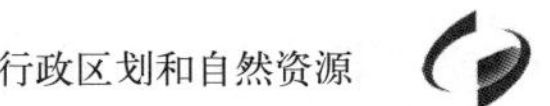

# Basic Statistics on Meteorology(2012)

| 三　月<br>March | 四　月<br>April | 五　月<br>May | 六　月<br>June | 七　月<br>July | 八　月<br>August | 九　月<br>September | 十　月<br>October | 十一月<br>November | 十二月<br>December |
|---|---|---|---|---|---|---|---|---|---|
| 9.6 | 17.1 | 19.2 | 19.8 | 22.8 | 23 | 18.2 | 15.6 | 10.2 | 5.1 |
| 14.8 | 23.1 | 23.3 | 23.4 | 26.9 | 28.2 | 22 | 19.5 | 13.7 | 9.2 |
| 6.6 | 13.4 | 16.7 | 17.6 | 20.5 | 19.3 | 15.8 | 13.4 | 8.1 | 2.8 |
| 27.4 | 31.8 | 29.5 | 30.5 | 30.9 | 31.9 | 29.4 | 26 | 22.7 | 23.1 |
| 19 | 30 | 7、8 | 30 | 14 | 11 | 9 | 21 | 15 | 14 |
| 0.4 | 6.5 | 12.1 | 13.7 | 18.6 | 14.5 | 10 | 8.1 | 3.4 | -3.7 |
| 8 | 1 | 15 | 20 | 24 | 24 | 14 | 18 | 26 | 30 |
| 41 | 25.8 | 251.1 | 211.9 | 270 | 111 | 135.6 | 82.6 | 35.6 | 18 |
| 8.5 | 9.8 | 48.2 | 44.2 | 102.2 | 63.5 | 74.9 | 20.4 | 8 | 3.8 |
| 28 | 9 | 12 | 26 | 13 | 21 | 12 | 22 | 6、16 | 20 |
| 14 | 3 | 6 | 8 | 6 | 4 | 12 | 5 | 5 | 5 |
| 6 | 4 | 3 | 4 | 6 | 7 | 9 | 5 | 5 | 7 |
| 25 | 17 | 22 | 23 | 19 | 14 | 20 | 21 | 26 | 17 |
| 10 |  | 3 | 5 | 4 | 4 | 4 | 6 | 13 | 8 |
| 3 | 5 | 5 | 9 | 13 | 19 | 11 | 10 | 4 | 8 |
| 5 | 6 | 7 | 6 | 8 | 8 | 1 |  |  |  |
|  |  |  |  |  |  |  |  |  | 2 |
|  |  |  |  |  |  |  |  |  | 5 |
|  |  |  |  |  |  |  |  |  | 1 |
| 877.6 | 874.7 | 874.2 | 871.1 | 871.1 | 873.7 | 878.8 | 880.5 | 879 | 880.4 |
| 82 | 68 | 82 | 88 | 85 | 79 | 83 | 88 | 90 | 87 |
| 8.4 | 7.3 | 8.8 | 9.3 | 8.5 | 6.4 | 8.3 | 8.5 | 8.9 | 8.2 |
| 55.9 | 83.8 | 34.7 | 30.5 | 82.3 | 134.3 | 94.3 | 63.6 | 44.2 | 51.5 |

# 主 要 统 计 指 标 解 释

**行政区划** 指国家对行政区域的划分。根据宪法规定，我国的行政区域划分如下：(1)全国分为省、自治区、直辖市；(2)省、自治区分为自治州、县、自治县、市；(3)自治州分为县、自治县、市；(4)县、自治县分为乡、民族乡、镇；(5)直辖市和较大的市分为区、县；(6)国家在必要时设立的特别行政区。

**气　候** 指地球与大气之间长期能量交换与质量交换所形成的一种自然环境状态，它是多种因素综合作用的结果。气温、降水、湿度等气象要素的多年平均值是用来描述一个地区气候状况的主要参数，而各种气象要素某年、某月的平均值(或总量)则可以反映出该时期天气气候状况的重要特征。

**自然资源** 指人类可以直接从自然界获得，并用于生产和生活的物质资源。自然资源一般可以分成可再生资源和非再生资源两大类。可再生资源指在较短时间内可以再生、可以循环利用的资源，包括土地资源、水资源、气候资源、生物资源和海洋资源等。非再生资源指在使用后不能再生的资源，包括矿产资源和地热能源。

**国　土** 指中华人民共和国国家管辖下的领土、领海和领空。

**耕地面积** 指经过开垦用以种植农作物并经常进行耕耘的土地面积。包括种有作物的土地面积、休闲地、新开荒地和抛荒未满三年的土地面积。

**森林面积** 指由乔木树种构成，郁闭度 0.2 以上(含 0.2)的林地或冠幅宽度 10 米以上的林带的面积，即有林地面积。森林面积包括天然起源和人工起源的针叶林面积、阔叶林面积、针阔混交林面积和竹林面积，不包括灌木林地面积和疏林地面积。

**森林覆盖率** 指一个国家或地区森林面积占土地总面积的百分比。森林覆盖率是反映森林资源的丰富程度和生态平衡状况的重要指标。在计算森林覆盖率时，森林面积包括郁闭度 0.2 以上的乔木林地面积和竹林地面积，国家特别规定的灌木林地面积、农田林网以及四旁(村旁、路旁、水旁、宅旁)林木的覆盖面积。计算公式为：

森林覆盖率（%）=森林面积/土地总面积×100%

**气　温** 指空气的温度，我国一般以摄氏度(℃)为单位表示。气象观测的温度表是放在离地面约 1.5 米处通风良好的百叶箱里测量的，因此，通常说的气温指的是离地面 1.5 米处百叶箱中的温度。其统计计算方法为：

月平均气温是将全月各日的平均气温相加，除以该月的天数而得。

年平均气温是将 12 个月的月平均气温累加后除以 12 而得。

**相对湿度** 指空气中实际所含水蒸气密度和同温度下饱和水蒸气密度的百分比值。其统计方法与气温相同。

**降水量** 指从天空降落到地面的液态或固态(经融化后)水，未经蒸发、渗透、流失而在地面上积聚的深度。其统计计算方法为：

月降水量是将全月各日的降水量累加而得。

年降水量是将 12 个月的月降水量累加而得。

**日照时数** 指太阳实际照射地面的时间。其统计方法与降水量相同。

**水资源** 水在自然界中以固体、液体和气态三种聚集状态存在，分布于海洋、陆地(包括土壤)以及大气之中，通过水循环形成水资源。水资源包括经人类控制并直接可供灌溉、发电、给水、航运、养殖等用途的地表水和地下水，以及江河、湖泊、井、泉、潮汐、港湾和养殖水域等。水资源是发展国民经济不可缺少的重要自然资源。

**地表水和地下水** 陆地上的水因空间分布不同，分为地表水和地下水。地表水指分别存在于河流、湖泊、沼泽、冰川和冰盖等水体中水分的总称，又称陆地水。地下水指储存在地面以下饱和岩土孔隙、裂隙及溶洞中的水。

**水资源总量** 一定区域内的水资源总量指当地降水形成的地表和地下产水量，即地表径流量与降水入渗补给量之和，不包括过境水量。

**矿产资源** 矿产指由地质作用形成，富集于地壳中或出露于地表达到工农业利用要求的有用矿物。

# Explanatory Notes on Main Statistics Indicators

**Divisions of Administrative Areas** refer to the division of administrative areas by the State. The relative laws stipulate that l) the whole country is divided into provinces, autonomous regions and municipalities directly under the Central Government; 2) provinces and autonomous regions are further divided into autonomous prefectures, counties, autonomous counties and cities; 3) autonomous prefectures are further divided into counties, autonomous counties and cities; 4)counties and autonomous counties are further divided into townships, ethnic townships and towns; 5) municipalities directly under the Central Government and large cities are divided into districts and counties, 6) the State shall, when necessary, establish special administrative regions.

**Climate** refers to the natural environmental status formed by the long-term exchange of energy and mass between the earth and the atmosphere, and is the result of interaction of many factors. The average values across several years of meteorological factors such as temperature, rainfall and humidity are used as important parameters to describe the climate of a region, while the average values (or total values) of a given year or month of meteorological factors reflect the key characteristics of climate for that period of time.

**Natural Resources** refer to material resources that could be obtained from the nature by human being and used for production and living. Natural resources in general can be classified as renewable resources and non-renewable resources. Renewable resources refer to resources that could be renewed and recycled during a relatively short period of time, including land resource, water resource, climate resource, biology resource and marine resource. Non-renewable resources include resources that could not be renewed, such as minerals and geothermal resource.

**Territory** refers to territorial land, sea and air space under the administration of the People's Republic of China.

**Area of Cultivated Land** refers to area of land reclaimed for the regular cultivation of various farm crops, including crop-cover land, fallow, newly reclaimed land and land laid idle for less than 3 years.

**Forest Area** refers to wooded area, i.e. the area of forest where trees and bamboo grow with a canopy density above 0.2 (inclusive) or a crown width above 10 meters, including natural and planted coniferous forest, broad-leaved forest, mixed forest, and bamboo groves, but excluding shrubbery and open forest.

**Forest Coverage Rate** refers to the ratio of area of afforested land to total land area. It is a very important indicator that reflects the status of abundance of forest resource and balance of the ecosystem. Forest land includes the area of trees and bamboo growing with a canopy density above 0.2, the area of shrubby trees according to regulations of the government, the area of forest land inside farm land and the area of trees planted by the side of villages, farm houses and along roads and rivers. The formula for calculating forest coverage rate is as follows:

$$\text{Forestry coverage rate}(\%)=\frac{\text{Area of Afforested Land}}{\text{Area of Total Land}}\times 100\%$$

**Temperature** refers to the air temperature. China uses centigrade as the unit. The thermometry used for weather observation is put in a breezy shutter, which is 1.5 meters high from the ground. Therefore, the commonly used temperature refers to the temperature in the breezy shutter 1.5 meters away from the ground. The calculation method is as follows:

Monthly average temperature is the summation of average daily temperature of one month divided by the actual days of that particular month.

Annual average temperature is the summation of monthly average of a year divided by 12 months.

**Relative Humidity** refers to the ratio of actual water vapour pressure to the saturation water vapour density under the current temperature. The calculation method is the same as that of temperature.

**Volume of Precipitation** refers to the deepness of liquid state or solid state (thawed) water falling from the sky to the ground that has not been evaporated, infiltrated or run off. The calculation method is as follows:

Monthly precipitation is the summation of daily precipitation of a month.

Annual precipitation is the summation of 12 months precipitation of a year.

**Sunshine Hours** refer to the actual hours of sun irradiating the earth. The calculation method is the same as that of the precipitation.

**Water Resource** Water exists in the nature in solid, liquid and gaseous states, is distributed in the ocean, land (including earth) and air, and constitutes the water resource through the circulation of water. Water resource includes surface water and ground water that is controlled by the human being for irrigation, power-generation, water supply, navigation and cultivation. It also includes rivers, lakes, wells, springs, tides, gulf and water area for cultivation. Water resource as an important natural resource is indispensable for the development of the national economy.

**Surface Water and Ground Water** Water on earth can be divided into surface water and ground water according to its distribution. Surface water refers to different forms of water existing in rivers, lakes, swamps, glaciers, icecaps and so on. It is also called land water. Ground water refers to water deposited underground in crannies and holes of saturated rock soil and in water-eroded caves.

**Total Water Resources** refers to total volume of water resources measured as run-off for surface water from rainfall and recharge for groundwater in a given area, excluding transit water.

**Mineral Resources** refer to useful minerals that can be used for industrial or agricultural purposes enriched in lithosphere or on earth surface due to geological processes.

2

Two

# 综　合

# General Survey

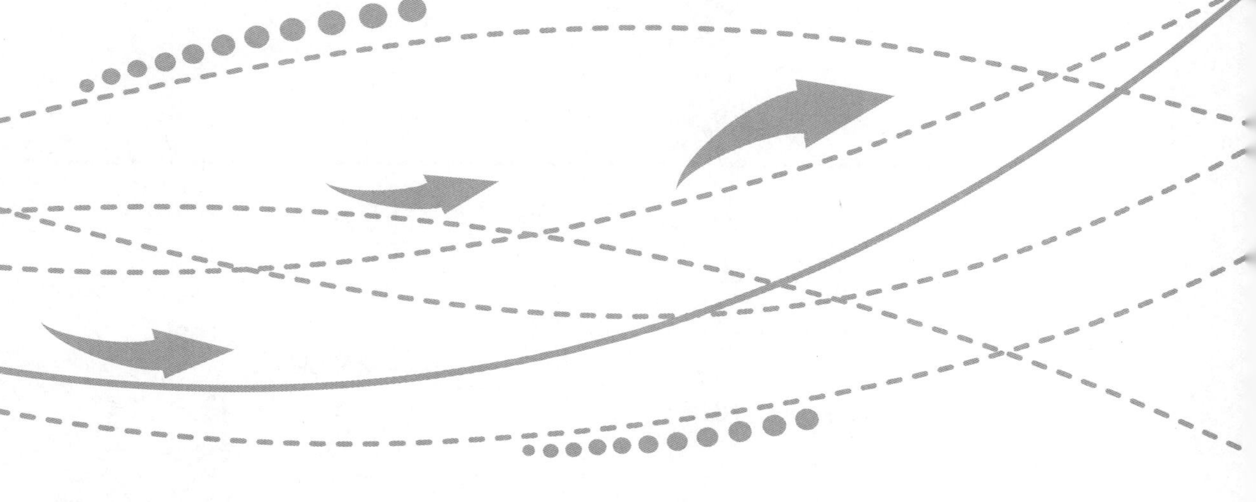

## 生 产 总 值

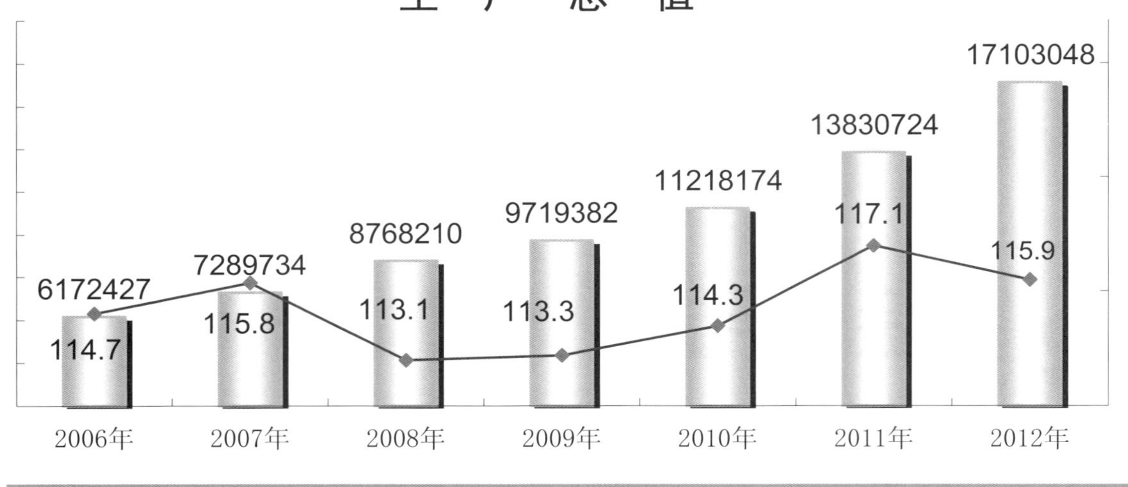


## 三 次 产 业 结 构

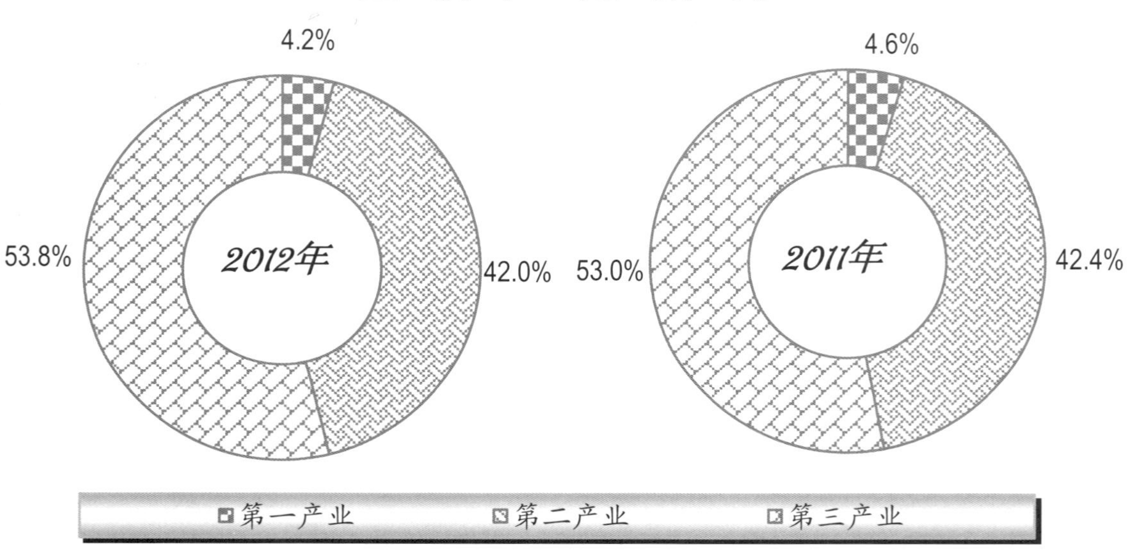


## 人 均 生 产 总 值(元)

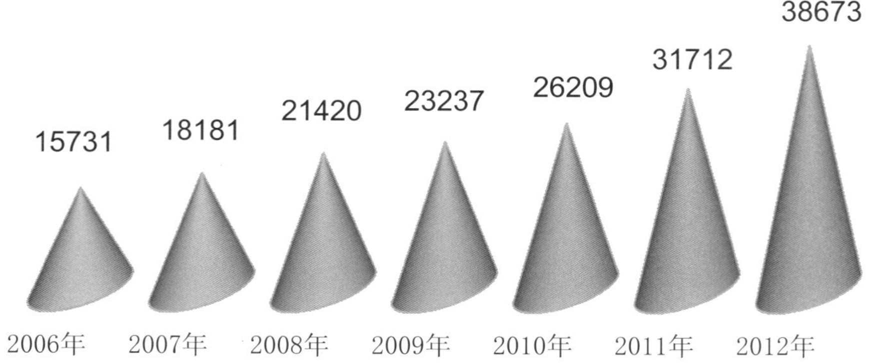

# 2-1 国民经济主要指标及增长速度
# Major Indicators on National Economic Development and Growth Rates

| 指 标 | | Item | | 2012 | 2011 | 2012年比2011年增长(%) Growth Rate in 2012 over 2011 (%) |
|---|---|---|---|---|---|---|
| 年末总人口(常住半年及以上) | (万 人) | Population at Year-end | (10 000 persons) | 445.17 | 439.33 | 1.3 |
| 年平均人口(常住半年及以上) | (万 人) | Average Annual Population | (10 000 persons) | 442.25 | 436.13 | 1.4 |
| 人口密度 | (人/平方公里) | Population Density | (person/sq.km) | 554.11 | 546.84 | 1.3 |
| 生产总值(现价) | (万 元) | Gross Domestic Product | (10 000 yuan) | 17103048 | 13830724 | 15.9 |
| 第一产业 | (万 元) | Primary Industry | (10 000 yuan) | 722826 | 625514 | 8.5 |
| 第二产业 | (万 元) | Secondary Industry | (10 000 yuan) | 7173223 | 5868389 | 18.8 |
| 工 业 | (万 元) | Industry | (10 000 yuan) | 5347289 | 4549029 | 16.2 |
| 建筑业 | (万 元) | Construction | (10 000 yuan) | 1825934 | 1319360 | 28.0 |
| 第三产业 | (万 元) | Tertiary Industry | (10 000 yuan) | 9206999 | 7336821 | 14.1 |
| 人均生产总值 | (元) | Per Capita Gross Product | (yuan) | 38673 | 31712 | 14.3 |
| 全部工业总产值 | (万 元) | Total Gross Industrial Output Value | (10 000 yuan) | 18883384 | 16216532 | 17.3 |
| #规模以上工业总产值(2000万元口径) | (万 元) | Gross Industrial Output Value of Industrial Enterprises above Designated Size (current year price) | (10 000 yuan) | 15934771 | 13940390 | 17.2 |
| 农林牧渔业总产值(当年价) | (万 元) | Gross Output Value of Agriculture, Forestry,Animal Husbandry and Fishery(current year price) | (10 000 yuan) | 1114911 | 965503 | 8.8 |
| 全社会固定资产投资总额 | (万 元) | Total Investment in Fixed Assets in the Whole Country | (10 000 yuan) | 24825583 | 16005898 | 55.1 |
| 社会消费品零售总额 | (万 元) | Total Retail Sales of Consumer Goods | (10 000 yuan) | 6831866 | 5843292 | 16.9 |
| 建筑业总产值(当年价) | (万 元) | Total Output Value of Construction (current year price) | (10 000 yuan) | 7895205 | 6229630 | 26.7 |
| 财政总收入 | (万 元) | Total Government Revenue | (10 000 yuan) | 4880181 | 4013094 | 21.6 |
| #公共财政预算收入 | (万 元) | Public Financial Revenue | (10 000 yuan) | 2411920 | 1870940 | 28.9 |
| #税收收入 | (万 元) | Tax Revenue | (10 000 yuan) | 1936518 | 1544043 | 25.4 |
| 财政总支出 | (万 元) | Total Government Expenditure | (10 000 yuan) | 5409509 | 4540882 | 19.1 |
| #公共财政预算支出 | (万 元) | Public Financial Expenditure | (10 000 yuan) | 3493275 | 2773807 | 25.9 |
| 进出口总额 | (万美元) | Total Imports and Exports | (10 000 US dollars) | 505104 | 376943 | 34.0 |
| 城乡居民储蓄存款余额 | (万 元) | Saving Deposite of Urban and Rural Households | (10 000 yuan) | 14982022 | 12510372 | 19.8 |
| 在岗职工平均工资 | (元) | Average Wage of Employed Persons | (yuan) | 42974 | 38674 | 11.1 |
| 城市居民人均可支配收入 | (元) | Annual Per Capita Disposable Income of Urban Household | (yuan) | 21796 | 19420 | 9.4 |
| 农民人均纯收入 | (元) | Annual Per Capita Net Income of Rural Household | (yuan) | 8488 | 7381 | 11.9 |

注：本表绝对数为当年价格，增长速度按可比价格和可比口径计算；地方财政收入为40%所得税口径；城市居民人均可支配收入、农民人均纯收入为实际增长(已扣除物价因素)；在岗职工平均工资包含劳务派遣人员。

a) The absolute figures in this table are calculated at current prices,whereas the growth rates are calculated at comparable prices. Revenue of local government includes 40 percent of income tax. Annual per capita disposable income household and annual per capita net income of rural household refer to real increase, allowing for inflation. Average wage of employed persons included wage of dispatched persons.

# 2-2 国民经济主要指标比例关系

| 指　　标 | Item | 2000 |
|---|---|---|
| **生产总值三次产业** | **Gross Product by Three Industries** | **100** |
| 第一产业 | Primary Industry | 8.90 |
| 第二产业 | Secondary Industry | 47.80 |
| 第三产业 | Tertiary Industry | 43.30 |
| **农林牧渔业增加值比例(现价)** | **Growth Rate of Value-added of Agriculture,Forestry, Animal Husbandry and Fishery** | **100** |
| 农　业 | Agriculture | 68.39 |
| 林　业 | Forestry | 2.38 |
| 牧　业 | Animal Husbandry | 27.82 |
| 渔　业 | Fishery | 1.42 |
| 农林牧渔服务业 | Service of Agriculture,Forestry,Animal Husbandry and Fishery | |
| **规模以上工业增加值中轻重工业比例(500万元口径)** | **Value-added of Industrial Enterprises above Designated Size by Light and Heavy Industry (current year price)** | **100** |
| 轻工业 | Light Industry | 36.96 |
| 重工业 | Heavy Industry | 63.04 |
| **规模以上工业增加值经济类型结构(500万元口径)** | **Value-added of Industrial Enterprises above Designated Size by Status of Registration (current year price)** | **100** |
| 国有企业 | State-owned Enterprises | 42.36 |
| 集体企业 | Collective Enterprises | 8.04 |
| 股份合作企业 | Cooperative Enterprises | 1.15 |
| 联营企业 | Joint Ownership Enterprises | 0.69 |
| 有限责任公司 | Limited Liability Corporation | 30.91 |
| 股份有限公司 | Share-holding Corporations Ltd. | 10.84 |
| 私营企业 | Private Enterprises | 3.44 |
| 其他企业 | Others | |
| 港澳台投资企业 | Enterprises with Funds from Hong Kong,Macao and Taiwan | 1.03 |
| 外商投资企业 | Foreign Funded Enterprises | 1.53 |

注：1.生产总值2000－2004年为第一次经济普查调整数，2006－2008年为第二次经济普查调整数。
2.农林牧渔业增加值2002年以后按新标准划分，2006年、2007年农业为第二次农业普查调整数。2010年按国家对粮食生产核实数作相应调整。

# Proportion of Major Indications of National Economy

| 2001 | 2002 | 2003 | 2004 | 2005 | 2006 | 2007 | 2008 | 2009 | 2010 | 2011 | 2012 |
|---|---|---|---|---|---|---|---|---|---|---|---|
| **100** | **100** | **100** | **100** | **100** | **100** | **100** | **100** | **100** | **100** | **100** | **100** |
| 8.10 | 7.70 | 7.40 | 6.90 | 6.70 | 6.29 | 6.57 | 5.82 | 5.10 | 5.10 | 4.60 | 4.23 |
| 47.30 | 47.00 | 45.90 | 46.90 | 47.40 | 48.39 | 46.41 | 46.97 | 40.70 | 40.70 | 42.40 | 41.94 |
| 44.60 | 45.30 | 46.80 | 46.20 | 45.90 | 45.32 | 47.02 | 47.21 | 54.20 | 54.20 | 53.00 | 53.83 |
| **100** | **100** | **100** | **100** | **100** | **100** | **100** | **100** | **100** | **100** | **100** | **100** |
| 66.60 | 61.31 | 63.92 | 63.06 | 62.47 | 65.16 | 66.69 | 67.24 | 71.72 | 72.38 | 70.48 | 70.20 |
| 1.88 | 2.25 | 1.32 | 0.92 | 0.68 | 0.71 | 0.53 | 1.32 | 0.66 | 0.57 | 0.80 | 0.63 |
| 29.92 | 32.85 | 31.36 | 34.21 | 34.67 | 32.11 | 30.61 | 29.47 | 25.53 | 24.89 | 26.73 | 27.17 |
| 1.60 | 1.44 | 1.23 | 1.33 | 1.53 | 1.04 | 1.17 | 1.10 | 1.23 | 1.20 | 1.22 | 1.20 |
|  | 2.15 | 2.18 | 0.49 | 0.64 | 0.97 | 1.01 | 0.87 | 0.86 | 0.90 | 0.83 | 0.81 |
| **100** | **100** | **100** | **100** | **100** | **100** | **100** | **100** | **100** | **100** | **100** | **100** |
| 40.90 | 41.00 | 40.58 | 40.10 | 43.32 | 40.54 | 40.59 | 41.04 | 45.96 | 44.85 | 46.11 | 47.14 |
| 59.10 | 59.00 | 59.42 | 59.90 | 56.68 | 59.46 | 59.41 | 58.96 | 54.04 | 55.15 | 53.89 | 52.86 |
| **100** | **100** | **100** | **100** | **100** | **100** | **100** | **100** | **100** | **100** | **100** | **100** |
| 40.42 | 24.87 | 39.34 | 37.46 | 39.07 | 34.61 | 40.98 | 39.22 | 39.42 | 37.86 | 45.94 | 39.64 |
| 4.21 | 4.13 | 2.31 | 1.26 | 1.17 | 0.54 | 0.60 | 0.35 | 0.28 | 0.26 | 0.36 | 0.22 |
| 0.44 | 0.38 | 0.38 | 0.53 | 0.64 | 0.85 | 1.20 | 1.47 | 0.46 | 0.12 | 0.11 | 0.03 |
| 0.20 | 0.61 | 0.28 | 0.42 | 0.12 | 0.11 | 0.13 | 0.11 | 0.10 | 0.11 | 0.05 | 0.09 |
| 35.33 | 33.62 | 18.41 | 24.48 | 26.70 | 27.01 | 24.45 | 26.63 | 29.55 | 27.21 | 20.50 | 27.34 |
| 9.95 | 22.36 | 25.45 | 23.42 | 21.23 | 24.58 | 19.75 | 19.10 | 15.66 | 20.70 | 13.00 | 13.86 |
| 6.38 | 11.28 | 7.08 | 6.54 | 8.08 | 7.15 | 7.56 | 8.20 | 8.07 | 6.98 | 13.49 | 12.96 |
|  |  |  |  |  |  |  |  |  |  |  | 0.04 |
| 1.48 | 1.51 | 0.92 | 1.29 | 0.89 | 1.05 | 1.18 | 1.36 | 2.50 | 2.96 | 2.19 | 1.66 |
| 1.59 | 1.21 | 5.82 | 4.61 | 2.10 | 4.09 | 4.14 | 3.57 | 3.95 | 3.81 | 4.36 | 4.17 |

a) Gross domestic product from 2000 to 2004 was from adjusted figures of the First National Economic Census; Gross domestic product from 2006 to 2008 was from adjusted figures of the Second National Economic Census;

b) The Value-added of Agriculture, Forestry, Animal Husbandry and Fishery after 2002 was divided by the new standard; Agriculture from 2006 to 2007 was from adjusted figures of the Second National Agricultural Census; In 2010, some adjustment has been made according to the national grain production validation.

# 2–3 贵阳市主要经济指标占全省的比重
# Major Economic Indicators of Guiyang and Guizhou Province

| 指标 | | Item | | 贵州 Guizhou | | 贵阳 Guiyang | | 贵阳占全省比重(%) As Percentage of Provincial Total (%) | |
|---|---|---|---|---|---|---|---|---|---|
| | | | | 2012 | 2011 | 2012 | 2011 | 2012 | 2011 |
| **土地面积** | **(平方公里)** | **Area of Land** | **(sq.km)** | **176164** | **176164** | **8034** | **8034** | **4.56** | **4.56** |
| **年末总人口(常住半年及以上)** | **(万 人)** | **Population at Year-end (6 months and above)** | **(10 000 persons)** | **3484.00** | **3469.00** | **445.17** | **439.33** | **12.78** | **12.66** |
| **生产总值** | **(亿 元)** | **Gross Product** | **(100 million yuan)** | **6852.20** | **5701.84** | **1710.30** | **1383.07** | **24.96** | **24.26** |
| 第一产业 | (亿 元) | Primary Industry | (100 million yuan) | 891.91 | 726.22 | 72.28 | 62.55 | 8.10 | 8.61 |
| 第二产业 | (亿 元) | Secondary Industry | (100 million yuan) | 2677.54 | 2194.33 | 717.32 | 586.84 | 26.79 | 26.74 |
| #工 业 | (亿 元) | Industry | (100 million yuan) | 2217.06 | 1829.20 | 534.73 | 454.90 | 24.12 | 24.87 |
| 第三产业 | (亿 元) | Tertiary Industry | (100 million yuan) | 3282.75 | 2781.29 | 920.70 | 733.68 | 28.05 | 26.38 |
| 人均生产总值 | (元) | Per Capita Gross Product | (yuan) | 19710 | 16413 | 38673 | 31712 | - | - |
| **财政、金融** | | **Finance** | | | | | | | |
| 财政总收入 | (亿 元) | Total Government Revenue | (100 million yuan) | 1644.48 | 1329.99 | 488.02 | 401.31 | 29.68 | 30.17 |
| #公共财政预算收入 | (亿 元) | Public Finance Budget Revenue | (100 million yuan) | 1014.05 | 773.08 | 241.19 | 187.09 | 23.78 | 24.20 |
| 公共财政预算支出 | (亿 元) | Public Finance Budget Expenditure | (100 million yuan) | 2755.68 | 2249.40 | 349.33 | 277.38 | 12.68 | 12.33 |
| 金融机构人民币各项存款余额 | (亿 元) | Deposits of National Banking System | (100 million yuan) | 10540.06 | 8742.79 | 4394.37 | 3603.65 | 41.69 | 41.22 |
| #城乡居民储蓄存款余额 | (亿 元) | Saving Deposite of Urban and Rural Households | (100 million yuan) | 4847.49 | 3934.48 | 1498.20 | 1251.04 | 30.91 | 31.80 |
| 金融机构人民币各项贷款余额 | (亿 元) | Loans of National Banking System | (100 million yuan) | 8274.78 | 6841.92 | 3479.47 | 3012.86 | 42.05 | 44.04 |
| **固定资产投资** | | **Investment in Fixed Assets** | | | | | | | |
| 全社会固定资产投资总额 | (亿 元) | Total Investment in Fixed Assets in the Whole Country | (100 million yuan) | 7809.05 | 5101.55 | 2482.56 | 1600.59 | 31.79 | 31.37 |
| #工 业 | (亿 元) | Industry | (100 million yuan) | 2457.88 | 1821.24 | 722.00 | 508.97 | 29.37 | 27.95 |
| #房地产开发 | (亿 元) | Real Estate Development | (100 million yuan) | 1467.60 | 873.48 | 908.52 | 467.36 | 61.91 | 53.51 |

2–3 续表 (continued)

| 指 标 | | Item | | 贵州 Guizhou 2012 | 贵州 Guizhou 2011 | 贵阳 Guiyang 2012 | 贵阳 Guiyang 2011 | 贵阳占全省比重(%) As Percentage of Provincial Total (%) 2012 | 贵阳占全省比重(%) As Percentage of Provincial Total (%) 2011 |
|---|---|---|---|---|---|---|---|---|---|
| **国内外贸易** | | **Domestic and Foreign Trade** | | | | | | | |
| **社会消费品零售总额** | **(亿 元)** | **Total Retail Sales of Consumer Goods** | **(100 million yuan)** | **2027.64** | **1751.62** | **683.19** | **584.33** | **33.69** | **33.36** |
| **进出口总额** | **(万美元)** | **Total Value of Imports and Exports** | **(10 000 US dollars)** | **663147** | **488440** | **505104** | **376943** | **76.17** | **77.17** |
| 出 口 | (万美元) | Imports | (10 000 US dollars) | 495215 | 298531 | 421398 | 278023 | 85.09 | 93.13 |
| 进 口 | (万美元) | Exports | (10 000 US dollars) | 167932 | 189909 | 83706 | 98919 | 49.85 | 52.09 |
| **实际直接利用外资** | **(万美元)** | **Foreign Direct Investment Actually Utilized** | **(10 000 US dollars)** | **109805** | **71674** | **47415** | **27874** | **43.18** | **38.89** |
| **旅 游** | | **Tourism** | | | | | | | |
| 海外旅游人数 | (万人次) | Number of Overseas Visitors | (10 000 person-times) | 70.50 | 58.51 | 11.62 | 9.78 | 16.48 | 16.71 |
| 国内旅游人数 | (万人次) | Number of Domestic Visitors | (10 000 person-times) | 21330.68 | 16960.85 | 6332.59 | 5065.59 | 29.69 | 29.87 |
| 旅游外汇收入 | (万美元) | Foreign Exchange Earnings from International Tourism | (10 000 US dollars) | 16893.60 | 13507.18 | 4474.08 | 3726.76 | 26.48 | 27.59 |
| 国内旅游收入 | (亿 元) | Earnings from Domestic Tourism | (100 million yuan) | 1849.49 | 1420.70 | 599.91 | 609.93 | 32.44 | 42.93 |
| **教育、文化、卫生** | | **Education,Culture and Public Health** | | | | | | | |
| 专任教师数 | (万 人) | Full-time Teachers | (10 000 persons) | 42.35 | 39.74 | 5.95 | 5.61 | 14.05 | 14.11 |
| 在校学生数 | (万 人) | Students Enrollment | (10 000 persons) | 1069.49 | 862.32 | 134.40 | 130.41 | 12.57 | 15.12 |
| 图书出版量 | (万 册) | Number of Books Published | (10 000 copies) | 11118 | 8492 | 11118 | 8492 | 100.0 | 100.0 |
| 杂志出版量 | (万 册) | Number of Magazines Published | (10 000 copies) | 1433 | 1413 | 1436 | 1379 | 100.19 | 97.58 |
| 报纸出版量 | (亿 份) | Number of Newspaper Published | (100 million copies) | 5.19 | 4.49 | 3.26 | 3.61 | 62.73 | 80.25 |
| 医 院、卫生院数 | (个) | Number of Hospitals | (unit) | 2210 | 2071 | 226 | 222 | 10.23 | 10.72 |
| 医院、卫生院床位数 | (张) | Number of Beds in Hospitals | (bed) | 144877 | 108029 | 30385 | 20489 | 20.97 | 18.97 |
| 医生数 | (人) | Number of Doctors | (person) | 49228 | 44061 | 11820 | 11338 | 24.01 | 25.73 |
| **城市居民人均可支配收入** | **(元)** | **Annual Per Capita Disposable Income of Urban Household** | **(yuan)** | **18701** | **16495** | **21796** | **19420** | **-** | **-** |
| **农民人均纯收入** | **(元)** | **Annual Per Capita Net Income of Rural Household** | **(yuan)** | **4753** | **4145** | **8488** | **7381** | **-** | **-** |

注：医生数指执业医生和执业助理医生。

a) Doctors include licensed doctors and assistant doctors.

# 2−4 全市基本情况
# Basic Situation of Guiyang

| 指标名称 | | Item | | 2012 全市 The Whole City | 2012 市辖区 Districts under the Jurisdiction of Cities | 2011 全市 The Whole City | 2011 市辖区 Districts under the Jurisdiction of Cities |
|---|---|---|---|---|---|---|---|
| **行政区划、人口、劳动力及土地面积** | | **Divisions of Administrative Areas, Population,Labour and Land Area** | | | | | |
| 行政区数 | (个) | Number of Regions at County Level | (unit) | 6 | | 6 | |
| 行政县数 | (个) | Number of Countries | (unit) | 3 | | 3 | |
| 行政县级市数 | (个) | Number of Cities at County Level | (unit) | 1 | | 1 | |
| 年末总人口(公安户籍) | (万 人) | Total Population at year-end (Public Security Registration) | (10 000 persons) | 374.53 | 224.56 | 376.12 | 223.74 |
| #非农业人口 | (万 人) | Non-agricultural Population | (10 000 persons) | 185.43 | 160.33 | 186.29 | 161.39 |
| 年平均人口 | (万 人) | Annual Average Polulation | (10 000 persons) | 375.33 | 224.15 | 374.64 | 222.89 |
| 暂住人口(一个月以上) | (万 人) | Temporary Resident Population | (10 000 persons) | 91.29 | 83.74 | 110.38 | 100.54 |
| 年出生人口(公安户籍) | | Newly-born Population (Public Security Registration) | | 49801 | 28657 | 44570 | 28628 |
| 年死亡人口(公安户籍) | (人) | Death in the Year (Public Security Registration) | (person) | 35899 | 20824 | 19846 | 11729 |
| 年末总户数(公安户籍) | (万 户) | Total Household at Year-end (Public Security Registration) | (10 000 households) | 114.15 | 66.90 | 112.13 | 65.02 |
| 年末常住人口(常住半年及以上) | (万 人) | Permanent Residents at Year-end (half year and above) | (10 000 persons) | 445.17 | 314.87 | 439.33 | 310.14 |
| 年平均常住人口(常住半年及以上) | (万 人) | Annual Average Permanent Residents(half year and above) | (10 000 persons) | 442.25 | 312.50 | 436.13 | 307.09 |
| 年末单位从业人员数(城　镇) | (万 人) | Engaged Persons at Year-end (urban area) | (10 000 persons) | 82.73 | 71.69 | 76.52 | 66.22 |
| 第一产业(农、林、牧、渔业) | (万 人) | Primary Industry(Farming,Forestry, Animal Husbandry and Fishery) | (10 000 persons) | 0.17 | 0.11 | 0.20 | 0.12 |
| 第二产业 | (万 人) | Secondary Industry | (10 000 persons) | 44.76 | 38.47 | 40.18 | 34.27 |
| 第三产业 | (万 人) | Tertiary Industry | (10 000 persons) | 37.80 | 33.11 | 36.14 | 31.83 |
| 年末城镇登记失业人员数 | (人) | Unemployed Persons in Urban Area at Year-end | (person) | 29060 | 15021 | 30649 | 19325 |
| 行政区域土地面积 | (平方公里) | Land Area in Administrative Area | (sq.km) | 8034 | 2403 | 8034 | 2403 |
| #建城区面积 | | Urban Area under Construction | | 299 | | 230 | |
| 水资源总量 | (万立方米) | Total Water Resource | (10 000 cu.m) | 50.21 | | 45.15 | |
| **综合经济** | | **General Economy** | | | | | |
| **生产总值(当年价格)** | **(万 元)** | **Gross Domestic Product (current year price)** | **(10 000 yuan)** | **17103048** | **13054902** | **13830724** | **10662523** |
| 第一产业增加值 | (万 元) | Value Added of Primary Industry | (10 000 yuan) | 722826 | 251088 | 625514 | 220834 |
| 第二产业增加值 | (万 元) | Value Added of Secondary Industry | (10 000 yuan) | 7173223 | 4951560 | 5868389 | 4072300 |
| 第三产业增加值 | (万 元) | Value Added of Tertiary Industry | (10 000 yuan) | 9206999 | 7852254 | 7336821 | 6369389 |
| 人均生产总值(常住人口平均) | (元) | Per Capita GDP (permanent residents) | (yuan) | 38673 | 41776 | 31712 | 34721 |
| 生产总值增长率 | (%) | Growth Rate of Gross Domestic Product | (%) | 15.9 | 16.9 | 17.1 | 18.2 |
| 人均生产总值增长率 | (%) | Growth Rate of Per Capita GDP | (%) | 14.3 | | 14.9 | |
| 人均生产总值(户籍人口平均) | (元) | Per Capita GDP (registered permanent residence) | (yuan) | 45568 | 58242 | 36917 | 47838 |
| **财政、金融、保险** | | **Government Fiance,Financial Intermediation and Insurance** | | | | | |
| 公共财政预算收入 | (万 元) | Public Finance Bedget Revenue | (10 000 yuan) | 2411920 | 2032568 | 1870940 | 1638770 |
| #各项税收 | (万 元) | Taxes | (10 000 yuan) | 1936518 | 1714458 | 1544043 | 1371607 |
| #企业所得税 | (万 元) | Corporate Income Tax | (10 000 yuan) | 268615 | 245915 | 233353 | 212647 |
| 个人所得税 | (万 元) | Individual Income Tax | (10 000 yuan) | 84640 | 74721 | 92698 | 82535 |

# 2-4 续表1 (continued)

| 指标名称 | | Item | | 2012 全 市 The Whole City | 2012 市辖区 Districts under the Jurisdiction of Cities | 2011 全 市 The Whole City | 2011 市辖区 Districts under the Jurisdiction of Cities |
|---|---|---|---|---|---|---|---|
| 公共财政预算支出 | (万 元) | Public Finance Bedget Expenditure | (10 000 yuan) | 3493275 | 2762914 | 2773807 | 2210410 |
| #一般性公共服务支出 | (万 元) | Expenditure for General Public Services | (10 000 yuan) | 666332 | 536649 | 458258 | 366132 |
| 科学技术支出 | (万 元) | Expenditure for Science and Technology | (10 000 yuan) | 65869 | 59002 | 50526 | 45043 |
| 教育支出 | (万 元) | Expenditure for Education | (10 000 yuan) | 626051 | 459030 | 483766 | 361012 |
| 文化体育与传媒支出 | (万 元) | Expenditure for Culture,Sport and Media | (10 000 yuan) | 47817 | 41629 | 43474 | 38654 |
| 社会保障和就业支出 | (万 元) | Expenditure for Social Safety Net and Employment Effort | (10 000 yuan) | 250590 | 188118 | 200251 | 149155 |
| 医疗卫生支出 | (万 元) | Expenditure for Medical and Health Care | (10 000 yuan) | 208794 | 138989 | 178655 | 122258 |
| 城乡社区事务支出 | (万 元) | Expenditure for Affairs of Financial Supervison | (10 000 yuan) | 234759 | 215337 | 206029 | 186986 |
| 交通运输支出 | (万 元) | Expenditure for Transportation | (10 000 yuan) | 72666 | 61854 | 53669 | 46753 |
| 节能环保支出 | (万 元) | Expenditure for Energy Conservation and Environment Protection | (10 000 yuan) | 127751 | 110147 | 71254 | |
| 年末金融机构各项存款余额(人民币) | (万 元) | Deposits of National Banking System | (10 000 yuan) | 43943720 | 41493317 | 36036468 | 34052574 |
| #城乡居民储蓄余额 | (万 元) | Outstanding Amount of Saving Deposits in Urban and Rural Area | (10 000 yuan) | 14982022 | 13536029 | 12510372 | 11345040 |
| 年末金融机构各项贷款余额(人民币) | (万 元) | Loans of National Banking System | (10 000 yuan) | 34794711 | 32931980 | 30128585 | 28548507 |
| 保费收入 | (万 元) | Premium | (10 000 yuan) | 569336 | | 500387 | |
| 财产险 | (万 元) | Property Insurance | (10 000 yuan) | 272787 | | 228011 | |
| 人身险 | (万 元) | Life Insurance | (10 000 yuan) | 296549 | | 272376 | |
| 赔款、给付 | (万 元) | Payment | (10 000 yuan) | 202169 | | 138623 | |
| 财产险 | (万 元) | Property Insurance | (10 000 yuan) | 145751 | | 89009 | |
| 人身险 | (万 元) | Life Insurance | (10 000 yuan) | 56418 | | 49614 | |
| **农 业** | | **Agriculture** | | | | | |
| 年末耕地总资源 | (千公顷) | Total Area of Cultivated Land at the Year-end | (1000 hectare) | 268.14 | | 270.37 | |
| #实有耕地面积 | (千公顷) | Cultivated Area | (1000 hectare) | 95.59 | | 96.74 | |
| 蔬菜产量 | (吨) | Output of Vegetables | (ton) | 2002295 | | 1782403 | |
| 水果产量 | (吨) | Output of Fruits | (ton) | 124137 | | 110552 | |
| 肉类总产量 | (吨) | Output of Meat | (ton) | 144603 | | 139437 | |
| 奶类产量 | (吨) | Output of Milk | (ton) | 40616 | | 37809 | |
| 水产品产量 | (吨) | Output of Aquatic Products | (ton) | 9060 | | 9058 | |
| **工 业** | | **Industry** | | | | | |
| 年销售收入500万元以上工业企业 | | Anual Sales Revenue of Industrial Enterprises above 5 Million | | | | | |
| 工业企业数 | (个) | Number of Industrial Enterprises | (unit) | 794 | | 703 | 513 |

## 2-4 续表2 (continued)

| 指标名称 | | Item | | 2012 全市 The Whole City | 2012 市辖区 Districts under the Jurisdiction of Cities | 2011 全市 The Whole City | 2011 市辖区 Districts under the Jurisdiction of Cities |
|---|---|---|---|---|---|---|---|
| 内资企业 | (个) | Domestic Funded | (unit) | 747 | | 657 | 478 |
| 国有企业 | (个) | State-owned Enterprises | (unit) | 69 | | 69 | 48 |
| 私营企业 | (个) | Private Enterprises | (unit) | 187 | | 236 | 189 |
| 港、澳、台商投资企业 | (个) | Enterprises with Funds from Hong Kong,Macao and Taiwan | (unit) | 19 | | 21 | 16 |
| 外商投资企业 | (个) | Foreign Funded Enterprises | (unit) | 28 | | 25 | 19 |
| 工业增加值 | (万 元) | Industrial Value Added | (10 000 yuan) | 4898179 | | 3782150 | 2787381 |
| 工业总产值 | (万 元) | Gross Industrial Output Value | (10 000 yuan) | 17279420 | | 14662863 | 10155195 |
| 内资企业 | (万 元) | Domestic Funded | (10 000 yuan) | 16261429 | | 13656614 | 9498222 |
| 国有企业 | (万 元) | State-owned Enterprises | (10 000 yuan) | 4072621 | | 4896761 | 4383102 |
| 私营企业 | (万 元) | Private Enterprises | (10 000 yuan) | 2558414 | | 2078278 | 829958 |
| 港、澳、台商投资企业 | (万 元) | Enterprises with Funds from Hong Kong,Macao and Taiwan | (10 000 yuan) | 310465 | | 355905 | 251103 |
| 外商投资企业 | (万 元) | Foreign Funded Enterprises | (10 000 yuan) | 707526 | | 650344 | 405870 |
| 从业人员年平均人数 | (万 人) | Avarage Annual Employed Persons | (10 000 persons) | 22.0 | | 21.53 | 15.27 |
| 流动资产合计 | (万 元) | Total Current Assets | (10 000 yuan) | 9204120 | | 7981905 | 4948077 |
| 固定资产合计 | (万 元) | Total Fixed Assets | (10 000 yuan) | 9090194 | | 6600815 | 3147171 |
| 主营业务收入 | (万 元) | Revenue from Principle Business | (10 000 yuan) | 16103240 | | 13827952 | 8676705 |
| 主营业务成本 | (万 元) | Cost of Principle Business | (10 000 yuan) | 11012751 | | 9856068 | 5718207 |
| 主营业务税金及附加 | (万 元) | Tax and Extra Charges from Principle Business | (10 000 yuan) | 1558119 | | 774401 | 687875 |
| 本年应交增值税 | (万 元) | Value-added Tax Payable | (10 000 yuan) | 760406 | | 481030 | 379898 |
| 利润总额 | (万 元) | Total Profits | (10 000 yuan) | 1049540 | | 831630 | 268906 |
| **交通运输、邮电通信、能源电力** | | **Transport,Postal and Telecommunication Services and Energy** | | | | | |
| 铁路客运量 | (万 人) | Passenger Traffic of Railways | (10 000 persons) | 1284.00 | | 1299.30 | |
| 铁路货运量 | (万 吨) | Freight Traffic of Railways | (10 000 tons) | 1548.00 | | 1645.30 | |
| 民用车辆拥有量 | (辆) | Possession of Civil Vehicles | (unit) | 673578 | | 644728 | |
| #私人车辆拥有量 | (辆) | Private Vehicles | (unit) | 580790 | | 557366 | |

## 2–4 续表3 (continued)

| 指标名称 | | Item | | 2012 | | 2011 | |
|---|---|---|---|---|---|---|---|
| | | | | 全 市 The Whole City | 市辖区 Districts under the Jurisdiction of Cities | 全 市 The Whole City | 市辖区 Districts under the Jurisdiction of Cities |
| 民用汽车拥有量 | (辆) | Possession of Civil Automobile | (unit) | 554962 | | 501818 | |
| #私人汽车拥有量 | (辆) | Private Automobile | (unit) | 463523 | | 416217 | |
| 公路客运量(全社会) | (万 人) | Passenger Traffic of Highways (in the Whole City) | (10 000 persons) | 44299 | | 36091 | |
| 公路货运量(全社会) | (万 吨) | Freight Traffic of Highways (in the Whole City) | (10 000 tons) | 15074 | | 12219 | |
| 境内公路里程 | (公 里) | Length of Highways | (km) | 9386.15 | | 9214.27 | |
| #境内等级公路里程 | (公 里) | Length of Class I to IV Highways | (km) | 8461.01 | | 8254.19 | |
| #境内高速公路里程 | (公 里) | Length of Expressways | (km) | 289.64 | | 287.25 | |
| 水运客运量(全社会) | (万 人) | Passenger Traffic of Waterways (in the Whole City) | (10 000 persons) | 31.54 | | 162.68 | |
| 水运货运量(全社会) | (万 吨) | Freight Traffic of Waterways (in the Whole City) | (10 000 tons) | 5.12 | | 14.69 | |
| 内河航道通航里程 | (公 里) | Navigable Inland Waterways | (km) | 312.80 | | 312.80 | |
| #六级以上航道 | (公 里) | Inland Waterways above Class VI | (km) | 116.00 | | 116.00 | |
| 民用航空货邮运量 | (吨) | Freight Traffic of Civil Aviation | (ton) | 79589 | | 69130 | |
| 民用航空客运量 | (人) | Passenger Traffic of Civil Aviation | (person) | 8746179 | | 7339228 | |
| 年末邮政局(所)数 | (处) | Number of Postal Offices at Year-end | (unit) | 171 | 114 | 175 | 116 |
| 邮政业务收入 | (万 元) | Business Volume of Postal Services | (10 000 yuan) | 38736 | | 34759 | |
| 电信业务收入 | (万 元) | Business Volume of Telecommunication Services | (10 000 yuan) | 477540 | | 421310 | |
| 固定电话用户年末用户数 | (万 户) | Number of Fixed Telephone Subscribers at Year-end | (10 000 households) | 101.97 | 89.20 | 99.34 | 85.48 |
| 移动电话年末用户数 | (万 户) | Number of Mobile Telephone Subscribers at Year-end | (10 000 households) | 640.85 | 542.17 | 544.05 | 455.71 |
| #3G移动电话用户 | (万 户) | 3G Mobile Phone Subscribers | (10 000 households) | 109.72 | 91.51 | 51.56 | 38.24 |
| 互联网宽带接入用户数 | (户) | Number of Internet Subscribers | (household) | 807689 | 730798 | 682440 | 626663 |
| 全年用电量 | (万千瓦时) | Electricity Consumption of the Whole Year | (10 000 kwh) | 2293882 | 1595293 | 2323773 | 1712691 |
| #工业用电 | (万千瓦时) | Industrial Electricity Consumption | (10 000 kwh) | 1645306 | 1044331 | 1710583 | 1181680 |
| 城乡居民生活用电 | (万千瓦时) | Households Consumption of Electricity | (10 000 kwh) | 455204 | 384836 | 412495 | 353580 |
| **内外贸易、外经、旅游** | | **Foreign Trade,Economy and Tourism** | | | | | |
| 限额以上批发零售贸易业商品销售总额 | (万 元) | Total Sales Value of Enterprises above Designated Size of Wholesale and Retail Trade | (10 000 yuan) | 12170225 | 12008123 | 8959683 | 8805623 |
| 社会消费品零售总额 | (万 元) | Total Retail Sales of Consumer Goods | (10 000 yuan) | 6831866 | 6078292 | 5843292 | 5201218 |
| 限额以上批发零售贸易企业数(法人数) | (个) | Number of Enterprises above Designated Size of Wholesale and Retail Trade | (unit) | 384 | 364 | 334 | 325 |
| #零售业 | (个) | Retail Trade | (unit) | 214 | 198 | 172 | 164 |
| 限额以上批发零售贸易业企业财务 | | Finances of Enterprises above Designated Size of Wholesale and Retail Trade | | | | | |
| 流动资产合计 | (万 元) | Total Current Assets | (10 000 yuan) | 4882466 | 4795433 | 3291170 | |
| 固定资产合计 | (万 元) | Total Fixed Assets | (10 000 yuan) | 378492 | 373704 | 361363 | |

## 2–4 续表4 (continued)

| 指标名称 | | Item | | 2012 全市 The Whole City | 2012 市辖区 Districts under the Jurisdiction of Cities | 2011 全市 The Whole City | 2011 市辖区 Districts under the Jurisdiction of Cities |
|---|---|---|---|---|---|---|---|
| 主营业务收入 | (万 元) | Revenue from Principle Business | (10 000 yuan) | 11128390 | 10951450 | 7959191 | 7823275 |
| 主营业务成本 | (万 元) | Cost of Principle Business | (10 000 yuan) | 10039072 | 9881823 | 7195729 | 7077972 |
| 主营业务税金及附加 | (万 元) | Tax and Extra Charges from Principle Business | (10 000 yuan) | 97841 | 97127 | 107217 | |
| 本年应交增值税 | (万 元) | Value-added Tax Payable | (10 000 yuan) | 534955 | 533322 | 340508 | 333024 |
| 利润总额 | (万 元) | Total Profits | (10 000 yuan) | 378243 | 368518 | 231066 | 226390 |
| 进出口额(外贸数) | (万美元) | Total Value of Imports and Exports | (USD 10 000) | 505104 | | 376943 | |
| 进口额 | (万美元) | Total Imports | (USD 10 000) | 83706 | | 98919 | |
| 出口额 | (万美元) | Total Exports | (USD 10 000) | 421398 | | 278023 | |
| 外国和港澳台地区在华直接投资 | | Direct Investments from Foreign Countries, Hong Kong,Macao and Taiwai Direct Investments | | | | | |
| 当年新签项目(合同)个数 | (个) | New Contracts | (unit) | 12 | 4 | 30 | 18 |
| 当年合同外资金额 | (万美元) | Foreign Fund in New Contracts | (USD 10 000) | 19233 | | 120505 | |
| 当年实际直接利用外资金额 | (万美元) | Total Amount of Foreign Investment Actually Utilized | (USD 10 000) | 47415 | 40697 | 27874 | 23893 |
| 海外游客人数(含一日游游客) | (人) | Overseas Tourists (including one-day tour tourists) | (person) | 116181 | | 97777 | |
| #外国人 | (人) | Foreigners | (person) | 56734 | | 51469 | |
| 港、澳、台同胞 | (人) | Chinese Compatriots from Hong Kong, Macao and Taiwai | (person) | 59447 | | 46308 | |
| 旅游(外汇)收入 | (万美元) | Foreign Exchange Earnings from Tourism | (USD 10 000) | 4474.08 | | 3726.76 | |
| 星级饭店数 | (个) | Number of Star-rated Hotels | (unit) | 77 | | 81 | |
| **固定资产投资** | | **Investment in Fixed Assets** | | | | | |
| 全社会固定资产投资总额 | (万 元) | Total Investment in Fixed Assets in the Whole City | (10 000 yuan) | 24825583 | 17676055 | 16005898 | 11567365 |
| #房地产开发 | (万 元) | Real Estate Development | (10 000 yuan) | 9085224 | 8747966 | 4673595 | 4257616 |
| #住 宅 | (万 元) | Residential Buildings | (10 000 yuan) | 5736678 | 5526909 | 3062773 | 2770262 |
| 全年新增固定资产 | (万 元) | Newly Increased Fixed Assets in the Whole Year | (10 000 yuan) | 12522368 | 8982235 | 8973567 | 6404664 |
| 本年施工住宅面积 | (万平方米) | Floor Space under Construction This Year | (10 000 sq.m) | 4592.71 | | 3838.28 | |
| 本年竣工住宅面积 | (万平方米) | Floor Space Completed This Year | (10 000 sq.m) | 658.35 | | 552.14 | |
| 房地产 | | Real Estate | | | | | |
| 商品房屋销售面积 | (万平方米) | Floor Space of Commercialized Buildings Sold | (10 000 sq.m) | 1040.63 | 971.78 | 828.29 | 751.84 |
| #住 宅 | (万平方米) | Residential Buildings | (10 000 sq.m) | 963.31 | 899.83 | 733.72 | 666.28 |
| #高档别墅公寓 | (万平方米) | Villas,High-grade Apartments | (10 000 sq.m) | 14.22 | 14.22 | 20.38 | 20.38 |
| 商品房屋销售额 | (万 元) | Total Sale of Commercialized Buildings | (10 000 yuan) | 5025459 | 4836532 | 4171780 | 3951289 |
| #住 宅 | (万 元) | Residential Buildings | (10 000 yuan) | 4288901 | 4127983 | 3340660 | 3147894 |
| #高档别墅公寓 | (万 元) | Villas,High-grade Apartments | (10 000 yuan) | 183680 | 183680 | 151849 | 151849 |
| 待售面积 | (万平方米) | Floor Space of Commercialized Buildings for Sale | (10 000 sq.m) | 180.20 | 166.99 | 114.84 | 96.79 |

## 2-4 续表5 (continued)

| 指标名称 | | Item | | 2012 全 市 The Whole City | 2012 市辖区 Districts under the Jurisdiction of Cities | 2011 全 市 The Whole City | 2011 市辖区 Districts under the Jurisdiction of Cities |
|---|---|---|---|---|---|---|---|
| **教育、科技、文化、卫生** | | **Education,Technology,Culture and Health Care** | | | | | |
| 学校数 | | Number of Schools | | | | | |
| 普通高等学校 | (所) | Regular Institutions of Higher Education | (unit) | 26 | 24 | 25 | 24 |
| 成人高等学校 | (所) | Institutions of Higher Education for Adult | (unit) | 2 | | 2 | |
| 中等职业教育(学校) | (所) | Vocational Secondary Education | (unit) | 80 | 76 | 77 | 72 |
| 普通中学 | (所) | Regular Secondary Schools | (unit) | 315 | 224 | 306 | 214 |
| 职业中学(初中) | (所) | Vocational Secondary Schools (Junior Secondary Schools) | (unit) | 9 | | 9 | |
| 小 学 | (所) | Primary Schools | (unit) | 671 | 377 | 742 | 360 |
| 专任教师数 | | Full-time Teachers | | | | | |
| 普通高等学校 | (人) | Regular Institutions of Higher Education | (person) | 13278 | 13101 | 12778 | 12657 |
| 成人高等学校 | (人) | Institutions of Higher Education for Adult | (person) | 305 | | 257 | |
| 中等职业教育(学校) | (人) | Vocational Secondary Education | (person) | 4672 | 4426 | 4485 | 4268 |
| 普通中学 | (人) | Regular Secondary Schools | (person) | 18779 | 13115 | 15218 | 9859 |
| 职业中学(初中) | (人) | Vocational Secondary Schools (Junior Secondary Schools) | (person) | 216 | | 205 | |
| 小 学 | (人) | Primary Schools | (person) | 14885 | 9362 | 16867 | 11435 |
| 在校学生数 | | Number of Students Enrollment | | | | | |
| 普通高等学校 | (人) | Regular Institutions of Higher Education | (person) | 291071 | 287711 | 261314 | 259316 |
| 成人高等学校 | (人) | Institutions of Higher Education for Adult | (person) | 4202 | | 4467 | 4467 |
| 中等职业教育(学校) | (人) | Vocational Secondary Education | (person) | 146293 | 137443 | 144358 | 136576 |
| 普通中学 | (万 人) | Regular Secondary Schools | (10 000 persons) | 26.29 | 19.14 | 25.90 | 17.52 |
| #高 中 | (万 人) | Senior Secondary School | (10 000 persons) | 8.13 | | 7.44 | 4.45 |
| 职业中学(初中) | (人) | Vocational Secondary Schools (Junior Secondary Schools) | (person) | 3104 | | 3618 | |
| 小 学 | (万 人) | Primary Schools | | 32.23 | 23.32 | 33.43 | 23.78 |
| 初中毕业生升学率 | (%) | Promotion Rate from Junior Secondary Schools to Senior Secondary Schools | (%) | 86.22 | | 88.03 | |
| 专利申请受理量 | (件) | Number of Patents Application Accepted | (case) | 5438 | | 3549 | |
| 专利申请授权量 | (件) | Number of Patents Application Granted | (case) | 2997 | | 2039 | |
| #发 明 | (件) | Inventions | (case) | 429 | | 438 | |
| 剧场、影剧院数 | (个) | Number of Theaters,Music Halls and Cinemas | (unit) | 5 | 2 | 5 | 2 |
| 公共图书馆图书总藏量 | (千册、件) | Total Collections of Public Libraries | (1000 copies) | 2448 | 2219 | 2127 | 1450 |
| 医院、卫生院数 | (个) | Number of Hospitals and Health Centers | (unit) | 226 | 149 | 222 | 148 |

## 2-4 续表6 (continued)

| 指标名称 | | Item | | 2012 | | 2011 | |
|---|---|---|---|---|---|---|---|
| | | | | 全市 The Whole City | 市辖区 Districts under the Jurisdiction of Cities | 全市 The Whole City | 市辖区 Districts under the Jurisdiction of Cities |
| 医院、卫生院床位数 | (张) | Number of Beds in Hospitals and Health Centers | (bed) | 21698 | 17272 | 20489 | 17064 |
| 医生数 | (人) | Number of Doctors | (person) | 11820 | 10103 | 11338 | 9424 |
| #医院、卫生院医生数 | (人) | Number of Doctors in Hospital and Health Centers | (person) | 8171 | | 7532 | |
| 注册护士 | (人) | Registered Nurse | (person) | 13079 | 11553 | 12284 | 10821 |
| #医院、卫生院注册护士 | (人) | Registered Nurse in Hospital and Health Centers | (person) | 10438 | | 9648 | |
| **人民生活、社会保障** | | **People's Living Condition and Social Security** | | | | | |
| 城镇居民人均住宅建筑面积 | (平方米/人) | Per Capita Building Space of Urban Household | (sq.m/person) | | 22.67 | | 22.27 |
| 农民人均住房面积 | (平方米/人) | Per Capita Living Space of Rural Household | (sq.m/person) | 58.97 | | 52.20 | |
| 在岗职工平均人数 | (万 人) | Average Number of Staff and Workers | (10 000 persons) | 75.31 | 65.46 | 70.91 | 60.91 |
| 在岗职工工资总额 | (万 元) | Total Wage Bill of Staff and Workers | (10 000 yuan) | 3236338 | 2816398 | 2742300 | 2378021 |
| 在岗职工年平均工资 | (元) | Annual Average Wage of Staff and Workers | (yuan) | 42974 | | 38674 | |
| 家庭总收入 | (元) | Total Household Income | (yuan) | | 23945 | | 21106 |
| 工资性收入 | (元) | Income from Wages and Salaries | (yuan) | | 13534 | | 12276 |
| 经营净收入 | (元) | Net Business Income | (yuan) | | 2462 | | 1578 |
| 财产性收入 | (元) | Property Income | (yuan) | | 469 | | 441 |
| 转移性收入 | (元) | Income from Transfer | (yuan) | | 7479 | | 6811 |
| 城镇居民人均可支配收入 | (元) | Annual Per Capita Disposable Income of Urban Households | (yuan) | | 21796 | | 19420 |
| 最低10%户人均可支配收入 | (元) | Lowest Annual Per Capita Disposable Income(first ten percent group) | (yuan) | | 5592 | | 6971 |
| 最高10%户人均可支配收入 | (元) | Highest Annual Per Capita Disposable Income(first ten percent group) | (yuan) | | 36450 | | 40077 |
| 城镇居民人均消费支出 | (元) | Consumption Expenditure of Urban Households | (yuan) | | 15718 | | 14300 |
| #食 品 | (元) | Food | (yuan) | | 6011 | | 5528 |
| 衣着用品 | (元) | Clothing | (yuan) | | 1346 | | 1295 |
| 家庭设备、用品及服务 | (元) | Household Facilities,Articles and Services | (yuan) | | 982 | | 1195 |
| 医疗保健 | (元) | Health Care and Medical Services | (yuan) | | 819 | | 603 |
| 交通和通讯 | (元) | Transport and Communications | (yuan) | | 3014 | | 1991 |
| 娱乐、教育、文化服务 | (元) | Education,Culture and Recreation Services | (yuan) | | 1924 | | 1764 |
| 居 住 | (元) | Residence | (yuan) | | 1220 | | 1546 |
| 每百户城市居民家庭拥有： | | Per 100 Rural Households Owned: | | | | | |
| 家用汽车 | (辆) | Automobile | (unit) | | 16.80 | | 12.70 |
| 家用电脑 | (台) | Computer | (set) | | 85.76 | | 77.14 |
| 固定电话 | (部) | Fixed Telephone | (set) | | 64.31 | | 68.57 |

## 2-4 续表7 (continued)

| 指标名称 | | Item | | 2012 全市 The Whole City | 2012 市辖区 Districts under the Jurisdiction of Cities | 2011 全市 The Whole City | 2011 市辖区 Districts under the Jurisdiction of Cities |
|---|---|---|---|---|---|---|---|
| 移动电话 | (部) | Mobile Telephone | (set) | | 221.39 | | 211.11 |
| 电冰箱(柜) | (台) | Refrigerator | (set) | | 98.98 | | 99.05 |
| 彩色电视机 | (台) | Color TV Set | (set) | | 120.49 | | 120.00 |
| 钢　琴 | (架) | Piano | (set) | | 4.04 | | 2.86 |
| 照相机 | (架) | Camera | (set) | | 45.27 | | 47.30 |
| 摄像机 | (架) | Video Camera | (set) | | 10.68 | | 10.79 |
| 洗衣机 | (台) | Washing Machine | (set) | | 102.69 | | 101.27 |
| 居民消费价格指数(上年为100) | (%) | Consumer Price Index (It was 100 of last year) | (%) | | 102.6 | | 105.5 |
| 农民人均纯收入 | (元) | Per Capita Annual Net Income of Rural Households | (yuan) | 8488 | | 7381 | |
| 养老保险参保人数 | (人) | Urban Employee Basic Pension Insurance Contributors | (person) | 1182561 | 1077428 | 1040514 | 954591 |
| 基本养老保险参保人数 | (人) | Number of Staff and Workers | (person) | 982966 | | 856699 | |
| 离退休养老保险人数 | (人) | Number of Retirees | (person) | 199595 | | 183815 | |
| 基本医疗保险参保人数 | (人) | Urban Basic Medical Care Insurance Contributors | (person) | 1091910 | 935165 | 1055670 | 920886 |
| 失业保险参保人数 | (人) | Unemployment Insurance Contributors | (person) | 531040 | 470551 | 480788 | 422650 |
| 生育保险参保人数 | (人) | Maternity Insurance Contributors | (person) | 932218 | 847103 | 892375 | 815862 |
| 工伤保险参保人数 | (人) | Work Injury Insurance Contributors | (person) | 694359 | 609993 | 634501 | 557068 |
| 社会福利院数 | (个) | Number of Social Welfare Homes | (unit) | 105 | 66 | 108 | 65 |
| 社会福利院床位数 | (张) | Number of Beds in Social Welfare Homes | (bed) | 6209 | 4691 | 5447 | 4548 |
| 社区服务设施数 | (个) | Number of Community Service Facilities | (unit) | 1112 | 999 | 1184 | 1060 |
| 居民最低生活保障线以下人数 | (人) | Number of Persons under Minimun Living | (person) | 131798 | | 135184 | |
| 城镇居民 | (人) | Urban Households | (person) | 72670 | 62638 | 74456 | 62894 |
| 农村居民 | (人) | Rural Households | (person) | 59128 | | 60728 | |
| **社会治安** | | **Social Security** | | | | | |
| 交通事故件数 | (件) | Number of Traffic Accidents | (case) | 259 | | 304 | |
| 交通事故死亡人数 | (人) | Number of Deaths in Traffic Accidents | (person) | 161 | 75 | 206 | 132 |
| 交通事故损失额 | (万 元) | Property Losses of Traffic Accidents | (10 000 yuan) | 281 | 99 | 243 | 185 |
| 火灾事故死亡人数 | (人) | Number of Deaths in Fire Accidents | (person) | 4 | 4 | 6 | 4 |
| 火灾事故损失额 | (万 元) | Economic Losses of Fire Accidents | (10 000 yuan) | 1973 | 1859 | 1688 | 1534 |
| 刑事案件立案数 | (件) | Number of Cases Registered | (case) | 5964 | 4931 | 5010 | 3065 |
| 犯罪人数 | (人) | Number of Offenders | (person) | 6730 | 4855 | 5904 | 4848 |

## 2-4 续表8 (continued)

| 指标名称 | | Item | | 2012 全市 The Whole City | 2012 市辖区 Districts under the Jurisdiction of Cities | 2011 全市 The Whole City | 2011 市辖区 Districts under the Jurisdiction of Cities |
|---|---|---|---|---|---|---|---|
| **市政公用事业** | | **Municipal Public Utilities** | | | | | |
| 城市维护建设资金支出 | (万 元) | Expenditure on Municipal Infra-structure | (10 000 yuan) | | 63727 | | 84672 |
| 年末实有城市道路面积 | (万平方米) | Area of Paved Roads(at year-end) | (10 000 sq.m) | | 1348 | | 1348 |
| 排水管道长度 | (公 里) | Length of City Sewage Pipes | (km) | | 1910 | | 1910 |
| 供水综合生产能力 | (万立方米/日) | Production Capacity of Tap Water Supply | (10 000 cu.m/day) | | 117.5 | | 117.5 |
| 供水总量 | (万立方米) | Total Volume of Tap Water Supply | (10 000 cu.m) | | 23855 | | 22542 |
| 售水量 | (万立方米) | Total Volume of Tap Water Sold | (10 000 cu.m) | | 18021 | | 16964 |
| #居民生活用水量 | (万立方米) | Consumption of Tap Water for Residents | (10 000 cu.m) | | 14228 | | 13203 |
| 用水人口 | (万 人) | Number of Residents with Access to Tap Water | (10 000 persons) | | 236 | | 220 |
| 煤气(人工、天然气)供气总量 | (万立方米) | Volume of Gas Supply (coal gas and natural gas) | (10 000 cu.m) | | 26909 | | 25237 |
| 煤气(人工、天然气)销售气总量 | (万立方米) | Volume of Gas Sold (coal gas and natural gas) | (10 000 cu.m) | | 26909 | | 25237 |
| #家庭用量 | (万立方米) | Households Consumption | (10 000 cu.m) | | 11054 | | 10302 |
| 用煤气人口 | (万 人) | Population with Access to Gas | (10 000 persons) | | 140 | | 175 |
| 液化石油气供气总量 | (万 吨) | Volume of Liquefied Petroleum Supply | (10 000 tons) | | 3.60 | | 3.60 |
| 液化石油气销售气总量 | (万 吨) | Volume of Liquefied Petroleum Sold | (10 000 tons) | | 3.60 | | 3.60 |
| #家庭用量 | (万 吨) | Households Consumption | (10 000 tons) | | 3.60 | | 3.60 |
| 用液化气人口 | (万 人) | Number of Residents with Access to Liquefied Petroleum | (10 000 persons) | | 72 | | 72 |
| 年末实有公共汽(电)车营运车辆数 | (辆) | Number of Public Vehicles under Operation at Year-end | (unit) | 2592 | 2299 | 2607 | 2303 |
| 全年公共汽(电)车客运总量 | (万人次) | Passengers Transported by Public Vehicles in the Whole year | (10 000 person-times) | 65846 | 61010 | 61533 | 56487 |
| 年末实有出租汽车数 | (辆) | Number of Taxies at Year-end | (unit) | 7145 | 6511 | 4823 | 4401 |
| 公园绿地面积(规划区495平方公里) | (公 顷) | Area of Park Green Land(495 square kilometers'planning areas) | (hectare) | | 2767.00 | | 2658.00 |
| 园林绿地面积(规划区495平方公里) | (公 顷) | Area of Garden Green Land(495 square kilometers'planning areas) | (hectare) | | 22345.00 | | 20839.50 |
| #建成区园林绿地面积 | (公 顷) | Area of Garden Green Land in Built Area | (hectare) | | 6904.30 | | 6849.60 |
| 建成区公共绿地面积 | (公 顷) | Park Green Areas in Built Area | (hectare) | | 1450.30 | | 1341.30 |
| 绿化覆盖面积(规划区495平方公里) | (公 顷) | Green Covered Area(495 square kilometers'planning areas) | (hectare) | | 22766.00 | | 21186.00 |
| #建成区绿化覆盖面积 | (公 顷) | Green Covered Area Completed | (hectare) | | 7104.60 | | 7047.20 |
| **环境保护** | | **Environment Protection** | | | | | |
| 工业废水排放量 | (万 吨) | Total Volume of Waste Water Discharged | (10 000 tons) | | 2008 | | 1986 |
| 工业二氧化硫排放量 | (吨) | Volume of Sulphur Dioxide Emission by Industry | (ton) | | 65259 | | 81625 |
| 工业固体废物综合利用率 | (%) | Ratio of Industrial Solid Wastes | (%) | | 59.10 | | 56.20 |
| 污水集中处理率 | (%) | Treatment Rate of Sewage | (%) | | 95.1 | | 95.3 |
| 生活垃圾无害化处理率 | (%) | Treatment Rate of Consumption Wastes | (%) | | 97.71 | | 94.68 |

# 2–5 生产总值
# Gross Domestic Product

| 指标 | Item | 2012 绝对数(万元) Absolute Figures (10 000 yuan) | 2012 构成(%) Proportion (%) | 2011 绝对数(万元) Absolute Figures (10 000 yuan) | 2011 构成(%) Proportion (%) | 2012年比2011年增长(%) Growth Rate in 2012 over 2011 (%) |
|---|---|---|---|---|---|---|
| **生产总值** | **Gross Domestic Product** | **17103048** | **100.0** | **13830724** | **100.0** | **15.9** |
| 第一产业 | Primary Industry | 722826 | 4.2 | 625514 | 4.6 | 8.5 |
| 农、林、牧、渔业 | Agriculture,Forestry,Animal Husbandry and Fishery | 717005 | 4.2 | 620296 | 4.5 | 8.5 |
| 农林牧渔服务业 | Service of Agriculture,Forestry, Animal Husbandry and Fishery | 5821 | 0.0 | 5218 | 0.1 | 4.8 |
| 第二产业 | Secondary Industry | 7173223 | 41.9 | 5868389 | 42.4 | 18.8 |
| 工　业 | Industry | 5347289 | 31.3 | 4549029 | 32.9 | 16.2 |
| 建筑业 | Construction | 1825934 | 10.7 | 1319360 | 9.5 | 28.0 |
| 第三产业 | Tertiary Industry | 9206999 | 53.9 | 7336821 | 53.0 | 14.1 |
| 交通运输、仓储和邮政业 | Transportation,Storage and Post | 1236435 | 7.2 | 906713 | 6.6 | 15.1 |
| 信息传输、计算机服务和软件业 | Information Transmission,Software Industry and Computer Services | 732789 | 4.3 | 589608 | 4.3 | 17.5 |
| 批发和零售业 | Wholesale and Retail Trades | 1565082 | 9.2 | 1307463 | 9.5 | 12.6 |
| 住宿和餐饮业 | Hotels and Catering Services | 711131 | 4.2 | 450036 | 3.3 | 14.1 |
| 金融业 | Financial Intermediation | 1400731 | 8.2 | 1104258 | 8.0 | 16.7 |
| 房地产业 | Real Estate | 605306 | 3.5 | 461480 | 3.3 | 15.9 |
| 租赁和商务服务业 | Leasing and Business Services | 277316 | 1.6 | 235371 | 1.7 | 14.4 |
| 科学研究、技术服务和地质勘查业 | Scientific Research,Technic Services and Geological Exploration | 255142 | 1.5 | 229180 | 1.7 | 6.9 |
| 水利、环境和公共设施管理业 | Management of Water Conservancy, Environment and Public Facilities | 210487 | 1.2 | 194477 | 1.4 | 3.9 |
| 居民服务和其他服务业 | Services to Household and Other Services | 156237 | 0.9 | 140206 | 1.0 | 6.7 |
| 教育、卫生、社会保障和福利业 | Education,Health,Social Security and Social Welfare | 810088 | 4.7 | 740877 | 5.4 | 5.0 |
| 文化、体育和娱乐业 | Culture,Sports and Entertainment | 322927 | 1.9 | 251745 | 1.8 | 26.9 |
| 公共管理和社会组织 | Public Management and Social Organization | 923328 | 5.4 | 725407 | 5.2 | 18.8 |
| **人均生产总值(元)** | **Per Capita Gross Domestic Product (yuan)** | **38673** | | **31712** | | **14.3** |

注：1.表中绝对数按当年价格计算，增长速度按可比价格计算；
2.表中人均生产总值按常住半年及以上平均总人口计算。

a) The absolute figures in this table are calculated at current prices,whereas the growth rates are calculated at comparable prices.

b) Per capita gross domestic product in this table are calculated at average annual population who live in Guiyang for six months or above.

# 2-6 按行业划分的资本形成总额
# Gross Capital Formation by Sector

单位：万元 (10 000 yuan)

| 指　　标 | Item | 2012 | 构　成 (%) Proportion (%) | 2011 | 构　成 (%) Proportion (%) |
|---|---|---|---|---|---|
| **固定资本形成总额** | **Gross Fixed Capital Formation** | **9042889** | **100.0** | **6698436** | **100.0** |
| 第一产业 | Primary Industry | 117558 | **1.3** | 107175 | 1.6 |
| 农林牧渔业 | Agriculture,Forestry, Animal Husbandry and Fishery | 117558 | 1.3 | 107175 | 1.6 |
| 第二产业 | Secondary Industry | 3531248 | 39.0 | 2560410 | 38.2 |
| 采掘业 | Mining | 76865 | 0.9 | 34832 | 0.5 |
| 制造业 | Manufacturing | 1492077 | 16.5 | 1232512 | 18.4 |
| 电力、煤气及水的生产和供应业 | Electric Power,Gas and Water Production and Supply | 289372 | 3.2 | 73951 | 1.1 |
| 建筑业 | Construction | 1672934 | 18.5 | 1219115 | 18.2 |
| 第三产业 | Tertiary Industry | 5394083 | 59.6 | 4030851 | 60.2 |
| 交通运输、仓储和邮政业 | Transportation,Storage and Post | 1564420 | 17.3 | 1071750 | 16.0 |
| 信息传输、计算机服务和软件业 | Information Transmission,Software Industry and Computer Services | 859074 | 9.5 | 750225 | 11.2 |
| 批发与零售业 | Wholesale and Retail Trades | 321927 | 3.6 | 273296 | 4.1 |
| 住宿和餐饮业 | Hotels and Catering Services | 379801 | 4.2 | 147366 | 2.2 |
| 金融业 | Financial Intermediation | 529009 | 5.8 | 371093 | 5.5 |
| 房地产业 | Real Estate | 922375 | 10.2 | 653499 | 9.8 |
| 其它行业 | Others | 817477 | 9.0 | 763622 | 11.4 |
| **存货增加** | **Changes in Inventories** | **732298** | **100.0** | **620592** | **100.0** |
| 第一产业 | Primary Industry | 7323 | **1.0** | 6268 | 1.0 |
| 农林牧渔业 | Agriculture,Forestry, Animal Husbandry and Fishery | 7323 | 1.0 | 6268 | 1.0 |
| 第二产业 | Secondary Industry | 601949 | 82.2 | 508285 | 81.9 |
| 工　业 | Industry | 304636 | 41.6 | 245742 | 39.6 |
| 建筑业 | Construction | 297313 | 40.6 | 262543 | 42.3 |
| 第三产业 | Tertiary Industry | 123026 | 16.8 | 106039 | 17.1 |
| 交通运输、仓储和邮政业 | Transportation,Storage and Post | 62245 | 8.5 | 62689 | 10.1 |
| 批发与零售业 | Wholesale and Retail Trades | 25630 | 3.5 | 9090 | 1.5 |
| 住宿和餐饮业 | Hotels and Catering Services | 10984 | 1.5 | 7899 | 1.3 |
| 其它行业 | Others | 24167 | 3.3 | 26361 | 4.2 |

# 2–7 最终消费
# Final Consumption

单位：万元 (10 000 yuan)

| 指　　标 | Item | 2012 | 构成 (%) Proportion (%) | 2011 | 构成 (%) Proportion (%) |
|---|---|---|---|---|---|
| **最终消费支出** | **Final Consumption Expenditure** | **8013208** | **100.0** | **6852805** | **100.0** |
| **居民消费支出** | **Resident Consumption** | **7314858** | **91.3** | **6229278** | **90.9** |
| **农村居民** | **Consumption Composition for Rural Residents** | **557472** | **7.0** | **502680** | **7.3** |
| 食品类支出 | Food | 286316 | 3.6 | 247570 | 3.6 |
| 衣着类支出 | Clothing | 40417 | 0.5 | 31418 | 0.5 |
| 居住类支出 | Residence | 24306 | 0.3 | 33075 | 0.5 |
| 家庭设备、用品及服务类支出 | Household,Articles and Services | 36236 | 0.5 | 30663 | 0.4 |
| 医疗保健类支出 | Health Care and Medical Services | 23414 | 0.3 | 16086 | 0.2 |
| 公共医疗消费支出 | Public Medical Care | 28989 | 0.4 | 30161 | 0.4 |
| 交通和通信类支出 | Transport and Communications | 22856 | 0.3 | 18096 | 0.3 |
| 文教娱乐用品及服务类支出 | Education,Culture,Recreation and Relative Services | 36236 | 0.5 | 21113 | 0.3 |
| 金融中介服务虚拟支出 | Virtual Expenditure for Financial Agency Services | 2230 | 0.0 | 2011 | 0.1 |
| 自有住房服务虚拟支出 | Virtual Expenditure for Services for Private-owned Houses | 2787 | 0.0 | 16086 | 0.2 |
| 其它商品和服务类支出 | Others | 53685 | 0.7 | 56401 | 0.8 |
| **城镇居民** | **Consumption Composition for Urban Residents** | **6757386** | **84.3** | **5726598** | **83.6** |
| 食品类支出 | Food | 2946210 | 36.8 | 2450984 | 35.8 |
| 衣着类支出 | Clothing | 497364 | 6.2 | 494778 | 7.2 |
| 居住类支出 | Residence | 611543 | 7.6 | 403725 | 5.9 |
| 家庭设备、用品及服务类支出 | Household,Articles and Services | 331112 | 4.1 | 332143 | 4.8 |
| 医疗保健类支出 | Health Care and Medical Services | 324355 | 4.0 | 234790 | 3.4 |
| 公共医疗消费支出 | Public Medical Care | 202711 | 2.5 | 160345 | 2.3 |
| 交通和通信类支出 | Transport and Communications | 547348 | 6.8 | 440948 | 6.4 |
| 文教娱乐用品及服务类支出 | Education,Culture, Recreation and Relative Services | 729798 | 9.1 | 813177 | 11.9 |
| 金融中介服务虚拟支出 | Virtual Expenditure for Financial Agency Services | 256781 | 3.2 | 35505 | 0.5 |
| 自有住房服务虚拟支出 | Virtual Expenditure for Services for Private-owned Houses | 67574 | 0.8 | 171798 | 2.5 |
| 实物消费支出 | In-kind Consumption | 101361 | 1.3 | 80172 | 1.2 |
| 其它商品和服务类支出 | Others | 141229 | 1.8 | 108233 | 1.6 |
| **政府消费支出** | **Government Consumption** | **698350** | **8.7** | **623527** | **9.1** |

# 2-8 按支出法计算的生产总值
# Gross Domestic Product by Expenditure Approach

单位：万元 (10 000 yuan)

| 指　　标 | Item | 2012 | 2011 | 2012年比2011年增长(%) Growth Rate in 2012 over 2011 (%) |
|---|---|---|---|---|
| **绝对数(万元)** | **Absolute Figures** | **17103048** | **13830724** | **15.9** |
| 按支出法计算的生产总值 | Gross Domestic Product by Expenditure Approach | 17103048 | 13830724 | 15.9 |
| 最终消费 | Final Consumption Expenditure | 8013208 | 6852805 | 10.5 |
| 居民消费 | Household Consumption Expenditure | 7314858 | 6229278 | 10.1 |
| 农村居民 | Rural Household | 557472 | 502680 | 5.6 |
| 城镇居民 | Urban Household | 6757386 | 5726598 | 10.5 |
| 政府消费 | Government Consumption Expenditure | 698350 | 623527 | 14.3 |
| 资本形成总额 | Gross Capital Formation | 9775187 | 7319028 | 20.9 |
| 固定资本形成总额 | Gross Fixed Capital Formation | 9042889 | 6698436 | 22.0 |
| 存货增加 | Changes in Inventories | 732298 | 620592 | 9.4 |
| 货物和服务净出口 | Net Export of Goods and Services | -685347 | -341109 | |
| 出　口 | Import | 2077009 | 1253256 | |
| 进　口 | Export | 2762356 | 1594365 | |

注：货物和服务净出口为负数或零时，无增长速度。
a) Growth rate was not provided when the net export of goods and services were zero or even below.

# 2-9 各区(县、市)生产总值(2012年)
# Gross Domestic Product of District(County, City) in Guiyang(2012)

| 区(县、市)名　称 | District(County, City) | 生产总值 Gross Domestic Product | 第一产业 Primary Industry | 第二产业 Secondary Industry | 第三产业 Tertiary Industry | 人均生产总值(元) Per Capita Gross Product (yuan) |
|---|---|---|---|---|---|---|
| **绝对值(万元)** | **Absolute Figures(10 000 yuan)** | | | | | |
| 南明区 | Nanming | 3754992 | 20855 | 848544 | 2885593 | 44301 |
| 云岩区 | Yunyan | 4412948 | 4250 | 1578683 | 2830015 | 45030 |
| 花溪区 | Huaxi | 1195274 | 91922 | 469925 | 633427 | 32702 |
| 乌当区 | Wudang | 1565693 | 91863 | 749681 | 724149 | 38707 |
| 白云区 | Baiyun | 1018552 | 32216 | 571331 | 415005 | 37724 |
| 小河区 | Xiaohe | 1107443 | 9982 | 733396 | 364065 | 43024 |
| 开阳县 | Kaiyang | 1028800 | 157408 | 598207 | 273185 | 28713 |
| 息烽县 | Xifeng | 843414 | 82520 | 497087 | 263807 | 39357 |
| 修文县 | Xiuwen | 712352 | 102680 | 317944 | 291728 | 28134 |
| 清镇市 | Qingzhen | 1441585 | 129130 | 701554 | 610901 | 30561 |
| **增速(%)** | **Growth Rate(%)** | | | | | |
| 南明区 | Nanming | 17.5 | 8.5 | 20.1 | 16.8 | 16.1 |
| 云岩区 | Yunyan | 15.7 | 2.0 | 16.2 | 15.3 | 14.1 |
| 花溪区 | Huaxi | 17.0 | 9.3 | 18.8 | 16.7 | 15.9 |
| 乌当区 | Wudang | 18.0 | 9.3 | 23.3 | 13.7 | 12.2 |
| 白云区 | Baiyun | 18.1 | 9.5 | 19.9 | 16.1 | 16.7 |
| 小河区 | Xiaohe | 17.6 | 8.1 | 19.9 | 14.7 | 15.2 |
| 开阳县 | Kaiyang | 17.2 | 9.6 | 19.7 | 17.0 | 17.1 |
| 息烽县 | Xifeng | 18.0 | 9.5 | 19.8 | 16.6 | 17.4 |
| 修文县 | Xiuwen | 17.2 | 9.2 | 23.7 | 14.0 | 16.0 |
| 清镇市 | Qingzhen | 16.8 | 9.4 | 19.5 | 15.5 | 16.1 |

注：1.本表绝对值按当年价格计算，增长速度按可比价格计算；
　　2.人均生产总值按常住半年及以上平均人口数计算。
a) The absolute figures in this table are calculated at current prices, whereas the growth rates are calculated at comparable prices.
b) Per capita gross domestic product in this table are calculated at average annual population who live in Guiyang for six months or above.

# 2–10 非公有制经济增加值
# The Added Value of the Non-public Sector of the Economy

单位：万元 (10 000 yuan)

| 指 标 | Item | GDP总量 Total GDP 2012 | GDP总量 Total GDP 2011 | 非公有制经济 Non-public Economy 2012 | 非公有制经济 Non-public Economy 2011 | 增长 (%) Growth Rate (%) |
|---|---|---|---|---|---|---|
| **生产总值** | **Gross Domestic Product** | **17103048** | **13830724** | **8143745** | **6132431** | **22.9** |
| 第一产业 | Primary Industry | 722826 | 625514 | 555336 | 474765 | 8.8 |
| 第二产业 | Secondary Industry | 7173223 | 5868389 | 2955892 | 2160806 | 33.0 |
| 工 业 | Industry | 5347289 | 4549029 | 2147089 | 1586884 | 34.0 |
| 建筑业 | Construction | 1825934 | 1319360 | 808803 | 573922 | 30.3 |
| 第三产业 | Tertiary Industry | 9206999 | 7336821 | 4632517 | 3496860 | 18.4 |
| 交通运输、仓储和邮政业 | Transportation,Storage and Post | 1236435 | 906713 | 788846 | 562162 | 18.4 |
| 批发和零售业 | Wholesale and Retail Trades | 1565082 | 1307463 | 1186332 | 960985 | 16.1 |
| 住宿和餐饮业 | Hotels and Catering Services | 711131 | 450036 | 625795 | 382531 | 18.1 |
| 金融业 | Financial Intermediation | 1400731 | 1104258 | 126066 | 97175 | 19.4 |
| 房地产业 | Real Estate | 605306 | 461480 | 481824 | 360877 | 18.0 |
| 其他营利性服务业 | Other For-profit Services | 1489269 | 1216930 | 950860 | 736243 | 24.1 |
| 非营利性服务业 | Nonprofit Services | 2199045 | 1889941 | 472795 | 396888 | 13.0 |
| **按区县地域分** | **By District,County,City** | | | | | |
| 南明区 | Nanming | 3754992 | 3016973 | 1898103 | 1337138 | 28.2 |
| 云岩区 | Yunyan | 4412948 | 3829820 | 2064010 | 1577811 | 22.1 |
| 花溪区 | Huaxi | 1195274 | 987869 | 606456 | 442636 | 32.4 |
| 乌当区 | Wudang | 1565693 | 1255118 | 680787 | 528638 | 28.7 |
| 白云区 | Baiyun | 1018552 | 766482 | 480623 | 328393 | 37.9 |
| 小河区 | Xiaohe | 1107443 | 806261 | 362491 | 284598 | 24.8 |
| 开阳县 | Kaiyang | 1028800 | 819314 | 471380 | 374944 | 24.1 |
| 息烽县 | Xifeng | 843414 | 646484 | 446709 | 312766 | 28.2 |
| 修文县 | Xiuwen | 712352 | 576733 | 472109 | 367665 | 20.5 |
| 清镇市 | Qingzhen | 1441585 | 1170698 | 721893 | 578404 | 21.0 |

# 主要统计指标解释

**不变价格** 指以同类产品某年的平均价格作为固定价格，用于计算各年的产品价值。按不变价格计算的产品价值消除了价格变动因素，不同时期对比可以反映生产的发展速度。新中国成立后，随着工农业产品价格水平的变化，国家统计局先后五次制定了全国统一的工业产品不变价格和农业产品不变价格。从1952年到1957年使用1952年工（农）业产品不变价格，从1957年到1970年使用1957年不变价格，从1971年到1980年使用1970年不变价格，从1981年到1990年使用1980年不变价格，从1991年到2000年使用1990年不变价格，从2001到2005年使用2000年不变价格，从2006年开始使用2005年不变价格。

**可比价格** 指计算各种总量指标所采用的扣除了价格变动因素的价格，可进行不同时期总量指标的对比。按可比价格计算总量指标有两种方法：一种是直接用产品产量乘某一年的不变价格计算；另一种是用价格指数进行缩减。

**企业（单位）登记注册类型** 是以在工商行政管理机关登记注册的各类企业为划分对象，以工商行政管理部门对企业登记注册的类型为依据，将企业登记注册类型分为内资企业、港澳台商投资企业和外商投资企业三大类。内资企业包括国有企业、集体企业、股份合作企业、联营企业、有限责任公司、股份有限公司、私营公司和其他企业；港澳台商投资企业和外商投资企业分别包括合资经营企业、合作经营企业、独资经营企业和股份有限公司。对不在工商行政管理部门进行登记注册的行政机关、事业单位和社会团体，主要按其经费来源和管理方式进行划分。

**国有企业** 指企业全部资产归国家所有，并按《中华人民共和国企业法人登记管理条例》规定登记注册的非公司制的经济组织。不包括有限责任公司中的国有独资公司。

**集体企业** 指企业资产归集体所有，并按《中华人民共和国企业法人登记管理条例》规定登记注册的经济组织。

**股份合作企业** 指以合作制为基础，由企业职工共同出资入股，吸收一定比例的社会资产投资组建，实行自主经营，自负盈亏，共同劳动，民主管理，按劳分配与按股分红相结合的一种集体经济组织。

**联营企业** 指两个及两个以上相同或不同所有制性质的企业法人或事业单位法人，按自愿、平等、互利的原则，共同投资组成的经济组织。联营企业包括国有联营企业、集体联营企业、国有与集体联营企业和其他联营企业。

**有限责任公司** 指根据《中华人民共和国公司登记管理条例》规定登记注册，由两个以上、五十个以下的股东共同出资，每个股东以其所认缴的出资额对公司承担有限责任，公司以其全部资产对其债务承担责任的经济组织。有限责任公司包括国有独资公司以及其他有限责任公司。

**股份有限公司** 指根据《中华人民共和国公司登记管理条例》规定登记注册，其全部注册资本由等额股份构成并通过发行股票筹集资本，股东以其认购的股份对公司承担有限责任，公司以其全部资产对其债务承担责任的经济组织。

**私营企业** 指由自然人投资设立或由自然人控股，以雇佣劳动为基础的营利性经济组织。包括按照《公司法》、《合伙企业法》、《私营企业暂行条例》规定登记注册的私营有限责任公司、私营股份有限公司、私营合伙企业和私营独资企业。

**其他内资企业** 指上述企业之外的其他内资经济组织。

**与港澳台商合资经营企业** 指港澳台地区投资者与内地企业依照《中华人民共和国中外合资经营企业法》及有关法律的规定，按合同规定的比例投资设立、分享利润和分担风险的企业。

**与港澳台商合作经营企业** 指港澳台地区投资者与内地企业依照《中华人民共和国中外合作经营企业法》及有关法律的规定，依照合作合同的约定进行投资或提供条件设立、分配利润和分担风险的企业。

**港澳台商独资经营企业** 指依照《中华人民共和国外资企业法》及有关法律的规定，在内地由港澳台地区投资者全额投资设立的企业。

**港澳台商投资股份有限公司** 指根据国家有关规定，经外经贸部依法批准设立，其中港、澳、台商的股本占公司注册资本的比例达 25%以上的股份有限公司。凡其中港、澳、台商的股本占公司注册资本的比例小于 25%的，属于内资企业中的股份有限公司。

**中外合资经营企业** 指外国企业或外国人与中国内地企业依照《中华人民共和国中外合资经营企业法》及有关法律的规定，按合同规定的比例投资设立、分享利润和分担风险的企业。

**中外合作经营企业** 指外国企业或外国人与中国内地企业依照《中华人民共和国中外合作经营企业法》及有关法律的规定，依照合作合同的约定进行投资或提供条件设立、分配利润和分担风险的企业。

**外资企业** 指依照《中华人民共和国外资企业法》及有关法律的规定，在中国内地由外国投资者全额投资设立的企业。

**外商投资股份有限公司** 指根据国家有关规定，经外经贸部依法批准设立，其中外资的股本占公司注册资本的比例达 25%以上的股份有限公司。凡其中外资股本占公司注册资本的比例小于 25%的，属于内资企业中的股份有限公司。

**行政机关、事业单位和社会团体** 参照企业登记注册类型，主要按其经费来源和管理方式划分。具体规定如下：

(1)行政机关：包括国家机关和政党机关，原则上均列为“国有”。但有特殊规定的，如供销社等，则列为“集体”。

(2)事业单位：包括经国家机构编制部门和有关业务主管部门批准成立的各类事业单位，不包括实行企业化管理的事业单位。事业单位的划分办法如下：

①由国家财政预算拨款或列入财政预算外资金管理以及经费主要来源于国有主管部门或国有上级单位的事业单位，列为“国有”。

②经费主要来源于集体单位的事业单位，列为“集体”。

③公民个人（或个人合伙）开办的事业单位，列为“私营”。

④上述以外的其他事业单位，如果其经费来源不明确，按管理方式进行归类。

(3)社会团体：包括经民政部门批准成立以及未纳入社会团体管理条例范围的工会、妇联等各类社会团体。社会团体的划分办法如下：

①未纳入民政部社会团体管理条例范围的工会、妇联、共青团、青联、工商联、科协、侨联等社会团体，国家拨款设立的基金会或基金管理组织以及经费主要来源于国有业务主管部门或国有上级单位的社会团体，列为“国有”。

②经费主要来源于集体单位的社会团体，列为“集体”。

③公民个人（或个人合伙）开办的社会团体，划为“私营”。

④上述以外的其他社会团体，如果其经费来源不明确，改按管理方式进行归类。

**生产总值（GDP）** 指一个国家（或地区）所有常住单位在一定时期内生产活动的最终成果。生产总值有三种表现形态，即价值形态、收入形态和产品形态。从价值形态看，它是所有常住单位在一定时期内生产的全部货物和服务价值超过同期中间投入的全部非固定资产货物和服务价值的差额，即所有常住单位的增加值之和；从收入形态看，它是所有常住单位在一定时期内创造并分配给常住单位和非常住单位的初次收入分配之和；从产品形态看，它是所有常住单位在一定时期内最终使用的货物和服务价值与货物和服务净出口价值之和。在实际核算中，生产总值有三种计算方法，即生产法、收入法和支出法。三种方法分别从不同的方面反映生产总值及其构成。

**三次产业** 是根据社会生产活动历史发展的顺序对产业结构的划分，产品直接取自自然界的部门称为第一产业，对初级产品进行再加工的部门称为第二产业，为生产和消费提供各种服务的部门称为第三产业。它是世界上较为通用的产业结构分类，但各国的划分不尽一致。

我国的三次产业划分是：

第一产业：农业（包括种植业、林业、牧业、渔业）和农林牧渔服务业。

第二产业：工业（包括采掘业，制造业，电力、煤气及水的生产和供应业）和建筑业。

第三产业：除第一、第二产业以外的其他各业。由于第三产业包括的行业多、范围广，根据我国的实际情况，第三产业可分为两大部分：一是流通部门，二是服务部门。

**最终消费**　指常住单位在一定时期内对于货物和服务的全部最终消费支出，也就是常住单位为满足物质、文化和精神生活的需要，从本国经济领土和国外购买的货物和服务的支出；不包括非常住单位在本国经济领土内的消费支出。最终消费分为居民消费和政府消费。

**居民消费**　指常住住户对货物和服务的全部最终消费支出。居民消费按市场价格计算，即按居民支付的购买者价格计算。购买者价格是购买者取得货物所支付的价格，包括购买者支付的运输和商业费用。居民消费除了直接以货币形式购买货物和服务的消费之外，还包括以其他方式获得的货物和服务的消费支出，即所谓的虚拟消费支出。居民虚拟消费支出包括以下几种类型：单位以实物报酬及实物转移的形式提供给劳动者的货物和服务；住户生产并由本住户消费了的货物和服务，其中的服务仅指住户的自有住房服务；金融机构提供的金融媒介服务；保险公司提供的保险服务。

**政府消费**　指政府部门为全社会提供公共服务的消费支出和免费或以较低价格向住户提供的货物和服务的净支出。前者等于政府服务的产出价值减去政府单位所获得的经营收入的价值，政府服务的产出价值等于它的经常性业务支出加上固定资产折旧；后者等于政府部门免费或以较低价格向住户提供的货物和服务的市场价值减去向住户收取的价值。

**公路里程**　指在一定时期内实际达到《公路工程[WTBZ 技术标准 JTJ01-88》规定的等级公路，并经公路主管部门正式验收交付使用的公路里程数。包括大中城市的郊区公路以及通过小城镇街道部分的公路里程和桥梁、渡口的长度，不包括大中城市的街道、厂矿、林区生产用道和农业生产用道的里程。两条或多条公路共同经由同一路段，只计算一次，不得重复计算里程长度。

# Explanatory Notes on Main Statistics Indicators

**Constant Price** refers to the average price of a given product in certain year, which is used for comparison of output value over time. As the output value at constant prices removes the factor of price changes, it reflects the trend of production development over time. Since 1949, with the changes in general price level, National Bureau of Statistics has issued nationally unified constant prices five times: the 1952 constant prices for 1952-1957; the 1957 constant prices for 1957-1970; the 1970 constant prices for 1971-1980; the 1980 constant prices for 1981-1990; the 1990 constant prices for 1991-2000; the 2000 constant prices for 2001-2005; and the 2005 constant prices for 2006-2010.

**Comparable Prices** refer to prices that are used to remove the factors of price change in calculating economic aggregates, so as to facilitate comparison of aggregates over time. Two methods are used for calculating economic aggregates at comparable prices: 1. Multiplying the output of products by their constant prices of certain year; 2. Deflation of data at current prices by relevant price index.

**Registration Status of Enterprises(Units)** are classified into 3 categories, namely domestic-funded enterprises, enterprises with investment from Hong Kong, Macao and Taiwan, and enterprises with foreign investment, in the light of the registration status of an enterprise in industrial and commercial administration agencies. Domestic-funded enterprises include state-owned enterprises, collective-owned enterprises, cooperative enterprises, joint ownership enterprises, limited liability corporations, share-holding corporations Ltd, private enterprises and other enterprises. Enterprises with investment from Hong Kong, Macao and Taiwan and enterprises with foreign investment are joint-venture enterprises, cooperative enterprises, sole investment enterprises and share-holding corporations Ltd. For government agencies, institutions and social organizations which are not requested to be registered in industrial and commercial administration agencies, they are classified mainly by their sources of funding and manner of management.

**State-owned Enterprises** refer to non-corporation economic units where the entire assets are owned by the State and which have been registered in accordance with the Regulation of the People's Republic of China on the Management of Registration of Corporate Enterprises. Not included from this category are solely State-funded corporations in the limited liability corporations.

**Collective-owned Enterprises** refer to economic units where the assets are owned collectively and which have been registered in accordance with the Regulation of the People’s Republic of China on the Management of Registration of Corporate Enterprises.

**Cooperative Enterprises** refer to a form of collective economic units (enterprises) where capitals come mainly from employees as their shares, with certain proportion of capital from the outside, where production is organized on the basis of independent operation, independent accounting for profits and losses, joint work, democratic management, and a distribution system that integrates remuneration according to work with dividend according to capital share.

**Joint Ownership Enterprises** refer to economic units established by two or more corporate enterprises or corporate institutions of the same or different ownership, through joint investment on the basis of voluntary participation, equality, and mutual benefits. They include State joint ownership enterprises; collective joint ownership enterprises; joint State-collective enterprises; and other joint ownership enterprises.

**Limited Liability Corporations** refer to economic units established with investment from 2-50 investors and registered in accordance with the Regulation of the People's Republic of China on the management, of

Registration of Corporations, each investor bearing limited liability to the corporation depending on its share of investment, and the corporation bearing liability to its debt to the maximum of its total assets. Limited liability corporations include solely State-funded limited liability corporations and other limited liability corporations.

**Share-holding Corporations Ltd.** refer to economic units registered in accordance with the Regulation of the People 's Republic of China on the Management of Registration of Corporations, with total registered capital divided into equal shares and raised through issuing stocks. Each investor bears limited liability to the corporation depending on the holding of shares, and the corporation bears liability to its debt to the maximum of its total assets.

**Private Enterprises** refer to profit-making economic units invested and established by natural persons, or controlled by natural persons using employed labour. Included in this category are private limited liability corporations, private share-holding corporations Ltd., private partnership enterprises and private-funded enterprises registered in accordance with the Company Law, the Law on Partnership Business and Interim Regulations on Private Enterprises.

**Other Domestic funded Enterprises** refer to domestic-funded economic units other than those mentioned above.

**Joint Venture Enterprises with Funds from Hong Kong, Macau and Taiwan** are enterprises established by investors from Hong Kong, Macau and Taiwan with enterprises in the mainland of China in accordance with the Law of the People's Republic of China on Sino-foreign Equity Joint Ventures and other relevant laws, where the establishment of the investment and the sharing of profits and risks are stipulated under joint venture contracts.

**Cooperative Enterprises with Funds from Hong Kong, Macau and Taiwan** established by investors from Hong Kong, Macau and Taiwan with enterprises in the mainland of China in accordance with the Law of the People's Republic of China on Sino-foreign Contractual Joint Venture and other relevant laws, where the investment or provision of facilities and the sharing of profits and risks are stipulated under cooperative contracts.

**Enterprises with Sole (exclusive) Investment from Hong Kong, Macau and Taiwan** refer to enterprises established in the mainland of China with exclusive investment from investors from Hong Kong, Macau and Taiwan in accordance with the Law of the People’s Republic of China on Wholly Foreign.-owned Enterprises and other relevant laws.

**Share-holding Corporations Ltd with Investment from Hong Kong, Macau and Taiwan** refer to share-holding corporations Ltd. established with the approval from the former Ministry of Foreign Trade and Economic Relations in line with relevant State regulations, where the share of investment from Hong Kong, Macau or Taiwan businessmen exceeds 25% of the total registered capital of the corporation. In case the share of investment from Hong Kong, Macau or Taiwan is less than 25% 0f the total registered capital, the enterprise is to be classified as domestic-funded share-holding corporation Ltd.

**Joint Venture Enterprises with Foreign Investment** refer to enterprises jointly established by foreign enterprises or foreigners with enterprises in the mainland of China in accordance with the Law of the People's Republic of China on Sino-foreign Equity Joint Ventures and other relevant laws, where the sharing of investment, profits and risks is stipulated under contract.

**Cooperative Enterprises with Foreign Investment** refer to enterprises jointly established by foreign enterprises or foreigners with enterprises in the mainland of China in accordance with the Law of the People's Republic of China on Sino-foreign Contractual Joint Venture and other relevant laws, where the investment or provision of facilities and the sharing of profits and risks are stipulated under cooperative contracts.

**Enterprises with Sole (exclusive) Foreign Investment** refer to enterprises established in the mainland of China with exclusive investment from foreign investors in accordance with the Law of the People's Republic of China on Wholly Foreign-owned Enterprises and other relevant laws.

**Share-holding Corporations Ltd. with Foreign Investment** refer to share-holding corporations Ltd. Established with the approval from the former Ministry of Foreign Trade and Economic Relations in line with relevant, where the share of investment from foreign investor exceeds 25% of the total registered capital, the enterprise is to be classified as domestic-funded share-holding corporation Ltd.

**Government Agencies, Institutions and Social Organizations** are classified into following categories by source of funds and way of management taking reference of the registration status of enterprises:

(1) Government agencies: include state and party agencies, classified in principle as "state-owned". There are exceptions, such as supply and marketing cooperatives which are classified as "collective".

(2) Institutions: include institutions of various types established with the approval by organization and staffing departments of the government, but exclude institutions where enterprises management system is introduced. Institutions are further classified as follows:

(a) Institutions whose main budget is listed in the government budget appropriations or extra-budget funds, or allocated from the budget of their competent government agencies. Such institutions are classified as "state-owned".

(b) Institutions whose budget mainly comes from collective units. Such institutions are classified as "collective".

(c) Social institutions established by individual or a group of citizens, which are classified as private.

(d) Institutions other than those mentioned above whose source of budget are not clear. Such institutions are classified by the manner of management.

(3) Social organizations: include social organizations established with the approval from the Ministry of Civil Affairs, and organizations that are not covered by social organization management regulations such as trade unions, women's federations etc. Social organizations as further classified as follows:

(a) Social organizations that are not covered by social organization management regulations of the Ministry of Civil Affairs such as trade unions, women's federations, communist youth leagues, youth associations, industrial and commerce associations, scientists associations, overseas Chinese associations, etc., foundations and fund management organizations established with funds from the state, and social organizations whose funds mainly come from the budget of their competent government agencies. Such institutions are classified as state-owned.

(b) Social organizations whose budget mainly comes from collective units. Such institutions are classified as collective-owned.

(c) Social organizations established by individual or a group of citizens, which are classified as private.

(d) Social organizations other than those mentioned above whose source of budget are not clear. Such organizations are classified by manner of management.

**Gross Domestic Product** refers to the final products of all resident units in a country (or a region) during a certain period of time. Gross domestic product is expressed in three different forms, i. e. Value, income, and products respectively. The form of value refers to the total value of all products and services produced by all resident units during a certain period of time minus total value of intimidate input of materials and services of the nature of non-fixed assets or the summation of the value-added of all resident units; the form of income includes all the income created by all resident units and distributed primarily to all resident and non-resident units; the form of products refers to the value of all final goods and services for final use by all resident units plus the value of net exports of goods and services during a given period of time. In the practice of national accounting, gross domestic product is calculate with three approaches, i.e. production approach, income approach, and expenditure approach, which reflect gross domestic product and its composition from different aspects.

**Three Industries** Industry structure has been classified according to the historical sequence of development. Primary industry refers to extraction of natural resources; secondary industry involves processing of primary products; and tertiary industry provides services of various kinds for production and consumption. The above classification is universal although it varies to some extent form country to country. Industry in China comprises:

Primary industry: agriculture (include farming, forestry, animal husbandry and fishery).

Secondary industry: industry (including mining and quarrying, manufacturing, production and supply of electricity, water and gas) and construction.

Tertiary industry: all other industries not included in primary or secondary industry.

Due to the fact that tertiary industry involves in a large variety of industries in China, it is divided into two sectors: circulation sector and service sector.

**Final Consumption** refers to the total expenditure of resident units on final consumption of goods and services in a certain period, namely the expenditure of the resident units for purchases of goods and services from domestic economic territory and abroad to meet the requirements of material, cultural and spiritual life. It excludes the expenditure of non-resident units on consumption in the economic territory of the country. The final consumption is classified into household consumption and government consumption.

**Households Consumption** refers to the total expenditure of resident households on the final consumption of goods and services. The household consumption is calculated at market prices, namely the purchaser's prices which the households pay; the purchasers' prices of goods are the prices the households pay when they obtain the goods, including the transport and commercial expenses paid by the households. In addition to the consumption of goods and services bought by the households directly with money, the expenditure on goods and services obtained by the households in other ways, i.e. the so-called imputed expenditure on consumption,is also included in the households consumption. The imputation expenditure of the households on consumption includes the following types: (a) the goods and services provided to the households by the units in the form of payment in kind and transfer in kind; (b) the goods and services produced and consumed by the households themselves, in which the services refer only to the services provided by the residential buildings owned by the households; (c) the services of financial intermediary provided by the financial institutions; (d) the insurance services provided by the insurance companies.

**Government Consumption** refers to the expenditure on the consumption of the public services provided by the government to the whole society and the net expenditure on the goods and services provided by the government to the households at free charge of lower prices. The former equals to the output value of the government services minus the value of operating income obtained by the government departments (The output value of the government services equals to its current operating expenditure plus depreciation of fixed assets) .The latter equals to the market value of the goods and services provided by the government free of charge or at low prices to the households minus the value received by the government from the households.

**Length of Highways** refers to the length of highways which are built in conformity with the grades specified by the highway engineering standard formulated by the Ministry of Communications, and have been formally checked and accepted by the departments of highways and put into use. The length of highways includes that of the suburb highways at large and medium-sized cities, highways passing through streets at small cities and towns, and also the length of bridges and ferries. It does not include the length of streets in big and medium-sized cities and highways built for the production purpose at factories, mines, forest areas and agricultural areas. If two or more highways go the same section of the way, the length of the section is only calculated for once and no duplication is allowed.

3

Three

# 人口与计划生育

# Population and Family Planning

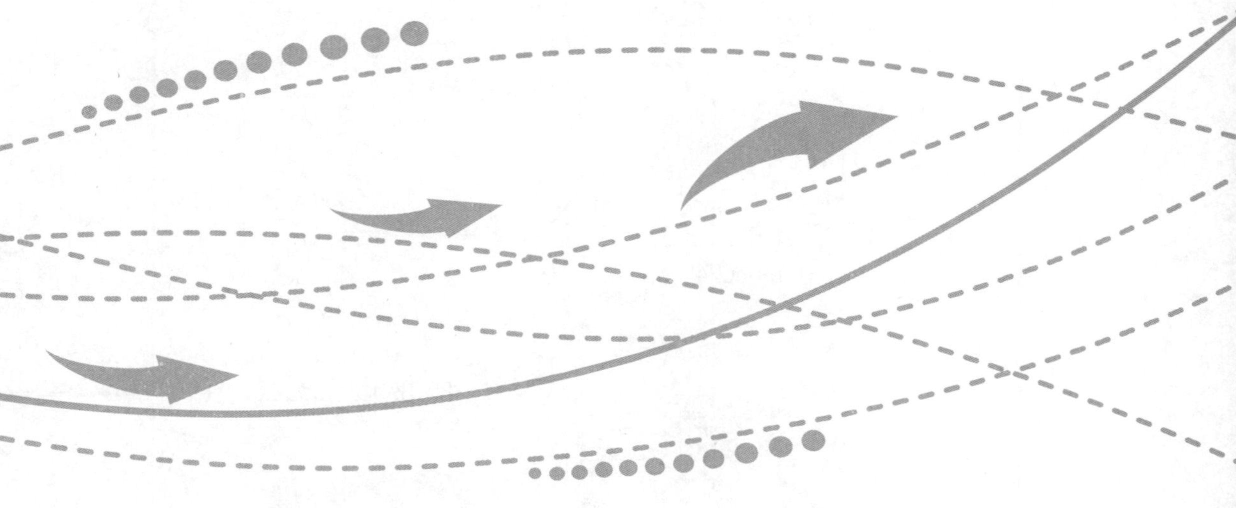

## 年末常住人口（万人）

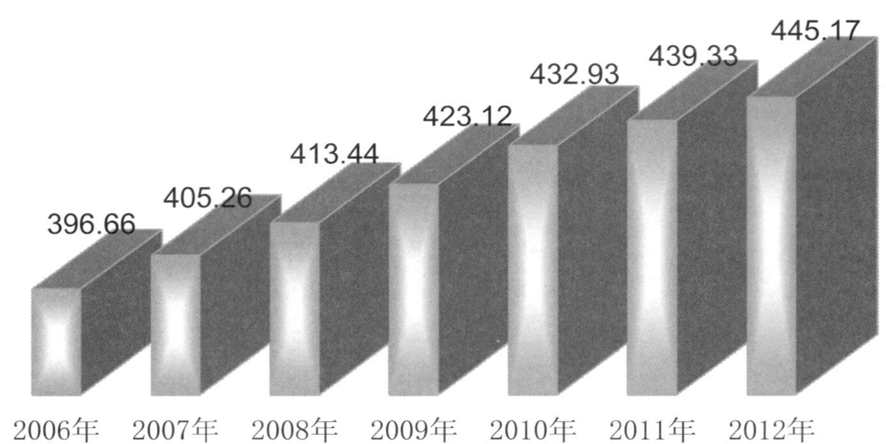


## 人口密度（人/平方公里）

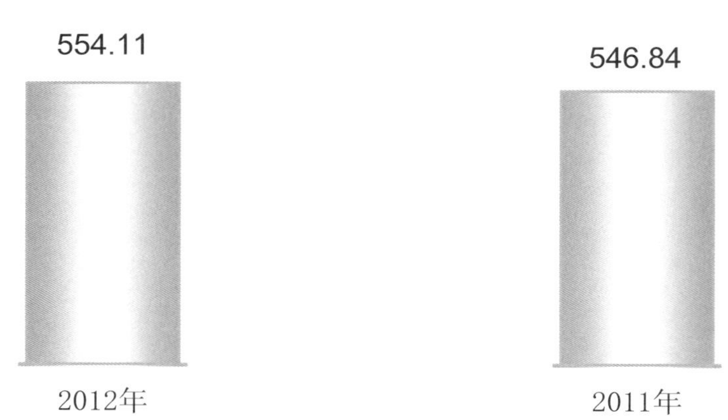


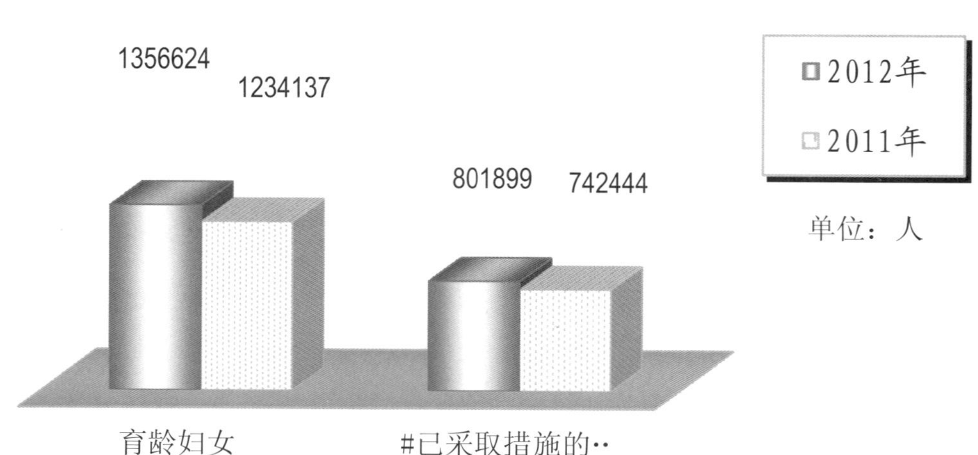

# 3−1 常住人口主要指标变动情况(半年口径)
# Main Statistics on Permanent Residents(in 6 months)

| 指 标 | Item | 2012 人数(万人) Population (10 000 persons) | 2012 构成(%) Proportion (%) | 2011 人数(万人) Population (10 000 persons) | 2011 构成(%) Proportion (%) | 2012年比2011年增长(%) Growth Rate in 2012 over 2011(%) |
|---|---|---|---|---|---|---|
| 年平均人口 | Average Population | 442.25 | 100 | 436.13 | 100.00 | 1.4 |
| 年末总人口 | Total Population (year-end) | 445.17 | 100 | 439.33 | 100.00 | 1.3 |
| **按市镇、乡村分** | **By Residence** | | | | | |
| 市 镇 | Urban Population | 313.97 | 70.53 | 304.02 | 69.20 | 3.3 |
| 乡 村 | Rural Population | 131.20 | 29.47 | 135.31 | 30.80 | -3.0 |
| **按性别分** | **By Sex** | | | | | |
| 男 | Male | 229.14 | 51.47 | 225.82 | 51.40 | 1.5 |
| 女 | Female | 216.03 | 48.53 | 213.51 | 48.60 | 1.2 |
| 性别比(以女性为100) | Sex Ratio(Female=100) | 106.07 | | 105.77 | | |
| 人口出生率(%) | Birth Rate(%) | 10.73 | | 10.29 | | 0.44 |
| 人口死亡率(%) | Death Rate(%) | 4.76 | | 4.58 | | 0.18 |
| 自然增长率(%) | Natural Growth Rate(%) | 5.97 | | 5.71 | | 0.26 |

# 3−2 常住人口增长情况(半年口径)(2012年)
# Increase Indicators of the Residents Population(in 6 months)(2012)

| 区、县(市)名称 | District, County(City) | 年末总人口(万人) Total Population at Year-end (10 000 persons) | 年平均人口(万人) Annual Average Population (10 000 persons) | 人口密度(人/平方公里) Population Density (person/square kilometer) | 出生率(%) Birth Rate (%) | 死亡率(%) Death Rate (%) | 人口自然增长率(%) Natural Growth Rate (%) |
|---|---|---|---|---|---|---|---|
| **贵阳市** | **Guiyang** | **445.17** | **442.25** | **554.11** | **10.73** | **4.76** | **5.97** |
| 南明区 | Nanming | 85.06 | 84.76 | 9546.58 | 9.02 | 3.76 | 5.26 |
| 云岩区 | Yunyan | 98.39 | 98.00 | 14576.30 | 8.38 | 4.01 | 4.37 |
| 花溪区 | Huaxi | 36.72 | 36.55 | 381.94 | 10.59 | 4.87 | 5.72 |
| 乌当区 | Wudang | 41.68 | 40.45 | 433.08 | 12.87 | 4.29 | 8.58 |
| 白云区 | Baiyun | 27.13 | 27.00 | 1045.07 | 11.71 | 5.01 | 6.70 |
| 小河区 | Xiaohe | 25.89 | 25.74 | 4103.01 | 11.85 | 4.38 | 7.47 |
| 开阳县 | Kaiyang | 35.92 | 35.83 | 177.28 | 11.16 | 6.12 | 5.04 |
| 息烽县 | Xifeng | 21.53 | 21.43 | 207.72 | 12.67 | 6.31 | 6.36 |
| 修文县 | Xiuwen | 25.48 | 25.32 | 236.87 | 13.79 | 6.45 | 7.34 |
| 清镇市 | Qingzhen | 47.39 | 47.17 | 317.54 | 12.91 | 5.84 | 7.07 |

# 3−3 公安户籍人口变动情况
# Household Registered Population

| 指 标 | Item | 2012 人数(万人) Population (10 000 persons) | 2012 构成(%) Proportion (%) | 2011 人数(万人) Population (10 000 persons) | 2011 构成(%) Proportion (%) | 2012年比2011年增长(%) Growth Rate in 2012 over 2011(%) |
|---|---|---|---|---|---|---|
| **年末总人口** | **Total Population (at year-end)** | **374.53** | **100.0** | **376.12** | **100.0** | **-0.4** |
| 农 业 | Agricultural | 189.09 | 50.5 | 189.83 | 50.5 | -0.4 |
| 非农业 | Non-agricultural | 185.43 | 49.5 | 186.29 | 49.5 | -0.5 |

# 3–4 市辖镇人口状况(2012年)
# Statistics on Population in Towns under the Municipal Government(2012)

| 地区 | Item | 总户数(户) Total Households (household) | 总人口(人) Total Population(person) 合计 Total | 男 Male | 女 Female | 平均每户人数 Average Family Size | 性别比(女=100) Sex Ratio (Female =100) | 非农业人口(人) Non-agricultural Population(person) 人数 Population | 占总人口(%) Proportion (%) | 农业人口(人) Agricultural Population(person) 人数 Population | 占总人口(%) Proportion (%) |
|---|---|---|---|---|---|---|---|---|---|---|---|
| **合 计** | **Total** | **155254** | **540545** | **270896** | **269649** | **3.48** | **1.00** | **120880** | **22.4** | **419665** | **77.6** |
| **云岩黔灵镇** | **Qianling** | **17090** | **57992** | **27723** | **30269** | **3.39** | **0.92** | **29052** | **50.1** | **28940** | **49.9** |
| **花溪区** | **Huaxi District** | **12844** | **55204** | **27762** | **27442** | **4.30** | **1.01** | **6873** | **12.5** | **48331** | **87.5** |
| 青岩镇 | Qingyan | 7696 | 31924 | 15955 | 15969 | 4.15 | 1.00 | 3113 | 9.8 | 28811 | 90.2 |
| 石板镇 | Shiban | 5148 | 23280 | 11807 | 11473 | 4.52 | 0.11 | 3760 | 16.2 | 19520 | 83.8 |
| **乌当区** | **Wudang District** | **38705** | **127451** | **63689** | **63762** | **3.29** | **1.00** | **29026** | **22.8** | **98425** | **77.2** |
| 金华镇 | Jinhua | 13306 | 43868 | 22218 | 21650 | 3.30 | 1.03 | 18583 | 42.4 | 25285 | 57.6 |
| 朱昌镇 | Zhuchang | 7129 | 26485 | 13061 | 13424 | 3.72 | 0.97 | 5095 | 19.2 | 21390 | 80.8 |
| 东风镇 | Dongfeng | 8813 | 26236 | 12869 | 13367 | 2.98 | 0.96 | 4196 | 16.0 | 22040 | 84.0 |
| 水田镇 | Shuitian | 4987 | 16194 | 8090 | 8104 | 3.25 | 1.00 | 583 | 3.6 | 15611 | 96.4 |
| 羊昌镇 | Yangchang | 4470 | 14668 | 7451 | 7217 | 3.28 | 1.03 | 569 | 3.9 | 14099 | 96.1 |
| **白云区** | **Baiyun District** | **16052** | **53447** | **26332** | **27115** | **3.33** | **0.97** | **17272** | **32.3** | **36175** | **67.7** |
| 沙文镇 | Shawen | 6255 | 24508 | 12087 | 12421 | 3.92 | 0.97 | 4180 | 17.1 | 20328 | 82.9 |
| 麦架镇 | Maijia | 1983 | 6563 | 3432 | 3131 | 3.31 | 1.10 | 6563 | 100.0 | | |
| 艳山红镇 | Yanshanhong | 7814 | 22376 | 10813 | 11563 | 2.86 | 0.94 | 6529 | 29.2 | 15847 | 70.8 |
| **清镇市** | **Qingzhen** | **70563** | **246451** | **125390** | **121061** | **3.49** | **1.04** | **38657** | **15.7** | **207794** | **84.3** |
| 红枫湖镇 | Hongfenghu | 13638 | 48758 | 24630 | 24128 | 3.58 | 1.02 | 13831 | 28.4 | 34927 | 71.6 |
| 站街镇 | Zhanjie | 24972 | 81605 | 41023 | 40582 | 3.27 | 1.01 | 15875 | 19.5 | 65730 | 80.5 |
| 卫城镇 | Weicheng | 18256 | 62564 | 32221 | 30343 | 3.43 | 1.06 | 4647 | 7.4 | 57917 | 92.6 |
| 新店镇 | Xindian | 13697 | 53524 | 27516 | 26008 | 3.91 | 1.06 | 4304 | 8.0 | 49220 | 92.0 |

注：本表数据来源于贵阳市公安局。
a) Data in this table were provided by Guiyang Bureau of Public Security.

# 3-5 县辖镇人口状况(2012年)
# Statistics on Population in Towns under the County Government(2012)

| 地 区 | Item | 总户数(户) Total Households (household) | 总人口(人) Total Population(person) | | | 平均每户人数 Average Family Size | 性别比(女=100) Sex Ratio (Female =100) | 非农业人口(人) Non-agricultural Population(person) | | 农业人口(人) Agricultural Population(person) | |
|---|---|---|---|---|---|---|---|---|---|---|---|
| | | | 合 计 Total | 男 Male | 女 Female | | | 人 数 Population | 占总人口(%) Proportion (%) | 人 数 Population | 占总人口(%) Proportion (%) |
| **合 计** | **Total** | **198134** | **582272** | **298636** | **283636** | **2.94** | **1.05** | **127775** | **21.9** | **454497** | **78.1** |
| **开阳县** | **Kaiyang** | **90480** | **257199** | **132382** | **124817** | **2.84** | **1.06** | **60917** | **23.7** | **196282** | **76.3** |
| 城关镇 | Chengguan | 28131 | 76267 | 38168 | 38099 | 2.71 | 1.00 | 32534 | 42.7 | 43733 | 57.3 |
| 双流镇 | Shuangliu | 13598 | 36467 | 18682 | 17785 | 2.68 | 1.05 | 5089 | 14.0 | 31378 | 86.0 |
| 金中镇 | Jinzhong | 9227 | 23440 | 12109 | 11331 | 2.54 | 1.07 | 14207 | 60.6 | 9233 | 39.4 |
| 冯三镇 | Fengsan | 12472 | 38278 | 20210 | 18068 | 3.07 | 1.12 | 2092 | 5.5 | 36186 | 94.5 |
| 楠木渡镇 | Nanmudu | 13884 | 42872 | 22544 | 20328 | 3.09 | 1.11 | 2986 | 7.0 | 39886 | 93.0 |
| 龙岗镇 | Longgang | 13168 | 39875 | 20669 | 19206 | 3.03 | 1.08 | 4009 | 10.1 | 35866 | 89.9 |
| **息烽县** | **Xifeng** | **51374** | **143936** | **73874** | **70062** | **2.80** | **1.05** | **29890** | **20.8** | **114046** | **79.2** |
| 永靖镇 | Yongjing | 21287 | 56043 | 28471 | 27572 | 2.63 | 1.03 | 19258 | 34.4 | 36785 | 65.6 |
| 小寨坝镇 | Xiaozhaiba | 14352 | 34415 | 17443 | 16972 | 2.40 | 1.03 | 5432 | 15.8 | 28983 | 84.2 |
| 温泉镇 | Wenquan | 7330 | 21782 | 11463 | 10319 | 2.97 | 1.11 | 3725 | 17.1 | 18057 | 82.9 |
| 九庄镇 | Jiuzhuang | 8405 | 31696 | 16497 | 15199 | 3.77 | 1.09 | 1475 | 4.7 | 30221 | 95.3 |
| **修文县** | **Xiuwen** | **56280** | **181137** | **92380** | **88757** | **3.22** | **1.04** | **36968** | **20.4** | **144169** | **79.6** |
| 龙场镇 | Longchang | 24075 | 74897 | 37293 | 37604 | 3.11 | 0.99 | 22995 | 30.7 | 51902 | 69.3 |
| 扎佐镇 | Zhazuo | 13542 | 42278 | 21145 | 21133 | 3.12 | 1.00 | 9936 | 23.5 | 32342 | 76.5 |
| 久长镇 | Jiuchang | 10001 | 35267 | 18715 | 16552 | 3.53 | 1.13 | 2843 | 8.1 | 32424 | 91.9 |
| 六广镇 | Liuguang | 8662 | 28695 | 15227 | 13468 | 3.31 | 1.13 | 1194 | 4.2 | 27501 | 95.8 |

注：本表数据来源于贵阳市公安局。
a) Data in this table were provided by Guiyang Bureau of Public Security.

# 3-6 出生及新婚情况(2012年) Statistics on Birth and Marriage(2012)

单位：人 (person)

| 区、县（市）名称 | District County(city) | 年初以来累计出生人数 Births Since the Beginning of the Year | | | | | | | | | |
|---|---|---|---|---|---|---|---|---|---|---|---|
| | | 合计 Total | | | | | 一孩 1st Birth | | | | |
| | | 小计 Subtotal | 计划内 Planned | | 计划外 Unplanned | | 小计 Subtotal | 计划内 Planned | | 计划外 Unplanned | |
| | | | 男 Male | 女 Female | 男 Male | 女 Female | | 男 Male | 女 Female | 男 Male | 女 Female |
| **合计** | **Total** | **34809** | **17573** | **16508** | **381** | **347** | **23881** | **12003** | **11669** | **108** | **101** |
| 南明区 | Nanming | 4353 | 2252 | 2099 | 2 | 0 | 3546 | 1796 | 1750 | 0 | 0 |
| 云岩区 | Yunyan | 4935 | 2550 | 2381 | 2 | 2 | 4152 | 2119 | 2033 | 0 | 0 |
| 白云区 | Baiyun | 2199 | 1122 | 1070 | 4 | 3 | 1470 | 711 | 759 | 0 | 0 |
| 花溪区 | Huaxi | 3575 | 1774 | 1689 | 65 | 47 | 2162 | 1074 | 1031 | 31 | 26 |
| 乌当区 | Wudang | 2137 | 1103 | 1023 | 10 | 1 | 1473 | 743 | 730 | 0 | 0 |
| 小河区 | Xiaohe | 2224 | 1102 | 1088 | 22 | 12 | 1771 | 889 | 879 | 1 | 2 |
| 开阳县 | Kaiyang | 3442 | 1722 | 1614 | 48 | 58 | 2129 | 1079 | 1033 | 6 | 11 |
| 息烽县 | Xifeng | 2111 | 1061 | 1012 | 16 | 22 | 1295 | 627 | 662 | 3 | 3 |
| 修文县 | Xiuwen | 2695 | 1372 | 1266 | 34 | 23 | 1550 | 802 | 739 | 9 | 0 |
| 清镇市 | Qingzhen | 4484 | 2228 | 2090 | 75 | 91 | 2559 | 1272 | 1225 | 28 | 34 |
| 金阳新区 | Jinyang | 2654 | 1287 | 1176 | 103 | 88 | 1774 | 891 | 828 | 30 | 25 |

注：本表数据来源于计生部门(下表同)。
a) Data in this and the next table were provided by department of Family Planning.

# 3-6 续表 (continued)

单位：人 (person)

| 区、县（市）名称 | District County(city) | 年初以来累计出生人数 Births Since the Beginning of the Year | | | | | | | | | | 年初以来死亡人数 Deaths Since the Beginning of the Year |
|---|---|---|---|---|---|---|---|---|---|---|---|---|
| | | 二孩 2nd Birth | | | | | 多孩 3rd Birth and Above | | | | | |
| | | 小计 Subtotal | 计划内 Planned | | 计划外 Unplanned | | 小计 Subtotal | 计划内 Planned | | 计划外 Unplanned | | |
| | | | 男 Male | 女 Female | 男 Male | 女 Female | | 男 Male | 女 Female | 男 Male | 女 Female | |
| **合计** | **Total** | **10720** | **5511** | **4761** | **221** | **227** | **208** | **59** | **78** | **52** | **19** | **19582** |
| 南明区 | Nanming | 784 | 447 | 336 | 1 | 0 | 23 | 9 | 13 | 1 | 0 | 2550 |
| 云岩区 | Yunyan | 769 | 424 | 341 | 2 | 2 | 14 | 7 | 7 | 0 | 0 | 2838 |
| 白云区 | Baiyun | 711 | 403 | 303 | 3 | 2 | 18 | 8 | 8 | 1 | 1 | 1119 |
| 花溪区 | Huaxi | 1386 | 693 | 652 | 23 | 18 | 27 | 7 | 6 | 11 | 3 | 1536 |
| 乌当区 | Wudang | 659 | 358 | 291 | 9 | 1 | 5 | 2 | 2 | 1 | 0 | 1190 |
| 小河区 | Xiaohe | 447 | 210 | 207 | 20 | 10 | 6 | 3 | 2 | 1 | 0 | 890 |
| 开阳县 | Kaiyang | 1281 | 638 | 572 | 31 | 40 | 32 | 5 | 9 | 11 | 7 | 2575 |
| 息烽县 | Xifeng | 803 | 431 | 344 | 10 | 18 | 13 | 3 | 6 | 3 | 1 | 1406 |
| 修文县 | Xiuwen | 1127 | 564 | 521 | 20 | 22 | 18 | 6 | 6 | 5 | 1 | 1878 |
| 清镇市 | Qingzhen | 1897 | 950 | 855 | 37 | 55 | 28 | 6 | 10 | 10 | 2 | 2847 |
| 金阳新区 | Jinyang | 856 | 393 | 339 | 65 | 59 | 24 | 3 | 9 | 8 | 4 | 753 |

# 3-7 节育及领独生子女证情况(2012年)
# Statistics on Contraception and Only-child Certificate Obtained(2012)

单位：人 (person)

| 地区 | Region | 育龄妇女 Number of Child-bearing Women | 已婚育龄妇女 Number of Married Child-bearing Woman | | | | | 采取措施的已婚育龄妇女人数 Number of Contraception Users | | 领独生子女证人数 Number of Only-child Certificate Obtained |
|---|---|---|---|---|---|---|---|---|---|---|
| | | | 小计 Subtotal | 无孩 No Child | 一孩 1st Birth | 二孩 2nd Birth | 多孩 3rd Birth and Above | | #男扎 Male Contraception | |
| **合计** | **Total** | **1356624** | **899101** | **45375** | **487138** | **274642** | **91946** | **801899** | **35986** | **3842** |
| 南明区 | Nanming | 238226 | 164212 | 8522 | 104586 | 40171 | 10933 | 145192 | 6945 | 647 |
| 云岩区 | Yunyan | 275288 | 161966 | 9428 | 109151 | 35693 | 7694 | 146296 | 5666 | 351 |
| 白云区 | Baiyun | 92801 | 61294 | 3184 | 32639 | 18947 | 6524 | 54306 | 2593 | 265 |
| 花溪区 | Huaxi | 132862 | 68643 | 2943 | 31724 | 26784 | 7192 | 60884 | 2484 | 262 |
| 乌当区 | Wudang | 70148 | 46133 | 2735 | 25414 | 14848 | 3136 | 40980 | 1281 | 383 |
| 小河区 | Xiaohe | 91799 | 68188 | 4371 | 40929 | 17471 | 5417 | 58121 | 2635 | 364 |
| 开阳县 | Kaiyang | 106197 | 77347 | 2922 | 33197 | 29435 | 11793 | 71605 | 7111 | 464 |
| 息烽县 | Xifeng | 60958 | 47929 | 1883 | 22027 | 17920 | 6099 | 43532 | 2332 | 439 |
| 修文县 | Xiuwen | 77165 | 56683 | 2667 | 22877 | 22247 | 8892 | 50465 | 1270 | 216 |
| 清镇市 | Qingzhen | 132368 | 94039 | 3687 | 38392 | 33430 | 18530 | 84226 | 1656 | 185 |
| 金阳新区 | Jinyang | 78812 | 52667 | 3033 | 26202 | 17696 | 5736 | 46292 | 2013 | 266 |

# 主要统计指标解释

**人口数** 指一定时点、一定地区范围内的有生命的个人的总和。年度统计的年末人口数指每年 12 月 31 日 24 时的人口数。

市镇总人口和乡村总人口其定义有两种口径：

第一种口径（按行政建制）

市人口：市管辖区域内的全部口（含市辖镇，不含市辖区县）；

镇人口：县辖镇的全部人口（不含市辖镇）；

县人口：县辖乡人口。

第二种口径（按常住人口划分）

市人口：设区的市的区人口和不设区的市所辖的街道人口；

镇人口：不设区的市所辖镇的居民委员会人口和县辖镇的居民委员会人口；

县人口：除上述两种人口以外的全部人口。

**出生率(又称粗出生率)** 指在一定时期内(通常为一年)平均每千人所出生的人数的比率，一般用千分率表示。计算公式为：

出生率＝年出生人数/年平均人数×1000‰

式中：出生人数指活产婴儿，即胎儿脱离母体时(不管怀孕月数)，有过呼吸或其他生命现象。

年平均人数指年初、年底人口数的平均数，也可用年中人口数代替。

**死亡率(又称粗死亡率)** 指在一定时期内(通常为一年)一定地区的死亡人数与同期平均人数(或期中人数)之比，一般用千分率表示。计算公式为：

死亡率＝年死亡人数/年平均人数×1000‰

**人口自然增长率** 指在一定时期内(通常为一年)人口自然增加数(出生人数减死亡人数)与该时期内平均人数(或期中人数)之比，一般用千分率表示。计算公式为：

人口自然增长率＝（本年出生人数－本年死亡人数）/年平均人数×1000‰＝人口出生率－人口死亡率。

# Explanatory Notes on Main Statistics Indicators

**Total Population** refers to the total number of people alive at a certain point of time within a given area. The annual statistics on total population is taken at midnight, the 31st of December.

**Urban Population and Rural Population** There are two definitions.

The first definition (by the administrative system):

Urban Population refers to total population under the jurisdiction of city and the population of towns under the jurisdiction of counties.

Rural Population refers to total population of townships under the jurisdiction of counties.

The second definition (by the permanent residence):

Urban Population refers to total population of districts under the jurisdiction of a city with district establishment, the population of street committees under the jurisdiction of a city without district establishment, population of resident-committees of towns under the jurisdiction of a city without district establishment, and the of resident-committees of towns under the jurisdiction of a county.

Rural Population refers to total population except urban population.

**Birth Rate (or Crude Birth Rate)** refers to the ratio of the number of births to the average population (or mid-period population) during a certain period of time (usually a year), expressed in ‰. Birth rate in the chapter refers to annual birth rate. The following formula is used:

$$\text{Birth Rate} = \frac{\text{Number of Births}}{\text{Annual Average Population}} \times 1000‰$$

Number of births in the formula refers to live births, i.e. when a baby has breathed or showed any vital phenomena regardless of the length of pregnancy.

Annual average population is the average of the number of population at the beginning of the year and that at the end of the year. Sometimes it is substituted by the mid-year population.

**Death Rate (or Crude Death Rate)** refers to the ratio of the number of deaths to the average population (or mid-period population) during a certain period of time (usually a year), expressed in ‰. The following formula is used:

$$\text{Death Rate} = \frac{\text{Number of Deaths}}{\text{Annual Average Population}} \times 1000‰$$

**Natural Growth Rate of Population** refers to the ratio of natural increase in population (number of births minus number of deaths) in a certain period of time (usually a year) to the average population (or mid-period population) of the same period, expressed in ‰. The following formula is applied:

$$\text{Natural Growth Rate of Population} = \frac{\text{Number of Births} - \text{Number of Deaths}}{\text{Annual Average Population}} \times 1000‰ = \text{Birth Rate} - \text{Death Rate}$$

4

Four

# 从业人员及职工工资

# Employment and Wages

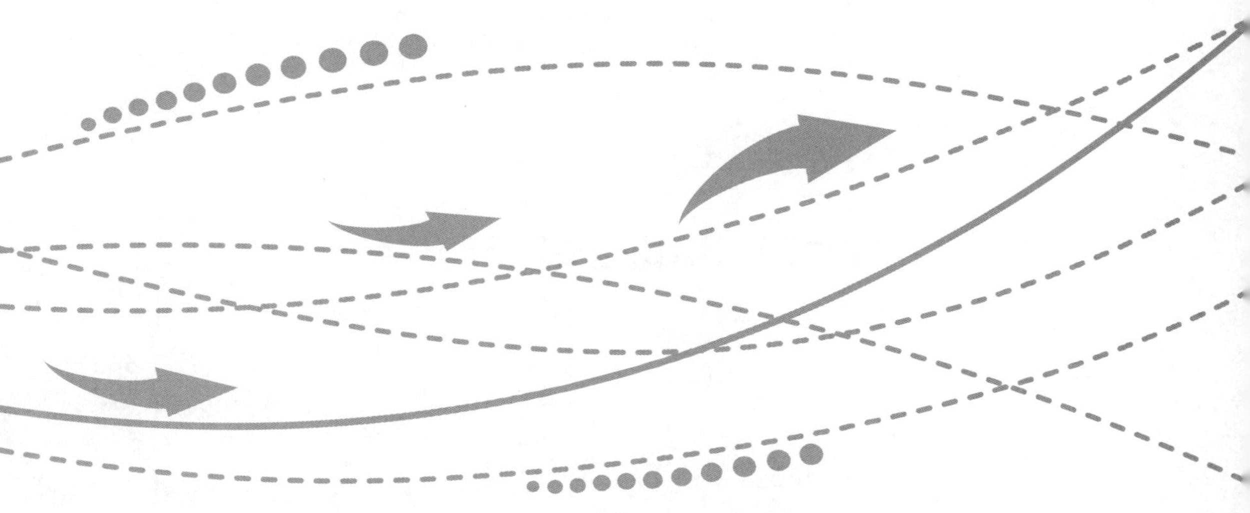

## 在岗职工年末人数（万人）

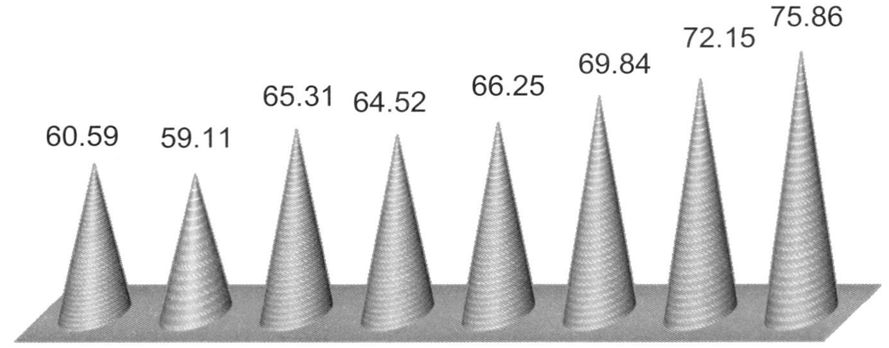


## 在岗职工人数（按经济类型分）（万人）

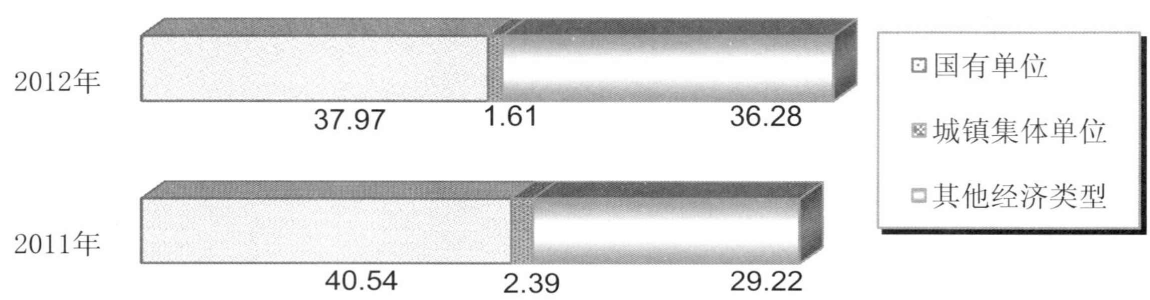


## 在岗职工平均工资（元）

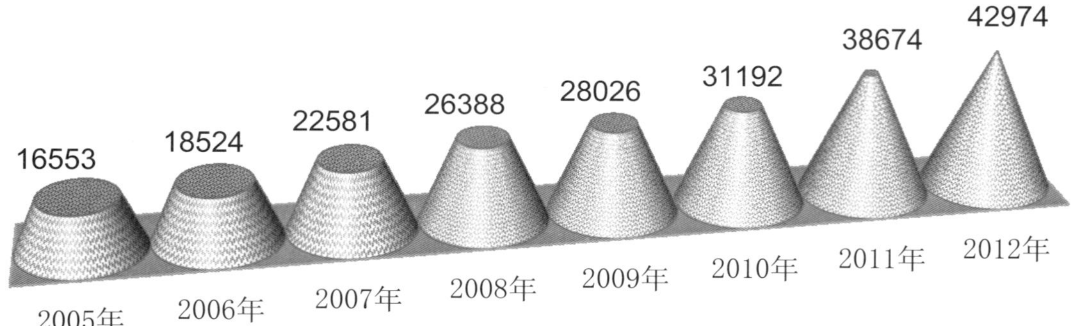

# 4-1 按国民经济行业分组的在岗职工人数(2012年)
# Number of Employed Persons and Workers by Sector(2012)

单位：人 (person)

| 指标 | Item | 在岗职工年末人数 Number of Employed Persons at Year-end | | | |
|---|---|---|---|---|---|
| | | 合计 Total | 国有单位 State-owned Units | 城镇集体单位 Urban Collective -owned Units | 其他经济 Units of Other Types of Ownership |
| **总计** | **Total** | **758602** | **379658** | **16112** | **362832** |
| **按企业、事业、机关分组** | **By Enterprises, Institutions and Agencies** | | | | |
| 企业 | Enterprises | 600186 | 231372 | 14413 | 354401 |
| 事业 | Institutions | 102310 | 98410 | 869 | 3031 |
| 机关 | Agencies | 49456 | 49355 | 101 | |
| 民间非盈利组织 | Non-profit Civil Organizations | 1481 | | 154 | 1327 |
| 其他 | Other Organizations | 5169 | 521 | 575 | 4073 |
| **按国民经济行业分组** | **By Sector** | | | | |
| 农、林、牧、渔业 | Agriculture,Forestry, Animal Husbandry and Fishery | 1703 | 1146 | | 557 |
| 采矿业 | Mining | 10730 | 8101 | 103 | 2526 |
| 制造业 | Manufacturing | 176494 | 22362 | 3901 | 150231 |
| 电力、燃气及水的生产和供应业 | Production and Supply of Electricity, Gas and Water | 23079 | 17684 | 28 | 5367 |
| 建筑业 | Construction | 186157 | 118763 | 4112 | 63282 |
| 批发和零售业 | Wholesale and Retail Trades | 60203 | 11736 | 1183 | 47284 |
| 交通运输、仓储和邮政业 | Transportation,Storage and Post | 19285 | 14360 | 119 | 4806 |
| 住宿和餐饮业 | Hotels and Catering Services | 23394 | 4784 | 517 | 18093 |
| 信息传输、软件和计算机服务业 | Information Transmission, Software Industry and Computer Services | 7825 | 5391 | | 2434 |
| 金融业 | Financial Intermediation | 20925 | 7592 | 1018 | 12315 |
| 房地产业 | Real Estate | 31650 | 1957 | 290 | 29403 |
| 租赁和商务服务业 | Leasing and Business Services | 16174 | 3314 | 2053 | 10807 |
| 科学研究和技术服务和地质勘查业 | Scientific Research,Technical Service and Geological Exploration | 18206 | 14109 | 79 | 4018 |
| 水利、环境和公共设施管理业 | Management of Water Conservancy, Environment and Public Facilities | 10344 | 8848 | 1084 | 412 |
| 居民服务和其他服务业 | Services to Household and Other Services | 5973 | 2063 | 167 | 3743 |
| 教育 | Education | 54097 | 49375 | 651 | 4071 |
| 卫生、社会保障和社会福利业 | Health,Social Security and Social Welfare | 27195 | 24504 | 747 | 1944 |
| 文化、体育和娱乐业 | Culture,Sports and Entertainment | 5947 | 4482 | 55 | 1410 |
| 公共管理和社会组织 | Public Management and Social Organization | 59221 | 59087 | 5 | 129 |

# 4–2 按国民经济行业分组的在岗职工工资总额(2012年)
# Total Wage Bill of Employed Persons by Sector(2012)

单位：万元 (10 000 yuan)

| 指　　标 | Item | 在岗职工工资总额 Total Wage Bill of Employed Persons 合　计 Total | 国有单位 State-owned Units | 城镇集体单位 Urban Collective -owned Units | 其他经济 Units of Other Types of Ownership |
|---|---|---|---|---|---|
| **总　计** | **Total** | **3236338** | **1798308** | **51845** | **1386185** |
| **按企业、事业、机关分组** | **By Enterprises, Institutions and Agencies** | | | | |
| 企　业 | Enterprises | 2453791 | 1047513 | 47536 | 1358742 |
| 事　业 | Institutions | 499954 | 483820 | 3011 | 13124 |
| 机　关 | Agencies | 264967 | 264828 | 139 | |
| 民间非盈利组织 | Non-profit Civil Organizations | 3626 | | 247 | 3380 |
| 其　他 | Other Organizations | 14000 | 2147 | 913 | 10941 |
| **按国民经济行业分组** | **By Sector** | | | | |
| 农、林、牧、渔业 | Agriculture,Forestry, Animal Husbandry and Fishery | 5299 | 4188 | | 1111 |
| 采矿业 | Mining | 39205 | 29049 | 397 | 9759 |
| 制造业 | Manufacturing | 646748 | 77097 | 8788 | 560864 |
| 电力、燃气及水的生产和供应业 | Production and Supply of Electricity, Gas and Water | 148211 | 123423 | 55 | 24734 |
| 建筑业 | Construction | 775978 | 521181 | 13703 | 241094 |
| 批发和零售业 | Wholesale and Retail Trades | 203651 | 55597 | 2933 | 145121 |
| 交通运输、仓储和邮政业 | Transportation,Storage and Post | 82493 | 50497 | 847 | 31149 |
| 住宿和餐饮业 | Hotels and Catering Services | 64419 | 16168 | 1129 | 47122 |
| 信息传输、软件和计算机服务业 | Information Transmission,Software Industry and Computer Services | 45823 | 33235 | | 12588 |
| 金融业 | Financial Intermediation | 194209 | 53161 | 12599 | 128449 |
| 房地产业 | Real Estate | 108540 | 9349 | 606 | 98586 |
| 租赁和商务服务业 | Leasing and Business Services | 53286 | 10399 | 3905 | 38982 |
| 科学研究和技术服务业和地质勘查 | Scientific Research,Technical Services and Geological Exploration | 74844 | 59233 | 244 | 15367 |
| 水利、环境和公共设施管理业 | Management of Water Conservancy, Environment and Public Facilities | 43339 | 40616 | 1697 | 1025 |
| 居民服务其他服务业 | Services to Households and Other Services | 16663 | 6369 | 233 | 10061 |
| 教　育 | Education | 272614 | 260428 | 2002 | 10184 |
| 卫生、社会保障和社会福利业 | Health Social Security and Social Welfare | 122843 | 114124 | 2411 | 6308 |
| 文化、体育和娱乐业 | Culture,Sports and Entertainment | 18779 | 15071 | 291 | 3417 |
| 公共管理和社会组织 | Public Management,Social Security and Social Organization | 319394 | 319122 | 6 | 265 |

# 4-3 按国民经济行业分组的在岗职工平均工资(2012年)
# Average Wage of Employed Persons by Sector(2012)

单位：元 (yuan)

| 指标 | Item | 在岗职工平均工资 Average wage of Employed Persons | | | |
|---|---|---|---|---|---|
| | | 合计 Total | 国有单位 State-owned Unit | 城镇集体单位 Urban Collective -owned Units | 其他经济类型 Units of Other Types of Ownership |
| **总计** | **Total** | **42974** | **47668** | **31848** | **38552** |
| **按企业、事业、机关分组** | **By Enterprises, Institutions and Agencies** | | | | |
| 企业 | Enterprises | 41143 | 45416 | 32599 | 38691 |
| 事业 | Institutions | 49430 | 49761 | 34927 | 43000 |
| 机关 | Agencies | 54123 | 54207 | 13752 | |
| 民间非盈利组织 | Non-profit Civil Organizations | 25077 | | 16550 | 26057 |
| 其他 | Other Organizations | 27263 | 41042 | 15602 | 27168 |
| **按国民经济行业分组** | **By Sector** | | | | |
| 农、林、牧、渔业 | Agriculture,Forestry, Animal Husbandry and Fishery | 30828 | 36075 | | 19910 |
| 采矿业 | Mining | 36982 | 35717 | 38534 | 41266 |
| 制造业 | Manufacturing | 36372 | 33241 | 22316 | 37221 |
| 电力、燃气及水的生产和供应业 | Production and Supply of Electricity, Gas and Water | 65723 | 71774 | 19464 | 46431 |
| 建筑业 | Construction | 41748 | 44136 | 31494 | 38008 |
| 批发和零售业 | Wholesale and Retail Trades | 34212 | 47763 | 24561 | 31081 |
| 交通运输、仓储和邮政业 | Transportation,Storage and Post | 43863 | 35905 | 71160 | 67365 |
| 住宿和餐饮业 | Hotels and Catering Services | 28030 | 33461 | 21746 | 26727 |
| 信息传输、软件和计算机服务业 | Information Transmission,Software Industry and Computer Services | 59226 | 61753 | | 53451 |
| 金融业 | Financial Intermediation | 95383 | 70580 | 127783 | 108460 |
| 房地产业 | Real Estate | 36126 | 47193 | 20672 | 35500 |
| 租赁和商务服务业 | Leasing and Business Services | 33575 | 33066 | 20129 | 36141 |
| 科学研究和技术服务和地质勘查业 | Scientific Research,Technical Services and Geological Exploration | 41288 | 41964 | 30899 | 39071 |
| 水利、环境和公共设施管理业 | Management of Water Conservancy, Environment and Public Facilities | 41869 | 46003 | 15248 | 25066 |
| 居民服务和其他服务业 | Services to Household and Other Services | 28024 | 30606 | 13958 | 27206 |
| 教育 | Education | 51423 | 53865 | 31092 | 25319 |
| 卫生、社会保障和社会福利业 | Health,Social Security and Social Welfare | 45494 | 46830 | 32366 | 33427 |
| 文化、体育和娱乐业 | Culture,Sports and Entertainment | 31519 | 33610 | 52855 | 24083 |
| 公共管理和社会组织 | Public Management and Social Organization | 54311 | 54383 | 12000 | 21738 |

注：包含劳务派遣人员。
a) The table also includes average wage of dispatched workers.

# 4–4 按国民经济行业分组的其他从业人员人数及报酬(2012年)
# Number and Wage of Other Employed Persons by Sector(2012)

| 指　　标 | Item | 其他从业人员（人）<br>Number of Other Employed Persons (Person) | 其他从业人员工资总额（万　元）<br>Total Wage of Other Employed Persons (10 000 yuan) |
|---|---|---|---|
| **总　计** | **Total** | **68650** | **180478** |
| **按企业、事业、机关分组** | **By Enterprises,Institutions and Agencies** | | |
| 企　业 | Enterprises | 56649 | 157260 |
| 事　业 | Institutions | 7851 | 15152 |
| 机　关 | Agencies | 3577 | 7286 |
| 民间非盈利组织 | Non-profit Civil Organizations | 215 | 470 |
| 其　他 | Other Organizations | 358 | 311 |
| **按国民经济行业分组** | **By Sector** | | |
| 农、林、牧、渔业 | Agriculture,Forestry,Animal Husbandry and Fishery | 3 | 5 |
| 采矿业 | Mining | 23 | 492 |
| 制造业 | Manufacturing | 3120 | 6357 |
| 电力、燃气及水的生产和供应业 | Production and Supply of Electricity,Gas and Water | 493 | 471 |
| 建筑业 | Construction | 47450 | 136361 |
| 批发和零售业 | Wholesale and Retail Trades | 684 | 1355 |
| 交通运输、仓储和邮政业 | Transportation,Storage and Post | 1760 | 3244 |
| 住宿和餐饮业 | Hotels and Catering Services | 391 | 1212 |
| 信息传输、软件和计算机服务业 | Information Transmission, Software Industry and Computer Services | 20 | 31 |
| 金融业 | Financial Intermediation | 296 | 1173 |
| 房地产业 | Real Estate | 918 | 3013 |
| 租赁和商务服务业 | Leasing and Business Services | 295 | 540 |
| 科学研究和技术服务和地质勘查业 | Scientific Research,Technical Services and Geological Exploration | 905 | 3009 |
| 水利、环境和公共设施管理业 | Management of Water Conservancy, Environment and Public Facilities | 1971 | 1915 |
| 居民服务和其他服务业 | Services to Household and Other Services | 384 | 338 |
| 教　育 | Education | 1908 | 3732 |
| 卫生、社会保障和社会福利业 | Health,Social Security and Social Welfare | 1812 | 5890 |
| 文化、体育和娱乐业 | Culture,Sports and Entertainment | 141 | 233 |
| 公共管理和社会组织 | Public Management and Social Organization | 6076 | 11105 |

# 4-5 私营企业基本情况(2012年)
# Number of Engaged Persons in Private Enterprises(2012)

| 指标 | Total | 户数(户) Number of Household | 城镇 Urban Area | 乡村 Rural Area | 雇工人数(人) Number of Engaged Persons | 城镇 Urban Area | 乡村 Rural Area |
|---|---|---|---|---|---|---|---|
| **总计** | **Total** | **55630** | **44638** | **10992** | **200470** | **144239** | **56231** |
| **按国民经济行业分组** | **By Sector** | | | | | | |
| 农、林、牧、渔业 | Agriculture,Forestry, Animal Husbandry and Fishery | 2072 | 743 | 1329 | 8140 | 2758 | 5382 |
| 采矿业 | Mining | 245 | 139 | 106 | 2295 | 1095 | 1200 |
| 制造业 | Manufacturing | 3523 | 2672 | 851 | 23888 | 14863 | 9025 |
| 电力、燃气及水的生产和供应业 | Production and Supply of Electricity, Gas and Water | 50 | 34 | 16 | 388 | 255 | 133 |
| 建筑业 | Construction | 3280 | 2765 | 515 | 19118 | 16596 | 2522 |
| 交通运输、仓储和邮政业 | Transportation,Storage and Post | 824 | 639 | 185 | 3035 | 2390 | 645 |
| 信息传输、计算机服务和软件业 | Information Transmission,Software Industry and Computer Services | 2275 | 1770 | 505 | 8589 | 6094 | 2495 |
| 批发和零售业 | Wholesale and Retail Trades | 25993 | 21594 | 4399 | 71553 | 51177 | 20376 |
| 住宿和餐饮业 | Hotels and Catering Services | 1357 | 1221 | 136 | 6069 | 5455 | 614 |
| 金融业 | Financial Intermediation | 462 | 322 | 140 | 2068 | 1367 | 701 |
| 房地产业 | Real Estate | 2134 | 1472 | 662 | 8578 | 5449 | 3129 |
| 租赁和商务服务业 | Leasing and Business Services | 7895 | 6811 | 1084 | 23961 | 19130 | 4831 |
| 科学研究、技术服务和地质勘查业 | Scientific Research,Technical Services and Geological Exploration | 1637 | 1270 | 367 | 6113 | 4400 | 1713 |
| 水利、环境和公共设施管理业 | Management of Water Conservancy, Environment and Public Facilities | 368 | 265 | 103 | 1602 | 1167 | 435 |
| 居民服务和其他服务业 | Services to Household and Other Services | 2885 | 2415 | 470 | 11591 | 9493 | 2098 |
| 教育 | Education | 62 | 46 | 16 | 274 | 199 | 75 |
| 卫生、社会保障和社会福利业 | Health,Social Security and Social Welfare | 112 | 78 | 34 | 654 | 501 | 153 |
| 文化、体育和娱乐业 | Culture,Sports and Entertainment | 199 | 166 | 33 | 1023 | 760 | 263 |
| 其他行业 | Others | 257 | 216 | 41 | 1531 | 1090 | 441 |

注：本表资料来源于市工商局(下表同)。
a) Data in this and the next table are provided by Guiyang Bureau of Commerce and Industry.

# 4–6 个体工商业基本情况(2012年)
# Number of Engaged Persons in Self-employed Individuals(2012)

| 指标 | Item | 户数(户) Number of Household | 城镇 Urban Area | 乡村 Rural Area | 雇工人数(人) Number of Engaged Persons | 城镇 Urban Area | 乡村 Rural Area |
|---|---|---|---|---|---|---|---|
| **总计** | **Total** | **161026** | **128303** | **32723** | **313692** | **260506** | **53186** |
| **按国民经济行业分组** | **By Sector** | | | | | | |
| 农、林、牧、渔业 | Agriculture,Forestry, Animal Husbandry and Fishery | 3434 | 1981 | 1453 | 7592 | 3789 | 3803 |
| 采矿业 | Mining | 300 | 101 | 199 | 627 | 259 | 368 |
| 制造业 | Manufacturing | 5109 | 3122 | 1987 | 9648 | 6272 | 3376 |
| 电力、燃气及水的生产和供应业 | Production and Supply of Electricity, Gas and Water | 8 | 7 | 1 | 13 | 12 | 1 |
| 建筑业 | Construction | 271 | 224 | 47 | 703 | 646 | 57 |
| 交通运输、仓储和邮政业 | Transportation,Storage and Post | 4088 | 3154 | 934 | 8734 | 7053 | 1681 |
| 信息传输、计算机服务和软件业 | Information Transmission,Software Industry and Computer Services | 797 | 570 | 227 | 1322 | 1095 | 227 |
| 批发和零售业 | Wholesale and Retail Trades | 109392 | 88242 | 21150 | 212749 | 183004 | 29745 |
| 住宿和餐饮业 | Hotels and Catering Services | 18382 | 15355 | 3027 | 35323 | 25440 | 9883 |
| 金融业 | Financial Intermediation | 65 | 57 | 8 | 130 | 122 | 8 |
| 房地产业 | Real Estate | 36 | 32 | 4 | 95 | 86 | 9 |
| 租赁和商务服务业 | Leasing and Business Services | 2296 | 2045 | 251 | 6774 | 6220 | 554 |
| 科学研究、技术服务和地质勘查业 | Scientific Research,Technical Services and Geological Exploration | 66 | 62 | 4 | 132 | 126 | 6 |
| 水利、环境和公共设施管理业 | Management of Water Conservancy, Environment and Public Facilities | 29 | 28 | 1 | 50 | 49 | 1 |
| 居民服务和其他服务业 | Services to Household and Other Services | 14813 | 11934 | 2879 | 26385 | 23516 | 2869 |
| 教育 | Education | 50 | 45 | 5 | 93 | 85 | 8 |
| 卫生、社会保障和社会福利业 | Health,Social Security and Social Welfare | 677 | 612 | 65 | 1378 | 1282 | 96 |
| 文化、体育和娱乐业 | Culture,Sports and Entertainment | 601 | 531 | 70 | 1092 | 996 | 96 |
| 其他行业 | Others | 612 | 201 | 411 | 852 | 454 | 398 |

# 主要统计指标解释

**从业人员**　指在16周岁及以上，从事一定社会劳动并取得劳动报酬或经营收入的人员。这一指标反映了一定时期内全部劳动力资源的实际利用情况，是研究我国基本国情国力的重要指标。

**单位从业人员**　指在各级国家机关、政党机关、社会团体及企业、事业单位中工作，取得工资或其他形式的劳动报酬的全部人员。包括在岗职工、再就业的离退休人员、民办教师以及在各单位中工作的外方人员和港澳台方人员、兼职人员、借用的外单位人员和第二职业者。不包括离开本单位仍保留劳动关系的职工。各单位的就业人员反映了各单位实际参加生产或工作的全部劳动力。

**国有单位**　指资产归国家所有的经济组织。包括按《中华人民共和国企业法人登记管理条例》规定登记注册的非公司制的经济组织，以及中央、地方各级国家机关、事业单位和社会团体。

**集体单位**　指生产资料归集体所有，并按《中华人民共和国企业法人登记管理条例》规定登记注册的经济组织。

**其他单位**　包括股份合作单位、联营单位、有限责任公司、股份有限公司、港澳台商投资单位以及外商投资单位等其他登记注册类型单位。

**在岗职工**　指在本单位工作并由单位支付工资的人员，以及有工作岗位，但由于学习、病伤产假等原因暂未工作，仍由单位支付工资的人员。

**工资总额**　指各单位在一定时期内直接支付给本单位全部就业人员的劳动报酬总额。工资总额的计算原则应以直接支付给就业人员的全部劳动报酬为根据。各单位支付给就业人员的劳动报酬以及其他根据有关规定支付的工资，不论是计入成本的还是不计入成本的，不论是按国家规定列入计征奖金税项目的，还是未列入计征奖金税项目的，不论是以货币形式支付的还是以实物形式支付的，均包括在工资总额内。

**平均工资**　指企业、事业、机关单位的就业人员在一定时期内平均每人所得的货币工资额。它表明一定时期职工工资收入的高低程度，是反映就业人员工资水平的主要指标。计算公式为:

平均工资=报告期实际支付的全部就业人员工资总额/报告期全部就业人员平均人数

**平均工资指数**　指报告期就业人员平均工资与基期就业人员平均工资的比率，是反映不同时期就业人员货币工资水平变动情况的相对数。计算公式为:

平均工资指数=报告期就业人员平均工资/基期就业人员平均工资×100%

# Explanatory Notes on Main Statistics Indicators

**Employed Persons** refer to persons aged 16 and over who are engaged in gainful employment and thus receive remuneration payment or earn business income. This indicator reflects the actual utilization of total labour force during a certain period of time and is often used for the research on China's economic situation and national power.

**Persons Employed in Various Units** refer to all the persons working in government agencies of various levels, political and party organizations, social organizations, enterprises and institutions, and receiving wages or other forms of payment. They include fully-employed staff and workers, re-employed retirees, teachers in schools run by the local people, foreigners and Chinese compatriots from Hong Kong, Macao, and Taiwan working in various units, part-time employees, employees of other units working temporarily at current posts, and employees holding the second job, but exclude staff and workers who have left their working units while keeping their labour contract (employment relation) unchanged. This indicator reflects the total number of laborers actually engaged in production or other operations in various units.

**State-owned Units** refer to economic units whose assets are owned by the state, including non-corporation units registered according to Regulation of the People's Republic of China on the Registration of Enterprises and Corporations, state organs, institutions and social organizations at the central-level and local levels.

**Collective-owned Units** refer to economic units registered according to Regulation of the People's Republic of China on the Registration of Enterprises and Corporations where the means of production are collectively owned.

**Units of Other Types of Ownership** refer to units registered with other types of ownership, including cooperative units, joint ownership units, limited liability corporations, share holding corporations, units funded by entrepreneurs from Hong Kong, Macao, and Taiwan, and foreign- funded units.

**Employed Staff and Workers** refer to persons who work in working units and working units would pay wages for them. Persons who have their work posts but are temporarily absent from work for reasons of study or on sick, injury or maternal leave and still receive wages from their working units are also included.

**Total Wages Bill** refers to the total remuneration payment to staff and workers in various units during a certain period of time. The calculation of total wages is based on the total remuneration payment to the staff and workers. Therefore, all the wages and salaries and other payments to staff and workers are included in the total wages regardless of their sources, category, and forms (in kind or cash).

**Average Wage** refers to the average per capita wage in money terms during a certain period of time for employed persons. It shows the general level of wage income of staff and worker during a certain period of time, one major indicator to reflect the wage level. It is calculated as follows:

$$\text{Average Wage} = \frac{\text{Total Wage Bill of Staff and Workers at Reference Time}}{\text{Average Number of Staff and Workers at Reference Time}}$$

**Average Wage Indices** refers to the ratio of average wage of employed persons the reference period to that at the base period, which reflects the change of wage of employed persons at the different period. It is calculated as follows:

Average Wage Indices = Average Wage of Staff and Workers at Reference Time / Average Wage of Staff and Workers at Base Period x 100%

5

Five

# 固定资产投资

# Investment in Fixed Assets

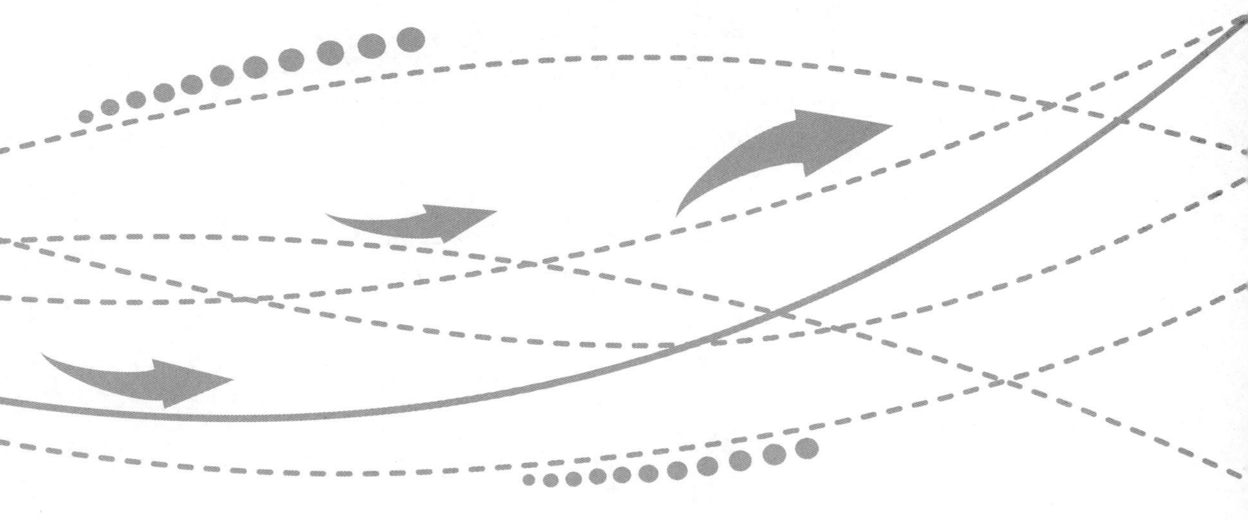

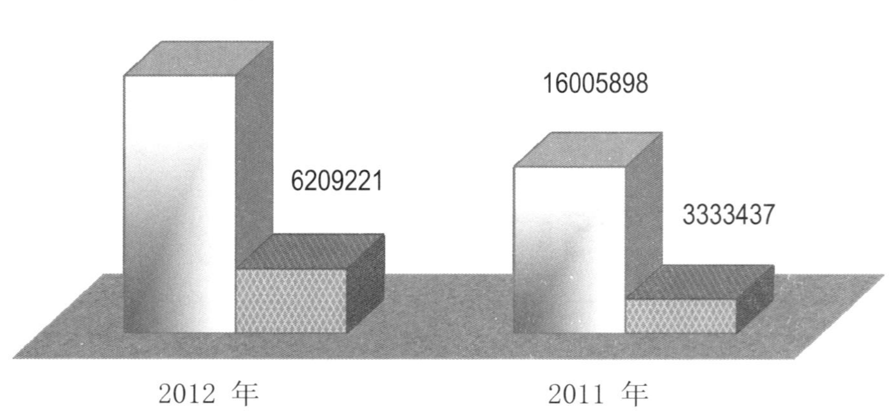
全社会固定资产投资总额（万元）
#住　宅（万元）
24825583
6209221
16005898
3333437
2012 年
2011 年

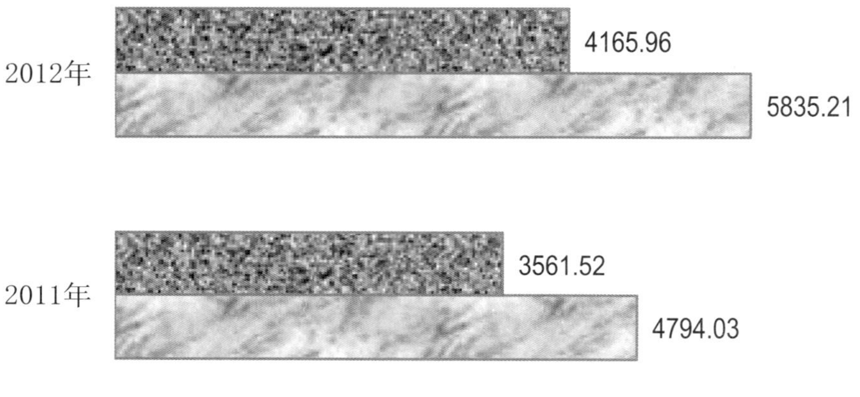
#商品住宅（万平方米）
商品房屋建筑施工面积（万平方米）
2012年
4165.96
5835.21
2011年
3561.52
4794.03

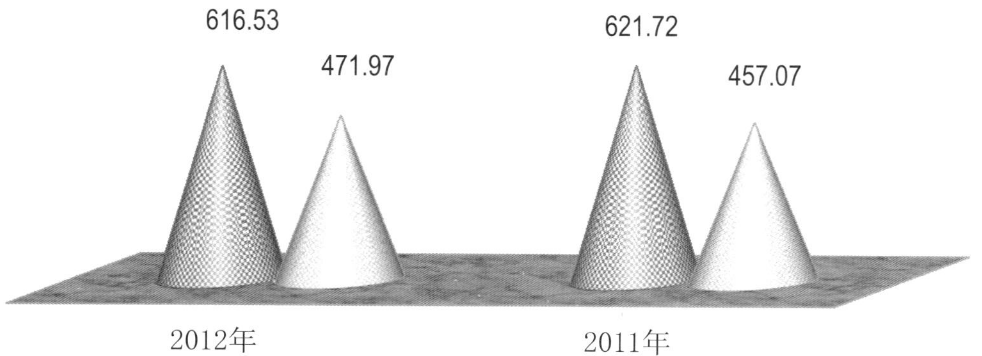
商品房屋建筑竣工面积（万平方米）
#商品住宅（万平方米）
616.53
471.97
621.72
457.07
2012年
2011年

# 5-1 全社会固定资产投资
## Total Investment in Fixed Assets

| 指标 | Item | 2012 投资额(万元) Amount of Investment (10 000 yuan) | 2012 构成(%) Proportion (%) | 2011 投资额(万元) Amount of Investment (10 000 yuan) | 2011 构成(%) Proportion (%) | 2012年比2011年增长(%) Growth Rate in 2012 over 2011 (%) |
|---|---|---|---|---|---|---|
| **投资总额** | **Total Investment** | **24825583** | **100.0** | **16005898** | **100.0** | **55.1** |
| #住宅 | Residential Buildings | 6209221 | 25.0 | 3333437 | 20.8 | 86.3 |
| 按隶属关系分 | By Jurisdiction of Management | | | | | |
| 中央 | Centural Investment | 1570255 | 6.3 | 1397232 | 8.7 | 12.4 |
| 地方 | Local Investment | 23255328 | 93.7 | 14608666 | 91.3 | 59.2 |
| 按登记注册类型分 | By Status of Registration | | | | | |
| 内资 | Domestic Funded Enterprises | 23561565 | 94.9 | 15275890 | 95.4 | 54.2 |
| #国有 | State-owned | 7377284 | 29.7 | 5734364 | 35.8 | 28.7 |
| 集体 | Collective-owned | 137188 | 0.6 | 171007 | 1.1 | -19.8 |
| 股份合作 | Cooperative | 31858 | 0.1 | 89403 | 0.6 | -64.4 |
| 国有与集体联营 | State and Collective | 20000 | 0.1 | 27979 | 0.2 | -28.5 |
| 其他联营 | Other Joint | | | | | |
| 国有独资公司 | State-funded Enterprises | 1558832 | 6.3 | 1011797 | 6.3 | 54.1 |
| 其他有限责任公司 | Other Limited Liailities | 11105651 | 44.7 | 6089546 | 38.0 | 82.4 |
| 股份有限公司 | Share-holding | 1022660 | 4.1 | 591734 | 3.7 | 72.8 |
| 私营个体 | Individual Owned Enterprises | 2181124 | 8.8 | 636501 | 4.0 | 2.4倍 |
| 其他 | Others | 191042 | 0.8 | 217850 | 1.4 | -12.3 |
| #城镇和农村私人投资 | Private Investment from Rural and Urban Area | 162789 | 0.7 | 199836 | 1.2 | -18.5 |
| 港澳台投资 | Funds from Hong Kong,Macao and Taiwan | 941982 | 3.8 | 438784 | 2.7 | 114.7 |
| #合资经营 | Joint-venture Enterprises | 191837 | 0.8 | 228714 | 1.4 | -16.1 |
| 独资 | Solely Funded Enterprises | 698638 | 2.8 | 199600 | 1.2 | 2.5倍 |
| 外商投资 | Foreign Funded Enterprises | 220099 | 0.9 | 224235 | 1.4 | -1.8 |
| #合资经营 | Joint-venture Enterprises | 77116 | 0.3 | 53161 | 0.3 | 45.1 |
| 独资 | Solely Funded Enterprises | 63889 | 0.3 | 77323 | 0.5 | -17.4 |
| 股份有限 | Share-holding Enterprises | 40219 | 0.2 | 46979 | 0.3 | -14.4 |
| 按产业分 | Grouped by Three Strata of Industry | | | | | |
| 第一产业 | Primary Industry | 701456 | 2.8 | 393407 | 2.5 | 78.3 |
| 第二产业 | Secondary Industry | 7373167 | 29.7 | 5291048 | 33.1 | 39.4 |
| 第三产业 | Tertiary Industry | 16750960 | 67.5 | 10321443 | 64.5 | 62.3 |
| 按管理类别分 | By Management | | | | | |
| #建设项目 | Construction Project | 15740359 | 63.4 | 11236291 | 70.2 | 40.1 |
| 房地产开发 | Real Estate Development | 9085224 | 36.6 | 4673595 | 29.2 | 94.4 |
| 按城乡分 | Grouped by Urban and Rural Areas | | | | | |
| 城镇 | Urban Area | 24024760 | 96.8 | 15373556 | 96.0 | 56.3 |
| 农村 | Rural Area | 800823 | 3.2 | 632342 | 4.0 | 26.6 |
| 按构成分 | Grouped by Structure | | | | | |
| 建筑工程 | Construction | 15380635 | 62.0 | 10072866 | 62.9 | 52.7 |
| 安装工程 | Installation | 1181052 | 4.8 | 640733 | 4.0 | 84.3 |
| 设备工器具购置 | Purchase of Equipment and Instrunents | 2234733 | 9.0 | 1746298 | 10.9 | 28.0 |
| 其他费用 | Others | 6029163 | 24.3 | 3546001 | 22.2 | 70.0 |
| **本年新增固定资产(万元)** | **Newly Increased Fixed Assets (10 000 yuan)** | **12522368** | **50.4** | **8973567** | **56.1** | **39.5** |
| 固定资产交付使用率(%) | Application Rate of Fixed Assets (%) | 50.44 | | 56.06 | | |
| **房屋建设面积(平方米)** | **Floor Space of Buildings(sq.m)** | | | | | |
| 施工面积 | Floor Space under Construction | 77620254 | 100.0 | 62992612 | 100.0 | 23.2 |
| #住宅 | Residential Buildings | 45927055 | 59.2 | 38382815 | 60.9 | 19.7 |
| 竣工面积 | Floor Space Completed | 14410183 | 100.0 | 12447598 | 100.0 | 15.8 |
| #住宅 | Residential Buildings | 6583510 | 45.7 | 5521374 | 44.4 | 19.2 |

# 5-2 全社会固定资产投资(按国有和非国有经济分)
# Total Investment in Fixed Assets in the Whole Country (Grouped by State-owned Economy and Non-state-owned Economy)

| 指标 | Item | 2012 | | 2011 | | 2012年比2011年增长(%) Growth Rate in 2012 over 2011(%) | |
|---|---|---|---|---|---|---|---|
| | | 国有经济 State-owned Economy | 非国有经济 Non-State-owned Economy | 国有经济 State-owned Economy | 非国有经济 Non-State-owned Economy | 国有经济 State-owned Economy | 非国有经济 Non-State-owned Economy |
| **投资额(万元)** | **Total Investment(10 000 yuan)** | **9448162** | **15377421** | **7720528** | **8285370** | **22.4** | **85.6** |
| 按产业分 | Grouped by Three Strata of Industry | | | | | | |
| 第一产业 | Primary Industry | 275572 | 425884 | 228148 | 165259 | 20.8 | 157.7 |
| 第二产业 | Secondary Industry | 2695776 | 4677391 | 2322500 | 2968548 | 16.1 | 57.6 |
| 第三产业 | Tertiary Industry | 6476814 | 10274146 | 5169880 | 5151563 | 25.3 | 99.4 |
| 按构成分 | Grouped by Structure | | | | | | |
| 建筑工程 | Construction | 5820786 | 9559849 | 4740622 | 5332244 | 22.8 | 79.3 |
| 安装工程 | Installation | 419569 | 761483 | 350882 | 289851 | 19.6 | 162.7 |
| 设备、工器具购置 | Purchase of Equipment and Instruments | 898451 | 1336282 | 666611 | 1079687 | 34.8 | 23.8 |
| 其他费用 | Others | 2309356 | 3719807 | 1962413 | 1583588 | 17.7 | 134.9 |
| **本年资金来源小计(万元)** | **Source of Funds for Investment (10 000 yuan)** | **8571216** | **15919756** | **6879956** | **10318277** | **24.6** | **54.3** |
| 国家预算内资金 | State Budget | 955090 | 6892 | 1009217 | 10290 | -5.4 | -33.0 |
| 国内贷款 | Domestic Loans | 1977279 | 1565845 | 1300850 | 1035073 | 52.0 | 51.3 |
| 债　券 | Bond | 98370 | | | | | |
| 利用外资 | Foreign Investment | 1530 | 46437 | 1066 | 61169 | 43.5 | -24.1 |
| 自筹投资 | Self-raising Funds | 5062453 | 7733758 | 3827116 | 6147598 | 32.3 | 25.8 |
| 其他投资 | Others | 476494 | 4162950 | 741707 | 3064147 | -35.8 | 35.9 |
| **新增固定资产(万元)** | **Newly Increased Fixed Assets (10 000 yuan)** | **5791029** | **6731339** | **4133573** | **4839994** | **40.1** | **39.1** |
| **房屋建筑面积(平方米)** | **Floor Space of Buildings (sq.m)** | | | | | | |
| 施工面积 | Floor Space under Construction | 14249071 | 63371183 | 15971314 | 47021298 | -10.8 | 34.8 |
| #住　宅 | Residential Buildings | 7359450 | 38567605 | 7941174 | 30441641 | -7.3 | 26.7 |
| 竣工面积 | Floor Space Completed | 6145713 | 8264470 | 2658958 | 9788640 | 131.1 | -15.6 |
| #住　宅 | Residential Buildings | 2271380 | 4312130 | 1170771 | 4350603 | 94.0 | -0.9 |

注:本表按控股情况划分。
a) Figures in this table were grouped by share-holding.

# 5-3 全社会固定资产投资资金来源情况
## Sources of Fund for Investment in Fixed Assets in the Whole Country

| 指标 | Item | 2012 | | 2011 | | 2012年比2011年增长(%) Growth Rate in 2012 over 2011 (%) |
|---|---|---|---|---|---|---|
| | | 投资额(万元) Amount of Investment (10 000 yuan) | 构成(%) Proportion (%) | 投资额(万元) Amount of Investment (10 000 yuan) | 构成(%) Proportion (%) | |
| **全年资金来源合计** | **Total Source of Funds This Year** | **24490972** | **100.00** | **20173390** | **100.00** | **21.4** |
| **上年末结余资金** | **Surplus Fund from the Year-end of Preceding Year** | **2403874** | **9.82** | **2975157** | **14.75** | **-19.2** |
| **本年资金来源小计** | **Subtotal of Source of Funds This Year** | **22087098** | **90.18** | **17198233** | **85.25** | **28.4** |
| 国家预算内资金 | State Budget | 961982 | 3.93 | 1019507 | 5.05 | -5.6 |
| 国内贷款 | Domestic Loans | 3543124 | 14.47 | 2335923 | 11.58 | 51.7 |
| 债　券 | Bond | 98370 | 0.40 | | | |
| 利用外资 | Foreign Investment | 47967 | 0.20 | 62235 | 0.31 | -22.9 |
| #外商直接投资 | Direct Foreign Investment | 46437 | 0.19 | 61235 | 0.30 | -24.2 |
| 自筹投资 | Self-raising Funds | 12796211 | 52.25 | 10070726 | 49.92 | 27.1 |
| #企事业单位自筹 | Funds Raised by Instititions | 6268322 | 25.59 | 5429220 | 26.91 | 15.5 |
| 其他资金来源 | Others | 4639444 | 18.94 | 3709842 | 18.39 | 25.1 |
| **本年各项应付款合计** | **Total Payment** | **5095995** | **100.00** | **2841340** | **100.00** | **79.4** |
| #工程款 | Payment Against Projects | 2829426 | 99.58 | 1313055 | 46.21 | 115.5 |

# 5–4 按国民经济行业分组的全社会固定资产投资
# Total Investment in Fixed Assets in the Whole City by Sector

| 指 标 | Item | 2012 | | 2011 | | 2012年比2011年增长(%) Growth Rate in 2012 over 2011 (%) |
|---|---|---|---|---|---|---|
| | | 投资额(万 元) Amount of Investment (10 000 yuan) | 构 成(%) Proportion (%) | 投资额(万 元) Amount of Investment (10 000 yuan) | 构 成(%) Proportion (%) | |
| **总 计** | **Total** | **24825583** | **100.0** | **16005898** | **100.0** | **55.1** |
| **农、林、牧、渔业** | **Agriculture,Forestry,Animal Husbandry and Fishery** | **701456** | **2.8** | **393407** | **2.5** | **78.3** |
| 农 业 | Agriculture | 384838 | 1.6 | 199966 | 1.2 | 92.5 |
| 林 业 | Forestry | 59343 | 0.2 | 23817 | 0.1 | 149.2 |
| 畜牧业 | Animal Husbandry | 158118 | 0.6 | 125534 | 0.8 | 26.0 |
| 渔 业 | Fishery | 41185 | 0.2 | 7838 | 0.0 | 4.3倍 |
| 农、林、牧、渔服务业 | Service of Agriculture,Forestry, Animal Husbandry and Fishery | 57972 | 0.2 | 36252 | 0.2 | 59.9 |
| **采矿业** | **Mining** | **810278** | **3.3** | **541853** | **3.4** | **49.5** |
| 煤炭开采和洗选业 | Coal Mining and Dressing | 305685 | 1.2 | 265149 | 1.7 | 15.3 |
| 石油和天然气开采业 | Petroleum and Natural Gas Mining | | | | | |
| 黑色金属矿采选业 | Ferrous Metals Mining and Dressing | 22458 | 0.1 | 3430 | 0.0 | 554.8 |
| 有色金属矿采选业 | Nonferrous Metals Mining and Dressing | 136979 | 0.6 | 46931 | 0.3 | 191.9 |
| 非金属矿采选业 | Nonmetal Minerals Mining and Dressing | 336701 | 1.4 | 225477 | 1.4 | 49.3 |
| 开采辅助活动 | Mining Support Activities | 4500 | 0.0 | 40 | 0.0 | 111.5倍 |
| 其他开采业 | Others Mining and Quarrying | 3955 | 0.0 | 826 | 0.0 | 3.8倍 |
| **制造业** | **Manufacturing** | **5699511** | **23.0** | **3931876** | **24.6** | **45.0** |
| 农副食品加工业 | Processing of Foods from Agricutural Products | 180244 | 0.7 | 132863 | 0.8 | 35.7 |
| 食品制造业 | Manufacture of Foods | 225300 | 0.9 | 144332 | 0.9 | 56.1 |
| 酒、饮料和精制茶制造业 | Manufacture of Alcohol, Beverages and Tea | 181837 | 0.7 | 60332 | 0.4 | 2.0倍 |
| 烟草制品业 | Manufacture of Tobacco | 12001 | 0.0 | 24470 | 0.2 | -51.0 |
| 纺织业 | Manufacture of Textile | 1620 | 0.0 | | | |
| 纺织服装和服饰业 | Manufacture of Textile Wearing Apparel and Finery | 8465 | 0.0 | | | |
| 皮革、毛皮、羽毛(绒)及其制品业 | Leather,Furs,Feather and Related Products | 9800 | 0.0 | 360 | 0.0 | 26.2倍 |
| 木材加工及木、竹、藤、棕、草制 | Processing of Timer,Manufacture of Wood, Bamboo,Rattan,Palm,and Straw Products | 24458 | 0.1 | 16510 | 0.1 | 48.1 |
| 家具制造业 | Manufacture of Furniture | 23532 | 0.1 | 38139 | 0.2 | -38.3 |
| 造纸及纸制品业 | Manufacture of Paper and Paper Products | 34553 | 0.1 | 51634 | 0.3 | -33.1 |
| 印刷业和记录媒介的复制 | Printing,Reproductionn of Recording Media | 110542 | 0.4 | 32394 | 0.2 | 2.4倍 |
| 文教体育用品制造业 | Manufacture of Articles for Culture, Education,Industrial Arts and Sport Activities | 29150 | 0.1 | 1210 | 0.0 | 23.1倍 |
| 石油加工、炼焦及核燃料加工业 | Petroleum Processing,Coking and Nuclear Fuel Processing | 22622 | 0.1 | 7971 | 0.0 | 183.8 |
| 化学原料及化学制品制造业 | Manufacture of Raw Chemical Materials and Chemical Products | 541301 | 2.2 | 449986 | 2.8 | 20.3 |

## 5-4 续表1 (continued)

| 指标 | Item | 2012 投资额(万元) Amount of Investment (10 000 yuan) | 2012 构成(%) Proportion (%) | 2011 投资额(万元) Amount of Investment (10 000 yuan) | 2011 构成(%) Proportion (%) | 2012年比2011年增长(%) Growth Rate in 2012 over 2011 (%) |
|---|---|---|---|---|---|---|
| 医药制造业 | Manufacture of Medicines | 197489 | 0.8 | 126512 | 0.8 | 56.1 |
| 化学纤维制造业 | Manufacture of Chemical Fibres | 3800 | 0.0 | 4253 | 0.0 | -10.7 |
| 橡胶和塑料制品业 | Manufacture of Plastics and Rubber | 529336 | 2.1 | 226764 | 1.4 | 133.4 |
| 非金属矿物制品业 | Manufacture of Non-metallic Mineral Products | 868448 | 3.5 | 447972 | 2.8 | 93.9 |
| 黑色金属冶炼和压延加工业 | Smelting and Pressing of Ferrous Metals | 590217 | 2.4 | 405562 | 2.5 | 45.5 |
| 有色金属冶炼和压延加工业 | Smelting and Pressing of Non-ferrous Metals | 267301 | 1.1 | 372667 | 2.3 | -28.3 |
| 金属制品业 | Manufacture of Metal Products | 227036 | 0.9 | 120159 | 0.8 | 88.9 |
| 通用设备制造业 | Manufacture of General Purpose Machinery | 185174 | 0.7 | 126203 | 0.8 | 46.7 |
| 专用设备制造业 | Manufacture of Special Purpose Machinery | 214273 | 0.9 | 163403 | 1.0 | 31.1 |
| 汽车制造业 | Manufacture of Automobile Industry | 511007 | 2.1 | 318767 | 2.0 | 60.3 |
| 铁路、船舶、航空航天等制造业 | Manufacture of Railway, Watercraft,Aviation,Aerospace and Other Transport Equipment | 239638 | 1.0 | 296670 | 1.9 | -19.2 |
| 电气机械及器材制造业 | Manufacture of Electrical Machinery and Equipment | 218837 | 0.9 | 89188 | 0.6 | 145.4 |
| 计算机、通信和其他电子设备制造业 | Manufacture of Computers, Communication and Other Electronic Equipment | 69550 | 0.3 | 50549 | 0.3 | 37.6 |
| 仪器仪表制造业 | Manufacture of Measuring Instruments and Machinery | 86471 | 0.3 | 200683 | 1.3 | -56.9 |
| 其他制造业 | Other Manufacturing | 11160 | 0.0 | 20823 | 0.1 | -46.4 |
| 废弃资源综合利用业 | Utilization of Waste Resources | 58806 | 0.2 | 1500 | 0.0 | 38.2倍 |
| 金属制品、机械和设备修理业 | Metal Products,Machinery and Equipment Repair | 15543 | 0.1 | | | |
| **电力、热力、燃气及水的生产和供应业** | **Production and Supply of Electricity,Heat,Gas and Water** | **710195** | **2.9** | **607283** | **3.8** | **16.9** |
| 电力、热力的生产和供应业 | Production and Supply of Electric Power and Heat Power | 427093 | 1.7 | 434138 | 2.7 | -1.6 |
| 燃气生产和供应业 | Production and Supply of Gas | 95274 | 0.4 | 81385 | 0.5 | 17.1 |
| 水的生产和供应业 | Production and Supply of Water | 187828 | 0.8 | 91760 | 0.6 | 104.7 |
| **建筑业** | **Construction** | **153183** | **0.6** | **201376** | **1.3** | **-23.9** |
| 房屋建筑业 | House Building | 16849 | 0.1 | 44153 | 0.3 | -61.8 |
| 土木工程建筑业 | Civil Engineering | 104776 | 0.4 | 86472 | 0.5 | 21.2 |
| 建筑安装业 | Construction Installation | | | 13955 | 0.1 | |
| 建筑装饰和其他建筑业 | Construction Decoration and Others | 31558 | 0.1 | 56796 | 0.4 | -44.4 |
| **批发和零售业** | **Wholesale and Retail** | **332824** | **1.3** | **307444** | **1.9** | **8.3** |
| 批发业 | Wholesale | 107740 | 0.4 | 68776 | 0.4 | 56.7 |
| 零售业 | Retail | 225084 | 0.9 | 238668 | 1.5 | -5.7 |

## 5-4 续表2 (continued)

| 指　　标 | Item | 2012 投资额（万元）Amount of Investment (10 000 yuan) | 2012 构成(%) Proportion (%) | 2011 投资额（万元）Amount of Investment (10 000 yuan) | 2011 构成(%) Proportion (%) | 2012年比2011年增长(%) Growth Rate in 2012 over 2011 (%) |
|---|---|---|---|---|---|---|
| **交通运输、仓储和邮政业** | **Transport,Storage and Post** | **949880** | **3.8** | **798681** | **5.0** | **18.9** |
| 铁路运输业 | Railway Transport | 185071 | 0.7 | 210225 | 1.3 | -12.0 |
| 道路运输业 | Road Transport | 202601 | 0.8 | 319898 | 2.0 | -36.7 |
| 水上运输业 | Water Transport | 22903 | 0.1 | 2000 | 0.0 | 10.5倍 |
| 航空运输业 | Air Transport | 220311 | 0.9 | 83947 | 0.5 | 162.4 |
| 管道运输业 | Pipeline Transport | 9176 | 0.0 | 1700 | 0.0 | 4.4倍 |
| 装卸搬运和运输代理业 | Loading,Unloading and Transportation Agent | 50296 | 0.2 | | | |
| 仓储业 | Warehousing | 252342 | 1.0 | 175911 | 1.1 | 43.4 |
| 邮政业 | Post | 7180 | 0.0 | 5000 | 0.0 | 43.6 |
| **住宿和餐饮业** | **Hotels and Catering Services** | **104244** | **0.4** | **127851** | **0.8** | **-18.5** |
| 住宿业 | Lodging Sector | 29394 | 0.1 | 73058 | 0.5 | -59.8 |
| 餐饮业 | Catering Sector | 74850 | 0.3 | 54793 | 0.3 | 36.6 |
| **信息传输、软件和信息技术服务业** | **Information Transmision, Computer Services and Software** | **186494** | **0.8** | **170380** | **1.1** | **9.5** |
| 电信、广播电视和卫星传输服务业 | Telecommunication,Broadcasting, Television and Satellite Service | 145969 | 0.6 | 163542 | 1.0 | -10.7 |
| 互联网和相关服务业 | Internet and Related Services | 783 | 0.0 | 3198 | 0.0 | -75.5 |
| 软件和信息技术服务业 | Software,Information and Technology Service Trades | 39742 | 0.2 | 3640 | 0.0 | 9.9倍 |
| **金融业** | **Financial Intermediation** | **20107** | **0.1** | **24836** | **0.2** | **-19.0** |
| 货币金融业 | Monetary and Financial Industry | 11053 | 0.0 | 18333 | 0.1 | -39.7 |
| 资本市场业 | Capital Markets | 9054 | 0.0 | 4798 | 0.0 | 88.7 |
| 保险业 | Insurance | | | 1184 | 0.0 | |
| 其他金融业 | Others | | | 521 | 0.0 | |
| **房地产业** | **Real Estate Industry** | **10520373** | **42.4** | **5335382** | **33.3** | **97.2** |
| 房地产业 | Real Estate | 10520373 | 42.3 | 5335382 | 33.3 | 96.7 |
| **租赁和商务服务业** | **Leasing and Business Services** | **54537** | **0.2** | **85227** | **0.5** | **-36.0** |
| 租赁业 | Leasing | 5948 | 0.0 | 5595 | 0.0 | 6.3 |
| 商务服务业 | Business Services | 48589 | 0.2 | 79632 | 0.5 | -39.0 |
| **科学研究和技术服务业** | **Scientific Research and Technical Services** | **87790** | **0.4** | **39569** | **0.2** | **121.9** |
| 研究与试验发展 | Reserch and Development | 7492 | 0.0 | 17512 | 0.1 | -57.2 |
| 专业技术服务业 | Professional and Technical Services | 55105 | 0.2 | 16247 | 0.1 | 2.4倍 |
| 科技交流和推广服务业 | Services of Science and Technique Exchange and Generalization | 25193 | 0.1 | 5810 | 0.0 | 3.3倍 |

5-4 续表3 (continued)

| 指 标 | Item | 2012 投资额(万元) Amount of Investment (10 000 yuan) | 2012 构成(%) Proportion (%) | 2011 投资额(万元) Amount of Investment (10 000 yuan) | 2011 构成(%) Proportion (%) | 2012年比2011年增长(%) Growth Rate in 2012 over 2011 (%) |
|---|---|---|---|---|---|---|
| **水利、环境和公共设施管理业** | **Management of Water Conservancy, Environment and Public Facilities** | **3367412** | **13.6** | **2505890** | **15.7** | **34.4** |
| 水利管理业 | Management of Water Conservancy | 230827 | 0.9 | 128561 | 0.8 | 79.5 |
| 生态保护和环境治理业 | Eco-system and Environment Protestion | 117839 | 0.5 | 127043 | 0.8 | -7.2 |
| 公共设施管理业 | Public Facilities Management | 3018746 | 12.2 | 2250286 | 14.1 | 34.1 |
| **居民服务和其他服务业** | **Services to Households and Other Services** | **42716** | **0.2** | **56652** | **0.4** | **-24.6** |
| 居民服务业 | Resident Services | 16374 | 0.1 | 25237 | 0.2 | -35.1 |
| 机动车、电子产品和日用产品修理业 | Motor Vehicle,Electronic and Household Products Repair | 9042 | 0.0 | 25545 | 0.2 | -64.6 |
| 其他服务业 | Others | 17300 | 0.1 | 5870 | 0.0 | 194.7 |
| **教　育** | **Education** | **804342** | **3.2** | **460108** | **2.9** | **74.8** |
| 教　育 | Education | 804342 | 3.2 | 460108 | 2.9 | 74.8 |
| **卫生和社会工作** | **Health and Social Work** | **87671** | **0.4** | **126918** | **0.8** | **-30.9** |
| 卫　生 | Health | 72125 | 0.3 | 124123 | 0.8 | -41.9 |
| 社会工作 | Social Work | 15546 | 0.1 | 2795 | 0.0 | 4.6倍 |
| 文化、体育和娱乐业 | Culture,Sports and Entertainment | 71594 | 0.3 | 158993 | 1.0 | -55.0 |
| 新闻和出版业 | Press and Publishing Industry | 1262 | 0.0 | 1098 | 0.0 | 14.9 |
| 广播、电视、电影和影视录音制作业 | Broadcasting,Movie and Television | 2750 | 0.0 | 6587 | 0.0 | -58.3 |
| 文化艺术业 | Culture and Art | 29888 | 0.1 | 18104 | 0.1 | 65.1 |
| 体　育 | Sports | 16474 | 0.1 | 16880 | 0.1 | -2.4 |
| 娱乐业 | Entertainment | 21220 | 0.1 | 116324 | 0.7 | -81.8 |
| **公共管理和社会组织** | **Public Management and Social Organizations** | **120976** | **0.5** | **132172** | **0.8** | **-8.5** |
| 中国共产党机关 | Organs of the Communist Party of China | | | | | |
| 国家机构 | State Organs | 85255 | 0.3 | 78373 | 0.5 | 8.8 |
| 人民政协和民主党派 | CPPCC and Democratic Parties | | | | | |
| 社会保障 | Social Security | | | 25442 | 0.2 | |
| 群众团体、社会团体和其他成员组织 | Mass Organizations,Social Organizations and Others | 13711 | 0.1 | 14011 | 0.1 | -2.1 |
| 基层群众自治组织 | Grassroots Self-government Organizations | 22010 | 0.1 | 14346 | 0.1 | 53.4 |
| 国际组织 | International Organization | | | | | |
| 国际组织 | International Organization | | | | | |

# 5–5 城镇固定资产投资
# Investment in Fixed Assets in Urban Area

| 指　　标 | Item | 2012 投资额(万元) Amount of Investment (10 000 yuan) | 2012 构成(%) Proportion (%) | 2011 投资额(万元) Amount of Investment (10 000 yuan) | 2011 构成(%) Proportion (%) | 2012年比2011年增长(%) Growth Rate in 2012 over 2011 (%) |
|---|---|---|---|---|---|---|
| **总　计** | **Total** | **24024760** | **100.0** | **15373556** | **100.0** | **56.3** |
| **按隶属关系分** | **By Jurisdiction** | | | | | |
| 中　央 | Central Investment | 1549586 | 6.4 | 1371962 | 8.9 | 12.9 |
| 地　方 | Local Investment | 22475174 | 93.6 | 14001594 | 91.1 | 60.5 |
| **按登记注册类型分** | **By Registration Status** | | | | | |
| 内　资 | Domestic Funded Enterprises | 22806992 | 94.9 | 14677999 | 95.5 | 55.4 |
| #国　有 | State-owned Enterprises | 7162717 | 29.8 | 5581148 | 36.3 | 28.3 |
| 集　体 | Collective-owned Enterprises | 131234 | 0.5 | 160268 | 1.0 | -18.1 |
| 股份合作 | Cooperative Enterprises | 31373 | 0.1 | 88263 | 0.6 | -64.5 |
| 国有与集体联营 | Joint State-collective Enterprises | 20000 | 0.1 | 27979 | 0.2 | -28.5 |
| 其他联营 | Other Joint Ownership Enterprises | | | | | |
| 国有独资公司 | State Sole Funded Enterprises | 1523987 | 6.3 | 1011797 | 6.6 | 50.6 |
| 其他有限责任公司 | Other Limited Liability Corporations | 10921968 | 45.5 | 5970674 | 38.8 | 82.9 |
| 股份有限公司 | Share-holding Corporations Ltd. | 918135 | 3.8 | 551351 | 3.6 | 66.5 |
| 私营个体 | Private Enterprises | 1965348 | 8.2 | 1213487 | 7.9 | 62.0 |
| 其　他 | Others | 159634 | 0.7 | 113690 | 0.7 | 40.4 |
| 港澳台投资 | Enterprises with Funds from Hong Kong,Macao and Taiwan | 933482 | 3.9 | 430564 | 2.8 | 116.8 |
| #合资经营 | Joint-venture Enterprises | 191837 | 0.8 | 228714 | 1.5 | -16.1 |
| 独　资 | Enterprises with Sole Fund | 694138 | 2.9 | 199600 | 1.3 | 2.5倍 |
| 外商投资 | Forign Funded Enterprises | 220099 | 0.9 | 224235 | 1.5 | -1.8 |
| #合资经营 | Joint-venture Enterprises | 77116 | 0.3 | 53161 | 0.3 | 45.1 |
| 独　资 | Enterprises with Sole Fund | 63889 | 0.3 | 77323 | 0.5 | -17.4 |
| 股份有限 | Share-holding Corporations Ltd. | 40219 | 0.2 | 46979 | 0.3 | -14.4 |
| **按构成分** | **Grouped by Structure** | | | | | |
| 建筑工程 | Construction | 14860343 | 61.9 | 9671539 | 62.9 | 53.7 |
| 安装工程 | Installation | 1146757 | 4.8 | 620520 | 4.0 | 84.8 |
| 设备工器具购置 | Purchase of Equipment and Industry | 2099209 | 8.7 | 1617514 | 10.5 | 29.8 |
| 其他费用 | Others | 5918451 | 24.6 | 3463983 | 22.5 | 70.9 |
| **按建设性质分** | **By Type of Construction** | | | | | |
| #新　建 | New Construction | 9822282 | 40.9 | 6295247 | 40.9 | 56.0 |
| 扩　建 | Expansion | 2006886 | 8.4 | 2047583 | 13.3 | -2.0 |
| 改建和技术改造 | Reconstruction and Technical Transformation | 2715713 | 11.3 | 1977698 | 12.9 | 37.3 |
| **按管理类别分** | **By Type of Management** | | | | | |
| 建设项目 | Construction Projects | 14939536 | 62.2 | 11236291 | 73.1 | 33.0 |
| 房地产开发 | Real Estate Development | 9085224 | 37.8 | 4673595 | 30.4 | 94.4 |
| **本年新增固定资产** | **Newly Increased Fixed Assets** | **11891426** | **49.5** | **8498845** | **55.3** | **39.9** |
| 固定资产交付使用率 | Rate of Projects of Fixed Assets Completed and Put into Use | 49.50 | | 55.28 | | |
| **房屋建设面积(平方米)** | **Floor Space of Buildings (sq.m)** | | | | | |
| 施工面积 | Floor Space under Construction | 76285474 | 100.0 | 62992612 | 100.0 | 21.1 |
| #住　宅 | Residential Buildings | 45840980 | 60.1 | 38382815 | 60.9 | 19.4 |
| 竣工面积 | Floor Space Completed | 13935694 | 100.0 | 12023220 | 100.0 | 15.9 |
| #住　宅 | Residential Buildings | 6572110 | 77.6 | 5474676 | 64.7 | 20.0 |

注：1.城镇固定资产投资是指计划总投资50万元以上项目数据；
2.表中按建设性质分不含房地产投资。
a) Investment in fixed assets in urban area refers to data of projects with 500 thousand planned investment.
b) Investment types of construction in this table exclude investment in real estate.

# 5–6 城镇固定资产投资资金来源情况
## Sources of Funds for Investment in Fixed Assets in Urban Area

单位：万元 (10 000 yuan)

| 指　　标 | Item | 2012 | 2011 | 2012年比2011年增长(%) Growth Rate in 2012 over 2011 (%) |
|---|---|---|---|---|
| **全年资金来源合计** | **Total Source of Funds This Year** | **23639036** | **20077378** | **17.7** |
| **上年末结余资金** | **Surplus Fund from the Year-end of Preceding Year** | **2399073** | **2975157** | **-19.4** |
| **本年资金来源小计** | **Subtotal of Source of Funds This Year** | **21239963** | **17102221** | **24.2** |
| 国家预算内资金 | State Budget | 916757 | 1019507 | -10.1 |
| 国内贷款 | Domestic Loans | 3418585 | 2335923 | 46.3 |
| 债　券 | Fund | 98370 | | |
| 利用外资 | Foreign Investment | 46417 | 62235 | -25.4 |
| #外商直接投资 | Direct Foreign Investment | 44887 | 61235 | -26.7 |
| 自筹投资 | Self-raising Funds | 12181127 | 9974714 | 22.1 |
| #企事业单位自筹 | Funds Raised by Institiitions | 5958089 | 5429220 | 9.7 |
| 其他资金来源 | Others | 4578707 | 3709842 | 23.4 |
| **本年各项应付款合计** | **Total** | **5053242** | **2841340** | **77.8** |
| #工程款 | Payment against Projects | 2804716 | 1313055 | 113.6 |

# 5-7 按国民经济行业分组的城镇固定资产投资
# Total Investment in Fixed Assets in Urban Area by Sector

| 指　　标 | Item | 2012 投资额(万元) Amount of Investment (10 000 yuan) | 2012 构　成(%) Proportion (%) | 2011 投资额(万元) Amount of Investment (10 000 yuan) | 2011 构　成(%) Proportion (%) | 2012年比2011年增长(%) Growth Rate in 2012 over 2011 (%) |
|---|---|---|---|---|---|---|
| **总　计** | **Total** | **24024760** | **100.0** | **15373556** | **100.0** | **56.3** |
| **农、林、牧、渔业** | **Agriculture, Forestry,Animal Husbandry and Fishery** | **409418** | **1.7** | **252107** | **1.6** | **62.4** |
| 农　业 | Agriculture | 232686 | 1.0 | 117902 | 0.8 | 97.4 |
| 林　业 | Forestry | 41859 | 0.2 | 20749 | 0.1 | 101.7 |
| 畜牧业 | Animal Husbandry | 98183 | 0.4 | 83804 | 0.5 | 17.2 |
| 渔　业 | Fishery | 6505 | 0.0 | 3708 | 0.0 | 75.4 |
| 农、林、牧、渔服务业 | Service of Agriculture,Forestry, Animal Husbandry and Fishery | 30185 | 0.1 | 25944 | 0.2 | 16.3 |
| **采矿业** | **Mining** | **741611** | **3.1** | **445391** | **2.9** | **66.5** |
| 煤炭开采和洗选业 | Coal Mining and Dressing | 282605 | 1.2 | 210558 | 1.4 | 34.2 |
| 石油和天然气开采业 | Petroleum and Natural Gas Mining | | | | | |
| 黑色金属矿采选业 | Ferrous Metals Mining and Dressing | 22458 | 0.1 | 3430 | 0.0 | 5.5倍 |
| 有色金属矿采选业 | Nonferrous Metals Mining and Dressing | 129982 | 0.5 | 31971 | 0.2 | 3.1倍 |
| 非金属矿采选业 | Nonmetal Minerals Mining and Dressing | 298111 | 1.2 | 198566 | 1.3 | 50.1 |
| 开采辅助活动 | Mining Support Activities | 4500 | 0.0 | 40 | 0.0 | 111.5倍 |
| 其他开采业 | Others Mining and Quarrying | 3955 | 0.0 | 826 | 0.0 | 3.8倍 |
| **制造业** | **Manufacturing** | **5576818** | **23.2** | **3815382** | **24.8** | **46.2** |
| 农副食品加工业 | Processing of Foods from Agricultural Products | 166960 | 0.7 | 116957 | 0.8 | 42.8 |
| 食品制造业 | Manufacture of Foods | 217615 | 0.9 | 130124 | 0.8 | 67.2 |
| 酒、饮料和精制茶制造业 | Manufacture of Alcohol, Beverages and Tea | 171132 | 0.7 | 53062 | 0.3 | 2.2倍 |
| 烟草制品业 | Manufacture of Tobacco | 12001 | 0.0 | 24470 | 0.2 | -51.0 |
| 纺织业 | Manufacture of Textile | 1620 | 0.0 | | | |
| 纺织服装和服饰业 | Manufacture of Textile Wearing Apparel and Finery | 8465 | 0.0 | | | |
| 皮革、毛皮、羽毛(绒)及其制品业 | Leather,Furs,Down and Related Products | 9800 | 0.0 | 360 | 0.0 | 26.2倍 |
| 木材加工及木、竹、藤、棕、草制 | Manufacture of Leather,Fur, Feather and Related Products | 24458 | 0.1 | 15110 | 0.1 | 61.9 |
| 家具制造业 | Manufacture of Furniture | 22436 | 0.1 | 38079 | 0.2 | -41.1 |
| 造纸及纸制品业 | Manufacture of Paper and Paper Products | 17223 | 0.1 | 48027 | 0.3 | -64.1 |
| 印刷业和记录媒介的复制 | Printing,Reproduction of Recording Media | 110542 | 0.5 | 32394 | 0.2 | 241.2 |
| 文教体育用品制造业 | Manufacture of Articles for Culture, Education,Industrial Arts and Sport Activities | 29150 | 0.1 | 600 | 0.0 | 47.6倍 |
| 石油加工、炼焦及核燃料加工业 | Petroleum Processing, Coking and Nuclear Fuel Processing | 22622 | 0.1 | 7800 | 0.1 | 190.0 |

5-7 续表1 (continued)

| 指标 | Item | 2012 投资额(万元) Amount of Investment (10 000yuan) | 2012 构成(%) Proportion (%) | 2011 投资额(万元) Amount of Investment (10 000yuan) | 2011 构成(%) Proportion (%) | 2012年比2011年增长(%) Growth Rate in 2012 over 2011 (%) |
|---|---|---|---|---|---|---|
| 化学原料及化学制品制造业 | Manufacture of Raw Chemical Materials and Chemical Products | 535533 | 2.2 | 443146 | 2.9 | 20.8 |
| 医药制造业 | Manufacture of Medicines | 197341 | 0.8 | 126192 | 0.8 | 56.4 |
| 化学纤维制造业 | Manufacture of Chemical Fibers | | | 4253 | 0.0 | |
| 橡胶和塑料制品业 | Manufacture of Plastics | 528536 | 2.2 | 218659 | 1.4 | 141.7 |
| 非金属矿制品业 | Manufacture of Non-metallic Mineral Products | 830765 | 3.5 | 408289 | 2.7 | 103.5 |
| 黑色金属冶炼和压延加工业 | Smelting and Pressing of Ferrous Metals | 587584 | 2.4 | 405562 | 2.6 | 44.9 |
| 有色金属冶炼和压延加工业 | Smelting and Pressing of Non-ferrous Metals | 266010 | 1.1 | 364921 | 2.4 | -27.1 |
| 金属制品业 | Manufacture of Metal Products | 215436 | 0.9 | 117159 | 0.8 | 83.9 |
| 通用设备制造业 | Manufacture of General Purpose Machinery | 183174 | 0.8 | 125133 | 0.8 | 46.4 |
| 专用设备制造业 | Manufacture of Special Purpose Machinery | 212273 | 0.9 | 158903 | 1.0 | 33.6 |
| 汽车制造业 | Manufacture of Automobile Industry | 510527 | 2.1 | 317579 | 2.1 | 60.8 |
| 铁路、船舶、航空航天等制造业 | Manufacture of Railway, Watercraft,Aviation,Aerospace and Other Transport Equipment | 239638 | 1.0 | 296670 | 1.9 | -19.2 |
| 电气机械及器材制造业 | Manufacture of Electrical Machinery and Equipment | 216647 | 0.9 | 88378 | 0.6 | 145.1 |
| 计算机、通信和其他电子设备制造业 | Manufacture of Computers, Communication and Other Electronic Equipment | 69550 | 0.3 | 50549 | 0.3 | 37.6 |
| 仪器仪表制造业 | Manufacture of Measuring Instruments and Machinery | 84971 | 0.4 | 200683 | 1.3 | -57.7 |
| 其他制造业 | Other Manufacturing | 10460 | 0.0 | 20823 | 0.1 | -49.8 |
| 废弃资源综合利用业 | Utilization of Waste Resources | 58806 | 0.2 | 1500 | 0.0 | 38.2倍 |
| 金属制品、机械和设备修理业 | Metal Products,Machinery and Equipment Repair | 15543 | 0.1 | | | |
| **电力、热力、燃气及水的生产和供应业** | **Production and Supply of Electricity,Gas and Water** | **679490** | **2.8** | **581013** | **3.8** | **16.9** |
| 电力、热力的生产和供应业 | Production and Supply of Electric Power and Heat Power | 398221 | 1.7 | 408168 | 2.7 | -2.4 |
| 燃气生产和供应业 | Production and Supply of Gas | 95274 | 0.4 | 81385 | 0.5 | 17.1 |
| 水的生产和供应业 | Production and Supply of Water | 185995 | 0.8 | 91460 | 0.6 | 103.4 |
| **建筑业** | **Construction** | **149703** | **0.6** | **198157** | **1.3** | **-24.5** |
| 房屋建筑业 | House Building | 13369 | 0.1 | 42070 | 0.3 | -68.2 |
| 土木工程建筑业 | Civil Engineering | 104776 | 0.4 | 86472 | 0.6 | 21.2 |
| 建筑安装业 | Construction Installation | | | 13955 | 0.1 | |
| 建筑装饰和其他建筑业 | Construction Decoration and Others | 31558 | 0.1 | 55660 | 0.4 | -43.3 |
| **批发和零售业** | **Wholesale and Retail** | **305430** | **1.3** | **301077** | **2.0** | **1.4** |
| 批发业 | Wholesale | 105653 | 0.4 | 65339 | 0.4 | 61.7 |
| 零售业 | Retail | 199777 | 0.8 | 235738 | 1.5 | -15.3 |

## 5-7 续表2 (continued)

| 指　　标 | Item | 2012 投资额(万元) Amount of Investment (10 000 yuan) | 2012 构成(%) Proportion (%) | 2011 投资额(万元) Amount of Investment (10 000 yuan) | 2011 构成(%) Proportion (%) | 2012年比2011年增长(%) Growth Rate in 2012 over 2011 (%) |
|---|---|---|---|---|---|---|
| **交通运输、仓储和邮政业** | **Transport,Storage and Post** | **936652** | **3.9** | **795113** | **5.2** | **17.8** |
| 铁路运输业 | Railway Transport | 185071 | 0.8 | 210225 | 1.4 | -12.0 |
| 道路运输业 | Road Transport | 201443 | 0.8 | 317140 | 2.1 | -36.5 |
| 水上运输业 | Water Transport | 22903 | 0.1 | 1600 | 0.0 | 13.3倍 |
| 航空运输业 | Air Transport | 220311 | 0.9 | 83947 | 0.5 | 162.4 |
| 管道运输业 | Pipeline Transport | 9176 | 0.0 | 1700 | 0.0 | 4.4倍 |
| 装卸搬运和运输代理业 | Loading,Unloading and Transportation Agent | 49906 | 0.2 | | | |
| 仓储业 | Warehousing | 240662 | 1.0 | 175501 | 1.1 | 37.1 |
| 邮政业 | Post | 7180 | 0.0 | 5000 | 0.0 | 43.6 |
| **住宿和餐饮业** | **Hotels and Catering Services** | **87734** | **0.4** | **120021** | **0.8** | **-26.9** |
| 住宿业 | Lodging Sector | 29394 | 0.1 | 72408 | 0.5 | -59.4 |
| 餐饮业 | Catering Sector | 58340 | 0.2 | 47613 | 0.3 | 22.5 |
| **信息传输、软件和信息技术服务业** | **Information Transmission, Computer Services and Software** | **186494** | **0.8** | **170380** | **1.1** | **9.5** |
| 电信、广播电视和卫星传输服务业 | Telecommunication,Broadcasting, Television and Satellite Service | 145969 | 0.6 | 163542 | 1.1 | -10.7 |
| 互联网和相关服务业 | Internet and Related Service | 783 | 0.0 | 3198 | 0.0 | -75.5 |
| 软件和信息技术服务业 | Software,Information and Technology Service Trades | 39742 | 0.2 | 3640 | 0.0 | 9.9倍 |
| **金融业** | **Financial Intermediation** | **20107** | **0.1** | **24836** | **0.2** | **-19.0** |
| 货币金融业 | Monetary and Financial Industry | 11053 | 0.0 | 18333 | 0.1 | -39.7 |
| 资本市场业 | Capital Markets | 9054 | 0.0 | 4798 | 0.0 | 88.7 |
| 保险业 | Insurance | | | 1184 | 0.0 | |
| 其他金融业 | Others | | | 521 | 0.0 | |
| **房地产业** | **Real Estate Industry** | **10467925** | **43.6** | **5233894** | **34.0** | **100.0** |
| 房地产业 | Real Estate | 1382701 | 5.8 | 5233894 | 34.0 | -73.6 |
| **租赁和商务服务业** | **Leasing and Business Services** | **54537** | **0.2** | **85227** | **0.6** | **-36.0** |
| 租赁业 | Leasing | 5948 | 0.0 | 5595 | 0.0 | 6.3 |
| 商务服务业 | Business Services | 48589 | 0.2 | 79632 | 0.5 | -39.0 |
| **科学研究和技术服务业** | **Scientific Research,Technical Services,and Geological Prospecting** | **86810** | **0.4** | **36759** | **0.2** | **136.2** |
| 研究与试验发展 | Research and Development | 7492 | 0.0 | 17512 | 0.1 | -57.2 |
| 专业技术服务业 | Professional and Technical Services | 54605 | 0.2 | 16247 | 0.1 | 2.4倍 |
| 科技交流和推广服务业 | Services of Science and Technique Exchange and Generalization | | | 3000 | 0.0 | |

5-7 续表3 (continued)

| 指　　标 | Item | 2012 投资额(万元) Amount of Investment (10 000 yuan) | 2012 构成(%) Proportion (%) | 2011 投资额(万元) Amount of Investment (10 000 yuan) | 2011 构成(%) Proportion (%) | 2012年比2011年增长(%) Growth Rate in 2012 over 2011 (%) |
|---|---|---|---|---|---|---|
| **水利、环境和公共设施管理业** | **Management of Water Conservancy, Environment and Public Facilities** | **3283781** | **13.7** | **2422818** | **15.8** | **35.5** |
| 水利管理业 | Management of Water Conservancy | 210522 | 0.9 | 122166 | 0.8 | 72.3 |
| 生态保护和环境治理业 | Eco-system and Environment Protection | 111725 | 0.5 | 125035 | 0.8 | -10.6 |
| 公共设施管理业 | Public Facilities Management | 2961534 | 12.3 | 2175617 | 14.2 | 36.1 |
| **居民服务和其他服务业** | **Services to Households and Other Services** | **42496** | **0.2** | **56552** | **0.4** | **-24.9** |
| 居民服务业 | Resident Services | 16274 | 0.1 | 25137 | 0.2 | -35.3 |
| 机动车、电子产品和日用产品修理业 | Motor Vehicle,Electronic and Household Products Repair | 9042 | 0.0 | 25545 | 0.2 | -64.6 |
| 其他服务业 | Others | 17180 | 0.1 | 5870 | 0.0 | 192.7 |
| **教　育** | **Education** | **734965** | **3.1** | **425115** | **2.8** | **72.9** |
| 教　育 | Education | 734965 | 3.1 | 425115 | 2.8 | 72.9 |
| **卫生和社会工作** | **Health and Social Work** | **85829** | **0.4** | **126508** | **0.8** | **-32.2** |
| 卫　生 | Health | 70823 | 0.3 | 123853 | 0.8 | -42.8 |
| 社会工作 | Social Work | 15006 | 0.1 | 2655 | 0.0 | 4.7倍 |
| **文化、体育和娱乐业** | **Culture,Sports and Entertainment** | **60394** | **0.3** | **157693** | **1.0** | **-61.7** |
| 新闻和出版业 | Press and Publishing Industry | 1262 | 0.0 | 1098 | 0.0 | 14.9 |
| 广播、电视、电影和影视录音制作业 | Broadcasting,Movie and Television | 2750 | 0.0 | 6587 | 0.0 | -58.3 |
| 文化艺术业 | Culture and Art | 18688 | 0.1 | 17804 | 0.1 | 5.0 |
| 体　育 | Sports | 16474 | 0.1 | 16280 | 0.1 | 1.2 |
| 娱乐业 | Entertainment | 21220 | 0.1 | 115924 | 0.8 | -81.7 |
| **公共管理和社会组织** | **Public Management and Social Organizations** | **114566** | **0.5** | **125513** | **0.8** | **-8.7** |
| 中国共产党机关 | Organs of the Communist Party of China | | | | | |
| 国家机构 | State Organs | 80335 | 0.3 | 75654 | 0.5 | 6.2 |
| 人民政协和民主党派 | CPPCC and Democratic Parties | | | | | |
| 社会保障 | Social Security | | | 25242 | 0.2 | |
| 群众团体、社会团体和其他成员组织 | Mass Organizations, Social Organizations and Others | 13111 | 0.1 | 13111 | 0.1 | |
| 基层群众自治组织 | Grassroots Self-government Organizations | 21120 | 0.1 | 11506 | 0.1 | 83.6 |
| **国际组织** | **International Organization** | | | | | |
| 国际组织 | International Organization | | | | | |

# 5-8 建设项目投资
# Investment in Construction Projects

| 指　　标 | Item | 2012 投资额(万元) Amount of Investment (10 000 yuan) | 2012 构成(%) Proportion (%) | 2011 投资额(万元) Amount of Investment (10 000 yuan) | 2011 构成(%) Proportion (%) | 2012年比2011年增长(%) Growth Rate in 2012 over 2011 (%) |
|---|---|---|---|---|---|---|
| **投资总额** | **Total Investment** | **15714359** | **100.0** | **11236291** | **100.0** | **39.9** |
| **按隶属关系分** | **By Jurisdiction** | | | | | |
| 中　央 | Central | 1018750 | 6.5 | 1203040 | 10.7 | -15.3 |
| 省 | Provincial | 1358231 | 8.6 | 1061877 | 9.5 | 27.9 |
| 市 | Municipal | 1913999 | 12.2 | 1791288 | 15.9 | 6.9 |
| 县 | Prefectural | 3837763 | 24.4 | 2634770 | 23.4 | 45.7 |
| 其　他 | Others | 7585616 | 48.3 | 4545316 | 40.5 | 66.9 |
| **按登记注册类型分** | **By Status of Registration** | | | | | |
| 内　资 | Domestic Funded Enterprises | 15377370 | 97.9 | 10953943 | 97.5 | 40.4 |
| #国　有 | State-owned Enterprises | 6845542 | 43.6 | 5537190 | 49.3 | 23.6 |
| 集　体 | Collective-owned Enterprises | 134574 | 0.9 | 170875 | 1.5 | -21.2 |
| 股份合作 | Cooperative Enterprises | 31858 | 0.2 | 89403 | 0.8 | -64.4 |
| 国有联营 | State Joint Ownership Enterprises | 1600 | 0.0 | | | |
| 集体联营 | Collective Joint Ownership Enterprises | 36263 | 0.2 | 100 | 0.0 | 361.6倍 |
| 国有独资公司 | State Sole Funded Enterprises | 1475143 | 9.4 | 920853 | 8.2 | 60.2 |
| 其他有限责任公司 | Other Limited Liability Corporations | 4240944 | 27.0 | 2842133 | 25.3 | 49.2 |
| 股份有限公司 | Share-holding Corporations Ltd. | 919894 | 5.9 | 488988 | 4.4 | 88.1 |
| 私营个体 | Private Enterprises | 1630700 | 10.4 | 839587 | 7.5 | 94.2 |
| 其　他 | Others | 136789 | 0.9 | 103824 | 0.9 | 31.8 |
| 港澳台商投资 | Enterprises with Funds from Hong Kong, Macao and Taiwan | 148163 | 0.9 | 80157 | 0.7 | 84.8 |
| #合资经营 | Joint-venture Enterprises | 64306 | 0.4 | 15074 | 0.1 | 3.3倍 |
| 独　资 | Enterprises with Sole Fund | 32350 | 0.2 | 66077 | 0.6 | -51.0 |
| 外商投资 | Foreign Funded Enterprises | 112889 | 0.7 | 135202 | 1.2 | -16.5 |
| #合资经营 | Joint-venture Enterprises | 33061 | 0.2 | 22146 | 0.2 | 49.3 |
| 独　资 | Enterprises with Sole Fund | 39609 | 0.3 | 66077 | 0.6 | -40.1 |
| **按产业分** | **Grouped by Strata of Industry** | | | | | |
| 第一产业 | Primary Industry | 701456 | 4.5 | 393407 | 3.5 | 78.3 |
| 第二产业 | Secondary Industry | 7373167 | 46.9 | 5089672 | 45.3 | 44.9 |
| 第三产业 | Tertiary Industry | 7639736 | 48.6 | 5753212 | 51.2 | 32.8 |
| **按构成分** | **Grouped by Structure** | | | | | |
| 建筑工程 | Construction | 9163182 | 58.3 | 6346586 | 56.5 | 44.4 |
| 安装工程 | Installation | 778722 | 5.0 | 536621 | 4.8 | 45.1 |
| 设备工器具购置 | Purchase of Equipment and Instruments | 2118062 | 13.5 | 1696023 | 15.1 | 24.9 |
| 其他费用 | Others | 3654393 | 23.3 | 2657061 | 23.6 | 37.5 |
| **按建设性质分** | **By Type of Construction** | | | | | |
| #新　建 | New Construction | 10424620 | 66.3 | 6621142 | 58.9 | 57.4 |
| 扩　建 | Expansion | 2116598 | 13.5 | 2169270 | 19.3 | -2.4 |
| 改建和技术改造 | Reconstruction and Technical Transformation | 2777226 | 17.7 | 2060950 | 18.3 | 34.8 |
| 新增固定资产 | Newly Increased Fixed Assets | 10865668 | 69.1 | 7093721 | 63.1 | 53.2 |

# 5–9 按国民经济行业分组的建设项目投资
# Total Investment in Construction Projects by Sector

| 指标 | Item | 2012 投资额（万元）Amount of Investment (10 000 yuan) | 2012 构成（%）Proportion (%) | 2011 投资额（万元）Amount of Investment (10 000 yuan) | 2011 构成（%）Proportion (%) | 2012年比2011年增长（%）Growth Rate in 2012 over 2011 (%) |
|---|---|---|---|---|---|---|
| **总计** | **Total** | **15714359** | **100.0** | **11236291** | **100.0** | **39.9** |
| **农、林、牧、渔业** | **Agriculture,Forestry,Animal Husbandry and Fishery** | **701456** | **4.5** | **393407** | **3.5** | **78.3** |
| 农业 | Agriculture | 384838 | 2.4 | 199966 | 1.8 | 92.5 |
| 林业 | Forestry | 59343 | 0.4 | 23817 | 0.2 | 149.2 |
| 畜牧业 | Animal Husbandry | 158118 | 1.0 | 125534 | 1.1 | 26.0 |
| 渔业 | Fishery | 41185 | 0.3 | 7838 | 0.1 | 4.3倍 |
| 农、林、牧、渔服务业 | Service of Agriculture,Forestry, Animal Husbandry and Fishery | 57972 | 0.4 | 36252 | 0.3 | 59.9 |
| **采矿业** | **Mining** | **810278** | **5.2** | **541853** | **4.8** | **49.5** |
| 煤炭开采和洗选业 | Coal Mining and Dressing | 305685 | 1.9 | 265149 | 2.4 | 15.3 |
| 石油和天然气开采业 | Petroleum and Natural Gas Mining | | | | | |
| 黑色金属矿采选业 | Ferrous Metals Mining and Dressing | 22458 | 0.1 | 3430 | 0.0 | 5.5倍 |
| 有色金属矿采选业 | Nonferrous Metals Mining and Dressing | 136979 | 0.9 | 46931 | 0.4 | 191.9 |
| 非金属矿采选业 | Nonmetal Minerals Mining and Dressing | 336701 | 2.1 | 225477 | 2.0 | 49.3 |
| 开采辅助活动 | Mining Support Activities | 4500 | 0.0 | 40 | 0.0 | 111.5倍 |
| 其他开采业 | Others Mining and Quarrying | 3955 | 0.0 | 826 | 0.0 | 3.8倍 |
| **制造业** | **Manufacturing** | **5699511** | **36.3** | **3931876** | **35.0** | **45.0** |
| 农副食品加工业 | Processing of Foods from Agricultural Products | 180244 | 1.1 | 132863 | 1.2 | 35.7 |
| 食品制造业 | Manufacture of Foods | 225300 | 1.4 | 144332 | 1.3 | 56.1 |
| 酒、饮料和精制茶制造业 | Manufacture of Alcohol, Beverages and Tea | 181837 | 1.2 | 60332 | 0.5 | 2.0倍 |
| 烟草制品业 | Manufacture of Tobacco | 12001 | 0.1 | 24470 | 0.2 | -51.0 |
| 纺织业 | Manufacture of Textile | 1620 | 0.0 | | | |
| 纺织服装和服饰业 | Manufacture of Textile Wearing Apparel and Finery | 8465 | 0.1 | | | |
| 皮革、毛皮、羽毛(绒)及其制品业 | Leather,Furs,Feather and Related Products | 9800 | 0.1 | 360 | 0.0 | 26.2倍 |
| 木材加工及木、竹、藤、棕、草制 | Processing of Timer,Manufactur of Wood,Bamboo,Rattan,Palm, and Straw Products | 24458 | 0.2 | 16510 | 0.1 | 48.1 |
| 家具制造业 | Manufacture of Furniture | 23532 | 0.1 | 38139 | 0.3 | -38.3 |
| 造纸及纸制品业 | Manufacture of Paper and Paper Products | 34553 | 0.2 | 51634 | 0.5 | -33.1 |
| 印刷业和记录媒介的复制 | Printing,Reproduction of Recording Media | 110542 | 0.7 | 32394 | 0.3 | 241.2 |
| 文教体育用品制造业 | Manufacture of Articles for Culture, Education,Industrial Arts and Sports Activities | 29150 | 0.2 | 1210 | 0.0 | 23.1倍 |
| 石油加工、炼焦及核燃料加工业 | Petroleum Processing,Coking and Nuclear Fuel Processing | 22622 | 0.1 | 7971 | 0.1 | 183.8 |

## 5-9 续表1 (continued)

| 指　　标 | Item | 2012 投资额(万元) Amount of Investment (10 000 yuan) | 2012 构成(%) Proportion (%) | 2011 投资额(万元) Amount of Investment (10 000 yuan) | 2011 构成(%) Proportion (%) | 2012年比2011年增长(%) Growth Rate in 2012 over 2011 (%) |
|---|---|---|---|---|---|---|
| 化学原料及化学制品制造业 | Manufacture of Raw Chemical Materials and Chemical Products | 541301 | 3.4 | 449986 | 4.0 | 20.3 |
| 医药制造业 | Manufacture of Medicines | 197489 | 1.3 | 126512 | 1.1 | 56.1 |
| 化学纤维制造业 | Manufacture of Chemical Fibers | 3800 | 0.0 | 4253 | 0.0 | -10.7 |
| 橡胶和塑料制品业 | Manufacture of Plastics and Rubber | 529336 | 3.4 | 226764 | 2.0 | 133.4 |
| 非金属矿制品业 | Manufacture of Non-metallic Mineral Products | 868448 | 5.5 | 447972 | 4.0 | 93.9 |
| 黑色金属冶炼和压延加工业 | Smelting and Pressing of Ferrous Metals | 590217 | 3.8 | 405562 | 3.6 | 45.5 |
| 有色金属冶炼和压延加工业 | Smelting and Pressing of Non-ferrous Metals | 267301 | 1.7 | 372667 | 3.3 | -28.3 |
| 金属制品业 | Manufacture of Metal Products | 227036 | 1.4 | 120159 | 1.1 | 88.9 |
| 通用设备制造业 | Manufacture of General Purpose Machinery | 185174 | 1.2 | 126203 | 1.1 | 46.7 |
| 专用设备制造业 | Manufacture of Special Purpose Machinery | 214273 | 1.4 | 163403 | 1.5 | 31.1 |
| 汽车制造业 | Manufacture of Automobile Industry | 511007 | 3.3 | 318767 | 2.8 | 60.3 |
| 铁路、船舶、航空航天等制造业 | Manufacture of Railway,Watercraft, Aviation,Aerospace and Other Transport Equipment | 239638 | 1.5 | 296670 | 2.6 | -19.2 |
| 电气机械及器材制造业 | Manufacture of Electrical Machinery and Equipment | 218837 | 1.4 | 89188 | 0.8 | 145.4 |
| 计算机、通信和其他电子设备制造业 | Manufacture of Computers, Communication and Other Electronic Equipment | 69550 | 0.4 | 50549 | 0.4 | 37.6 |
| 仪器仪表制造业 | Manufacture of Measuring Instruments and Machinery | 86471 | 0.6 | 200683 | 1.8 | -56.9 |
| 其他制造业 | Other Manufacturing | 11160 | 0.1 | 20823 | 0.2 | -46.4 |
| 废弃资源综合利用业 | Utilization of Waste Resources | 58806 | 0.4 | 1500 | 0.0 | 38.2倍 |
| 金属制品、机械和设备修理业 | Metal Products, Machinery and Equipment Repair | 15543 | 0.1 | | | |
| **电力、热力、燃气及水的生产和供应业** | **Production and Supply of Electricity,Gas and Water** | **710195** | **4.5** | **607283** | **5.4** | **16.9** |
| 电力、热力的生产和供应业 | Production and Supply of Electric Power and Heat Power | 427093 | 2.7 | 434138 | 3.9 | -1.6 |
| 燃气生产和供应业 | Production and Supply of Gas | 95274 | 0.6 | 81385 | 0.7 | 17.1 |
| 水的生产和供应业 | Production and Supply of Water | 187828 | 1.2 | 91760 | 0.8 | 104.7 |
| **建筑业** | **Construction** | **153183** | **1.0** | **201376** | **1.8** | **-23.9** |
| 房屋建筑业 | House Building | 16849 | 0.1 | 44153 | 0.4 | -61.8 |
| 土木工程建筑业 | Civil Engineering | 104776 | 0.7 | 86472 | 0.8 | 21.2 |
| 建筑安装业 | Construction Installation | | | 13955 | 0.1 | |
| 建筑装饰和其他建筑业 | Construction Decoration and Others | 31558 | 0.2 | 56796 | 0.5 | -44.4 |
| **批发和零售业** | **Wholesale and Retail** | **332824** | **2.1** | **307444** | **2.7** | **8.3** |
| 批发业 | Wholesale | 107740 | 0.7 | 68776 | 0.6 | 56.7 |
| 零售业 | Retail | 225084 | 1.4 | 238668 | 2.1 | -5.7 |

5–9 续表2 (continued)

| 指　　标 | Item | 2012 投资额(万元) Amount of Investment (10 000yuan) | 2012 构成(%) Proportion (%) | 2011 投资额(万元) Amount of Investment (10 000yuan) | 2011 构成(%) Proportion (%) | 2012年比2011年增长(%) Growth Rate in 2012 over 2011 (%) |
|---|---|---|---|---|---|---|
| **交通运输、仓储和邮政业** | **Transport,Storage and Post** | **949880** | **6.0** | **798681** | **7.1** | **18.9** |
| 铁路运输业 | Railway Transport | 185071 | 1.2 | 210225 | 1.9 | -12.0 |
| 道路运输业 | Road Transport | 202601 | 1.3 | 319898 | 2.8 | -36.7 |
| 水上运输业 | Water Transport | 22903 | 0.1 | 2000 | 0.0 | 10.5倍 |
| 航空运输业 | Air Transport | 220311 | 1.4 | 83947 | 0.7 | 162.4 |
| 管道运输业 | Pipeline Transport | 9176 | 0.1 | 1700 | 0.0 | 4.4倍 |
| 装卸搬运和运输代理业 | Loading, Unloading and Transportation Agent | 50296 | 0.3 | | | |
| 仓储业 | Warehousing | 252342 | 1.6 | 175911 | 1.6 | 43.4 |
| 邮政业 | Posts | 7180 | 0.0 | 5000 | 0.0 | 43.6 |
| **住宿和餐饮业** | **Hotels and Catering Services** | **104244** | **0.7** | **127851** | **1.1** | **-18.5** |
| 住宿业 | Lodging Sector | 29394 | 0.2 | 73058 | 0.7 | -59.8 |
| 餐饮业 | Catering Sector | 74850 | 0.5 | 54793 | 0.5 | 36.6 |
| **信息传输、软件和信息技术服务业** | **Information Transmission, Computer Services and Software** | **186494** | **1.2** | **170380** | **1.5** | **9.5** |
| 电信、广播电视和卫星传输服务业 | Telecommunication,Broadcasting, Television and Satellite Service | 145969 | 0.9 | 163542 | 1.5 | -10.7 |
| 互联网和相关服务业 | Internet and Related Service | 783 | 0.0 | 3198 | 0.0 | -75.5 |
| 软件和信息技术服务业 | Software,Information and Technology Service Trades | 39742 | 0.3 | 3640 | 0.0 | 9.9倍 |
| **金融业** | **Financial Intermediation** | **20107** | **0.1** | **24836** | **0.2** | **-19.0** |
| 货币金融业 | Monetary and Financial Industry | 11053 | 0.1 | 18333 | 0.2 | -39.7 |
| 资本市场业 | Capital Markets | 9054 | 0.1 | 4798 | 0.0 | 88.7 |
| 保险业 | Insurance | | | 1184 | 0.0 | |
| 其他金融业 | Others | | | 521 | 0.0 | |
| **房地产业** | **Real Estate Industry** | **1409149** | **9.0** | **565775** | **5.0** | **149.1** |
| 房地产业 | Real Estate | 1409149 | 9.0 | 565775 | 5.0 | 149.1 |
| **租赁和商务服务业** | **Leasing and Business Services** | **54537** | **0.3** | **85227** | **0.8** | **-36.0** |
| 租赁业 | Leasing | 5948 | 0.0 | 5595 | 0.0 | 6.3 |
| 商务服务业 | Business Services | 48589 | 0.3 | 79632 | 0.7 | -39.0 |
| **科学研究和技术服务业** | **Scientific Research and Technical Services** | **87790** | **0.6** | **39569** | **0.4** | **121.9** |
| 研究与试验发展 | Research and Development | 7492 | 0.0 | 17512 | 0.2 | -57.2 |
| 专业技术服务业 | Professional and Technical Services | 55105 | 0.4 | 16247 | 0.1 | 2.4倍 |
| 科技交流和推广服务业 | Services of Science and Technique Exchange and Generalization | 25193 | 0.2 | 5810 | 0.1 | 3.3倍 |

5–9 续表3 (continued)

| 指 标 | Item | 2012 投资额(万 元) Amount of Investment (10 000 yuan) | 2012 构 成(%) Proportion (%) | 2011 投资额(万 元) Amount of Investment (10 000 yuan) | 2011 构 成(%) Proportion (%) | 2012年比2011年增长(%) Growth Rate in 2012 over 2011 (%) |
|---|---|---|---|---|---|---|
| **水利、环境和公共设施管理业** | **Management of Water Conservancy, Environment and Public Facilities** | **3367412** | **21.4** | **2505890** | **22.3** | **34.4** |
| 水利管理业 | Management of Water Conservancy | 230827 | 1.5 | 128561 | 1.1 | 79.5 |
| 生态保护和环境治理业 | Eco-system and Environment Protection | 117839 | 0.7 | 127043 | 1.1 | -7.2 |
| 公共设施管理业 | Public Facilities Management | 3018746 | 19.2 | 2250286 | 20.0 | 34.1 |
| **居民服务和其他服务业** | **Services to Households and Other Services** | **42716** | **0.3** | **56652** | **0.5** | **-24.6** |
| 居民服务业 | Resident Services | 16374 | 0.1 | 25237 | 0.2 | -35.1 |
| 机动车、电子产品和日用产品修理业 | Motor Vehicle,Electronic and Household Products Repair | 9042 | 0.1 | 25545 | 0.2 | -64.6 |
| 其他服务业 | Others | 17300 | 0.1 | 5870 | 0.1 | 194.7 |
| **教 育** | **Education** | **804342** | **5.1** | **460108** | **4.1** | **74.8** |
| 教 育 | Education | 804342 | 5.1 | 460108 | 4.1 | 74.8 |
| **卫生和社会工作** | **Health and Social Work** | **87671** | **0.6** | **126918** | **1.1** | **-30.9** |
| 卫 生 | Health | 72125 | 0.5 | 124123 | 1.1 | -41.9 |
| 社会工作 | Social Work | 15546 | 0.1 | 2795 | 0.0 | 4.6倍 |
| **文化、体育和娱乐业** | **Culture,Sports and Entertainment** | **71594** | **0.5** | **158993** | **1.4** | **-55.0** |
| 新闻和出版业 | Press and Publishing industry | 1262 | 0.0 | 1098 | 0.0 | 14.9 |
| 广播、电视、电影和影视录音制作业 | Broadcasting, Movie and Television | 2750 | 0.0 | 6587 | 0.1 | -58.3 |
| 文化艺术业 | Culture and Art | 29888 | 0.2 | 18104 | 0.2 | 65.1 |
| 体 育 | Sport | 16474 | 0.1 | 16880 | 0.2 | -2.4 |
| 娱乐业 | Entertainment | 21220 | 0.1 | 116324 | 1.0 | -81.8 |
| **公共管理和社会组织** | **Public Management and Social Organizations** | **120976** | **0.8** | **132172** | **1.2** | **-8.5** |
| 中国共产党机关 | Organs of the Communist Party of China | | | | | |
| 国家机构 | State Organs | 85255 | 0.5 | 78373 | 0.7 | 8.8 |
| 人民政协和民主党派 | CPPCC and Democratic Parties | | | | | |
| 社会保障 | Social Security | | | 25442 | 0.2 | |
| 群众团体、社会团体和其他成员组织 | Mass Organizations,Social Organizations and Others | 13711 | 0.1 | 14011 | 0.1 | -2.1 |
| 基层群众自治组织 | Grassroots Self-government Organizations | 22010 | 0.1 | 14346 | 0.1 | 53.4 |
| **国际组织** | **International Organization** | | | | | |
| 国际组织 | International Organization | | | | | |

# 5-10 建设项目施工、投产项目个数和房屋建筑面积
# Number of Construction Projects under Construction, Put into Use and Floor Space of Buildings

| 指　　标 | | Item | | 2012 | 2011 | 2012年比2011年增长(%) Growth Rate in 2012 over 2011(%) |
|---|---|---|---|---|---|---|
| **项目个数** | | **Number of Projects** | | | | |
| 施工项目个数 | (个) | Projects under Construction | (unit) | 3466 | 3288 | 5.4 |
| #本年新开工 | (个) | Building Started in Current Year | (unit) | 2781 | 2657 | 4.7 |
| 投产项目个数 | (个) | Number of Projects Put into Use | (unit) | 2569 | 2354 | 9.1 |
| **房屋建筑面积** | | **Floor Space of Buildings** | | | | |
| 施工面积 | (平方米) | Floor Space under Construction | (sq.m) | 19268171 | 15052297 | 28.0 |
| #住　宅 | (平方米) | Residential Buildings | (sq.m) | 4267488 | 2767606 | 54.2 |
| 竣工面积 | (平方米) | Floor Space Completed | (sq.m) | 8244865 | 6230435 | 32.3 |
| #住　宅 | (平方米) | Residential Buildings | (sq.m) | 1863762 | 950675 | 96.0 |

# 5-11 建设项目新增主要生产能力(或工程效益)(2012年)
# Newly Increased Production Capacity (or Project Benefit) of Construction Project(2012)

| 生产能力(或效益)名称 | | Item | | 新增能力效益 The Newly Increased Production Capacity Efficiency |
|---|---|---|---|---|
| 原煤开采 | (万吨/年) | Coal Mining | (10 000 tons/year) | 131 |
| 洗　煤 | (万吨/年) | Washed Coal | (10 000 tons/year) | 375 |
| 铁合金 | (折标吨/年) | Iron Alloy | (standard ton/year) | 0.4 |
| 铝加工 | (吨/年) | Aluminum Processing | (ton/year) | 70800 |
| 火力发电 | (万千瓦) | Fire Power | (10 000kwh) | 60 |
| 输电线路长度 | (11万伏及以上)(公　里) | Length of Transmission Line | (110000v and above) (kilometer) | 129.25 |
| 水　泥 | (万吨/年) | Cement | (10 000 tons/year) | 140 |
| 石墨及炭素制品 | (吨/年) | Graphite and Carbon Products | (ton/year) | 1500 |
| 氮　肥 | (吨/年) | Nitrogen Fertilizers | (ton/year) | 29500 |
| 磷　肥 | (吨/年) | Phosphate Fertilizers | (ton/year) | 229000 |
| 钾　肥 | (吨/年) | Potash Fertilizers | (ton/year) | 3000 |
| 客车制造 | (辆/年) | Passenger Motor Vehicles | (unit/year) | 4850 |
| 化学纤维 | (吨/年) | Chemical Fiber | (ton/year) | 30000 |
| #合成纤维 | (吨/年) | Synthetic Fiber | (ton/year) | 30000 |
| 白　酒 | (万吨/年) | Distilled Spirit | (10 000 tons/year) | 0.5 |
| 城市污水处理能力 | (万吨/年) | Disposal Capacity of City Sewage | (10 000 tons/year) | 5 |

# 5-12 房地产开发投资主要指标
# General Statistics of Real Estate by Groups

| 指标 | Item | 2012 | 2011 | 2012年比2011年的增长(%) Growth Rate of 2012 over 2011(%) |
|---|---|---|---|---|
| **企业个数(个)** | **Number of Enterprises(unit)** | **789** | **855** | **-7.7** |
| **土地开发及购置(平方米)** | **Land Developing and Purchase(square meter)** | | | |
| 待开发土地面积 | Land Space Pending Development | 5868672 | 7686317 | -23.6 |
| 本年土地购置面积 | Land Space Purchased This Year | 1971678 | 3315417 | -40.5 |
| **本年完成投资额(万元)** | **Investment Completed This Year(10 000 yuan)** | **9085224** | **4673595** | **94.4** |
| #配套工程投资 | Equipment Investment | 61717 | 25281 | 144.1 |
| **按工程用途分:** | **Engineering Application** | | | |
| 住　宅 | Residental Buildings | 5736678 | 3062773 | 87.3 |
| #90平方米以下 | Below 90 Square Meters | 1805288 | 909355 | 98.5 |
| 140平方米以上 | Above 140 Square Meters | 883775 | 644592 | 37.1 |
| 办公楼 | Office Buildings | 335491 | 137939 | 143.2 |
| 商业营业用房 | Houses for Business Use | 1131760 | 583706 | 93.9 |
| 其　他 | Others | 1881295 | 889177 | 111.6 |
| **按构成分:** | **Strudture of Investment** | | | |
| 建筑工程 | Construction | 6191453 | 3630268 | 70.6 |
| 安装工程 | Installation | 402330 | 104112 | 2.9倍 |
| 设备工器具购置 | Purchase of Equipment and Instruments | 116671 | 50275 | 132.1 |
| 其　他 | Others | 2374770 | 888940 | 167.1 |
| **资金来源小计(万元)** | **Sources of Funds(10 000 yuan)** | **7465718** | **7105697** | **5.1** |
| #国内贷款 | Domestic Loans | 1467834 | 1043589 | 40.7 |
| 利用外资 | Foreign Investment | 42887 | 44065 | -2.7 |
| 自筹资金 | Self-raising Fund | 1967673 | 2802506 | -29.8 |
| 其他资金 | Others | 3987324 | 3215537 | 24.0 |
| **本年新增固定资产(万元)** | **Newly Increased Fixed Assets This Year (10 000 yuan)** | **1656700** | **1879846** | **-11.9** |
| **房屋建筑面积(平方米)** | **Floor Space of Buildings(square meters)** | | | |
| 施工面积 | Floor Space under Construction | 58352083 | 47940315 | 21.7 |
| 住　宅 | Residental Buildings | 41659567 | 35615209 | 17.0 |
| #90平方米以下 | Below 90 Square Meters | 12131536 | 7354607 | 65.0 |
| 140平方米以上 | Above 140 Square Meters | 6521431 | 6609217 | -1.3 |
| 办公楼 | Office Buildings | 2199146 | 1157870 | 89.9 |
| 商业营业用房 | Houses for Business Use | 5981171 | 4379835 | 36.6 |
| 其　他 | Others | 8512199 | 6787401 | 25.4 |
| 本年新开工面积 | Floor Space Started This Year | 16421042 | 10792773 | 52.1 |
| 住　宅 | Residental Buildings | 10352949 | 8217338 | 26.0 |

# 5-12 续表 (continued)

| 指　　标 | Item | 2012 | 2011 | 2012年比2011年的增长(%) Growth Rate of 2012 over 2011(%) |
|---|---|---|---|---|
| #90平方米以下 | Below 90 Square Meters | 2590709 | 1945824 | 33.1 |
| 140平方米以上 | Above 140 Square Meters | 747801 | 822895 | -9.1 |
| 办公楼 | Office Buildings | 1512000 | 95552 | 14.8倍 |
| 商业营业用房 | Houses for Business Use | 2072450 | 1422235 | 45.7 |
| 其　他 | Others | 2483643 | 1057648 | 134.8 |
| **商品房屋竣工面积(平方米)** | **Floor Space of Commercialized Buildings Completed(square meters)** | **6165318** | **6217163** | **-0.8** |
| 住　宅 | Residental Buildings | 4719748 | 4570699 | 3.3 |
| #90平方米以下 | Below 90 Square Meters | 1169928 | 725631 | 61.2 |
| 140平方米以上 | Above 140 Square Meters | 887655 | 892284 | -0.5 |
| 办公楼 | Office Buildings | 94477 | 268014 | -64.7 |
| 商业营业用房 | Houses for Business Use | 613020 | 645879 | -5.1 |
| 其　他 | Others | 738073 | 732571 | 0.8 |
| **商品房销售面积(平方米)** | **Floor Space of Commercialized Buildings Sold(square meters)** | **10406257** | **8282902** | **25.6** |
| 住　宅 | Residental Buildings | 9633129 | 7337214 | 31.3 |
| #90平方米以下 | Below 90 Square Meters | 3442726 | 2014998 | 70.9 |
| 140平方米以上 | Above 140 Square Meters | 1128041 | 1317176 | -14.4 |
| 办公楼 | Office Buildings | 121680 | 227026 | -46.4 |
| 商业营业用房 | Houses for Business Use | 566430 | 545093 | 3.9 |
| 其　他 | Others | 85018 | 173569 | -51.0 |
| **商品房销售额(万元)** | **Total Sale of Commercialized Buildings(10 thousand yuan)** | **5025459** | **4171780** | **20.5** |
| 住　宅 | Residental Buildings | 4288901 | 3340660 | 28.4 |
| #90平方米以下 | Below 90 Square Meters | 1508358 | 945652 | 59.5 |
| 140平方米以上 | Above 140 Square Meters | 630541 | 645522 | -2.3 |
| 办公楼 | Office Buildings | 114748 | 147726 | -22.3 |
| 商业营业用房 | Houses for Business Use | 588924 | 588268 | 0.1 |
| 其　他 | Others | 32886 | 95126 | -65.4 |
| **商品房待售面积(平方米)** | **Floor Space of Commercialized Buildings Sold(square meters)** | **1801986** | **1148357** | **56.9** |
| 住　宅 | Residental Buildings | 1045629 | 640077 | 63.4 |
| #90平方米以下 | Below 90 Square Meters | 81093 | 68069 | 19.1 |
| 140平方米以上 | Above 140 Square Meters | 159605 | 205225 | -22.2 |
| 办公楼 | Office Buildings | 73905 | 32801 | 125.3 |
| 商业营业用房 | Houses for Business Use | 358019 | 318204 | 12.5 |
| 其　他 | Others | 324433 | 157275 | 106.3 |

# 5-13 按各种分组的房地产开发企业指标完成情况(2012年)

单位：万元・平方米

| 指　　标 | Item | 企业数 Number of Enterprises | 计划总投资 Total Investment Planned | 自开始建设累计完成投资 Accumulative Investment Actually Completed Since Starting of Construction up to the End of This Year |
|---|---|---|---|---|
| **总　　计** | **Total** | **784** | **36142428** | **21508584** |
| **按登记注册类型分组** | **By Status of Registration** | | | |
| 内资企业 | Domestic Funded Enterprises | 744 | 33522435 | 19722681 |
| 国有企业 | State-owned Enterprises | 38 | 3528968 | 1887481 |
| 集体企业 | Collective-owned Enterprises | 4 | 18660 | 9422 |
| 股份合作企业 | Cooperative Enterprises | | | |
| 国有联营企业 | State Joint Ownership Enterprises | 1 | | |
| 集体联营企业 | Collective Joint Ownership Enterprises | | | |
| 国有与集体联营企业 | Joint State-collective Enterprises | 1 | 20000 | 20000 |
| 其他联营企业 | Other Joint Ownership Enterprises | | | |
| 国有独资公司 | State Sole Funded Corporations | 7 | 440905 | 120268 |
| 其他有限责任公司 | Other Limited Liability Corporations | 501 | 26530772 | 15482891 |
| 股份有限公司 | Share-holding Corporations Ltd. | 10 | 516683 | 488775 |
| 私营独资企业 | Private-Solely Funded Enterprises | 6 | 158093 | 103281 |
| 私营合伙企业 | Private Partnership Enterprises | 1 | 40000 | 8000 |
| 私营有限责任公司 | Private Limited Liability Corporations | 154 | 2063830 | 1398219 |
| 私营股份有限公司 | Private Share-holding Corporations Ltd. | 14 | 115024 | 113293 |
| 其他企业 | Other Enterprises | 7 | 89500 | 91051 |
| 港澳台商投资企业 | Enterprises with Funds from Hong Kong,Macao and Taiwan | 30 | 2352653 | 1469636 |
| 与港澳台商合资经营企业 | Joint-venture Enterprises | 16 | 747805 | 507571 |
| 与港澳台商合资合作经营企业 | Cooperative Enterprises | | | |
| 港澳台商独资经营企业 | Enterprises with Sole Fund | 14 | 1604848 | 962065 |
| 港澳台商投资股份有限公司 | Share-holding Corporations Ltd. | | | |
| 其他港澳台投资 | Others | | | |
| 外商投资企业 | Foreign Funded Enterprises | 10 | 267340 | 316267 |
| 中外合资经营企业 | Joint-venture Enterprises | 3 | 107240 | 145360 |
| 中外合作经营企业 | Cooperation Enterprises | 2 | 98000 | 126228 |
| 外资企业 | Enterprises with Sole Fund | 4 | 62100 | 44679 |
| 外商投资股份有限公司 | Share-holding Corporations Ltd. | 1 | | |
| 其他外商投资 | Others | | | |
| **按控股情况分** | **By Share Holding** | | | |
| 国有控股 | State-holding Enterprises | 92 | 7390398 | 3824137 |
| 集体控股 | Collective-Holding Enterprises | 10 | 20060 | 8839 |
| 私人控股 | Private Enterprises | 568 | 23530199 | 14381318 |
| 港澳台商控股 | Hong Kong, Macao and Taiwan Holding Enterprises | 26 | 1721648 | 1032661 |
| 外商控股 | Foreign Holding Enterprises | 9 | 239540 | 257698 |
| 其　他 | Others | 75 | 3180383 | 1963075 |
| **按资质等级分** | **By Grade** | | | |
| 一　级 | First Grade | 3 | 321583 | 347997 |
| 二　级 | Second Grade | 48 | 10985266 | 7037307 |
| 三　级 | Third Grade | 128 | 4089199 | 3067236 |
| 四　级 | Fourth Grade | 223 | 5429031 | 3803282 |
| 暂　定 | Provisional | 314 | 14484995 | 6936108 |
| 其　他 | Others | 68 | 832354 | 316654 |
| **按隶属关系分** | **By Administrative Relationship** | | | |
| 中　央 | Central | 12 | 2647072 | 1301001 |
| 省(自治区、直辖市) | Provincial | 32 | 598508 | 457575 |
| 地区(州、盟、省辖市) | Region | 38 | 3211363 | 1903631 |
| 县(区、市、旗) | County | 26 | 1056445 | 337803 |
| 街　道 | Street | 1 | 2500 | 1500 |
| 镇 | Town | 2 | 10500 | 16729 |
| 乡 | Countryside | 1 | | |
| 居委会 | Neighborhood Committee | | | |
| 村委会 | Village Committee | | | |
| 其　他 | Others | 672 | 28616040 | 17490345 |

# Financial Indicators of Enterprises in Real Estate by Groups(2012)

(10 000 yuan)

| 本年完成投资 Investment Completed This Year | 按构成分 By Composition of Funds | | | | | | |
|---|---|---|---|---|---|---|---|
| | #配套工程投资 Auxiliary Projects Investment | #建筑工程 Construction | 安装工程 Installation | 设备工器具购置 Purchase of Equipment and Instruments | 其他费用 Other Expenses | #旧建筑物购置费 Old Buildings Purchase Expenses | 土地购置费 Land Purchase Expenses |
| **9085224** | **61717** | **6191453** | **402330** | **116671** | **2374770** | **274091** | **653446** |
| 8184195 | 51260 | 5384663 | 399400 | 115887 | 2284245 | 274091 | 580646 |
| 531742 | | 433949 | 9731 | 6258 | 81804 | 482 | |
| 2614 | | 2341 | 200 | 35 | 38 | | |
| 20000 | | 20000 | | | | | |
| 83689 | | 52451 | | | 31238 | | 31238 |
| 6864707 | 44776 | 4377283 | 357068 | 106788 | 2023568 | 273389 | 482792 |
| 102766 | 4920 | 94186 | 649 | | 7931 | | |
| 40980 | | 40940 | | | 40 | | |
| 8000 | | 1400 | 36 | | 6564 | | |
| 460611 | 1456 | 313680 | 21691 | 2771 | 122469 | 220 | 66616 |
| 40833 | | 37601 | | | 3232 | | |
| 28253 | 108 | 10832 | 10025 | 35 | 7361 | | |
| 793819 | 3188 | 699675 | 2930 | 784 | 90430 | | 72800 |
| 127531 | | 118288 | 2720 | | 6523 | | |
| 666288 | 3188 | 581387 | 210 | 784 | 83907 | | 72800 |
| 107210 | 7269 | 107115 | | | 95 | | |
| 44055 | | 44055 | | | | | |
| 38875 | 7269 | 38875 | | | | | |
| 24280 | | 24185 | | | 95 | | |
| 1328884 | 4624 | 927183 | 10510 | 8473 | 382718 | 35416 | 170748 |
| 614 | | 365 | 200 | 35 | 14 | | |
| 6284562 | 39819 | 4132059 | 326227 | 98170 | 1728106 | 194979 | 360540 |
| 692431 | 3188 | 599469 | 1798 | 784 | 90380 | | 72800 |
| 64889 | 7269 | 63577 | 361 | 203 | 748 | | |
| 709493 | 6817 | 465186 | 62547 | 8982 | 172778 | 43696 | 49358 |
| 76616 | | 73654 | | 313 | 2649 | | |
| 3746871 | 5044 | 2232470 | 140040 | 12101 | 1362260 | 160040 | 307975 |
| 1149465 | 14713 | 1016118 | 51052 | 1930 | 80365 | 22380 | 4983 |
| 1429042 | 2449 | 966479 | 89508 | 62050 | 311005 | 54699 | 14652 |
| 2585327 | 39511 | 1827853 | 116992 | 39758 | 600724 | 36858 | 313270 |
| 97903 | | 74879 | 4738 | 519 | 17767 | 114 | 12566 |
| 551505 | 3943 | 301206 | 957 | | 249342 | | 142500 |
| 129398 | 681 | 110430 | 795 | 1280 | 16893 | | 2757 |
| 592541 | | 472019 | 31443 | 6738 | 82341 | 482 | 28601 |
| 130973 | | 105268 | 1184 | 199 | 24322 | 1016 | 4080 |
| 3603 | | 3561 | | | 42 | | |
| 7677204 | 57093 | 5198969 | 367951 | 108454 | 2001830 | 272593 | 475508 |

5-13 续表 1

| 指　　标 | Item | 按工程用途分：住宅 By Engineering Application: Residential Buildings | #90平方米以下住房 Residential Buildings below 90 Square Meters | 140平方米以上住房 Residential Buildings above 140 Square Meters | 别墅、高档公寓 Villas,High-grade Apartments |
|---|---|---|---|---|---|
| **总　　计** | **Total** | **5736678** | **1805288** | **883775** | **131496** |
| **按登记注册类型分组** | **By Status of Registration** | | | | |
| 内资企业 | Domestic Funded Enterprises | 5190354 | 1747225 | 808793 | 119265 |
| 国有企业 | State-owned Enterprises | 389378 | 83630 | 105912 | 32830 |
| 集体企业 | Collective-owned Enterprises | 2233 | 2233 | | |
| 股份合作企业 | Cooperative Enterprises | | | | |
| 国有联营企业 | State Joint Ownership Enterprises | | | | |
| 集体联营企业 | Collective Joint Ownership Enterprises | | | | |
| 国有与集体联营企业 | Joint State-collective Enterprises | 20000 | | | |
| 其他联营企业 | Other Joint Ownership Enterprises | | | | |
| 国有独资公司 | State Sole Funded Corporations | 37259 | 21215 | 4670 | |
| 其他有限责任公司 | Other Limited Liability Corporations | 4307251 | 1509722 | 629779 | 69862 |
| 股份有限公司 | Share-holding Corporations Ltd. | 81170 | 26957 | 28297 | 16154 |
| 私营独资企业 | Private-Solely Funded Enterprises | 37311 | 29337 | 2626 | |
| 私营合伙企业 | Private Partnership Enterprises | | | | |
| 私营有限责任公司 | Private Limited Liability Corporations | 273273 | 51949 | 36149 | 419 |
| 私营股份有限公司 | Private Share-holding Corporations Ltd. | 31608 | 11424 | 1277 | |
| 其他企业 | Other Enterprises | 10871 | 10758 | 83 | |
| 港澳台商投资企业 | Enterprises with Funds from Hong Kong, Macao and Taiwan | 518421 | 46337 | 70982 | 12231 |
| 与港澳台商合资经营企业 | Joint-venture Enterprises | 107155 | 9261 | 47975 | |
| 与港澳台商合资合作经营企业 | Cooperative Enterprises | | | | |
| 港澳台商独资经营企业 | Enterprises with Sole Fund | 411266 | 37076 | 23007 | 12231 |
| 港澳台商投资股份有限公司 | Share-holding Corporations Ltd. | | | | |
| 其他港澳台投资 | Others | | | | |
| 外商投资企业 | Foreign Funded Enterprises | 27903 | 11726 | 4000 | |
| 中外合资经营企业 | Joint-venture Enterprises | | | | |
| 中外合作经营企业 | Cooperation Enterprises | 27875 | 11723 | 4000 | |
| 外资企业 | Enterprises with Sole Fund | 28 | 3 | | |
| 外商投资股份有限公司 | Share-holding Corporations Ltd. | | | | |
| 其他外商投资 | Others | | | | |
| **按控股情况分** | **By Share Holding** | | | | |
| 国有控股 | State-holding Enterprises | 904366 | 186485 | 177494 | 58928 |
| 集体控股 | Collective-Holding Enterprises | 600 | 600 | | |
| 私人控股 | Private Enterprises | 3895528 | 1452620 | 572679 | 55375 |
| 港澳台商控股 | Hong Kong, Macao and Taiwan Holding Enterprises | 421429 | 46337 | 23007 | 12231 |
| 外商控股 | Foreign Holding Enterprises | 27903 | 11726 | 4000 | |
| 其　他 | Others | 482868 | 103536 | 106595 | 4962 |
| **按资质等级分** | **By Grade** | | | | |
| 一　级 | First Grade | 60764 | 6603 | 31452 | 14910 |
| 二　级 | Second Grade | 2138799 | 1086610 | 397625 | 19941 |
| 三　级 | Third Grade | 790530 | 249305 | 87572 | 25220 |
| 四　级 | Fourth Grade | 1012671 | 137868 | 102176 | 32111 |
| 暂　定 | Provisional | 1674850 | 317629 | 254089 | 33909 |
| 其　他 | Others | 59064 | 7273 | 10861 | 5405 |
| **按隶属关系分** | **By Administrative Relationship** | | | | |
| 中　央 | Central | 345326 | 60404 | 44278 | 19599 |
| 省(自治区、直辖市) | Provincial | 99778 | 11072 | 28218 | |
| 地区(州、盟、省辖市) | Region | 462074 | 123750 | 120488 | 32830 |
| 县(区、市、旗) | County | 99474 | 21880 | 8350 | 6499 |
| 街　道 | Street | | | | |
| 镇 | Town | 2994 | 1960 | | |
| 乡 | Countryside | | | | |
| 居委会 | Neighborhood Committee | | | | |
| 村委会 | Village Committee | | | | |
| 其　他 | Others | 4727032 | 1586222 | 682441 | 72568 |

(continued)

| 办公楼<br>Office Buildings | 商业营业用房<br>Houses for Business Use | 其他<br>Others | 新增固定资产<br>Newly Increased Fixed Assets | 待开发土地面积<br>Land Space Pending Development | 本年购置土地面积<br>Total Value of Land Purchased This Year | 本年土地成交价款<br>Land Transaction Price This Year |
|---|---|---|---|---|---|---|
| **335491** | **1131760** | **1881295** | **1656700** | **5868672** | **1971678** | **458841** |
| 304853 | 1028400 | 1660588 | 1630411 | 4644646 | 1606484 | 386041 |
| 15869 | 44797 | 81698 | 472208 | 164140 | | |
| 100 | 243 | 38 | 7564 | | | |
| | | | | 26916 | | |
| | | | 20000 | | | |
| 1 | 2862 | 43567 | 1174 | 30349 | 36349 | 18190 |
| 268169 | 912272 | 1377015 | 923381 | 4083949 | 1357663 | 304546 |
| 1561 | 9741 | 10294 | 10731 | | | |
| 971 | 2448 | 250 | 10796 | | | |
| 1400 | 36 | 6564 | | | | |
| 16781 | 52096 | 118461 | 162894 | 310537 | 212472 | 63305 |
| 1 | 3848 | 5376 | 10260 | 28755 | | |
| | 57 | 17325 | 11403 | | | |
| 9114 | 89632 | 176652 | 26289 | 1218026 | 365194 | 72800 |
| 9114 | 6620 | 4642 | 15699 | | | |
| | 83012 | 172010 | 10590 | 1218026 | 365194 | 72800 |
| 21524 | 13728 | 44055 | | 6000 | | |
| | | 44055 | | | | |
| | 11000 | | | | | |
| 21524 | 2728 | | | 6000 | | |
| 31712 | 69217 | 323589 | 528051 | 2628779 | 625068 | 156190 |
| | | 14 | 2932 | | | |
| 263200 | 896129 | 1229705 | 939015 | 1172587 | 731341 | 133993 |
| 7639 | 86890 | 176473 | 10671 | 1218026 | 365194 | 72800 |
| 21524 | 14804 | 658 | 69151 | 6000 | | |
| 11316 | 64477 | 150832 | 102248 | 843280 | 250075 | 95858 |
| 1553 | 5293 | 9006 | | | | |
| 143474 | 690625 | 773973 | 435083 | 544055 | 594719 | 143990 |
| 12080 | 129248 | 217607 | 367350 | 2422181 | 40884 | 26548 |
| 70557 | 71712 | 274102 | 231329 | 339044 | 36580 | 4960 |
| 107781 | 222177 | 580519 | 622938 | 2394036 | 1231576 | 269255 |
| 46 | 12705 | 26088 | | 169356 | 67919 | 14088 |
| 8 | 23802 | 182369 | 19897 | 1787175 | 782149 | 148530 |
| 181 | 13880 | 15559 | 67405 | | | |
| 15766 | 56052 | 58649 | 504236 | 389371 | 6000 | 5990 |
| 32 | 5702 | 25765 | 141260 | 27114 | 15630 | 3024 |
| | 291 | 318 | 13628 | | | |
| 319504 | 1032033 | 1598635 | 910274 | 3665012 | 1167899 | 301297 |

# 5-13 续表 2

| 指 标 | Item | 本年资金来源合计 Total Fund This Year | 国内贷款 Domestic Loans | 利用外资 Foreign Investment | 自筹资金 Self-raising Funds | 其他资金 Other Funds |
|---|---|---|---|---|---|---|
| **总 计** | **Total** | **7465718** | **1467834** | **42887** | **1967673** | **3987324** |
| **按登记注册类型分组** | **By Status of Registration** | | | | | |
| 内资企业 | Domestic Funded Enterprises | 6935384 | 1374454 | | 1825184 | 3735746 |
| 国有企业 | State-owned Enterprises | 479472 | 210500 | | 179622 | 89350 |
| 集体企业 | Collective-owned Enterprises | 2614 | | | 1100 | 1514 |
| 股份合作企业 | Cooperative Enterprises | | | | | |
| 国有联营企业 | State Joint Ownership Enterprises | | | | | |
| 集体联营企业 | Collective Joint Ownership Enterprises | | | | | |
| 国有与集体联营企业 | Joint State-collective Enterprises | 20397 | | | 20397 | |
| 其他联营企业 | Other Joint Ownership Enterprises | | | | | |
| 国有独资公司 | State Sole Funded Corporations | 50699 | 5800 | | 40228 | 4671 |
| 其他有限责任公司 | Other Limited Liability Corporations | 5572686 | 1075024 | | 1218597 | 3279065 |
| 股份有限公司 | Share-holding Corporations Ltd. | 260165 | 1000 | | 142133 | 117032 |
| 私营独资企业 | Private-Solely Funded Enterprises | 73301 | 23200 | | 2475 | 47626 |
| 私营合伙企业 | Private Partnership Enterprises | 1041 | | | 1041 | |
| 私营有限责任公司 | Private Limited Liability Corporations | 411639 | 47700 | | 189903 | 174036 |
| 私营股份有限公司 | Private Share-holding Corporations Ltd. | 36208 | 10900 | | 3172 | 22136 |
| 其他企业 | Other Enterprises | 27162 | 330 | | 26516 | 316 |
| 港澳台商投资企业 | Enterprises with Funds from Hong Kong, Macao and Taiwan | 461148 | 89500 | 42887 | 123033 | 205728 |
| 与港澳台商合资经营企业 | Joint-venture Enterprises | 142689 | 1500 | | 105469 | 35720 |
| 与港澳台商合资合作经营企业 | Cooperative Enterprises | | | | | |
| 港澳台商独资经营企业 | Enterprises with Sole Fund | 318459 | 88000 | 42887 | 17564 | 170008 |
| 港澳台商投资股份有限公司 | Share-holding Corporations Ltd. | | | | | |
| 其他港澳台投资 | Others | | | | | |
| 外商投资企业 | Foreign Funded Enterprises | 69186 | 3880 | | 19456 | 45850 |
| 中外合资经营企业 | Joint-venture Enterprises | 2300 | | | | 2300 |
| 中外合作经营企业 | Cooperation Enterprises | 42830 | 3880 | | 14400 | 24550 |
| 外资企业 | Enterprises with Sole Fund | 24056 | | | 5056 | 19000 |
| 外商投资股份有限公司 | Share-holding Corporations Ltd. | | | | | |
| 其他外商投资 | Others | | | | | |
| **按控股情况分** | **By Share Holding** | | | | | |
| 国有控股 | State-holding Enterprises | 1152881 | 307100 | | 515172 | 330609 |
| 集体控股 | Collective-Holding Enterprises | 2733 | 1890 | | 600 | 243 |
| 私人控股 | Private Enterprises | 5231190 | 994344 | | 1069915 | 3166931 |
| 港澳台商控股 | Hong Kong, Macao and Taiwan Holding Enterprises | 345575 | 89500 | 42887 | 26906 | 186282 |
| 外商控股 | Foreign Holding Enterprises | 71599 | 3880 | | 22056 | 45663 |
| 其 他 | Others | 657899 | 71120 | | 332324 | 254455 |
| **按资质等级分** | **By Grade** | | | | | |
| 一 级 | First Grade | 234046 | | | 127881 | 106165 |
| 二 级 | Second Grade | 3160584 | 640600 | | 347932 | 2172052 |
| 三 级 | Third Grade | 786705 | 184530 | 18978 | 87472 | 495725 |
| 四 级 | Fourth Grade | 1040466 | 293120 | | 351548 | 395798 |
| 暂 定 | Provisional | 2115462 | 314184 | 23909 | 975294 | 802075 |
| 其 他 | Others | 128455 | 35400 | | 77546 | 15509 |
| **按隶属关系分** | **By Administrative Relationship** | | | | | |
| 中 央 | Central | 423055 | 56500 | | 252817 | 113738 |
| 省(自治区、直辖市) | Provincial | 129966 | 10300 | | 79626 | 40040 |
| 地区(州、盟、省辖市) | Region | 559665 | 233510 | | 104780 | 221375 |
| 县(区、市、旗) | County | 110810 | 8100 | | 40225 | 62485 |
| 街 道 | Street | 39 | | | | 39 |
| 镇 | Town | 4230 | | | 1230 | 3000 |
| 乡 | Countryside | | | | | |
| 居委会 | Neighborhood Committee | | | | | |
| 村委会 | Village Committee | | | | | |
| 其 他 | Others | 6237953 | 1159424 | 42887 | 1488995 | 3546647 |

(continued)

| 本年各项应付款 Total Account Payable This Year | #工程款 Project Funds | 房屋施工面积 Total Floor Space of Buildings under Construction | 住宅 Residential Buildings | #90平方米及以下住房 Residential Buildings below 90 Square Meters | 144平方米以上住房 Residential Buildings above 144 Square Meters | 办公楼 Office Buildings | 商业营业用房 Houses for Business Use | 其他 Others |
|---|---|---|---|---|---|---|---|---|
| **2557292** | **1405993** | **58352083** | **41659567** | **12131536** | **6521431** | **2199146** | **5981171** | **8512199** |
| 2193131 | 1217301 | 55597025 | 39748166 | 11957588 | 6258837 | 1979238 | 5739044 | 8130577 |
| 25269 | 14144 | 4301805 | 3277100 | 857493 | 1051872 | 89665 | 282886 | 652154 |
| | | 25885 | 21812 | 13062 | | 778 | 3295 | |
| | | 16500 | 16500 | | | | | |
| 52649 | 39991 | 1393563 | 803426 | 257066 | 74083 | 108460 | 120151 | 361526 |
| 1892117 | 1056854 | 42158213 | 29995582 | 8911254 | 4335276 | 1390225 | 4657132 | 6115274 |
| 52890 | 11533 | 1161927 | 929028 | 239837 | 304001 | 43318 | 94333 | 95248 |
| 4242 | 4062 | 1157056 | 1072416 | 907233 | 18710 | 5345 | 67145 | 12150 |
| 888 | | 88000 | | | | 21500 | 5000 | 61500 |
| 159588 | 85264 | 4887488 | 3294900 | 607499 | 438781 | 316347 | 472448 | 803793 |
| 5100 | 5100 | 280747 | 222790 | 72592 | 26067 | 3600 | 30297 | 24060 |
| 388 | 353 | 125841 | 114612 | 91552 | 10047 | | 6357 | 4872 |
| 323860 | 188508 | 1799205 | 1149724 | 156922 | 206306 | 72071 | 202671 | 374739 |
| 29493 | 9513 | 667675 | 434750 | 106107 | 172429 | 72071 | 81893 | 78961 |
| 294367 | 178995 | 1131530 | 714974 | 50815 | 33877 | | 120778 | 295778 |
| 40301 | 184 | 955853 | 761677 | 17026 | 56288 | 147837 | 39456 | 6883 |
| 40058 | | 24457 | 14172 | | 6080 | | 3402 | 6883 |
| 228 | 169 | 743385 | 742015 | 16141 | 50208 | | 1370 | |
| 15 | 15 | 188011 | 5490 | 885 | | 147837 | 34684 | |
| 235345 | 112346 | 9834903 | 6724066 | 1660455 | 1628577 | 340394 | 591892 | 2178551 |
| | | 10981 | 10981 | 10981 | | | | |
| 1846376 | 1056374 | 40451425 | 29110691 | 9250122 | 3955565 | 1601192 | 4539249 | 5200293 |
| 319899 | 185067 | 1339164 | 807346 | 110096 | 33877 | 53723 | 138434 | 339661 |
| 243 | 184 | 1132720 | 761677 | 17026 | 56288 | 147837 | 216294 | 6912 |
| 155429 | 52022 | 5483268 | 4152575 | 1034775 | 839624 | 54582 | 491367 | 784744 |
| 43670 | 2438 | 653265 | 480459 | 43761 | 189505 | 42651 | 65800 | 64355 |
| 848305 | 780380 | 19173138 | 13700044 | 6018150 | 2147431 | 829411 | 2339087 | 2304596 |
| 484731 | 388331 | 6955041 | 5252985 | 1454063 | 614706 | 104903 | 535078 | 1062075 |
| 500435 | 75102 | 10149249 | 7426258 | 1582273 | 1669631 | 355412 | 777399 | 1590180 |
| 668440 | 151883 | 20371358 | 14183263 | 2940178 | 1758657 | 758347 | 2052847 | 3376901 |
| 11711 | 7859 | 1050032 | 616558 | 93111 | 141501 | 108422 | 210960 | 114092 |
| 96549 | 56145 | 2271307 | 1109661 | 367328 | 234859 | 667 | 468037 | 692942 |
| 29994 | 20554 | 1725138 | 1315674 | 161507 | 400830 | 2901 | 97535 | 309028 |
| 62200 | 45591 | 4709057 | 3434377 | 906607 | 1059237 | 87390 | 541414 | 645876 |
| 35445 | 8502 | 1726479 | 1313151 | 292201 | 191863 | 4339 | 106712 | 302277 |
| 800 | 800 | 100653 | 85604 | 17280 | | | 3680 | 11369 |
| 2332304 | 1274401 | 47819449 | 34401100 | 10386613 | 4634642 | 2103849 | 4763793 | 6550707 |

## 5-13 续表 3

| 指　　标 | Item | #新开工面积 Floor Space Started This Year | 住宅 Residential Buildings | #90平方米及以下住房 Residential Buildings below 90 Square Meters | 144平方米以上住房 Residential Buildings above 144 Square Meters | 办公楼 Office Buildings |
|---|---|---|---|---|---|---|
| **总　　计** | **Total** | **16421042** | **10352949** | **2590709** | **747801** | **1512000** |
| **按登记注册类型分组** | **By Status of Registration** | | | | | |
| 内资企业 | Domestic Funded Enterprises | 15807924 | 9963233 | 2547269 | 747801 | 1374787 |
| 国有企业 | State-owned Enterprises | 978100 | 752856 | 159957 | 173873 | 359 |
| 集体企业 | Collective-owned Enterprises | 10981 | 10981 | 10981 | | |
| 股份合作企业 | Cooperative Enterprises | | | | | |
| 国有联营企业 | State Joint Ownership Enterprises | | | | | |
| 集体联营企业 | Collective Joint Ownership Enterprises | | | | | |
| 国有与集体联营企业 | Joint State-collective Enterprises | 16500 | 16500 | | | |
| 其他联营企业 | Other Joint Ownership Enterprises | | | | | |
| 国有独资公司 | State Sole Funded Corporations | 1213375 | 651457 | 179180 | | 108460 |
| 其他有限责任公司 | Other Limited Liability Corporations | 11672874 | 7513869 | 2099045 | 518908 | 991051 |
| 股份有限公司 | Share-holding Corporations Ltd. | 93608 | 46624 | 1980 | 10680 | |
| 私营独资企业 | Private-Solely Funded Enterprises | | | | | |
| 私营合伙企业 | Private Partnership Enterprises | 88000 | | | | 21500 |
| 私营有限责任公司 | Private Limited Liability Corporations | 1734486 | 970946 | 96126 | 44340 | 253417 |
| 私营股份有限公司 | Private Share-holding Corporations Ltd. | | | | | |
| 其他企业 | Other Enterprises | | | | | |
| 港澳台商投资企业 | Enterprises with Funds from Hong Kong, Macao and Taiwan | 502700 | 389716 | 43440 | | 53723 |
| 与港澳台商合资经营企业 | Joint-venture Enterprises | 160598 | 55614 | 43440 | | 53723 |
| 与港澳台商合资合作经营企业 | Cooperative Enterprises | | | | | |
| 港澳台商独资经营企业 | Enterprises with Sole Fund | 342102 | 334102 | | | |
| 港澳台商投资股份有限公司 | Share-holding Corporations Ltd. | | | | | |
| 其他港澳台投资 | Others | | | | | |
| 外商投资企业 | Foreign Funded Enterprises | 110418 | | | | 83490 |
| 中外合资经营企业 | Joint-venture Enterprises | 5000 | | | | |
| 中外合作经营企业 | Cooperation Enterprises | | | | | |
| 外资企业 | Enterprises with Sole Fund | 105418 | | | | 83490 |
| 外商投资股份有限公司 | Share-holding Corporations Ltd. | | | | | |
| 其他外商投资 | Others | | | | | |
| **按控股情况分** | **By Share Holding** | | | | | |
| 国有控股 | State-holding Enterprises | 3353502 | 1916962 | 393564 | 193682 | 159204 |
| 集体控股 | Collective-Holding Enterprises | 10981 | 10981 | 10981 | | |
| 私人控股 | Private Enterprises | 10231931 | 6518398 | 2092651 | 507069 | 1166905 |
| 港澳台商控股 | Hong Kong, Macao and Taiwan Holding Enterprises | 502700 | 389716 | 43440 | | 53723 |
| 外商控股 | Foreign Holding Enterprises | 105418 | | | | 83490 |
| 其　他 | Others | 2216510 | 1516892 | 50073 | 47050 | 48678 |
| **按资质等级分** | **By Grade** | | | | | |
| 一　级 | First Grade | 35500 | 10200 | | 10200 | |
| 二　级 | Second Grade | 7573936 | 5440373 | 1855023 | 356657 | 676038 |
| 三　级 | Third Grade | 1202214 | 745754 | 202680 | 28688 | 62617 |
| 四　级 | Fourth Grade | 743221 | 435335 | 88133 | 44221 | 93090 |
| 暂　定 | Provisional | 6308416 | 3454852 | 417108 | 294492 | 571855 |
| 其　他 | Others | 557755 | 264435 | 27765 | 13543 | 108400 |
| **按隶属关系分** | **By Administrative Relationship** | | | | | |
| 中　央 | Central | 1086487 | 184341 | 24086 | 19809 | |
| 省(自治区、直辖市) | Provincial | 199294 | 179270 | 31839 | 2126 | |
| 地区(州、盟、省辖市) | Region | 1840421 | 1282010 | 175099 | 203521 | 359 |
| 县(区、市、旗) | County | 563038 | 384141 | 192360 | | 192 |
| 街　道 | Street | | | | | |
| 镇 | Town | | | | | |
| 乡 | Countryside | | | | | |
| 居委会 | Neighborhood Committee | | | | | |
| 村委会 | Village Committee | | | | | |
| 其　他 | Others | 12731802 | 8323187 | 2167325 | 522345 | 1511449 |

(continued)

| 商业营业用房 Houses for Business Use | 其他 Others | 竣工面积 Floor Space of Buildings Completed | 住宅 Residential Buildings | #90平方米及以下住房 Residential Buildings below 90 Square Meters | 144平方米以上住房 Residential Buildings above 144 Square Meters | 办公楼 Office Buildings | 商业营业用房 Houses for Business Use | 其他 Others |
|---|---|---|---|---|---|---|---|---|
| **2072450** | **2483643** | **6165318** | **4719748** | **1169928** | **887655** | **94477** | **613020** | **738073** |
| 2032792 | 2437112 | 727991 | 408930 | 76416 | 37836 | 25447 | 212114 | 81500 |
| 91123 | 133762 | 1939554 | 1524591 | 425441 | 239549 | 57300 | 98908 | 258755 |
| | | 186055 | 126120 | 77028 | 13010 | | 27853 | 32082 |
| | | 1232696 | 1105969 | 363566 | 342587 | | 37360 | 89367 |
| | | 479482 | 352093 | 75152 | 57981 | | 51805 | 75584 |
| | | 944871 | 717377 | 59112 | 138814 | 9992 | 71207 | 146295 |
| | | 129856 | 99978 | 5100 | 26848 | | 27855 | 2023 |
| | | 23101 | 15638 | | | | 5063 | 2400 |
| 117313 | 336145 | 74360 | 52407 | 4706 | 1680 | | 19682 | 2271 |
| 1599397 | 1568557 | 53971 | 42725 | 13679 | 7810 | 1738 | 8079 | 1429 |
| 27800 | 19184 | 16500 | 16500 | | | | | |
| | | 356881 | 257420 | 69728 | 21540 | | 53094 | 46367 |
| 5000 | 61500 | 6004895 | 4656905 | 1150702 | 875838 | 81903 | 573714 | 692373 |
| 192159 | 317964 | 1900468 | 1591906 | 616705 | 464209 | | 84994 | 223568 |
| | | 25885 | 21812 | 13062 | | 778 | 3295 | |
| 17730 | 41531 | | | | | | | |
| 17230 | 34031 | | | | | | | |
| | | 16500 | 16500 | | | | | |
| 500 | 7500 | | | | | | | |
| | | 19574 | 19574 | 19574 | | | | |
| | | 3141439 | 2313652 | 350836 | 293983 | 59790 | 386475 | 381522 |
| 21928 | 5000 | 67816 | 55619 | 17080 | 24967 | 667 | 6042 | 5488 |
| | 5000 | 85896 | 72206 | 30746 | 13110 | 5345 | 8345 | |
| 21928 | | 615240 | 454621 | 79493 | 63538 | 15323 | 71769 | 73527 |
| | | 78263 | 63618 | | 7923 | | 10452 | 4193 |
| | | 53814 | 47397 | 23206 | 8108 | | 2342 | 4075 |
| | | **160423** | **62843** | **19226** | **11817** | **12574** | **39306** | **45700** |
| 237109 | 1040227 | 125066 | 38418 | 19226 | 4294 | 12574 | 39306 | 34768 |
| 1493733 | 1052895 | 35357 | 24425 | | 7523 | | | 10932 |
| 17730 | 41531 | | | | | | | |
| 21928 | | | | | | | | |
| 301950 | 348990 | | | | | | | |
| 25300 | | | | | | | | |
| 809692 | 647833 | | | | | | | |
| 82035 | 310808 | | | | | | | |
| 71989 | 141807 | | | | | | | |
| 967403 | 1314306 | | | | | | | |
| 116031 | 68889 | 2216620 | 1873405 | 669986 | 517480 | 2405 | 103753 | 237057 |
| | | **10981** | **10981** | **10981** | | | | |
| 433391 | 468755 | 3356474 | 2493363 | 471880 | 324292 | 91294 | 311910 | 459907 |
| 4868 | 15156 | 35357 | 24425 | | 7523 | | | 10932 |
| 242355 | 315697 | 181867 | | | | | 176838 | 5029 |
| 38752 | 139953 | 349115 | 306743 | 15000 | 38360 | | 17224 | 25148 |
| | | 1760381 | 1437726 | 272002 | 354191 | 3702 | 110960 | 207993 |
| | | 1004503 | 874475 | 261567 | 89628 | 5345 | 40200 | 84483 |
| | | 932196 | 730232 | 79853 | 104789 | 17061 | 86012 | 98891 |
| 1353084 | 1544082 | 2468238 | 1677315 | 556506 | 339047 | 68369 | 375848 | 346706 |

5-13 续表 4

| 指 标 | Item | 商品房销售面积 Floor Space of Commercialized Buildings Sold | 住宅 Residential Buildings | #90平方米及以下住房 Residential Buildings below 90 Square Meters | 144平方米以上住房 Residential Buildings above 144 Square Meters |
|---|---|---|---|---|---|
| **总 计** | **Total** | **10406257** | **9633129** | **3442726** | **1128041** |
| **按登记注册类型分组** | **By Status of Registration** | | | | |
| 内资企业 | Domestic Funded Enterprises | 10111822 | 9383992 | 3373380 | 1110088 |
| 国有企业 | State-owned Enterprises | 671913 | 621038 | 124066 | 116987 |
| 集体企业 | Collective-owned Enterprises | 6655 | 6655 | 6655 | |
| 股份合作企业 | Cooperative Enterprises | | | | |
| 国有联营企业 | State Joint Ownership Enterprises | | | | |
| 集体联营企业 | Collective Joint Ownership Enterprises | | | | |
| 国有与集体联营企业 | Joint State-collective Enterprises | | | | |
| 其他联营企业 | Other Joint Ownership Enterprises | | | | |
| 国有独资公司 | State Sole Funded Corporations | | | | |
| 其他有限责任公司 | Other Limited Liability Corporations | 8625488 | 8043031 | 3076145 | 837601 |
| 股份有限公司 | Share-holding Corporations Ltd. | 243396 | 191236 | 22064 | 89563 |
| 私营独资企业 | Private-Solely Funded Enterprises | 183791 | 176436 | 87850 | |
| 私营合伙企业 | Private Partnership Enterprises | | | | |
| 私营有限责任公司 | Private Limited Liability Corporations | 348640 | 313906 | 56496 | 65151 |
| 私营股份有限公司 | Private Share-holding Corporations Ltd. | 31245 | 31245 | 104 | 461 |
| 其他企业 | Other Enterprises | 694 | 445 | | 325 |
| 港澳台商投资企业 | Enterprises with Funds from Hong Kong,Macao and Taiwan | 209755 | 192864 | 44295 | 14882 |
| 与港澳台商合资经营企业 | Joint-venture Enterprises | 73227 | 59602 | 25300 | 13123 |
| 与港澳台商合资合作经营企业 | Cooperative Enterprises | | | | |
| 港澳台商独资经营企业 | Enterprises with Sole Fund | 136528 | 133262 | 18995 | 1759 |
| 港澳台商投资股份有限公司 | Share-holding Corporations Ltd. | | | | |
| 其他港澳台投资 | Others | | | | |
| 外商投资企业 | Foreign Funded Enterprises | 84680 | 56273 | 25051 | 3071 |
| 中外合资经营企业 | Joint-venture Enterprises | | | | |
| 中外合作经营企业 | Cooperation Enterprises | 58004 | 56273 | 25051 | 3071 |
| 外资企业 | Enterprises with Sole Fund | 26676 | | | |
| 外商投资股份有限公司 | Share-holding Corporations Ltd. | | | | |
| 其他外商投资 | Others | | | | |
| **按控股情况分** | **By Share Holding** | | | | |
| 国有控股 | State-holding Enterprises | 1053983 | 990423 | 204217 | 253787 |
| 集体控股 | Collective-Holding Enterprises | 6655 | 6655 | 6655 | |
| 私人控股 | Private Enterprises | 8526281 | 7891496 | 3049517 | 794640 |
| 港澳台商控股 | Hong Kong, Macao and Taiwan Holding Enterprises | 150598 | 137707 | 19708 | 1759 |
| 外商控股 | Foreign Holding Enterprises | 84680 | 56273 | 25051 | 3071 |
| 其 他 | Others | 584060 | 550575 | 137578 | 74784 |
| **按资质等级分** | **By Grade** | | | | |
| 一 级 | First Grade | 228572 | 176057 | 21028 | 91623 |
| 二 级 | Second Grade | 6100799 | 5767468 | 2600089 | 407512 |
| 三 级 | Third Grade | 844741 | 801603 | 184834 | 171009 |
| 四 级 | Fourth Grade | 815585 | 676027 | 110605 | 130409 |
| 暂 定 | Provisional | 2325335 | 2121042 | 501535 | 299977 |
| 其 他 | Others | 91225 | 90932 | 24635 | 27511 |
| **按隶属关系分** | **By Administrative Relationship** | | | | |
| 中 央 | Central | 246339 | 243176 | 67721 | 104486 |
| 省(自治区、直辖市) | Provincial | 197461 | 182777 | 5713 | 12528 |
| 地区(州、盟、省辖市) | Region | 709571 | 655870 | 183808 | 161153 |
| 县(区、市、旗) | County | 148760 | 148050 | 20435 | 20171 |
| 街 道 | Street | | | | |
| 镇 | Town | 16306 | 16306 | 14938 | |
| 乡 | Countryside | | | | |
| 居委会 | Neighborhood Committee | | | | |
| 村委会 | Village Committee | | | | |
| 其 他 | Others | 9087820 | 8386950 | 3150111 | 829703 |

(continued)

| 办公楼 Office Buildings | 商业营业用房 Houses for Business Use | 其他 Others | 商品房销售额(万元) Total Sale of Commercialized Buildings (10 000 yuan) | 住宅 Residential Buildings | #90平方米及以下住房 Residential Buildings below 90 Square Meters | 144平方米以上住房 Residential Buildings above 144 Square Meters | 办公楼 Office Buildings | 商业营业用房 Houses for Business Use | 其他 Others |
|---|---|---|---|---|---|---|---|---|---|
| **121680** | **566430** | **85018** | **5025459** | **4288901** | **1508358** | **630541** | **114748** | **588924** | **32886** |
| 85973 | 557580 | 84277 | 4832306 | 4134617 | 1472702 | 618564 | 87718 | 577626 | 32345 |
| 19862 | 22097 | 8916 | 383346 | 327797 | 61530 | 63866 | 31635 | 21132 | 2782 |
| | | | 2932 | 2932 | 2932 | | | | |
| 65292 | 462328 | 54837 | 4076642 | 3513481 | 1344150 | 479576 | 54692 | 485475 | 22994 |
| | 39855 | 12305 | 121172 | 90547 | 9278 | 42446 | | 26777 | 3848 |
| | 7355 | | 67631 | 64553 | 28643 | | | 3078 | |
| 819 | 25894 | 8021 | 168426 | 123344 | 26121 | 32299 | 1391 | 41064 | 2627 |
| | | | 11705 | 11705 | 48 | 171 | | | |
| | 51 | 198 | 452 | 258 | | 206 | | 100 | 94 |
| 9031 | 7215 | 645 | 146604 | 128336 | 24229 | 10636 | 8030 | 9750 | 488 |
| 9031 | 4594 | | 51739 | 38040 | 14395 | 9564 | 8030 | 5669 | |
| | 2621 | 645 | 94865 | 90296 | 9834 | 1072 | | 4081 | 488 |
| 26676 | 1635 | 96 | 46549 | 25948 | 11427 | 1341 | 19000 | 1548 | 53 |
| | 1635 | 96 | 27549 | 25948 | 11427 | 1341 | | 1548 | 53 |
| 26676 | | | 19000 | | | | 19000 | | |
| 19862 | 29524 | 14174 | 602303 | 537572 | 98926 | 155359 | 31635 | 28553 | 4543 |
| | | | 2932 | 2932 | 2932 | | | | |
| 50792 | 515943 | 68050 | 3945828 | 3347379 | 1304839 | 420807 | 48119 | 523059 | 27271 |
| 9031 | 3215 | 645 | 109663 | 93895 | 10409 | 1072 | 8030 | 7250 | 488 |
| 26676 | 1635 | 96 | 46549 | 25948 | 11427 | 1341 | 19000 | 1548 | 53 |
| 15319 | 16113 | 2053 | 318184 | 281175 | 79825 | 51962 | 7964 | 28514 | 531 |
| | 39050 | 13465 | 121834 | 91794 | 9680 | 49070 | | 26024 | 4016 |
| 36107 | 291808 | 5416 | 2821928 | 2510720 | 1127135 | 226367 | 52629 | 256493 | 2086 |
| 6934 | 27481 | 8723 | 416308 | 355423 | 71720 | 94421 | 6171 | 52174 | 2540 |
| 32670 | 84974 | 21914 | 443478 | 291631 | 54920 | 65981 | 25505 | 117115 | 9227 |
| 45969 | 122824 | 35500 | 1163645 | 981237 | 231090 | 177871 | 30443 | 136948 | 15017 |
| | 293 | | 58266 | 58096 | 13813 | 16831 | | 170 | |
| | 1918 | 1245 | 131197 | 128595 | 31789 | 57978 | | 1678 | 924 |
| | 5459 | 9225 | 69700 | 62068 | 2292 | 4953 | | 5533 | 2099 |
| 23895 | 29806 | | 466640 | 393210 | 101660 | 95678 | 32169 | 41261 | |
| | 710 | | 75726 | 74865 | 6783 | 22999 | | 861 | |
| | | | 4728 | 4728 | 4332 | | | | |
| 97785 | 528537 | 74548 | 4277468 | 3625435 | 1361502 | 448933 | 82579 | 539591 | 29863 |

5-13 续表 5

| 指 标 | Item | 待售面积(平方米) For sale Floor Space (sq.m) | 住宅 Residential Buildings |
|---|---|---|---|
| **总 计** | **Total** | **1801986** | **1045629** |
| **按登记注册类型分组** | **By Status of Registration** | | |
| 内资企业 | Domestic Funded Enterprises | 1714337 | 1036774 |
| 国有企业 | State-owned Enterprises | 33093 | 5958 |
| 集体企业 | Collective-owned Enterprises | | |
| 股份合作企业 | Cooperative Enterprises | | |
| 国有联营企业 | State Joint Ownership Enterprises | | |
| 集体联营企业 | Collective Joint Ownership Enterprises | | |
| 国有与集体联营企业 | Joint State-collective Enterprises | | |
| 其他联营企业 | Other Joint Ownership Enterprises | | |
| 国有独资公司 | State Sole Funded Corporations | | |
| 其他有限责任公司 | Other Limited Liability Corporations | 1339587 | 817145 |
| 股份有限公司 | Share-holding Corporations Ltd. | 70420 | 52628 |
| 私营独资企业 | Private-Solely Funded Enterprises | 81131 | 67571 |
| 私营合伙企业 | Private Partnership Enterprises | | |
| 私营有限责任公司 | Private Limited Liability Corporations | 154647 | 74217 |
| 私营股份有限公司 | Private Share-holding Corporations Ltd. | 15645 | 11089 |
| 其他企业 | Other Enterprises | 19814 | 8166 |
| 港澳台商投资企业 | Enterprises with Funds from Hong Kong,Macao and Taiwan | 85450 | 6656 |
| 与港澳台商合资经营企业 | Joint-venture Enterprises | 49599 | 258 |
| 与港澳台商合资合作经营企业 | Cooperative Enterprises | | |
| 港澳台商独资经营企业 | Enterprises with Sole Fund | 35851 | 6398 |
| 港澳台商投资股份有限公司 | Share-holding Corporations Ltd. | | |
| 其他港澳台投资 | Others | | |
| 外商投资企业 | Foreign Funded Enterprises | 2199 | 2199 |
| 中外合资经营企业 | Joint-venture Enterprises | 2003 | 2003 |
| 中外合作经营企业 | Cooperation Enterprises | | |
| 外资企业 | Enterprises with Sole Fund | 196 | 196 |
| 外商投资股份有限公司 | Share-holding Corporations Ltd. | | |
| 其他外商投资 | Others | | |
| **按控股情况分** | **By Share Holding** | | |
| 国有控股 | State-holding Enterprises | 319175 | 184622 |
| 集体控股 | Collective-Holding Enterprises | 1837 | |
| 私人控股 | Private Enterprises | 1310701 | 778174 |
| 港澳台商控股 | Hong Kong, Macao and Taiwan Holding Enterprises | 43578 | 6398 |
| 外商控股 | Foreign Holding Enterprises | 196 | 196 |
| 其 他 | Others | 125899 | 75639 |
| **按资质等级分** | **By Grade** | | |
| 一 级 | First Grade | 7578 | 7578 |
| 二 级 | Second Grade | 229870 | 148081 |
| 三 级 | Third Grade | 536038 | 315169 |
| 四 级 | Fourth Grade | 415066 | 235810 |
| 暂 定 | Provisional | 613291 | 338991 |
| 其 他 | Others | 143 | |
| **按隶属关系分** | **By Administrative Relationship** | | |
| 中 央 | Central | 69457 | 47910 |
| 省(自治区、直辖市) | Provincial | 81466 | 28600 |
| 地区(州、盟、省辖市) | Region | 3021 | 3021 |
| 县(区、市、旗) | County | 35588 | 8582 |
| 街 道 | Street | | |
| 镇 | Town | 1433 | |
| 乡 | Countryside | | |
| 居委会 | Neighborhood Committee | | |
| 村委会 | Village Committee | | |
| 其 他 | Others | 1611021 | 957516 |

(continued)

| #90平方米及以下住房 Residential Buildings below 90 Square Meters | 144平方米以上住房 Residential Buildings above 144 Square Meters | 办公楼 Office Buildings | 商业营业用房 Houses for Business Use | 其他 Others |
|---|---|---|---|---|
| **81093** | **159605** | **73905** | **358019** | **324433** |
| | | | | |
| 80746 | 156477 | 66281 | 312126 | 299156 |
| | 5491 | | 8318 | 18817 |
| | | | | |
| | | | | |
| | | | | |
| | | | | |
| | | | | |
| | | | | |
| | | | | |
| 68698 | 123518 | 44890 | 236088 | 241464 |
| | 7578 | | 17792 | |
| 3802 | | 5345 | 8215 | |
| | | | | |
| 3218 | 10186 | 16046 | 31284 | 33100 |
| 4858 | 1925 | | 2228 | 2328 |
| 170 | 7779 | | 8201 | 3447 |
| 258 | 3128 | 7624 | 45893 | 25277 |
| 258 | | 7624 | 28957 | 12760 |
| | | | | |
| | 3128 | | 16936 | 12517 |
| | | | | |
| | | | | |
| 89 | | | | |
| | | | | |
| | | | | |
| 89 | | | | |
| | | | | |
| | | | | |
| | | | | |
| | 34602 | | 59814 | 74739 |
| | | | | 1837 |
| 80557 | 91015 | 69267 | 243455 | 219805 |
| | 3128 | | 20879 | 16301 |
| 89 | | | | |
| 447 | 30260 | 4638 | 33871 | 11751 |
| | | | | |
| | 7578 | | | |
| 22075 | 32952 | | 61318 | 20471 |
| 7578 | 51611 | 29011 | 115523 | 76335 |
| 26497 | 44165 | 2214 | 79097 | 97945 |
| 24943 | 23299 | 42680 | 101938 | 129682 |
| | | | 143 | |
| | | | | |
| | 2658 | | 17792 | 3755 |
| | 28081 | | 26446 | 26420 |
| | | | | |
| 1142 | 1795 | 1718 | 24971 | 317 |
| | | | | |
| | | | 1073 | 360 |
| | | | | |
| | | | | |
| | | | | |
| 79951 | 127071 | 72187 | 287737 | 293581 |

# 5–14 按各种分组的房地产开发企业财务状况情况(2012年)

单位：万元

| 指　标 | Item | 企业数(个) Number of Enterprises (unit) | 年初存货 Stock (at Year-begin) | 流动资产 Circulating Funds | 应收账款 Account Receivable | #存　货 Stock |
|---|---|---|---|---|---|---|
| **总　计** | **Total** | **784** | **10100702** | **23124444** | **1189181** | **11381615** |
| **按登记注册类型分组** | **By Status of Registration** | | | | | |
| 内资企业 | Domestic Funded Enterprises | 744 | 9360423 | 21780192 | 1180390 | 10579044 |
| 国有企业 | State-owned Enterprises | 38 | 669996 | 2218288 | 285254 | 896612 |
| 集体企业 | Collective-owned Enterprises | 4 | 1810 | 3252 | 8 | 1934 |
| 股份合作企业 | Cooperative Enterprises | | | | | |
| 国有联营企业 | State Joint Ownership Enterprises | 1 | 22908 | 24633 | | 24419 |
| 集体联营企业 | Collective Joint Ownership Enterprises | | | | | |
| 国有与集体联营企业 | Joint State-collective Enterprises | 1 | 3777 | 5269 | | 4353 |
| 其他联营企业 | Other Joint Ownership Enterprises | | | | | |
| 国有独资公司 | State Sole Funded Corporations | 7 | 235203 | 325546 | 9011 | 244565 |
| 其他有限责任公司 | Other Limited Liability Corporations | 501 | 7199829 | 16432756 | 732222 | 7851147 |
| 股份有限公司 | Share-holding Corporations Ltd. | 10 | 253030 | 594539 | 11218 | 250812 |
| 私营独资企业 | Private-solely Funded Enterprises | 6 | 20945 | 41585 | 1201 | 19818 |
| 私营合伙企业 | Private Partnership Enterprises | 1 | 100 | | | |
| 私营有限责任公司 | Private Limited Liability Corporations | 154 | 874478 | 1927273 | 127544 | 1187872 |
| 私营股份有限公司 | Private Share-holding Corporations Ltd. | 14 | 46363 | 150430 | 12009 | 56665 |
| 其他企业 | Other Enterprises | 7 | 31984 | 56621 | 1923 | 40847 |
| 港澳台商投资企业 | Enterprises with Funds from Hong Kong, Macao and Taiwan | 30 | 536754 | 1008765 | 3983 | 568814 |
| 与港澳台商合资经营企业 | Joint-venture Enterprises | 16 | 240564 | 456099 | 2054 | 214165 |
| 与港澳台商合资合作经营企业 | Cooperative Enterprises | | | | | |
| 港澳台商独资经营企业 | Enterprises with Sole Fund | 14 | 296190 | 552666 | 1928 | 354649 |
| 港澳台商投资股份有限公司 | Share-holding Corporations Ltd. | | | | | |
| 其他港澳台投资 | Others | | | | | |
| 外商投资企业 | Foreign Funded Enterprises | 10 | 203525 | 335488 | 4809 | 233757 |
| 中外合资经营企业 | Joint-venture Enterprises | 3 | 133355 | 165211 | 3682 | 144732 |
| 中外合作经营企业 | Cooperation Enterprises | 2 | 51905 | 122638 | 28 | 54162 |
| 外资企业 | Enterprises with Sole Fund | 4 | 18265 | 47639 | 1099 | 34863 |
| 外商投资股份有限公司 | Share-holding Corporations Ltd. | 1 | | | | |
| 其他外商投资 | Others | | | | | |
| **按控股情况分** | **By Share Holding** | | | | | |
| 国有控股 | State-holding Enterprises | 92 | 3068938 | 4947391 | 314977 | 2798367 |
| 集体控股 | Collective-Holding Enterprises | 10 | 38097 | 78795 | 1604 | 23394 |
| 私人控股 | Private Enterprises | 568 | 5754133 | 15604347 | 852526 | 7065204 |
| 港澳台商控股 | Hong Kong,Macao and Taiwan Holding Enterprises | 26 | 527519 | 993590 | 3707 | 557481 |
| 外商控股 | Foreign Holding Enterprises | 9 | 203525 | 335488 | 4809 | 233757 |
| 其　他 | Others | 75 | 508490 | 1164833 | 11558 | 703412 |
| **按隶属关系分** | **By Administrative Relationship** | | | | | |
| 中　央 | Central | 3 | 383950 | 779156 | 11355 | 387382 |
| 省(自治区、直辖市) | Provincial | 48 | 2826266 | 7550216 | 268840 | 3932921 |
| 地区(州、盟、省辖市) | Region | 128 | 1080783 | 2789553 | 88680 | 1445921 |
| 县(区、市、旗) | County | 223 | 1955472 | 4911770 | 126258 | 2380032 |
| 街　道 | Street | 314 | 3617490 | 6147598 | 652381 | 2850381 |
| 镇 | Town | 68 | 236742 | 946151 | 41667 | 384978 |
| 乡 | Countryside | | | | | |
| 居委会 | Neighborhood Committee | 12 | 1991757 | 2269623 | 36645 | 1480708 |
| 村委会 | Village Commitee | 32 | 317550 | 579351 | 34757 | 308164 |
| 其　他 | Others | 38 | 417041 | 1715872 | 228334 | 755550 |
| **按资质等级分** | **By Grade** | **26** | **129344** | **438931** | **26038** | **196212** |
| 一　级 | First Grade | 1 | 234 | 3110 | | |
| 二　级 | Second Grade | 2 | 35562 | 71686 | 1178 | 19493 |
| 三　级 | Third Grade | 1 | 641 | 661 | 8 | 641 |
| 四　级 | Fourth Grade | | | | | |
| 暂　定 | Provisional | | | | | |
| 其　他 | Others | 672 | 7208573 | 18045212 | 862222 | 8620847 |

# Financial Indicators of Enterprises in Real Estate by Groups(2012)

(10 000 yuan)

| 固定资产 Fixed Assets | 固定资产原价 Original Fixed Assets | 累计折旧 Total Depreciation | #本年折旧 Depreciation This Year | 在建工程 Under Construction | 资产 Assets | 流动负债 liquid Liabilities | #应付账款 Account Payable |
|---|---|---|---|---|---|---|---|
| **919193** | **746267** | **247916** | **28011** | **922300** | **26863382** | **18243605** | **1002951** |
| 838199 | 653780 | 235865 | 25455 | 921860 | 25377368 | 17459477 | 972416 |
| 94521 | 81881 | 13305 | 4022 | 525716 | 3460392 | 1725155 | 169811 |
| 207 | 402 | 177 | 10 |  | 3546 | 3388 | 1764 |
| 3 | 6 | 4 | 2 |  | 24637 | 18907 | 5800 |
| 72 | 84 | 12 | 12 |  | 5383 | 3709 | 201 |
| 1821 | 3130 | 1292 | 844 | 36966 | 387359 | 325171 | 45633 |
| 549339 | 492024 | 194015 | 16259 | 247251 | 17953349 | 12833404 | 570290 |
| 4678 | 7929 | 3909 | 659 | 21424 | 1197405 | 813204 | 62300 |
| 406 | 785 | 391 | 38 |  | 43700 | 28582 | 1395 |
|  |  |  |  |  | 100 |  |  |
| 185315 | 66090 | 22098 | 3479 | 90412 | 2083233 | 1515959 | 99654 |
| 1664 | 1001 | 295 | 94 | 91 | 153589 | 130680 | 15541 |
| 174 | 449 | 369 | 36 |  | 64678 | 61320 | 26 |
| 78245 | 88622 | 10904 | 2278 | 421 | 1146720 | 492152 | 28515 |
| 51405 | 56948 | 5665 | 1295 | 115 | 560997 | 306860 | 18843 |
| 26841 | 31674 | 5239 | 983 | 306 | 585723 | 185292 | 9672 |
| 2749 | 3865 | 1147 | 277 | 20 | 339294 | 291976 | 2019 |
| 234 | 690 | 480 | 48 | 20 | 165564 | 164483 | 2156 |
| 153 | 395 | 242 | 22 |  | 122794 | 94414 | 318 |
| 2362 | 2781 | 425 | 208 |  | 50936 | 33079 | -456 |
| 112519 | 104746 | 21390 | 6172 | 635590 | 6408202 | 3880168 | 316501 |
| 105858 | 9458 | 2122 | 344 | 983 | 163781 | 97877 | 2107 |
| 597183 | 526741 | 207009 | 17873 | 285286 | 17626778 | 12631605 | 622747 |
| 63117 | 72661 | 10072 | 1512 | 421 | 1093979 | 464317 | 28013 |
| 2749 | 3865 | 1147 | 277 | 20 | 339294 | 291976 | 2019 |
| 37768 | 28796 | 6176 | 1833 |  | 1231349 | 877662 | 31564 |
| 5931 | 9828 | 3897 | 883 | 9092 | 1442582 | 984432 | 76546 |
| 133901 | 168132 | 35841 | 7111 | 471611 | 8984599 | 6358895 | 304204 |
| 108870 | 132277 | 35979 | 8504 | 122259 | 3186178 | 2310764 | 113570 |
| 562011 | 315765 | 152418 | 6572 | 135482 | 5641097 | 3797080 | 170982 |
| 102113 | 108233 | 15139 | 4407 | 183828 | 6605636 | 4043328 | 268145 |
| 6368 | 12034 | 4642 | 533 | 29 | 1003291 | 749108 | 69504 |
| 60462 | 68736 | 9187 | 3309 | 82 | 2355775 | 1728141 | 68861 |
| 9686 | 13564 | 5621 | 895 | 22124 | 658338 | 549797 | 24807 |
| 124751 | 20381 | 4903 | 1526 | 448962 | 2897080 | 1145919 | 173959 |
| **14250** | **16230** | **1841** | **724** | **50290** | **508170** | **310998** | **19073** |
|  | 1 | 1 |  |  | 3110 | 3448 |  |
| 4911 | 5458 | 614 | 282 |  | 147327 | 92347 | 121 |
| 207 | 383 | 176 | 10 |  | 935 | 779 | 666 |
| 704926 | 621516 | 225575 | 21264 | 400843 | 20292648 | 14412175 | 715465 |

5–14 续表 1

| 指　　标 | Item | 非流动负债 Non-liquid Liabilities | 负　债 Liabilities | 所有者权益 Owners Equity | #实收资本 Total Capital Held |
|---|---|---|---|---|---|
| **总　　计** | **Total** | **3173376** | **21416981** | **5446402** | **4250842** |
| **按登记注册类型分组** | **By Status of Registration** | | | | |
| 内资企业 | Domestic Funded Enterprises | 2865085 | 20324562 | 5052807 | 3886394 |
| 国有企业 | **State-owned Enterprises** | 650507 | 2375662 | 1084730 | 331835 |
| 集体企业 | Collective-owned Enterprises | | 3388 | 158 | 308 |
| 股份合作企业 | Cooperative Enterprises | | | | |
| 国有联营企业 | State Joint Ownership Enterprises | | 18907 | 5730 | 6000 |
| 集体联营企业 | Collective Joint Ownership Enterprises | | | | |
| 国有与集体联营企业 | Joint State-collective Enterprises | | 3709 | 1674 | 2000 |
| 其他联营企业 | Other Joint Ownership Enterprises | | | | |
| 国有独资公司 | State Sole Funded Corporations | 56958 | 382130 | 5229 | 26030 |
| 其他有限责任公司 | Other Limited Liability Corporations | 1747100 | 14580504 | 3372845 | 3072792 |
| 股份有限公司 | Share-holding Corporations Ltd. | 172411 | 985614 | 211790 | 148286 |
| 私营独资企业 | Private-Solely Funded Enterprises | 650 | 29232 | 14467 | 9521 |
| 私营合伙企业 | Private Partnership Enterprises | | | 100 | 100 |
| 私营有限责任公司 | Private Limited Liability Corporations | 224048 | 1740006 | 343227 | 263084 |
| 私营股份有限公司 | Private Share-holding Corporations Ltd. | 13410 | 144090 | 9499 | 20239 |
| 其他企业 | Other Enterprises | | 61320 | 3358 | 6200 |
| 港澳台商投资企业 | Enterprises with Funds from Hong Kong,Macao and Taiwan | 269712 | 761864 | 384856 | 341067 |
| 与港澳台商合资经营企业 | Joint-venture Enterprises | 120370 | 427230 | 133767 | 82622 |
| 与港澳台商合资合作经营企业 | Cooperative Enterprises | | | | |
| 港澳台商独资经营企业 | Enterprises with Sole Fund | 149342 | 334634 | 251089 | 258446 |
| 港澳台商投资股份有限公司 | Share-holding Corporations Ltd. | | | | |
| 其他港澳台投资 | Others | | | | |
| 外商投资企业 | Foreign Funded Enterprises | 38579 | 330555 | 8739 | 23380 |
| 中外合资经营企业 | Joint-venture Enterprises | | 164483 | 1080 | 7142 |
| 中外合作经营企业 | Cooperation Enterprises | 32640 | 127054 | -4260 | 3200 |
| 外资企业 | Enterprises with Sole Fund | 5940 | 39018 | 11918 | 13038 |
| 外商投资股份有限公司 | Share-holding Corporations Ltd. | | | | |
| 其他外商投资 | Others | | | | |
| **按控股情况分** | **By Share Holding** | | | | |
| 国有控股 | State-holding Enterprises | 1124358 | 5004526 | 1403676 | 554536 |
| 集体控股 | Collective-Holding Enterprises | 2255 | 100132 | 63649 | 52076 |
| 私人控股 | Private Enterprises | 1561358 | 14192963 | 3433815 | 3140222 |
| 港澳台商控股 | Hong Kong,Macao and Taiwan Holding Enterprises | 269712 | 734029 | 359949 | 336441 |
| 外商控股 | Foreign Holding Enterprises | 38579 | 330555 | 8739 | 23380 |
| 其　他 | Others | 177114 | 1054776 | 176573 | 144187 |
| **按隶属关系分** | **By Administrative Relationship** | | | | |
| 中　央 | Central | 202450 | 1186882 | 255701 | 169367 |
| 省(自治区、直辖市) | Provincial | 1048375 | 7407269 | 1577329 | 796933 |
| 地区(州、盟、省辖市) | Region | 399727 | 2710490 | 475687 | 362628 |
| 县(区、市、旗) | County | 595678 | 4392757 | 1248339 | 1283407 |
| 街　道 | Street | 863373 | 4906700 | 1698936 | 1463969 |
| 镇 | Town | 63775 | 812882 | 190409 | 174538 |
| 乡 | Countryside | | | | |
| 居委会 | Neighborhood Committee | 413726 | 2141868 | 213907 | 85155 |
| 村委会 | Village Commitee | 22074 | 571870 | 86468 | 77600 |
| 其　他 | Others | 598863 | 1744783 | 1152297 | 427686 |
| **按资质等级分** | **By Grade** | **139580** | **450578** | **57592** | **42378** |
| 一　级 | First Grade | | 3448 | -338 | |
| 二　级 | Second Grade | 11 | 92359 | 54968 | 45710 |
| 三　级 | Third Grade | | 779 | 157 | 258 |
| 四　级 | Fourth Grade | | | | |
| 暂　定 | Provisional | | | | |
| 其　他 | Others | 1999122 | 16411297 | 3881351 | 3572055 |

(continued)

| 营业收入 Total Revenue | 主营业务收入 Revenue from Principle Business | 土地转让收入 Land Transferred | 商品房屋销售收入 Commercialized Buildings Sold | 房屋出租收入 Houses Leased | 其他收入 Others | 营业成本 Business Cost | 主营业务成本 Cost of Principle Business |
|---|---|---|---|---|---|---|---|
| **2480098** | **2473121** | **258859** | **1985377** | **42134** | **186750** | **1788139** | **1782471** |
| 2363209 | 2356736 | 255259 | 1887896 | 38558 | 175023 | 1705999 | 1700607 |
| 408068 | 407965 | | 337792 | 3855 | 66318 | 325181 | 324928 |
| 91 | 91 | | | 91 | | | |
| 35202 | 34777 | 20226 | 14331 | 133 | 87 | 32802 | 30732 |
| 1561176 | 1555962 | 234988 | 1201181 | 18602 | 101191 | 1098346 | 1095368 |
| 213270 | 213270 | | 207539 | 1052 | 4680 | 154696 | 154696 |
| 2125 | 2125 | | 37 | 418 | 1670 | 1316 | 1316 |
| 140351 | 139621 | | 124571 | 14010 | 1041 | 92185 | 92112 |
| 2925 | 2925 | 46 | 2446 | 398 | 36 | 1473 | 1455 |
| 83794 | 83565 | 3600 | 65338 | 3237 | 11391 | 57590 | 57346 |
| 57903 | 57674 | 3600 | 49302 | 2480 | 2292 | 40354 | 40110 |
| 25891 | 25891 | | 16036 | 757 | 9099 | 17236 | 17236 |
| 33095 | 32819 | | 32144 | 339 | 337 | 24549 | 24519 |
| 324 | 48 | | | | 48 | 37 | 6 |
| 32121 | 32121 | | 32121 | | | 24254 | 24254 |
| 650 | 650 | | 23 | 339 | 289 | 259 | 259 |
| 752924 | 751013 | 20226 | 654292 | 6812 | 69684 | 596460 | 593833 |
| 16595 | 16523 | | 15960 | 563 | | 14311 | 14311 |
| 1370563 | 1368252 | 235034 | 998146 | 30120 | 104953 | 930519 | 928331 |
| 81621 | 81392 | 3600 | 65765 | 847 | 11181 | 57030 | 56785 |
| 33095 | 32819 | | 32144 | 339 | 337 | 24549 | 24519 |
| 225300 | 223122 | | 219071 | 3454 | 597 | 165270 | 164692 |
| 235174 | 233993 | | 227781 | 1533 | 4679 | 174064 | 174043 |
| 517566 | 514952 | | 446957 | 4857 | 63138 | 404434 | 401400 |
| 270542 | 268882 | 23826 | 188636 | 9369 | 47052 | 175876 | 173835 |
| 393666 | 392733 | 2800 | 343365 | 18345 | 28223 | 297279 | 296796 |
| 1057665 | 1057074 | 232188 | 775076 | 7162 | 42648 | 732997 | 732931 |
| 5486 | 5486 | 46 | 3562 | 868 | 1010 | 3488 | 3467 |
| 465446 | 464979 | | 464167 | 602 | 211 | 337621 | 337570 |
| 103983 | 103937 | | 91649 | 4144 | 8144 | 98866 | 98823 |
| 161176 | 157652 | | 95096 | 1404 | 61153 | 141404 | 138508 |
| **53425** | **53373** | **2800** | **47689** | **54** | **2830** | **36729** | **36459** |
| 15969 | 15969 | | 15969 | | | 14420 | 14420 |
| 91 | 91 | | | 91 | | | |
| 1680007 | 1677119 | 256059 | 1270807 | 35840 | 114413 | 1159098 | 1156693 |

## 5–14 续表 2

| 指　　标 | Item | 营业税金及附加 Taxes and Other Charges on Business | 主营业务税金及附加 Taxes and Other Charges on Principle Business | 其他业务利润 Other Profits | 销售费用 Sales Expenses |
|---|---|---|---|---|---|
| **总　　计** | **Total** | **20488** | **20340** | **1194** | **13850** |
| **按登记注册类型分组** | **By Status of Registration** | | | | |
| 内资企业 | Domestic Funded Enterprises | 196598 | 195111 | 11400 | 129976 |
| 国有企业 | **State-owned Enterprises** | 30734 | 30719 | 800 | 5626 |
| 集体企业 | Collective-owned Enterprises | 15 | 15 | 0 | |
| 股份合作企业 | Cooperative Enterprises | | | | |
| 国有联营企业 | State Joint Ownership Enterprises | | | | 22 |
| 集体联营企业 | Collective Joint Ownership Enterprises | | | | |
| 国有与集体联营企业 | Joint State-collective Enterprises | | | | |
| 其他联营企业 | Other Joint Ownership Enterprises | | | | |
| 国有独资公司 | State Sole Funded Corporations | 1982 | 1976 | 379 | 298 |
| 其他有限责任公司 | Other Limited Liability Corporations | 137565 | 136287 | 9076 | 108850 |
| 股份有限公司 | Share-holding Corporations Ltd. | 15843 | 15843 | -159 | 9707 |
| 私营独资企业 | Private-Solely Funded Enterprises | 189 | 189 | | 104 |
| 私营合伙企业 | Private Partnership Enterprises | | | | |
| 私营有限责任公司 | Private Limited Liability Corporations | 8914 | 8727 | 1303 | 4789 |
| 私营股份有限公司 | Private Share-holding Corporations Ltd. | 1271 | 1271 | | 517 |
| 其他企业 | Other Enterprises | 85 | 85 | | 63 |
| 港澳台商投资企业 | Enterprises with Funds from Hong Kong,Macao and Taiwan | 6293 | 6293 | 297 | 6808 |
| 与港澳台商合资经营企业 | Joint-venture Enterprises | 3885 | 3885 | 176 | 599 |
| 与港澳台商合资合作经营企业 | Cooperative Enterprises | | | | |
| 港澳台商独资经营企业 | Enterprises with Sole Fund | 2409 | 2409 | 121 | 6210 |
| 港澳台商投资股份有限公司 | Share-holding Corporations Ltd. | | | | |
| 其他港澳台投资 | Others | | | | |
| 外商投资企业 | Foreign Funded Enterprises | 1993 | 1993 | 246 | 1713 |
| 中外合资经营企业 | Joint-venture Enterprises | 10 | 10 | 246 | 14 |
| 中外合作经营企业 | Cooperation Enterprises | 1875 | 1875 | | 1582 |
| 外资企业 | Enterprises with Sole Fund | 107 | 107 | | 117 |
| 外商投资股份有限公司 | Share-holding Corporations Ltd. | | | | |
| 其他外商投资 | Others | | | | |
| **按控股情况分** | **By Share Holding** | | | | |
| 国有控股 | State-holding Enterprises | 53339 | 53105 | 5521 | 19745 |
| 集体控股 | Collective-Holding Enterprises | 1538 | 1538 | 17 | 416 |
| 私人控股 | Private Enterprises | 128417 | 127197 | 5488 | 101116 |
| 港澳台商控股 | Hong Kong,Macao and Taiwan Holding Enterprises | 5782 | 5782 | 247 | 6729 |
| 外商控股 | Foreign Holding Enterprises | 1993 | 1993 | 246 | 1713 |
| 其　他 | Others | 13816 | 13783 | 424 | 8778 |
| **按隶属关系分** | **By Administrative Relationship** | | | | |
| 中　央 | Central | 16852 | 16785 | 1122 | 10089 |
| 省(自治区、直辖市) | Provincial | 33204 | 33201 | 3990 | 59564 |
| 地区(州、盟、省辖市) | Region | 18869 | 18287 | 3036 | 14518 |
| 县(区、市、旗) | County | 30581 | 30330 | 3233 | 16358 |
| 街　道 | Street | 104795 | 104212 | 209 | 35944 |
| 镇 | Town | 584 | 584 | 353 | 2023 |
| 乡 | Countryside | | | | |
| 居委会 | Neighborhood Committee | 35758 | 35677 | 321 | 14877 |
| 村委会 | Village Commitee | 7655 | 7507 | 3787 | 1360 |
| 其　他 | Others | 8480 | 8428 | 926 | 5070 |
| **按资质等级分** | **By Grade** | **3346** | **3346** | **53** | **1884** |
| 一　级 | First Grade | | | | |
| 二　级 | Second Grade | 1499 | 1499 | | 416 |
| 三　级 | Third Grade | 15 | 15 | 0 | |
| 四　级 | Fourth Grade | | | | |
| 暂　定 | Provisional | | | | |
| 其　他 | Others | 148132 | 146926 | 6855 | 114889 |

(continued)

| 管理费用 Management Expenses | #税金 Taxes | #差旅费 Travel Expenses | #工会经费 Labour Union Expenditure | 财务费用 Financial Expenses | 利息收入 Interest Income | 利息支出 Interest Expenses | 资产减值损失 Assets Devaluation | 公允价值变动收益 The Profit and Losses on the Changes in Fair Value |
|---|---|---|---|---|---|---|---|---|
| **19267** | **911** | **521** | **66** | **4978** | **597** | **4372** | **318** | **5518** |
| 180955 | 8510 | 4866 | 632 | 45943 | 5817 | 43223 | 3184 | 55183 |
| 13773 | 1245 | 314 | 62 | 1367 | 652 | 1885 | 1426 | 54791 |
| 94 | 15 | | | 0 | | 0 | | |
| 90 | 1 | 1 | 2 | -1 | 1 | | | |
| 180 | | | | -1 | 1 | | | |
| 2062 | 76 | 315 | 13 | -112 | 118 | 0 | | |
| 131626 | 6019 | 2439 | 419 | 22549 | 4865 | 20584 | 1144 | -383 |
| 13161 | 199 | 319 | 75 | 14337 | 174 | 14398 | 605 | 774 |
| 685 | 34 | 125 | 4 | 551 | 6 | 556 | | |
| 17238 | 917 | 1312 | 56 | 5781 | -26 | 5024 | 9 | |
| 1534 | 3 | 44 | 2 | 1550 | 10 | 835 | | |
| 513 | 2 | | | -76 | 16 | -60 | | |
| 8783 | 72 | 284 | 22 | 3777 | 69 | 371 | | |
| 4794 | 58 | 248 | 19 | 3780 | 35 | 371 | | |
| 3989 | 15 | 36 | 3 | -3 | 35 | 0 | | |
| 2934 | 528 | 58 | 6 | 56 | 83 | 129 | | |
| 1516 | 0 | 38 | 1 | -5 | 6 | 1 | | |
| 1108 | 524 | 10 | 2 | -21 | 32 | | | |
| 310 | 4 | 10 | 2 | 82 | 45 | 127 | | |
| 33302 | 1824 | 1002 | 178 | 1896 | 2333 | 2323 | 2001 | 55566 |
| 1310 | 171 | 32 | 32 | 56 | -32 | 14 | | |
| 138524 | 6213 | 3665 | 405 | 38989 | 2982 | 36233 | 1149 | -383 |
| 8303 | 50 | 212 | 21 | 3592 | 63 | 180 | | |
| 2934 | 528 | 58 | 6 | 56 | 83 | 129 | | |
| 8300 | 324 | 238 | 19 | 5187 | 539 | 4843 | 34 | |
| 14746 | 163 | 374 | 109 | 14245 | 159 | 14264 | -9813 | |
| 33726 | 2569 | 642 | 136 | 6482 | 1617 | 4260 | 614 | 54791 |
| 34401 | 1009 | 1228 | 138 | 17638 | 676 | 15533 | 20 | |
| 64312 | 1552 | 1580 | 123 | 4243 | 748 | 3627 | -597 | |
| 41668 | 3413 | 1285 | 138 | 7064 | 2621 | 5929 | 12951 | 392 |
| 3820 | 406 | 99 | 16 | 104 | 149 | 110 | 9 | |
| 8405 | 329 | 163 | 13 | -287 | 485 | 29 | 13069 | |
| 9586 | 282 | 249 | 51 | 316 | 1197 | -9 | 75 | |
| 10077 | 650 | 390 | 62 | 2014 | 646 | 1680 | -11079 | 54791 |
| **3625** | **289** | **98** | **13** | **1665** | **175** | **1832** | **21** | |
| 984 | 146 | 32 | 33 | 39 | -32 | | | |
| 94 | 15 | | | | | | | |
| 159902 | 7399 | 4276 | 488 | 46030 | 3499 | 40191 | 1099 | 392 |

# 5-14 续表 3

| 指　　标 | Item | 投资收益 Investment Profits | 营业利润 Operating Profits | 营业外收入 Non-operating Income | 补贴收入 Allowance Income | 营业外支出 Non-operating Expenditure |
|---|---|---|---|---|---|---|
| **总　　计** | **Total** | **10682** | **171746** | **94601** | **38008** | **24290** |
| **按登记注册类型分组** | **By Status of Registration** | | | | | |
| 内资企业 | Domestic Funded Enterprises | 10506 | 168876 | 92412 | 37922 | 23229 |
| 国有企业 | **State-owned Enterprises** | 982 | 85150 | 28433 | 26980 | 2529 |
| 集体企业 | Collective-owned Enterprises | | -18 | | | |
| 股份合作企业 | Cooperative Enterprises | | | | | |
| 国有联营企业 | State Joint Ownership Enterprises | | -111 | | | |
| 集体联营企业 | Collective Joint Ownership Enterprises | | | | | |
| 国有与集体联营企业 | Joint State-collective Enterprises | | -179 | | | 20 |
| 其他联营企业 | Other Joint Ownership Enterprises | | | | | |
| 国有独资公司 | State Sole Funded Corporations | -456 | 216 | 10 | 391 | 66 |
| 其他有限责任公司 | Other Limited Liability Corporations | 7239 | 69461 | 63382 | 10551 | 15326 |
| 股份有限公司 | Share-holding Corporations Ltd. | 21 | 5558 | 280 | | 1904 |
| 私营独资企业 | Private-Solely Funded Enterprises | | -720 | 3 | | 36 |
| 私营合伙企业 | Private Partnership Enterprises | | | | | |
| 私营有限责任公司 | Private Limited Liability Corporations | 2719 | 12523 | 302 | | 3346 |
| 私营股份有限公司 | Private Share-holding Corporations Ltd. | | -3419 | 2 | | 9 |
| 其他企业 | Other Enterprises | | -584 | | | -6 |
| 港澳台商投资企业 | Enterprises with Funds from Hong Kong,Macao and Taiwan | 176 | 1019 | 2091 | | 956 |
| 与港澳台商合资经营企业 | Joint-venture Enterprises | | 4747 | 675 | | 738 |
| 与港澳台商合资合作经营企业 | Cooperative Enterprises | | | | | |
| 港澳台商独资经营企业 | Enterprises with Sole Fund | 176 | -3728 | 1417 | | 218 |
| 港澳台商投资股份有限公司 | Share-holding Corporations Ltd. | | | | | |
| 其他港澳台投资 | Others | | | | | |
| 外商投资企业 | Foreign Funded Enterprises | | 1851 | 98 | 86 | 106 |
| 中外合资经营企业 | Joint-venture Enterprises | | -1248 | | | 40 |
| 中外合作经营企业 | Cooperation Enterprises | | 3324 | 12 | | 6 |
| 外资企业 | Enterprises with Sole Fund | | -225 | 86 | 86 | 60 |
| 外商投资股份有限公司 | Share-holding Corporations Ltd. | | | | | |
| 其他外商投资 | Others | | | | | |
| **按控股情况分** | **By Share Holding** | | | | | |
| 国有控股 | State-holding Enterprises | 1694 | 106391 | 30121 | 27376 | 3643 |
| 集体控股 | Collective-Holding Enterprises | 56 | -1091 | 208 | | 21 |
| 私人控股 | Private Enterprises | 8756 | 39642 | 62052 | 10533 | 18983 |
| 港澳台商控股 | Hong Kong,Macao and Taiwan Holding Enterprises | 176 | 613 | 2091 | | 461 |
| 外商控股 | Foreign Holding Enterprises | | 1851 | 98 | 86 | 106 |
| 其　他 | Others | | 24340 | 33 | 13 | 1077 |
| **按隶属关系分** | **By Administrative Relationship** | | | | | |
| 中　央 | Central | -46 | 14974 | 301 | | 2542 |
| 省(自治区、直辖市) | Provincial | 4043 | 38638 | 39101 | 37344 | 7277 |
| 地区(州、盟、省辖市) | Region | 365 | 10569 | 5987 | 31 | 1343 |
| 县(区、市、旗) | County | 121 | -17137 | 48371 | 530 | 8080 |
| 街　道 | Street | 6431 | 129166 | 745 | 103 | 4573 |
| 镇 | Town | -232 | -4463 | 97 | 1 | 476 |
| 乡 | Countryside | | | | | |
| 居委会 | Neighborhood Committee | -66 | 55937 | 122 | 3 | 706 |
| 村委会 | Village Commitee | 1228 | -12643 | 1582 | | 136 |
| 其　他 | Others | 511 | 63020 | 28002 | 27371 | 1165 |
| **按资质等级分** | **By Grade** | **21** | **6178** | **447** | | **2392** |
| 一　级 | First Grade | | | | | |
| 二　级 | Second Grade | | -1388 | 85 | | 13 |
| 三　级 | Third Grade | | -17 | | | |
| 四　级 | Fourth Grade | | | | | |
| 暂　定 | Provisional | | | | | |
| 其　他 | Others | 8988 | 60658 | 64364 | 10634 | 19880 |

(continued)

| 利润总额<br>Total Profits | 应交所得税<br>Income Tax | 本年应付工资(贷方累计发生额)<br>Total Wages and Salaries Payable This Year(Accumulated Amount of Credit) | 土地和固定资产支出<br>Land and Fixed Asset Expenditure | 土地购置<br>Land Purchase | 房屋和建筑物<br>Housing and Buildings | 机器设备<br>Equipment and Instruments | 运输工具<br>Transportation Facilities | 其他费用<br>Other Expenses |
|---|---|---|---|---|---|---|---|---|
| **245197** | **66695** | **235442** | **826646** | **681750** | **89743** | **1902** | **5049** | **48203** |
| 241199 | 65880 | 229424 | 804896 | 671169 | 79688 | 1895 | 4867 | 47277 |
| 112054 | 6018 | 8095 | 39264 | 318 | 33178 | 22 | 516 | 5229 |
| -18 | | 27 | | | | | | |
| -111 | | 105 | 323 | | | 323 | | |
| -199 | | 49 | 3650 | 3650 | | | | |
| 96 | 161 | 817 | 196 | 171 | | 17 | 7 | |
| 118075 | 56281 | 199973 | 619468 | 568548 | 40884 | 1221 | 3575 | 5240 |
| 3934 | 1212 | 7303 | 343 | 114 | | 7 | 219 | 3 |
| -753 | | 256 | 31 | | | 31 | | |
| | | 4 | | | | | | |
| 12126 | 1797 | 9641 | 141560 | 98368 | 5626 | 274 | 488 | 36805 |
| -3426 | 411 | 2981 | 61 | | | | 61 | |
| -579 | | 172 | | | | | | |
| 2155 | 741 | 5025 | 20973 | 10095 | 10055 | 6 | 153 | 664 |
| 4684 | 500 | 1363 | 20607 | 9757 | 10055 | 6 | 124 | 664 |
| -2529 | 241 | 3662 | 367 | 338 | | | 29 | |
| 1843 | 74 | 993 | 777 | 486 | | | 29 | 262 |
| -1288 | 48 | 149 | 29 | | | | 29 | |
| 3330 | | 547 | 486 | 486 | | | | |
| -199 | 26 | 298 | 262 | | | | | 262 |
| 132804 | 12319 | 24496 | 235216 | 195420 | 33178 | 450 | 788 | 5380 |
| -848 | 33 | 1478 | 6409 | | 6380 | | 11 | 18 |
| 85848 | 44345 | 197577 | 520207 | 433072 | 40047 | 1433 | 3969 | 41687 |
| 2243 | 696 | 4898 | 20928 | 10095 | 10134 | 6 | 29 | 664 |
| 1843 | 74 | 993 | 777 | 486 | | | 29 | 262 |
| 23308 | 9227 | 6000 | 43109 | 42677 | 4 | 13 | 223 | 192 |
| 12733 | 1571 | 10379 | 428 | 114 | | 10 | 291 | 13 |
| 72965 | 2735 | 36614 | 215344 | 195105 | 12374 | 58 | 1368 | 6439 |
| 15254 | 3188 | 15017 | 10921 | 3504 | 3204 | 758 | 2120 | 1335 |
| 23576 | 16642 | 21573 | 6904 | 4889 | 509 | 271 | 442 | 793 |
| 125512 | 42471 | 146348 | 516262 | 404995 | 70116 | 800 | 733 | 39619 |
| -4842 | 87 | 5511 | 76787 | 73144 | 3541 | 5 | 95 | 2 |
| 55353 | 10281 | 9430 | 183484 | 183350 | | 15 | | 119 |
| -11196 | 1380 | 5535 | 39354 | 318 | 33178 | 57 | 559 | 5241 |
| 89793 | 475 | 7613 | 62003 | 61760 | 83 | 38 | 107 | 15 |
| **4233** | **2218** | **1743** | **51588** | **50943** | **280** | **5** | **229** | **130** |
| | | 89 | | | | | | |
| -1316 | 12 | 1370 | 4474 | | 4445 | | 11 | 18 |
| -17 | | 21 | | | | | | |
| 108347 | 52329 | 209640 | 485744 | 385378 | 51757 | 1786 | 4143 | 42680 |

# 5–15 基础设施建设投资额
# Investment in Infrastructure Construction

单位：万元 (10 000 yuan)

| 指　　标 | Item | 2012 | 2011 | 2012年比2011年的增长率(%) Growth Rate of 2012 over 2011 (%) |
|---|---|---|---|---|
| **合　　计** | **Total** | **15714359** | **4075396** | **2.9倍** |
| 电力、燃气及水的生产和供应业 | Production and Supply of Electricity, Gas and Water | 710195 | 607283 | 16.9 |
| #电力、热力的生产和供应业 | Production and Supply of Electric Power and Heat Power | 427093 | 434138 | -1.6 |
| 燃气生产和供应业 | Production and Supply of Gas | 95274 | 81385 | 17.1 |
| 水的生产和供应业 | Production and Supply of Water | 187828 | 91760 | 104.7 |
| 交通运输、仓储和邮政业 | Transport,Storage and Post | 949880 | 798681 | 18.9 |
| #道路运输业 | Road Transport | 202601 | 319898 | -36.7 |
| 仓储业 | Storage | 252342 | 175911 | 43.4 |
| 邮政业 | Post | 7180 | 5000 | 43.6 |
| 电信和其他信息传输服务业 | Telecommunications and Other Information Transmission Services | 186494 | 163542 | 14.0 |
| 水利、环境和公共设施管理业 | Management of Water Conservancy, Environment and Public Facilities | 3367412 | 2505890 | 34.4 |
| #水利管理业 | Management of Water Conservancy | 230827 | 128561 | 79.5 |
| 环境管理业 | Environmental Management | 117839 | 127043 | -7.2 |
| 公共设施管理业 | Management of Public Facilities | 3018746 | 2250286 | 34.1 |

# 主要统计指标解释

**全社会固定资产投资**　以货币形式表现的在一定时期内全社会建造和购置固定资产的工作量以及与此有关的费用的总称。该指标是反映固定资产投资规模、结构和发展速度的综合性指标，又是观察工程进度和考核投资效果的重要依据。

**城镇固定资产投资**　指城镇各种登记注册类型的企业、事业、行政单位及个体户进行的计划总投资 50 万元及 50 万元以上的建设项目投资和房地产开发投资。县城及以上区域内发生的投资，县及县以上各级政府及主管部门直接领导、管理的建设项目和企业事业单位的投资均为城镇固定资产投资。

**房地产开发投资**　指房地产开发公司、商品房建设公司及其他房地产开发法人单位和附属于其他法人单位实际从事房地产开发或经营的活动单位统一开发的包括统代建、拆迁还建的住宅、厂房、仓库、饭店、宾馆、度假村、写字楼、办公楼等房屋建筑物和配套的服务设施，土地开发工程（如道路、给水、排水、供电、供热、通讯、平整场地等基础设施工程）的投资；不包括单纯的土地交易活动。

**其他固定资产投资**　指全社会固定资产投资中未列入基本建设、更新改造和房地产开发投资的建造和购置固定资产的活动。

**城镇和工矿区私人建房投资和农村个人投资**　城镇和工矿区私人建房包括市、县城、镇、工矿区所辖范围内的全部私人建房，不论其房主是否系本地的常住户口均应包括。农村个人投资包括农村个人建房及购置生产性固定资产的投资。

**施工项目**　指报告期内曾进行建筑或安装工程施工活动的建设项目，包括报告期内新开工项目、报告期以前开工跨入报告期继续施工的项目以及报告期施过工并在报告期内全部建成投产或停缓建的项目。

**新增生产能力**　指通过固定资产投资活动而增加的设计能力或工程效益，它是用实物形态表示的固定资产投资的成果。新增生产能力的计算，是以能独立发挥生产能力或工程效益的单项工程(或项目)为对象。当单项工程(或项目)建成，经有关部门鉴定合格，正式移交投入生产，即可计算新增生产能力。

**房屋建筑面积**　指从房屋外墙线算起的各层平面面积的总和，包括可供使用的有效面积和房屋结构(如柱、墙)占用的面积。多层建筑按各层（包括地下室）面积总和计算。

**住宅建筑面积**　指施工和竣工房屋建筑面积中供居住用的施工和竣工房屋建筑面积。

**施工面积**　指报告期内施工的全部房屋建筑面积。包括本期新开工的面积、上期跨入本期继续施工的房屋面积、上期停缓建在本期恢复施工的房屋面积、本期竣工的房屋面积及本期施工后又停缓建的房屋面积。

**竣工面积**　指在报告期内房屋建筑按照设计要求已全部完工，达到住人和使用条件，经验收鉴定合格，正式移交使用单位的建筑面积。

**房屋建筑面积竣工率**　指一定时期内房屋竣工面积占同期房屋施工面积的比率。

**新增固定资产**　指通过投资活动所形成的新的固定资产价值，包括已经建成投入生产或交付使用的工程价值和达到固定资产标准的设备、工具、器具的价值及有关应摊入的费用。它是以价值形式表示的固定资产投资成果的综合性指标，可以综合反映不同时期、不同部门、不同地区的固定资产投资成果。

**建设项目投产率**　指一定时期内全部建成投入生产项目个数与同期正式施工项目个数的比率。它是从项目建设速度的角度反映投资效果的指标。

**固定资产交付使用率**　指一定时期新增固定资产与同期完成投资额的比率。它是反映各个时期固定资产动用速度，衡量建设过程中投资效果的一个综合性指标。

# Explanatory Notes on Main Statistics Indicators

**Total Investment in Fixed Assets in the Whole Country** refers to the volume of activities in construction and purchases of fixed assets of the whole country and related fees, expressed in monetary terms during the reference period. It is a comprehensive indicator which shows the size, structure and growth of the investment in fixed assets, providing a basis for observing the progress of construction projects and evaluating results of investment.

**Urban Investment in Fixed Assets** refers to construction projects involving a total planned (or required) investment of 500,000 yuan and over by enterprises of various types of ownership, institutions, administrative units and individuals in urban areas, investment in real estate development, and private investment in housing construction in urban areas and industrial and mining areas. In other words, all investments that take place in county towns and urban areas, investment in construction projects under the direct leadership and management of government agencies at and above county levels and investments by enterprises and institutions at and above county levels are covered in urban investment in fixed assets.

**Investment in Real Estate Development** includes the investment by the real estate development companies, commercial buildings construction companies and other real estate development units of various types of ownership in the construction of house buildings, such as residential buildings, factory buildings, warehouses, hotels, guesthouses, holiday villages, office buildings, and the complementary service facilities and land development projects, such as roads, water supply, water drainage, power supply, heating, telecommunications, land leveling and other projects of infrastructure. It excludes the activities in simple land transactions.

**Other Investment in Fixed Assets** refers to investment in the construction and purchase of fixed assets other than investment in capital construction, renovation and real estate development.

**Investment in Private House Construction in Urban Areas and Industrial and Mining Areas** refers to all private house construction under the jurisdiction of cities, county towns, towns and industrial and mining areas, whether or not the owners of the houses are registered as permanent residents in the locality. The individual investment in the rural areas includes the investment in house construction and purchase of productive fixed assets by the individuals in the rural areas.

**Projects under Construction** refer to all projects with actual construction or installation activities in current year, including newly started projects, projects started previously and extended into the current year, projects completed and put into operation in current year and resumed in current year, and projects started this year but suspended or postponed in current year.

**The Newly Increased Production Capacity** refers to the increase of designed capacity and project efficiency through investment in fixed assets, which reflects the accomplishment of investment in fixed assets in kind. The calculation of newly increased production capacity is based on individual project which operates independently and efficiently. When an individual project is completed and checked and accepted and put into production, it is counted as newly increased production capacity.

**Floor Space of Buildings under Construction and Completed** refers to total floor space in each story of buildings calculated from the outside line of building walls, including both usable space and the space occupied by constructions like pillars or walls. The floor space of multi-story buildings includes the total floor space of each story (including basement).

**Floor Space of Residential Buildings** refers to the floor space of the residential buildings under construction and completed among the total space of buildings under construction and completed.

**Floor Space under Construction** refers to the total floor space of all the buildings in the reference period, including floor space of newly started buildings during the reference period, floor space of construction extended form the previous period to the reference period, floor space of construction suspended or postponed in the previous period and resumed in the reference period, floor space of construction completed in the reference period and floor space of construction started and then suspended or postponed in the reference period.

**Floor Space Completed** refers to the floor space of all buildings completed in the reference period, which have been appraised and accepted or come up to the designed standards and have been put into use.

**Completion Rate of Floor Space of Buildings** refers to the ratio of the floor space of buildings completed in a certain period of time to the floor space of buildings under construction in the same period.

**Newly Increased Fixed Assets** refers to the newly increased value of fixed assets through investment, including the value of projects completed and put into production, the value of equipment, tools, and vessels considered as fixed assets, as well as the relevant expenses as investment in fixed assets. This is a comprehensive indicator of investment in fixed assets, reflecting the achievements of investment in fixed assets in different periods, different sectors, and different regions in fixed assets in monetary terms.

**Rate of Construction Projects Completed and Put into Use** refers to the ratio of the number of construction projects completed and put into use in a certain period of time to the number of projects under construction in the same period. This reflects the investment efficiency from the perspective of the speed of projects construction.

**Rate of Projects of Fixed Assets Completed and Put into Operation** refers to the ratio of the newly increased fixed assets to the total investment made in the same period. It is a comprehensive indicator reflecting the speed of the employment of fixed assets and the investment efficiency at the macro-level.

6

Six

# 能源消费

# Energy Consumption

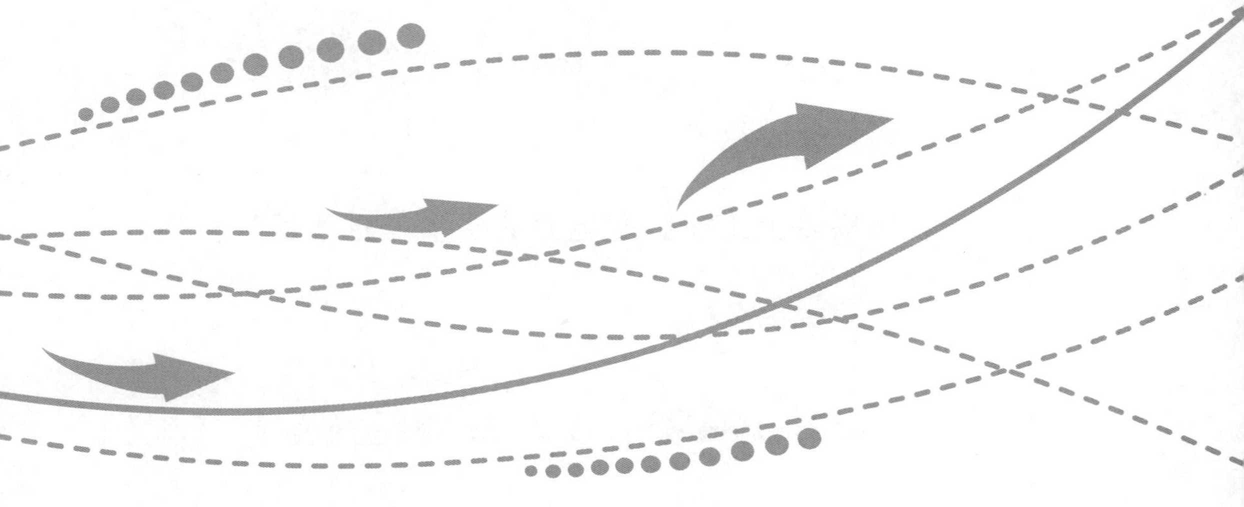

规模以上工业企业能源消费总量
（吨标准煤）（等价值）

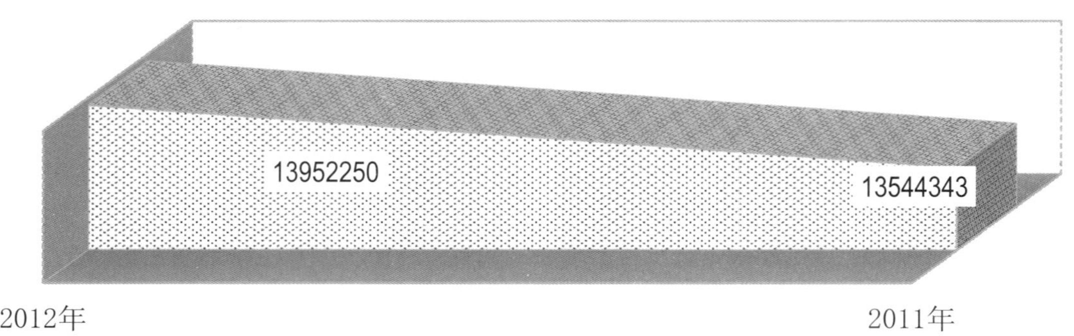


规模以上工业企业万元产值能源消费量
（吨标准煤）（等当量）

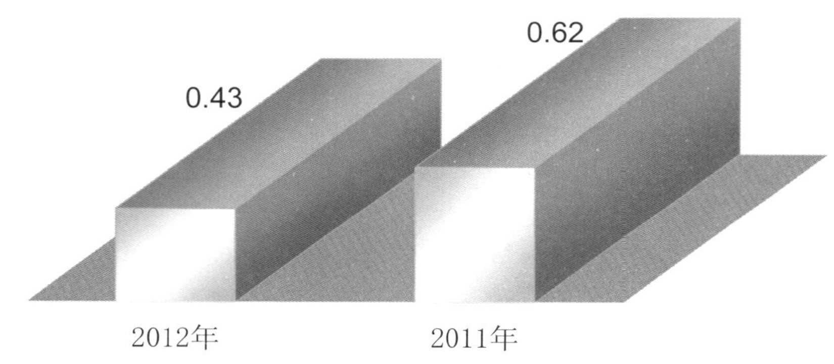


规模以上工业企业电力消费量（万千瓦时）

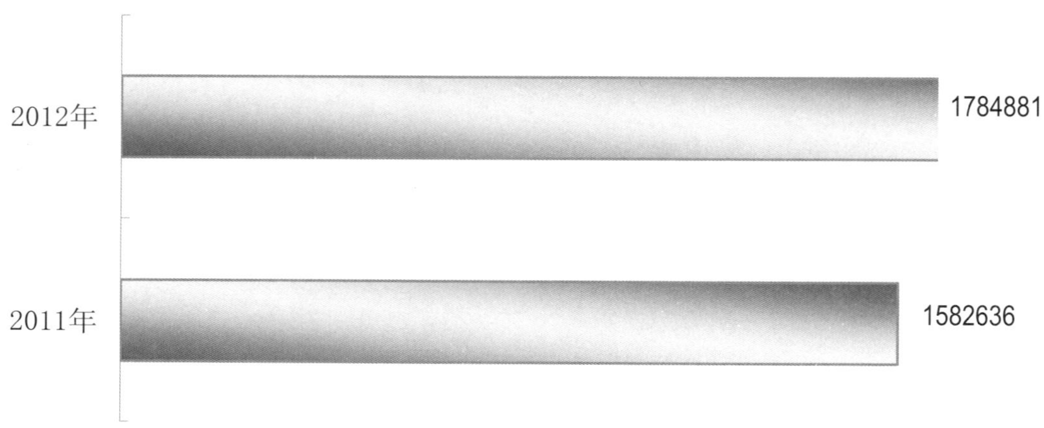

# 6-1 全社会单位GDP能耗
# Total GDP Consumption of Guiyang

单位：吨标准煤/万元 (ton of SCE per 10 000 yuan)

| 区、县(市) 名称 | District County(City) | 2011 | 2010 | 2011年比2010年增长(%) Growth Rate of 2011 over 2010(%) |
|---|---|---|---|---|
| **贵阳市** | **Guiyang** | **1.4156** | **1.6034** | **-3.45** |
| 南明区 | Nanming | 1.4328 | 1.4922 | -3.98 |
| 云岩区 | Yunyan | 0.3500 | 0.3782 | -3.47 |
| 花溪区 | Huaxi | 0.8303 | 0.8600 | -3.45 |
| 乌当区 | Wudang | 0.6834 | 0.6406 | -3.67 |
| 白云区 | Baiyun | 5.5548 | 4.6818 | -3.65 |
| 小河区 | Xiaohe | 0.3393 | 0.3644 | -3.44 |
| 开阳县 | Kaiyang | 1.8417 | 1.9109 | -3.62 |
| 息烽县 | Xifeng | 1.2733 | 1.4350 | -3.67 |
| 修文县 | Xiuwen | 1.3825 | 1.3422 | -3.63 |
| 清镇市 | Qingzhen | 6.4648 | 6.7744 | -3.65 |

# 6-2 能源生产、消费总量及构成
# Total Production of Energy and Its Composition

单位：吨标准煤 (ton of SCE)

| 指标 | Item | 2011 | 2010 |
|---|---|---|---|
| **绝对数** | **Absolute Figure** | | |
| 一次能源生产总量 | Total Production of Primary Energy | 3350134 | 2675020 |
| 原煤 | Coal | 2064073 | 1055571 |
| 水电 | Hydro-power | 1237269 | 1569403 |
| 能源终端消费总量 | Final Consumption of Energy | 18195079 | 16002429 |
| #煤炭 | Coal | 4012209 | 3268863 |
| 焦炭 | Coke | 344115 | 276902 |
| 石油 | Oil | 5202696 | 4794590 |
| 气类 | Gases | 372582 | 332196 |
| 电力 | Electricity | 8165955 | 7226553 |
| **构成(%)** | **Composition(%)** | | |
| 一次能源生产总量 | Total Production of Primary Energy | 100.0 | 100.0 |
| 原煤 | Coal | 61.6 | 39.5 |
| 水电 | Hydro-power | 36.9 | 58.7 |
| 能源终端消费总量 | Final Consumption of Energy | 543.1 | 598.2 |
| #煤炭 | Coal | 119.8 | 122.2 |
| 焦炭 | Coke | 10.3 | 10.4 |
| 石油 | Oil | 155.3 | 179.2 |
| 气类 | Gases | 11.1 | 12.4 |
| 电力 | Electricity | 243.8 | 270.1 |

注：1.煤炭包含原煤、洗精煤、其他洗煤和煤制品；
2.石油包含汽油、煤油、柴油、燃料油、液化石油气和其他石油制品；
3.气类包含焦炉煤气、其他煤气和液化天然气；
4.电力、热力按等价热值折算。

a) Coal here include raw coal, cleaned coal, other washed coal and coal products.
b) Oil include petrol, kerosene, gas oil, liquefied petroleum gas, fuel oil and other oil products.
c) Gases include coke oven gas, other coal gas and liquefied natural gas.
d) Electric power and heat were calculated on the basis of equal caloric value.

# 6–3 综合能源平衡表
# Overall Energy Balance Sheet

单位：吨标准煤 (ton of SCE)

| 指　　标 | Item | 2011 | 2010 |
|---|---|---|---|
| **可供消费的能源总量** | **Total Energy Available for Consumption** | **18538442** | **16394167** |
| 一次能源生产量 | Primary Energy Output | 3350134 | 2675020 |
| 市外调入 | Inflow from Other Cities | 16228310 | 14379155 |
| 调出市外(减) | Outflow from Guiyang(-) | 901461 | 761337 |
| 年初年末库存差额 | Stock Changes in the Year | -138542 | 101330 |
| **能源消费总量** | **Total Energy Consumption** | **18538442** | **16394167** |
| 在总量中 | Consumption by Sector | | |
| 农、林、牧、渔业 | Agriculture,Forestry,Animal Husbandry and Fishery | 394082 | 351221 |
| 工　业 | Industry | 10779235 | 9137778 |
| 建筑业 | Construction | 58718 | 57481 |
| 交通运输、仓储和邮政业 | Transport,Storage and Post | 1143429 | 908614 |
| 批发、零售业和住宿、餐饮业 | Wholesale and Retail Trades,Hotels and Catering Services | 710208 | 650722 |
| 其　他 | Other Sectors | 2728365 | 2555769 |
| 生活消费 | Household Consumption | 2724405 | 2732582 |
| 在总量中 | Consumption by Usage | | |
| 终端消费 | End-use Consumption | 18195079 | 16002429 |
| #工　业 | Industry | 10435872 | 8662937 |
| 加工转换损失量 | Energy Losses During the Process of Energy Consumption | -267812 | -225263 |
| #炼　焦 | Coking | 34587 | 24253 |
| 损失量 | Energy Losses | 611175 | 617002 |
| **平衡差额** | **Balance** | | |

注：电力、热力按等价热值折算。
a) Electric power and heat were calculated on the basis of equal caloric value.

# 6–4 煤炭平衡表
# Coal Balance Sheet

单位：吨 (ton)

| 指　　标 | Item | 2011 | 2010 |
|---|---|---|---|
| **可供量** | **Total Energy Available for Consumption** | **9028530** | **9532793** |
| 生产量 | Output | 2475240 | 1692172 |
| 调出市外(减) | Outflow from Guiyang(-) | 329482 | |
| 年初年末库存差额 | Stock Changes in the Year | -144203 | 197667 |
| **消费量** | **Total Energy Consumption** | **9028530** | **9532793** |
| 在消费量中 | Consumption by Sector | | |
| 农、林、牧、渔业 | Agriculture,Forestry,Animal Husbandry and Fishery | 369274 | 421634 |
| 工　业 | Industry | 3603922 | 7798288 |
| 建筑业 | Construction | 8499 | 8988 |
| 交通运输、仓储和邮政业 | Transport,Storage and Post | 8023 | 8445 |
| 批发、零售业和住宿、餐饮业 | Wholesale and Retail Trades,Hotels and Catering Services | 49129 | 47188 |
| 其　他 | Other Sectors | 55480 | 56541 |
| 生活消费 | Household Consumption | 907761 | 1191709 |
| 在消费量中 | Consumption by Sector | | |
| 终端消费 | End-use Consumption | 5168141 | 4613257 |
| #工　业 | Industry | 3769975 | 2878752 |
| 用于加工转换 | Coal Consumption During the Process | 3662962 | 4699139 |
| #发　电 | Power Generation | 2135452 | 3112011 |
| 炼　焦 | Coking | 59040 | 1538675 |
| 损失量 | Losses in Coal Washing and Dressing | 197427 | 220397 |
| **平衡差额** | **Balance** | | |

# 6–5 电力平衡表
# Electricity Balance Sheet

单位：万千瓦时 (10 000 kwh)

| 指　　标 | Item | 2011 | 2010 |
|---|---|---|---|
| **可供量** | **Total Energy Available for Consumption** | **2615978** | **2286881** |
| 生产量 | Output | 758752 | 466847 |
| 火　电 | Thermal Power | 383454 | |
| 水　电 | Hydropower | 375298 | 466847 |
| 调出市外(减) | Outflow from Guiyang(-) | | |
| **消费量** | **Total Energy Consumption** | **2615978** | **2286881** |
| 在消费量中 | Consumption by Sector | | |
| 农、林、牧、渔业 | Agriculture,Forestry,Animal Husbandry and Fishery | 13408 | 9801 |
| 工　业 | Industry | 1943334 | 1792714 |
| 建筑业 | Construction | 12283 | 9101 |
| 交通运输、仓储和邮政业 | Transport,Storage and Post | 144754 | 38953 |
| 批发、零售业和住宿、餐饮业 | Wholesale and Retail Trades,Hotels and Catering Services | 23585 | 19033 |
| 其　他 | Other Sectors | 93403 | 71843 |
| 生活消费 | Household Consumption | 385211 | 345436 |
| 在消费量中 | Consumption by Usage | | |
| 终端消费 | End-use Consumption | 2476240 | 2149668 |
| #工　业 | Industry | 1904455 | 1655501 |
| 输配电损失量 | Losses in Transmission | 139738 | 137213 |

# 6–6 能源生产消费弹性系数
# Elasticity Ratio of Energy Production

| 指　　标 | Item | 2011 | 2010 |
|---|---|---|---|
| 生产总值比上年增长(%) | Growth Rate of Gross Domestic Product(GDP)over Preceding Year(%) | 17.1 | 14.3 |
| 能源生产比上年增长(%) | Growth Rate of Energy Production over Preceding Year(%) | 25.2 | 31.1 |
| 能源消费总量比上年增长(%) | Growth Rate of Energy Consumption over Preceding Year(%) | 13.7 | 10.3 |
| 电力生产比上年增长(%) | Growth Rate of Electricity Production over Preceding Year(%) | 62.5 | -23.7 |
| 电力消费比上年增长(%) | Growth Rate of Electricity Consumption over Preceding Year(%) | 14.4 | 10.7 |
| 能源生产弹性系数 | Elasticity Ratio of Energy Production | | |
| 能源消费弹性系数 | Elasticity Ratio of Energy Consumption | 0.8 | 0.7 |
| 电力生产弹性系数 | Elasticity Ratio of Electricity Production | 3.7 | -1.7 |
| 电力消费弹性系数 | Elasticity Ratio of Electricity Consumption | 0.8 | 0.7 |

注：生产总值增长速度按可比价格计算。
a) The growth rate of GDP were calculated at comparable prices.

# 6-7 分行业能源消费总量
# Basic Statistics on Energy Consumption by Sector

单位：吨标准煤 (ton of SCE)

| 行业 | Sectors | 2011 | 2010 |
|---|---|---|---|
| **消费合计** | **Total Consumption** | **18538442** | **16394167** |
| **农、林、牧、渔业** | **Agriculture,Forestry,Animal Husbandry and Fishery** | **394082** | **351221** |
| **工　业** | **Industry** | **10779235** | **9137778** |
| 采矿业 | Mining | 36107 | 58203 |
| #煤炭开采和洗选业 | Mining and Washing of Coal | 33217 | 9653 |
| 非金属矿采选业 | Mining and Processing | 2890 | 48550 |
| 制造业 | Manufacturing | 6093826 | 8401247 |
| 农副食品加工业 | Processing of Foods from Agricultural Products | 22258 | 17735 |
| 食品制造业 | Manufacture of Foods | 21412 | 43540 |
| 酒、饮料和精制茶制造业 | Manufacture of Alcohol,Beverages and Tea | 36906 | 19199 |
| 烟草制品业 | Manufacture of Tobacco | 30690 | 53798 |
| 纺织业 | Manufacture of Textile | 677 | 3773 |
| 纺织服装、服饰业 | Manufacture of Textile Wearing Apparel and Finery | 1672 | 2493 |
| 木材加工及木、竹、藤、棕、草制品业 | Processing of Timber Manufacture of Wood,Bamboo,Rattan, Palm and Straw Products | 747 | 3329 |
| 家具制造业 | Manufacture of Furniture | 892 | 3216 |
| 造纸和纸制品业 | Manufacture of Paper and Paper Products | 3084 | 8023 |
| 印刷业和记录媒介复制 | Printing,Reproduction of Recording Media | 3024 | 8905 |
| 文教、工美、体育和娱乐用品制造业 | Manufacture of Articles for Culture,Education, Industrial Arts and Sport Activities | | 46 |
| 化学原料及化学制品制造业 | Manufacture of Raw Chemical Materials and Chemical Products | 1991273 | 2198939 |
| 医药制造业 | Manufacture of Medicines | 28762 | 39209 |
| 橡胶和塑料制品业 | Manufacture of Rubber and Plastics | 143232 | 278198 |
| 非金属矿物制品业 | Manufacture of Non-metallic Mineral Products | 996631 | 1028373 |
| 黑色金属冶炼和压延加工业 | Smelting and Pressing of Ferrous Metals | 587410 | 694592 |
| 有色金属冶炼和压延加工业 | Smelting and Pressing of Non-ferrous Metals | 2124577 | 3810481 |
| 金属制品业 | Manufacture of Metal Products | 9892 | 17603 |
| 通用设备制造业 | Manufacture of General Purpose Machinery | 8901 | 29574 |
| 专用设备制造业 | Manufacture of Special Purpose Machinery | 3422 | 13587 |
| 汽车制造业 | Manufacture of Automobile Industry | 18429 | 12970 |
| 铁路、船舶、航空、航天和其他运输设备制造业 | Manufacture of Railway,Watercraft,Aviation, Aerospace and Other Transport Equipment | 21452 | 23876 |
| 电气机械和器材制造业 | Manufacture of Electrical Machinery and Equipment | 6990 | 16639 |
| 计算机、通信和其他电子设备制造业 | Manufacture of Computers,Communication and Other Electronic Equipment | 10124 | 21590 |
| 仪器仪表制造业 | Manufacture of Measuring Instruments and Machinery | 1410 | 2888 |
| 其他制造业 | Other Manufacturing | 4401 | 4818 |
| 电力、燃气及水的生产和供应业 | Electric Power,Gas and Water Production and Supply | 884412 | 203487 |
| 电力、热力的生产和供应业 | Production and Supply of Electric Power and Heat Power | 588121 | 72726 |
| 燃气生产和供应业 | Production and Supply of Gas | 281568 | 158813 |
| 水的生产和供应业 | Production and Supply of Water | 14723 | 44674 |
| **建筑业** | **Construction** | **58718** | **57481** |
| **交通运输、仓储和邮政业** | **Transport,Storage and Post** | **1143429** | **908614** |
| **批发、零售业和住宿、餐饮业** | **Wholesale and Retail Trades,Hotels and Catering Services** | **710208** | **650722** |
| **其他行业** | **Others** | **2728365** | **2555769** |
| **城乡居民生活** | **Household Consumption** | **2724405** | **2732582** |

# 6–8 生活能源消费量
# Average Annual Energy Consumption for Households

| 能源品种 | | Type of Energy | | 2011 | | 2010 | |
|---|---|---|---|---|---|---|---|
| | | | | 全　市 Whole City | #市　区 Urban Area | 全　市 Whole City | #市　区 Urban Area |
| **生活能源消费量** | **（吨标准煤）** | **Household Consumption** | **(tons of SCE)** | **2724405** | **1977695** | **2732582** | **1961046** |
| 煤　炭 | （吨） | Coal | (ton) | 907761 | 400227 | 1191709 | 528030 |
| 型　煤 | （吨） | Moulded Coal | (ton) | 8200 | 8200 | 8230 | 8230 |
| 人工煤气 | （万立方米） | Manufactural Gas | (10 000 cu.m) | 9572 | 9572 | 9491 | 9491 |
| 汽　油 | （吨） | Gasoline | (ton) | 282320 | 239395 | 184917 | 164351 |
| 柴　油 | （吨） | Diesel Oil | (ton) | 147000 | 96534 | 115497 | 78900 |
| 液化石油气 | （吨） | Liquefied Petroleum Gas | (ton) | 37539 | 31413 | 108330 | 102000 |
| 电　力 | （万千瓦时） | Electricity | (10 000 kwh) | 385211 | 328025 | 345436 | 297797 |

# 6–9 规模以上工业企业用水
# Water Consumption in Industrial Enterprise above Designated Size

单位：万立方米　　(10 000 cu.m)

| 指　　标 | Item | 2012 | 2011 | 2012年比2011年增长(%) Growth Rate in 2012 over 2011(%) |
|---|---|---|---|---|
| **合　　计** | **Total** | **32917** | **35600** | **-7.54** |
| #地表水 | Surface Water Resources | 26319 | 30741 | **-14.38** |
| 地下水 | Groundwater | 2179 | 750 | **190.53** |
| 自来水 | Tap Water | 2332 | 2047 | **13.92** |
| 其他水 | Others | 2087 | 2063 | **1.16** |
| 工业重复用水量 | Duplicated Measurement of Industrial Water | 99906 | 83052 | **20.29** |
| 工业用水量 | Industrial Water | 132823 | 118652 | **11.94** |

注：规模以上工业企业为2000万元口径（下同）。
a) Industrial enterprises above designated size refers to enterprises with its main business income above 20 million yuan.

# 6-10 规模以上工业企业能源消费情况
# Energy Consumption in Industrial Enterprise above Designated Size

| 指标 | | Item | | 能源消费合计 Total Energy Consumption | | | #工业生产消费 Industrial Production Consumption | | |
|---|---|---|---|---|---|---|---|---|---|
| | | | | 2012 | 2011 | 2012年比2011年增长(%) Growth Rate in 2012 over 2011 (%) | 2012 | 2011 | 2012年比2011年增长(%) Growth Rate in 2012 over 2011 (%) |
| 原煤 | (吨) | Coal | (ton) | 5175784 | 6386843 | -19.0 | 5119975 | 6349225 | -19.4 |
| #无烟煤 | (吨) | Anthracite | (ton) | 1404340 | 1206721 | 16.4 | 1404340 | 1204277 | 16.6 |
| 炼焦烟煤 | (吨) | Byerlyte | (ton) | 8010 | 490 | 1534.7 | 8010 | 490 | 1534.7 |
| 一般烟煤 | (吨) | Bituminous Coal | (ton) | 3763434 | 5170150 | -27.2 | 3707625 | 5134975 | -27.8 |
| 洗精煤 | (吨) | Cleaned Coal | (ton) | 1704056 | 1741152 | -2.1 | 1704056 | 1741152 | -2.1 |
| 其它洗煤 | (吨) | Other Washed Coal | (ton) | | | | | | |
| 煤制品 | (吨) | Coal Product | (ton) | 143966 | 94901 | 51.7 | 143311 | 94723 | 51.3 |
| 焦炭 | (吨) | Coke | (ton) | 406923 | 374660 | 8.6 | 406874 | 374660 | 8.6 |
| 其它焦化产品 | (吨) | Other Coking Products | (ton) | 29140 | 20551 | 41.8 | 29140 | 20551 | 41.8 |
| 焦炉煤气 | (万立方米) | Coke-oven Gas | (10 000 cu.m) | 26917 | 28793 | -6.5 | 26817 | 28789 | -6.8 |
| 发生炉煤气 | (万立方米) | Producer Gas | (10 000 cu.m) | 11820 | 16365 | -27.8 | 11820 | 16365 | -27.8 |
| 液化天然气 | (吨) | Liquefied Natural Gas | (ton) | 12537 | 13723 | -8.6 | 12436 | 13709 | -9.3 |
| 汽油 | (吨) | Gasoline | (ton) | 13188 | 12840 | 2.7 | 10147 | 12316 | -17.6 |
| 煤油 | (吨) | Kerosene | (ton) | 277 | 497 | -44.2 | 232 | 497 | -53.2 |
| 柴油 | (吨) | Diesel Oil | (ton) | 41194 | 41982 | -1.9 | 36504 | 39996 | -8.7 |
| 燃料油 | (吨) | Fuel Oil | (ton) | 46770 | 90448 | -48.3 | 46770 | 90448 | -48.3 |
| 液化石油气 | (吨) | Liquefied Petroleum Gas | (ton) | 486 | 1427 | -65.9 | 429 | 1353 | -68.3 |
| 其它石油制品 | (吨) | Other Petroleum Gas | (ton) | 4608 | 4319 | 6.7 | 4608 | 4319 | 6.7 |
| 热力 | (百万千焦) | Heat | (million kilo-joule) | 645876 | 668790 | -3.4 | 645876 | 668790 | -3.4 |
| 电力 | (万千瓦时) | Electricity | (10 000 kwh) | 1784881 | 1582636 | 12.8 | 1767063 | 1567437 | 12.7 |
| 余热余压 | (百万千焦) | Afterpressure and Afterheat | (million kilo-joule) | 7201540 | 8476879 | -15.0 | 7201540 | 8476879 | -15.0 |
| 其它燃料 | (吨标准煤) | Other Fuels | (ton of SCE) | 4 | | | | | |
| 能源合计(等当量) | (吨标准煤) | Energy Total (equal equivalent) | (ton of SCE) | 8934951 | 9095554 | -1.8 | 8861040 | 9046295 | -2.0 |
| 能源合计(等价值) | (吨标准煤) | Energy Total (equiralent value) | (ton of SCE) | 13952250 | 13544343 | 3.0 | 13828253 | 13452359 | 2.8 |

注：能源合计中等当量是指电力折标系数为1.229，能源合计等价值是指电力折标系数为4.04。

a) In energy total, equal equivalent refers to 1.229 of the coefficient for the conversion of electric power into the standard coal equivalent; equivalent value means 4.04 of the coefficient for the conversion of electric power into the standard coal equivalent.

# 6-11 规模以上工业企业能源购进、消费情况(2012年) Purchases and Consumption of Energy in Industrial Enterprises above Designated Size(2012)

| 指标 | | Item | | 购进量 Purchases | | 消费量 Consumption | | | |
|---|---|---|---|---|---|---|---|---|---|
| | | | | 实物量 Amount | 金额(万元) Sum (10 000 yuan) | 合计 Total | 工业生产消费 Industrial Production Consumption | #用于原材料 Raw Materials | 非工业生产消费 Non-industrial |
| 原煤 | (吨) | Coal | (ton) | 5364515 | 420394 | 5175784 | 5119975 | 1270672 | 55810 |
| #无烟煤 | (吨) | Anthracite | (ton) | 1372618 | 153897 | 1404340 | 1404340 | 991760 | |
| 一般烟煤 | (吨) | Bituminous Coal | (ton) | 3983903 | 265878 | 3763434 | 3707625 | 278912 | 55810 |
| 洗精煤 | (吨) | Cleaned Coal | (ton) | 2004992 | 295430 | 1704056 | 1704056 | | |
| 其它洗煤 | (吨) | Other Washed Coal | (ton) | | | | | | |
| 煤制品 | (吨) | Coal Product | (ton) | 140814 | 10116 | 143966 | 143311 | 138068 | 655 |
| 焦炭 | (吨) | Coke | (ton) | 388012 | 63515 | 406923 | 406874 | 27282 | 49 |
| 其它焦化产品 | (吨) | Other Coking Products | (ton) | 28800 | 7494 | 29140 | 29140 | 27129 | |
| 焦炉煤气 | (吨) | Coke-oven Gas | (ton) | 26628 | 29601 | 26917 | 26817 | | 100 |
| 发生炉煤气 | (万立方米) | Producer Gas | (10 000 cu.m) | 11820 | 1926 | 11820 | 11820 | | |
| 天然气(气态) | (万立方米) | Natural Gas(gaseous) | (10 000 cu.m) | 9975 | 34440 | 9975 | 9975 | | |
| 液化天然气(液态) | (吨) | Liquefied Natural Gas(liquid) | (ton) | 12537 | 6929 | 12537 | 12436 | | 101 |
| 汽油 | (万立方米) | Gasoline | (10 000 cu.m) | 13266 | 11992 | 13188 | 10147 | 32 | 3041 |
| 煤油 | (万立方米) | Kerosene | (10 000 cu.m) | 266 | 277 | 277 | 232 | | 45 |
| 柴油 | (万立方米) | Diesel Oil | (10 000 cu.m) | 43901 | 35199 | 41194 | 36504 | 555 | 4691 |
| 燃料油 | (吨) | Fuel Oil | (ton) | 46668 | 29835 | 46770 | 46770 | | |
| 液化石油气 | (吨) | Liquefied Petroleum Gas | (ton) | 490 | 390 | 486 | 429 | | 58 |
| 炼厂干气 | (吨) | Refinery Dry Gas | (ton) | | | | | | |
| 溶剂油 | (吨) | Prime City Naphtha | (ton) | 19 | 14 | 33 | 33 | | |
| 石油焦 | (吨) | Petroleum Coke | (ton) | 179582 | 34016 | 202936 | 202936 | | |
| 石油沥青 | (吨) | Petroleum Pitch | (ton) | | | | | | |
| 其它石油制品 | (吨) | Other Petroleum Gas | (ton) | 5025 | 874 | 4608 | 4608 | 4596 | |
| 热力 | (百万千焦) | Heat | (million kilo-joule) | 554375 | 4160 | 645876 | 645876 | | |
| 电力 | (万千瓦时) | Electricity | (10 000 kwh) | 1704647 | 857977 | 1784881 | 1767063 | | 17818 |
| 煤矸石用于燃料 | (吨) | Coal Gangue Used as Fuel | (ton) | | | | | | |
| 城市垃圾用于燃料 | (吨) | Municipal Refuse Used as Fuel | (ton) | | | | | | |
| 生物质废料用于燃料 | (吨) | Biomass Refuse Used as Fuel | (ton) | | | | | | |
| 余热余压 | (百万千焦) | Afterpressure and Afterheat | (million kilo-joule) | | | 7201540 | 7201540 | | |
| 其它燃料 | (吨标准煤) | Other Fuel | (ton of SCE) | 4 | | 4 | | | 4 |
| 能源合计(等当量) | (吨标准煤) | Energy Total (equal equivalent) | (ton of SCE) | | | 8934951 | 8861040 | | 73911 |
| 能源合计(等价值) | (吨标准煤) | Energy Total (equivalent value) | (ton of SCE) | | | 13952250 | 13828253 | | 123997 |

注：能源合计等当量是指电力折标系数为1.229，等价值是指电力折标系数为4.04。

a) In energy total, equal equivalent refers to 1.229 of the coefficient for the conversion of electric power into the standard coal equivalent; equivalent value means 4.04 of the coefficient for the conversion of electric power into the standard coal equivalent.

# 6-12 规模以上工业企业分行业产值能耗(2012年)

| 指　　标 | Item | 综合能源消费量(吨标准煤) Comprehensive Energy Consumption (ton of SCE) |
|---|---|---|
| **总　　计** | **Total** | **7014345** |
| **采矿业** | **Mining** | **36107** |
| 煤炭开采和洗选业 | Mining and Washing of Coal | 33217 |
| 非金属矿采选业 | Mining and Processing of Non-mental Ores | 2890 |
| **制造业** | **Manufacturing** | **6099718** |
| 农副食品加工业 | Processing of Food from Agricultural Products | 22258 |
| 食品制造业 | Manufacture of Foods | 21412 |
| 酒、饮料和精制茶制造业 | Manufacture of Alcohol,Beverages and Tea | 36906 |
| 烟草制品业 | Manufacture of Tobacco | 30690 |
| 纺织业 | Manufacture of Textile | 677 |
| 纺织服装、服饰业 | Manufacture of Textile Wearing Apparel and Finery | 1672 |
| 木材加工及木、竹、藤、棕、草制品业 | Processing of Timber,Manufacture of Wood,Bamboo, Rattan,Palm,and Straw Products | 747 |
| 家具制造业 | Manufacture of Furniture | 892 |
| 造纸和纸制品业 | Manufacture of Paper and Paper Products | 3084 |
| 印刷业和记录媒介复制 | Printing, Reproduction of Recording Media | 3024 |
| 文教、工美、体育和娱乐用品制造业 | Manufacture of Articles for Culture,Education,Industrial Arts and Sport Activities | |
| 化学原料及化学制品制造业 | Manufacture of Raw Chemical Materials and Chemical Products | 1991273 |
| 医药制造业 | Manufacture of Medicines | 28762 |
| 橡胶和塑料制品业 | Manufacture of Rubber and Plastics | 143232 |
| 非金属矿物制品业 | Manufacture of Non-metallic Mineral Products | 996631 |
| 黑色金属冶炼和压延加工业 | Smelting and Pressing of Ferrous Metals | 587410 |
| 有色金属冶炼和压延加工业 | Smelting and Pressing of Non-ferrous Metals | 2124577 |
| 金属制品业 | Manufacture of Metal Products | 9892 |
| 通用设备制造业 | Manufacture of General Purpose Machinery | 8901 |
| 专用设备制造业 | Manufacture of Special Purpose Machinery | 3422 |
| 汽车制造业 | Manufacture of Automobile Industry | 39881 |
| 铁路、船舶、航空、航天和其他运输设备制造业 | Manufacture of Railway,Watercraft,Aviation, Aerospace and Other Transport Equipment | 21452 |
| 电气机械和器材制造业 | Manufacture of Electrical Machinery and Equipment | 6990 |
| 计算机、通信和其他电子设备制造业 | Manufacture of Computers,Communication and Other Electronic Equipment | 10124 |
| 仪器仪表制造业 | Manufacture of Measuring Instruments and Machinery | 1410 |
| 其他制造业 | Other Manufacturing | 4401 |
| **电力、燃气及水的生产和供应业** | **Electric Power,Gas and Water Production and Supply** | **884412** |
| 电力、热力的生产和供应业 | Production and Supply of Electric Power and Heat Power | 588121 |
| 燃气生产和供应业 | Production and Supply of Gas | 281568 |
| 水的生产和供应业 | Production and Supply of Water | 14723 |

注：等当量是指电力折标系数为1.229，等价值是指电力折标系数为4.04。

# Major Energy Consumption of Output Value in Industrial Enterprises above Designated Size by Sector(2012)

| 按等当量计算<br>Based on the Equal Equivalent | | 按等价值计算<br>Based on the Equivalent Value | | |
|---|---|---|---|---|
| 产值单耗<br>(吨标准煤/万元)<br>Unit Consumption<br>(ton of SCE/10 000yuan) | 万元增加值综合能耗<br>(吨标准煤/万元)<br>Comprehensive Energy Consumption per 10 000yuan of added Value<br>(ton of SCE/10 000yuan) | 综合能源消费量<br>(吨标准煤)<br>Comprehensive Energy Consumption<br>(ton of SCE) | 万元总产值综合能耗<br>(吨标准煤/万元)<br>Comprehensive Energy Consumption per 10 000yuan Gross Product<br>(ton of SCE/10 000yuan) | 万元增加值综合能耗<br>(吨标准煤/万元)<br>Comprehensive Energy Consumption per 10 000yuan of Added Value<br>(ton of SCE/10 000yuan) |
| **0.43** | **1.55** | **11263946** | **0.69** | **2.48** |
| **0.07** | **0.18** | **84293** | **0.17** | **0.42** |
| 0.21 | 0.51 | 77712 | 0.49 | 1.19 |
| 0.01 | 0.02 | 6580 | 0.02 | 0.05 |
| **0.45** | **1.57** | **10407850** | **0.77** | **2.68** |
| 0.07 | 0.76 | 30615 | 0.10 | 1.05 |
| 0.05 | 0.15 | 26566 | 0.06 | 0.18 |
| 0.14 | 0.22 | 74118 | 0.28 | 0.44 |
| 0.02 | 0.02 | 49469 | 0.03 | 0.04 |
| 0.30 | 3.42 | 1796 | 0.79 | 9.07 |
| 0.05 | 0.17 | 2185 | 0.06 | 0.22 |
| 0.21 | 0.84 | 2455 | 0.70 | 2.77 |
| 0.03 | 0.14 | 2933 | 0.11 | 0.46 |
| 0.07 | 0.16 | 5038 | 0.11 | 0.27 |
| 0.03 | 0.07 | 8422 | 0.08 | 0.18 |
| 0.80 | 3.56 | 3098142 | 1.24 | 5.55 |
| 0.02 | 0.08 | 47725 | 0.03 | 0.14 |
| 0.11 | 1.03 | 235045 | 0.19 | 1.69 |
| 1.22 | 6.57 | 1401884 | 1.71 | 9.24 |
| 0.89 | 8.48 | 1089745 | 1.66 | 15.74 |
| 1.84 | 11.65 | 4048520 | 3.51 | 22.21 |
| 0.04 | 0.14 | 28585 | 0.12 | 0.40 |
| 0.03 | 0.10 | 20632 | 0.06 | 0.24 |
| 0.02 | 0.09 | 8327 | 0.04 | 0.21 |
| 0.09 | 0.31 | 104347 | 0.23 | 0.81 |
| 0.05 | 0.20 | 59995 | 0.15 | 0.57 |
| 0.02 | 0.13 | 19304 | 0.06 | 0.36 |
| 0.02 | 0.07 | 30027 | 0.05 | 0.22 |
| 0.02 | 0.04 | 4307 | 0.05 | 0.12 |
| 0.04 | 0.14 | 7671 | 0.07 | 0.24 |
| **0.46** | **2.26** | **806484** | **0.42** | **2.06** |
| 0.33 | 1.65 | 448782 | 0.25 | 1.26 |
| 2.92 | 24.38 | 309606 | 3.21 | 26.81 |
| 0.30 | 0.63 | 48096 | 0.97 | 2.06 |

a) In energy total,equal equivalent refers to 1.229 of the coefficient for the conversion of electric power into the standard coal equivalent; equivalent value means 4.04 of the coefficient for the conversion of electric power into the standard coal equivalent.

# 6–13 规模以上工业企业分行业万元产值能源消费量(2012年)

| 指　　标 | Item | 工业生产能源消费量(吨标准煤) Energy Consumption of Industrial Production (ton of SCE) |
|---|---|---|
| **总　　计** | **Total** | **0.43** |
| **采矿业** | **Mining** | **0.07** |
| 煤炭开采和洗选业 | Mining and Washing of Coal | 0.21 |
| 非金属矿采选业 | Mining and Processing of Non-mental Ores | 0.01 |
| **制造业** | **Manufacturing** | **0.45** |
| 农副食品加工业 | Processing of Food from Agricultural products | 0.07 |
| 食品制造业 | Manufacture of Foods | 0.05 |
| 饮料制造业 | Manufacture of Beverages | 0.14 |
| 烟草制品业 | Manufacture of Tobacco | 0.02 |
| 纺织业 | Manufacture of Textile | 0.30 |
| 纺织服装、鞋、帽制造业 | Manufacture of Textile Wearing Apparel,Footware and Caps | 0.05 |
| 木材加工及木、竹、藤、棕、草制品业 | Processing of Timber,Manufacture of Wood,Bamboo,Rattan, Palm,and Straw Products | 0.21 |
| 家具制造业 | Manufacture of Furniture | 0.03 |
| 造纸及纸制品业 | Manufacture of Paper and Paper Products | 0.07 |
| 印刷业和记录媒介的复制 | Printing,Reproduction of Recording Media | 0.03 |
| 文教体育用品制造业 | Manufacture of Articles For Culture,Education and Sports Activities | |
| 化学原料及化学制品制造业 | Manufacture of Raw Chemical Materials and Chemical Products | 0.80 |
| 医药制造业 | Manufacture of Medicines | 0.02 |
| 橡胶制品业 | Manufacture of Rubber | 0.10 |
| 塑料制品业 | Manufacture of Plastics | 0.02 |
| 非金属矿物制品业 | Manufacture of Non-metallic Mineral Products | 1.52 |
| 黑色金属冶炼及压延加工业 | Smelting and Pressing of Ferrous Metals | 0.51 |
| 有色金属冶炼及压延加工业 | Smelting and Pressing of Non-ferrous Metals | 8.55 |
| 金属制品业 | Manufacture of Metal Products | 0.03 |
| 通用设备制造业 | Manufacture of General Purpose Machinery | 0.04 |
| 专用设备制造业 | Manufacture of Special Purpose Machinery | 0.01 |
| 交通运输设备制造业 | Manufacture of Transport Equipment | 0.10 |
| 电气机械及器材制造业 | Manufacture of Electrical Machinery and Equipment | 0.02 |
| 通信设备、计算机及其他电子设备制造业 | Manufacture of Communication Equipment, Computers and Other Electronic Equipment | 0.02 |
| 仪器仪表及文化、办公用机械制造业 | Manufacture of Measuring Instruments and Machinery for Cultural Activity and Office work | 0.02 |
| 工艺品及其他制造业 | Manufacture of Artwork and Other Manufacturing | 0.04 |
| **电力、燃气及水的生产和供应业** | **Electric Power,Gas and Water Production and Supply** | **0.46** |
| 电力、热力的生产和供应业 | Production and Supply of Electric Power and Heat Power | 0.33 |
| 燃气生产和供应业 | Production and Supply of Gas | 2.92 |
| 水的生产和供应业 | Production and Supply of Water | 0.30 |

注：工业生产能源消费量按等当量计算。

# Energy Consumption of Per 10 000 yuan Output Value in Industrial Enterprises above Designated Size by Sector(2012)

| 万元工业总产值消费量<br>Energy Consumption per10 000yuan of Industrial Gross Product | | | | |
|---|---|---|---|---|
| 电 量<br>(千瓦时)<br>Electricity<br>(kwh) | 煤 炭<br>(吨)<br>Coal<br>(ton) | 焦 炭<br>(吨)<br>Coke<br>(ton) | 汽 柴<br>煤 油<br>(吨)<br>Gasoline,Diesel<br>Oil and Kerosene<br>(ton) | 用水量<br>(立方米)<br>Water<br>(cu.m) |
| **1100.81** | **0.43** | **0.03** | | **20.30** |
| **425.42** | **0.02** | | **0.01** | **1.86** |
| 1229.55 | 0.06 | | 0.04 | 5.54 |
| 39.54 | | | | 0.10 |
| **1182.54** | **0.34** | **0.03** | | **6.19** |
| 96.83 | 0.05 | | | 2.85 |
| 51.42 | 0.04 | 0.02 | | 3.40 |
| 493.75 | 0.09 | | | 9.00 |
| 43.64 | 0.01 | | | 1.38 |
| 1752.11 | 0.12 | | | 22.05 |
| 50.94 | 0.04 | | | 7.04 |
| 2198.89 | | | | 15.66 |
| 283.69 | | | | 1.94 |
| 158.46 | 0.01 | | 0.01 | 1.23 |
| 180.63 | | | | 1.85 |
| 1666.18 | 0.74 | 0.02 | 0.01 | 12.25 |
| 47.12 | 0.01 | | | 1.33 |
| 209.56 | 0.13 | | | 2.32 |
| 118.14 | | | | |
| 2420.89 | 1.73 | | 0.02 | 6.94 |
| 1551.39 | 0.11 | 0.24 | | 1.77 |
| 28612.98 | 4.80 | 0.07 | 0.01 | 106.75 |
| 202.64 | | | | 2.19 |
| 246.41 | | 0.01 | | 4.33 |
| 40.47 | | | | 1.10 |
| 234.33 | 0.01 | | | 7.75 |
| 126.63 | | | | 0.73 |
| 123.93 | | | | 1.52 |
| 136.33 | | | | 1.70 |
| 107.72 | 0.03 | | | 3.34 |
| **871.24** | **1.26** | **0.02** | | **126.26** |
| 820.22 | 0.56 | | | 5.71 |
| 1035.72 | 14.89 | 0.39 | | 22.48 |
| 2395.40 | | | | 4683.30 |

a) Energy consumption of industrial production is calculated on equal equivalent.

# 6–14 规模以上工业企业分行业万元增加值能源消费量(2012年)

| 指　　标 | Item | 工业生产能源消费量(吨标准煤) Energy Consumption of Industrial Production (ton of SCE) |
|---|---|---|
| **总　　计** | **Total** | **1.55** |
| **采矿业** | **Mining** | **0.18** |
| 煤炭开采和洗选业 | Mining and Washing of Coal | 0.51 |
| 非金属矿采选业 | Mining and Processing of Non-mental Ores | 0.02 |
| **制造业** | **Manufacturing** | **1.57** |
| 农副食品加工业 | Processing of Food from Agricultural Products | 0.76 |
| 食品制造业 | Manufacture of Foods | 0.15 |
| 饮料制造业 | Manufacture of Beverages | 0.22 |
| 烟草制品业 | Manufacture of Tobacco | 0.02 |
| 纺织业 | Manufacture of Textile | 3.42 |
| 纺织服装、鞋、帽制造业 | Manufacture of Textile Wearing Apparel,Footware and Caps | 0.17 |
| 木材加工及木、竹、藤、棕、草制品业 | Manufacture of Timber,Manufacture of Wood,Bamboo,Rattan, Palm,and Straw Products | 0.84 |
| 家具制造业 | Manufacture of Furniture | 0.14 |
| 造纸及纸制品业 | Manufacture of Paper and Paper Products | 0.16 |
| 印刷业和记录媒介的复制 | Printing,Reproduction of Recording Media | 0.07 |
| 文教体育用品制造业 | Manufacture of Articles For Culture,Education and Sports Activities | |
| 化学原料及化学制品制造业 | Manufacture of Raw Chemical Materials and Chemical Products | 3.56 |
| 医药制造业 | Manufacture of Medicines | 0.08 |
| 橡胶制品业 | Manufacture of Rubber | 0.94 |
| 塑料制品业 | Manufacture of Plastics | 0.08 |
| 非金属矿物制品业 | Manufacture of Non-metallic Mineral Products | 14.39 |
| 黑色金属冶炼及压延加工业 | Smelting and Pressing of Ferrous Metals | 3.22 |
| 有色金属冶炼及压延加工业 | Smelting and Pressing of Non-ferrous Metals | 29.42 |
| 金属制品业 | Manufacture of Metal Products | 0.11 |
| 通用设备制造业 | Manufacture of General Purpose Machinery | 0.22 |
| 专用设备制造业 | Manufacture of Special Purpose Machinery | 0.03 |
| 交通运输设备制造业 | Manufacture of Transport Equipment | 0.38 |
| 电气机械及器材制造业 | Manufacture of Electrical Machinery and Equipment | 0.13 |
| 通信设备、计算机及其他电子设备制造业 | Manufacture of Communication Equipment, Computers and Other Electronic Equipment | 0.07 |
| 仪器仪表及文化、办公用机械制造业 | Manufacture of Measuring Instruments and Machinery for Cultural Activity and Office Work | 0.04 |
| 工艺品及其他制造业 | Manufacture of Artwork and Other Manufacturing | 0.14 |
| **电力、燃气及水的生产和供应业** | **Electric Power,Gas and Water Production and Supply** | **2.26** |
| 电力、热力的生产和供应业 | Production and Supply of Electric Power and Heat Power | 1.65 |
| 燃气生产和供应业 | Production and Supply of Gas | 24.38 |
| 水的生产和供应业 | Production and Supply of Water | 0.63 |

注：工业生产能源消费量按等当量计算。

# Energy Consumption of Per 10 000 yuan Added Value in Industrial Enterprises above Designated Size by Sector(2012)

| 万元工业增加值消费量<br>Energy Consumption per10 000 yuan of Industrial Added Value | | | | |
|---|---|---|---|---|
| 电 量<br>(千瓦时)<br>Electricity<br>(kwh) | 煤 炭<br>(吨)<br>Coal<br>(ton) | 焦 炭<br>(吨)<br>Coke<br>(ton) | 汽柴煤油<br>(吨)<br>Gasoline,Diesel Oil and Kerosene<br>(ton) | 用水量<br>(立方米)<br>Water<br>(cu.m) |
| **3933.94** | **1.55** | **0.09** | **0.01** | **72.55** |
| **1049.07** | **0.05** | | **0.04** | **4.59** |
| 3010.66 | 0.16 | | 0.10 | 13.57 |
| 97.85 | | | 0.01 | 0.24 |
| **4101.81** | **1.18** | **0.09** | **0.01** | **21.46** |
| 1046.98 | 0.57 | 0.02 | 0.03 | 30.78 |
| 146.60 | 0.10 | 0.06 | | 9.68 |
| 788.38 | 0.15 | | | 14.36 |
| 54.83 | 0.01 | | | 1.73 |
| 20098.44 | 1.33 | | | 252.90 |
| 185.90 | 0.14 | | | 25.68 |
| 8742.28 | | | | 62.24 |
| 1135.21 | | | | 7.77 |
| 371.89 | 0.02 | | 0.02 | 2.88 |
| 429.47 | | | 0.01 | 4.41 |
| 7440.81 | 3.29 | 0.10 | 0.03 | 54.69 |
| 195.42 | 0.06 | | | 5.51 |
| 1895.20 | 1.17 | | 0.01 | 21.01 |
| 637.15 | | | 0.01 | |
| 22998.29 | 16.42 | 0.00 | 0.14 | 65.89 |
| 9808.23 | 0.67 | 1.55 | | 11.20 |
| 98450.17 | 16.53 | 0.23 | 0.04 | 367.31 |
| 781.34 | 0.00 | | 0.01 | 8.44 |
| 1308.16 | 0.02 | 0.07 | 0.01 | 23.01 |
| 142.97 | | 0.00 | 0.01 | 3.88 |
| 891.92 | 0.02 | | | 29.51 |
| 821.05 | | 0.02 | 0.01 | 4.73 |
| 515.31 | 0.01 | | | 6.34 |
| 355.98 | | | | 4.43 |
| 365.32 | 0.09 | | 0.01 | 11.31 |
| **4316.73** | **6.24** | **0.10** | **0.02** | **625.57** |
| 4125.53 | 2.83 | | 0.02 | 28.73 |
| 8638.19 | 124.18 | 3.26 | 0.03 | 187.49 |
| 5100.23 | | | | 9971.58 |

a) Energy Consumption of Industrial Production is calculated on equal equivalent.

# 6–15 规模以上工业企业分品种分行业工业生产能源消费(2012年)

| 指　　标 | Item | 工业生产能源消费量(吨标准煤) Energe Consumption for Production Purpose (ton of SCE) | 煤　炭(吨) Coal (ton) | 原　煤 Coal |
|---|---|---|---|---|
| **总　　计** | **Total** | **7014345** | **8871827** | **7023806** |
| **采矿业** | **Mining** | **36107** | **10269** | **10269** |
| 煤炭开采和洗选业 | Mining and Washing of Coal | 33217 | 10269 | 10269 |
| 非金属矿采选业 | Ming and Processing of Non-mental of Ores | 2890 | | |
| **制造业** | **Manufacturing** | **6099718** | **5032133** | **4571070** |
| 农副食品加工业 | Processing of Foods from Agricutural products | 22258 | 16690 | 16690 |
| 食品制造业 | Manufacture of Foods | 21412 | 14643 | 14643 |
| 饮料制造业 | Manufacture of Beverages | 36906 | 31448 | 24738 |
| 烟草制品业 | Manufacture of Tobacco | 30690 | 21547 | 15650 |
| 纺织业 | Manufacture of Textile | 677 | 263 | 263 |
| 纺织服装、鞋、帽制造业 | Manufacture of Textile Wearing Apparel ,Footware and Caps | 1672 | 1394 | 1394 |
| 木材加工及木、竹、藤、棕、草制品业 | Manufacture of Timber,Manufacture of Wood,Bamboo,Rattan, Palm,and Straw Products | 747 | | |
| 家具制造业 | Manufacture of Furniture | 892 | | |
| 造纸及纸制品业 | Manufacture of Paper and Paper Products | 3084 | 406 | 406 |
| 印刷业和记录媒介的复制 | Printing, Reproductionn of Recording Media | 3024 | | |
| 文教体育用品制造业 | Manufacture of Articles for Culture,Education and Sport Activities | | | |
| 化学原料及化学制品制造业 | Manufacture of Raw Chemical Materials and Chemical Products | 1991273 | 2026194 | 1837828 |
| 医药制造业 | Manufacture of Medicines | 28762 | 20696 | 20696 |
| 橡胶制品业 | Manufacture of Rubber | 130607 | 161914 | 161914 |
| 塑料制品业 | Manufacture of Plastics | 12625 | | |
| 非金属矿物制品业 | Manufacture of Non-metallic MineralProducts | 996631 | 1136593 | 1136593 |
| 黑色金属冶炼及压延加工业 | Smelting and Pressing of Ferrous Metals | 587410 | 127704 | 122130 |
| 有色金属冶炼及压延加工业 | Smelting and Pressing of Non-ferrous Metals | 2124577 | 1448202 | 1193685 |
| 金属制品业 | Manufacture of Metal Products | 9892 | 120 | 120 |
| 通用设备制造业 | Manufacture of General Purpose Machinery | 8901 | 900 | 900 |
| 专用设备制造业 | Manufacture of Special Purpose Machinery | 3422 | | |
| 交通运输设备制造业 | Manufacture of Transport Equipment | 39881 | 2320 | 2320 |
| 电气机械及器材制造业 | Manufacture of Electrical Machinery and Equipment | 6990 | | |
| 通信设备、计算机及其他电子设备制造业 | Manufacture of Communication Equipment,Computers and Other Electronic Equipment | 10124 | 1216 | 1216 |
| 仪器仪表及文化、办公用机械制造业 | Manufacture of Measuring Instruments and Machinery for Cultural Activity and Office Work | 1410 | | |
| 工艺品及其他制造业 | Manufacture of Artwork and Other Manufacturing | 4401 | 2811 | 2811 |
| **电力、燃气及水的生产和供应业** | **Electric Power, Gas and Water Production and Supply** | **884412** | **3829425** | **2442467** |
| 电力、热力的生产和供应业 | Production and Supply of Electric Power and Heat Power | 588121 | 1008585 | 1008585 |
| 燃气生产和供应业 | Production and Supply of Gas | 281568 | 2820840 | 1433882 |
| 水的生产和供应业 | Production and Supply of Water | 14723 | | |

注：工业生产能源合计按等当量计算。

# Energe Consumption of Industrial Enterprises above Designated Size by Sector and Type(2012)

| #无烟煤 Anthracite | 一般烟煤 Bituminous Coal | 洗精煤 Clened Coal | 其他洗煤 Other Washed Coal | 煤制品 Coal Products | 焦　炭 (吨) Coke (ton) | 其他焦化产品 (吨) Other Coking Products (ton) | 焦炉煤气 (万立方米) Coke Oven Gas (10 000 cu.m) | 发生炉煤气 (万立方米) Producer Gas (10 000 cu.m) | 液　化 天然气 (吨) Liquefied Natural Gas (ton) | 汽　油 (吨) Gasoline (ton) | 煤　油 (吨) Kerosene (ton) |
|---|---|---|---|---|---|---|---|---|---|---|---|
| **1404340** | **3763434** | **1704056** | | **143966** | **406923** | **29139.72** | **26917.42** | **11819.75** | **12536.91** | **13188.08** | **277.05** |
| **10269** | | | | | | | | | | **226.35** | |
| 10269 | | | | | | | | | | 176 | |
| | | | | | | | | | | 50.35 | |
| **1394071** | **2707926** | **317097.8** | | **143966** | **369242** | **29139.72** | **1441.22** | **56.1** | **9221.91** | **8920.85** | **277.05** |
| 71 | 16619 | | | | 565.71 | | 43.71 | | | 308.83 | |
| | 14643 | | | | 8078.06 | | | 56.1 | | 134.83 | 17.71 |
| 668 | 17361 | 6709.55 | | | | | | | 647.47 | 227.54 | |
| | 9753 | | | 5897.32 | | | 2.46 | | 7613.57 | 421.13 | 0.58 |
| | 263 | | | | | | | | | | |
| | 1394 | | | | | | 65.48 | | | 23.16 | |
| | 406 | | | | | | 95.74 | | | 35.12 | |
| | | | | | | | 55.22 | | 10.33 | 127.42 | 1.43 |
| 1032327 | 617135 | 50781.25 | | 137584 | 57850.7 | 27128.72 | 181.51 | | | 827.66 | 1.92 |
| 3586 | 17110 | | | | | | 469.23 | | 55.57 | 670.98 | 1.59 |
| | 161914 | | | | | | | | | 841.16 | |
| | | | | | | | 6.07 | | | 914.54 | |
| 264500 | 864083 | | | | 91.91 | | 17.1 | | | 792.39 | 0.9 |
| 35082 | 81473 | 5574 | | | 281715 | | 395 | | 842 | 123.87 | 44 |
| 57836 | 881332 | 254033 | | 483.93 | 16823.9 | 2011 | | | | 188.22 | |
| | 120 | | | | | | | | | 217.4 | 6.27 |
| | 900 | | | | 2675.68 | | | | | 216.99 | 34.9 |
| | | | | | 84.78 | | | | | 533.93 | 0.17 |
| | 2320 | | | | | | 109.27 | | | 935.41 | 162.04 |
| | | | | | 822 | | | | 52.97 | 375.92 | |
| | 1216 | | | | | | 0.43 | | | 405.06 | 0.31 |
| | | | | | | | | | | 82.79 | 2.84 |
| | 2811 | | | | | | | | | 79.4 | 1.16 |
| | **1055509** | **1386958** | | | **37681.1** | | **25476.2** | **11763.65** | **3315** | **4040.88** | |
| | 1008585 | | | | | | | | | 3764.82 | |
| | 46924 | 1386958 | | | 37681.1 | | 25476.2 | 11763.65 | 3315 | 182.18 | |
| | | | | | | | | | | 93.88 | |

a) Energe consumption for production purpose was calculated at its equal equivalence.

6–15 续表 1

| 指　　标 | Item | 柴　油 (吨) Diesel Oil (ton) | 燃料油 (吨) Fuel Oil (ton) | 液　化 石油气 (吨) Liquefied Petroleum Gas (ton) | 其他石 油制品 (吨) Other Oil Products (ton) | 热　力 (百万千焦) Heat (million kilo-joule) |
|---|---|---|---|---|---|---|
| **总　　计** | **Total** | **41194** | **46770** | **486** | **4608** | **645876** |
| **采矿业** | **Mining** | **7054** | | | | |
| 煤炭开采和洗选业 | Mining and Washing of Coal | 6228 | | | | |
| 非金属矿采选业 | Ming and Processing of Non-mental of Ores | 825 | | | | |
| **制造业** | **Manufacturing** | **30984** | **46770** | **486** | **4608** | **176249** |
| 农副食品加工业 | Processing of Foods from Agricultural Products | 420 | | 8 | | |
| 食品制造业 | Manufacture of Foods | 423 | | | | |
| 饮料制造业 | Manufacture of Beverages | 65 | | | | |
| 烟草制品业 | Manufacture of Tobacco | 541 | | 34 | | |
| 纺织业 | Manufacture of Textile | | | | | |
| 纺织服装、鞋、帽制造业 | Manufacture of Textile Wearing Apparel,Footware and Caps | 20 | | | | |
| 木材加工及木、竹、藤、棕、草制品业 | Manufacture of Timber,Manufacture of Wood,Bamboo, Rattan,Palm,and Straw Products | | | | | |
| 家具制造业 | Manufacture of Furniture | | | | | |
| 造纸及纸制品业 | Manufacture of Paper and Paper Products | 321 | | | | 30186 |
| 印刷业和记录媒介的复制 | Printing,Reproduction of Recording Media | 133 | | | | |
| 文教体育用品制造业 | Manufacture of Articles for Culture,Education and Sport Activities | | | | | |
| 化学原料及化学制品制造业 | Manufacture of Raw Chemical Materials and Chemical Products | 14164 | | 16 | | 91501 |
| 医药制造业 | Manufacture of Medicines | 386 | | | | 51576 |
| 橡胶制品业 | Manufacture of Rubber | 183 | | | | |
| 塑料制品业 | Manufacture of Plastics | 23 | | | | |
| 非金属矿物制品业 | Manufacture of Non-metallic Mineral Products | 9107 | | | | |
| 黑色金属冶炼及压延加工业 | Smelting and Pressing of Ferrous Metals | 545 | | | | 2986 |
| 有色金属冶炼及压延加工业 | Smelting and Pressing of Non-ferrous Metals | 2748 | 46670 | 97 | 4596 | |
| 金属制品业 | Manufacture of Metal Products | 536 | | | | |
| 通用设备制造业 | Manufacture of General Purpose Machinery | 59 | 68 | | 4 | |
| 专用设备制造业 | Manufacture of Special Purpose Machinery | 334 | | | | |
| 交通运输设备制造业 | Manufacture of Transport Equipment | 572 | | 332 | 8 | |
| 电气机械及器材制造业 | Manufacture of Electrical Machinery and Equipment | 243 | 32 | | | |
| 通信设备、计算机及其他电子设备制造业 | Manufacture of Communication Equipment, Computers and Other Electronic Equipment | 57 | | | | |
| 仪器仪表及文化、办公用机械制造业 | Manufacture of Measuring Instruments and Machinery for Cultural Activity and Office Work | 11 | | | | |
| 工艺品及其他制造业 | Manufacture of Artwork and Other Manufacturing | 92 | | | | |
| **电力、燃气及水的生产和供应业** | **Electric Power,Gas and Water Production and Supply** | **3157** | | | | **469626** |
| 电力、热力的生产和供应业 | Production and Supply of Electric Power and Heat Power | 2959 | | | | |
| 燃气生产和供应业 | Production and Supply of Gas | 178 | | | | 469626 |
| 水的生产和供应业 | Production and Supply of Water | 20 | | | | |

(continued)

| 电　力 (万千瓦时) Electricity Comsumption (10 000cu.m) | 余热余压 (百万千焦) Afterpressure and Afterheat (Million kilo-joule) | 工业取水量 (万立方米) Industrial Water (10 000cu.m) | | | | | 重复用水 (万立方米) Water Duplicated (10 000 cu.m) | 用水总量 (万立方米) Water Used (10 000 cu.m) | 废水排放量 (万立方米) Waste Water (10 000 cu.m) |
|---|---|---|---|---|---|---|---|---|---|
| | | | #地表水 Surface Water | 地下水 Groundwater | 自来水 Tap Water | 其他水 Others | | | |
| **1784880.63** | **7201539.54** | **32917** | **26319** | **2179** | **2332** | **2087** | **99906** | **132823** | **1816** |
| **20900** | | **92** | | **89** | **2** | | | **92** | **89** |
| 19587 | | 88 | | 86 | 2 | | | 88 | 88 |
| 1313 | | 3 | | 3 | 1 | | | 3 | 1 |
| **1595048** | **7201540** | **8344** | **3954** | **699** | **1856** | **1836** | **69250** | **77594** | **1325** |
| 3048 | | 90 | 5 | 2 | 82 | | | 90 | 47 |
| 2111 | | 139 | | | 139 | | 7 | 147 | 64 |
| 13238 | | 241 | 28 | 6 | 207 | | 587 | 828 | 69 |
| 7236 | | 229 | 3 | 33 | 192 | | 966 | 1194 | 89 |
| 398 | | 5 | 5 | | | | 28 | 33 | 1 |
| 182 | | 25 | 18 | | 8 | | | 25 | 8 |
| 776 | | 6 | | 6 | | | | 6 | 1 |
| 726 | | 5 | | | 5 | | | 5 | |
| 696 | | 5 | | | 5 | | | 5 | |
| 1989 | | 20 | | | 20 | | | 20 | 2 |
| 415639 | 2832834 | 3055 | 2323 | 537 | 195 | | 45031 | 48085 | 246 |
| 6869 | | 194 | | 23 | 170 | | 20 | 214 | 98 |
| 26293 | 40809 | 291 | 235 | | 56 | | 5762 | 6053 | 143 |
| 9667 | | | | | | | | | |
| 159228 | 1775175 | 456 | 315 | 29 | 103 | 10 | 409 | 866 | 47 |
| 178811 | | 204 | 131 | 1 | 69 | 3 | 4023 | 4228 | 72 |
| 710986 | 2552722 | 2653 | 830 | | 25 | 1798 | 11202 | 13855 | 10 |
| 6772 | | 73 | | 10 | 62 | 1 | 54 | 127 | 55 |
| 5252 | | 92 | | 45 | 47 | | 22 | 114 | 29 |
| 1848 | | 50 | 30 | | 20 | | 18 | 68 | 29 |
| 25635 | | 311 | 11 | 3 | 277 | 20 | 941 | 1252 | 212 |
| 4393 | | 25 | | | 21 | 3 | 8 | 33 | 17 |
| 7179 | | 88 | | 3 | 85 | | 67 | 155 | 61 |
| 1255 | | 16 | 4 | | 11 | | 3 | 19 | 12 |
| 1163 | | 36 | | | 36 | | 6 | 42 | 9 |
| **168932** | | **24481** | **22364** | **1391** | **475** | **252** | **30655** | **55137** | **403** |
| 147070 | | 1024 | 927 | | 97 | | 25954 | 26978 | 150 |
| 9975 | | 216 | 210 | | 6 | | 4428 | 4644 | 1 |
| 11887 | | 23241 | 21227 | 1391 | 372 | 251 | 274 | 23515 | 252 |

# 6–16 工业企业分行业能源消费情况(2012年)

| 指　　标 | Item | 企　业<br>生产量<br>Output of Enterprises<br>工业总产值<br>(万元)<br>Gross Industrial Output Value<br>(10 000 yuan) |
|---|---|---|
| **总　计** | **Total** | **16214199** |
| **采矿业** | **Mining** | **331980** |
| 非金属矿采选业 | Ming and Processing of Non-mental of Ores | 331980 |
| **制造业** | **Manufacturing** | **10221165** |
| 农副食品加工业 | Processing of Foods from Agricultural Products | 314742 |
| 食品制造业 | Manufacture of Foods | 410511 |
| 酒、饮料和精致茶制造业 | Manufacture of Alcohol,Beverages and Tea | 268108 |
| 烟草制品业 | Manufacture of Tobacco | 1658249 |
| 化学原料及化学制品制造 | Manufacture of Raw Chemical Materials and Chemical Products | 2494564 |
| 橡胶和塑料制品业 | Manufacture of Rubber and Plastics | 1254681 |
| 非金属矿物制品业 | Manufacture of Non-metallic Mineral Products | 818262 |
| 黑色金属冶炼及压延加工业 | Smelting and Pressing of Ferrous Metals | 657726 |
| 有色金属冶炼及压延加工业 | Smelting and Pressing of Non-ferrous Metals | 1152587 |
| 通用设备制造业 | Manufacture of Transport Equipment | 334196 |
| 汽车制造业 | Manufacture of Automobile Industry | 456768 |
| 铁路、船舶、航空、航天和其他运输设备制造业 | Manufacture of Railway,Watercraft,Aviation,Aerospace and Other Transport Equipment | 400773 |
| **电力、燃气及水的生产和供应业** | **Electric Power, Gas and Water Production and Supply** | **1938985** |
| 电力、热力的生产和供应 | Production and Supply of Electric Power and Heat Power | 1793054 |
| 燃气生产和供应业 | Production and Supply of Gas | 96306 |
| 水的生产和供应业 | Production and Supply of Water | 49625 |

注：1.2000万元口径指年主营业务收入2000万元及以上的工业法人单位或有能源加工转换的企业；
　　2.等当量是指电力折标系数为1.229，等价值是指电力折标系数为4.04。

# Energy Consumption of Industrial Enterprises above Designated Size by sector (2012)

| 按等价值计算 Equivalent Value | | 按等当量计算 Equal Equivalent | | | |
|---|---|---|---|---|---|
| 综合能源消费量(吨标准煤) Comprehensive Energy Consumption (ton of SCE) | 产值单耗(吨标准煤/万元) Unit consumption (ton of SCE/10 000yuan) | 综合能源消费量(吨标准煤) Comprehensive Energy Consumption (ton of SCE) | 工业生产能源消费量(吨标准煤) Industrial Energy Consumption (ton of SCE) | 电量(万千瓦时) Electricity Consumption (10 000 kwh) | 万元总产值综合能耗(吨标准煤/万元) Comprehensive Energy Consumption of per 10 000 output Value (ton of SCE/10 000 yuan) |
| **11263946** | **0.69** | **7014345** | **8861040** | **1784881** | **0.43** |
| **6580** | **0.02** | **2890** | **36107** | **20900** | **0.01** |
| 6580 | 0.02 | 2890 | 2890 | 1313 | 0.01 |
| **10239075** | **1.00** | **6024621** | **6394459** | **1595048** | **0.59** |
| 30615 | 0.10 | 22258 | 22258 | 3048 | 0.07 |
| 26566 | 0.06 | 21412 | 21412 | 2111 | 0.05 |
| 74118 | 0.28 | 36906 | 36906 | 13238 | 0.14 |
| 49469 | 0.03 | 30690 | 30690 | 7236 | 0.02 |
| 3098142 | 1.24 | 1991273 | 2092869 | 415639 | 0.80 |
| 235045 | 0.19 | 143232 | 146015 | 35960 | 0.11 |
| 1401884 | 1.71 | 996631 | 1074114 | 159228 | 1.22 |
| 1089745 | 1.66 | 587410 | 587410 | 178811 | 0.89 |
| 4048520 | 3.51 | 2124577 | 2243346 | 710986 | 1.84 |
| 20632 | 0.06 | 8901 | 8901 | 5252 | 0.03 |
| 104347 | 0.23 | 39881 | 18429 | 9391 | 0.09 |
| 59995 | 0.15 | 21452 | 21452 | 16244 | 0.05 |
| **806484** | **0.42** | **884412** | **2430474** | **168932** | **0.46** |
| 448782 | 0.25 | 588121 | 829019 | 147070 | 0.33 |
| 309606 | 3.21 | 281568 | 1586732 | 9975 | 2.92 |
| 48096 | 0.97 | 14723 | 14723 | 11887 | 0.30 |

a) The enterprises in the table only refers to those with their income of major business over 20 million yuan each year.
b) Equal equivalent refers to 1.229 of the coefficient for the conversion of electric power into the standard coal equivalent; equivalent value means 4.04 of the coefficient for the conversion of electric power into the standard coal equivalent.

# 主要统计指标解释

**能源生产总量** 指一定时期内全市一次能源生产量的总和。一次能源生产量包括原煤，原油，天然气，水电、核能及其他动力能(如风能、地热能等)发电量，不包括低热值燃料生产量、生物质能、太阳能等的利用和由一次能源加工转换而成的二次能源产量。

**能源消费总量** 指一定时期内全市产业类（包括第一、二、三次产业和城乡）和物质生产部门、非物质生产部门和生活消费的各种能源的总和。能源消费总量包括原煤和原油及其制品、天然气、电力，不包括低热值燃料、生物质能和太阳能等的利用。能源消费总量分为终端能源消费量、能源加工转换损失量和损失量三部分。

(1)终端能源消费量：指一定时期内全市生产和生活消费的各种能源在扣除了用于加工转换二次能源消费量和损失量以后的数量。

(2)能源加工转换损失量：指一定时期内全市投入加工转换的各种能源数量之和与产出各种能源产品之和的差额，是观察能源在加工转换过程中损失量变化的指标。

(3)能源损失量：指一定时期内能源在输送、分配、储存过程中发生的损失和由客观原因造成的各种损失量，不包括各种气体能源放空、放散量。

**能源生产弹性系数** 是研究能源生产增长速度与国民经济增长速度之间关系的指标。计算公式为：

能源生产弹性系数＝能源生产总量年平均增长速度/国民经济年平均增长速度

**电力生产弹性系数** 是研究电力生产增长速度与国民经济增长速度之间关系的指标。一般来说，电力的发展应当快于国民经济的发展，也就是说电力应超前发展。计算公式为：

电力生产弹性系数＝电力生产量年平均增长速度/国民经济年平均增长速度

**能源消费弹性系数** 是反映能源消费增长速度与国民经济增长速度之间比例关系的指标。计算公式为：

能源消费弹性系数＝能源消费量年平均增长速度/国民经济年平均增长速度

**电力消费弹性系数** 反映电力消费增长速度与国民经济增长速度之间比例关系的指标。计算公式为：

电力消费弹性系数＝电力消费量年平均增长速度/国民经济年平均增长速度

**能源加工转换效率** 指一定时期内能源经过加工、转换后，产出的各种能源产品的数量与同期内投入加工转换的各种能源数量的比率。它是观察能源加工转换装置和生产工艺先进与落后、管理水平高低等的重要指标。计算公式为：

能源加工转换效率＝能源加工、转换产出量/能源加工、转换投入量×100%

**工业生产能源消费** 指工业企业为进行工业生产活动所消费的能源。主要包括：（1）用于本企业产品生产、工业性作业的能源。包括用原料、材料、燃料、动力；作为能源加工转换企业，还包括用作加工转换的能源（这部分能源不能理解为用作原材料）。（2）产品生产过程中作为辅助材料使用的能源。（3）生产工艺过程使用的能源。（4）新技术研究、新产品试制、科学试验使用的能源。（5）为了工业生产活动而在进行的各种修理过程中使用的能源。（6）生产区内的劳动保护用能等。

**能源加工、转换消费** 指为了特定的用途，将一种能源（一般为一次能源），经过一定的工艺，加工或转换成另一种能源（二次能源）。能源的加工与转换，既有联系，又有区别。

**能源加工** 是能源物理形态的变化，比如用蒸馏的方式将原油炼制成汽油、煤油、柴油等石油制品；用筛选、水洗的方式将原煤洗选成洗煤；以焦化的方式将煤炭高温干馏成焦碳；以气化的方式将煤炭气化成煤气，等等。这些方法在加工前后能源均未发生质的变化。

**能源转换** 是能源形态以及物质化学形态的变化，比如经过一定的工艺过程，将煤炭、重油等转换成电力和热力，将热能转换为机械能，将机械能转换为电能，将电能转换为热能等；又比如，经过裂化，将重质石油转换成轻质石油（转换前、后的物质具有不同的化学结构和化学性质）。

**综合能源消费量** 指报告期内工业企业在工业生产活动中实际消费的各种能源的总和。计算综合能源消费量时，需要先将使用的各种能源折算成标准燃料后再进行计算。根据生产活动的性质，综合能源消费量在不同的企业有不同的计算方法。（1）非能源加工转换转换企业综合能源消费量，就是企业工业生产消费的各种一次能源和二次能源的总和，即：综合能源消费量=工业生产消费的能源合计。（2）能源加工转换企业综合能源消费量，是企业工业生产消费的各种一次能源和二次能源扣除加工转换产出的二次能源后的实际能源消费量。计算公式：综合能源消费量=工业生产消费量的能源合计-能源加工转换产出合计。

**取水总量** 指工业企业从各种水源提取的，并用于工业生产活动的水量总和，包括地表水、地下水、自来水、由管道供应的未经过达标处理的水、经城市污水处理厂处理后回用的中水、海水，以及企业从市场购得的其他水或水的产品（如纯净水、矿泉水、蒸汽、热水、地热水等）。取水总量包括主要工业生产用水、辅助生产（包括机修、运输、空压站等）用水和附属生产（包括厂内绿化、职工食堂，非营业的浴室及保健站、厕所等）用水；不包括非工业生产单位的用水，如厂内居民家庭用水和企业附属幼儿园、学校、对外营业的浴室、游泳池等的用水量。

**重复用水量** 指在工业企业内部，对生产和生活排放的废水直接或经过处理后回收再利用的水量，不包括企业从城市污水处理厂购买的中水。企业废水在报告期每重复利用一次，计算一次重复用水量。

重复用水量的计算原则：（1）开放原则。即水的循环在开放系统进行。循环一次计算一次。封闭式循环系统的循环水不计算重复用水量。（2）“源头”计算原则。对循环水来说，使用后的水，又回流到系统的取水源头，流经源头一次，计算一次。循环系统中的中间环节用水不得计算重复用水量。（3）异地原则。对于非循环系统，根据不同工艺对不同水质的要求，在一个地方（工艺）使用过的水，在另一个地方（工艺）中进行使用，使用一次，计算一次。在同一个地方（容器）多次使用的水，不得计算重复用水量。（4）经过进化处理后的水重复再用，在任何情况下都按照重复用水计算。

# Explanatory Notes on Main Statistics Indicators

**Total Energy Production** refers to the total production of primary energy by all energy producing enterprises in the country in a given period of time. The production of primary energy includes that of coal, crude oil, natural gas, hydro-power and electricity generated by nuclear energy and other means such as wind power and geothermal power. However, it does not include the production of fuels of low calorific value, bio-energy, solar energy and secondary energy converted from primary energy.

**Total Energy Consumption** refers to the total consumption of energy of industries(including the first, the second and tertiary industries) by the production sectors, non-production sectors and the households in the whole city in a given perilod of time, It is a comprehensive indicator to show the scale, composition and pace of increase of energy consumption. Total energy consumption includes that of coal, crude oil and their products, natural gas and electricity. However, it does not include the consumption of fuel of low calorific value, bio-energy and solar energy. Total energy consumption can be divided into three parts: end-use energy consumption; loss during the process of energy conversion; and energy loss.

(l)End-use Energy Consumption: It refers to the total energy consumption by the production sectors and the households in the whole city in a given period of time. It does not include the consumption during the conversation of primary energy into secondary energy and the loss in the process of energy conversation.

(2)Loss During the Process of Energy Conversation: It refers to the total input of various kinds of energy for conversation, minus the total output of various kinds of energy in the whole city in a given period of time. It is an indicator to show the loss that occurs during the process of energy conversation.

(3)Energy Loss: It refers to the total of the loss of energy during the course of energy transport, distribution and storage and the loss caused by any objective reason in a given period of time. The loss of various kinds of gas due to gas discharges and stocking is not include.

**Elasticity Ratio of Energy Production** is an indicator to show the relationship between the growth rate of production and the growth rate of the national economy. The formula is:

$$\text{Elasticity Ratio of Energy Production} = \frac{\text{Average Annual Growth Rate of Energy Production}}{\text{Average Annual Growth Rate of National Economy}}$$

**Elasticity Ratio of Electricity Production** is an indicator to show the relationship between the growth rate of electricity production and the growth rate of the national economy. Generally speaking, the growth rate of electricity production should be higher than that of the national economy. Its formular is:

$$\text{Elasticity Ratio of Electricity Production} = \frac{\text{Average Annual Growth Rate of Electricity Production}}{\text{Average Annual Growth Rate of National Economy}}$$

**Elasticity Ratio of Energy Consumption** is an indicator to show the relationship between the growth rate of energy consumption and the growth rate of the national economy. The formula is:

$$\text{Elasticity Ratio of Energy Consumption} = \frac{\text{Average Annual Growth Rate of Energy Consumption}}{\text{Average Annual Growth Rate of National Economy}}$$

**Elasticity Ratio of Electricity Consumption** is an indicator to show the relationship between the growth rate of electricity consumption and the growth rate of the national economy. The formula is:

$$\text{Elasticity Ratio of Electricity Consumption} = \frac{\text{Average Annual Growth Rate of Electricity Consumption}}{\text{Average Annual Growth Rate of National Economy}}$$

**Efficiency of Energy Processing and Conversion** refers to the ratio of the total output of energy products of various kinds after processing and conversion to the total input of energy of various kinds for processing and conversion in the same reference period. It is an important indicator to show the current conditions of energy processing and conversion equipment, production technique and management. The formula is:

$$\text{Efficiency of Energy Processing \& Conversion} = \frac{\text{Output of Energy After Processing \& Conversion}}{\text{Input of Energy for Processing \& Conversion}} \times 100\%$$

**Consumption of Industrial Production** refers to the energy cost for industrial production, including:
1. Energy cost for products and industrial operation, includes raw material, material, fuel and motive power; as an energy process and conversion enterprise, it also includes the energy uses for processing and conversion(the energy here cannot be treated as raw material;
2. Energy used as accessory materials in production;
3. Technical energy consumed in production technological process;
4. Energy consumed in new-tech, research, new product trial, scientific research, and the like.
5. Energy consumed for various maintenance for industrial production.
6. Energy consumed for labor protection in production area.

**Energy Processing and Conversion Consumption** refers to the process of processing and converting of primary energy into secondary energy. There are both connections and differences between processing and converting.

**Energy Precessing** refers to the changes of physical form changes. For example, refining crude oil into oil products like gasoline, kerosene and diesel oil by distillation; Screening and washing cole into washed coal; Coking coal into coke by high-temperature retorting. Gasifying cole into coal gas; Energies don't have qualitative changes during those processes.

**Energy Converting** refers to the changes of energy forms and chemical forms, for example, during a craft art process, conversing coal and heavy oil into electricity and heat, converting heat into mechanical energy, converting mechanical energy into electricity, converting electricity into heat; another example, converting heavy crude oil into light crude oil by cracking(the energies before and after converting have different chemical construction and chemical property).

**Comprehensive Energy Consumption** refers to total consumption of energies during industries and enterprises production activities in report period. When calculating comprehensive energy consumption, energies should be converted into standard fuels. Comprehensive energy consumption in different enterprises gets different calculation method due to their different production ways. (1) The comprehensive energy consumption of non-energy processing and converting enterprises refers to the summation of primary energy and secondary energy consumed by industries and enterprises, that is, Comprehensive Energy Consumption = the summation of energies during industrial production. (2)The comprehensive energy consumption of energy processing and converting enterprises refers to the real comprehensive energy consumption (which means primary energy and secondary energy deducting secondary energy produced by processing and converting) consumed by industries and enterprises, The formula is: comprehensive energy consumption=the summation of energies during industrial production - total energy processing and converting production.

**Total Water withdrawal** refers to total water amount that the industries and enterprises withdraw from all kinds water resources, and take them into production activities, includes surface water, underground water, tap water, water supplied by pipelines without standard treatment, reclaimed water and seawater after being treated by the sewage treatment works, water and water products purchased by enterprises from market(like pure water, mineral water, steam water, hot water, geothermal water). Total water withdrawal includes water mainly used in industrial production, water used insubsidiary production(includes machine maintenance, transportation, air-compress station) and water used in auxiliary production(includes greening, staff dining hall, non-business bath room, health station and wash rooms), excludes water consumed by non-industrial production units, such as water consumed by households, kindergartens, schools bathrooms in operation, swimming pools of industries or enterprises.

**Reused Water** refers to the daily waste water reused directly or reused after treatment in industries and enterprises, excludes reclaimed water bought from sewage treatment works. Each time the industrial waste water during report period reused counts for one water reusing. Principles for calculating water reusing: (1)Open principle, water recycled in open system, recycled one time counts one. Water recycled in closed system are not calculated in reused water. (2) Calculating the "source", used water flow back to the head once, counted once. Water used in intermediate links are not calculated in reused water. (3) Changing places, in non-recycle system, according to different water quality requirement, water used in one place(one water processing step) reuses in another places (another processing step) once, counted once. Water used in only one place many time are not calculated in reused water. (4) Water reused after purification treatment are calculated into reused water at any time.

# 7 Seven

# 工 业

# Industry

□全部工业总产值　　■#规模以上工业企业总产值

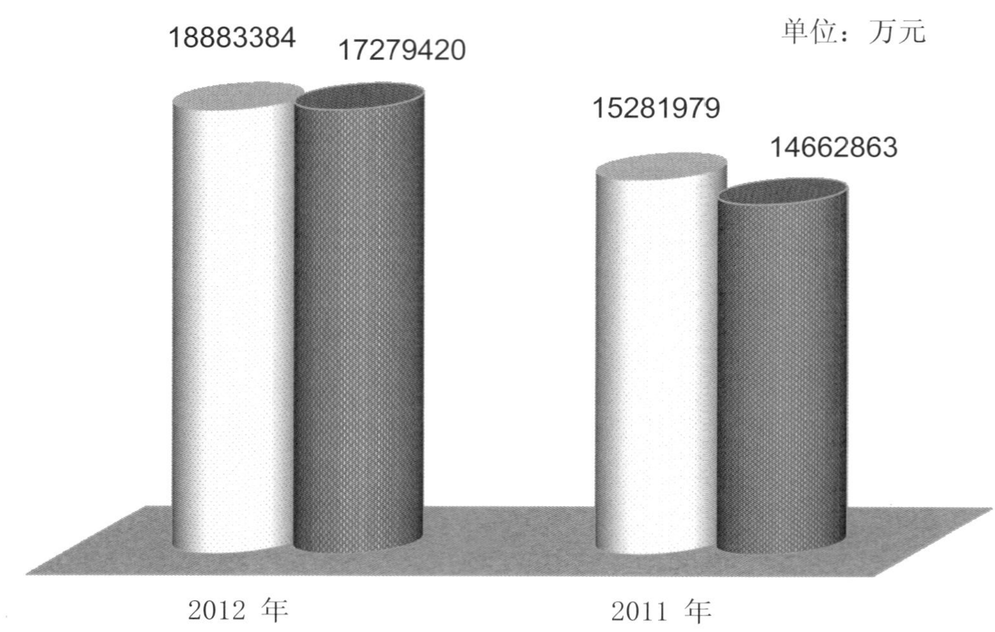


## 规模以上工业企业总产值(500万元口径)

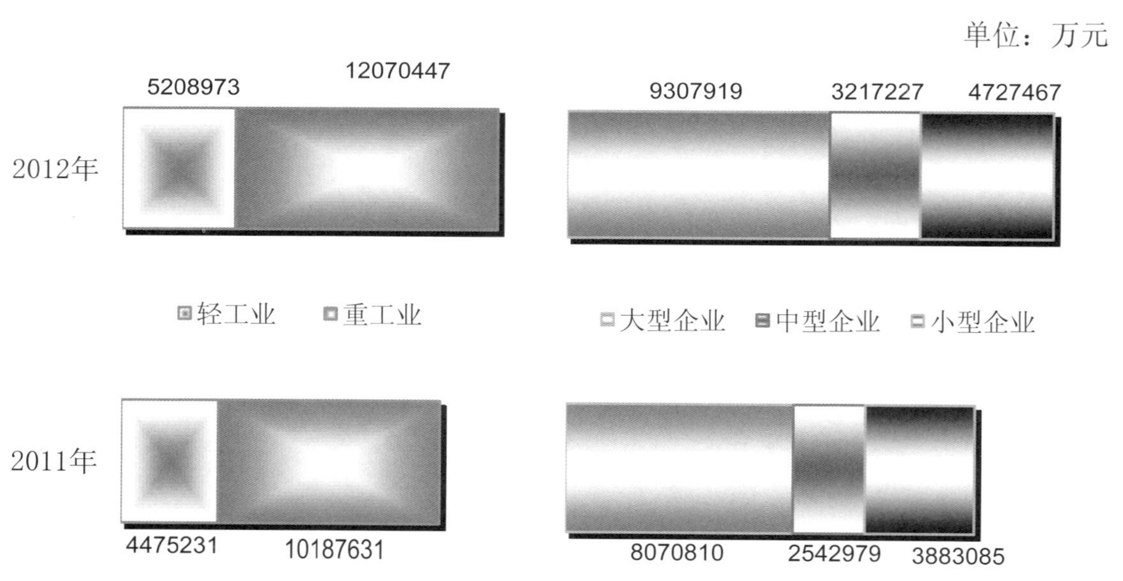

# 7-1 规模以上工业企业数(历年)(500万元口径)
## Number of Industrial Enterprises Above Designated Size (Enterprises with Its Main Business Income Above 5 Million yuan)

单位：个 (unit)

| 指标 | Item | 2005 | 2006 | 2007 | 2008 | 2009 | 2010 | 2011 | 2012 |
|---|---|---|---|---|---|---|---|---|---|
| **规模以上工业** | **Number of Industrial Enterprises above Designated Size** | **689** | **601** | **507** | **520** | **550** | **603** | **703** | **794** |
| #亏损企业 | Unprofitable Enterprises | 322 | 240 | 162 | 157 | 158 | 168 | 180 | 192 |
| #国有控股企业 | State Holding Enterprises | 314 | 196 | 148 | 147 | 138 | 150 | 143 | 168 |
| #农村工业 | Rural Industries | 16 | 16 | 15 | 13 | 11 | 11 | 16 | 24 |
| #非公有制工业 | Non-public Industries | 304 | 310 | 291 | 317 | 360 | 400 | 501 | 570 |
| #高技术 | High-tech | | | 92 | 90 | 91 | 94 | 99 | 107 |
| **按支柱、特色行业分** | **Grouped by Pillar and Characteristic Industries** | | | | | | | | |
| 能源、优势原材料为主的支柱产业 | Pillar Industry of Energy and Raw Materials | 106 | 96 | 91 | 89 | 98 | 119 | 118 | 74 |
| 电 | Electricity | 16 | 14 | 12 | 13 | 14 | 14 | 9 | 11 |
| 煤 | Coal | 3 | 3 | 3 | 3 | | 7 | 13 | 17 |
| 煤化工 | Coal Chemical Industry | 12 | 12 | 15 | 18 | 22 | 15 | 7 | 5 |
| 磷及磷化工 | Phosphorus and Its Chemical Industry | 53 | 47 | 47 | 41 | 44 | 34 | 31 | 34 |
| 铁合金 | Iron Alloy | 10 | 9 | 8 | 9 | 9 | 10 | 9 | 7 |
| 烟酒为主的传统支柱产业 | Traditional Pillar Industries on Tobacco and Liquor | 12 | 6 | 4 | 4 | 5 | 5 | 5 | 7 |
| 酒 | Liquor | 9 | 4 | 2 | 2 | 3 | 3 | 3 | 4 |
| 烟 | Tobacco | 3 | 2 | 2 | 2 | 2 | 2 | 2 | 3 |
| 六大特色支柱产业 | Six Special Pillar Industries | | | | | | | 251 | 434 |
| 磷煤化工 | Phosphorus and Coal Chemical Industry | | | | | | | 34 | 38 |
| 铝及铝化工 | Aluminum and Its Chemical Industry | 12 | 11 | 10 | 10 | 9 | 39 | 47 | 56 |
| 特色食品 | Characteristic Food | 63 | 47 | 45 | 43 | 49 | 55 | 66 | 80 |
| 烟草制品 | Tobacco | 3 | 2 | 2 | 2 | 2 | 2 | 2 | 3 |
| 现代医药 | Modern Medicine | | | | | | | 49 | 51 |
| 装备制造业 | Manufacture of Equipment | 157 | 137 | 113 | 126 | 140 | 147 | 183 | 206 |
| **按登记注册类型分** | **By Status of Registration** | | | | | | | | |
| 内资企业 | Domestic Funded | 635 | 544 | 460 | 470 | 499 | 555 | 657 | 747 |
| 国有企业 | State-owned Enterprises | 218 | 130 | 83 | 76 | 66 | 68 | 69 | 69 |
| 集体企业 | Collective-owned Enterprises | 57 | 44 | 27 | 22 | 20 | 22 | 24 | 21 |
| 股份合作企业 | Cooperative Enterprises | 16 | 15 | 11 | 12 | 9 | 8 | 6 | 4 |
| 联营企业 | Joint Ownership Enterprises | 4 | 3 | 1 | 3 | 2 | 3 | 3 | 6 |
| 有限责任公司 | Limited Liability Corporations | 202 | 215 | 196 | 227 | 255 | 288 | 290 | 418 |
| 股份有限公司 | Sharing-holding Corporation Limited | 27 | 28 | 25 | 22 | 26 | 31 | 29 | 38 |
| 私营企业 | Private Enterprises | 111 | 109 | 117 | 108 | 121 | 135 | 236 | 187 |
| 其他企业 | Others | | | | | | | | 4 |
| 港、澳、台商投资企业 | Enterprises with Funds from Hong Kong, Macao and Taiwan | 25 | 24 | 20 | 23 | 23 | 21 | 21 | 19 |
| 外商投资企业 | Foreign Funded Enterprises | 29 | 33 | 27 | 27 | 28 | 27 | 25 | 28 |
| **按经济组织类型分** | **Grouped by Economic Organization** | | | | | | | | |
| 独资企业 | Private-funded Enterprises | 232 | 211 | 148 | 140 | 132 | 143 | 153 | 151 |
| 合作、合伙企业 | Corporative and Partnership Enterprises | 26 | 26 | 20 | 24 | 24 | 28 | 31 | 34 |
| 股份有限公司 | Sharing-holding Corporation Limited | 36 | 36 | 34 | 35 | 45 | 46 | 47 | 53 |
| 有限责任公司 | Limited Liability Corporations | 304 | 328 | 305 | 321 | 349 | 386 | 471 | 556 |
| **按轻重工业分** | **Grouped by Light & Heavy Industries** | | | | | | | | |
| 轻工业 | Light Industry | 257 | 217 | 179 | 178 | 180 | 195 | 217 | 241 |
| 重工业 | Heavy Industry | 432 | 384 | 328 | 342 | 370 | 408 | 486 | 553 |

# 7–2 工业增加值(历年)(500万元口径)

单位：万元

| 指 标 | Item | 2005 |
|---|---|---|
| **全部工业增加值** | **Total** | **2083302** |
| **规模以上工业** | **Number of Industrial Enterprises above Designated Size** | **1918003** |
| #亏损企业 | Unprofitable Enterprises | 222902 |
| #国有控股企业 | State Holding Enterprises | 1326146 |
| #农村工业 | Rural Industries | 6437 |
| #非公有制工业 | Non-public Industries | 555687 |
| #高技术工业 | High-tech Industries | 314301 |
| #高技术 | High-tech | |
| **按支柱、特色行业分** | **Grouped by Pillar and Characteristic Industries** | |
| 能源、优势原材料为主的支柱产业 | Pillar Industry of Energy and Raw Materials | 728614 |
| 电 | Electricity | 196025 |
| 煤 | Coal | 14003 |
| 煤化工 | Coal Chemical Industry | 41173 |
| 铝及铝加工 | Aluminum and Its Processing Industry | 240352 |
| 磷及磷化工 | Phosphorus and Its Chemical Industry | 215562 |
| 铁合金 | Iron Alloy | 21499 |
| 烟酒为主的传统支柱产业 | Traditional Pillar Industries on Tobacco and Liquor | 460597 |
| 酒 | Liquor | 6962 |
| 烟 | Tobacco | 453635 |
| 六大特色支柱产业 | Six Special Pillar Industries | |
| 磷煤化工 | Phosphorus and Coal Chemical Industry | |
| 铝及铝化工 | Aluminum and Its Chemical Industry | 240352 |
| 特色食品 | Characteristic Food | 155982 |
| 烟草制品 | Tobacco | 453635 |
| 现代医药 | Modern Medicine | |
| 装备制造业 | Manufacture of Equipment | 199233 |
| **按登记注册类型分** | **By Status of Registration** | |
| 内资企业 | Domestic Funded | 1860490 |
| 国有企业 | State-owned Enterprises | 749279 |
| 集体企业 | Collective-owned Enterprises | 22384 |
| 股份合作企业 | Cooperative Enterprises | 12215 |
| 联营企业 | Joint Ownership Enterprises | 2209 |
| 有限责任公司 | Limited Liability Corporations | 512123 |
| 股份有限公司 | Sharing-holding Corporation Limited | 407245 |
| 私营企业 | Private Enterprises | 155034 |
| 其他企业 | Others | |
| 港、澳、台商投资企业 | Enterprises with Funds from Hong Kong,Macao and Taiwan | 17159 |
| 外商投资企业 | Foreign Funded Enterprises | 40353 |
| **按经济组织类型分** | **Grouped by Economic Organization** | |
| 独资企业 | Private-funded Enterprises | 804163 |
| 合作、合伙企业 | Corporative and Partnership Enterprises | 17544 |
| 股份有限公司 | Sharing-holding Corporation Limited | 420701 |
| 有限责任公司 | Limited Liability Corporations | 675595 |
| **按轻重工业分** | **Grouped by Light & Heavy Industries** | |
| 轻工业 | Light Industry | 830877 |
| 重工业 | Heavy Industry | 1087126 |
| **规模以下工业** | **Industrial Enterprises Below Designated Size** | **165299** |

# Value Added of All Industrial Enterprises Over Years (Main Indicators Refer to 5 Million)

(10 000 yuan)

| 2006 | 2007 | 2008 | 2009 | 2010 | 2011 | 2012 | 2012年比2011年增长(%) Growth Rate in 2012 over 2011(%) |
|---|---|---|---|---|---|---|---|
| **2459447** | **2628537** | **3007181** | **3066794** | **3460670** | **3987064** | **5347289** | **21.3** |
| **2289128** | **2427007** | **2791288** | **2905012** | **3298719** | **3782150** | **4898179** | **21.2** |
| 214735 | 168777 | 380834 | 414873 | 313433 | 350110 | 459801 | 27.1 |
| 1454809 | 1647349 | 1952701 | 187795 | 2174735 | 2462192 | 3211236 | 22.0 |
| 10541 | 11035 | 11818 | 12442 | 11741 | 14775 | 66760 | 331.6 |
| 725287 | 702443 | 766411 | 947348 | 1069078 | 1230080 | 1602476 | 22.4 |
| 409478 | 424423 | 441116 | 594094 | 694393 | 531753 | 697798 | 27.3 |
|  | 424423 | 441116 | 594094 | 694393 | 531753 | 697798 | 27.3 |
| 871569 | 920167 | 1005861 | 772476 | 879803 | 844257 | 898552 | 21.5 |
| 222422 | 278081 | 284778 | 330761 | 324345 | 64149 | 87959 | 17.8 |
| 17606 | 19562 | 33949 | 9668 | 14015 | 72195 | 77830 | 7.0 |
| 45321 | 70977 | 38268 | 18202 | 49976 | 38799 | 14046 | -62.1 |
| 325287 | 270765 | 312464 | 105055 | 224948 | 177354 |  |  |
| 229144 | 251386 | 329144 | 302638 | 241391 | 466478 | 704197 | 34.9 |
| 31789 | 49773 | 40357 | 14405 | 25128 | 29267 | 14520 | -49.4 |
| 456805 | 507908 | 633216 | 663344 | 771657 | 1059995 | 1473589 | 29.4 |
| 5294 | 5191 | 6849 | 15095 | 21706 | 66575 | 55065 | -24.9 |
| 451511 | 502716 | 626366 | 648249 | 749952 | 993420 | 1418524 | 33.0 |
|  |  |  |  |  | 2709523 | 3775233 | 29.9 |
|  |  |  |  |  | 496353 | 710195 | 27.0 |
| 325287 | 270765 | 312464 | 102788 | 224948 | 175963 | 316302 | 72.6 |
| 86985 | 94649 | 98398 | 5534 | 105419 | 232401 | 277667 | 9.6 |
| 451511 | 502716 | 626366 | 648249 | 749952 | 989729 | 1418524 | 33.0 |
|  |  |  |  |  | 283468 | 406367 | 34.3 |
| 261235 | 336129 | 352244 | 351572 | 529150 | 531609 | 646177 | 19.4 |
| 2171421 | 2297856 | 3653811 | 2717572 | 3075388 | 3534447 | 4612549 | 22.1 |
| 792237 | 994540 | 1094681 | 1145047 | 1248808 | 1737357 | 1941617 | 3.6 |
| 12434 | 14605 | 9795 | 8216 | 8661 | 13635 | 10722 | -23.9 |
| 19515 | 29221 | 41072 | 13453 | 3954 | 4171 | 1364 | -67.7 |
| 2453 | 3164 | 2936 | 2990 | 3464 | 1884 | 4582 | 135.0 |
| 618392 | 593460 | 743184 | 858485 | 897642 | 775270 | 1338945 | 59.9 |
| 562714 | 479405 | 533120 | 455037 | 682732 | 491832 | 678692 | 34.3 |
| 163676 | 183461 | 229023 | 234343 | 230127 | 510299 | 634785 | 17.1 |
|  |  |  |  |  |  | 1842 |  |
| 24086 | 28637 | 37918 | 72604 | 97500 | 82838 | 81422 | -5.8 |
| 93622 | 100514 | 99560 | 114836 | 125831 | 164865 | 204208 | 16.5 |
| 853077 | 1080208 | 1153537 | 1233792 | 1358302 | 1900628 | 2144948 | 4.9 |
| 24964 | 40105 | 53335 | 43616 | 37545 | 73047 | 53803 | -29.2 |
| 573053 | 495634 | 587568 | 530956 | 736563 | 550967 | 737114 | 30.0 |
| 838035 | 811061 | 996849 | 1096650 | 1166309 | 1257509 | 1962314 | 45.0 |
| 928046 | 985155 | 1145664 | 1335222 | 1479524 | 1743922 | 2308983 | 22.1 |
| 1361083 | 1441852 | 1645624 | 1569790 | 1819195 | 2038228 | 2589195 | 20.5 |
| **170319** | **201530** | **215893** | **161782** | **161951** | **204914** | **449110** | **0.1** |

# 7–3 工业总产值(历年)(500万元口径)

单位：万元

| 指　　　标 | Item | 2005 |
|---|---|---|
| **全部工业总产值** | **Total** | **6316848** |
| **规模以上工业** | **Number of Industrial Enterprises Above Designated Size** | **5740645** |
| #亏损企业 | Loss-generating Enterprises | 1153977 |
| #国有控股企业 | State Holding Enterprises | 3829864 |
| #农村工业 | Rural Industries | 22610 |
| #非公有制工业 | Non-public Industries | 1773150 |
| #高技术工业 | High-tech Industries | 961764 |
| **按支柱、特色行业分** | **Grouped by Pillar and Characteristic Industries** | |
| 能源、优势原材料为主的支柱产业 | Pillar Industry of Energy and Raw Materials | 2337372 |
| 电 | Electricity | 756995 |
| 煤 | Coal | 40119 |
| 煤化工 | Coal Chemical Industry | 210341 |
| 铝及铝加工 | Aluminum and Its Processing Industry | 563700 |
| 磷及磷化工 | Phosphorus and Its Chemical Industry | 655699 |
| 铁合金 | Iron Alloy | 110519 |
| 烟酒为主的传统支柱产业 | Traditional Pillar Industries on Tobacco and Liquor | 683334 |
| 酒 | Liquor | 16881 |
| 烟 | Tobacco | 666453 |
| 六大特色支柱产业 | Six Special Pillar Industries | |
| 磷煤化工 | Phosphorus and Coal Chemical Industry | |
| 铝及铝化工 | Aluminum and Its Chemical Industry | 563700 |
| 特色食品 | Characteristic Food | 219449 |
| 烟草制品 | Tobacco | 556169 |
| 现代医药 | Modern Medicine | |
| 装备制造业 | Manufacture of Equipment | 904875 |
| **按登记注册类型分** | **By Status of Registration** | |
| 内资企业 | Domestic Funded | 5447421 |
| 国有企业 | State-owned Enterprises | 1811987 |
| 集体企业 | Collective-owned Enterprises | 82350 |
| 股份合作企业 | Cooperative Enterprises | 49794 |
| 联营企业 | Joint Ownership Enterprises | 10322 |
| 有限责任公司 | Limited Liability Corporations | 1786737 |
| 股份有限公司 | Sharing-holding Corporation Limited | 1247146 |
| 私营企业 | Private Enterprises | 459085 |
| 其他企业 | Others | |
| 港、澳、台商投资企业 | Enterprises with Funds from Hong Kong,Macao and Taiwan | 69974 |
| 外商投资企业 | Foreign Funded Enterprises | 31822 |

# Gross Output Value of Industry (over Years)
# (Enterprises with Its Main Business Income Above 5 Million yuan)

(10 000 yuan)

| 2006 | 2007 | 2008 | 2009 | 2010 | 2011 | 2012 | 2012年比2011年增长(%) Growth Rate in 2012 over 2011(%) |
|---|---|---|---|---|---|---|---|
| **7272237** | **8248691** | **9376997** | **9556756** | **11170653** | **15281979** | **18883384** | **21.0** |
| **6696494** | **7559236** | **8667178** | **8967496** | **10583479** | **14662863** | **17279420** | **20.9** |
| 870555 | 687550 | 1559019 | 2032355 | 1669678 | 1921426 | 2624434 | 44.7 |
| 3914935 | 4961370 | 5653418 | 5568527 | 6826601 | 8834873 | 10259589 | 18.5 |
| 34081 | 35931 | 45407 | 52194 | 48073 | 84831 | 296127 | 259.6 |
| 2335688 | 2292378 | 2736088 | 3120416 | 3531377 | 5357776 | 6668613 | 29.0 |
| 1067348 | 1141901 | 1206143 | 1556973 | 1793079 | 2187669 | 2658612 | 27.4 |
| 2903337 | 3281153 | 3597264 | 3298784 | 3921382 | 3911648 | 3573573 | 25.0 |
| 891639 | 1017783 | 1073877 | 1156867 | 1263433 | 165588 | 213655 | 21.0 |
| 43948 | 49221 | 72696 | 25482 | 40784 | 160184 | 221497 | 48.3 |
| 236688 | 314912 | 380952 | 306719 | 414142 | 271862 | 272103 | 4.2 |
| 827352 | 942789 | 720727 | 597303 | 890227 | 1065903 | | |
| 761104 | 801405 | 1167236 | 1067486 | 1167313 | 2031816 | 2642510 | 27.8 |
| 142607 | 207225 | 263185 | 170993 | 145483 | 225134 | 223808 | 10.8 |
| 669759 | 717318 | 891078 | 935353 | 1142136 | 1440898 | 1819494 | 28.3 |
| 16833 | 11753 | 18879 | 34515 | 48447 | 81999 | 103944 | 25.7 |
| 652926 | 705566 | 872199 | 900838 | 1093689 | 1358899 | 1715550 | 28.4 |
| | | | | | 9174781 | 11357369 | 26.4 |
| | | | | | 2276526 | 2886848 | 24.2 |
| 827352 | 942789 | 720727 | 597303 | 890227 | 1060399 | 1410959 | 39.5 |
| 345442 | 445589 | 465573 | 526757 | 377342 | 906757 | 1060750 | 16.6 |
| 652926 | 705566 | 842659 | 669325 | 181714 | 1358899 | 1715550 | 28.4 |
| | | | | | 1055808 | 1392964 | 35.6 |
| 980371 | 1167720 | 1328275 | 1544539 | 1694571 | 2516392 | 2890299 | 21.3 |
| 6296029 | 7110368 | 8186898 | 8359273 | 9885539 | 13656614 | 16261429 | 22.1 |
| 1963818 | 2482745 | 2528181 | 2558660 | 2969558 | 4896761 | 4072621 | -16.4 |
| 54531 | 58318 | 46824 | 37318 | 41830 | 86648 | 59433 | -27.3 |
| 69313 | 93366 | 150674 | 47812 | 17110 | 23318 | 13062 | -40.5 |
| 11104 | 11074 | 14115 | 10578 | 12907 | 13277 | 21799 | 72.9 |
| 2108072 | 2097522 | 2787153 | 3210810 | 3633194 | 3805210 | 6207601 | 65.4 |
| 1554714 | 1748923 | 1825254 | 1762969 | 2322075 | 2753123 | 3322755 | 28.1 |
| 534477 | 618420 | 834688 | 731127 | 888864 | 2078278 | 2558414 | 27.6 |
| | | | | | | 5744 | |
| 89526 | 114085 | 169408 | 243830 | 245754 | 355905 | 310465 | -8.4 |
| 310946 | 334783 | 310871 | 364393 | 452186 | 650344 | 707526 | 12.3 |

## 7-3 续表

单位：万元

| 指　　标 | Item | 2005 | 2006 |
|---|---|---|---|
| **按经济组织类型分** | **Grouped by Economic Organization** | | |
| 独资企业 | Private-funded Enterprises | 2022061 | 2193923 |
| 合作、合伙企业 | Corporative and Partnership Enterprises | 69996 | 94147 |
| 股份有限公司 | Sharing-holding Corporation Limited | 1292412 | 1593106 |
| 有限责任公司 | Limited Liability Corporations | 2356176 | 2815319 |
| **按轻重工业分** | **Grouped by Light & Heavy Industries** | | |
| 轻工业 | Light Industry | 1783270 | 1910089 |
| 重工业 | Heavy Industry | 3957375 | 4786406 |
| **按企业规模分** | **Grouped by Size of Enterprises** | | |
| 大型企业 | Large Enterprises | 2118966 | 2504986 |
| 中型企业 | Medium-sized Enterprises | 2318695 | 2581602 |
| 小型企业 | Small Enterprises | 1302984 | 1609907 |
| 微型企业 | Micro-sized Enterprises | | |
| **按企业主营收入分** | **Grouped by Revenue from Principal Business** | | |
| 年收入在40亿元以上 | Annual Income Above 4 billion yuan | 1178740 | 1403667 |
| 年收入在20—40亿元 | Annual Income Between 2 billion and 4 billion yuan | 534916 | 1340591 |
| 年收入在10—20亿元 | Annual Income Between 1 billion and 2 billion yuan | 632682 | 201071 |
| 年收入在5—10亿元 | Annual Income Between 0.5 billion and 1 billion yuan | 688961 | 677854 |
| 年收入在1—5亿元 | Annual Income Between 0.1 billion and 0.5 billion yuan | 1467164 | 1757088 |
| 年收入在3000万元—1亿元 | Annual Income Between 30 million and 0.1 billion yuan | 730683 | 815409 |
| 年收入在1000万元—3000万元 | Annual Income Between 10 million and 30 million yuan | 372052 | 382010 |
| 年收入在1000万元以下 | Annual Income Below 10 million yuan | 135447 | 1188204 |
| **按区县地域分** | **Grouped by District or County(City)** | | |
| 南明区 | Nanming | 703403 | 816272 |
| 云岩区 | Yunyan | 1561631 | 1720216 |
| 花溪区 | Huaxi | 206543 | 234357 |
| 乌当区 | Wudang | 602618 | 606837 |
| 白云区 | Baiyun | 883509 | 1153357 |
| 小河区 | Xiaohe | 419264 | 514719 |
| 开阳县 | Kaiyang | 323682 | 389998 |
| 息烽县 | Xifeng | 409162 | 502805 |
| 修文县 | Xiuwen | 126114 | 187852 |
| 清镇市 | Qingzhen | 488801 | 547938 |
| 外地县 | Others | 15917 | 22084 |
| **规模以下工业** | **Industrial Enterprises Below Designated Size** | **576203** | **575743** |

注：贵阳供电局由南明区搬迁到云岩区；开阳县不含开磷集团数据(仅含开磷集团的矿肥公司数据)息烽县含开磷集团下属4户企业，因此，4区(县)数据波动较大。

(continued)

(10 000 yuan)

| 2007 | 2008 | 2009 | 2010 | 2011 | 2012 | 2012年比2011年增长(%) Growth Rate in 2012 over 2011(%) |
|---|---|---|---|---|---|---|
| 2777009 | 2747801 | 2829324 | 3342572 | 5556659 | 4773376 | -13.1 |
| 132555 | 197642 | 130660 | 133041 | 252589 | 239344 | 0.1 |
| 1812440 | 1981678 | 2001265 | 2529236 | 3020222 | 3546932 | 24.6 |
| 2837233 | 3740056 | 4006246 | 4578630 | 5833393 | 8719768 | 52.3 |
| | | | | | | |
| 2086884 | 2502421 | 2866480 | 3337003 | 4475231 | 5208973 | 14.8 |
| 5472352 | 6164757 | 6101016 | 7246475 | 10187631 | 12070447 | 23.6 |
| | | | | | | |
| 3190261 | 3605188 | 3582084 | 4710415 | 8070810 | 9307919 | 17.5 |
| 2678440 | 3015956 | 3040865 | 3289106 | 2542979 | 3127227 | 27.0 |
| 1690535 | 2046034 | 2344547 | 2584048 | 3883085 | 4727467 | 26.2 |
| | | | | 165989 | 116808 | -28.4 |
| | | | | | | |
| 2865128 | 3183871 | 3186051 | 3896877 | 5846834 | 6038710 | 5.7 |
| 227638 | | 320375 | 510587 | 1004866 | 1407705 | 36.7 |
| 345867 | 1107995 | 635424 | 104284 | 452196 | 1289015 | 201.8 |
| 1078927 | 652331 | 814423 | 818594 | 1733665 | 2106679 | 24.1 |
| 1818661 | 2565093 | 2640471 | 2845644 | 3639277 | 4195560 | 19.2 |
| 803373 | 755910 | 919646 | 1026203 | 1364142 | 1558105 | 18.9 |
| 340402 | 326469 | 385510 | 338327 | 498123 | 518302 | 7.1 |
| 79240 | 75509 | 65595 | 98963 | 123760 | 165345 | 34.0 |
| | | | | | | |
| 1251814 | 1364181 | 1271511 | 1547971 | 1998405 | 810395 | -57.4 |
| 1563709 | 1816922 | 1982567 | 2378666 | 1438489 | 2628610 | 82.1 |
| 265559 | 316590 | 372520 | 432302 | 732297 | 884119 | 25.9 |
| 623034 | 721003 | 828343 | 965718 | 1461615 | 1678722 | 25.5 |
| 1302600 | 1101983 | 1077920 | 1333803 | 1820471 | 2587434 | 52.0 |
| 602364 | 833819 | 1016728 | 1066011 | 2703918 | 3221535 | 18.2 |
| 493647 | 840598 | 699602 | 850894 | 1602473 | 1028120 | -37.5 |
| 437800 | 447834 | 513753 | 559055 | 803649 | 2063094 | 154.4 |
| 272514 | 335556 | 400549 | 504616 | 800438 | 1098480 | 42.6 |
| 715272 | 850595 | 774411 | 905308 | 1256265 | 1224803 | 0.7 |
| 30924 | 38097 | 29591 | 319136 | 44844 | 54109 | 25.7 |
| **689455** | **709819** | **589260** | **587174** | **619116** | **1603964** | **21.8** |

a) The moving of Guiyang Power Supply Bureau from Nanming district to Yunyan district made data in this two districts a large fluctuation. Figures of Kaiyang just included figures from Mine and Fertilizer Companies subordinated to Guizhou Kailin(Gropu)Co. , Ltd. However, figures of Xifeng included figures from 4 enterprises subordinated to Guizhou Kailin (Gropu)Co. , Ltd.So, data of the four areas had a great change.

# 7-4 产业园区情况(500万元口径)
## Basic Statistics on Industrial Parks
## (Enterprises with Its Main Business Income Above 5 Million yuan)

单位：个、万元 (unit;10 000 yuan)

| 指　　标 | Item | 2011 | 2012 | 2012年比2011年增长(%) Growth Rate in 2012 over 2011(%) |
|---|---|---|---|---|
| **企业数** | **Number of Enterprises** | | | |
| 贵阳市产业园区 | Industrial Parks | 290 | 393 | 35.5 |
| 南明龙洞堡食品工业园 | Longdongbao Food Industrial Park | 9 | 14 | 55.6 |
| 云岩益佰工业园 | Yibai Industrial Park | 1 | 1 | 持平 |
| 贵阳金石石材工业园 | Guiyang Jinshi Stone Industrial Park | 13 | 36 | 176.9 |
| 乌当医药食品工业园 | Wudang Medical and Food Industrial Park | 41 | 52 | 26.8 |
| 白云铝工业基地 | Baiyun Aluminum Industrial Base | 27 | 35 | 29.6 |
| 麦架一沙文高新技术产业园 | Maijia & Shawen High-tech Industrial Park | 34 | 43 | 26.5 |
| 小河一孟关装备制造业生态工业园 | Xiaohe & Mengguan Eco-Industrial Park for Equipment Manufacturing Industry | 26 | 29 | 11.5 |
| 开阳磷煤化工生态工业示范基地 | Eco-industrial Demonstration Bases for Phosphorus and Coal Chemical Industry in Kaiyang District | 30 | 35 | 16.7 |
| 息烽磷煤化工生态工业基地 | Eco-industrial Base for Phosphorus and Coal Chemical Industry in Xifeng | 18 | 27 | 50.0 |
| 修文扎佐医药工业园 | Zhazuo Medical Industrial Park in Xiuwen | 35 | 49 | 40.0 |
| 清镇铝煤化工基地 | Aluminium & Coal Chemical Industry Base in Qingzhen | 56 | 72 | 28.6 |
| **规模以上增加值** | **Value Added of Enterprises above Designated Size** | | | |
| 贵阳市产业园区 | Industrial Parks | 2499589 | 3710135 | 27.0 |
| 南明龙洞堡食品工业园 | Longdongbao Food Industrial Park | 88349 | 102063 | 6.8 |
| 云岩益佰工业园 | Yibai Industrial Park | 38844 | 74890 | 81.6 |
| 贵阳金石石材工业园 | Guiyang Jinshi Stone Industrial Park | 15763 | 87872 | 423.0 |
| 乌当医药食品工业园 | Wudang Medical and Food Industrial Park | 121199 | 227889 | 84.2 |
| 白云铝工业基地 | Baiyun Aluminum Industrial Base | 216499 | 467971 | 111.5 |
| 麦架一沙文高新技术产业园 | Maijia & Shawen High-tech Industrial Park | 58970 | 105116 | 71.5 |
| 小河一孟关装备制造业生态工业园 | Xiaohe & Mengguan Eco-Industrial Park for Equipment Manufacturing Industry | 1092236 | 1530419 | 29.2 |
| 开阳磷煤化工生态工业示范基地 | Eco-industrial Demonstration Bases for Phosphorus and Coal Chemical Industry in Kaiyang District | 358135 | 252419 | -38.5 |
| 息烽磷煤化工生态工业基地 | Eco-industrial Base for Phosphorus and Coal Chemical Industry in Xifeng | 186462 | 554586 | 168.8 |
| 修文扎佐医药工业园 | Zhazuo Medical Industrial Park in Xiuwen | 127940 | 166612 | 23.4 |
| 清镇铝煤化工基地 | Aluminium & Coal Chemical Industry Base in Qingzhen | 195192 | 140298 | -31.8 |
| **规模以上总产值** | **Gross Industrial Output Value of Enterprises above Designated Size** | | | |
| 贵阳市产业园区 | Industrial Parks | 8514563 | 11746140 | 27.2 |
| 南明龙洞堡食品工业园 | Longdongbao Food Industrial Park | 297168 | 355252 | 21.3 |
| 云岩益佰工业园 | Yibai Industrial Park | 153257 | 200134 | 34.8 |
| 贵阳金石石材工业园 | Guiyang Jinshi Stone Industrial Park | 88285 | 421484 | 408.0 |
| 乌当医药食品工业园 | Wudang Medical and Food Industrial Park | 420442 | 856112 | 117.6 |
| 白云铝工业基地 | Baiyun Aluminum Industrial Base | 1292415 | 1959336 | 62.8 |
| 麦架一沙文高新技术产业园 | Maijia & Shawen High-tech Industrial Park | 314920 | 465113 | 56.0 |
| 小河一孟关装备制造业生态工业园 | Xiaohe & Mengguan Eco-Industrial Park for Equipment Manufacturing Industry | 1940307 | 2570640 | 29.3 |
| 开阳磷煤化工生态工业示范基地 | Eco-industrial Demonstration Bases for Phosphorus and Coal Chemical Industry in Kaiyang District | 1601283 | 1028120 | -37.4 |
| 息烽磷煤化工生态工业基地 | Eco-industrial Base for Phosphorus and Coal Chemical Industry in Xifeng | 803649 | 2052773 | 153.0 |
| 修文扎佐医药工业园 | Zhazuo Medical Industrial Park in Xiuwen | 519646 | 876873 | 75.9 |
| 清镇铝煤化工基地 | Aluminium & Coal Chemical Industry Base in Qingzhen | 1083191 | 960305 | -8.3 |

# 7–5 工业总产值(2000万元口径)
# Gross Output Value of Industry (Enterprises with Its Main Business Income Above 20 Million yuan)

单位：万元 (10 000 yuan)

| 指 标 | Item | 2012 | 2012年比2011年增长(%) Growth Rate in 2012 over 2011 (%) |
|---|---|---|---|
| **全部工业总产值** | **Total** | **18883384** | **17.3** |
| **规模以上工业合计** | **Number of Industrial Enterprises Above Designated Size** | **15934771** | **17.2** |
| #亏损企业 | Loss-generating Enterprises | 2355165 | 42.7 |
| #国有控股企业 | State Holding Enterprises | 10009794 | 16.4 |
| #农村工业 | Rural Industries | 261059 | 435.6 |
| #非公有制工业 | Non-public Industries | 5634541 | 22.5 |
| **按登记注册类型分** | **By Status of Registration** | | |
| 内资企业 | Domestic Funded | 14959517 | 18.4 |
| 国有企业 | State-owned Enterprises | 3783654 | -21.7 |
| 集体企业 | Collective-owned Enterprises | 24961 | -43.0 |
| 股份合作企业 | Cooperative Enterprises | 8865 | -40.2 |
| 联营企业 | Joint Ownership Enterprises | 13896 | 29.2 |
| 有限责任公司 | Limited Liability Corporations | 5659592 | 63.0 |
| 股份有限公司 | Sharing-holding Corporation Limited | 3261488 | 26.2 |
| 私营企业 | Private Enterprises | 2207062 | 30.8 |
| 港、澳、台商投资企业 | Enterprises with Funds from Hong Kong,Macao and Taiwan | 286279 | -14.8 |
| 外商投资企业 | Foreign Funded Enterprises | 688975 | 10.2 |
| **按经济组织类型分** | **Grouped by Economic Organization** | | |
| 独资企业 | Private-funded Enterprises | 4315046 | -19.4 |
| 合作、合伙企业 | Corporative and Partnership Enterprises | 211041 | 0.8 |
| 股份有限公司 | Sharing-holding Corporation Limited | 3481949 | 22.9 |
| 有限责任公司 | Limited Liability Corporations | 7926736 | 52.2 |
| **按轻重工业分** | **Grouped by Light & Heavy Industries** | | |
| 轻工业 | Light Industry | 4912009 | 14.2 |
| 重工业 | Heavy Industry | 11022762 | 18.5 |
| **按企业规模分** | **Grouped by Size of Enterprises** | | |
| 大型企业 | Large Enterprises | 9222967 | 16.4 |
| 中型企业 | Medium-sized Enterprises | 3041156 | 23.5 |
| 小型企业 | Small Enterprises | 3646969 | 16.9 |
| 微型企业 | Micro-sized Enterprises | 23680 | -73.4 |
| 高技术 | High-tech | 2520645 | 25.7 |
| 贵阳市产业园区 | Industrial Parks | | |
| 南明龙洞堡食品工业园 | Longdongbao Food Industrial Park | 338101 | 17.6 |

## 7-5 续表 (continued)

单位：万元 (10 000 yuan)

| 指　　标 | Item | 2012 | 2012年比2011年增长(%) Growth Rate in 2012 over 2011 (%) |
|---|---|---|---|
| 云岩益佰工业园 | Yibai Industrial Park | 200134 | 34.8 |
| 贵阳金石石材工业园 | Guiyang Jinshi Stone Industrial Park | 57052 | 17.8 |
| 乌当医药食品工业园 | Wudang Medical and Food Industrial Park | 442640 | 24.7 |
| 白云铝工业基地 | Baiyun Aluminum Industrial Base | 1800281 | 53.9 |
| 麦架—沙文高新技术产业园 | Maijia & Shawen High-tech Industrial Park | 377300 | 56.3 |
| 小河—孟关装备制造业生态工业园 | Xiaohe & Mengguan Eco-Industrial Park for Equipment Manufacturing Industry | 2399252 | 20.7 |
| 开阳磷煤化工生态工业示范基地 | Eco-industrial Demonstration Bases for Phosphorus and Coal Chemical Industry in Kaiyang District | 1605447 | -0.7 |
| 息烽磷煤化工生态工业基地 | Eco- industrial Base for Phosphorus and Coal Chemical Industry in Xifeng | 1061402 | 35.2 |
| 修文扎佐医药工业园 | Zhazuo Medical Industrial Park in Xiuwen | 707988 | 42.7 |
| 清镇铝煤化工基地 | Aluminium & Coal Chemical Industry Base in Qingzhen | 960595 | -0.3 |
| **按企业主营收入分** | **Grouped by Revenue from Principal Business** | | |
| 年收入在40亿元以上 | Annual Income Above 4 billion yuan | 6748095 | 17.6 |
| 年收入在20—40亿元 | Annual Income Between 2 billion and 4 billion yuan | 831304 | -19.7 |
| 年收入在10—20亿元 | Annual Income Between 1 billion and 2 billion yuan | 1071078 | 154.5 |
| 年收入在5—10亿元 | Annual Income Between 0.5 billion and 1 billion yuan | 2106679 | 24.1 |
| 年收入在1—5亿元 | Annual Income Between 0.1 billion and 0.5 billion yuan | 3926958 | 12.1 |
| 年收入在3000万元—1亿元 | Annual Income Between 30 million and 0.1 billion yuan | 1066931 | 1.6 |
| 年收入在1000万元—3000万元 | Annual Income Between 10 million and 30 million yuan | 163056 | -11.9 |
| 年收入在1000万元以下 | Annual Income Below 10 million yuan | 20670 | 482.1 |
| **按区县地域分** | **Grouped by District or County(City)** | | |
| 南明区 | Nanming | 728009 | -59.9 |
| 云岩区 | Yunyan | 2583977 | 85.8 |
| 花溪区 | Huaxi | 680244 | 15.4 |
| 乌当区 | Wudang | 1399235 | 14.8 |
| 白云区 | Baiyun | 2338175 | 50.3 |
| 小河区 | Xiaohe | 3118898 | 15.6 |
| 开阳县 | Kaiyang | 1818028 | 12.1 |
| 息烽县 | Xifeng | 1063826 | 35.5 |
| 修文县 | Xiuwen | 1063151 | 40.0 |
| 清镇市 | Qingzhen | 1087120 | -2.6 |
| 外地县 | Others | 54109 | 25.7 |
| **规模以下工业** | **Industrial Enterprises Below Designated Size** | **2948613** | **17.8** |

注：1.工业总产值按当年价格计算；
2.规模以上工业企业增长速度按价格指数紧缩后的可比价格计算；
3.规模以下工业按第二次经济普查资料调整抽样调查框后调查推算而得，规模以下工业增长速度按可比口径计算。
4.2012年贵阳供电局从南明区迁至云岩区，致使两区数据波动较大。

a) Gross output value of industrial enterprises was calculated on current price.
b) The growth rate of industrial enterprises above designated size was calculated on the comparable price after the decrease of price index.
c) The industrial enterprises below designated size is given by adjusting a sample survey of the second National Economic Census.
The growth rate of industrial enterprises below designated size is calculated on comparable basis.
d) The moving of Guiyang Power Supply Bureau from Nanming district toYunyan district in 2012 made data in this two districts a large fluctuation.

# 7–6 规模以上工业分行业总产值(2000万元口径)
# Gross Output Value of Industrial Enterprises Above Designated Size by Sector (Enterprises with Its Main Business Income Above 20 Million yuan)

单位：万元 (10 000 yuan)

| 指 标 | Item | 2012 | 2012年比2011年增长(%) Growth Rate in 2012 over 2011 (%) |
|---|---|---|---|
| **总 计** | **Total** | **15934771** | **17.2** |
| **按工业行业分** | **By Sector** | | |
| **采矿业** | **Mining** | **256891** | **19.6** |
| 煤炭开采和洗选业 | Mining and Washing of Coal | 158270 | 23.2 |
| 非金属矿采选业 | Ming and Processing of Non-mental of Ores | 98621 | 12.8 |
| **制造业** | **Manufacturing** | **13849768** | **20.2** |
| 农副食品加工业 | Processing of Foods from Agricultural Products | 351619 | 22.2 |
| 食品制造业 | Manufacture of Foods | 363656 | 0.7 |
| 酒、饮料和精制茶制造业 | Manufacture of Wine,Beverages and Refined Tea | 253374 | 31.8 |
| 烟草制品业 | Manufacture of Tobacco | 1715550 | 28.4 |
| 纺织业 | Manufacture of Textile | 2255 | -54.6 |
| 纺织服装、服饰业 | Manufacture of Textile Wearing Apparel | 34865 | 11.5 |
| 皮革、毛皮、羽毛及其制品和制鞋业 | Manufacture of Leather,Fur,Feather and Related Products and Foot Wares | 111012 | 2.8 |
| 木材加工及木、竹、藤、棕、草制品业 | Manufacture of Timber,Manufacture of Wood,Bamboo,Rattan, Palm,and Straw Products | 3501 | -19.2 |
| 家具制造业 | Manufacture of Furniture | 25396 | 29.1 |
| 造纸和纸制品业 | Manufacture of Paper and Paper Products | 41202 | 16.8 |
| 印刷业和记录媒介复制业 | Printing,Reproduction of Recording Media | 110332 | -10.2 |
| 文教、工美、体育和娱乐用品制造业 | Manufacture of Articles for Culture,Education,Industrial Arts and Sport Activities | | |
| 化学原料和化学制品制造业 | Manufacture of Raw Chemical Materials and Chemical Products | 2843546 | 22.0 |
| 医药制造业 | Manufacture of Medicines | 1420412 | 16.8 |
| 橡胶和塑料制品业 | Manufacture of Chemical Fibers and Plastics | 1225109 | 12.2 |
| 非金属矿物制品业 | Manufacture of Non-metallic Mineral Products | 727611 | 19.8 |
| 黑色金属冶炼和压延加工业 | Smelting and Pressing of Ferrous Metals | 650191 | 12.7 |
| 有色金属冶炼和压延加工业 | Smelting and Pressing of Non-ferrous Metals | 1270443 | 67.8 |
| 金属制品业 | Manufacture of Metal Products | 188759 | -9.3 |
| 通用设备制造业 | Manufacture of General Purpose Machinery | 239151 | 13.8 |
| 专用设备制造业 | Manufacture of Special Purpose Machinery | 183877 | 19.3 |
| 汽车制造业 | Manufacture of Automobile | 419872 | 14.8 |

## 7-6 续表 (continued)

单位：万元 (10 000 yuan)

| 指 标 | Item | 2012 | 2012年比2011年增长(%) Growth Rate in 2012 over 2011(%) |
|---|---|---|---|
| 铁路、船舶、航空航天和其他运输设备制造业 | Manufacture of Railway,Watercraft,Aviation,Aerospace and Other Transport Equipment | 494163 | 20.5 |
| 电气机械和器材制造业 | Manufacture of Electrical Machinery and Equipment | 364389 | 6.0 |
| 计算机、通信和其他电子设备制造业 | Manufacture of Communication Equipment,Computers and Other Electronic Equipment | 605733 | 22.6 |
| 仪器、仪表制造业 | Manufacture of Measuring Instruments | 80689 | 16.9 |
| 其他制造业 | Others | 123062 | -100.0 |
| **电力、燃气及水的生产和供应业** | **Electric Power,Gas and Water Production and Supply** | **1828113** | **-1.0** |
| 电力、热力的生产和供应业 | Production and Supply of Electric Power and Heat Power | 1504302 | -1.8 |
| 燃气生产和供应业 | Production and Supply of Gas | 274480 | 3.2 |
| 水的生产和供应业 | Production and Supply of Water | 49331 | 2.6 |
| **按支柱、特色行业分** | **Grouped by Pillar and Characteristic Industries** | | |
| 能源、优势原材料为主的支柱产业 | Pillar Industry of Energy and Raw Materials | 3449472 | 23.0 |
| 电 | Electricity | 208216 | 20.0 |
| 煤 | Coal | 163760 | 23.2 |
| 煤化工 | Coal Chemical Industry | 444800 | 75.7 |
| 铝及铝加工 | Aluminum and Its Processing Industry | | |
| 磷及磷化工 | Phosphorus and Its Chemical Industry | 2408888 | 17.8 |
| 铁合金 | Iron Alloy | 223808 | 10.8 |
| 烟酒为主的传统支柱产业 | Traditional Pillar Industries on Tobacco and Liquor | 1814580 | 27.9 |
| 酒 | Liquor | 99030 | 19.8 |
| 烟 | Tobacco | 1715550 | 28.4 |
| 六大特色支柱产业 | Six Special Pillar Industries | 10768487 | 25.2 |
| 磷煤化工 | Phosphorus and Coal Chemical Industry | 2853688 | 24.4 |
| 铝及铝化工 | Aluminum and Its Chemical Industry | 1470364 | 56.8 |
| 特色食品 | Characteristic Food | 968649 | 15.1 |
| 烟草制品 | Tobacco | 1715550 | 28.4 |
| 现代医药 | Modern Medicine | 1235723 | 26.6 |
| 装备制造业 | Manufacture of Equipment | 2524514 | 13.9 |

注：1. 工业总产值按当年价格计算；
2. 增长速度按价格指数紧缩后的可比价格计算。

a) Gross output value of industrial enterprises was calculated on the current price.
b) The growth rate was calculated on the comparable price after the decrease of price index.

# 7-7 规模以上工业主要经济指标变动情况(2000万元口径)
# The Variation of Main Economic Indicators in Industrial Enterprises Above Designated Size(Enterprises with Its Main Business Income Above 20 Million yuan)

单位：万元 (10 000 yuan)

| 指标 | Item | 总计 Total | | #国有及国有控股 State-owned and State-holding Enterprises | |
|---|---|---|---|---|---|
| | | 2012 | 2012年比2011年增长(%) Growth Rate in 2012 over 2011(%) | 2012 | 2012年比2011年增长(%) Growth Rate in 2012 over 2011(%) |
| 企业单位数(个) | Number of Enterprises(unit) | 401 | 1.8 | 126 | 10.5 |
| #亏损企业数(个) | Loss-generating Enterprises(unit) | 89 | 持平 | 36 | 2.9 |
| 工业总产值(当年价格) | Gross Industrial Output Value | 15934771 | 17.2 | 10009794 | 16.3 |
| 工业销售产值(当年价格) | Industrial Sales Value (current price) | 14774489 | 13.6 | 9335658 | 12.4 |
| #出口交货值 | Delivery Value of Export | 637566 | -3.1 | 570942 | -3.4 |
| 工业增加值(收入法) | Value-added of Industry | 4556811 | 17.6 | 3128151 | 19.4 |
| 资产合计 | Total Assets | 18252833 | 16.9 | 13789664 | 13.3 |
| 流动资产合计 | Total Current Assets | 8743403 | 15.1 | 5987662 | 11.3 |
| #应收账款净额 | Net Receivables | 1585620 | 19.1 | 1016959 | 17.6 |
| 存 货 | Goods in Stock | 2596613 | 5.1 | 1982847 | 6.6 |
| #产成品 | Finished Goods | 1030030 | 1.9 | 749598 | 2.4 |
| 固定资产小计 | Total Fixed Assets | 6801217 | 6.3 | 5591803 | 1.7 |
| 固定资产原价 | Original Value of Fixed Assets | 9317516 | 5.9 | 7818655 | 2.2 |
| 累计折旧 | Accumulated Depreciation | 3587008 | -3.4 | 3121730 | -5.2 |
| 年末固定资产净值余额 | Net Value of Fixed Assets at Year-end | 5730508 | 12.7 | 4696925 | 7.8 |
| 负债合计 | Total Liabilities | 12015238 | 22.1 | 9420636 | 18.9 |
| 流动负债合计 | Total Working Liabilities | 8128770 | 16.3 | 6191005 | 16.3 |
| #应付帐款 | Accounts Payable | 1802202 | 16.4 | 1387553 | 18.8 |
| 长期负债合计 | Total Long-term Liability | 3484802 | 24.9 | 3056698 | 17.8 |
| 所有者权益合计 | Owners' Equity | 6236965 | 9.5 | 4375212 | 4.6 |
| #实收资本 | Paid-up Capital | 3541325 | 3.1 | 2664236 | 0.3 |
| 国家资本 | State Capital | 1089510 | 22.6 | 1086192 | 23.2 |
| 集体资本 | Collective Capital | 22255 | -31.9 | 6972 | 57.1 |
| 法人资本 | Corporation Capital | 1748502 | -3.3 | 1372616 | -12.6 |
| 个人资本 | Private Capital | 450026 | -1.7 | 107020 | -14.0 |
| 港澳台资本 | Capital from Hong Kong,Macao and Taiwan | 91197 | -6.7 | 69588 | -7.8 |
| 外商资本 | Foreign Capital | 128875 | -12.9 | 21848 | 25908.9 |
| 主营业务收入 | Revenue from Principal Business | 15631313 | 20.3 | 10494347 | 21.4 |
| 主营业务成本 | Cost of Principal Business | 10697328 | 6.1 | 7011436 | 4.8 |
| 主营业务税金及附加 | Tax and Extra Charge from Principal Business | 948740 | 23.5 | 902900 | 23.4 |
| 其他业务利润 | Others | 66885 | 25.4 | 43772 | -10.0 |
| 营业费用 | Operating Expenses | 715956 | 18.3 | 255738 | 12.6 |
| 管理费用 | Management Expenses | 757563 | 6.8 | 564369 | 11.4 |
| #税 金 | Taxes | 30748 | 5.7 | 21804 | 15.3 |
| 财务费用 | Financial Expenses | 255887 | 11.3 | 207585 | 9.9 |
| #利息支出 | Interest Expense | 236135 | 5.3 | 194328 | 3.9 |
| 营业利润 | Operating Profit | 1144686 | 54.2 | 421994 | 5.3 |
| 投资收益 | Investment Income | 28125 | 23.2 | 16452 | -13.7 |
| 补贴收入 | Income from Subsidies | 70513 | 124.2 | 46379 | 146.1 |
| 利润总额 | Total Profits | 1268690 | 54.5 | 512025 | 12.0 |
| 应交所得税 | Income Taxes Payable | 183116 | 20.0 | 115133 | 46.9 |
| 亏损企业亏损总额 | Total Losses | 90838 | -18.6 | 69912 | -23.5 |
| 利税总额 | Total Taxes and Profits | 2860806 | 38.6 | 1844156 | 23.0 |
| 本年应交增值税 | Value Added Tax Payable | 643376 | 35.7 | 429231 | 38.4 |
| 本年进项税额 | Input VAT | 1244219 | -1.3 | 861001 | -4.5 |
| 本年销项税额 | Output VAT | 1787707 | 15.6 | 1104996 | 7.3 |
| 工业中间投入合计 | Total Intermediate Input | 10706312 | 27.2 | 6578021 | 27.3 |
| 全部从业人员年平均人数(人) | Annual Average Employed Persons | 194455 | -1.3 | 137864 | -0.4 |

## 7-7 续表

单位：万元

| 指　　标 | Item | #高技术工业 High-tech Industries | |
|---|---|---|---|
| | | 2012 | 2012年比2011年增长(%) Growth Rate in 2012 over 2011(%) |
| 企业单位数(个) | Number of Enterprises(unit) | 73 | 5.8 |
| #亏损企业数(个) | Loss-generating Enterprises(unit) | 5 | 25.0 |
| 工业总产值(当年价格) | Gross Industrial Output Value | 2520645 | 25.7 |
| 工业销售产值(当年价格) | Industrial Sales Value (current price) | 2183374 | 22.0 |
| #出口交货值 | Delivery Value of Export | 52890 | -49.5 |
| 工业增加值(收入法) | Value-Added of Industry(income approach) | 659543 | 25.1 |
| 资产合计 | Total Assets | 2430907 | 18.6 |
| 流动资产合计 | Total Current Assets | 1631878 | 20.3 |
| #应收账款净额 | Net Receivables | 431849 | 33.2 |
| 存　货 | Goods in Stock | 406739 | 13.9 |
| #产成品 | Finished Goods | 191731 | 22.6 |
| 固定资产小计 | Total Fixed Assets | 436575 | 9.2 |
| 固定资产原价 | Original Value of Fixed Assets | 716042 | 21.0 |
| 累计折旧 | Accumulated Depreciation | 323592 | 20.6 |
| 年末固定资产净值余额 | Net Value of Fixed Assets at Year-end | 392450 | 21.4 |
| 负债合计 | Total Liabilities | 1136607 | 27.9 |
| 流动负债合计 | Total Working Liabilities | 939028 | 20.2 |
| #应付帐款 | Accounts Payable | 285413 | 52.9 |
| 长期负债合计 | Total Long-term Liability | 177289 | 77.3 |
| 所有者权益合计 | Owners' Equity | 1314270 | 13.6 |
| #实收资本 | Paid-up Capital | 611050 | 9.3 |
| 国家资本 | State Capital | 62567 | 29.9 |
| 集体资本 | Collective Capital | 6228 | -40.1 |
| 法人资本 | Corporation Capital | 392658 | 23.0 |
| 个人资本 | Private Capital | 111447 | -7.9 |
| 港澳台资本 | Capital from Hong Kong,Macao and Taiwan | 2590 | -54.3 |
| 外商资本 | Foreign Capital | 35561 | -35.0 |
| 主营业务收入 | Revenue from Principal Business | 1999608 | 17.9 |
| 主营业务成本 | Cost of Principal Business | 1161306 | 5.8 |
| 主营业务税金及附加 | Tax and Extra Charge from Principal Business | 21704 | 84.3 |
| 其他业务利润 | Others | 3414 | 32.6 |
| 营业费用 | Operating Expenses | 408987 | 36.4 |
| 管理费用 | Management Expenses | 181296 | 27.6 |
| #税　金 | Taxes | 4137 | -16.3 |
| 财务费用 | Financial Expenses | 22825 | 14.1 |
| #利息支出 | Interest Expense | 20677 | -5.6 |
| 营业利润 | Operating Profit | 215786 | 58.4 |
| 投资收益 | Investment Income | 10084 | 160.8 |
| 补贴收入 | Income from Subsidies | 12618 | 178.6 |
| 利润总额 | Total Profits | 238086 | 54.5 |
| 应交所得税 | Income Taxes Payable | 32080 | 28.1 |
| 亏损企业亏损总额 | Total Losses | 2324 | 12.3 |
| 利税总额 | Total Taxes and Profits | 358334 | 49.1 |
| 本年应交增值税 | Value Added Tax Payable | 98545 | 32.5 |
| 本年进项税额 | Input VAT | 199557 | 25.3 |
| 本年销项税额 | Output VAT | 398640 | 76.4 |
| 工业中间投入合计 | Total Intermediate Input | 1655367 | 39.5 |
| 全部从业人员年平均人数(人) | Annual Average Employed Persons | 35687 | 10.5 |

(continued)

(10 000 yuan)

| #非公有制工业 Non-public | | #大中型工业 Large and Medium-sized Enterprises | | #装备制造业 Manufacture of Equipment | |
|---|---|---|---|---|---|
| 2012 | 2012年比2011年增长(%) Growth Rate in 2012 over 2011(%) | 2012 | 2012年比2011年增长(%) Growth Rate in 2012 over 2011(%) | 2012 | 2012年比2011年增长(%) Growth Rate in 2012 over 2011(%) |
| 253 | -1.2 | 121 | 6.1 | 95 | 1.1 |
| 44 | -8.3 | 23 | 4.5 | 18 | 28.6 |
| 5634541 | 22.5 | 12264122 | 18.1 | 2524514 | 13.8 |
| 5166467 | 18.7 | 11389047 | 13.2 | 2320213 | 8.5 |
| 62059 | -2.5 | 576809 | 5.0 | 91912 | -38.3 |
| 1355954 | 15.9 | 3745532 | 20.8 | 556696 | 10.3 |
| 4255067 | 31.7 | 14886537 | 15.5 | 3154417 | 7.5 |
| 2647126 | 26.6 | 6946010 | 13.3 | 2090616 | 9.0 |
| 553044 | 26.3 | 1108966 | 14.3 | 603937 | 23.4 |
| 586552 | 1.2 | 2206283 | 6.8 | 605119 | -1.5 |
| 266204 | -0.6 | 834611 | 2.9 | 277415 | -4.5 |
| 1162422 | 40.8 | 5625785 | 5.3 | 633454 | 12.2 |
| 1419293 | 34.1 | 7850064 | 8.7 | 991808 | 7.7 |
| 420606 | 13.7 | 3083383 | -1.3 | 460629 | 9.3 |
| 998687 | 45.1 | 4766682 | 16.3 | 531179 | 6.3 |
| 2448280 | 38.5 | 9960287 | 24.5 | 1684382 | 13.5 |
| 1838470 | 18.5 | 6762230 | 21.6 | 1362782 | 5.2 |
| 390601 | 9.3 | 1492135 | 21.6 | 503542 | 12.5 |
| 424045 | 153.6 | 3085427 | 27.2 | 208757 | 16.7 |
| 1801849 | 24.2 | 4937663 | 2.7 | 1468287 | 2.2 |
| 837850 | 12.7 | 2566068 | -8.9 | 872774 | 5.6 |
| 1356 | -57.7 | 969496 | 18.2 | 159801 | -3.7 |
| 11751 | -39.4 | 4780 | -77.8 | 6150 | 139.6 |
| 360082 | 62.8 | 1209547 | -22.0 | 517456 | 16.8 |
| 325065 | -1.4 | 239824 | -7.9 | 126568 | -13.7 |
| 21608 | -2.8 | 74318 | -3.6 | 3561 | -63.2 |
| 107028 | -27.6 | 68103 | -22.1 | 59238 | 1.3 |
| 4876669 | 21.3 | 12417071 | 21.9 | 2306870 | 8.6 |
| 3495691 | 11.4 | 8206913 | 5.3 | 1839855 | 8.4 |
| 43897 | 42.1 | 918359 | 23.7 | 9692 | 17.6 |
| 22528 | 475.9 | 43553 | -9.2 | 8859 | -2.1 |
| 454524 | 30.4 | 517576 | 18.1 | 109063 | 16.6 |
| 178336 | -1.4 | 598427 | 8.4 | 228528 | 13.6 |
| 8212 | 10.1 | 24004 | 12.4 | 5639 | 25.7 |
| 46285 | 17.7 | 201993 | 24.0 | 22657 | 37.2 |
| 40365 | 13.1 | 188348 | 16.6 | 20430 | 9.1 |
| 676262 | 121.4 | 842196 | 39.9 | 107614 | -8.3 |
| 10458 | 181.3 | 19613 | -12.2 | 7049 | -19.0 |
| 21863 | 74.7 | 56182 | 148.4 | 16744 | 133.4 |
| 707557 | 117.6 | 937181 | 40.0 | 138125 | 0.1 |
| 61944 | -10.3 | 143770 | 26.5 | 19738 | 1.6 |
| 17121 | -3.3 | 57214 | -2.0 | 10717 | 60.3 |
| 955131 | 87.5 | 2358835 | 32.2 | 196850 | 3.7 |
| 203677 | 33.0 | 503295 | 35.3 | 49033 | 12.6 |
| 352232 | 4.1 | 965682 | 1.5 | 307128 | 9.0 |
| 642777 | 36.5 | 1390084 | 20.8 | 322647 | 10.9 |
| 3940041 | 31.1 | 8069765 | 25.7 | 1757955 | 13.4 |
| 51661 | -2.7 | 161051 | 0.8 | 52843 | 0.1 |

# 7–8 规模以上工业增加值及构成(2000万元口径)
# Components of Value Added of Industrial Enterprises Above Designated Size (Enterprises with Its Main Business Income Above 20 Million yuan)

单位：万元 (10 000 yuan)

| 指　　标 | Item | 2012 | 2012年比2011年增长(%) Growth Rate in 2012 over 2011 (%) | 工　业增加值率(%) Rate of Industrial Value Added(%) |
|---|---|---|---|---|
| **总　　计** | **Total** | **4556811** | **17.6** | **28.6** |
| #亏损企业 | Loss-generating Enterprises | 394694 | 22.3 | 16.8 |
| #国有控股企业 | State Holding Enterprises | 3128151 | 19.4 | 31.3 |
| #农村工业 | Rural Industries | 61092 | 630.4 | 23.4 |
| #非公有制工业 | Non-public Industries | 1355954 | 15.9 | 24.1 |
| **按登记注册类型分** | **By Status of Registration** | | | |
| 内资企业 | Domestic Funded | 4284253 | 18.5 | 28.6 |
| 国有企业 | State-owned Enterprises | 1875881 | 0.6 | 49.6 |
| 集体企业 | Collective-owned Enterprises | 5046 | -35.0 | 20.2 |
| 股份合作企业 | Cooperative Enterprises | 733 | -78.2 | 8.3 |
| 联营企业 | Joint Ownership Enterprises | 2647 | 70.3 | 19.1 |
| 有限责任公司 | Limited Liability Corporations | 1188539 | 53.6 | 21.0 |
| 股份有限公司 | Sharing-holding Corporation Limited | 666950 | 32.7 | 20.5 |
| 私营企业 | Private Enterprises | 544456 | 18.0 | 24.7 |
| 港、澳、台商投资企业 | Enterprises with Funds from Hong Kong,Macao and Taiwan | 72410 | -15.3 | 25.3 |
| 外商投资企业 | Foreign Funded Enterprises | 200148 | 14.9 | 29.1 |
| **按经济组织类型分** | **Grouped by Economic Organization** | | | |
| 独资企业 | Private-funded Enterprises | 2031686 | 1.0 | 47.1 |
| 合作、合伙企业 | Corporative and Partnership Enterprises | 46953 | -31.0 | 22.3 |
| 股份有限公司 | Sharing-holding Corporation Limited | 724393 | 28.6 | 20.8 |
| 有限责任公司 | Limited Liability Corporations | 1753778 | 42.4 | 22.1 |
| **按轻重工业分** | **Grouped by Light & Heavy Industries** | | | |
| 轻工业 | Light Industry | 2235093 | 21.9 | 45.5 |
| 重工业 | Heavy Industry | 2321717 | 13.8 | 21.1 |
| **按企业规模分** | **Grouped by Size of Enterprises** | | | |
| 大型企业 | Large Enterprises | 3058372 | 22.7 | 33.2 |
| 中型企业 | Medium-sized Enterprises | 687160 | 13.0 | 22.6 |
| 小型企业 | Small Enterprises | 807004 | 7.8 | 22.1 |
| 微型企业 | Micro-sized Enterprises | 4274 | -82.0 | 18.1 |

## 7-8 续表1 (continued)

单位：万元 (10 000 yuan)

| 指 标 | Item | 2012 | 2012年比2011年增长(%) Growth Rate in 2012 over 2011 (%) | 工 业 增加值率(%) Rate of Industrial Added Value (%) |
|---|---|---|---|---|
| **按企业主营业务收入分** | **Grouped by Revenue from Principal Business** | | | |
| 年收入在40亿元以上 | Annual Income Above 4 billion yuan | 2391084 | 27.3 | 35.4 |
| 年收入在20—40亿元 | Annual Income Between 2 billion and 4 billion yuan | 181725 | -8.3 | 21.9 |
| 年收入在10—20亿元 | Annual Income Between 1 billion and 2 billion yuan | 241183 | 163.9 | 22.5 |
| 年收入在5—10亿元 | Annual Income Between 0.5 billion and 1 billion yuan | 557892 | 19.8 | 26.5 |
| 年收入在1—5亿元 | Annual Income Between 0.1 billion and 0.5 billion yuan | 933337 | -1.7 | 23.8 |
| 年收入在3000万元—1亿元 | Annual Income Between 30 million and 0.1 billion yuan | 209721 | -15.3 | 19.7 |
| 年收入在1000万元—3000万元 | Annual Income Between 10 million and 30 million yuan | 37888 | -21.4 | 23.2 |
| 年收入在1000万元以下 | Annual Income Below 10 million yuan | 3981 | 312.4 | 19.3 |
| **按支柱、特色行业分** | **Grouped by Pillar and Characteristic Industries** | | | |
| 能源、优势原材料为主的支柱产业 | Pillar Industry of Energy and Raw Materials | 820762 | 13.8 | 23.8 |
| 电 | Electricity | 86080 | 17.3 | 41.3 |
| 煤 | Coal | 54112 | -16.3 | 33.0 |
| 煤化工 | Coal Chemical Industry | 57947 | 65.9 | 13.0 |
| 铝及铝加工 | Aluminum and Its Processing Industry | | | |
| 磷及磷化工 | Phosphorus and Its Chemical Industry | 608102 | 17.6 | 25.2 |
| 铁合金 | Iron Alloy | 14520 | -49.4 | 6.5 |
| 烟酒为主的传统支柱产业 | Traditional Pillar Industries on Tobacco and Liquor | 1468970 | 29.0 | 81.0 |
| 酒 | Liquor | 50446 | -31.2 | 50.9 |
| 烟 | Tobacco | 1418524 | 33.0 | 82.7 |
| 六大特色支柱产业 | Six Special Pillar Industries | 3598755 | 27.8 | 33.4 |
| 磷煤化工 | Phosphorus and Coal Chemical Industry | 666049 | 21.0 | 23.3 |
| 铝及铝化工 | Aluminum and Its Chemical Industry | 331422 | 100.9 | 22.5 |
| 特色食品 | Characteristic Food | 259005 | 6.7 | 26.7 |
| 烟草制品 | Tobacco | 1418524 | 33.0 | 82.7 |
| 现代医药 | Modern Medicine | 367059 | 27.3 | 29.7 |
| 装备制造业 | Manufacture of Equipment | 556696 | 10.3 | 22.1 |
| 高技术 | High-tech | 659543 | 25.1 | 26.2 |

## 7-8 续表2 (continued)

单位：万元 (10 000 yuan)

| 指 标 | Item | 2012 | 2012年比2011年增长(%) Growth Rate in 2012 over 2011 (%) | 工 业 增加值率(%) Rate of Industrial Added Value (%) |
|---|---|---|---|---|
| 贵阳市产业园区 | Industrial Parks | | | |
| 南明龙洞堡食品工业园 | Longdongbao Food Industrial Park | 99368 | 5.5 | 29.4 |
| 云岩益佰工业园 | Yibai Industrial Park | 74890 | 81.6 | 37.4 |
| 贵阳金石石材工业园 | Guiyang Jinshi Stone Industrial Park | 8551 | -5.2 | 15.0 |
| 乌当医药食品工业园 | Wudang Medical and Food Industrial Park | 121359 | 6.0 | 27.4 |
| 白云铝工业基地 | Baiyun Aluminum Industrial Base | 435004 | 102.7 | 24.2 |
| 麦架—沙文高新技术产业园 | Maijia & Shawen High-tech Industrial Park | 63604 | 38.1 | 16.9 |
| 小河—孟关装备制造业生态工业园 | Xiaohe & Mengguan Eco-Industrial Park for Equipment Manufacturing Industry | 1502539 | 27.1 | 62.6 |
| 开阳磷煤化工生态工业示范基地 | Eco-industrial Demonstration Bases for Phosphorus and Coal Chemical Industry in Kaiyang District | 341043 | -13.8 | 21.2 |
| 息烽磷煤化工生态工业基地 | Eco- industrial Base for Phosphorus and Coal Chemical Industry in Xifeng | 324002 | 61.8 | 30.5 |
| 修文扎佐医药工业园 | Zazuo Medical Industrial Park in Xiuwen | 146103 | 10.0 | 20.6 |
| 清镇铝煤化工基地 | Aluminum & Coal Chemical Industry Base in Qingzhen | 147302 | -20.2 | 15.3 |
| **按区县地域分** | **Grouped by District or County(City)** | | | |
| 南明区 | Nanming | 224848 | -45.0 | 30.9 |
| 云岩区 | Yunyan | 511403 | 69.6 | 19.8 |
| 花溪区 | Huaxi | 144796 | -11.0 | 21.3 |
| 乌当区 | Wudang | 326084 | -3.0 | 23.3 |
| 白云区 | Baiyun | 537967 | 79.7 | 23.0 |
| 小河区 | Xiaohe | 1657948 | 25.1 | 53.2 |
| 开阳县 | Kaiyang | 406598 | 1.4 | 22.4 |
| 息烽县 | Xifeng | 324609 | 62.1 | 30.5 |
| 修文县 | Xiuwen | 212311 | 5.7 | 20.0 |
| 清镇市 | Qingzhen | 199943 | -15.4 | 18.4 |
| 外地县 | Others | 10305 | 28.5 | 19.1 |
| **按工业行业分** | **By Sector** | | | |
| **采矿业** | **Mining** | **105722** | **1.4** | **41.2** |
| 煤炭开采和洗选业 | Mining and Washing of Coal | 52959 | -16.3 | 33.5 |
| 非金属矿采选业 | Ming and Processing of Non-mental of Ores | 52762 | 40.5 | 53.5 |
| **制造业** | **Manufacturing** | **4094955** | **19.8** | **29.6** |
| 农副食品加工业 | Processing of Foods from Agricultural Products | 39749 | 52.5 | 11.3 |
| 食品制造业 | Manufacture of Foods | 109362 | -4.3 | 30.1 |
| 酒、饮料和精制茶制造业 | Manufacture of Wine,Beverages and Refined Tea | 109893 | 7.8 | 43.4 |

## 7-8 续表3 (continued)

| 指 标 | Item | 2012 | 2012年比2011年增长(%) Growth Rate in 2012 over 2011 (%) | 工 业 增加值率(%) Rate of Industrial Added Value (%) |
|---|---|---|---|---|
| 烟草制品业 | Manufacture of Tobacco | 1418524 | 33.0 | 82.7 |
| 纺织业 | Manufacture of Textile | 255 | -69.7 | 11.3 |
| 纺织服装、服饰业 | Manufacture of Textile Wearing Apparel | 7227 | -32.9 | 20.7 |
| 皮革、毛皮、羽毛及其制品和制鞋业 | Manufacture of Leather,Fur,Feather and Related Products and Footware | 16729 | -31.7 | 15.1 |
| 木材加工及木、竹、藤、棕、草制品业 | Manufacture of Timber,Manufacture of Wood,Bamboo, Rattan,Palm and Straw Products | 859 | -19.2 | 24.5 |
| 家具制造业 | Manufacture of Furniture | 8495 | 98.8 | 33.5 |
| 造纸和纸制品业 | Manufacture of Paper and Paper Products | 8938 | 57.3 | 21.7 |
| 印刷业和记录媒介复制业 | Printing,Reproduction of Recording Media | 47588 | -18.1 | 43.1 |
| 文教、工美、体育和娱乐用品制造业 | Manufacture of Articles for Culture,Education,Industrial Arts and Sport Activities | | | |
| 化学原料和化学制品制造业 | Manufacture of Raw Chemical Materials and Chemical Products | 683133 | 16.4 | 24.0 |
| 医药制造业 | Manufacture of Medicines | 403065 | 19.4 | 28.4 |
| 橡胶和塑料制品业 | Manufacture of Chemical Fibers and Plastics | 152157 | -11.2 | 12.4 |
| 非金属矿物制品业 | Manufacture of Non-metallic Mineral Products | 134361 | -3.0 | 18.5 |
| 黑色金属冶炼和压延加工业 | Smelting and Pressing of Ferrous Metals | 61143 | -29.0 | 9.4 |
| 有色金属冶炼和压延加工业 | Smelting and Pressing of Non-ferrous Metals | 300494 | 145.2 | 23.7 |
| 金属制品业 | Manufacture of Metal Products | 54607 | 13.7 | 28.9 |
| 通用设备制造业 | Manufacture of General Purpose Machinery | 56285 | -21.9 | 23.5 |
| 专用设备制造业 | Manufacture of Special Purpose Machinery | 31070 | -20.1 | 16.9 |
| 汽车制造业 | Manufacture of Automobile | 101722 | 18.0 | 24.2 |
| 铁路、船舶、航空航天和其他运输设备制造业 | Manufacture of Railway,Watercraft,Aviation,Aerospace and Other Transport Equipment | 138006 | 32.3 | 27.9 |
| 电气机械和器材制造业 | Manufacture of Electrical Machinery and Equipment | 40631 | -5.5 | 11.2 |
| 计算机、通信和其他电子设备制造业 | Manufacture of Communication Equipment,Computers and Other Electronic Equipment | 122064 | 18.7 | 20.2 |
| 仪器、仪表制造业 | Manufacture of Measuring Instruments | 25543 | 21.1 | 31.7 |
| 其他制造业 | Others | 23056 | | 18.7 |
| **电力、燃气及水的生产和供应业** | **Electric Power,Gas and Water Production and Supply** | **356134** | **2.1** | **19.5** |
| 电力、热力的生产和供应业 | Production and Supply of Electric Power and Heat Power | 308199 | 3.2 | 20.5 |
| 燃气生产和供应业 | Production and Supply of Gas | 28359 | -15.0 | 10.3 |
| 水的生产和供应业 | Production and Supply of Water | 19576 | 18.0 | 39.7 |

注：1.工业增加值按当年价格计算；
2.增长速度按价格指数紧缩后的可比价格计算。

a) Value-added of industry were calculated on current prices after the decrease of price index.

b) Growth rate were calculated on comparable price after

# 7–9 规模以上工业综合经济效益指标(2000万元口径)(2012年)

单位：万元

| 指 标 | Item | 总资产贡献率(%) Ratio of Profits, Taxes and Interests to Average Assets(%) | 资产负债率(%) Ratio of Debts to Assets(%) |
|---|---|---|---|
| **总 计** | **Total** | **18.29** | **65.83** |
| #亏损企业 | Loss-generating Enterprises | 1.85 | 85.10 |
| #国有控股企业 | State Holding Enterprises | 15.70 | 68.32 |
| #农村工业 | Rural Industries | 78.38 | 68.38 |
| #非公有制工业 | Non-public Industries | 26.60 | 57.54 |
| **按登记注册类型分** | **By Status of Registration** | | |
| 内资企业 | Domestic Funded | 18.22 | 66.81 |
| 国有企业 | State-owned Enterprises | 27.80 | 63.54 |
| 集体企业 | Collective-owned Enterprises | 9.70 | 61.30 |
| 股份合作企业 | Cooperative Enterprises | -0.98 | 68.91 |
| 联营企业 | Joint Ownership Enterprises | 3.75 | 8.15 |
| 有限责任公司 | Limited Liability Corporations | 11.10 | 71.11 |
| 股份有限公司 | Sharing-holding Corporation Limited | 9.87 | 59.91 |
| 私营企业 | Private Enterprises | 36.00 | 68.08 |
| 港、澳、台商投资企业 | Enterprises with Funds from Hong Kong,Macao and Taiwan | 9.60 | 38.77 |
| 外商投资企业 | Foreign Funded Enterprises | 26.92 | 56.05 |
| **按经济组织类型分** | **Grouped by Economic Organization** | | |
| 独资企业 | Private-funded Enterprises | 27.80 | 62.41 |
| 合作、合伙企业 | Corporative and Partnership Enterprises | 36.75 | 38.45 |
| 股份有限公司 | Sharing-holding Corporation Limited | 10.73 | 60.33 |
| 有限责任公司 | Limited Liability Corporations | 14.55 | 69.49 |
| **按轻重工业分** | **Grouped by Light & Heavy Industries** | | |
| 轻工业 | Light Industry | 49.22 | 40.04 |
| 重工业 | Heavy Industry | 9.81 | 72.81 |
| **按企业规模分** | **Grouped by Size of Enterprises** | | |
| 大型企业 | Large Enterprises | 22.09 | 64.83 |
| 中型企业 | Medium-sized Enterprises | 9.09 | 71.69 |
| 小型企业 | Small Enterprises | 19.35 | 58.92 |
| 微型企业 | Micro-sized Enterprises | -4.82 | 120.69 |
| **按企业主营业务收入分** | **Grouped by Revenue from Principal Business** | | |
| 年收入在40亿元以上 | Above 4 billion yuan | 28.67 | 72.54 |
| 年收入在20—40亿元 | 2-4 billion yuan | 19.17 | 42.19 |
| 年收入在10—20亿元 | 1-2 billion yuan | 14.81 | 61.69 |
| 年收入在5—10亿元 | 0.5-1 billion yuan | 14.69 | 43.43 |
| 年收入在1—5亿元 | 0.1-0.5 billion yuan | 11.85 | 66.59 |
| 年收入在3000万元—1亿元 | 30-100 million yuan | 6.06 | 76.54 |
| 年收入在1000万元—3000万元 | 10-30 million yuan | 1.77 | 67.14 |
| 年收入在1000万元以下 | Below 10 million yuan | -8.39 | 113.50 |

# Overall Indicators on Economic Benefit of Industrial Enterprises above Designated Size(Enterprises with Its Main Business Income Above 20 Million yuan)(2012)

(10 000 yuan)

| 流动资产周转率(次/年) Turnover of Current Assets(times/year) | 成本费用利润率(%) Ratio of Profits to Total Industrial Costs(%) | 全员劳动生产率(元/人·年) Labor Productivity (yuan/ person /year) | 产品销售率(%) Sales Ratio of Products(%) | 资本保值增值率(%) Capital Maintenance and Appreciation Rate(%) | 工业综合经济效益指数(%) Composite Index of Industrial Economic Benefits(%) |
|---|---|---|---|---|---|
| **1.91** | **10.21** | **240613** | **92.72** | **109.46** | **261.15** |
| 1.51 | -4.14 | 81968 | 88.30 | 101.87 | 81.08 |
| 1.85 | 6.37 | 235568 | 93.27 | 104.63 | 238.72 |
| 4.19 | 19.35 | 292728 | 89.38 | 477.83 | 464.95 |
| 2.06 | 16.95 | 262471 | 91.69 | 124.20 | 302.15 |
| 1.94 | 9.82 | 240894 | 92.57 | 111.03 | 259.87 |
| 1.93 | 16.78 | 500529 | 98.73 | 72.72 | 450.93 |
| 1.67 | 0.69 | 49419 | 91.42 | 84.20 | 95.17 |
| 0.86 | -3.22 | 63757 | 79.08 | 64.66 | 62.56 |
| 2.17 | -3.17 | 84307 | 81.48 | 2579.40 | 419.77 |
| 1.82 | 6.38 | 160568 | 94.07 | 169.24 | 195.76 |
| 1.78 | 4.40 | 134230 | 81.30 | 111.97 | 152.51 |
| 2.80 | 21.92 | 357912 | 94.95 | 93.36 | 402.50 |
| 1.44 | 11.63 | 196126 | 89.98 | 91.83 | 212.15 |
| 1.68 | 18.18 | 255193 | 97.10 | 96.96 | 296.06 |
| 1.91 | 16.82 | 453724 | 98.16 | 75.77 | 423.16 |
| 2.78 | 14.76 | 195313 | 93.10 | 181.85 | 279.58 |
| 1.82 | 5.12 | 140520 | 82.22 | 109.08 | 172.03 |
| 1.94 | 10.02 | 193467 | 94.36 | 143.01 | 231.55 |
| 2.00 | 18.75 | 564432 | 93.65 | 114.02 | 515.61 |
| 1.88 | 7.33 | 155004 | 92.30 | 106.91 | 186.07 |
| 2.12 | 10.38 | 313950 | 93.70 | 100.39 | 311.73 |
| 1.36 | 8.25 | 117337 | 90.34 | 109.97 | 161.25 |
| 2.08 | 11.96 | 251278 | 92.20 | 175.23 | 275.54 |
| 0.25 | -38.88 | 33185 | 96.26 | -2.16 | -123.01 |
| 2.60 | 10.56 | 556999 | 92.84 | 120.96 | 472.16 |
| 3.13 | 9.46 | 164756 | 95.84 | 89.49 | 212.88 |
| 1.67 | 11.05 | 162972 | 96.96 | 83.45 | 209.32 |
| 1.54 | 14.27 | 239706 | 92.19 | 103.70 | 257.09 |
| 1.47 | 10.16 | 155124 | 92.36 | 118.29 | 198.47 |
| 1.23 | 3.41 | 70223 | 88.14 | 126.33 | 110.20 |
| 0.90 | -2.53 | 69864 | 89.88 | 106.59 | 79.87 |
| 0.14 | -79.75 | 20985 | 88.31 | -0.87 | -288.44 |

7–9 续表 1

单位：万元

| 指　　标 | Item | 总资产贡献率(%) Ratio of Profits, Taxes and Interests to Average Assets(%) | 资产负债率(%) Ratio of Debts to Assets(%) |
|---|---|---|---|
| **按支柱、特色行业分** | **Grouped by Pillar and Characteristic Industries** | | |
| 能源、优势原材料为主的支柱产业 | Pillar Industry of Energy and Raw Materials | 11.54 | 81.38 |
| 电 | Electricity | 12.87 | 92.70 |
| 煤 | Coal | 24.36 | 66.53 |
| 煤化工 | Coal Chemical Industry | 5.28 | 111.15 |
| 铝及铝加工 | Aluminum and Its Processing Industry | | |
| 磷及磷化工 | Phosphorus and Its Chemical Industry | 14.52 | 77.59 |
| 铁合金 | Iron Alloy | 3.24 | 104.73 |
| 烟酒为主的传统支柱产业 | Traditional Pillar Industries on Tobacco and Liquor | 89.30 | 33.25 |
| 酒 | Liquor | 36.34 | 81.62 |
| 烟 | Tobacco | 93.54 | 28.92 |
| 六大特色支柱产业 | Six Special Pillar Industries | 22.78 | 62.70 |
| 磷煤化工 | Phosphorus and Coal Chemical Industry | 13.33 | 82.99 |
| 铝及铝化工 | Aluminum and Its Chemical Industry | 8.51 | 70.60 |
| 特色食品 | Characteristic Food | 36.85 | 60.57 |
| 烟草制品 | Tobacco | 93.54 | 28.92 |
| 现代医药 | Modern Medicine | 29.75 | 33.87 |
| 装备制造业 | Manufacture of Equipment | 7.14 | 53.40 |
| **按区县地域分** | **Grouped by District or County(City)** | | |
| 南明区 | Nanming | 6.97 | 49.59 |
| 云岩区 | Yunyan | 12.92 | 68.27 |
| 花溪区 | Huaxi | 14.08 | 45.73 |
| 乌当区 | Wudang | 10.43 | 49.52 |
| 白云区 | Baiyun | 14.43 | 62.57 |
| 小河区 | Xiaohe | 49.79 | 47.77 |
| 开阳县 | Kaiyang | 8.69 | 79.13 |
| 息烽县 | Xifeng | 64.12 | 59.73 |
| 修文县 | Xiuwen | 18.34 | 69.59 |
| 清镇市 | Qingzhen | 5.65 | 90.18 |
| 外地县 | Others | 4.92 | 69.35 |
| **按工业行业分** | **By Sector** | | |
| **采矿业** | **Mining** | **42.95** | **55.12** |
| 煤炭开采和洗选业 | Mining and Washing of Coal | 25.37 | 68.02 |
| 非金属矿采选业 | Ming and Processing of Non-mental of Ores | 69.97 | 49.68 |

(continued)

(10 000 yuan)

| 流动资产周转率(次/年) Turnover of Current Assets(times/year) | 成本费用利润率(%) Ratio of Profits to Total Industrial Costs(%) | 全员劳动生产率(元/人·年) Labor Productivity (yuan/ person /year) | 产品销售率(%) Sales Ratio of Products(%) | 资本保值增值率(%) Capital Maintenance and Appreciation Rate(%) | 工业综合经济效益指数(%) Composite Index of Industrial Economic Benefits(%) |
|---|---|---|---|---|---|
| 2.24 | 8.14 | 180038 | 95.13 | 108.74 | 207.89 |
| 10.09 | 28.82 | 284187 | 98.55 | 880.41 | 527.89 |
| 2.32 | 19.57 | 57646 | 97.45 | 13.12 | 184.03 |
| 2.75 | -0.45 | 42834 | 99.03 | 8891.46 | 1252.88 |
| | | | | | |
| 1.91 | 12.17 | 300713 | 101.09 | 123.11 | 300.16 |
| 1.84 | -1.40 | 82784 | 96.27 | -30.96 | 74.20 |
| 1.91 | 36.60 | 4075943 | 99.66 | 118.94 | 2756.74 |
| 1.45 | 34.65 | 408798 | 93.81 | 187.12 | 476.73 |
| 1.95 | 36.80 | 5985334 | 100.00 | 117.94 | 3919.72 |
| 1.76 | 11.60 | 286076 | 94.16 | 113.24 | 299.09 |
| 1.99 | 10.41 | 247547 | 100.77 | 111.97 | 257.58 |
| 2.60 | 2.22 | 152154 | 83.53 | 128.71 | 173.13 |
| 3.24 | 16.65 | 261014 | 99.62 | 118.97 | 335.51 |
| 1.95 | 36.80 | 5985334 | 100.00 | 117.94 | 3919.72 |
| 1.43 | 21.64 | 306573 | 83.74 | 122.56 | 342.58 |
| 1.15 | 6.28 | 105349 | 91.91 | 102.16 | 132.97 |
| | | | | | |
| 1.41 | 12.49 | 170469 | 98.23 | 86.18 | 197.00 |
| 2.49 | 9.25 | 216357 | 85.97 | 113.55 | 241.43 |
| 2.08 | 8.91 | 148447 | 87.50 | 159.72 | 193.06 |
| 1.25 | 7.50 | 119074 | 83.66 | 82.78 | 146.91 |
| 2.84 | 6.28 | 174988 | 89.97 | 110.28 | 212.08 |
| 1.66 | 15.50 | 520859 | 97.03 | 112.78 | 474.54 |
| 1.70 | 5.15 | 211759 | 101.93 | 129.98 | 211.69 |
| 3.56 | 40.25 | 834256 | 97.93 | 111.27 | 792.59 |
| 2.90 | 7.43 | 205847 | 91.86 | 120.67 | 239.63 |
| 1.42 | 3.41 | 114686 | 94.71 | 119.59 | 134.45 |
| 0.45 | 9.43 | 51448 | 76.06 | 100.23 | 109.61 |
| | | | | | |
| **1.73** | **48** | **101295** | **96.08** | **36.03** | **326.51** |
| 2.36 | 21 | 57056 | 98.68 | 9.77 | 188.13 |
| 1.20 | 145 | 456815 | 91.91 | 112.62 | 941.57 |

7–9 续表 2

单位：万元

| 指　　标 | Item | 总资产贡献率(%) Ratio of Profits, Taxes and Interests to Average Assets(%) |
|---|---|---|
| **制造业** | **Manufacturing** | **19.41** |
| 农副食品加工业 | Processing of Foods from Agricultural Products | 21.33 |
| 食品制造业 | Manufacture of Foods | 35.36 |
| 酒、饮料和精制茶制造业 | Manufacture of Wine,Beverages and Refined Tea | 47.92 |
| 烟草制品业 | Manufacture of Tobacco | 93.54 |
| 纺织业 | Manufacture of Textile | -16.31 |
| 纺织服装、服饰业 | Manufacture of Textile Wearing Apparel | 8.13 |
| 皮革、毛皮、羽毛及其制品和制鞋业 | Manufacture of Leather,Fur,Feather and Related Products and Footwear | 13.52 |
| 木材加工及木、竹、藤、棕、草制品业 | Manufacture of Timber,Manufacture of Wood,Bamboo,Rattan, Palm and Straw Products | -15.66 |
| 家具制造业 | Manufacture of Furniture | 48.82 |
| 造纸和纸制品业 | Manufacture of Paper and Paper Products | 10.72 |
| 印刷业和记录媒介复制业 | Printing,Reproduction of Recording Media | 20.75 |
| 文教、工美、体育和娱乐用品制造业 | Manufacture of Articles for Culture,Education,Industrial Arts and Sport Activities | |
| 化学原料和化学制品制造业 | Manufacture of Raw Chemical Materials and Chemical Products | 12.34 |
| 医药制造业 | Manufacture of Medicines | 29.53 |
| 橡胶和塑料制品业 | Manufacture of Chemical Fibers and Plastics | 9.83 |
| 非金属矿物制品业 | Manufacture of Non-metallic Mineral Products | 6.75 |
| 黑色金属冶炼和压延加工业 | Smelting and Pressing of Ferrous Metals | 1.86 |
| 有色金属冶炼和压延加工业 | Smelting and Pressing of Non-ferrous Metals | 9.02 |
| 金属制品业 | Manufacture of Metal Products | 7.29 |
| 通用设备制造业 | Manufacture of General Purpose Machinery | 6.85 |
| 专用设备制造业 | Manufacture of Special Purpose Machinery | 5.35 |
| 汽车制造业 | Manufacture of Automobile | 11.34 |
| 铁路、船舶、航空航天和其他运输设备制造业 | Manufacture of Railway,Watercraft,Aviation,Aerospace and Other Transport Equipment | 4.88 |
| 电气机械和器材制造业 | Manufacture of Electrical Machinery and Equipment | 7.94 |
| 计算机、通信和其他电子设备制造业 | Manufacture of Communication Equipment,Computers and Other Electronic Equipment | 7.16 |
| 仪器、仪表制造业 | Manufacture of Measuring Instruments | 14.46 |
| 其他制造业 | Others | 3.28 |
| **电力、燃气及水的生产和供应业** | **Electric Power,Gas and Water Production and Supply** | **8.38** |
| 电力、热力的生产和供应业 | Production and Supply of Electric Power and Heat Power | 10.19 |
| 燃气生产和供应业 | Production and Supply of Gas | 5.38 |
| 水的生产和供应业 | Production and Supply of Water | 1.85 |

(continued)

(10 000 yuan)

| 资产负债率(%) Ratio of Debts to Assets(%) | 流动资产周转率(次/年) Turnover of Current Assets(times/year) | 成本费用利润率(%) Ratio of Profits to Total Industrial Costs(%) | 全员劳动生产率(元/人·年) Labor Productivity (yuan/ person /year) | 产品销售率(%) Sales Ratio of Products(%) | 资本保值增值率(%) Capital Maintenance and Appreciation Rate(%) | 工业综合经济效益指数(%) Composite Index of Industrial Economic Benefits(%) |
|---|---|---|---|---|---|---|
| **62.33** | **1.72** | **10** | **245098** | **92.03** | **111.59** | **263.56** |
| 50.01 | 5.94 | 4 | 118020 | 98.68 | 201.99 | 209.40 |
| 56.60 | 2.33 | 24 | 242542 | 99.49 | 95.05 | 324.81 |
| 72.11 | 2.97 | 29 | 537112 | 101.12 | 129.95 | 557.47 |
| 28.92 | 1.95 | 37 | 5985334 | 100.00 | 117.94 | 3919.72 |
| 135.03 | 0.90 | -32 | 4596 | 52.91 | 192.03 | -105.59 |
| 33.65 | 2.06 | 5 | 47926 | 97.19 | 102.43 | 103.94 |
| 39.00 | 5.52 | 2 | 89700 | 97.00 | 106.49 | 158.76 |
| 346.55 | 2.34 | -29 | 55792 | 96.02 | 113.95 | -114.53 |
| 40.70 | 2.31 | 15 | 196181 | 80.21 | 119.32 | 281.43 |
| 55.63 | 1.97 | 3 | 128973 | 92.25 | 108.81 | 146.68 |
| 26.09 | 1.20 | 33 | 244666 | 97.16 | 93.05 | 333.12 |
| | | | | | | |
| 78.17 | 1.85 | 11 | 246699 | 99.80 | 131.97 | 260.08 |
| 37.48 | 1.48 | 20 | 288770 | 83.03 | 120.21 | 327.24 |
| 60.78 | 1.67 | 4 | 117869 | 73.66 | 108.87 | 151.45 |
| 73.08 | 1.81 | 3 | 122436 | 94.87 | 94.23 | 142.63 |
| 80.42 | 1.34 | -1 | 79810 | 93.00 | 53.97 | 86.82 |
| 70.86 | 2.82 | 2 | 162940 | 82.57 | 128.81 | 182.93 |
| 60.80 | 1.09 | 5 | 97408 | 93.71 | 129.37 | 137.14 |
| 51.56 | 0.83 | 10 | 99408 | 89.90 | 109.71 | 141.10 |
| 70.91 | 0.83 | 6 | 91868 | 86.55 | 91.66 | 124.23 |
| 39.80 | 1.42 | 8 | 108146 | 94.49 | 125.78 | 151.94 |
| 64.44 | 0.94 | 6 | 90437 | 96.20 | 80.77 | 125.07 |
| 58.23 | 1.49 | 4 | 112490 | 88.49 | 96.31 | 131.18 |
| 34.77 | 1.55 | 6 | 142498 | 92.43 | 106.45 | 160.39 |
| 52.13 | 0.82 | 17 | 132552 | 80.45 | 123.14 | 197.27 |
| 64.14 | 1.11 | 3 | 89608 | 96.82 | 119.80 | 118.57 |
| **88.56** | **7.23** | **6.51** | **299978** | **97.49** | **119.35** | **319.63** |
| 94.66 | 19.32 | 9.03 | 418863 | 97.78 | 328.74 | 548.65 |
| 93.02 | 1.95 | 2.63 | 93966 | 99.40 | 61.03 | 115.81 |
| 44.52 | 0.61 | -1.65 | 130855 | 78.04 | 97.07 | 104.65 |

## 7-9 续表 3

单位：万元

| 指 标 | Item | 总资产周转(倍) Turnover of Profits, Taxes and Interests (time) | 流动比率(倍) Current Ratio (time) |
|---|---|---|---|
| **总 计** | **Total** | **85.64** | **107.56** |
| #亏损企业 | Loss-generating Enterprises | 48.26 | 72.85 |
| #国有控股企业 | State Holding Enterprises | 76.10 | 96.72 |
| #农村工业 | Rural Industries | 187.33 | 129.18 |
| #非公有制工业 | Non-public Industries | 114.61 | 143.99 |
| **按登记注册类型分** | **By Status of Registration** | | |
| 内资企业 | Domestic Funded | 85.50 | 106.25 |
| 国有企业 | State-owned Enterprises | 104.80 | 126.63 |
| 集体企业 | Collective-owned Enterprises | 151.17 | 126.33 |
| 股份合作企业 | Cooperative Enterprises | 81.33 | 119.84 |
| 联营企业 | Joint Ownership Enterprises | 41.71 | 416.71 |
| 有限责任公司 | Limited Liability Corporations | 89.29 | 92.17 |
| 股份有限公司 | Sharing-holding Corporation Limited | 80.56 | 123.85 |
| 私营企业 | Private Enterprises | 142.98 | 125.28 |
| 港、澳、台商投资企业 | Enterprises with Funds from Hong Kong,Macao and Taiwan | 57.05 | 124.70 |
| 外商投资企业 | Foreign Funded Enterprises | 110.03 | 134.30 |
| **按经济组织类型分** | **Grouped by Economic Organization** | | |
| 独资企业 | Private-funded Enterprises | 105.62 | 132.06 |
| 合作、合伙企业 | Corporative and Partnership Enterprises | 145.18 | 176.67 |
| 股份有限公司 | Sharing-holding Corporation Limited | 83.33 | 122.19 |
| 有限责任公司 | Limited Liability Corporations | 77.12 | 96.34 |
| **按轻重工业分** | **Grouped by Light & Heavy Industries** | | |
| 轻工业 | Light Industry | 116.69 | 183.07 |
| 重工业 | Heavy Industry | 77.23 | 92.54 |
| **按企业规模分** | **Grouped by Size of Enterprises** | | |
| 大型企业 | Large Enterprises | 94.96 | 108.36 |
| 中型企业 | Medium-sized Enterprises | 56.89 | 91.13 |
| 小型企业 | Small Enterprises | 98.12 | 128.99 |
| 微型企业 | Micro-sized Enterprises | 21.30 | 267.36 |
| **按企业主营业务收入分** | **Grouped by Revenue from Principal Business** | | |
| 年收入在40亿元以上 | Above 4 billion yuan | 102.26 | 89.45 |
| 年收入在20—40亿元 | 2-4 billion yuan | 230.84 | 205.35 |
| 年收入在10—20亿元 | 1-2 billion yuan | 82.55 | 133.41 |
| 年收入在 5—10亿元 | 0.5-1 billion yuan | 79.28 | 189.77 |
| 年收入在 1—5亿元 | 0.1-0.5 billion yuan | 64.54 | 97.03 |
| 年收入在3000万元—1亿元 | 30-100million yuan | 56.09 | 102.66 |
| 年收入在1000万元—3000万元 | 10-30 million yuan | 49.26 | 96.31 |
| 年收入在1000万元以下 | Below 10 million yuan | 6.88 | 166.70 |

(continued)

(10 000 yuan)

| 总资产利润率(%) Ratio of Profits, Taxes and Interests(%) | 资金利税率(%) Capital Gains Tax Rate(%) | 主营收入利税率(%) Gains Tax Rate on Principle Business(%) | 百元固定资产实现工业增加值(元) One Hundred yuan Original Value of Fixed Assets(yuan) | 百元固定资产实现利税额(元) Profits and Taxes per 100 yuan of Fixed Capital(yuan) |
|---|---|---|---|---|
| **6.95** | **19.77** | **18.30** | **79.52** | **49.92** |
| -2.12 | 0.22 | 0.35 | 21.96 | 0.41 |
| 3.71 | 17.26 | 17.57 | 66.60 | 39.26 |
| 30.62 | 54.00 | 24.61 | 569.55 | 506.67 |
| 16.63 | 26.20 | 19.59 | 135.77 | 95.64 |
| | | | | |
| 6.64 | 19.68 | 18.17 | 78.86 | 49.35 |
| 7.86 | 45.81 | 33.96 | 126.10 | 96.08 |
| 1.04 | 11.43 | 6.57 | 360.41 | 104.82 |
| -2.51 | -1.57 | -1.69 | 191.74 | -25.24 |
| -1.35 | 2.95 | 2.79 | 175.79 | 21.00 |
| 4.14 | 8.70 | 9.59 | 52.65 | 24.50 |
| 3.43 | 9.19 | 9.71 | 53.84 | 21.22 |
| 25.88 | 34.56 | 21.38 | 122.16 | 97.37 |
| 5.82 | 10.44 | 15.53 | 36.94 | 18.84 |
| 16.81 | 28.55 | 22.29 | 196.24 | 140.39 |
| | | | | |
| 8.63 | 44.28 | 32.82 | 131.15 | 99.14 |
| 18.31 | 35.97 | 19.69 | 276.37 | 183.34 |
| 4.10 | 10.27 | 10.42 | 57.55 | 24.21 |
| 7.08 | 12.44 | 12.57 | 60.36 | 34.04 |
| | | | | |
| 15.11 | 53.01 | 39.14 | 253.43 | 201.44 |
| 4.74 | 9.75 | 9.78 | 47.88 | 22.36 |
| | | | | |
| 7.12 | 24.47 | 20.69 | 89.99 | 59.95 |
| 4.39 | 9.50 | 12.52 | 50.22 | 23.50 |
| 10.57 | 19.24 | 16.10 | 85.96 | 54.71 |
| -10.32 | -12.65 | -47.19 | 17.07 | -46.45 |
| | | | | |
| 7.34 | 30.27 | 24.26 | 87.79 | 62.38 |
| 15.11 | 23.79 | 8.91 | 222.11 | 139.27 |
| 8.52 | 14.89 | 14.98 | 105.78 | 67.61 |
| 10.06 | 18.55 | 17.38 | 100.29 | 59.45 |
| 6.04 | 12.54 | 14.70 | 59.34 | 32.22 |
| 1.85 | 5.33 | 7.80 | 44.43 | 13.92 |
| -1.27 | 1.42 | 2.17 | 58.66 | 4.05 |
| -10.56 | -11.40 | -150.21 | 12.74 | -38.66 |

## 7-9 续表 4

单位：万元

| 指　　标 | Item | 总资产周转(倍) Turnover of Profits, Taxes and Interests (time) |
|---|---|---|
| **按支柱、特色行业分** | **Grouped by Pillar and Characteristic Industries** | |
| 能源、优势原材料为主的支柱产业 | Pillar Industry of Energy and Raw Materials | 72.44 |
| 电 | Electricity | 53.01 |
| 煤 | Coal | 283.20 |
| 煤化工 | Coal Chemical Industry | 59.42 |
| 铝及铝加工 | Aluminum and Its Processing Industry | |
| 磷及磷化工 | Phosphorus and Its Chemical Industry | 80.04 |
| 铁合金 | Iron Alloy | 165.45 |
| 烟酒为主的传统支柱产业 | Traditional Pillar Industries on Tobacco and Liquor | 117.11 |
| 酒 | Liquor | 76.13 |
| 烟 | Tobacco | 120.77 |
| 六大特色支柱产业 | Six Special Pillar Industries | 84.89 |
| 磷煤化工 | Phosphorus and Coal Chemical Industry | 76.68 |
| 铝及铝化工 | Aluminum and Its Chemical Industry | 67.09 |
| 特色食品 | Characteristic Food | 169.51 |
| 烟草制品 | Tobacco | 120.77 |
| 现代医药 | Modern Medicine | 96.34 |
| 装备制造业 | Manufacture of Equipment | 73.13 |
| 高技术 | High-tech | 82.26 |
| 贵阳市产业园区 | Industrial Parks | |
| 南明龙洞堡食品工业园 | Longdongbao Food Industrial Park | 186.84 |
| 云岩益佰工业园 | Yibai Industrial Park | 76.86 |
| 贵阳金石石材工业园 | Guiyang Jinshi Stone Industrial Park | 131.32 |
| 乌当医药食品工业园 | Wudang Medical and Food Industrial Park | 79.37 |
| 白云铝工业基地 | Baiyun Aluminum Industrial Base | 95.63 |
| 麦架—沙文高新技术产业园 | Maijia & Shawen High-tech Industrial Park | 93.53 |
| 小河—孟关装备制造业生态工业园 | Xiaohe & Mengguan Eco-Industrial Park for Equipment Manufacturing Industry | 115.33 |
| 开阳磷煤化工生态工业示范基地 | Eco-industrial Demonstration Bases for Phosphorus and Coal Chemica Industry in Kaiyang District | 66.19 |
| 息烽磷煤化工生态工业基地 | Eco-industrial Base for Phosphorus and Coal Chemical Industry in Xifeng | 189.26 |
| 修文扎佐医药工业园 | Zhazuo Medical Industrial Park in Xiuwen | 96.55 |
| 清镇铝煤化工基地 | Aluminum & Coal Chemical Industry Base in Qingzhen | 40.06 |
| **按区县地域分** | **Grouped by District or County(City)** | |
| 南明区 | Nanming | 79.36 |
| 云岩区 | Yunyan | 91.40 |
| 花溪区 | Huaxi | 95.83 |
| 乌当区 | Wudang | 83.61 |
| 白云区 | Baiyun | 107.35 |
| 小河区 | Xiaohe | 106.13 |
| 开阳县 | Kaiyang | 63.77 |
| 息烽县 | Xifeng | 182.68 |
| 修文县 | Xiuwen | 111.47 |
| 清镇市 | Qingzhen | 42.13 |
| 外地县 | Others | 30.11 |

(continued)

(10 000 yuan)

| 流动比率(倍) Current Ratio (time) | 总资产利润率(%) Ratio of Profits, Taxes and Interests(%) | 资金利税率(%) Capital Gains Tax Rate(%) | 主营收入利税率(%) Gains Tax Rate on Principle Business(%) | 百元固定资产实现工业增加值(元) One Hundred yuan Original Value of Fixed Assets(yuan) | 百元固定资产实现利税额(元) Profits and Taxes per 100 yuan of Fixed Capital(yuan) |
|---|---|---|---|---|---|
| 67.01 | 5.17 | 10.77 | 11.12 | 37.72 | 20.85 |
| 25.16 | 4.62 | 10.92 | 13.52 | 15.18 | 12.45 |
| 237.42 | 45.35 | 92.47 | 23.87 | 517.76 | 345.49 |
| 41.65 | -0.27 | 2.79 | 2.65 | 33.55 | 6.28 |
| 72.69 | 8.60 | 14.34 | 13.53 | 54.71 | 36.21 |
| 78.54 | -2.38 | 1.37 | 0.80 | 70.36 | 7.66 |
| 211.85 | 17.08 | 95.43 | 71.57 | 446.26 | 393.36 |
| 105.50 | 18.38 | 39.00 | 40.08 | 277.60 | 212.81 |
| 231.84 | 16.96 | 99.88 | 73.35 | 456.11 | 403.91 |
| 110.99 | 8.19 | 24.16 | 22.81 | 105.15 | 70.94 |
| 66.60 | 7.19 | 12.91 | 12.17 | 51.56 | 32.08 |
| 83.48 | 1.51 | 7.35 | 9.13 | 31.93 | 11.84 |
| 121.65 | 24.16 | 38.97 | 19.22 | 194.35 | 137.23 |
| 231.84 | 16.96 | 99.88 | 73.35 | 456.11 | 403.91 |
| 248.46 | 17.06 | 31.22 | 27.69 | 313.38 | 217.60 |
| 153.41 | 4.38 | 7.51 | 8.53 | 104.80 | 37.06 |
| 173.78 | 9.79 | 17.70 | 17.92 | 168.06 | 91.31 |
| 219.46 | 38.53 | 58.58 | 26.87 | 787.56 | 702.80 |
| 420.69 | 17.27 | 36.97 | 40.31 | 528.28 | 451.91 |
| 107.61 | -1.59 | 0.06 | 0.04 | 135.57 | 0.23 |
| 169.79 | 4.02 | 7.79 | 8.90 | 128.36 | 30.84 |
| 91.98 | 5.40 | 13.42 | 11.43 | 51.19 | 23.26 |
| 146.28 | 7.20 | 14.83 | 13.87 | 103.33 | 61.57 |
| 182.00 | 13.46 | 75.61 | 55.63 | 435.61 | 372.20 |
| 70.06 | 2.21 | 5.73 | 6.46 | 32.93 | 13.76 |
| 116.37 | 54.77 | 71.80 | 29.80 | 290.04 | 270.26 |
| 107.32 | 6.39 | 17.02 | 13.72 | 94.75 | 49.77 |
| 65.19 | -0.24 | 1.44 | 2.59 | 17.57 | 2.68 |
| 158.86 | 6.19 | 10.90 | 11.41 | 84.16 | 43.94 |
| 129.76 | 4.67 | 11.25 | 10.23 | 45.70 | 20.60 |
| 130.86 | 8.00 | 15.65 | 11.33 | 149.45 | 80.10 |
| 169.90 | 5.88 | 11.91 | 12.36 | 134.27 | 51.10 |
| 99.41 | 6.46 | 14.96 | 11.52 | 58.88 | 28.86 |
| 171.38 | 10.54 | 54.58 | 44.03 | 326.54 | 262.97 |
| 70.67 | 3.10 | 7.20 | 8.62 | 30.44 | 15.57 |
| 116.17 | 52.71 | 71.32 | 29.74 | 290.31 | 270.00 |
| 68.97 | 7.59 | 20.45 | 13.70 | 80.09 | 46.17 |
| 66.80 | 1.40 | 4.67 | 7.64 | 23.16 | 8.75 |
| 101.54 | 2.82 | 6.16 | 15.57 | 144.19 | 65.02 |

7–9 续表 5

单位：万元

| 指　　标 | Item | 总资产周转率(倍) Turnover of Profits, Taxes and Interests (time) |
|---|---|---|
| **按工业行业分** | **By Sector** | |
| **采矿业** | **Mining** | **166.26** |
| 煤炭开采和洗选业 | Mining and Washing of Coal | 351.33 |
| 非金属矿采选业 | Ming and Processing of Non-mental of Ores | 88.17 |
| **制造业** | **Manufacturing** | **84.86** |
| 农副食品加工业 | Processing of Foods from Agricultural Products | 308.12 |
| 食品制造业 | Manufacture of Foods | 135.65 |
| 酒、饮料和精制茶制造业 | Manufacture of Wine,Beverages and Refined Tea | 132.48 |
| 烟草制品业 | Manufacture of Tobacco | 120.77 |
| 纺织业 | Manufacture of Textile | 29.45 |
| 纺织服装、服饰业 | Manufacture of Textile Wearing Apparel | 154.66 |
| 皮革、毛皮、羽毛及其制品和制鞋业 | Manufacture of Leather,Fur,Feather and Related Products and Footwear | 373.13 |
| 木材加工及木、竹、藤、棕、草制品业 | Manufacture of Timber,Manufacture of Wood, Bamboo,Rattan,Palm and Straw Products | 84.95 |
| 家具制造业 | Manufacture of Furniture | 187.36 |
| 造纸和纸制品业 | Manufacture of Paper and Paper Products | 153.65 |
| 印刷业和记录媒介复制业 | Printing,Reproduction of Recording Media | 64.63 |
| 文教、工美、体育和娱乐用品制造业 | Manufacture of Articles for Culture,Education, Industrial Arts and Sport Activities | |
| 化学原料和化学制品制造业 | Manufacture of Raw Chemical Materials and Chemical Products | 74.02 |
| 医药制造业 | Manufacture of Medicines | 97.54 |
| 橡胶和塑料制品业 | Manufacture of Chemical Fibers and Plastics | 101.67 |
| 非金属矿物制品业 | Manufacture of Non-metallic Mineral Products | 70.09 |
| 黑色金属冶炼和压延加工业 | Smelting and Pressing of Ferrous Metals | 75.72 |
| 有色金属冶炼和压延加工业 | Smelting and Pressing of Non-ferrous Metals | 65.35 |
| 金属制品业 | Manufacture of Metal Products | 63.96 |
| 通用设备制造业 | Manufacture of General Purpose Machinery | 48.73 |
| 专用设备制造业 | Manufacture of Special Purpose Machinery | 62.42 |
| 汽车制造业 | Manufacture of Automobile | 83.86 |
| 铁路、船舶、航空航天和其他运输设备制造业 | Manufacture of Railway,Watercraft,Aviation, Aerospace and Other Transport Equipment | 58.21 |
| 电气机械和器材制造业 | Manufacture of Electrical Machinery and Equipment | 111.13 |
| 计算机、通信和其他电子设备制造业 | Manufacture of Communication Equipment, Computers and Other Electronic Equipment | 93.40 |
| 仪器、仪表制造业 | Manufacture of Measuring Instruments | 59.48 |
| 其他制造业 | Others | 65.71 |
| **电力、燃气及水的生产和供应业** | **Electric Power,Gas and Water Production and Supply** | **85.92** |
| 电力、热力的生产和供应业 | Production and Supply of Electric Power and Heat Power | 100.38 |
| 燃气生产和供应业 | Production and Supply of Gas | 72.29 |
| 水的生产和供应业 | Production and Supply of Water | 12.81 |

(continued)

(10 000 yuan)

| 流动比率(倍) Current Ratio (time) | 总资产利润率(%) Ratio of Profits, Taxes and Interests (%) | 资金利税率(%) Capital Gains Tax Rate(%) | 主营收入利税率(%) Gains Tax Rate on Principle Business(%) | 百元固定资产实现工业增加值(元) One Hundred yuan Original Value of Fixed Assets(yuan) | 百元固定资产实现利税额(元) Profits and Taxes per 100 yuan of Fixed Capital(yuan) |
|---|---|---|---|---|---|
| **197.41** | **52.46** | **80.42** | **42.66** | **581.02** | **555.43** |
| 462.03 | 58.59 | 118.53 | 24.36 | 871.33 | 595.46 |
| 168.91 | 49.87 | 68.19 | 73.42 | 435.41 | 535.35 |
| **112.06** | **7.27** | **20.95** | **19.74** | **97.30** | **62.24** |
| 139.96 | 12.01 | 19.90 | 5.42 | 167.55 | 80.01 |
| 143.91 | 25.84 | 39.59 | 24.45 | 219.71 | 170.25 |
| 90.27 | 29.12 | 49.52 | 31.09 | 183.87 | 132.44 |
| 231.84 | 16.96 | 99.88 | 73.35 | 456.11 | 403.91 |
| 24.28 | -16.79 | -30.25 | -52.09 | 26.78 | -83.39 |
| 402.00 | 7.27 | 9.44 | 5.30 | 281.41 | 62.31 |
| 321.77 | 7.23 | 13.30 | 3.13 | 189.28 | 92.40 |
| 26.02 | -29.40 | -27.34 | -30.44 | 37.80 | -45.16 |
| 209.20 | 26.92 | 49.29 | 25.10 | 760.28 | 457.66 |
| 140.75 | 4.01 | 11.77 | 6.89 | 289.44 | 81.78 |
| 223.03 | 16.26 | 22.56 | 32.32 | 77.79 | 48.82 |
| | | | | | |
| 68.01 | 7.21 | 13.00 | 12.29 | 53.57 | 32.72 |
| 212.35 | 16.51 | 31.93 | 27.28 | 308.06 | 214.02 |
| 133.41 | 4.14 | 7.98 | 6.98 | 60.04 | 24.33 |
| 79.38 | 1.72 | 6.29 | 6.65 | 44.92 | 14.18 |
| 110.29 | -0.52 | 1.41 | 1.54 | 56.34 | 8.21 |
| 78.71 | 1.61 | 7.65 | 9.93 | 29.68 | 11.51 |
| 125.63 | 2.83 | 7.34 | 9.82 | 68.02 | 28.12 |
| 146.42 | 4.56 | 8.25 | 13.04 | 125.51 | 55.58 |
| 136.70 | 3.44 | 5.06 | 7.03 | 124.04 | 44.04 |
| 200.62 | 6.32 | 11.59 | 11.43 | 134.47 | 59.03 |
| 115.76 | 3.12 | 5.04 | 6.96 | 73.54 | 17.16 |
| 196.23 | 4.11 | 6.56 | 5.38 | 106.98 | 44.45 |
| 214.67 | 5.68 | 7.74 | 6.95 | 123.08 | 38.41 |
| 154.03 | 8.82 | 14.86 | 21.82 | 215.90 | 117.00 |
| 157.36 | 1.72 | 2.83 | 3.82 | 54.17 | 9.55 |
| **50.74** | **2.32** | **7.60** | **6.59** | **23.69** | **9.32** |
| 32.01 | 2.79 | 9.56 | 7.09 | 25.22 | 10.55 |
| 78.16 | 1.99 | 3.64 | 3.49 | 25.14 | 8.37 |
| 76.18 | -0.21 | 0.75 | 4.79 | 11.60 | 1.05 |

# 7-10 规模以上工业企业主要经济指标(2000万元口径)(2012年)

单位：万元

| 指标 | Item | 企业数(个) Number of Enterprises(unit) | #亏损企业 Loss-generating Enterprises |
|---|---|---|---|
| **总计** | **Total** | **401** | **89** |
| #亏损企业 | Loss-generating Enterprises | 89 | 89 |
| #国有控股企业 | State Holding Enterprises | 126 | 36 |
| #农村工业 | Rural Industries | 10 | |
| #非公有制工业 | Non-public Industries | 253 | 44 |
| **按登记注册类型分** | **By Status of Registration** | | |
| **内资企业** | **Domestic Funded** | **367** | **83** |
| 国有企业 | State-owned Enterprises | 50 | 14 |
| 中央企业 | Central Enterprises | 20 | 4 |
| 地方企业 | Local Enterprises | 30 | 10 |
| 集体企业 | Collective-owned Enterprises | 4 | 2 |
| 股份合作企业 | Cooperative Enterprises | 2 | 1 |
| 联营企业 | Joint Ownership Enterprises | 2 | 1 |
| 国有联营企业 | State Joint Ownership Enterprises | 1 | 1 |
| 国有与集体联营企业 | Joint State-collective Enterprises | 1 | |
| 有限责任公司 | Limited Liability Corporations | 202 | 44 |
| 国有独资公司 | State Sole Funded Corporations | 13 | 3 |
| 其他有限责任公司 | Others | 189 | 41 |
| 股份有限公司 | Sharing-holding Corporation Limited | 27 | 8 |
| 私营企业 | Private Enterprises | 80 | 13 |
| 私营独资企业 | Private Sole Funded Corporations | 12 | 2 |
| 私营合作企业 | Cooperative Enterprises | 10 | |
| 私营有限责任公司 | Enterprises with Sole Fund | 49 | 10 |
| 私营股份有限公司 | Private Share-holding Corporations Ltd. | 9 | 1 |
| **港、澳、台商投资企业** | **Enterprises with Funds from Hong Kong,Macao and Taiwan** | **14** | **4** |
| 合资经营企业(港或澳、台资) | Joint-venture Enterprises | 8 | 2 |
| 港澳台商独资经营企业 | Enterprises with Sole Investment | 5 | 1 |
| 港澳台商投资股份有限公司 | Corporations Ltd. with Funds From HongKong,Macao and Taiwan | 1 | 1 |
| **外商投资企业** | **Foreign Funded Enterprises** | **20** | **2** |
| 中外合资经营企业 | Joint-venture Enterprises | 11 | 1 |
| 外资企业 | Enterprises With Sole Foreign Fund | 8 | 1 |
| 外商投资股份有限公司 | Foreign-Funded Joint Stock Corporations Ltd. | 1 | |
| **按经济组织类型分** | **Grouped by Economic Organization** | | |
| 独资企业 | Private-funded Enterprises | 79 | 20 |
| 合作、合伙企业 | Corporative and Partnership Enterprises | 14 | 2 |
| 股份有限公司 | Sharing-holding Corporation Limited | 38 | 10 |
| 有限责任公司 | Limited Liability Corporations | 270 | 57 |
| **按轻重工业分** | **Grouped by Light & Heavy Industries** | | |
| 轻工业 | Light Industry | 122 | 13 |
| 重工业 | Heavy Industry | 279 | 76 |
| 大型企业 | Large Enterprises | 34 | 4 |
| 中型企业 | Medium-sized Enterprises | 87 | 19 |
| 小型企业 | Small Enterprises | 261 | 56 |
| 微型企业 | Micro-sized Enterprises | 19 | 10 |

# Main Economic Indicators of Industrial Enterprises Above Designated Size (Enterprises with Its Main Business Income above 20 Million yuan)(2012)

(10 000 yuan)

| 全部从业人员年平均人数 Annual Average Employed Persons | 工业总产值(当年价格) Gross Industrial Output Value (current price) | 工业增加值(当年价格) Value-added of Industry (current price) | 工业销售产值(当年价格) Industrial Sales Value (current price) | #出口交货值 Delivery Value of Export | 资产总计 Total Assets | 流动资产合计 Total Working Capitals | 负债合计 Total Liabilities | 流动负债合计 Total Working Liabilities |
|---|---|---|---|---|---|---|---|---|
| **194455** | **15934771** | **4556811** | **14774489** | **637566** | **18252833** | **8743403** | **12015238** | **8128770** |
| 48152 | 2355165 | 394694 | 2079502 | 12675 | 4285094 | 1585444 | 3646611 | 2176172 |
| 137864 | 10009794 | 3128151 | 9335658 | 570942 | 13789664 | 5987662 | 9420636 | 6191005 |
| 2087 | 261059 | 61092 | 233333 | 766 | 117877 | 89927 | 80605 | 69611 |
| 51661 | 5634541 | 1355954 | 5166467 | 62059 | 4255067 | 2647126 | 2448280 | 1838470 |
| **182920** | **14959517** | **4284253** | **13847879** | **574942** | **17252332** | **8186052** | **11526494** | **7704720** |
| 42550 | 3783654 | 1875881 | 3735606 | 1562 | 4015230 | 1632640 | 2551458 | 1289304 |
| 23766 | 3203701 | 1685877 | 3176133 | 437 | 2946093 | 1173545 | 1932188 | 786489 |
| 18784 | 579953 | 190004 | 559474 | 1125 | 1069137 | 459096 | 619271 | 502815 |
| 1021 | 24961 | 5046 | 22818 | | 14767 | 11437 | 9053 | 9053 |
| 115 | 8865 | 733 | 7010 | | 7017 | 5748 | 4835 | 4796 |
| 314 | 13896 | 2647 | 11322 | | 27147 | 9222 | 2213 | 2213 |
| 28 | 5223 | 457 | 2696 | | 21813 | 8262 | 729 | 729 |
| 286 | 8672 | 2190 | 8627 | | 5334 | 960 | 1484 | 1484 |
| 74021 | 5659592 | 1188539 | 5323836 | 354873 | 8406540 | 4095475 | 5978168 | 4443519 |
| 18065 | 583912 | 141480 | 553124 | 15986 | 1676344 | 796174 | 1215089 | 912332 |
| 55956 | 5075680 | 1047059 | 4770712 | 338887 | 6730196 | 3299301 | 4763079 | 3531186 |
| 49687 | 3261488 | 666950 | 2651739 | 216011 | 3361841 | 1621459 | 2014222 | 1309251 |
| 15212 | 2207062 | 544456 | 2095548 | 2496 | 1419790 | 810071 | 966545 | 646584 |
| 1111 | 124965 | 35771 | 118154 | | 91036 | 63167 | 59302 | 29026 |
| 1975 | 188280 | 43573 | 178148 | | 74813 | 54635 | 34856 | 32389 |
| 10670 | 1715364 | 423931 | 1624585 | 2496 | 1166484 | 640667 | 829022 | 545384 |
| 1456 | 178452 | 41181 | 174661 | | 87457 | 51603 | 43365 | 39785 |
| **3692** | **286279** | **72410** | **257587** | **19028** | **416779** | **157744** | **161575** | **126500** |
| 2942 | 229562 | 59735 | 208625 | 10285 | 376462 | 131260 | 132739 | 101043 |
| 691 | 53670 | 12218 | 45753 | 8744 | 35223 | 23773 | 20550 | 17171 |
| 59 | 3048 | 457 | 3209 | | 5094 | 2711 | 8286 | 8286 |
| **7843** | **688975** | **200148** | **669023** | **43596** | **583723** | **399607** | **327169** | **297551** |
| 3017 | 322217 | 81573 | 322525 | 31513 | 254460 | 179635 | 151162 | 148711 |
| 4477 | 327796 | 102770 | 313319 | 12084 | 274767 | 188052 | 124958 | 108640 |
| 349 | 38961 | 15805 | 33180 | | 54496 | 31920 | 51049 | 40199 |
| 49850 | 4315046 | 2031686 | 4235651 | 22389 | 4431024 | 1919069 | 2765321 | 1453193 |
| 2404 | 211041 | 46953 | 196481 | | 108977 | 69605 | 41904 | 39398 |
| 51551 | 3481949 | 724393 | 2862788 | 216011 | 3508887 | 1707693 | 2116922 | 1397522 |
| 90650 | 7926736 | 1753778 | 7479570 | 399166 | 10203946 | 5047036 | 7091091 | 5238657 |
| 39599 | 4912009 | 2235093 | 4600068 | 11806 | 3890248 | 2469522 | 1557731 | 1348945 |
| 154856 | 11022762 | 2321717 | 10174422 | 625761 | 14362586 | 6273881 | 10457506 | 6779825 |
| 102488 | 9222967 | 3058372 | 8641568 | 544801 | 10370806 | 4927835 | 6722936 | 4547502 |
| 58563 | 3041156 | 687160 | 2747480 | 32008 | 4515731 | 2018175 | 3237351 | 2214728 |
| 32116 | 3646969 | 807004 | 3362648 | 60757 | 3250586 | 1730470 | 1915304 | 1341509 |
| 1288 | 23680 | 4274 | 22794 | | 115710 | 66923 | 139648 | 25031 |

7–10 续表 1

单位：万元

| 指　　标 | Item | 企业数（个）Number of Enterprises (unit) |
|---|---|---|
| **按企业主营业务收入分** | **Grouped by Revenue from Principal Business** | |
| 年收入在40亿元以上 | Annual Income Above 4 billion yuan | 8 |
| 年收入在20—40亿元 | Annual Income Between 2 billion and 4 billion yuan | 5 |
| 年收入在10—20亿元 | Annual Income Between 1 billion and 2 billion yuan | 7 |
| 年收入在5—10亿元 | Annual Income Between 0.5 billion and 1 billion yuan | 27 |
| 年收入在1—5亿元 | Annual Income Between 0.1 billion and 0.5 billion yuan | 133 |
| 年收入在3000万元—1亿元 | Annual Income Between 30 million and 0.1 billion yuan | 143 |
| 年收入在1000万元—3000万元 | Annual Income Between 10 million and 30 million yuan | 55 |
| 年收入在1000万元以下 | Annual Income Below 10 million yuan | 23 |
| **按支柱、特色行业分** | **Grouped by Pillar and Characteristic Industries** | |
| 能源、优势原材料为主的支柱产业 | Pillar Industry of Energy and Raw Materials | 79 |
| 电 | Electricity | 8 |
| 煤 | Coal | 8 |
| 煤化工 | Coal Chemical Industry | 12 |
| 铝及铝加工 | Aluminum and Its Processing Industry | |
| 磷及磷化工 | Phosphorus and Its Chemical Industry | 20 |
| 铁合金 | Iron Alloy | 7 |
| 烟酒为主的传统支柱产业 | Traditional Pillar Industries on Tobacco and Liquor | 6 |
| 酒 | Liquor | 3 |
| 烟 | Tobacco | 3 |
| 六大特色支柱产业 | Six Special Pillar Industries | 240 |
| 磷煤化工 | Phosphorus and Coal Chemical Industry | 32 |
| 铝及铝化工 | Aluminum and Its Chemical Industry | 31 |
| 特色食品 | Characteristic Food | 44 |
| 烟草制品 | Tobacco | 3 |
| 现代医药 | Modern Medicine | 35 |
| 装备制造业 | Manufacture of Equipment | 95 |
| 高技术 | High-tech | 73 |
| 贵阳市产业园区 | Industrial Parks | |
| 南明龙洞堡食品工业园 | Longdongbao Food Industrial Park | 6 |
| 云岩益佰工业园 | Yibai Industrial Park | 1 |
| 贵阳金石石材工业园 | Guiyang Jinshi Stone Industrial Park | 5 |
| 乌当医药食品工业园 | Wudang Medical and Food Industrial Park | 24 |
| 白云铝工业基地 | Baiyun Aluminum Industrial Base | 19 |
| 麦架—沙文高新技术产业园 | Maijia & Shawen High-tech Industrial Park | 16 |
| 小河—孟关装备制造业生态工业园 | Xiaohe & Mengguan Eco-Industrial Park for Equipment Manufacturing Industry | 19 |
| 开阳磷煤化工生态工业示范基地 | Eco-industrial Demonstration Bases for Phosphorus and Coal Chemical Industry in Kaiyang District | 11 |
| 息烽磷煤化工生态工业基地 | Eco-industrial Base for Phosphorus and Coal Chemical Industry in Xifeng | 13 |
| 修文扎佐医药工业园 | Zhazuo Medical Industrial Park in Xiuwen | 34 |
| 清镇铝煤化工基地 | Aluminum & Coal Chemical Industry Base in Qingzhen | 42 |

(continued)

(10 000 yuan)

| #亏损企业 Loss-generating Enterprises | 全部从业人员年平均人数 Annual Average Employed Persons | 工业总产值(当年价格) Gross Industrial Output Value (current price) | 工业增加值(当年价格) Value-added of Industry (current price) | 工业销售产值(当年价格) Industrial Sales Value (current price) | #出口交货值 Delivery Value of Export | 资产总计 Total Assets | 流动资产合计 Total Working Capitals | 负债合计 Total Liabilities | 流动负债合计 Total Working Liabilities |
|---|---|---|---|---|---|---|---|---|---|
| 1 | 48000 | 6748095 | 2391084 | 6264854 | 493211 | 6848692 | 2889394 | 4967721 | 3230209 |
|  | 11030 | 831304 | 181725 | 796722 | 6902 | 554041 | 397245 | 233730 | 193452 |
| 2 | 14799 | 1071078 | 241183 | 1038468 | 14791 | 1246999 | 807332 | 769239 | 605155 |
| 1 | 23274 | 2106679 | 557892 | 1942167 | 18462 | 2399817 | 1226071 | 1042229 | 646070 |
| 22 | 60167 | 3926958 | 933337 | 3627126 | 54003 | 5340561 | 2469144 | 3556315 | 2544625 |
| 28 | 29865 | 1066931 | 209721 | 940342 | 48147 | 1501103 | 759771 | 1149015 | 740109 |
| 22 | 5423 | 163056 | 37888 | 146558 | 2050 | 244710 | 119756 | 164292 | 124346 |
| 13 | 1897 | 20670 | 3981 | 18253 |  | 116911 | 74689 | 132698 | 44805 |
| 29 | 61202 | 4762994 | 1101870 | 4531264 | 324600 | 7558505 | 2731429 | 6151391 | 4076133 |
| 3 | 3029 | 208216 | 86080 | 205203 |  | 984133 | 79192 | 912255 | 314721 |
| 2 | 9387 | 163760 | 54112 | 159578 |  | 53419 | 28599 | 35541 | 12045 |
| 6 | 6684 | 444800 | 57947 | 440488 |  | 724693 | 224972 | 802234 | 551026 |
| 6 | 20222 | 2408888 | 608102 | 2435061 | 301852 | 3716730 | 1693998 | 2883726 | 2330345 |
| 5 | 1754 | 223808 | 14520 | 215456 |  | 119222 | 94564 | 124865 | 120405 |
|  | 3604 | 1814580 | 1468970 | 1808448 |  | 1544823 | 1027621 | 513613 | 485066 |
|  | 1234 | 99030 | 50446 | 92898 |  | 126733 | 80976 | 103441 | 76756 |
|  | 2370 | 1715550 | 1418524 | 1715550 |  | 1418090 | 946645 | 410171 | 408310 |
| 44 | 125797 | 10768487 | 3598755 | 10139184 | 419008 | 12536323 | 6625663 | 7860047 | 5969738 |
| 12 | 26906 | 2853688 | 666049 | 2875549 | 301852 | 4441422 | 1918970 | 3685960 | 2881370 |
| 8 | 21782 | 1470364 | 331422 | 1228137 | 22748 | 2005453 | 634162 | 1415836 | 759638 |
| 5 | 9923 | 968649 | 259005 | 964974 | 2496 | 561435 | 335974 | 340075 | 276184 |
|  | 2370 | 1715550 | 1418524 | 1715550 |  | 1418090 | 946645 | 410171 | 408310 |
| 1 | 11973 | 1235723 | 367059 | 1034761 |  | 955506 | 699296 | 323623 | 281455 |
| 18 | 52843 | 2524514 | 556696 | 2320213 | 91912 | 3154417 | 2090616 | 1684382 | 1362782 |
| 5 | 35687 | 2520645 | 659543 | 2183374 | 52890 | 2430907 | 1631878 | 1136607 | 939028 |
|  | 2998 | 338101 | 99368 | 332563 | 2476 | 176619 | 138745 | 63769 | 63221 |
|  | 3043 | 200134 | 74890 | 166398 |  | 206783 | 159101 | 45130 | 37819 |
| 2 | 990 | 57052 | 8551 | 53762 |  | 29256 | 20313 | 18877 | 18875 |
| 7 | 7214 | 442640 | 121359 | 364292 | 5641 | 412572 | 279853 | 181865 | 164827 |
| 1 | 26008 | 1800281 | 435004 | 1596558 | 2715 | 1808204 | 623295 | 1118513 | 677655 |
| 2 | 3671 | 377300 | 63604 | 304272 | 18769 | 292138 | 193984 | 178290 | 132613 |
| 1 | 14782 | 2399252 | 1502539 | 2339365 | 9217 | 2001010 | 1352940 | 858091 | 743388 |
| 4 | 17437 | 1605447 | 341043 | 1646114 | 301852 | 3332476 | 1453867 | 2623999 | 2075176 |
| 1 | 3840 | 1061402 | 324002 | 1039690 | 4586 | 535252 | 308755 | 312159 | 265320 |
| 6 | 7957 | 707988 | 146103 | 640906 | 7513 | 579220 | 296720 | 348947 | 276476 |
| 21 | 14215 | 960595 | 147302 | 906198 | 719 | 2168089 | 718263 | 1954896 | 1101856 |

7–10 续表 2

单位：万元

| 指　　标 | Item | 企业数（个）Number of Enterprises (unit) |
|---|---|---|
| **按区县地域分** | **Grouped by District or County(City)** | |
| 南明区 | Nanming | 37 |
| 云岩区 | Yunyan | 35 |
| 花溪区 | Huaxi | 22 |
| 乌当区 | Wudang | 75 |
| 白云区 | Baiyun | 52 |
| 小河区 | Xiaohe | 41 |
| 开阳县 | Kaiyang | 21 |
| 息烽县 | Xifeng | 14 |
| 修文县 | Xiuwen | 47 |
| 清镇市 | Qingzhen | 55 |
| 外地县 | Others | 2 |
| **按工业行业分** | **By Sector** | |
| **采矿业** | **Mining** | **13** |
| 煤炭开采和洗选业 | Mining and Washing of Coal | 7 |
| 非金属矿采选业 | Ming and Processing of Non-mental of Ores | 6 |
| **制造业** | **Manufacturing** | **365** |
| 农副食品加工业 | Processing of Foods from Agricultural Products | 25 |
| 食品制造业 | Manufacture of Foods | 12 |
| 酒、饮料和精制茶制造业 | Manufacture of Wine,Beverages and Refined Tea | 7 |
| 烟草制品业 | Manufacture of Tobacco | 3 |
| 纺织业 | Manufacture of Textile | 1 |
| 纺织服装、服饰业 | Manufacture of Textile Wearing Apparel | 1 |
| 皮革、毛皮、羽毛及其制品和制鞋业 | Manufacture of Leather,Fur,Feather and Related Products and Footwear | 1 |
| 木材加工及木、竹、藤、棕、草制品业 | Manufacture of Timber,Manufacture of Wood,Bamboo,Rattan, Palm and Straw Products | 1 |
| 家具制造业 | Manufacture of Furniture | 1 |
| 造纸和纸制品业 | Manufacture of Paper and Paper Products | 6 |
| 印刷业和记录媒介复制业 | Printing,Reproduction of Recording Media | 8 |
| 文教、工美、体育和娱乐用品制造业 | Manufacture of Articles for Culture,Education,Industry, Arts and Sport Activities | |
| 化学原料和化学制品制造业 | Manufacture of Raw Chemical Materials and Chemical Products | 32 |
| 医药制造业 | Manufacture of Medicines | 40 |
| 橡胶和塑料制品业 | Manufacture of Chemical Fibers and Plastics | 21 |
| 非金属矿物制品业 | Manufacture of Non-metallic Mineral Products | 72 |
| 黑色金属冶炼和压延加工业 | Smelting and Pressing of Ferrous Metals | 19 |
| 有色金属冶炼和压延加工业 | Smelting and Pressing of Non-ferrous Metals | 12 |
| 金属制品业 | Manufacture of Metal Products | 11 |
| 通用设备制造业 | Manufacture of General Purpose Machinery | 12 |
| 专用设备制造业 | Manufacture of Special Purpose Machinery | 14 |
| 汽车制造业 | Manufacture of Automobile | 11 |
| 铁路、船舶、航空航天和其他运输设备制造业 | Manufacture of Railway,Watercraft,Aviation,Aerospace and Other Transport Equipment | 12 |
| 电气机械和器材制造业 | Manufacture of Electrical Machinery and Equipment | 18 |
| 计算机、通信和其他电子设备制造业 | Manufacture of Communication Equipment, Computers and Other Electronic Equipment | 14 |
| 仪器、仪表制造业 | Manufacture of Measuring Instruments | 8 |
| 其他制造业 | Others | 3 |
| **电力、燃气及水的生产和供应业** | **Electric Power,Gas and Water Production and Supply** | **23** |
| 电力、热力的生产和供应业 | Production and Supply of Electric Power and Heat Power | 14 |
| 燃气生产和供应业 | Production and Supply of Gas | 5 |
| 水的生产和供应业 | Production and Supply of Water | 4 |

(continued)

(10 000 yuan)

| #亏损企业 Loss-generating Enterprises | 全部从业人员年平均人数 Annual Average Employed Persons | 工业总产值(当年价格) Gross Industrial Output Value (current price) | 工业增加值(当年价格) Value-added of Industry (current price) | 工业销售产值(当年价格) Industrial Sales Value (current price) | #出口交货值 Delivery Value of Export | 资产总计 Total Assets | 流动资产合计 Total Working Capitals | 负债合计 Total Liabilities | 流动负债合计 Total Working Liabilities |
|---|---|---|---|---|---|---|---|---|---|
| 7 | 18262 | 728009 | 224848 | 715116 | 3601 | 1296574 | 810086 | 643018 | 509923 |
| 5 | 23637 | 2583977 | 511403 | 2221529 | 192109 | 2463908 | 929983 | 1682212 | 716694 |
| 5 | 9754 | 680244 | 144796 | 595224 | | 714982 | 398962 | 326991 | 304881 |
| 18 | 27385 | 1399235 | 326084 | 1170552 | 33586 | 1200748 | 798973 | 594615 | 470253 |
| 6 | 30743 | 2338175 | 537967 | 2103747 | 29916 | 2131055 | 848335 | 1333439 | 853358 |
| 7 | 31831 | 3118898 | 1657948 | 3026132 | 58439 | 2857268 | 1938679 | 1364893 | 1131222 |
| 6 | 19201 | 1818028 | 406598 | 1853067 | 301852 | 3784679 | 1552577 | 2994871 | 2196955 |
| 2 | 3891 | 1063826 | 324609 | 1041805 | 4586 | 555665 | 311518 | 331888 | 268153 |
| 8 | 10314 | 1063151 | 212311 | 976592 | 12758 | 801601 | 333352 | 557826 | 483305 |
| 25 | 17434 | 1087120 | 199943 | 1029571 | 719 | 2347233 | 752676 | 2116742 | 1126798 |
| | 2003 | 54109 | 10305 | 41155 | | 99120 | 68263 | 68743 | 67229 |
| | | | | | | | | | |
| **2** | **10437** | **256891** | **105722** | **246816** | | **142493** | **107470** | **78542** | **54439** |
| 1 | 9282 | 158270 | 52959 | 156178 | | 42284 | 24457 | 28764 | 5293 |
| 1 | 1155 | 98621 | 52762 | 90638 | | 100208 | 83012 | 49779 | 49146 |
| **78** | **167074** | **13849768** | **4094955** | **12745404** | **637566** | **15635535** | **8294889** | **9744912** | **7402182** |
| 3 | 3368 | 351619 | 39749 | 346984 | 20 | 113742 | 71642 | 56882 | 51186 |
| 2 | 4509 | 363656 | 109362 | 361792 | 2476 | 255486 | 164254 | 144601 | 114137 |
| | 2046 | 253374 | 109893 | 256199 | | 192207 | 100079 | 138592 | 110860 |
| | 2370 | 1715550 | 1418524 | 1715550 | | 1418090 | 946645 | 410171 | 408310 |
| 1 | 554 | 2255 | 255 | 1193 | | 5169 | 1670 | 6980 | 6880 |
| | 1508 | 34865 | 7227 | 33887 | | 19530 | 14380 | 6573 | 3577 |
| | 1865 | 111012 | 16729 | 107682 | | 69915 | 52562 | 27269 | 16336 |
| 1 | 154 | 3501 | 859 | 3362 | | 3970 | 1481 | 13756 | 5693 |
| | 433 | 25396 | 8495 | 20372 | | 10873 | 9257 | 4425 | 4425 |
| | 693 | 41202 | 8938 | 38010 | 566 | 23870 | 18368 | 13278 | 13050 |
| | 1945 | 110332 | 47588 | 107197 | | 142958 | 71204 | 37297 | 31926 |
| | | | | | | | | | |
| 8 | 27691 | 2843546 | 683133 | 2837865 | 308056 | 4584565 | 1933750 | 3583725 | 2843479 |
| 1 | 13958 | 1420412 | 403065 | 1179319 | | 1052275 | 746218 | 394397 | 351415 |
| 4 | 12909 | 1225109 | 152157 | 902442 | 191543 | 868942 | 518958 | 528137 | 389001 |
| 22 | 10974 | 727611 | 134361 | 690318 | 29128 | 909788 | 375036 | 664914 | 472481 |
| 11 | 7661 | 650191 | 61143 | 604693 | | 767018 | 525358 | 616845 | 476326 |
| 4 | 18442 | 1270443 | 300494 | 1048986 | 458 | 1796745 | 511253 | 1273115 | 649511 |
| 3 | 5606 | 188759 | 54607 | 176889 | 17089 | 359396 | 227439 | 218500 | 181044 |
| 1 | 5662 | 239151 | 56285 | 215003 | 4488 | 392135 | 257374 | 202189 | 175776 |
| 5 | 3382 | 183877 | 31070 | 159148 | 15254 | 251273 | 192922 | 178183 | 141129 |
| 2 | 9406 | 419872 | 101722 | 396729 | 5268 | 465868 | 309465 | 185416 | 154251 |
| 1 | 15260 | 494163 | 138006 | 475370 | 36373 | 794417 | 450949 | 511911 | 389543 |
| 4 | 3612 | 364389 | 40631 | 322466 | 8744 | 282177 | 219361 | 164323 | 111789 |
| 2 | 8566 | 605733 | 122064 | 559896 | 17304 | 586515 | 392777 | 203951 | 182971 |
| 2 | 1927 | 80689 | 25543 | 64911 | 801 | 106657 | 81287 | 55598 | 52774 |
| 1 | 2573 | 123062 | 23056 | 119142 | | 161954 | 101201 | 103885 | 64313 |
| **9** | **16944** | **1828113** | **356134** | **1782270** | | **2474806** | **341044** | **2191784** | **672150** |
| 3 | 12430 | 1504302 | 308199 | 1470948 | | 1812105 | 126629 | 1715262 | 395539 |
| 3 | 3018 | 274480 | 28359 | 272823 | | 374182 | 146197 | 348073 | 187060 |
| 3 | 1496 | 49331 | 19576 | 38499 | | 288519 | 68218 | 128449 | 89551 |

# 7–10 续表 3

单位：万元

| 指　　标 | Item | #应付账款 Accounts Payable | 非流动负债 Non-current Liabilities |
|---|---|---|---|
| **总　计** | **Total** | **1802202** | **3484802** |
| #亏损企业 | Loss-generating Enterprises | 440924 | 1366384 |
| #国有控股企业 | State Holding Enterprises | 1387553 | 3056698 |
| #农村工业 | Rural Industries | 15648 | 95 |
| #非公有制工业 | Non-public Industries | 390601 | 424045 |
| **按登记注册类型分** | **By Status of Registration** | | |
| **内资企业** | **Domestic Funded** | **1721393** | **3434828** |
| 国有企业 | State-owned Enterprises | 409361 | 1119629 |
| 中央企业 | Central Enterprises | 339230 | 1016815 |
| 地方企业 | Local Enterprises | 70131 | 102814 |
| 集体企业 | Cllective-owned Enterprises | 1413 | |
| 股份合作企业 | Cooperative Enterprises | 2183 | 39 |
| 联营企业 | Joint Owership Enterprises | 2068 | |
| 国有联营企业 | State Joint Ownership Enterprises | 729 | |
| 国有与集体联营企业 | Joint State-collective Enterprises | 1339 | |
| 有限责任公司 | Limited Liability Corporations | 863933 | 1371723 |
| 国有独资公司 | State Sole Funded Corporations | 187919 | 302757 |
| 其他有限责任公司 | Others | 676014 | 1068966 |
| 股份有限公司 | Sharing-holding Corporation Limited | 286464 | 692321 |
| 私营企业 | Private Enterprises | 155972 | 251115 |
| 私营独资企业 | Private Sole Funded Corporations | 10783 | 486 |
| 私营合作企业 | Cooperative Enterprises | 5892 | 2370 |
| 私营有限责任公司 | Enterprises with Sole Fund | 133358 | 244715 |
| 私营股份有限公司 | Private Share-holding Corporations Ltd. | 5939 | 3545 |
| **港、澳、台商投资企业** | **Enterprises with Funds from Hong Kong,Macao and Taiwan** | **23133** | **31222** |
| 合资经营企业(港或澳、台资) | Joint-venture Enterprises | 13718 | 30882 |
| 港澳台商独资经营企业 | Enterprises with Sole Investment | 3768 | 340 |
| 港澳台商投资股份有限公司 | Corporations Ltd with Funds From HongKong,Macao and Taiwan | 5647 | |
| **外商投资企业** | **Foreign Funded Enterprises** | **57676** | **18752** |
| 中外合资经营企业 | Joint-venture Enterprises | 43939 | 2451 |
| 外资企业 | Enterprises With Sole Foreign Fund | 11840 | 5452 |
| 外商投资股份有限公司 | Foreign-Funded Joint Stock Corporations Ltd. | 1896 | 10850 |
| **按经济组织类型分** | **Grouped by Economic Organizaton** | | |
| 独资企业 | Private-funded Enterprises | 437164 | 1125907 |
| 合作、合伙企业 | Corperative and Partnership Enterprises | 10143 | 2409 |
| 股份有限公司 | Sharing-holding Corporation Limited | 299947 | 706717 |
| 有限责任公司 | Limited Liability Corporations | 1054948 | 1649769.9 |
| **按轻重工业分** | **Grouped by Light & Heavy Industries** | | |
| 轻工业 | Light Industry | 390801 | 172197 |
| 重工业 | Heavy Industry | 1411400 | 3312604 |
| **按企业规模分** | **Grouped by Size of Enterprises** | | |
| 大型企业 | Large Enterprises | 999436 | 2165234 |
| 中型企业 | Medium-sized Enterprises | 492699 | 920193 |
| 小型企业 | Small Enterprises | 303071 | 356388 |
| 微型企业 | Micro-sized Enterprises | 6996 | 42987 |

(continued)

(10 000 yuan)

| 所有者权益合计 Owners' Equity | 主营业务收入 Revenue from Principal Business | 主营业务成本 Cost of Principal Business | 营业税金及附加 Business Taxes and Surcharges | 利润总额 Total Profits | 亏损企业亏损总额 Total Losses | 利税总额 Total Profits and Taxes |
|---|---|---|---|---|---|---|
| **6236965** | **15631313** | **10697328** | **948740** | **1268690** | **90838** | **2860806** |
| 645036 | 2067954 | 1997150 | 6047 | -90838 | 90838 | 7332 |
| 4375212 | 10494347 | 7011436 | 902900 | 512025 | 69912 | 1844156 |
| 36879 | 220824 | 118281 | 2105 | 36090 | | 54348 |
| 1801849 | 4876669 | 3495691 | 43897 | 707557 | 17121 | 955131 |
| | | | | | | |
| **5734631** | **14751289** | **10105929** | **932075** | **1146317** | **88300** | **2680699** |
| 1463672 | 4207997 | 1580876 | 842726 | 315674 | 25721 | 1429219 |
| 1013905 | 3675365 | 1182343 | 838024 | 268822 | 17864 | 1342259 |
| 449766 | 532631 | 398533 | 4703 | 46851 | 7857 | 86960 |
| 5715 | 22324 | 19858 | 162 | 154 | 830 | 1468 |
| 2182 | 5707 | 4450 | 16 | -176 | 244 | -97 |
| 14826 | 11322 | 9954 | 193 | -366 | 663 | 316 |
| 12780 | 2696 | 2226 | 18 | -663 | 663 | -519 |
| 2046 | 8627 | 7728 | 175 | 296 | | 835 |
| 2417532 | 5765482 | 4703485 | 65349 | 348213 | 38962 | 552966 |
| 461255 | 551019 | 455965 | 2763 | 23093 | 12522 | 34710 |
| 1956277 | 5214463 | 4247520 | 62586 | 325120 | 26440 | 518256 |
| 1391926 | 2708462 | 2230955 | 15493 | 115344 | 16881 | 262871 |
| 438779 | 2029995 | 1556352 | 8136 | 367475 | 5000 | 433956 |
| 30694 | 120254 | 83587 | 919 | 21666 | 154 | 26283 |
| 38705 | 141181 | 107668 | 2834 | 20498 | | 30930 |
| 325647 | 1590390 | 1237450 | 3690 | 305041 | 4842 | 347195 |
| 43733 | 178170 | 127647 | 694 | 20270 | 4 | 29548 |
| **255203** | **237768** | **163935** | **1359** | **24244** | **2268** | **36919** |
| 243723 | 187390 | 137526 | 955 | 23249 | 660 | 32331 |
| 14673 | 46090 | 21761 | 404 | 2408 | 195 | 5993 |
| -3193 | 4288 | 4648 | 0 | -1413 | 1413 | -1405 |
| **247131** | **642257** | **427464** | **15305** | **98129** | **270** | **143188** |
| 94342 | 325653 | 247737 | 1642 | 45892 | 109 | 56706 |
| 149343 | 283424 | 160257 | 12413 | 42527 | 161 | 72827 |
| 3446 | 33180 | 19470 | 1251 | 9710 | | 13655 |
| | | | | | | |
| 1664096 | 4680089 | 1866339 | 856624 | 382429 | 27061 | 1535789 |
| 55713 | 158210 | 122072 | 3043 | 19955 | 907 | 31149 |
| 1435913 | 2924100 | 2382719 | 17437 | 143912 | 18298 | 304670 |
| 3081243.1 | 7868914.8 | 6326197.8 | 71635.6 | 722394.7 | 44572.3 | 989197.7 |
| | | | | | | |
| 2328838 | 4539510 | 2383640 | 844813 | 587814 | 3960 | 1776545 |
| 3908127 | 11091803 | 8313688 | 103927 | 680876 | 86878 | 1084261 |
| | | | | | | |
| 3662472 | 9848066 | 6251678 | 897848 | 738739 | 9701 | 2037256 |
| 1275191 | 2569005 | 1955236 | 20511 | 198443 | 47512 | 321579 |
| 1302478 | 3189597 | 2467552 | 30305 | 343447 | 21592 | 513601 |
| -3176 | 24646 | 22863 | 75 | -11938 | 12032 | -11630 |

7−10 续表 4

单位：万元

| 指 标 | Item | #应付账款 Accounts Payable |
|---|---|---|
| **按企业主营业务收入分** | **Grouped by Revenue from Principal Business** | |
| 年收入在40亿元以上 | Annual Income Above 4 billion yuan | 608615 |
| 年收入在20—40亿元 | Annual Income Between 2 billion and 4 billion yuan | 91670 |
| 年收入在10—20亿元 | Annual Income Between 1 billion and 2 billion yuan | 156960 |
| 年收入在 5—10亿元 | Annual Income Between 0.5 billion and 1 billion yuan | 187731 |
| 年收入在 1—5亿元 | Annual Income Between 0.1 billion and 0.5 billion yuan | 566546 |
| 年收入在3000万元—1亿元 | Annual Income Between 30 million and 0.1 billion yuan | 162101 |
| 年收入在1000万元—3000万元 | Annual Income Between 10 million and 30 million yuan | 18814 |
| 年收入在1000万元以下 | Annual Income Below 10 million yuan | 9766 |
| **按支柱、特色行业分** | **Grouped by Pillar and Characteristic Industries** | |
| 能源、优势原材料为主的支柱产业 | Pillar Industry of Energy and Raw Materials | 644220 |
| 电 | Electricity | 38845 |
| 煤 | Coal | 6830 |
| 煤化工 | Coal Chemical Industry | 119223 |
| 铝及铝加工 | Aluminium and Its Processing Industry | |
| 磷及磷化工 | Phosphorus and Its Chemical Industry | 326016 |
| 铁合金 | Iron Alloy | 47385 |
| 烟酒为主的传统支柱产业 | Traditional Pillar Industries on Tobacco and Liquor | 202688 |
| 酒 | Liquor | 11945 |
| 烟 | Tobacco | 190744 |
| 六大特色支柱产业 | Six Special Pillar Industries | 1344323 |
| 磷煤化工 | Phosphorus and Coal Chemical Industry | 445238 |
| 铝及铝化工 | Aluminum and Its Chemical Industry | 112752 |
| 特色食品 | Characteristic Food | 44151 |
| 烟草制品 | Tobacco | 190744 |
| 现代医药 | Modern Medicine | 47898 |
| 装备制造业 | Manufacture of Equipment | 503542 |
| 高技术 | High-tech | 285413 |
| 贵阳市产业园区 | Industrial Parks | |
| 南明龙洞堡食品工业园 | Longdongbao Food Industrial Park | 10143 |
| 云岩益佰工业园 | Yibai Industrial Park | 2212 |
| 贵阳金石石材工业园 | Guiyang Jinshi Stone Industrial Park | 2220 |
| 乌当医药食品工业园 | Wudang Medical and Food Industrial Park | 29651 |
| 白云铝工业基地 | Baiyun Aluminum Industrial Base | 106793 |
| 麦架—沙文高新技术产业园 | Maijia & Shawen High-tech Industrial Park | 31460 |
| 小河—孟关装备制造业生态工业园 | Xiaohe & Mengguan Eco-Industrial Park for Equipment Manufacturing Industry | 365776 |
| 开阳磷煤化工生态工业示范基地 | Eco-industrial Demonstration Bases for Phosphorus and Coal Chemical Industry in Kaiyang District | 258267 |
| 息烽磷煤化工生态工业基地 | Eco-industrial Base for Phosphorus and Coal Chemical Industry in Xifeng | 79198 |
| 修文扎佐医药工业园 | Zhazuo Medical Industrial Park in Xiuwen | 29776 |
| 清镇铝煤化工基地 | Aluminum & Coal Chemical Industry Base in Qingzhen | 282656 |

(continued)

(10 000 yuan)

| 非流动负债 Non-current Liabilities | 所有者权益合计 Owners' Equity | 主营业务收入 Revenue from Principal Business | 主营业务成本 Cost of Principal Business | 营业税金及附加 Business Taxes and Surcharges | 利润总额 Total Profits | 亏损企业亏损总额 Total Losses | 利税总额 Total Profits and Taxes |
|---|---|---|---|---|---|---|---|
| 1737512 | 1880971 | 13624937 | 4320010 | 882414 | 502537 | 865 | 1699038 |
| 40279 | 320311 | 1278956 | 804172 | 3414 | 83704 | | 113951 |
| 164083 | 458446 | 1029386 | 776526 | 4062 | 106207 | 4186 | 154153 |
| 222917 | 1381147 | 1902537 | 1369470 | 11610 | 241457 | 2402 | 330681 |
| 915309 | 1778653 | 3446564 | 2632391 | 38701 | 322460 | 48080 | 506747 |
| 341791 | 347098 | 841911 | 684174 | 7675 | 27776 | 16309 | 65698 |
| 19111 | 70850 | 120539 | 103204 | 860 | -3110 | 6384 | 2616 |
| 43801 | -510 | 8041 | 7382 | 4 | -12340 | 12612 | -12079 |
| 1938138 | 1415102 | 5475735 | 4408819 | 59253 | 390838 | 56741 | 608978 |
| 468651 | 71877 | 521685 | 125352 | 2204 | 45496 | 13760 | 70555 |
| 12499 | 17096 | 151283 | 109271 | 3389 | 24225 | 2092 | 36108 |
| 240212 | -78323 | 430606 | 388034 | 3042 | -464 | 26780 | 11957 |
| 559495 | 853663 | 2974894 | 2408320 | 46716 | 319816 | 5277 | 402427 |
| 4311 | -6468 | 197257 | 188064 | 636 | -2835 | 3616 | 1581 |
| 12712 | 1031210 | 1809091 | 543847 | 820698 | 263863 | | 1294852 |
| 10850 | 23291 | 96477 | 47324 | 7008 | 23292 | | 38671 |
| 1862 | 1007919 | 1712614 | 496523 | 813690 | 240570 | | 1256181 |
| 1734866 | 4679764 | 10642612 | 7556183 | 906235 | 1027108 | 49549 | 2428026 |
| 799707 | 775341 | 3405500 | 2796354 | 49757 | 319352 | 32057 | 414383 |
| 652995 | 578551 | 1345456 | 1293726 | 6047 | 30366 | 5765 | 122865 |
| 48709 | 221359 | 951673 | 744308 | 9675 | 135659 | 973 | 182875 |
| 1862 | 1007919 | 1712614 | 496523 | 813690 | 240570 | | 1256181 |
| 22836 | 628308 | 920500 | 385416 | 17373 | 163036 | 37 | 254871 |
| 208757 | 1468287 | 2306870 | 1839855 | 9692 | 138125 | 10717 | 196850 |
| 177289 | 1314270 | 1999608 | 1161306 | 21704 | 238086 | 2324 | 358334 |
| 549 | 112849 | 329986 | 244130 | 1970 | 68058 | | 88674 |
| 7311 | 161653 | 158934 | 13640 | 2580 | 35721 | | 64063 |
| 1 | 10379 | 38420 | 35552 | 164 | -465 | 1081 | 15 |
| 17039 | 230706 | 327443 | 230354 | 1332 | 16577 | 3288 | 29159 |
| 406928 | 678327 | 1729101 | 1563172 | 7282 | 97709 | 865 | 197630 |
| 27862 | 113848 | 273237 | 180568 | 2780 | 21047 | 643 | 37896 |
| 113685 | 1158173 | 2307777 | 992041 | 814206 | 269370 | 663 | 1283837 |
| 554936 | 729238 | 2205664 | 1915988 | 43473 | 73694 | 4460 | 142540 |
| 5929 | 222211 | 1012992 | 661527 | 1361 | 293155 | 58 | 301906 |
| 45819 | 226679 | 559242 | 407712 | 6909 | 37011 | 6949 | 76754 |
| 817057 | 212323 | 868587 | 786753 | 8043 | -5227 | 38945 | 22487 |

7–10 续表 5

单位：万元

| 指标 | Item | #应付账款 Accounts Payable |
|---|---|---|
| **按区县地域分** | **Grouped by District or County(City)** | |
| 南明区 | Nanming | 99168 |
| 云岩区 | Yunyan | 145225 |
| 花溪区 | Huaxi | 49302 |
| 乌当区 | Wudang | 129185 |
| 白云区 | Baiyun | 149538 |
| 小河区 | Xiaohe | 524713 |
| 开阳县 | Kaiyang | 276048 |
| 息烽县 | Xifeng | 81061 |
| 修文县 | Xiuwen | 41815 |
| 清镇市 | Qingzhen | 288221 |
| 外地县 | Others | 17927 |
| **按工业行业分** | **By Sector** | |
| **采矿业** | **Mining** | **6862** |
| 煤炭开采和洗选业 | Mining and Washing of Coal | 3229 |
| 非金属矿采选业 | Ming and Processing of Non-mental of Ores | 3633 |
| **制造业** | **Manufacturing** | **1676097** |
| 农副食品加工业 | Processing of Foods from Agricultural Products | 12786 |
| 食品制造业 | Manufacture of Foods | 14541 |
| 酒、饮料和精制茶制造业 | Manufacture of Wine,Beverages and Refined Tea | 16824 |
| 烟草制品业 | Manufacture of Tobacco | 190744 |
| 纺织业 | Manufacture of Textile | |
| 纺织服装、服饰业 | Manufacture of Textile Wearing Apparel | 771 |
| 皮革、毛皮、羽毛及其制品和制鞋业 | Manufacture of Leather,Fur,Feather and Related Products and Footwear | 2434 |
| 木材加工及木、竹、藤、棕、草制品业 | Manufacture of Timber,Manufacture of Wood,Bamboo, Rattan,Palm and Straw Products | 381 |
| 家具制造业 | Manufacture of Furniture | 1636 |
| 造纸和纸制品业 | Manufacture of Paper and Paper Products | 4205 |
| 印刷业和记录媒介复制业 | Printing,Reproduction of Recording Media | 11002 |
| 文教、工美、体育和娱乐用品制造业 | Manufacture of Articles for Culture,Education, Industrial Arts and Sport Activities | |
| 化学原料和化学制品制造业 | Manufacture of Raw Chemical Materials and Chemical Products | 437012 |
| 医药制造业 | Manufacture of Medicines | 51627 |
| 橡胶和塑料制品业 | Manufacture of Chemical Fibers and Plastics | 79511 |
| 非金属矿物制品业 | Manufacture of Non-metallic Mineral Products | 93006 |
| 黑色金属冶炼和压延加工业 | Smelting and Pressing of Ferrous Metals | 126852 |
| 有色金属冶炼和压延加工业 | Smelting and Pressing of Non-ferrous Metals | 81936 |
| 金属制品业 | Manufacture of Metal Products | 75458 |
| 通用设备制造业 | Manufacture of General Purpose Machinery | 49548 |
| 专用设备制造业 | Manufacture of Special Purpose Machinery | 45116 |
| 汽车制造业 | Manufacture of Automobile | 63039 |
| 铁路、船舶、航空航天和其他运输设备制造业 | Manufacture of Railway,Watercraft,Aviation, Aerospace and Other Transport Equipment | 146092 |
| 电气机械和器材制造业 | Manufacture of Electrical Machinery and Equipment | 17921 |
| 计算机、通信和其他电子设备制造业 | Manufacture of Communication Equipment, Computers and Other Electronic Equipment | 97530 |
| 仪器、仪表制造业 | Manufacture of Measuring Instruments | 21725 |
| 其他制造业 | Others | 34400 |
| **电力、燃气及水的生产和供应业** | **Electric Power,Gas and Water Production and Supply** | **119243** |
| 电力、热力的生产和供应业 | Production and Supply of Electric Power and Heat Power | 79242 |
| 燃气生产和供应业 | Production and Supply of Gas | 37367 |
| 水的生产和供应业 | Production and Supply of Water | 2635 |

(continued)

(10 000 yuan)

| 非流动负债 Non-current Liability | 所有者权益合计 Owners' Equity | 主营业务收入 Revenue from Principal Business | 主营业务成本 Cost of Principal Business | 营业税金及附加 Business Taxes and Surcharges | 利润总额 Total Profits | 亏损企业亏损总额 Total Losses | 利税总额 Total Profits and Taxes |
|---|---|---|---|---|---|---|---|
| 129899 | 647389 | 1028957 | 554168 | 5075 | 80297 | 9514 | 117404 |
| 964324 | 779807 | 2252109 | 955970 | 36428 | 115037 | 1979 | 230490 |
| 20859 | 386773 | 685155 | 587312 | 3503 | 57234 | 1667 | 77609 |
| 65872 | 605800 | 1003905 | 682663 | 7653 | 70553 | 8153 | 124089 |
| 432134 | 785905 | 2287791 | 2045777 | 10227 | 137763 | 2477 | 263647 |
| 189860 | 1498673 | 3032300 | 1583875 | 817367 | 301041 | 6767 | 1335155 |
| 804029 | 810568 | 2413619 | 2052245 | 47404 | 117287 | 5414 | 207964 |
| 5929 | 222896 | 1015107 | 663640 | 1375 | 292910 | 304 | 301902 |
| 46723 | 240420 | 893560 | 694902 | 9988 | 60863 | 7366 | 122383 |
| 823659 | 228357 | 988965 | 854806 | 9562 | 32910 | 47198 | 75518 |
| 1513 | 30378 | 29846 | 21969 | 158 | 2797 | | 4647 |
| **13107** | **63068** | **236910** | **129937** | **6980** | **74746** | **2301** | **101065** |
| 12474 | 12739 | 148557 | 106327 | 3387 | 24775 | 1542 | 36192 |
| 633 | 50328 | 88353 | 23610 | 3594 | 49971 | 759 | 64873 |
| **2080943** | **5890876** | **13268053** | **9776484** | **918874** | **1136627** | **71735** | **2619567** |
| 5572 | 56859 | 350464 | 323646 | 421 | 13660 | 852 | 18981 |
| 31241 | 110885 | 346577 | 254813 | 1998 | 66025 | 121 | 84740 |
| 11896 | 53615 | 254632 | 165849 | 7256 | 55975 | | 79154 |
| 1862 | 1007919 | 1712614 | 496523 | 813690 | 240570 | | 1256181 |
| 100 | -1811 | 1522 | 1921 | 10 | -868 | 868 | -793 |
| 2996 | 12958 | 30206 | 26880 | 14 | 1420 | | 1600 |
| 10934 | 42646 | 260872 | 247469 | 372 | 5057 | | 8167 |
| 8064 | -9787 | 3372 | 2998 | 18 | -1167 | 1167 | -1027 |
| | 6448 | 20372 | 13976 | 147 | 2927 | | 5113 |
| 228 | 10592 | 36675 | 32822 | 144 | 957 | | 2526 |
| 5361 | 105662 | 92393 | 59904 | 753 | 23248 | | 29862 |
| 716347 | 1021601 | 3393690 | 2783588 | 46891 | 330368 | 29088 | 417235 |
| 22836 | 654289 | 1026387 | 422049 | 18757 | 173733 | 37 | 280025 |
| 138254 | 337391 | 883490 | 730924 | 7627 | 35984 | 2074 | 61662 |
| 134671 | 244064 | 637701 | 549083 | 3693 | 15653 | 12614 | 42400 |
| 110178 | 149585 | 580775 | 556378 | 1967 | -3977 | 9047 | 8915 |
| 623604 | 513272 | 1174148 | 1139583 | 5262 | 28999 | 4333 | 116568 |
| 23852 | 140288 | 229873 | 193396 | 2071 | 10182 | 4372 | 22573 |
| 13447 | 189947 | 191095 | 150198 | 983 | 17899 | 550 | 24924 |
| 2288 | 62916 | 156837 | 123817 | 408 | 8656 | 1673 | 11032 |
| 31165 | 272148 | 390680 | 317933 | 2264 | 29447 | 670 | 44650 |
| 122367 | 282506 | 462446 | 365978 | 1312 | 24776 | 58 | 32200 |
| 451 | 111633 | 313579 | 269016 | 976 | 11589 | 1376 | 16881 |
| 20836 | 406123 | 547785 | 420408 | 1012 | 33326 | 1488 | 38090 |
| 2824 | 51059 | 63445 | 36381 | 701 | 9406 | 799 | 13842 |
| 39572 | 58069 | 106423 | 90950 | 127 | 2780 | 550 | 4067 |
| **1390751** | **283022** | **2126350** | **790907** | **22886** | **57317** | **16802** | **140174** |
| 1190840 | 96842 | 1818914 | 509182 | 22142 | 50474 | 13760 | 128966 |
| 161013 | 26109 | 270482 | 257777 | 347 | 7463 | 1690 | 9437 |
| 38898 | 160070 | 36954 | 23948 | 397 | -620 | 1352 | 1771 |

# 7-11 规模以上国有及国有控股工业企业主要经济指标(2000万元口径)(2012年)

单位：万元

| 指 标 | Item | 企业数(个) Number of Enterprises (unit) | #亏损企业 Loss-generating Enterprises | 工业总产值(当年价格) Gross Industrial Output Value (current price) |
|---|---|---|---|---|
| **总 计** | **Total** | **126** | **36** | **10009794** |
| #亏损企业 | Loss-generating Enterprises | 36 | 36 | 1857124 |
| **按轻重工业分** | **Grouped by Light & Heavy Industries** | | | |
| 轻工业 | Light Industry | 22 | 4 | 2423449 |
| 重工业 | Heavy Industry | 104 | 32 | 7586345 |
| **按企业规模分** | **Grouped by Size of Enterprises** | | | |
| 大型企业 | Large Enterprises | 27 | 4 | 7747380 |
| 中型企业 | Medium-sized Enterprises | 43 | 14 | 1452265 |
| 小型企业 | Small Enterprises | 49 | 16 | 801358 |
| 微型企业 | Micro-sized Enterprises | 7 | 2 | 8791 |
| **按企业主营业务收入分** | **Grouped by Revenue from Principal Business** | | | |
| 年收入在40亿元以上 | Annual Income Above 4 billion yuan | 7 | 1 | 6066914 |
| 年收入在20—40亿元 | Annual Income Between 2 billion and 4 billion yuan | 4 | | 585372 |
| 年收入在10—20亿元 | Annual Income Between 1 billion and 2 billion yuan | 4 | 2 | 589958 |
| 年收入在5—10亿元 | Annual Income Between 0.5 billion and 1 billion yuan | 15 | 1 | 1044496 |
| 年收入在1—5亿元 | Annual Income Between 0.1 billion and 0.5 billion yuan | 47 | 12 | 1428331 |
| 年收入在3000万元—1亿元 | Annual Income Between 30 million and 0.1 billion yuan | 30 | 9 | 247050 |
| 年收入在1000万元—3000万元 | Annual Income Between 10 million and 30 million yuan | 12 | 8 | 43701 |
| 年收入在1000万元以下 | Annual Income Below 10 million yuan | 7 | 3 | 3972 |
| **高技术** | **High-tech** | **28** | **2** | **1100275** |
| **贵阳市产业园区** | **Industrial Parks** | | | |
| 南明龙洞堡食品工业园 | Longdongbao Food Industrial Park | | | |
| 云岩益佰工业园 | Yibai Industrial Park | | | |
| 贵阳金石石材工业园 | Guiyang Jinshi Stone Industrial Park | 1 | 1 | 16870 |
| 乌当医药食品工业园 | Wudang Medical and Food Industrial Park | 13 | 4 | 206342 |
| 白云铝工业基地 | Baiyun Aluminum Industrial Base | 8 | 1 | 1276444 |
| 麦架—沙文高新技术产业园 | Maijia & Shawen High-tech Industrial Park | 4 | | 127894 |
| 小河—孟关装备制造业生态工业园 | Xiaohe & Mengguan Eco-Industrial Park for Equipment Manufacturing Industry | 13 | 1 | 2343419 |
| 开阳磷煤化工生态工业示范基地 | Eco-industrial Demonstration Bases for Phosphorus and Coal Chemical Industry in Kaiyang District | 1 | | 1398503 |
| 息烽磷煤化工生态工业基地 | Eco-industrial Base for Phosphorus and Coal Chemical Industry in Xifeng | 3 | 1 | 64662 |
| 修文扎佐医药工业园 | Zhazuo Medical Industrial Park in Xiuwen | 2 | 2 | 50492 |
| 清镇铝煤化工基地 | Aluminum & Coal Chemical Industry Base in Qingzhen | 13 | 9 | 570674 |

# Main Economic Indicators of State-owned or State-holding Industrial Enterprises Above Designated Size (Enterprises with Its Main Business Income Above 20 Million yuan)(2012)

(10 000 yuan)

| 工业增加值(当年价格) Value-added of Industry (current price) | 工业销售产值(当年价格) Industrial Sales Value (current price) | 资产总计 Total Assets | 流动资产合计 Total Working Capitals | 负债合计 Total Liabilities | 流动负债合计 Total Working Liabilities | 主营业务收入 Revenue from Principal Business | 利润总额 Total Profits | 亏损企业亏损总额 Total Losses | 利税总额 Total Profits and Taxes | 全部从业人员年平均人数 Annual Average Employed Persons |
|---|---|---|---|---|---|---|---|---|---|---|
| **3128151** | **9335658** | **13789664** | **5987662** | **9420636** | **6191005** | **10494347** | **512025** | **69912** | **1844156** | **137864** |
| 335835 | 1637513 | 3404717 | 1184008 | 2885564 | 1752243 | 1681719 | -69912 | 69912 | 15062 | 40263 |
| 1527710 | 2359504 | 2115568 | 1300720 | 783630 | 684218 | 2452920 | 256137 | 2219 | 1284031 | 13940 |
| 1600441 | 6976154 | 11674095 | 4686941 | 8637006 | 5506786 | 8041427 | 255888 | 67693 | 560125 | 118852 |
| 2602542 | 7230347 | 9537149 | 4324836 | 6366987 | 4227691 | 8500809 | 400754 | 9701 | 1636187 | 85682 |
| 309111 | 1331497 | 2819467 | 1181169 | 2091995 | 1459072 | 1295641 | 32486 | 42202 | 78787 | 38961 |
| 215261 | 765187 | 1397907 | 461394 | 915817 | 503398 | 690811 | 86455 | 10338 | 136898 | 7409 |
| 1237 | 8628 | 35141 | 20263 | 45837 | 844 | 7085 | -7669 | 7671 | -7716 | 740 |
| 2176233 | 5593365 | 6626840 | 2736414 | 4819639 | 3082165 | 6333091 | 300207 | 865 | 1496702 | 41475 |
| 102373 | 550790 | 438707 | 297771 | 185621 | 145342 | 1033652 | 23030 | | 38093 | 9561 |
| 79049 | 582018 | 955810 | 601656 | 689240 | 532468 | 580401 | 9084 | 4186 | 13681 | 11194 |
| 330943 | 1021585 | 1861388 | 856722 | 799917 | 481112 | 1035807 | 126940 | 2402 | 168604 | 16675 |
| 379914 | 1331904 | 3399220 | 1259831 | 2506163 | 1683530 | 1317806 | 65115 | 41260 | 129951 | 36801 |
| 49908 | 213346 | 361430 | 161317 | 296543 | 199300 | 167669 | -416 | 9025 | 7694 | 14224 |
| 9015 | 38841 | 99761 | 46011 | 69504 | 58070 | 24420 | -4328 | 4447 | -2971 | 2014 |
| 716 | 3810 | 46508 | 27940 | 54011 | 9017 | 1502 | -7607 | 7728 | -7597 | 848 |
| **251848** | **997259** | **1335066** | **855962** | **712318** | **558766** | **945521** | **63511** | **1675** | **76405** | **20859** |
| 3372 | 16870 | 7541 | 4340 | 7600 | 7600 | 1268 | -902 | 902 | -865 | 320 |
| 70126 | 194879 | 260159 | 173395 | 91369 | 79378 | 183881 | 9274 | 3004 | 13152 | 5340 |
| 310943 | 1065703 | 1557193 | 478155 | 1001623 | 596484 | 1188692 | 15219 | 865 | 96643 | 23905 |
| 14644 | 97476 | 95714 | 65345 | 60348 | 41389 | 98444 | 6746 | | 8774 | 957 |
| 1488414 | 2286105 | 1946002 | 1324886 | 838551 | 725793 | 2267153 | 261829 | 663 | 1273318 | 14154 |
| 300602 | 1456070 | 3081381 | 1303073 | 2429349 | 1937070 | 2049460 | 56110 | | 115996 | 13702 |
| 12926 | 62960 | 84464 | 23412 | 72066 | 68169 | 39989 | 5468 | 58 | 7088 | 608 |
| 7947 | 48901 | 82862 | 12792 | 66827 | 61832 | 37863 | -4628 | 4628 | -2584 | 441 |
| 87160 | 562188 | 1450782 | 408745 | 1374089 | 793903 | 549685 | -14503 | 33350 | -1793 | 9516 |

7-11 续表 1

单位：万元

| 指 标 | Item | 企业数(个) Number of Enterprises (unit) | #亏损企业 Loss-generating Enterprises | 工业总产值(当年价格) Gross Industrial Output Value (current price) |
|---|---|---|---|---|
| **按企业所在地分** | **Grouped by District or County(City)** | | | |
| 南明区 | Nanming | 12 | 3 | 302402 |
| 云岩区 | Yunyan | 11 | 3 | 2146918 |
| 花溪区 | Huaxi | 5 | 2 | 210543 |
| 乌当区 | Wudang | 28 | 7 | 523060 |
| 白云区 | Baiyun | 17 | 2 | 1499027 |
| 小河区 | Xiaohe | 22 | 4 | 2874720 |
| 开阳县 | Kaiyang | 3 | | 1511338 |
| 息烽县 | Xifeng | 3 | 1 | 64662 |
| 修文县 | Xiuwen | 4 | 2 | 169875 |
| 清镇市 | Qingzhen | 19 | 12 | 653141 |
| 外地县 | Others | 2 | | 54109 |
| **按支柱、特色行业分** | **Grouped by Pillar and Characteristic Industries** | | | |
| 能源、优势原材料为主的支柱产业 | Pillar Industry of Energy and Raw Materials | 21 | 12 | 2050412 |
| 电 | Electricity | 8 | 3 | 208216 |
| 煤 | Coal | 1 | 1 | 6919 |
| 煤化工 | Coal Chemical Industry | 5 | 5 | 287959 |
| 铝及铝加工 | Aluminum and Its Processing Industry | | | |
| 磷及磷化工 | Phosphorus and Its Chemical Industry | 5 | 1 | 1463165 |
| 铁合金 | Iron Alloy | 2 | 2 | 84153 |
| 烟酒为主的传统支柱产业 | Traditional Pillar Industries on Tobacco and Liquor | 3 | | 1715550 |
| 酒 | Liquor | | | |
| 烟 | Tobacco | 3 | | 1715550 |
| 六大特色支柱产业 | Six Special Pillar Industries | 72 | 18 | 6413910 |
| 磷煤化工 | Phosphorus and Coal Chemical Industry | 10 | 6 | 1751124 |
| 铝及铝化工 | Aluminum and Its Chemical Industry | 5 | 2 | 1053925 |
| 特色食品 | Characteristic Food | 5 | | 60512 |
| 烟草制品 | Tobacco | 3 | | 1715550 |
| 现代医药 | Modern Medicine | | | |
| 装备制造业 | Manufacture of Equipment | 49 | 10 | 1832799 |
| **按登记注册类型分** | **By Status of Registration** | | | |
| **内资企业** | **Domestic Funded** | **123** | **34** | **9856054** |
| 国有企业 | State-owned Enterprises | 50 | 14 | 3783654 |
| 中央企业 | Central Enterprises | 20 | 4 | 3203701 |
| 省地县属 | Local Enterprises | 30 | 10 | 579953 |
| 联营企业 | Joint Ownership Enterprises | 1 | 1 | 5223 |
| 国有联营企业 | State Joint Ownership Enterprises | 1 | 1 | 5223 |
| 有限责任公司 | Limited Liability Corporations | 59 | 15 | 3244526 |
| 国有独资公司 | State Sole Funded Corporations | 13 | 3 | 583912 |
| 其他有限责任公司 | Other Limited Liability Corporations | 46 | 12 | 2660614 |
| 股份有限公司 | Share-holding Corporations Ltd. | 13 | 4 | 2822651 |

(continued)

(10 000 yuan)

| 工业增加值（当年价格）Value-added of Industry (current price) | 工业销售产值（当年价格）Industrial Sales Value (current price) | 资产总计 Total Assets | 流动资产合计 Total Working Capitals | 负债合计 Total Liabilities | 流动负债合计 Total Working Liabilities | 主营业务收入 Revenue from Principal Business | 利润总额 Total Profits | 亏损企业亏损总额 Total Losses | 利税总额 Total Profits and Taxes | 全部从业人员年平均人数 Annual Average Employed Persons |
|---|---|---|---|---|---|---|---|---|---|---|
| 106380 | 301051 | 1029863 | 604125 | 529900 | 403616 | 616662 | 11443 | 7989 | 24424 | 7953 |
| 332803 | 1805207 | 1956425 | 587069 | 1511453 | 561518 | 1843250 | 30439 | 1679 | 96044 | 16083 |
| 61066 | 207952 | 409954 | 163610 | 183168 | 167663 | 359298 | 26133 | 1039 | 33679 | 5513 |
| 142448 | 459970 | 610985 | 391214 | 244123 | 181368 | 409958 | 28082 | 6126 | 41659 | 18669 |
| 354523 | 1267522 | 1721239 | 591121 | 1118361 | 678997 | 1423106 | 29944 | 1189 | 123574 | 25982 |
| 1624809 | 2811618 | 2666445 | 1802723 | 1257698 | 1055866 | 2823940 | 286297 | 6048 | 1313553 | 29268 |
| 319512 | 1566201 | 3361135 | 1318238 | 2685617 | 1973838 | 2159592 | 58295 |  | 125550 | 14247 |
| 12926 | 62960 | 84464 | 23412 | 72066 | 68169 | 39989 | 5468 | 58 | 7088 | 608 |
| 34795 | 168283 | 255144 | 15434 | 234062 | 229067 | 157239 | 11865 | 4628 | 26856 | 818 |
| 128585 | 643738 | 1594891 | 422453 | 1515446 | 803674 | 631468 | 21262 | 41157 | 47082 | 11648 |
| 10305 | 41155 | 99120 | 68263 | 68743 | 67229 | 29846 | 2797 |  | 4647 | 2003 |
| 416611 | 2098627 | 4906475 | 1666057 | 4284855 | 2934069 | 2977123 | 76803 | 44089 | 166912 | 38496 |
| 86080 | 205203 | 984133 | 79192 | 912255 | 314721 | 521685 | 45496 | 13760 | 70555 | 3029 |
| 3798 | 6919 | 8275 | 4541 | 12474 |  | 5838 | -1542 | 1542 | -406 | 7731 |
| 7633 | 287829 | 679549 | 200915 | 779167 | 538980 | 290998 | -26230 | 26230 | -24558 | 12759 |
| 313528 | 1519029 | 3165844 | 1326485 | 2501415 | 2005239 | 2089449 | 61577 | 58 | 123084 | 14310 |
| 5572 | 79646 | 68674 | 54923 | 79543 | 75129 | 69153 | -2499 | 2499 | -1763 | 667 |
| 1418524 | 1715550 | 1418090 | 946645 | 410171 | 408310 | 1712614 | 240570 |  | 1256181 | 2370 |
| 1418524 | 1715550 | 1418090 | 946645 | 410171 | 408310 | 1712614 | 240570 |  | 1256181 | 2370 |
| 2452202 | 6145742 | 9234114 | 4515919 | 5990634 | 4588751 | 6869173 | 379091 | 36767 | 1577154 | 87033 |
| 321161 | 1806858 | 3845394 | 1527400 | 3280582 | 2544220 | 2374609 | 35347 | 26288 | 98526 | 19338 |
| 251378 | 854942 | 1342043 | 351660 | 898280 | 482950 | 980256 | 2612 | 1277 | 77696 | 18262 |
| 9218 | 60514 | 41297 | 24860 | 32532 | 28156 | 57285 | 443 |  | 1017 | 1590 |
| 1418524 | 1715550 | 1418090 | 946645 | 410171 | 408310 | 1712614 | 240570 |  | 1256181 | 2370 |
| 451921 | 1707877 | 2587290 | 1665355 | 1369068 | 1125116 | 1744408 | 100118 | 9202 | 143734 | 45473 |
| **3094244** | **9200298** | **13394655** | **5802666** | **9208942** | **6011623** | **10360192** | **505673** | **68291** | **1835788** | **130067** |
| 1875881 | 3735606 | 4015230 | 1632640 | 2551458 | 1289304 | 4207997 | 315674 | 25721 | 1429219 | 37478 |
| 1685877 | 3176133 | 2946093 | 1173545 | 1932188 | 786489 | 3675365 | 268822 | 17864 | 1342259 | 18694 |
| 190004 | 559474 | 1069137 | 459096 | 619271 | 502815 | 532631 | 46851 | 7857 | 86960 | 18784 |
| 457 | 2696 | 21813 | 8262 | 729 | 729 | 2696 | -663 | 663 | -519 | 28 |
| 457 | 2696 | 21813 | 8262 | 729 | 729 | 2696 | -663 | 663 | -519 | 28 |
| 691592 | 3167677 | 6501815 | 2879982 | 4860215 | 3567815 | 3745908 | 132565 | 28879 | 241245 | 49511 |
| 141480 | 553124 | 1676344 | 796174 | 1215089 | 912332 | 551019 | 23093 | 12522 | 34710 | 18065 |
| 550112 | 2614553 | 4825470 | 2083808 | 3645126 | 2655482 | 3194889 | 109472 | 16357 | 206535 | 31446 |
| 526314 | 2294319 | 2855797 | 1281783 | 1796540 | 1153775 | 2403591 | 58096 | 13029 | 165844 | 43050 |

7-11 续表 2

单位：万元

| 指 标 | Item | 企业数（个）Number of Enterprises (unit) | #亏损企业 Loss-generating Enterprises | 工业总产值（当年价格）Gross Industrial Output Value (current price) |
|---|---|---|---|---|
| **港、澳、台商投资企业** | **Enterprises with Funds From HongKong,Macao and Taiwan** | **2** | **2** | **43310** |
| 合资经营企业(港或澳、台资) | Joint-venture Enterprises | 1 | 1 | 40262 |
| 港澳台商投资股份有限公司 | Corporations Ltd. with Funds From HongKong,Macao and Taiwan | 1 | 1 | 3048 |
| **外商投资企业** | **Foreign Funded Enterprises** | **1** | | **110431** |
| 中外合资经营企业 | Joint-venture Enterprises | 1 | | 110431 |
| **按工业行业分** | **By Sector** | | | |
| **采矿业** | **Mining** | **2** | **1** | **34684** |
| 煤炭开采和洗选业 | Mining and Washing of Coal | 1 | 1 | 6919 |
| 非金属矿采选业 | Ming and Processing of Non-mental of Ores | 1 | | 27765 |
| **制造业** | **Manufacturing** | **103** | **26** | **8173832** |
| 农副食品加工业 | Processing of Foods from Agricultural Products | 4 | | 22780 |
| 食品制造业 | Manufacture of Foods | 1 | | 37732 |
| 烟草制品业 | Manufacture of Tobacco | 3 | | 1715550 |
| 纺织业 | Manufacture of Textile | 1 | 1 | 2255 |
| 纺织服装、服饰业 | Manufacture of Textile Wearing Apparel | 1 | | 34865 |
| 皮革、毛皮、羽毛及其制品和制鞋业 | Manufacture of Leather,Fur,Feather and Related Products and Footwear | 1 | | 111012 |
| 木材加工和木、竹、藤、棕、草制品业 | Processing of Timber,Manufacture of Wood,Bamboo,Rattan, Palm,and Straw Products | 1 | 1 | 3501 |
| 家具制造业 | Manufacture of Furniture | 1 | | 25396 |
| 印刷业和记录媒介复制业 | Printing,Reproduction of Recording Media | 1 | | 7559 |
| 化学原料和化学制品制造业 | Manufacture of Raw Chemical Materials and Chemical Products | 14 | 4 | 1745728 |
| 医药制造业 | Manufacture of Medicines | 1 | | 46173 |
| 橡胶和塑料制品业 | Manufacture of Chemical Fibers and Plastics | 4 | 1 | 960542 |
| 非金属矿物制品业 | Manufacture of Non-metallic Mineral Products | 10 | 5 | 225562 |
| 黑色金属冶炼和压延加工业 | Smelting and Pressing of Ferrous Metals | 3 | 3 | 221382 |
| 有色金属冶炼和压延加工业 | Smelting and Pressing of Non-ferrous Metals | 4 | 1 | 1033620 |
| 金属制品业 | Manufacture of Metal Products | 7 | 1 | 163809 |
| 通用设备制造业 | Manufacture of General Purpose Machinery | 5 | 1 | 129907 |
| 专用设备制造业 | Manufacture of Special Purpose Machinery | 6 | 3 | 140426 |
| 汽车制造业 | Manufacture of Automobile | 3 | 1 | 261773 |
| 铁路、船舶、航空航天和其他运输设备制造业 | Manufacture of Railway,Watercraft,Aviation,Aerospace and Other Transport Equipment | 10 | 1 | 478297 |
| 电气机械和器材制造业 | Manufacture of Electrical Machinery and Equipment | 3 | 1 | 39271 |
| 计算机、通信和其他电子设备制造业 | Manufacture of Communication Equipment,Computers and Other Electronic Equipment | 12 | 1 | 584054 |
| 仪器、仪表制造业 | Manufacture of Measuring Instruments | 5 | 1 | 65067 |
| 其他制造业 | Others | 2 | | 117571 |
| **电力、燃气及水的生产和供应业** | **Electric Power,Gas and Water Production and Supply** | **21** | **9** | **1801278** |
| 电力、热力的生产和供应业 | Production and Supply of Electric Power and Heat Power | 14 | 3 | 1504302 |
| 燃气生产和供应业 | Production and Supply of Gas | 4 | 3 | 250089 |
| 水的生产和供应业 | Production and Supply of Water | 3 | 3 | 46888 |

(continued)

(10 000 yuan)

| 工业增加值(当年价格) Value-added of Industry (current price) | 工业销售产值(当年价格) Industrial Sales Value (current price) | 资产总计 Total Assets | 流动资产合计 Total Working Capitals | 负债合计 Total Liabilities | 流动负债合计 Total Working Liabilities | 主营业务收入 Revenue from Principal Business | 利润总额 Total Profits | 亏损企业亏损总额 Total Losses | 利税总额 Total Profits and Taxes | 全部从业人员年平均人数 Annual Average Employed Persons |
|---|---|---|---|---|---|---|---|---|---|---|
| **15097** | **33674** | **252928** | **58642** | **114787** | **84326** | **32209** | **-1621** | **1621** | **263** | **1213** |
| 14640 | 30465 | 247834 | 55931 | 106501 | 76040 | 27921 | -209 | 209 | 1668 | 1154 |
| 457 | 3209 | 5094 | 2711 | 8286 | 8286 | 4288 | -1413 | 1413 | -1405 | 59 |
| **18810** | **101686** | **142081** | **126353** | **96907** | **95056** | **101945** | **7974** | | **8105** | **1512** |
| 18810 | 101686 | 142081 | 126353 | 96907 | 95056 | 101945 | 7974 | | 8105 | 1512 |
| **11845** | **31459** | **22112** | **15780** | **17520** | **5036** | **26113** | **3973** | **1542** | **5996** | **8007** |
| 3798 | 6919 | 8275 | 4541 | 12474 | | 5838 | -1542 | 1542 | -406 | 7731 |
| 8048 | 24540 | 13837 | 11238 | 5046 | 5036 | 20275 | 5515 | | 6402 | 276 |
| **2764880** | **7548763** | **11318794** | **5641612** | **7218524** | **5521011** | **10110850** | **452847** | **51568** | **1700512** | **113034** |
| 2713 | 22893 | 5922 | 4511 | 4598 | 4209 | 23681 | 37 | | 48 | 172 |
| 6506 | 37621 | 35375 | 20349 | 27933 | 23947 | 33604 | 406 | | 969 | 1418 |
| 1418524 | 1715550 | 1418090 | 946645 | 410171 | 408310 | 3453237 | 240570 | | 1256181 | 2370 |
| 255 | 1193 | 5169 | 1670 | 6980 | 6880 | 1522 | -868 | 868 | -793 | 554 |
| 7227 | 33887 | 19530 | 14380 | 6573 | 3577 | 30206 | 1420 | | 1600 | 1508 |
| 16729 | 107682 | 69915 | 52562 | 27269 | 16336 | 260872 | 5057 | | 8167 | 1865 |
| 859 | 3362 | 3970 | 1481 | 13756 | 5693 | 3372 | -1167 | 1167 | -1027 | 154 |
| 8495 | 20372 | 10873 | 9257 | 4425 | 4425 | 20372 | 2927 | | 5113 | 433 |
| 5060 | 8356 | 12369 | 6373 | 5429 | 5429 | 8378 | 31 | | 694 | 707 |
| 379136 | 1771254 | 4022674 | 1588627 | 3172838 | 2519254 | 2356496 | 70498 | 24628 | 143080 | 21518 |
| 6691 | 36327 | 9316 | 5652 | 1050 | 1050 | 9939 | 2368 | | 3773 | 133 |
| 108145 | 656784 | 681285 | 396079 | 450269 | 314761 | 667621 | 20613 | 1413 | 39814 | 9401 |
| 55359 | 221723 | 408845 | 106372 | 305424 | 210124 | 189974 | 7131 | 6747 | 18267 | 3705 |
| 21159 | 220079 | 577497 | 394898 | 470296 | 360832 | 210047 | -6679 | 6679 | -4706 | 4093 |
| 246365 | 837410 | 1265954 | 316061 | 836224 | 445133 | 962020 | 3145 | 865 | 77466 | 16770 |
| 48644 | 154780 | 305595 | 197232 | 188853 | 162925 | 209845 | 6911 | 4104 | 19094 | 5160 |
| 36030 | 115072 | 297919 | 187903 | 147689 | 136723 | 118263 | 8665 | 550 | 12610 | 4614 |
| 22720 | 127179 | 214813 | 166390 | 154362 | 120731 | 128718 | 6928 | 1631 | 8047 | 2636 |
| 74006 | 258107 | 335654 | 214780 | 126832 | 97794 | 271185 | 17706 | 663 | 29621 | 7639 |
| 134882 | 461506 | 779030 | 443405 | 501383 | 379015 | 448718 | 23255 | 58 | 30459 | 15100 |
| 4906 | 33373 | 34809 | 25907 | 21496 | 21496 | 18799 | -144 | 523 | 406 | 997 |
| 119436 | 539131 | 566520 | 377080 | 193376 | 172881 | 531642 | 33343 | 1037 | 37435 | 8127 |
| 19131 | 49381 | 86852 | 66940 | 44192 | 41928 | 48642 | 7362 | 638 | 10043 | 1492 |
| 21903 | 115742 | 150820 | 97060 | 97108 | 57561 | 103697 | 3331 | | 4151 | 2468 |
| **351426** | **1755436** | **2448758** | **330271** | **2184592** | **664958** | **2098006** | **55205** | **16802** | **137648** | **11751** |
| 308199 | 1470948 | 1812105 | 126629 | 1715262 | 395539 | 1818914 | 50474 | 13760 | 128966 | 7358 |
| 25539 | 248432 | 362957 | 143751 | 343059 | 182046 | 246091 | 6083 | 1690 | 7755 | 2979 |
| 17687 | 36056 | 273696 | 59891 | 126271 | 87373 | 33002 | -1352 | 1352 | 928 | 1414 |

# 7-12 规模以上外商投资和港澳台商投资工业企业主要经济指标(2000万元口径)(2012年)

单位：万元

| 指标 | Item | 企业数（个）Number of Enterprises (unit) | #亏损企业 Loss-generating Enterprises | 工业总产值（当年价格）Gross Industrial Output Value (current price) |
|---|---|---|---|---|
| **总计** | **Tattoo** | **34** | **6** | **975254** |
| #亏损企业 | Loss-generating Enterprises | 6 | 6 | 67567 |
| #国有控股企业 | State-owned and State-controlled Enterprises | 3 | 2 | 153741 |
| #农村工业 | Rural Enterprises | 2 | | 40621 |
| #非公有制工业 | Non-state-operated Enterprises | 31 | 4 | 821513 |
| **按登记注册类型分** | **By Status of Registration** | | | |
| 港、澳、台商投资企业 | Enterprises with Funds From HongKong,Macao and Taiwan | 14 | 4 | 286279 |
| 合资经营企业(港或澳、台资) | Joint-venture Enterprises | 8 | 2 | 229562 |
| 港澳台商独资经营企业 | Enterprises with Sole Investment | 5 | 1 | 53670 |
| 港澳台商投资股份有限公司 | Joint Stock Corporations Ltd. | 1 | 1 | 3048 |
| 外商投资企业 | Foreign Funded Enterprises | 20 | 2 | 688975 |
| 中外合资经营企业 | Joint-venture Enterprises | 11 | 1 | 322217 |
| 外资企业 | Enterprises With Sole Foreign Fund | 8 | 1 | 327796 |
| 外商投资股份有限公司 | Foreign-Funded Joint Stock Corporations Ltd. | 1 | | 38961 |
| **按轻重工业分** | **By Industries** | | | |
| 轻工业 | Light Industry | 20 | 2 | 626000 |
| 重工业 | Heavy Industry | 14 | 4 | 349254 |
| **按企业规模分** | **By Size** | | | |
| 大型企业 | Large-sized Enterprises | 3 | | 333788 |
| 中型企业 | Medium-sized Enterprises | 5 | 1 | 256751 |
| 小型企业 | Small-sized Enterprises | 26 | 5 | 384715 |
| 六大特色支柱产业 | Six Special Pillar Industries | 23 | 3 | 714414 |
| 磷煤化工 | Phosphorus and Coal Chemical Industry | | | |
| 铝及铝化工 | Aluminum and Its Chemical Industry | 3 | | 17017 |
| 特色食品 | Characteristic Food | 6 | 1 | 257321 |
| 烟草制品 | Tobacco | | | |
| 现代医药 | Modern Medicine | 7 | | 243759 |
| 装备制造业 | Manufacture of Equipment | 7 | 2 | 196317 |
| **按主营业务收入分** | **By Annual Revenue of Major Business** | | | |
| 年收入在10—20亿元 | 1-2 Billion yuan | 2 | | 237490 |
| 年收入在 5—10亿元 | 0.5-1 Billion yuan | 2 | | 223357 |
| 年收入在 1—5亿元 | 0.1-0.5 Billion yuan | 12 | 1 | 399131 |
| 年收入在3000万元—1亿元 | 30-100 Million yuan | 14 | 3 | 104314 |
| 年收入在1000万元—3000万元 | 10-30 Million yuan | 4 | 2 | 10963 |
| **高技术** | **High-tech** | **11** | **2** | **281508.5** |

# Main Indicators of Industrial Enterprises with Hong Kong, Maocao, Taiwan and Foreign Funds (Enterprises with Its Main Business Income Above 20 Million yuan)(2012)

(10 000 yuan)

| 工业增加值(当年价格) Value-added of Industry (current price) | 工业销售产值(当年价格) Industrial Sales Value (current price) | 资产总计 Total Assets | 流动资产合计 Total Working Capitals | 负债合计 Total Liabilities | 流动负债合计 Total Working Liabilities | 主营业务收入 Revenue from Principal Business | 利润总额 Total Profits | 亏损企业亏损总额 Total Losses | 利税总额 Total Profits and Taxes | 全部从业人员年平均人数 Annual Average Employed Persons |
|---|---|---|---|---|---|---|---|---|---|---|
| **272558** | **926610** | **1000501** | **557351** | **488744** | **424050** | **880025** | **122373** | **2538** | **180107** | **11535** |
| 17532 | 57525 | 271859 | 72201 | 126227 | 95183 | 52734 | -2538 | 2538 | -99 | 1625 |
| 33907 | 135360 | 395009 | 184995 | 211694 | 179382 | 134155 | 6353 | 1621 | 8368 | 2725 |
| 3958 | 39919 | 7411 | 4478 | 3435 | 3435 | 37621 | 1543 | | 2357 | 289 |
| 238650 | 791250 | 605492 | 372355 | 277050 | 244668 | 745870 | 116021 | 917 | 171739 | 8810 |
| 72410 | 257587 | 416779 | 157744 | 161575 | 126500 | 237768 | 24244 | 2268 | 36919 | 3692 |
| 59735 | 208625 | 376462 | 131260 | 132739 | 101043 | 187390 | 23249 | 660 | 32331 | 2942 |
| 12218 | 45753 | 35223 | 23773 | 20550 | 17171 | 46090 | 2408 | 195 | 5993 | 691 |
| 457 | 3209 | 5094 | 2711 | 8286 | 8286 | 4288 | -1413 | 1413 | -1405 | 59 |
| 200148 | 669023 | 583723 | 399607 | 327169 | 297551 | 642257 | 98129 | 270 | 143188 | 7843 |
| 81573 | 322525 | 254460 | 179635 | 151162 | 148711 | 325653 | 45892 | 109 | 56706 | 3017 |
| 102770 | 313319 | 274767 | 188052 | 124958 | 108640 | 283424 | 42527 | 161 | 72827 | 4477 |
| 15805 | 33180 | 54496 | 31920 | 51049 | 40199 | 33180 | 9710 | | 13655 | 349 |
| 213433 | 594423 | 664044 | 299968 | 312696 | 251658 | 543889 | 97779 | 404 | 147156 | 7484 |
| 59125 | 332188 | 336457 | 257382 | 176049 | 172392 | 336136 | 24594 | 2134 | 32951 | 4051 |
| 77810 | 312386 | 299964 | 228777 | 143393 | 126754 | 279578 | 34881 | | 49663 | 4973 |
| 106455 | 256389 | 397639 | 126985 | 210415 | 168768 | 256205 | 49796 | 209 | 72576 | 3146 |
| 88293 | 357836 | 302898 | 201589 | 134936 | 128528 | 344242 | 37696 | 2329 | 57869 | 3416 |
| 206033 | 686936 | 596586 | 413532 | 335960 | 302542 | 656867 | 96918 | 808 | 142476 | 8123 |
| 3378 | 16826 | 21834 | 18005 | 11536 | 10073 | 21886 | 761 | | 1379 | 410 |
| 95326 | 265106 | 153983 | 72461 | 109632 | 98206 | 265206 | 51297 | 195 | 72351 | 1897 |
| 78757 | 219812 | 190843 | 131528 | 79519 | 61182 | 187265 | 35256 | | 57547 | 3263 |
| 28571 | 185192 | 229925 | 191538 | 135273 | 133080 | 182510 | 9605 | 613 | 11200 | 2553 |
| 66711 | 240975 | 192487 | 139637 | 122896 | 121045 | 241235 | 40206 | | 47314 | 1954 |
| 59000 | 210700 | 157883 | 102424 | 46487 | 31698 | 177633 | 26907 | | 41558 | 3461 |
| 123955 | 367570 | 544082 | 243423 | 264866 | 219749 | 351910 | 52101 | 209 | 82481 | 4036 |
| 19122 | 97022 | 96547 | 67558 | 48584 | 45646 | 99367 | 3189 | 2060 | 8147 | 1706 |
| 3770 | 10344 | 9503 | 4309 | 5912 | 5912 | 9881 | -29 | 270 | 608 | 378 |
| **83328.67** | **251632.7** | **223379.5** | **150390.5** | **99049.8** | **79556.6** | **214946.9** | **36152.2** | **612.5** | **59375.4** | **3819** |

## 7–12 续表

单位：万元

| 指　　标 | Item | 企业数(个) Number of Enterprises (unit) | #亏损企业 Loss-generating Enterprises | 工业总产值(当年价格) Gross Industrial Output Value (current price) |
|---|---|---|---|---|
| **贵阳市产业园区** | **Industrial Parks** | | | |
| 南明龙洞堡食品工业园 | Longdongbao Food Industrial Park | 1 | | 18048 |
| 云岩益佰工业园 | Yibai Industrial Park | | | |
| 贵阳金石石材工业园 | Guiyang Jinshi Stone Industrial Park | | | |
| 乌当医药食品工业园 | Wudang Medical and Food Industrial Park | 2 | 1 | 11880.4 |
| 白云铝工业基地 | Baiyun Aluminum Industrial Base | 3 | | 185696.9 |
| 麦架一沙文高新技术产业园 | Maijia & Shawen High-tech Industrial Park | 2 | 1 | 20558 |
| 小河一孟关装备制造业生态工业园 | Xiaohe & Mengguan Eco-Industrial Park for Equipment Manufacturing Industry | 1 | | 33500 |
| 开阳磷煤化工生态工业示范基地 | Eco-industrial Demonstration Bases for Phosphorus and Coal Chemical Industry in Kaiyang District | | | |
| 息烽磷煤化工生态工业基地 | Eco-industrial Base for Phosphorus and Coal Chemical Industry in Xifeng | | | |
| 修文扎佐医药工业园 | Zhazuo Medical Industrial Park in Xiuwen | 4 | | 186746.8 |
| 清镇铝煤化工基地 | Aluminum & Coal Chemical Industry Base in Qingzhen | 2 | | 131396.6 |
| **按区县地域分** | **By district** | | | |
| 南明区 | Nanming | 1 | | 18048 |
| 云岩区 | Yunyan | 7 | 2 | 148286 |
| 花溪区 | Huaxi | 1 | | 36010 |
| 乌当区 | Wudang | 5 | 2 | 46762 |
| 白云区 | Baiyun | 7 | | 234554 |
| 小河区 | Xiaohe | 5 | 1 | 160629 |
| 开阳县 | Kaiyang | 1 | 1 | 6347 |
| 修文县 | Xiuwen | 5 | | 193222 |
| 清镇市 | Qingzhen | 2 | | 131397 |
| **按工业行业大类分** | **By Industries** | | | |
| **制造业** | **Manufacture** | **33** | **5** | **934992** |
| 农副食品加工业 | Processing of Foods from Agricultural Products | 2 | 1 | 42357 |
| 酒、饮料和精制茶制造业 | Manufacture of Wine,Beverages and Refined Tea | 4 | | 214965 |
| 造纸和纸制品业 | Manufacture of Paper and Paper Products | 2 | | 7184 |
| 印刷业和记录媒介的复制业 | Printing,Reproduction of Recording Media | 2 | | 55173 |
| 化学原料和化学制品制造业 | Manufacture of Raw Chemical Materials and Chemical Products | 1 | | 9562 |
| 医药制造业 | Manufacture of Medicines | 8 | | 258082 |
| 橡胶和塑料制品业 | Manufacture of Chemical Fibers and Plastics | 2 | 1 | 99538 |
| 非金属矿物制品业 | Manufacture of Non-metallic Mineral Products | 4 | | 48500 |
| 有色金属冶炼和压延加工业 | Smelting and Pressing of Non-ferrous Metals | 1 | 1 | 3315 |
| 专用设备制造业 | Manufacture of Special Purpose Machinery | 1 | | 110431 |
| 汽车制造业 | Manufacture of Automobile | 1 | | 5406 |
| 铁路、船舶、航空航天和其他运输设备制造业 | Manufacture of Railway,Watercraft,Aviation,Aerospace and Other Transport Equipment | 1 | | 8830 |
| 电气机械和器材制造业 | Manufacture of Electrical Machinery and Equipment | 2 | | 57053 |
| 计算机、通信和其他电子设备制造业 | Manufacture of Communication Equipment,Computers and Other Electronic Equipment | 1 | 1 | 11728 |
| 仪器、仪表制造业 | Manufacture of Measuring Instruments | 1 | 1 | 2868 |
| **电力、燃气及水的生产和供应业** | **Electric Power,Gas and Water Production and Supply** | **1** | **1** | **40262** |
| 水的生产和供应业 | Production and Supply of Water | 1 | 1 | 40262 |

(continued)

(10 000 yuan)

| 工业增加值（当年价格） Value-added of Industry (current price) | 工业销售产值（当年价格） Industrial Sales Value (current price) | 资产总计 Total Assets | 流动资产合计 Total Working Capitals | 负债合计 Total Liabilities | 流动负债合计 Total Working Liabilities | 主营业务收入 Revenue from Principal Business | 利润总额 Total Profits | 亏损企业亏损总额 Total Losses | 利税总额 Total Profits and Taxes | 全部从业人员年平均人数 Annual Average Employed Persons |
|---|---|---|---|---|---|---|---|---|---|---|
| 4618.5 | 18108.2 | 13887.9 | 9442.1 | 6634.5 | 6534.5 | 18108.2 | 1846.3 | | 4730.2 | 90 |
| 3499.3 | 9012.3 | 6920 | 4480.6 | 4880.4 | 4802.4 | 8842.6 | -18.1 | 160.9 | 511.6 | 246 |
| 52313.15 | 195398.7 | 112169.2 | 60539.9 | 50296.9 | 50296.9 | 195398.7 | 33921.1 | | 43269.1 | 772 |
| 2130.56 | 18555.6 | 21932.3 | 13544.2 | 11934.7 | 11592.2 | 15234.4 | 730.6 | 451.6 | 911.8 | 180 |
| 10402.08 | 30300 | 34424 | 14537.4 | 5699.4 | 5699.4 | 20581.7 | 5776.5 | | 7481.2 | 247 |
| 58265.91 | 161113.5 | 177670.3 | 118999.6 | 105289.9 | 76612 | 133106.4 | 24549.1 | | 40218 | 3030 |
| 30380.66 | 124991.5 | 73540.1 | 43519.1 | 21923.3 | 21592.9 | 124991.5 | 13504.9 | | 23205.4 | 1191 |
| 4619 | 18108 | 13888 | 9442 | 6635 | 6535 | 18108 | 1846 | | 4730 | 90 |
| 73391 | 144708 | 355681 | 123468 | 156928 | 126131 | 140276 | 28911 | 1621 | 43668 | 2702 |
| 2126 | 35140 | 3218 | 1900 | 1523 | 1523 | 33216 | 1537 | | 1543 | 180 |
| 6878 | 38057 | 36273 | 22544 | 20698 | 19463 | 33918 | 1039 | 613 | 2263 | 605 |
| 61598 | 241672 | 138302 | 77448 | 64716 | 64116 | 242469 | 36440 | | 46964 | 1154 |
| 33533 | 149851 | 192495 | 153177 | 105232 | 103382 | 140971 | 14585 | 109 | 17112 | 2353 |
| 402 | 6584 | 4002 | 3091 | 3848 | 3608 | 6584 | -195 | 195 | -195 | 50 |
| 59631 | 167499 | 183102 | 122762 | 107241 | 77700 | 139492 | 24705 | | 40818 | 3210 |
| 30381 | 124992 | 73540 | 43519 | 21923 | 21593 | 124992 | 13505 | | 23205 | 1191 |
| **257917** | **896145** | **752667** | **501420** | **382243** | **348010** | **852104** | **122582** | **2329** | **178439** | **10381** |
| 2528 | 41724 | 7220 | 4991 | 5371 | 5131 | 39799 | 1342 | 195 | 1347 | 230 |
| 92798 | 223383 | 146763 | 67470 | 104261 | 93076 | 225407 | 49955 | | 71004 | 1667 |
| 2855 | 7352 | 5453 | 3728 | 2529 | 2529 | 6654 | 225 | | 1103 | 138 |
| 18859 | 52455 | 52358 | 26915 | 9997 | 9997 | 37922 | 10517 | | 13247 | 484 |
| 1306 | 9039 | 12129 | 7272 | 3312 | 3312 | 9039 | 1572 | | 3413 | 146 |
| 80005 | 230301 | 198264 | 136047 | 83402 | 64251 | 197106 | 35583 | | 58386 | 3442 |
| 22266 | 97888 | 60094 | 33535 | 15886 | 15886 | 98967 | 11290 | 1413 | 14761 | 1055 |
| 7739 | 46051 | 37565 | 28495 | 21309 | 19846 | 51908 | 2603 | | 3912 | 552 |
| 989 | 2762 | 2895 | 1429 | 904 | 904 | 2792 | -109 | 109 | 67 | 114 |
| 18810 | 101686 | 142081 | 126353 | 96907 | 95056 | 101945 | 7974 | | 8105 | 1512 |
| 1584 | 6359 | 6944 | 5971 | 1087 | 1087 | 6572 | 577 | | 1057 | 111 |
| 2281 | 6828 | 13081 | 5305 | 8960 | 8960 | 6692 | 1182 | | 1223 | 129 |
| 4854 | 55815 | 55786 | 44871 | 21631 | 21631 | 56151 | 484 | | 1049 | 553 |
| -150 | 11728 | 8851 | 8239 | 2975 | 2632 | 8542 | -452 | 452 | -311 | 51 |
| 1193 | 2777 | 3183 | 800 | 3714 | 3714 | 2607 | -161 | 161 | 78 | 197 |
| **14640** | **30465** | **247834** | **55931** | **106501** | **76040** | **27921** | **-209** | **209** | **1668** | **1154** |
| 14640 | 30465 | 247834 | 55931 | 106501 | 76040 | 27921 | -209 | 209 | 1668 | 1154 |

# 7-13 规模以上大中型工业企业主要经济指标(2000万元口径)(2012年)

单位：万元

| 指标 | Item | 企业数(个) Number of Enterprises (unit) | #亏损企业 Loss-generating Enterprises | 工业总产值(当年价格) Gross Industrial Output Value (current price) | 工业增加值(当年价格) Value-added of Industry (current price) |
|---|---|---|---|---|---|
| **总计** | **Total** | **121** | **23** | **12264122** | **3745532** |
| #亏损企业 | Loss-generating Enterprises | 23 | 23 | 1871909 | 330188 |
| #国有控股企业 | State-owned and State-controlled Enterprises | 70 | 18 | 9199645 | 2911652 |
| #农村工业 | Rural Industry | 2 | | 147962 | 41963 |
| #非公有制工业 | Non-state-operated Enterprises | 45 | 3 | 2933030 | 794040 |
| **按登记注册类型分** | **By Status of Registration** | | | | |
| **内资企业** | **Domestic Funded Enterprises** | **113** | **22** | **11673583** | **3561267** |
| 国有企业 | State-owned Enterprises | 25 | 6 | 3376175 | 1727490 |
| 中央企业 | Central Enterprises | 16 | 3 | 3109425 | 1660591 |
| 地方企业 | Local Enterprises | 9 | 3 | 266750 | 66899 |
| 集体企业 | Collective-owned Enterprises | 2 | | 16482 | 4270 |
| 有限责任公司 | Limited Liability Corporations | 56 | 9 | 3787963 | 810609 |
| 国有独资公司 | State Sole Funded Corporations | 12 | 2 | 583108 | 140993 |
| 其他有限责任公司 | Other Limited Liability Corporations | 44 | 7 | 3204856 | 669616 |
| 股份有限公司 | Share-holding Corporations Ltd. | 16 | 5 | 3149878 | 643997 |
| 私营企业 | Private Enterprises | 14 | 2 | 1343085 | 374901 |
| 私营独资企业 | Private-funded Enterprises | 1 | | 47944 | 19542 |
| 私营合作企业 | Cooperative Enterprises | 2 | | 69916 | 12532 |
| 私营有限责任公司 | Enterprises with Sole Fund | 10 | 2 | 1191371 | 330422 |
| 私营股份有限公司 | Private Share-holding Corporations Ltd. | 1 | | 33854 | 12406 |
| **港、澳、台商投资企业** | **Enterprises with Funds From HongKong,Macao and Taiwan** | **3** | **1** | **144730** | **38197** |
| 合资经营企业(港或澳、台资) | Joint-venture Enterprises | 2 | 1 | 136753 | 36449 |
| 港澳台商独资经营企业 | Enterprises with Sole Investment | 1 | | 7977 | 1747 |
| **外商投资企业** | **Foreign Funded Enterprises** | **5** | | **445809** | **146068** |
| 中外合资经营企业 | Joint-venture Enterprises | 2 | | 237490 | 66711 |
| 外资企业 | Enterprises With Sole Foreign Fund | 2 | | 169359 | 63552 |
| 外商投资股份有限公司 | Foreign-Funded Joint Stock Corporations Ltd. | 1 | | 38961 | 15805 |
| **按经济组织类型分** | **By Economic Organizations** | | | | |
| 独资企业 | Enterprises with Sole Investment | 31 | 6 | 3617937 | 1816601 |
| 合作、合伙企业 | Cooperative Enterprises | 2 | | 69916 | 12532 |
| 股份有限公司 | Share-holding Corporations Ltd. | 18 | 5 | 3222692 | 672208 |
| 有限责任公司 | Limited Liability Corporations | 70 | 12 | 5353577 | 1244191 |
| **按轻重工业分** | **By Industries** | | | | |
| 轻工业 | Light Industry | 35 | 1 | 3631957 | 1886178 |
| 重工业 | Heavy Industry | 86 | 22 | 8632166 | 1859354 |
| **按企业规模分** | **By Size** | | | | |
| 大型企业 | Large-sized Enterprises | 34 | 4 | 9222967 | 3058372 |
| 中型企业 | Medium-sized enterprises | 87 | 19 | 3041156 | 687160 |

# Main Indicators of Industrial Enterprises Above Designated Size (Enterprises with Its Main Business Income Above 20 Million yuan)(2012)

(10 000 yuan)

| 工业销售产值(当年价格) Industrial Sales Value (current price) | 资产总计 Total Assets | 流动资产合计 Total Working Capitals | 负债合计 Total Liabilities | 流动负债合计 Total Working Liabilities | 主营业务收入 Revenue from Principal Business | 利润总额 Total Profits | 亏损企业亏损总额 Total Losses | 利税总额 Total Profits and Taxes | 全部从业人员年平均人数 Annual Average Employed Persons |
|---|---|---|---|---|---|---|---|---|---|
| **11389047** | **14886537** | **6946010** | **9960287** | **6762230** | **12417071** | **937181** | **57214** | **2358835** | **155979** |
| 1626865 | 3745694 | 1266724 | 3113125 | 1866368 | 1715378 | -57214 | 57214 | 31642 | 39771 |
| 8561844 | 12356616 | 5506005 | 8458982 | 5686763 | 9796450 | 433239 | 51903 | 1714974 | 124643 |
| 125097 | 57255 | 39403 | 38425 | 27526 | 115141 | 24927 | | 37383 | 1012 |
| 2707248 | 2450433 | 1412297 | 1435814 | 1040429 | 2497046 | 474851 | 4026 | 612263 | 28752 |
| **10820273** | **14188934** | **6590248** | **9606479** | **6466709** | **11881288** | **852504** | **57005** | **2236596** | **147860** |
| 3331048 | 3186989 | 1364144 | 2025218 | 966684 | 3818904 | 251828 | 13778 | 1326171 | 33181 |
| 3080786 | 2815757 | 1156164 | 1795126 | 778311 | 3579889 | 240465 | 10954 | 1302548 | 17607 |
| 250262 | 371232 | 207979 | 230092 | 188373 | 239015 | 11363 | 2824 | 23623 | 15574 |
| 14220 | 11479 | 8236 | 4655 | 4655 | 13726 | 984 | | 1927 | 762 |
| 3633671 | 6645510 | 3094362 | 4883042 | 3757138 | 4160396 | 200165 | 26660 | 334532 | 57578 |
| 552319 | 1668626 | 791602 | 1209085 | 906328 | 550214 | 23151 | 12464 | 34767 | 17964 |
| 3081352 | 4976884 | 2302759 | 3673958 | 2850810 | 3610181 | 177015 | 14196 | 299765 | 39614 |
| 2556825 | 3275492 | 1558472 | 1934284 | 1265478 | 2641367 | 106155 | 13208 | 246873 | 48046 |
| 1284509 | 1069464 | 565035 | 759280 | 472754 | 1246896 | 293372 | 3359 | 327092 | 8293 |
| 47944 | 25178 | 14684 | 13984 | 3085 | 47944 | 17883 | | 18760 | 280 |
| 61035 | 54329 | 40856 | 24516 | 22246 | 32806 | 6459 | | 8668 | 733 |
| 1140878 | 952887 | 486194 | 705344 | 433252 | 1133138 | 265096 | 3359 | 290837 | 6624 |
| 34652 | 37070 | 23301 | 15437 | 14171 | 33009 | 3934 | | 8826 | 656 |
| **133888** | **308986** | **91641** | **114736** | **84274** | **131680** | **12861** | **209** | **18235** | **2519** |
| 125144 | 302834 | 86755 | 114101 | 83639 | 122600 | 12494 | 209 | 17833 | 2150 |
| 8744 | 6151 | 4886 | 635 | 635 | 9080 | 366 | | 402 | 369 |
| **434887** | **388617** | **264121** | **239072** | **211247** | **404103** | **71816** | | **104003** | **5600** |
| 240975 | 192487 | 139637 | 122896 | 121045 | 241235 | 40206 | | 47314 | 1954 |
| 160732 | 141635 | 92564 | 65127 | 50003 | 129689 | 21900 | | 43034 | 3297 |
| 33180 | 54496 | 31920 | 51049 | 40199 | 33180 | 9710 | | 13655 | 349 |
| 3562687 | 3371432 | 1484514 | 2109619 | 1025062 | 4019342 | 292961 | 13778 | 1390295 | 37889 |
| 61035 | 54329 | 40856 | 24516 | 22246 | 32806 | 6459 | | 8668 | 733 |
| 2624657 | 3367058 | 1613692 | 2000770 | 1319848 | 2707556 | 119800 | 13208 | 269354 | 49051 |
| 5140668 | 8093718 | 3806947 | 5825382 | 4395074 | 5657368 | 517961 | 30227 | 690517 | 68306 |
| 3441549 | 2762999 | 1792121 | 1198927 | 1042156 | 3460506 | 459313 | 209 | 1584946 | 29655 |
| 7947499 | 12123538 | 5153889 | 8761360 | 5720074 | 8956565 | 477868 | 57005 | 773889 | 126324 |
| 8641568 | 10370806 | 4927835 | 6722936 | 4547502 | 9848066 | 738739 | 9701 | 2037256 | 97416 |
| 2747480 | 4515731 | 2018175 | 3237351 | 2214728 | 2569005 | 198443 | 47512 | 321579 | 58563 |

## 7-13 续表 1

单位：万元

| 指标 | Item | 企业数（个）Number of Enterprises (unit) | #亏损企业 Loss-generating Enterprises | 工业总产值（当年价格）Gross Industrial Output Value (current price) |
|---|---|---|---|---|
| **按主营业务收入分** | **By Annual Revenue of Major Business** | | | |
| 年收入在40亿元以上 | Over 4 Billion yuan | 8 | 1 | 6748095 |
| 年收入在20—40亿元 | 2-4 Billion yuan | 5 | | 831304 |
| 年收入在10—20亿元 | 1-2 Billion yuan | 6 | 2 | 917151 |
| 年收入在5—10亿元 | 0.5-1 Billion yuan | 17 | 1 | 1338236 |
| 年收入在1—5亿元 | 0.1-0.5 Billion yuan | 63 | 13 | 2227658 |
| 年收入在3000万元—1亿元 | 30-100 Million yuan | 21 | 5 | 198470 |
| 年收入在1000万元—3000万元 | 10-30 Million yuan | 1 | 1 | 3209 |
| **按支柱、特色行业分组** | **By Pillar Industries with Characteristics** | | | |
| 能源、优势原材料为主的新兴支柱产业 | New Pillar Industries | 22 | 10 | 2856691 |
| 电 | Electricity | 4 | 2 | 78758 |
| 煤 | Coal | 3 | 1 | 62872 |
| 煤及煤化工 | Coal and Its Chemical Industry | 6 | 4 | 340521 |
| 铝及铝加工 | Aluminum and Its Chemical Industry | | | |
| 磷及磷化工 | Phosphor and Its Chemical Industry | 6 | 1 | 2205428 |
| 铁合金 | Iron Alloy | 3 | 2 | 169113 |
| 烟酒为主的传统支柱产业 | Traditional Pillar Industries | 4 | | 1718226 |
| 酒 | Wine | 2 | | 81453 |
| 烟 | Tobacco | 2 | | 1636773 |
| 六大特色支柱产业 | Six Special Pillar Industries | 77 | 14 | 8383861 |
| 磷煤化工 | High-phosphorus Coal and Its Chemical Industry | 12 | 5 | 2545949 |
| 铝及铝化工 | Aluminum and Its Chemical Industry | 6 | 4 | 1155751 |
| 特色食品 | Characteristic Food | 9 | | 592968 |
| 烟草制品 | Tobacco Products | 2 | | 1636773 |
| 现代医药 | Modern Medicine | 8 | | 635914 |
| 装备制造业 | Manufacture of Equipment | 40 | 5 | 1816507 |
| **高技术** | **High-tech** | **31** | **1** | **1704797** |
| **贵阳市产业园区** | **Industrial Parks** | | | |
| 南明龙洞堡食品工业园 | Longdongbao Food Industrial Park | 2 | | 296250 |
| 云岩益佰工业园 | Yibai Industrial Park | 1 | | 200134 |
| 贵阳金石石材工业园 | Guiyang Jinshi Stone Industrial Park | 1 | 1 | 3209 |
| 乌当医药食品工业园 | Wudang Medical and Food Industrial Park | 10 | 2 | 272777 |
| 白云铝工业基地 | Baiyun Aluminum Industrial Base | 9 | 1 | 1462693 |
| 麦架—沙文高新技术产业园 | Maijia & Shawen High-tech Industrial Park | 4 | | 194817 |
| 小河—孟关装备制造业生态工业园 | Xiaohe & Mengguan Eco-Industrial Park for Equipment Manufacturing Industry | 9 | | 2256087 |
| 开阳磷煤化工生态工业示范基地 | Eco-industrial Demonstration Bases for Phosphorus and Coal Chemical Industry in Kaiyang District | 5 | 1 | 1524246 |
| 息烽磷煤化工生态工业基地 | Eco- industrial Base for Phosphorus and Coal Chemical Industry in Xifeng | 3 | | 815661 |
| 修文扎佐医药工业园 | Zhazuo Medical Industrial Park in Xiuwen | 8 | 2 | 380843 |
| 清镇铝煤化工基地 | Aluminum & Coal Chemical Industry Base in Qingzhen | 13 | 9 | 702379 |

(continued)

(10 000 yuan)

| 工业增加值(当年价格) Value-added of Industry (current price) | 工业销售产值(当年价格) Industrial Sales Value (current price) | 资产总计 Total Assets | 流动资产合计 Total Working Capitals | 负债合计 Total Liabilities | 流动负债合计 Total Working Liabilities | 主营业务收入 Revenue from Principal Business | 利润总额 Total Profits | 亏损企业亏损总额 Total Losses | 利税总额 Total Profits and Taxes | 全部从业人员年平均人数 Annual Average Employed Persons |
|---|---|---|---|---|---|---|---|---|---|---|
| 2391084 | 6264854 | 6848692 | 2889394 | 4967721 | 3230209 | 7003379 | 502537 | 865 | 1699038 | 42928 |
| 181725 | 796722 | 554041 | 397245 | 233730 | 193452 | 1278956 | 83704 | | 113951 | 11030 |
| 201840 | 887705 | 1212998 | 774040 | 760359 | 596276 | 878624 | 77037 | 4186 | 116954 | 14679 |
| 349335 | 1260874 | 1626323 | 797238 | 779263 | 518474 | 1231987 | 136440 | 2402 | 184037 | 21178 |
| 571927 | 2017852 | 3953775 | 1802252 | 2627658 | 1900413 | 1884056 | 136288 | 45095 | 235229 | 49218 |
| 48453 | 158819 | 689313 | 284971 | 590537 | 322389 | 137604 | 1355 | 4487 | 9639 | 16458 |
| 1167 | 2222 | 1394 | 870 | 1019 | 1018 | 2467 | -179 | 179 | -13 | 488 |
| | | | | | | | | | | |
| 645305 | 2879242 | 4729925 | 1908514 | 3903178 | 2918241 | 3763295 | 278058 | 37143 | 354796 | 42403 |
| 41366 | 78449 | 445989 | 63553 | 375607 | 126456 | 394986 | 2778 | 6851 | 5835 | 1977 |
| 26630 | 60779 | 36397 | 21414 | 27153 | 3780 | 57996 | 17690 | 1542 | 20525 | 8289 |
| 30073 | 338299 | 695751 | 209953 | 733175 | 533348 | 339766 | -5344 | 24576 | -1973 | 13199 |
| | | | | | | | | | | |
| 537529 | 2237948 | 3478983 | 1556906 | 2690935 | 2178499 | 2812622 | 265223 | 1105 | 328961 | 17698 |
| 9708 | 163767 | 72805 | 56688 | 76309 | 76159 | 157925 | -2288 | 3069 | 1448 | 1240 |
| 1390536 | 1714663 | 1163837 | 824216 | 474817 | 461770 | 1713123 | 240410 | | 1259896 | 3311 |
| 42167 | 77891 | 93248 | 52884 | 77290 | 66104 | 79915 | 17407 | | 31297 | 1181 |
| 1348369 | 1636773 | 1070590 | 771332 | 397528 | 395666 | 1633208 | 223004 | | 1228599 | 2130 |
| 3034102 | 7966202 | 10570931 | 5363171 | 6906569 | 5254076 | 8536784 | 784298 | 37262 | 2078096 | 106714 |
| 567601 | 2576247 | 4174733 | 1766859 | 3424109 | 2711847 | 3146550 | 259878 | 25681 | 326988 | 23166 |
| 263900 | 939751 | 1808788 | 518953 | 1328409 | 681434 | 1051821 | -2537 | 4636 | 77902 | 19767 |
| 199217 | 597747 | 411008 | 236665 | 242335 | 202591 | 583196 | 118102 | | 157863 | 6856 |
| 1348369 | 1636773 | 1070590 | 771332 | 397528 | 395666 | 1633208 | 223004 | | 1228599 | 2130 |
| 197537 | 518006 | 518586 | 397626 | 166078 | 137000 | 430898 | 83866 | | 138973 | 8659 |
| 457478 | 1697679 | 2587227 | 1671737 | 1348110 | 1125537 | 1691112 | 101985 | 6945 | 147771 | 46136 |
| **457578** | **1471251** | **1842572** | **1212223** | **893273** | **715636** | **1351819** | **146484** | **1037** | **225077** | **30224** |
| | | | | | | | | | | |
| 90502 | 296250 | 149400 | 120276 | 51617 | 51617 | 294113 | 65968 | | 83056 | 2619 |
| 74890 | 166398 | 206783 | 159101 | 45130 | 37819 | 158934 | 35721 | | 64063 | 3043 |
| 1167 | 2222 | 1394 | 870 | 1019 | 1018 | 2467 | -179 | 179 | -13 | 488 |
| 72804 | 241834 | 310482 | 207164 | 131891 | 116907 | 210633 | 10692 | 1560 | 15342 | 5735 |
| 369620 | 1265570 | 1627534 | 518846 | 1056500 | 617443 | 1389430 | 49002 | 865 | 137603 | 25080 |
| 34556 | 150756 | 104517 | 71806 | 76959 | 65047 | 136123 | 10879 | | 25051 | 2093 |
| 1480241 | 2201572 | 1861997 | 1275866 | 806281 | 693633 | 2184588 | 260160 | | 1271204 | 13684 |
| 322677 | 1566459 | 3257130 | 1403926 | 2542853 | 2030456 | 2142334 | 62893 | 1105 | 126625 | 16245 |
| 264968 | 802507 | 284578 | 169632 | 194432 | 153494 | 801305 | 249535 | | 250586 | 2042 |
| 89627 | 353962 | 444403 | 204966 | 267458 | 216623 | 291562 | 23608 | 6141 | 49024 | 5061 |
| 111088 | 681154 | 1928693 | 578706 | 1723793 | 966719 | 671481 | -1835 | 33407 | 15317 | 11894 |

## 7-13 续表 2

单位：万元

| 指　　标 | Item | 企业数(个) Number of Enterprises (unit) | #亏损企业 Loss-generating Enterprises | 工业总产值(当年价格) Gross Industrial Output Value (current price) |
|---|---|---|---|---|
| **按区县地域分** | **By district** | | | |
| 南明区 | Nanming | 10 | 2 | 525286 |
| 云岩区 | Yunyan | 12 | 1 | 2438257 |
| 花溪区 | Huaxi | 10 | 1 | 492502 |
| 乌当区 | Wudang | 20 | 3 | 729429 |
| 白云区 | Baiyun | 14 | 1 | 1603738 |
| 小河区 | Xiaohe | 19 | 3 | 2795365 |
| 开阳县 | Kaiyang | 7 | 1 | 1634619 |
| 息烽县 | Xifeng | 3 | | 815661 |
| 修文县 | Xiuwen | 9 | 2 | 443203 |
| 清镇市 | Qingzhen | 15 | 9 | 731955 |
| 外地县 | Others | 2 | | 54109 |
| **按工业行业大类分** | **By Sector** | | | |
| **采矿业** | **Mining** | **3** | **1** | **62872** |
| 煤炭开采和洗选业 | Mining and Washing of Coal | 3 | 1 | 62872 |
| **制造业** | **Manufacturing** | **108** | **18** | **10682865** |
| 农副食品加工业 | Processing of Foods from Agricultural Products | 2 | | 68423 |
| 食品制造业 | Manufacture of Foods | 4 | | 316033 |
| 酒、饮料和精制茶制造业 | Manufacture of Wine,Beverages and Refined Tea | 3 | | 208512 |
| 烟草制品业 | Manufacture of Tobacco | 2 | | 1636773 |
| 纺织服装、服饰业 | Manufacture of Textile Wearing Apparel | 1 | | 34865 |
| 皮革、毛皮、羽毛及其制品和制鞋业 | Manufacture of Leather,Fur,Feather and Related Products and Footwear | 1 | | 111012 |
| 家具制造业 | Manufacture of Furniture | 1 | | 25396 |
| 造纸和纸制品业 | Manufacture of Paper and Paper Products | 1 | | 15358 |
| 印刷业和记录媒介的复制业 | Printing,Reproduction of Recording Media | 2 | | 41606 |
| 化学原料和化学制品制造业 | Manufacture of Raw Chemical Materials and Chemical Products | 14 | 4 | 2597362 |
| 医药制造业 | Manufacture of Medicines | 11 | | 760107 |
| 橡胶和塑料制品业 | Manufacture of Chemical Fibers and Plastics | 4 | | 1120377 |
| 非金属矿物制品业 | Manufacture of Non-metallic Mineral Products | 9 | 3 | 270171 |
| 黑色金属冶炼和压延加工业 | Smelting and Pressing of Ferrous Metals | 7 | 3 | 449728 |
| 有色金属冶炼和压延加工业 | Smelting and Pressing of Non-ferrous Metals | 4 | 3 | 1093064 |
| 金属制品业 | Manufacture of Metal Products | 4 | 1 | 111330 |
| 通用设备制造业 | Manufacture of General Purpose Machinery | 5 | 1 | 189139 |
| 专用设备制造业 | Manufacture of Special Purpose Machinery | 2 | 1 | 114282 |
| 汽车制造业 | Manufacture of Automobile | 4 | | 317076 |
| 铁路、船舶、航空航天和其他运输设备制造业 | Manufacture of Railway,Watercraft,Aviation,Aerospace and Other Transport Equipment | 9 | | 477492 |
| 电气机械和器材制造业 | Manufacture of Electrical Machinery and Equipment | 5 | 1 | 65542 |
| 计算机、通信和其他电子设备制造业 | Manufacture of Communication Equipment,Computers and Other Electronic Equipment | 9 | 1 | 497533 |
| 仪器、仪表制造业 | Manufacture of Measuring Instruments | 2 | | 44114 |
| 其他制造业 | Others | 2 | | 117571 |
| **电力、燃气及水的生产和供应业** | **Electric Power,Gas and Water Production and Supply** | **10** | **4** | **1518385** |
| 电力、热力的生产和供应业 | Production and Supply of Electric Power and Heat Power | 7 | 2 | 1232186 |
| 燃气生产和供应业 | Production and Supply of Gas | 2 | 1 | 245937 |
| 水的生产和供应业 | Production and Supply of Water | 1 | 1 | 40262 |

(continued)

(10 000 yuan)

| 工业增加值(当年价格) Value-added of Industry (current price) | 工业销售产值(当年价格) Industrial Sales Value (current price) | 资产总计 Total Assets | 流动资产合计 Total Working Capitals | 负债合计 Total Liabilities | 流动负债合计 Total Working Liabilities | 主营业务收入 Revenue from Principal Business | 利润总额 Total Profits | 亏损企业亏损总额 Total Losses | 利税总额 Total Profits and Taxes | 全部从业人员年平均人数 Annual Average Employed Persons |
|---|---|---|---|---|---|---|---|---|---|---|
| 130097 | 522689 | 838019 | 555542 | 563702 | 445572 | 838384 | 61269 | 6822 | 82176 | 10764 |
| 455442 | 2062198 | 2244425 | 780377 | 1574756 | 616159 | 2092807 | 86756 | 209 | 193264 | 20716 |
| 111377 | 433311 | 644600 | 351521 | 279725 | 258921 | 552620 | 54977 | 179 | 73071 | 7938 |
| 188140 | 598516 | 672482 | 435954 | 283984 | 236718 | 518500 | 39286 | 3102 | 69839 | 20815 |
| 399156 | 1390792 | 1749874 | 609799 | 1149348 | 688566 | 1532264 | 56299 | 865 | 155758 | 27248 |
| 1618383 | 2735829 | 2588592 | 1758590 | 1226063 | 1024341 | 2750455 | 284994 | 5385 | 1311841 | 29167 |
| 336565 | 1677064 | 3361204 | 1425844 | 2621280 | 2080885 | 2249678 | 67736 | 1105 | 135504 | 16955 |
| 264968 | 802507 | 284578 | 169632 | 194432 | 153494 | 801305 | 249535 | | 250586 | 2042 |
| 95109 | 416659 | 452419 | 209186 | 273274 | 222439 | 354259 | 24389 | 6141 | 52057 | 5499 |
| 135990 | 708329 | 1951225 | 581301 | 1724981 | 967906 | 696953 | 9143 | 33407 | 30092 | 12832 |
| 10305 | 41155 | 99120 | 68263 | 68743 | 67229 | 29846 | 2797 | | 4647 | 2003 |
| **26630** | **60779** | **36397** | **21414** | **27153** | **3780** | **57996** | **17690** | **1542** | **20525** | **8289** |
| 26630 | 60779 | 36397 | 21414 | 27153 | 3780 | 57996 | 17690 | 1542 | 20525 | 8289 |
| **3440212** | **9852289** | **13012581** | **6636829** | **8383607** | **6318687** | **10541109** | **907201** | **48606** | **2275701** | **138167** |
| 13769 | 62598 | 46014 | 26240 | 10535 | 10035 | 57928 | 5509 | | 7887 | 1550 |
| 95381 | 317969 | 221340 | 144257 | 128522 | 100464 | 306064 | 62955 | | 79470 | 3683 |
| 90067 | 217180 | 143654 | 66168 | 103278 | 92093 | 219204 | 49639 | | 70506 | 1623 |
| 1348369 | 1636773 | 1070590 | 771332 | 397528 | 395666 | 1633208 | 223004 | | 1228599 | 2130 |
| 7227 | 33887 | 19530 | 14380 | 6573 | 3577 | 30206 | 1420 | | 1600 | 1508 |
| 16729 | 107682 | 69915 | 52562 | 27269 | 16336 | 260872 | 5057 | | 8167 | 1865 |
| 8495 | 20372 | 10873 | 9257 | 4425 | 4425 | 20372 | 2927 | | 5113 | 433 |
| 2872 | 15358 | 7490 | 6234 | 4752 | 4523 | 14271 | 233 | | 516 | 317 |
| 22982 | 41192 | 69321 | 30610 | 15309 | 15289 | 42191 | 11248 | | 14352 | 1144 |
| 640301 | 2594395 | 4431763 | 1830256 | 3450061 | 2746371 | 3177975 | 308766 | 25675 | 384247 | 25451 |
| 225604 | 615748 | 598618 | 434378 | 231920 | 202841 | 517005 | 91870 | | 159514 | 10332 |
| 134773 | 799514 | 770153 | 450719 | 473401 | 337125 | 795215 | 35301 | | 58745 | 10916 |
| 62888 | 268720 | 449721 | 128906 | 320780 | 201065 | 244182 | 13053 | 4514 | 26613 | 4538 |
| 36103 | 431698 | 659882 | 440216 | 515156 | 380401 | 427940 | -6190 | 7249 | 2225 | 6091 |
| 255271 | 875784 | 1705672 | 462519 | 1248882 | 625378 | 999668 | -2905 | 4224 | 76225 | 17982 |
| 35941 | 107906 | 250624 | 164044 | 168104 | 146814 | 150840 | -136 | 4104 | 11373 | 4787 |
| 44722 | 167327 | 347039 | 225152 | 170123 | 156982 | 143737 | 13670 | 550 | 18727 | 4959 |
| 19465 | 104671 | 167591 | 139903 | 118215 | 103657 | 108132 | 7242 | 732 | 7551 | 2014 |
| 80756 | 310013 | 419445 | 288340 | 172812 | 143774 | 301221 | 19465 | | 33445 | 8697 |
| 134396 | 460701 | 771311 | 438834 | 495378 | 373010 | 447913 | 23312 | | 30516 | 14999 |
| 16815 | 62041 | 59641 | 43910 | 35825 | 31414 | 59753 | 4255 | 523 | 5752 | 1895 |
| 111890 | 456053 | 517735 | 336688 | 160324 | 144643 | 453742 | 30253 | 1037 | 34234 | 7618 |
| 13494 | 28968 | 53840 | 34867 | 27329 | 25244 | 25773 | 3923 | | 6174 | 1167 |
| 21903 | 115742 | 150820 | 97060 | 97108 | 57561 | 103697 | 3331 | | 4151 | 2468 |
| **278690** | **1475979** | **1837559** | **287766** | **1549526** | **439764** | **1817966** | **12291** | **7066** | **62609** | **9523** |
| 238990 | 1201537 | 1242801 | 98474 | 1164829 | 193488 | 1548414 | 4732 | 6851 | 51611 | 5604 |
| 25059 | 243977 | 346924 | 133361 | 278197 | 170236 | 241630 | 7767 | 6 | 9330 | 2765 |
| 14640 | 30465 | 247834 | 55931 | 106501 | 76040 | 27921 | -209 | 209 | 1668 | 1154 |

# 7-14 规模以上工业企业主要产品产销情况(2000万元口径)(2012年)
# Statistics on Output and Sales of Major Products of Industrial Enterprises Above Designated Size (Enterprises with Its Main Business Income Above 20 Million yuan)(2012)

| 产品名称 | | Item | | 生产量 Output | 销售量 Sales Volume | 企业自用及其他 For Their Own or Other Use | 产销率(%) Proportion of Products Sold(%) |
|---|---|---|---|---|---|---|---|
| 原　煤 | (吨) | Coal | (ton) | 1910009 | 2035835 | 4014 | 106.8 |
| 磷矿石(折含五氧化二磷30%) | (吨) | Phosphorus Ore | (ton) | 10240443 | 5000538 | 5018624 | 97.8 |
| 配合饲料 | (吨) | Formulated Feed | (ton) | 420780 | 402245 | 6321 | 97.1 |
| 混合饲料 | (吨) | Compound Diet | (ton) | 94469 | 79905 | 5148 | 90.0 |
| 精制食用植物油 | (吨) | Refined Edible Vegetable Oil | (ton) | 26432 | 26718 | 21 | 101.2 |
| 乳制品 | (吨) | Dairy Products | (ton) | 54609 | 54609 | | 100.0 |
| 白酒(折65度,商品量) | (千 升) | White Wine | (kiloliter) | 1468 | 1866 | 820 | 183.0 |
| 啤　酒 | (千 升) | Beer | (kiloliter) | 159467 | 166937 | 312 | 104.9 |
| 软饮料 | (吨) | Soft Drink | (ton) | 1014517 | 893293 | | 88.1 |
| 卷　烟 | (万 支) | Cigarettes | (10 000 pieces) | 5612402 | 5612402 | | 100.0 |
| 纱 | (吨) | Yarn | (ton) | 857 | 213 | 418 | 73.6 |
| 布 | (万 米) | Cloth | (10 000 meters) | 548.11 | 478.90 | | 87.4 |
| #棉混纺布 | (万 米) | Cotton Blended Fabric | (10 000 meters) | 140.00 | 99.91 | | 71.4 |
| 化学纤维布 | (万 米) | Chemical Fabric | (10 000 meters) | 408.11 | 378.99 | | 92.9 |
| 人造板 | (立方米) | Wood Based Panel | (cu.m) | 26130 | 25745 | | 98.5 |
| 焦　炭 | (吨) | Coke | (ton) | 1163218 | 1169871 | | 100.6 |
| 硫酸(折100%) | (吨) | Sulfuric Acid | (ton) | 4316911 | | 4334502 | |
| 碳化钙(电石,折300升/千克) | (吨) | Calcium Carbide | (ton) | 106053 | 105157 | | 99.2 |
| 纯　苯 | (吨) | Pure Benzene | (ton) | 3799 | 3821 | | 100.6 |
| 合成氨(无水氨) | (吨) | Synthetic Ammonia | (ton) | 631860 | 13478 | 150466 | 25.9 |
| 农用氮、磷、钾化学肥料总计(折纯) | (吨) | Chemical Fertilizers | (ton) | 2888428 | 3114019 | 5703 | 108.0 |
| 氮肥(折含N100%) | (吨) | Nitrogen Fertilizers | (ton) | 1064951 | 1123124 | 1033 | 105.6 |
| #尿素(折含N100%) | (吨) | Carbamide | (ton) | 63303 | 60621 | | 95.8 |
| 磷肥(折五氧化二磷100%) | (吨) | Phosphate Fertilizers | (ton) | 1816731 | 1982963 | 4670 | 109.4 |
| 钾肥(折氧化钾100%) | (吨) | Kalium Fertilizers | (ton) | 6745 | 7932 | | 117.6 |

## 7-14 续表 (continued)

| 产品名称 | | Item | | 生产量 Output | 销售量 Sales Volume | 企业自用及其他 For Their Own or Other Use | 产销率(%) Proportion of Products Sold(%) |
|---|---|---|---|---|---|---|---|
| 化学农药原药(折有效成分100%) | (吨) | Chemical Pesticide | (ton) | 168 | 11042 | | 6578.5 |
| 初级形态的塑料 | (吨) | Primary Plastic | (ton) | 17508 | 17000 | | 97.1 |
| 橡胶轮胎外胎 | (吨) | Tires | (tire) | 6227784 | 5436938 | | 87.3 |
| 塑料制品 | (吨) | Plastic Products | (ton) | 232569 | 216455 | | 93.1 |
| #农用薄膜 | (吨) | Agricultural Film | (ton) | 2570 | 2570 | | 100.0 |
| 水 泥 | (吨) | Cement | (ton) | 9968845 | 9921113 | 110 | 99.5 |
| 生 铁 | (吨) | Pig Iron | (ton) | 284591 | 285579 | | 100.3 |
| 粗 钢 | (吨) | Crude Steel | (ton) | 295293 | 95758 | 194583 | 98.3 |
| 钢 材 | (吨) | Rolled Steel | (ton) | 518487 | 503252 | 74 | 97.1 |
| #棒 材 | (吨) | Steel Bar | (ton) | 193275 | 183152 | | 94.8 |
| 钢 筋 | (吨) | Corrugated Steel Bar | (ton) | 83420 | 80960 | | 97.1 |
| 中 板 | (吨) | Steel Plate | (ton) | 8830 | 8598 | | 97.4 |
| 无缝钢管 | (吨) | Seamless Steel Pipe | (ton) | 232962 | 230541 | 74 | 99.0 |
| 铁合金 | (吨) | Iron Alloy | (ton) | 323057 | 307555 | 5981 | 97.1 |
| 十种有色金属 | (吨) | Ten Kinds of Nonferrous Metals | (ton) | 402708 | 410556 | 1 | 101.9 |
| 原 铝(电解铝) | (吨) | Electrolyzed Aluminum | (ton) | 1292243 | 454066 | 785576 | 95.9 |
| 氧化铝 | (吨) | Aluminum Oxide | (ton) | 402708 | 410556 | 1 | 101.9 |
| 铝 材 | (吨) | Rolled Aluminum | (ton) | 5745 | 5528 | 5 | 96.3 |
| 金属切削机床 | (台) | Metal-cutting Machine Tools | (unit) | 1009 | 885 | | 87.7 |
| #数控金属切削机床 | (台) | Numerical Control Metal-cutting Machine Tools | (unit) | 280 | 196 | | 70.0 |
| 交流电动机 | (千 瓦) | AC motor | (kw) | 414042 | 281980 | | 68.1 |
| 家用电冰箱 | (台) | Home Refrigerators | (set) | 68986 | 31235 | | 45.3 |
| 彩色电视机 | (台) | Color Television Sets | (set) | 906073 | 877843 | | 96.9 |
| 集成电路 | (万 块) | Integrated Circuits | (10 000 units) | 1406 | 367 | | 26.1 |
| 发电量 | (万千瓦时) | Electricity | (10 000 kw) | 908328 | | | |
| #水 电 | (万千瓦时) | Thermal Power | (10 000 kw) | 244159 | | | |
| 火 电 | (万千瓦时) | Hydropower | (10 000 kw) | 653053 | | | |
| 人工煤气生产总量 | (万立方米) | Total Output of Artificial Coal Gas | (10 000 cu.m ) | 62878 | | | |

# 7-15 规模以上高技术工业企业主要经济指标(2000万元口径)(2012年)

单位：万元

| 指标 | Item | 企业数(个) Number of Enterprises (unit) | #亏损企业 Loss-generating Enterprises |
|---|---|---|---|
| **总计** | **Tatol** | **73** | **5** |
| **#亏损企业** | **Loss-generating Enterprises** | **5** | **5** |
| #国有控股企业 | State-owned and State-controlled Enterprises | 28 | 2 |
| #农村工业 | Enterprises in Rural Area | 3 | |
| #非公有制工业 | Non-state-operated Enterprises | 45 | 3 |
| **按登记注册类型分** | **By Status of Registration** | | |
| **内资企业** | **Domestic Funded Enterprises** | **62** | **3** |
| #国有企业 | State-owned Enterprises | 5 | |
| 有限责任公司 | Limited Liability Corporations | 43 | 2 |
| 股份有限公司 | Share-holding Corporations Ltd. | 7 | |
| 私营企业 | Private Enterprises | 7 | 1 |
| **港、澳、台商投资企业** | **Enterprises with Funds From HongKong,Macao and Taiwan** | **6** | **1** |
| **外商投资企业** | **Foreign Funded Enterprises** | **5** | **1** |
| **按轻重工业分** | **By Industries** | | |
| 轻工业 | Light Industry | 41 | 1 |
| 重工业 | Heavy Industry | 32 | 4 |
| **按企业规模分** | **By Size** | | |
| 大型企业 | Large-sized Enterprises | 8 | |
| 中型企业 | Medium-sized Enterprises | 23 | 1 |
| 小型企业 | Small-sized Enterprises | 40 | 4 |
| 微型企业 | Micro-sized Enterprises | 2 | |
| **按企业主营业务收入分** | **By Annual Revenue of Major Business** | | |
| 年收入在20—40亿元 | 2-4 Billion yuan | 1 | |
| 年收入在10—20亿元 | 1-2 Billion yuan | 1 | |
| 年收入在 5—10亿元 | 0.5-1 Billion yuan | 11 | |
| 年收入在 1—5亿元 | 0.1-0.5 Billion yuan | 28 | 1 |
| 年收入在3000万元—1亿元 | 30-100 Million yuan | 24 | 2 |
| 年收入在1000万元—3000万元 | 10-30 Million yuan | 6 | 2 |
| 年收入在1000万元以下 | Below 10 Million yuan | 2 | |
| **按支柱、特色行业分组** | **By Pillar Industries with Characteristics** | | |
| 六大特色支柱产业 | Six Special Pillar Industries | 66 | 5 |
| 磷煤化工 | High-phosphorus Coal and Its Chemical Industry | | |
| 铝及铝化工 | Aluminum and Its Chemical Industry | | |
| 特色食品 | Characteristic Food | | |
| 烟草制品 | Tobacco Products | | |
| 现代医药 | Modern Medicine | 35 | 1 |
| 装备制造业 | Manufacture of Equipment | 31 | 4 |

# Main Indicators of High-tech Industrial Enterprises Above Designated Size(Main Indicators Refer to 20 Million)(2012)

(10 000 yuan)

| 全部从业人员年平均人数 Annual Average Employed Persons | 工业总产值(当年价格) Gross Industrial Output Value (current price) | 工业增加值(当年价格) Value-added of Industry (current price) | 工业销售产值(当年价格) Industrial Sales Value (current price) | #出口交货值 Delivery Value of Export | 资产总计 Total Assets | 流动资产合计 Total Working Capitals | 负债合计 Total Liabilities | 流动负债合计 Total Working Liabilities |
|---|---|---|---|---|---|---|---|---|
| **35687** | **2520645** | **659543** | **2183374** | **52890** | **2430907** | **1631878** | **1136607** | **939028** |
| **1404** | **49908** | **7367** | **45816** | **11932** | **62461** | **46987** | **31978** | **31188** |
| 20859 | 1100275 | 251848 | 997259 | 35778 | 1335066 | 855962 | 712318 | 558766 |
| 1037 | 110485 | 25099 | 86592 | | 43689 | 32964 | 31600 | 31600 |
| 14828 | 1420371 | 407695 | 1186115 | 17112 | 1095841 | 775916 | 424289 | 380262 |
| **31868** | **2239137** | **576214** | **1931741** | **35778** | **2207527** | **1481487** | **1037557** | **859472** |
| 2502 | 98144 | 37717 | 98099 | 437 | 175227 | 112113 | 109648 | 84867 |
| 20223 | 1556335 | 353766 | 1346314 | 21190 | 1406021 | 955494 | 749417 | 622004 |
| 7576 | 488910 | 156486 | 399043 | 14151 | 545554 | 362520 | 138405 | 117122 |
| 1567 | 95748 | 28245 | 88286 | | 80726 | 51360 | 40087 | 35479 |
| **551** | **74409** | **13472** | **58879** | **10285** | **45079** | **32235** | **24092** | **19717** |
| **3268** | **207099** | **69856** | **192754** | **6828** | **178301** | **118155** | **74958** | **59839** |
| 14502 | 1654913 | 416063 | 1384022 | | 1138739 | 814439 | 448025 | 404393 |
| 21185 | 865733 | 243480 | 799352 | 52890 | 1292168 | 817439 | 688582 | 534635 |
| 15776 | 722300 | 238230 | 654605 | 22851 | 1006435 | 640364 | 430594 | 306788 |
| 14448 | 982497 | 219348 | 816647 | 9371 | 836137 | 571858 | 462678 | 408848 |
| 5445 | 811258 | 200880 | 707532 | 20668 | 586450 | 417786 | 242090 | 222148 |
| 18 | 4591 | 1085 | 4591 | | 1885 | 1870 | 1245 | 1245 |
| 544 | 234500 | 12998 | 204703 | | 86464 | 68221 | 53628 | 52978 |
| 3043 | 200134 | 74890 | 166398 | | 206783 | 159101 | 45130 | 37819 |
| 12475 | 953143 | 266542 | 844185 | 9408 | 1001917 | 650876 | 450814 | 324110 |
| 14380 | 865916 | 248417 | 748956 | 22013 | 883523 | 615495 | 440470 | 390510 |
| 4701 | 247258 | 51423 | 200294 | 21469 | 231175 | 126801 | 134431 | 121835 |
| 497 | 15290 | 4641 | 14434 | | 15954 | 9149 | 10649 | 10291 |
| 47 | 4404 | 631 | 4404 | | 5092 | 2236 | 1486 | 1486 |
| 33201 | 2266170 | 618530 | 1985241 | 52890 | 2282571 | 1551766 | 1025441 | 840447 |
| 11973 | 1235723 | 367059 | 1034761 | | 955506 | 699296 | 323623 | 281455 |
| 21228 | 1030448 | 251471 | 950480 | 52890 | 1327065 | 852470 | 701818 | 558992 |

7-15　续表 1

单位：万元

| 指　　标 | Item | 企业数（个） Number of Enterprises (unit) | #亏损企业 Loss-generating Enterprises |
|---|---|---|---|
| **贵阳市产业园区** | **Industrial Parks** | | |
| 南明龙洞堡食品工业园 | Longdongbao Food Industrial Park | 2 | |
| 云岩益佰工业园 | Yibai Industrial Park | 1 | |
| 贵阳金石石材工业园 | Guiyang Jinshi Stone Industrial Park | 1 | |
| 乌当医药食品工业园 | Wudang Medical and Food Industrial Park | 14 | 3 |
| 白云铝工业基地 | Baiyun Aluminum Industrial Base | 2 | |
| 麦架—沙文高新技术产业园 | Maijia & Shawen High-tech Industrial Park | 7 | 1 |
| 小河—孟关装备制造业生态工业园 | Xiaohe & Mengguan Eco-Industrial Park for Equipment Manufacturing Industry | 7 | |
| 开阳磷煤化工生态工业示范基地 | Eco-industrial Demonstration Bases for Phosphorus and Coal Chemical Industry in Kaiyang District | | |
| 息烽磷煤化工生态工业基地 | Eco-industrial Base for Phosphorus and Coal Chemical Industry in Xifeng | 2 | |
| 修文扎佐医药工业园 | Zhazuo Medical Industrial Park in Xiuwen | 10 | 1 |
| 清镇铝煤化工基地 | Aluminum & Coal Chemical Industry Base in Qingzhen | 5 | |
| 南明区 | Nanming | 2 | |
| 云岩区 | Yunyan | 6 | |
| 花溪区 | Huaxi | 2 | |
| 乌当区 | Wudang | 30 | 4 |
| 白云区 | Baiyun | 5 | |
| 小河区 | Xiaohe | 11 | |
| 息烽县 | Xifeng | 2 | |
| 修文县 | Xiuwen | 10 | 1 |
| 清镇市 | Qingzhen | 5 | |
| **按高技术产业行业分** | **By High-tech Industries** | | |
| 信息化学品制造 | Manufacture of Information Chemical Products | 2 | |
| 医药制造业 | Manufacture of Medicines | 40 | 1 |
| #化学药品制造 | Manufacture of Chemical Medicine | 4 | |
| 中成药制造 | Manufacture of Finished Traditional Chinese Herbal Medicine | 34 | 1 |
| 生物生化制品的制造 | Manufacture of Biological and Biochemical Chemical Products | 1 | |
| 航空航天器制造 | Manufacture of Aeronautics and Aerospace Aircrafts | 9 | |
| #飞机制造及修理 | Manufacture and Repairing of Airplanes | 8 | |
| 电子及通信设备制造 | Manufacture of Electronic Equipment and Communication Equipment | 14 | 2 |
| 通信设备制造 | Manufacture of Communication Equipment | 1 | 1 |
| 通信终端设备制造 | Manufacture of Communication Terminal Equipment | 1 | 1 |
| 广播电视设备制造 | Manufacture of Broadcasting and TV Equipment | 1 | |
| 电子器件制造 | Manufacture of Electronic Appliances | 5 | 1 |
| 电子真空器件制造 | Manufacture of Electronic Vacuum Appliances | 1 | 1 |
| 半导体分立器件制造 | Manufacture of Semiconductor Discrete Appliances | 2 | |
| 集成电路制造 | Manufacture of Integrate Circuit | 2 | |
| 电子元件制造 | Manufacture of Electronic Components | 6 | |
| 家用视听设备制造 | Manufacture of Domestic TV Set and Radio Receiver | 1 | |
| 医疗设备及仪器仪表制造 | Manufacture of Medical Equipment and Measuring Instrument | 8 | 2 |
| 仪器仪表制造 | Manufacture of Measuring Instrument | 8 | 2 |

(continued)

(10 000 yuan)

| 全部从业人员年平均人数 Annual Average Employed Persons | 工业总产值（当年价格）Gross Industrial Output Value (current price) | 工业增加值（当年价格）Value-added of Industry (current price) | 工业销售产值（当年价格）Industrial Sales Value (current price) | #出口交货值 Delivery Value of Export | 资产总计 Total Asset | 流动资产合计 Total Working Capitals | 负债合计 Total Liabilities | 流动负债合计 Total Working Liabilities |
|---|---|---|---|---|---|---|---|---|
| 191 | 25752 | 6590 | 23987 | | 18899 | 11863 | 7372 | 6824 |
| 3043 | 200134 | 74890 | 166398 | | 206783 | 159101 | 45130 | 37819 |
| 52 | 4115 | 1053 | 3261 | | 4051 | 3828 | 1877 | 1877 |
| 5210 | 311918 | 107792 | 257992 | 5641 | 305448 | 208625 | 109184 | 97294 |
| 2309 | 75131 | 23271 | 66066 | 670 | 129866 | 87105 | 98906 | 88202 |
| 2543 | 230981 | 38985 | 181707 | 17112 | 138078 | 92893 | 96658 | 81115 |
| 7765 | 533645 | 107834 | 493302 | 9217 | 595061 | 383021 | 279484 | 209758 |
| 402 | 127652 | 33727 | 125944 | | 147067 | 102947 | 34785 | 33622 |
| 4019 | 348810 | 84767 | 301973 | | 245066 | 165396 | 115894 | 92686 |
| 1006 | 62363 | 14963 | 54482 | | 44153 | 25573 | 32328 | 29566 |
| 191 | 25752 | 6590 | 23987 | | 18899 | 11863 | 7372 | 6824 |
| 3993 | 271324 | 107015 | 247988 | | 310227 | 226682 | 80821 | 73048 |
| 367 | 75397 | 30706 | 47599 | | 66720 | 58212 | 22730 | 20796 |
| 10370 | 769639 | 209168 | 612933 | 23554 | 554782 | 387668 | 228715 | 206757 |
| 3236 | 155137 | 31621 | 128972 | 670 | 194742 | 128682 | 147574 | 124958 |
| 12103 | 684571 | 140986 | 639498 | 28666 | 849251 | 524855 | 466389 | 350771 |
| 402 | 127652 | 33727 | 125944 | | 147067 | 102947 | 34785 | 33622 |
| 4019 | 348810 | 84767 | 301973 | | 245066 | 165396 | 115894 | 92686 |
| 1006 | 62363 | 14963 | 54482 | | 44153 | 25573 | 32328 | 29566 |
| 501 | 69785 | 5007 | 53575 | | 51567 | 33190 | 40392 | 28621 |
| 13958 | 1420412 | 403065 | 1179319 | | 1052275 | 746218 | 394397 | 351415 |
| 1806 | 170366 | 34758 | 134069 | | 89348 | 42403 | 66891 | 66891 |
| 11658 | 1164440 | 337406 | 990422 | | 892837 | 644912 | 302771 | 262536 |
| 315 | 71282 | 29653 | 44339 | | 62669 | 54384 | 20852 | 18919 |
| 10735 | 344026 | 103865 | 325673 | 34786 | 633892 | 378406 | 442269 | 323247 |
| 9748 | 293025 | 84926 | 270955 | 34786 | 525377 | 306309 | 368957 | 270118 |
| 8566 | 605733 | 122064 | 559896 | 17304 | 586515 | 392777 | 203951 | 182971 |
| 51 | 11728 | -150 | 11728 | 10285 | 8851 | 8239 | 2975 | 2632 |
| 51 | 11728 | -150 | 11728 | 10285 | 8851 | 8239 | 2975 | 2632 |
| 139 | 4771 | 831 | 4806 | 3556 | 3406 | 2703 | 1446 | 1392 |
| 2548 | 143865 | 28125 | 135464 | 1648 | 139092 | 99850 | 63328 | 57133 |
| 951 | 31594 | 5999 | 27714 | 1648 | 43271 | 32859 | 20177 | 20060 |
| 1109 | 36176 | 14931 | 32837 | 0 | 50926 | 29386 | 11709 | 7245 |
| 488 | 76095 | 7195 | 74913 | | 44896 | 37605 | 31442 | 29828 |
| 5284 | 210869 | 80259 | 203195 | 1815 | 348702 | 213764 | 82575 | 68837 |
| 544 | 234500 | 12998 | 204703 | | 86464 | 68221 | 53628 | 52978 |
| 1927 | 80689 | 25543 | 64911 | 801 | 106657 | 81287 | 55598 | 52774 |
| 1927 | 80689 | 25543 | 64911 | 801 | 106657 | 81287 | 55598 | 52774 |

## 7-15 续表 2

单位：万元

| 指　　标 | Item | 非流动负债 Non-current Liability | 所有者权益合计 Owners' Equity |
|---|---|---|---|
| **总　　计** | **Tatol** | **177289** | **1314270** |
| **#亏损企业** | **Loss-generating Enterprises** | **790** | **29914** |
| #国有控股企业 | State-owned and State-controlled Enterprises | 153550 | 646293 |
| #农村工业 | Enterprises in Rural Area | 23739 | 667977 |
| #非公有制工业 | Non-state-operated Enterprises | | |
| **按登记注册类型分** | **By Status of Registration** | | |
| **内资企业** | **Domestic Funded Enterprises** | **172180** | **1189941** |
| #国有企业 | State-owned Enterprises | 24780 | 65579 |
| 有限责任公司 | Limited Liability Corporations | 124714 | 653598 |
| 股份有限公司 | Share-holding Corporations Ltd. | 18078 | 430695 |
| 私营企业 | Private Enterprises | 4608 | 40070 |
| **港、澳、台商投资企业** | **Enterprises with Funds From HongKong, Macao and Taiwan** | **520** | **20987** |
| **外商投资企业** | **Foreign Funded Enterprises** | **4589** | **103342** |
| **按轻重工业分** | **By Industries** | | |
| 轻工业 | Light Industry | 23486 | 687125 |
| 重工业 | Heavy Industry | 153803 | 627145 |
| **按企业规模分** | **By Size** | | |
| 大型企业 | Large-sized Enterprises | 113607 | 599399 |
| 中型企业 | Medium-sized enterprises | 50484 | 370452 |
| 小型企业 | Small-sized Enterprises | 13198 | 343778 |
| 微型企业 | Micro-sized Enterprises | | 640 |
| **按企业主营业务收入分** | **By Annual Revenue of Major Business** | | |
| 年收入在20—40亿元 | 2-4 Billion yuan | 650 | 32836 |
| 年收入在10—20亿元 | 1-2 Billion yuan | 7311 | 161653 |
| 年收入在 5—10亿元 | 0.5-1 Billion yuan | 116504 | 574663 |
| 年收入在 1—5亿元 | 0.1-0.5 Billion yuan | 43079 | 440045 |
| 年收入在3000万元—1亿元 | 30-100 Million yuan | 9387 | 96730 |
| 年收入在1000万元—3000万元 | 10-30 Million yuan | 358 | 4737 |
| 年收入在1000万元以下 | Below 10 Million yuan | | 3606 |
| **按支柱、特色行业分组** | **By Pillar Industries with Characteristics** | | |
| 六大特色支柱产业 | Six Special Pillar Industries | 165518 | 1277113 |
| 磷煤化工 | High-phosphorus Coal and Its Chemical Industry | | |
| 铝及铝化工 | Aluminum and Its Chemical Industry | | |
| 特色食品 | Characteristic Food | | |
| 烟草制品 | Tobacco Products | | |
| 现代医药 | Modern Medicine | 22836 | 628308 |
| 装备制造业 | Manufacture of Equipment | 142682 | 648805 |

(continued)

(10 000 yuan)

| 主营业务收入 Revenue from Principal Business | 主营业务成本 Cost of Principal Business | 营业税金及附加 Business Taxes and Surcharges | 利润总额 Total Profits | 亏损企业亏损总额 Total Losses | 利税总额 Total Profits and Taxes |
|---|---|---|---|---|---|
| **1999608** | **1161306** | **21704** | **238086** | **2324** | **358334** |
| **44697** | **38657** | **248** | **-2324** | **2324** | **-283** |
| 945521 | 713569 | 2734 | 63511 | 1675 | 76405 |
| 1054087 | 447737 | 18970 | 174575 | 649 | 281929 |
| | | | | | |
| **1784661** | **1065566** | **14049** | **201934** | **1712** | **298959** |
| 90879 | 58699 | 803 | 8714 | | 11066 |
| 1279023 | 855344 | 8487 | 122337 | 1675 | 173576 |
| 330953 | 113428 | 3238 | 63889 | | 97964 |
| 83806 | 38094 | 1521 | 6994 | 37 | 16353 |
| **55045** | **28373** | **435** | **2255** | **452** | **6749** |
| **159902** | **67368** | **7219** | **33898** | **161** | **52626** |
| | | | | | |
| 1230646 | 593412 | 19270 | 175620 | 37 | 282425 |
| 768962 | 567894 | 2434 | 62465 | 2287 | 75909 |
| | | | | | |
| 613090 | 313734 | 4126 | 86120 | | 127047 |
| 738729 | 462673 | 5410 | 60364 | 1037 | 98030 |
| 645137 | 382488 | 12096 | 91595 | 1288 | 133119 |
| 2652 | 2411 | 71 | 7 | | 139 |
| | | | | | |
| 204258 | 171363 | 513 | 1887 | | 2400 |
| 158934 | 13640 | 2580 | 35721 | | 64063 |
| 782083 | 485610 | 6664 | 96174 | | 135227 |
| 686870 | 378859 | 10222 | 91925 | 1037 | 132469 |
| 152766 | 99798 | 1550 | 12267 | 1090 | 22983 |
| 14293 | 11720 | 171 | 107 | 198 | 1139 |
| 404 | 316 | 4 | 5 | | 52 |
| | | | | | |
| 1844480 | 1080208 | 20213 | 224967 | 2324 | 330177 |
| | | | | | |
| 920500 | 385416 | 17373 | 163036 | 37 | 254871 |
| 923980 | 694792 | 2840 | 61931 | 2287 | 75306 |

## 7-15 续表 3

单位：万元

| 指　　标 | Item | 非流动负债 Non-current Liability |
|---|---|---|
| **贵阳市产业园区** | **Industrial Parks** | |
| 南明龙洞堡食品工业园 | Longdongbao Food Industrial Park | 549 |
| 云岩益佰工业园 | Yibai Industrial Park | 7311 |
| 贵阳金石石材工业园 | Guiyang Jinshi Stone Industrial Park | |
| 乌当医药食品工业园 | Wudang Medical and Food Industrial Park | 11890 |
| 白云铝工业基地 | Baiyun Aluminum Industrial Base | 10703 |
| 麦架—沙文高新技术产业园 | Maijia & Shawen High-tech Industrial Park | 15400 |
| 小河—孟关装备制造业生态工业园 | Xiaohe & Mengguan Eco-Industrial Park for Equipment Manufacturing Industry | 69726 |
| 开阳磷煤化工生态工业示范基地 | Eco-industrial Demonstration Bases for Phosphorus and Coal Chemical Industry in Kaiyang District | |
| 息烽磷煤化工生态工业基地 | Eco-industrial Base for Phosphorus and Coal Chemical Industry in Xifeng | 1153 |
| 修文扎佐医药工业园 | Zhazuo Medical Industrial Park in Xiuwen | 9672 |
| 清镇铝煤化工基地 | Aluminum & Coal Chemical Industry Base in Qingzhen | 181 |
| 南明区 | Nanming | 549 |
| 云岩区 | Yunyan | 7774 |
| 花溪区 | Huaxi | 1933 |
| 乌当区 | Wudang | 17937 |
| 白云区 | Baiyun | 22474 |
| 小河区 | Xiaohe | 115618 |
| 息烽县 | Xifeng | 1153 |
| 修文县 | Xiuwen | 9672 |
| 清镇市 | Qingzhen | 181 |
| **按高技术产业行业分** | **By High-tech Industries** | |
| 信息化学品制造 | Manufacture of Information Chemical Products | 11771 |
| 医药制造业 | Manufacture of Medicines | 22836 |
| #化学药品制造 | Manufacture of Chemical Medicine | |
| 中成药制造 | Manufacture of Finished Traditional Chinese Herbal Medicine | 20903 |
| 生物生化制品的制造 | Manufacture of Biological and Biochemical Chemical Products | 1933 |
| 航空航天器制造 | Manufacture of Aeronautics and Aerospace Aircrafts | 119022 |
| #飞机制造及修理 | Manufacture and Repairing of Airplanes | 98839 |
| 电子及通信设备制造 | Manufacture of Electronic Equipment and Communication Equipment | 20836 |
| 通信设备制造 | Manufacture of Communication Equipment | 342 |
| 通信终端设备制造 | Manufacture of Communication Terminal Equipment | 342 |
| 广播电视设备制造 | Manufacture of Broadcasting and TV Equipment | 54 |
| 电子器件制造 | Manufacture of Electronic Appliances | 6193 |
| 电子真空器件制造 | Manufacture of Electronic Vacuum Appliances | 117 |
| 半导体分立器件制造 | Manufacture of Semiconductor Discrete Appliances | 4463 |
| 集成电路制造 | Manufacture of Integrate Circuit | 1614 |
| 电子元件制造 | Manufacture of Electronic Components | 13596 |
| 家用视听设备制造 | Manufacture of Domestic TV Set and Radio Receiver | 650 |
| 医疗设备及仪器仪表制造 | Manufacture of Medical Equipment and Measuring Instrument | 2824 |
| 仪器仪表制造 | Manufacture of Measuring Instrument | 2824 |

(continued)

(10 000 yuan)

| 所有者权益合计 Owners' Equity | 主营业务收入 Revenue from Principal Business | 主营业务成本 Cost of Principal Business | 营业税金及附加 Business Taxes and Surcharges | 利润总额 Total Profits | 亏损企业亏损总额 Total Losses | 利税总额 Total Profits and Taxes |
|---|---|---|---|---|---|---|
| 11526 | 23987 | 8704 | 337 | 1920 | | 4991 |
| 161653 | 158934 | 13640 | 2580 | 35721 | | 64063 |
| 2174 | 3261 | 2215 | 9 | 366 | | 424 |
| 196264 | 252816 | 167950 | 930 | 16888 | 1836 | 26460 |
| 30961 | 64444 | 41594 | 196 | 3852 | | 5700 |
| 41419 | 157869 | 86568 | 2137 | 12216 | 452 | 26921 |
| 339136 | 498704 | 387911 | 887 | 33978 | | 37895 |
| 112282 | 123418 | 65835 | 229 | 33362 | | 35504 |
| 125598 | 243968 | 130464 | 5109 | 28181 | 37 | 53703 |
| 11825 | 55945 | 44129 | 5425 | 1667 | | 9328 |
| 11526 | 23987 | 8704 | 337 | 1920 | | 4991 |
| 229406 | 243984 | 37576 | 3834 | 59356 | | 92337 |
| 43991 | 47599 | 13860 | 343 | 22064 | | 25754 |
| 326053 | 509290 | 276665 | 4401 | 45298 | 2287 | 81737 |
| 47168 | 123518 | 93726 | 366 | 6728 | | 9844 |
| 406421 | 627899 | 490347 | 1659 | 39510 | | 45138 |
| 112282 | 123418 | 65835 | 229 | 33362 | | 35504 |
| 125598 | 243968 | 130464 | 5109 | 28181 | 37 | 53703 |
| 11825 | 55945 | 44129 | 5425 | 1667 | | 9328 |
| 11176 | 49241 | 44466 | 106 | 2421 | | 3003 |
| 654289 | 1026387 | 422049 | 18757 | 173733 | 37 | 280025 |
| 22443 | 96046 | 27692 | 1368 | 10371 | | 24314 |
| 586491 | 876162 | 373771 | 17038 | 141338 | 37 | 229541 |
| 41817 | 44339 | 11645 | 334 | 21698 | | 25330 |
| 191623 | 312750 | 238003 | 1127 | 19199 | | 23375 |
| 156420 | 262506 | 202106 | 923 | 14395 | | 17390 |
| 406123 | 547785 | 420408 | 1012 | 33326 | 1488 | 38090 |
| 5876 | 8542 | 8136 | 26 | -452 | 452 | -311 |
| 5876 | 8542 | 8136 | 26 | -452 | 452 | -311 |
| 1960 | 4629 | 3362 | 32 | 267 | | 518 |
| 75765 | 128248 | 106208 | 249 | 3757 | 1037 | 6068 |
| 23094 | 27522 | 22450 | 168 | -1037 | 1037 | 528 |
| 39217 | 26366 | 16087 | 57 | 2143 | | 2849 |
| 13454 | 74361 | 67671 | 24 | 2651 | | 2691 |
| 289686 | 202108 | 131340 | 192 | 27866 | | 29415 |
| 32836 | 204258 | 171363 | 513 | 1887 | | 2400 |
| 51059 | 63445 | 36381 | 701 | 9406 | 799 | 13842 |
| 51059 | 63445 | 36381 | 701 | 9406 | 799 | 13842 |

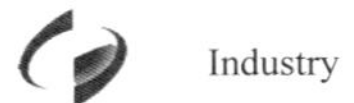


# 7–16 规模以下工业抽样调查推算结果(2000万元以下)(2012年)
# Information of Industrial Enterprises Below Designated Size on Sample Survey (Enterprises with Its Main Business Income Below 20 Million yuan)(2012)

单位：万元 (10 000 yuan)

| 区(县、市)名称 | District (County,City) | 全部规模以下 Industrial Enterprises Below Designed Size | | 2012年比2011年增长(%) Growth Rate in 2012 over 2011 (%) | |
|---|---|---|---|---|---|
| | | 工业总产值 Gross Industrial Output Value | 工业增加值 Industrial Added-value | 工业总产值 Gross Industrial Output Value | 工业增加值 Industrial Added-value |
| **总　计** | **Total** | **2948613** | **790478** | **17.4** | **17.8** |
| 南明区 | Nanming | 422331 | 100880 | 14.3 | 14.8 |
| 云岩区 | Yunyan | 362427 | 89088 | 12.2 | 12.6 |
| 花溪区 | Huaxi | 240877 | 74139 | 15.7 | 15.8 |
| 乌当区(不含金阳) | Wudang (excluding Jinyang) | 362861 | 98060 | 15.3 | 15.7 |
| 白云区 | Baiyun | 246232 | 58369 | 17.1 | 17.3 |
| 小河区 | Xiaohe | 208238 | 53436 | 17.0 | 17.1 |
| 开阳县 | Kaiyang | 282914 | 91950 | 15.2 | 15.3 |
| 息烽县 | Xifeng | 111790 | 30915 | 16.0 | 16.1 |
| 修文县 | Xiuwen | 249978 | 71694 | 16.1 | 16.2 |
| 清镇市 | Qingzhen | 349166 | 91734 | 15.0 | 15.4 |
| 金阳新区 | Jinyang | 111799 | 30213 | 12.3 | 12.4 |
| 乌当区(含金阳) | Wudang (including Jinyang) | 474660 | 128273 | 15.0 | 15.1 |

注：工业总产值和工业增加值的增长速度按价格紧缩后的可比价格计算。
a) The growth rates of gross industrial output and industrial added-value in the table are calculated at comparable price after the decrease of price index.

# 7–17 规模以下非公有制工业抽样调查推算结果(2000万元以下)(2012年)
# Information of Non-state-owned Industrial Enterprises Below Designated Size on Sample Survey (Enterprises with Its Main Business Income Below 20 Million yuan)(2012)

单位：万元 (10 000 yuan)

| 区(县、市)名称 | District (County,City) | 全部规模以下非公有制 Non State-owned Industrial Enterprises Below Designated Size | | 2012年比2011年增长(%) Growth Rate in 2012 over 2011 (%) | |
|---|---|---|---|---|---|
| | | 工业总产值 Gross Industrial Output Value | 工业增加值 Industrial Added-value | 工业总产值 Gross Industrial Output Value | 工业增加值 Industrial Added-value |
| **总　计** | **Total** | **2516940** | **672237** | **18.5** | **18.3** |
| 南明区 | Nanming | 289766 | 68273 | 14.1 | 14.2 |
| 云岩区 | Yunyan | 261453 | 62958 | 14.6 | 14.6 |
| 花溪区 | Huaxi | 230147 | 64961 | 16.4 | 17.1 |
| 乌当区(不含金阳) | Wudang (excluding Jinyang) | 328845 | 91690 | 15.8 | 15.1 |
| 白云区 | Baiyun | 197642 | 45506 | 18.5 | 18.4 |
| 小河区 | Xiaohe | 201696 | 51620 | 17.5 | 17.8 |
| 开阳县 | Kaiyang | 241040 | 78292 | 15.8 | 15.2 |
| 息烽县 | Xifeng | 104167 | 28346 | 16.5 | 16.2 |
| 修文县 | Xiuwen | 248646 | 71073 | 17.3 | 16.7 |
| 清镇市 | Qingzhen | 309722 | 80232 | 15.3 | 15.2 |
| 金阳新区 | Jinyang | 103815 | 29282 | 12.5 | 12.1 |
| 乌当区(含金阳) | Wudang (including Jinyang) | 432660 | 120978 | 15.1 | 15.1 |

注：工业总产值和工业增加值的增长速度按价格紧缩后的可比价格计算。
a) The growth rates of gross industrial output and industrial added-value in the table are calculated at comparable price after the decrease of price index.

# 主要统计指标解释

**工　业**　指从事自然资源的开采，对采掘品和农产品进行加工和再加工的物质生产部门。具体包括：(1)对自然资源的开采，如采矿、晒盐等(但不包括禽兽捕猎和水产捕捞)；(2)对农副产品的加工、再加工，如粮油加工、食品加工、缫丝、纺织、制革等；(3)对采掘品的加工、再加工，如炼铁、炼钢、化工生产、石油加工、机器制造、木材加工等，以及电力、自来水、煤气的生产和供应等；(4)对工业品的修理、翻新，如机器设备的修理、交通运输工具(包括小卧车)的修理等。

1984 年以前农村的村及村以下办工业归属农业，1984 年以后划归工业。

工业统计调查单位为独立核算法人工业企业。

**独立核算法人工业企业**　指从事工业生产经营活动的单位。独立核算法人工业企业应同时具备以下条件：①依法成立，有自己的名称、组织机构和场所，能够承担民事责任；②独立拥有和使用资产，承担负债，有权与其他单位签订合同；③独立核算盈亏，并能够编制资产负债表。

**国有及国有控股企业**　指国有企业加上国有控股企业。国有企业(即原全民所有制工业或国营工业)指企业全部资产归国家所有，并按《中华人民共和国企业法人登记管理条例》规定登记注册的非公司制的经济组织。包括国有企业、国有独资公司和国有联营企业。1957 年以前的公私合营和私营工业，后均改造为国营工业，1992 年改为国有工业，这部分工业的资料不单独分列时，均包括在国有企业内。国有控股企业是对混合所有制经济的企业进行的“国有控股”分类。它是指这些企业的全部资产中国有资产(股份)相对其他所有者中的任何一个所有者占资(股)最多的企业。该分组反映了国有经济控股情况。

**轻工业**　指主要提供生活消费品和制作手工工具的工业。按其所使用的原料不同，可分为两大类：(1)以农产品为原料的轻工业，是指直接或间接以农产品为基本原料的轻工业。主要包括食品制造、饮料制造、烟草加工、纺织、缝纫、皮革和毛皮制作、造纸以及印刷等工业；(2)以非农产品为原料的轻工业，是指以工业品为原料的轻工业。主要包括文教体育用品、化学药品制造、合成纤维制造、日用化学制品、日用玻璃制品、日用金属制品、手工工具制造、医疗器械制造、文化和办公用机械制造等工业。

**重工业**　指为国民经济各部门提供物质技术基础的主要生产资料的工业。按其生产性质和产品用途，可以分为下列三类：(1)采掘(伐)工业，是指对自然资源的开采，包括石油开采、煤炭开采、金属矿开采、非金属矿开采等工业；(2)原材料工业，指向国民经济各部门提供基本材料、动力和燃料的工业。包括金属冶炼及加工、炼焦及焦炭、化学、化工原料、水泥、人造板以及电力、石油和煤炭加工等工业；(3)加工工业，是指对工业原材料进行再加工制造的工业。包括装备国民经济各部门的机械设备制造工业、金属结构、水泥制品等工业，以及为农业提供的生产资料如化肥、农药等工业。

**工业总产值**

根据上述划分原则，修理业中以重工业产品为修理作业对象的划为重工业，反之划为轻工业。

(1)定义：工业总产值是以货币形式表现的，工业企业在一定时期内生产的工业最终产品或提供工业性劳务活动的总价值量。它反映一定时间内工业生产的总规模和总水平。

(2)计算原则：

**工业生产的原则**　即凡是企业在报告期生产的经检验合格的产品，不管是否在报告期销售，均包括在内。

**最终产品的原则**　即凡是计入工业总产值的产品，必须是本企业生产的经检验合格的，不需要再进行任何加工的最终产品。如果企业有中间产品(半成品)对外销售，则对外销售的中间产品应视为企业的最终产品。

**工厂法原则**　即工业总产值是以工业企业作为基本计算(核算)单位，即按企业的最终产品计算工业总产值。按这种方法计算的工业总产值，不允许同一产品价值在企业内部重复计算，不能把企业内部各个车间(分厂)生产的成果相加，但允许企业间的重复计算。

(3)内容及计算方法：1995 年全国工业普查对工业总产值(原规定)的内容及计算原则和方法做了某些修订，修订后的工业总产值(新规定)包括三项内容：即本期生产成品价值、对外加工费收入、在制品半成品期末期初差额价值三部分。

**本期生产成品价值** 指企业本期生产，并在报告期内不再进行加工，经检验、包装入库的全部工业成品(半产品)价值合计，包括企业生产的自制设备及提供给本企业在建工程、其他非工业部门和福利部门等单位使用的成品价值。本期生产成品价值为按自备原材料生产的产品的数量乘以本期不含增值税(销项税额)的产品实际销售平均单价计算；会计核算中按成本价格转帐的自制设备和自产自用的成品，按成本价格计算生产成品价值。生产成品价值中不包括用定货者来料加工的成品(半产品)价值。

**对外加工费收入** 指企业在报告期内完成的对外承接的工业品加工(包括用定货者来料加工产品)的加工费收入和对外工业修理作业所取得的加工费收入。对外加工费收入按不含增值税(销项税额)的价格计算，可根据会计“产品销售收入”科目的有关资料取得。

对于本企业对内非工业部门提供的加工修理、设备安装的劳务收入，如果企业会计核算基础较好，能取得这部分资料，而且这部分价值所占比重较大，应包括在对外加工费收入中。

**自制半成品在制品期末期初差额价值** 指企业报告期在制品期末减期初的差额价值，本指标一般可以从会计核算资料中取得。如果会计产品成本核算中不计算半成品、在制品的成本，则总产值中也不包括这部分价值，反之则包括。

(4)工业总产值统计范围变化和计算方法修订情况：

1984 年以前工业总产值不包括村办工业，村办工业总产值划归农业。1984 年以后工业总产值包括村办工业。

1995 年工业普查对工业总产值计算方法做了修订，即从 1995 年始按新修订(新规定)方法计算工业总产值。新规定与原规定的区别如下：

全价与加工费的计算原则不同：新规定为凡自备原材料，不论其生产繁简程度如何，一律按全价计算工业总产值；凡来料加工，允许按加工费计算工业总产值。原规定则视生产加工的繁简程度不同，规定哪些行业按全价，哪些行业按加工费计算工业总产值。

自制半成品、在产品期末期初差额价值的计算原则不同：新规定要求，凡会计产品成本核算时计算了成本的差额价值，总产值中就应包括，否则可不包括；原规定则按生产周期六个月的界限区分，凡生产周期六个月以上的企业，总产值计算中应包括这部分差额价值，否则可不包括。

计算价格不同：新规定按不含增值税(销项税额)的价格计算；原规定则按含增值税(销项税额)的价格计算。

**工业增加值** 指工业企业在报告期内以货币表现的工业生产活动的最终成果。

工业增加值有两种计算方法：一是生产法，即工业总产出减去工业中间投入加上应交增值税；二是收入法，即从收入的角度出发，根据生产要素在生产过程中应得到的收入份额计算，具体构成项目有固定资产折旧、劳动者报酬、生产税净额、营业盈余，这种方法也称要素分配法。本年鉴中的工业增加值是以生产法计算的。

生产法工业增加值的计算方法为：

工业增加值=工业总产出-工业中间投入+应交增值税

**(1)工业总产出** 指工业企业在一定时期内工业生产活动的总成果。工业总产出包括：成品生产价值，对外加工费收入，自制半成品、在产品期末期初差额价值。1995 年后用新规定计算的工业总产值代替。

**(2)工业中间投入** 指工业企业在工业生产活动中消耗的外购物质产品和对外支付的服务费用。服务费用包括支付给物质生产部门(工业、农业、批发零售贸易业、建筑业、运输邮电业)的服务费用和支付给非物质生产部门(如保险、金融、文化教育、科学研究、医疗卫生、行政管理等)的服务费用。工业中间投入的确定须遵循以下原则：必须从外部购入的，并已计入工业总产出的产品和服务价值；必须是本期投入生产，并一次性消耗掉(包括本期摊销的低值易耗品等)的产品和服务价值。

工业中间投入包括直接材料费用、制造费用中的工业中间投入、管理费用中的工业中间投入、销售费用中的工业中间投入和利息支出五部分。

**资产总计** 指企业拥有或控制的能以货币计量的经济资源，包括各种财产、债权和其他权利。资产按流动性分为流动资产、长期投资、固定资产、无形资产、递延资产和其他资产。该指标根据企业会计“资产负债表”中“资产总计”项目的期末数增列。

**流动资产平均余额** 指企业在报告期内全部流动资产的平均余额。

**固定资产净值年平均余额** 指固定资产净值在报告期内余额的平均数。计算公式为：

固定资产净值年平均余额=1至12月各月月初、月末固定资产净值之和/24

该指标根据“资产负债表”中“固定资产原价”、“累计折旧”指标的期初、期末数计算填列。

**固定资产净值** 指固定资产原价减去历年已提折旧额后的净额。计算公式为：

固定资产净值=固定资产原价-累计折旧

**产品销售收入** 指企业在报告期内生产的成品、自制半成品和工业性劳务取得的收入。

**产品销售成本** 指企业在报告期内销售本企业生产的成品、自制半成品和工业性劳务等的实际成本。

**产品销售税金及附加** 指企业在报告期内销售产品、提供的劳务等主要经营业务应负担的城市维护建设税、消费税、资源税和教育费附加等。

**利润总额** 指企业生产经营活动的最终成果，是企业在一定时期内实现的盈亏相抵后的利润总额(亏损以“-”号表示)，它等于营业利润加上补贴收入加上投资收益加上营业外净收入再加上以前年度损益调整。

**本年应交增值税** 指企业在报告期内应交纳的增值税额。它等于本年销项税额加上出口退税加上进项税额转出数减去本年进项税额。小规模纳税企业直接按全年计税销售额乘以征收率计算取得。

**年末从业人员平均人数** 从业人员是指在企业工作并取得劳动报酬的全部人员数。包括在岗职工、再就业的离退休人员、民办教师及在企业工作的外方人员和港澳台方人员、兼职人员、借用的外单位人员和第二职业者。不包括离开本单位但仍保留劳动关系的职工。

**总资产贡献率** 反映企业全部资产的获利能力，是企业经营业绩和管理水平的集中体现，是评价和考核企业盈利能力的核心指标。

计算公式为：

总资产贡献率（%）=（利润总额+税金总额+利息支出）/平均资金总额×100%

公式中：税金总额为产品销售税金及附加与应交增值税之和；平均资产总额为期初期末资产之和的算术平均值。

**资产负债率** 该指标既反映企业经营风险的大小，也反映企业利用债权人提供的资金从事经营活动的能力。

计算公式为：

资产负债率（%）=负债总额/资产总额×100%

资产与负债均为报告期期末数。

**流动资产周转次数** 指一定时期内流动资产完成的周转次数，反映投入工业企业流动资金的周转速度。

计算公式为：

流动资产周转资转=产品销售收入/全部流动资产平均余额

公式中：全部流动资产平均余额为期初和期末的流动资产之和的算术平均值。

**成本费用利润率** 反映企业投入的生产成本及费用的经济效益，同时也反映企业降低成本所取得的经济效益。

计算公式为：

成本费用利润（%）=利润总额/成本费用总额×100%

公式中：成本费用总额为产品销售成本、销售费用、管理费用、财务费用之和。

**全员劳动生产率** 指根据产品的价值量指标计算的平均每一个从业人员在单位时间内的产品生产量。是考核企业经济活动的重要指标，是企业生产技术水平、经营管理水平、职工技术熟练程度和劳动积极性的综合表现。目前我国的全员劳动生产率是将工业企业的工业增加值除以同一时期全部从业人员的平均人数来计算的。计算公式为：

全员劳动生产率=工业增加值/全部从业人员平均人数

# Explanatory Notes on Main Statistics Indicators

**Industry** refers to the material production sector which is engaged in extraction of natural resources and processing and reprocessing of minerals and agricultural products, including (1) extraction of natural resources, such as mining, salt production, and logging (but excluding hunting and fishing); (2) processing and reprocessing of farm and sideline produces, such as rice husking, flour milling, wine making, oil pressing, cotton ginning, silk reeling, spinning and weaving, and leather making; (3) manufacture of industrial products, such as steel making, iron smelting, chemicals manufacturing, petroleum processing, machine building, timber processing; and production and supply of electricity, water and gas; (4) repair and renovation of industrial products, such as the repair of machinery and means of transport (including cars).

Prior to 1984, industrial enterprises run by villages and cooperative organizations under village were classified into agriculture. Since 1984, these enterprises have been grouped into industry.

In industrial statistics surveys, the units of inquiry are corporate industrial enterprises with independent accounting systems.

**Corporate Industrial Enterprises with Independent Accounting System** refer to enterprises engaging in industrial production activities which simultaneously meet the following requirements: (1)They are established legally, having their own names, organizations, location, able to take civil liability; (2)They possess and use their assets independently, assume liabilities, and are entitled to sign contracts with other units; (3)They are financially independent and compile their own balance sheets.

**State-owned and State-holding Enterprises** refer to state-owned enterprises plus State-holding enterprises. State-owned enterprises (originally known as State-run enterprises with ownership by the whole society) are non-corporate economic entities registered in accordance with the Regulation of the People's Republic of China on the Management of Registration of Legal Enterprises, where all assets are owned by the State. Included in this category are State-owned enterprises, State-funded corporations and State-owned joint-operation enterprises. Joint State-private industries and private industries, which existed before 1957, were transformed into state-run industries since 1957 and into State-owned industries after 1992. Statistics on those enterprises are included in the state-owned industries instead of being grouped them separately. State-holding enterprises are a sub-classification of enterprises with mixed ownership, referring to enterprises where the percentage of State assets (or shares by the State) is larger than any other single share holder of the same enterprise. This sub-classification illustrates the control of the State over a particular industry.

**Light Industry** refers to the industry that produces consumer goods and hand tools. It consists of two categories, depending on the materials used:

(1) Industries using farm products as raw materials. These are branches of light industry which directly or indirectly use farm products as basic raw materials, including the manufacture of food and beverages, tobacco processing, textile, clothing, fur and leather manufacturing, paper making, printing, etc.

(2) Industries using non-farm products as raw materials. These are branches of light industry which use manufactured goods as raw materials, including the manufacture of cultural, educational and sports articles, chemicals, synthetic fiber, chemical products for daily use, glass products for daily use, metal products for daily use, hand tools, medical apparatus and instruments, and the manufacture of cultural and clerical machinery.

**Heavy Industry** refers to the industry which produces capital goods and provides various sectors of the national economy with necessary material and technical basis. It consists of the following three branches according to the purpose of production or the use of products:

(1) Mining, quarrying and logging industry refers to the industry that extracts natural resources, including extraction of petroleum, coal, metal and non-metal ores, and logging.

(2) Raw materials industry refers to the industry that provides various sectors of the national economy with raw materials, fuels and power. It includes smelting and processing of metals, coking and coke chemistry, chemical materials and building materials such as cement, plywood, and power, petroleum refining and coal dressing.

(3) Manufacturing industry refers to the industry that processes raw materials. It includes machine-building industry which equips sectors of the national economy, industries of metal structure and cement products, industries producing means of agricultural production, such as chemical fertilizers and pesticides.

According to the above principle of classification, repairing trades engaged primarily in repairing products of heavy industry are classified into heavy industry, while those engaged in repairing products of light industry are classified into light industry.

**Gross Industrial Output Value**

(1) Definition: Gross Industrial Output Value refers to the total value of industrial products sold or industrial services provided in monetary terms within the current year. It reflects the total achievements and overall scale of industrial production during a given period.

(2) Principle for calculation:

Statistics on industrial production follow the principle that all products produced by the enterprises and accepted during the reference period are to be included no matter whether they are sold or not during the reference period.

Determination of final products follow the principle that all products that are included in the calculation of grow industrial output value are the final products of the enterprise which have been accepted through quality check and require no further processing. If an enterprise has intermediate (semi-finished) products to sell, these intermediate products are considered as the final products of the enterprise.

Gross industrial output value is calculated following the principle of factory approach, i.e. industrial enterprise is used as the basic accounting unit in calculating the gross industrial output value. By this approach, value of the same product is not to be double counted, and the output value of different workshops (branch factories) should not be added. However, this approach does not exclude the possibility of double counting between enterprises.

(3) Content and calculation method: the old definition of gross industrial output value was modified during the national industrial census in 1995. The revised (new) definition of gross industrial output value consists of 3 components: value of the finished products during the reference period, income from external processing, and value of change in semi-finished products at the end and at the beginning of the reference period.

**Value of the Finished Products** during the reference period refers to the value of all finished (semi-finished) industrial products that are produced during the reference period without the need for further processing, checked for acceptance, packed and put into the warehouse of the enterprise, including the value of own-produced equipment and the value of products provided to the projects under construction of the enterprise, and to other non-industrial or welfare units. Value of finished products during the reference period is calculated by the quantity of products produced using own materials multiplied by the average unit prices at which products are sold (excluding value-added tax). Own-produced equipment and products produced for own use are value at cost prices as in the case of enterprise accounting. Value of finished products does not include the value of finished products (semi-finished products) that are produced using the materials from the clients who make the orders.

**Income from External Processing** refers to income from contracted external processing of industrial products (including processing of industrial products using materials from the clients), and the income from industrial repairing work provided to other units. Income from external processing is calculated using information from the item “products sales income” in the enterprise accounting at the prices excluding value-added tax.

For income from services such as processing, repairing and installation of equipment provided to non-industrial units within the enterprise, if the accounting work of the enterprise is good enough to separate it from other records, and the share of such services is significant, it should also be included in the income from external processing.

**Value of Change in Semi-finished Products** between the end and at the beginning of the reference period refers to the value of change in semi-finished products at the end and at the beginning of the reference period, which generally can be obtained from accounting records of enterprises. If the enterprise accounting excludes the cost of semi-finished products, then it should not be included in the gross industrial output value, and vice versa.

(4) Changes in the coverage and method of calculation of gross industrial output value

Prior to 1984, the value of rural industry run by villages was classified into agriculture instead of industry. Since 1984, it has been included in the gross industrial output value.

Method of calculation for the gross industrial output value was modified in the industrial census in 1995. The difference in the new method as compared with the old one is outlined below:

Principle in using full value vs. processing fee: The new method stipulates that all products produced using own materials are to be calculated with full value in reporting the gross industrial output value irrespective of sophistication of production, and for external processing, it allows calculation using processing fee. In the old method, however, the use of full value or processing fee was determined by the degree of sophistication of production in different branches of industries.

Principle in determining the value of change in semi-finished products: The new method requires that value of the change in semi-finished products should be included in the gross industrial output value if it is included in the accounting record of the enterprise, otherwise it should not be included. By the old method, it is determined by the type of enterprises in terms of production cycle. If the production cycle is over 6 months, the value of change in semi-finished products is included in the gross industrial output value, otherwise it is excluded.

Difference in prices: The new method uses prices excluding value-added tax in the calculation of gross industrial output value, while the old method used prices including value-added tax.

**Value-added of Industry** refers to the final results of industrial production of industrial enterprises in money terms during the reference period.

Industrial value-added can be calculated by two approaches: the production approach, i.e. gross industrial output value minus intermediate input plus value-added tax, and the income approach, i.e. income for various factors used in the course of production, including depreciation of fixed assets, remuneration of labourers, net of production tax, and operating surplus. Value-added of industry in the Yearbook is calculated by production approach as following:

Value-added of industry = gross industrial output industrial intermediate input + value-added tax

(1) Gross industrial output: refers to the total achievements of industrial production during a given period. Gross industrial output includes value of finished products, income from external processing, and value of change in semi-finished products at the end and at the beginning of the reference period. Since 1995, it was substituted by the gross industrial output value by new method.

(2) Industrial intermediate input: refers to purchased goods and paid services consumed during the industrial production of enterprises. Fees paid for services include fees paid for the services provided by material production sectors (industry, agriculture, wholesale and retail trade, construction, transport, post and telecommunications) and by non-material production sectors (insurance, banking, culture, education, scientific research, health and medical care, public administration, etc.). The determination of industrial intermediate input follows the principle that the goods and services must be purchased from outside and included in the gross industrial output, and that the goods and services are inputted into production and consumed (include low-value consumables) during the reference period.

Industrial intermediate input includes 5 components, namely direct consumption of materials, industrial intermediate input in manufacturing cost, industrial intermediate input in management cost, industrial intermediate input in marketing cost and expenditure on interest.

**Total Assets** refer to all economic resources, in monetary terms, that is owned or controlled by enterprises, including properties, creditors' equity and other economic rights of all forms. Classified by the degree of equitability, total assets include circulating assets, long-term investment, fixed assets, intangible assets and deferred assets, and other assets. Data on this indicator can be obtained by the year-end figures of total assets in the Assets and Liability Table of accounting records of enterprises.

**Annual Average Balance of Current Assets** refer to average of the balance of current assets during the reference period.

**Annual Average of Net Value of Fixed Assets** refer to average of the net value of fixed assets during the reference period, calculated with the following formula:

Annual Average of Net Value of Fixed Assets = sum of net value of fixed assets at the beginning and at the end of each month from January to December / 24.

Information on this indicator can be obtained from the beginning and ending figures of the original value of fixed assets and cumulative depreciation from the Assets and Liability Table of enterprises.

**Net value of Fixed Assets** refers to the original value of fixed assets minus depreciation over the years, i.e.:

Net value of fixed assets = original value of fixed assets – cumulative depreciation

**Sales Revenue of Industrial Products** refers to the revenue from the sales of finished and semi-finished products and from rendering of industrial services by industrial enterprises during the reference period.

**Cost of Industrial Products Sold** refers to the actual cost of finished and semi-finished products sold and industrial services rendered by industrial enterprises during the reference period.

**Tax and Extra Charges on Sales of Products** refer to the tax on city maintenance and construction, consumption tax, resources tax and extra charges for education, which should be borne by the enterprises in selling products and providing industrial services during the reference period.

**Total Profits** refer to the final achievements of production and operation of the enterprises, represented by the total profits after deducting losses (loss is expressed by the negative figure). It is the sum of profits from operation, income from subsidies, investment earnings, net income from activities other than operation, and adjustment of profits and losses of previous years.

**Value-added Tax Payable in the Current Year** refers to the amount of the value-added tax which should be paid by the enterprises during the reference period. It is the sum of tax on sales, export rebate, and transferred tax on purchases of the current year, minus the tax on purchases of the current year. Value-added tax payable of small-size enterprises is determined by the taxable sales of the year multiplied by the tax rate.

**Average Annual Number of Employed Persons at the year-end** refers to all those who are employed in enterprises and receive remunerations there from, including currently working employees, retirees who are re-employed, teachers of local-run schools, as well as foreigners, staff from Hong Kong, Macao and Taiwan, part-time employees and persons with second job who are employed by the enterprise, and employees of other units temporarily working in the enterprises, but excluding former employees who left the enterprise with their employment records still being kept by the enterprises.

**Ratio of Profits, Taxes and Interests to Average Assets** reflects the profit-making capability of all assets of the enterprise and is a key indicator manifesting the performance and management and evaluating the profit-making potential of the enterprise. It is calculated as follows:

$$\text{Ratio of Profits, Taxes and Interests to Average Assets (\%)} = \frac{\text{total profits} + \text{total taxes} + \text{interest payment}}{\text{average assets}} \times 100\%$$

In the above formula, total taxes is the sum of tax and extra charges on the sales of products and value-added tax payable; and average assets is the arithmetic mean of the sum of beginning assets and ending assets.

**Ratio of Debts to Assets** reflects both the operation risk and the capability of the enterprise in making use of the capital from the creditors. It is calculated as follows:

Ratio of Debts to Assets (%) = (total debts / total assets)×100%

Both assets and debts are figures at the end of the reference period.

**Turnover of Working Capital** refers to the number of times of turnover of working capital in a given period of time, which reflects the speed of the turnover of working capital of industrial enterprises, and is calculated as follows:

Ratio of Profits to Total Industrial Cost (%)=(total profits/ total costs)×100%

In the above formula, average balance of total working capital refers to the arithmetic mean of the sum of working capital at the beginning and at the end of the reference period.

**Ratio of Profits to Total Industrial Costs** refers to the ratio of profits realized in a given period to the total costs in the same period, which reflects the economic efficiency of input cost and is calculated as follows:

Ratio of Profits to Total Industrial Cost(%)=(total profits/ total costs)×100%

Total costs in the above formula are the sum of cost of products sold, marketing cost, management cost and financial cost.

**Overall Labor Productivity** refers to the average output per employed person in industrial enterprises in value terms. It is an important indicator of the economic activities in enterprises. At present, the value added and the average number of staff and workers of an industrial enterprises in a given period are used to calculate the overall labor productivity. The formula used is:

Overall Labor Productivity = Value Added of Industry/ Average Number of Staff and Workers

8

Eight

# 建筑业

# Construction

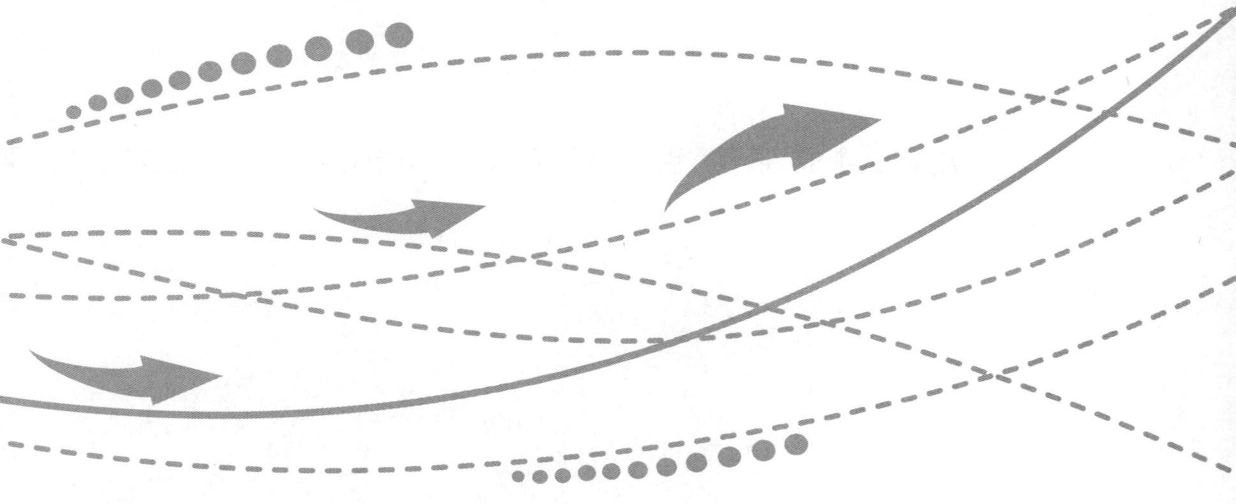

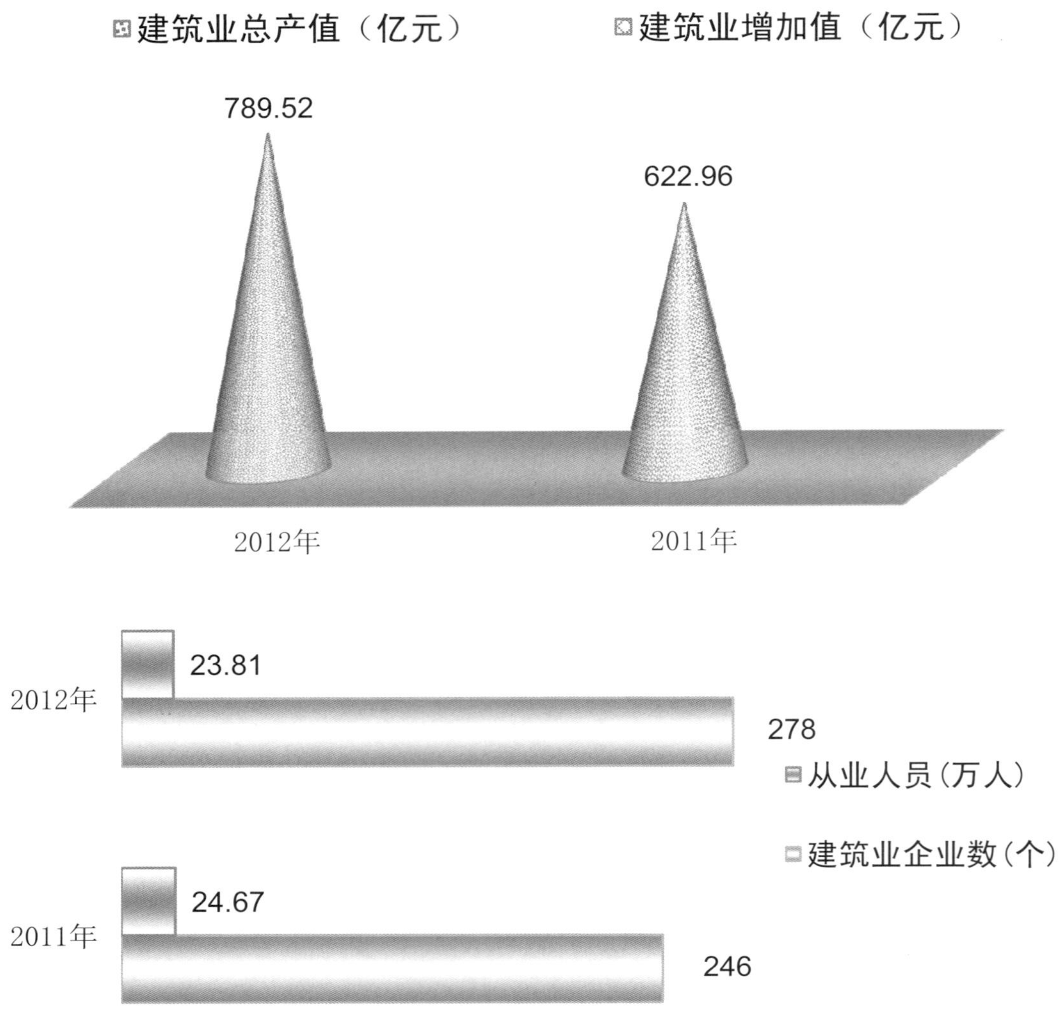
建筑业总产值（亿元）
建筑业增加值（亿元）
789.52
622.96
2012年
2011年
2012年
23.81
278
从业人员(万人)
建筑业企业数(个)
2011年
24.67
246

建筑业企业施工面积（万平方米）
建筑业企业竣工面积（万平方米）

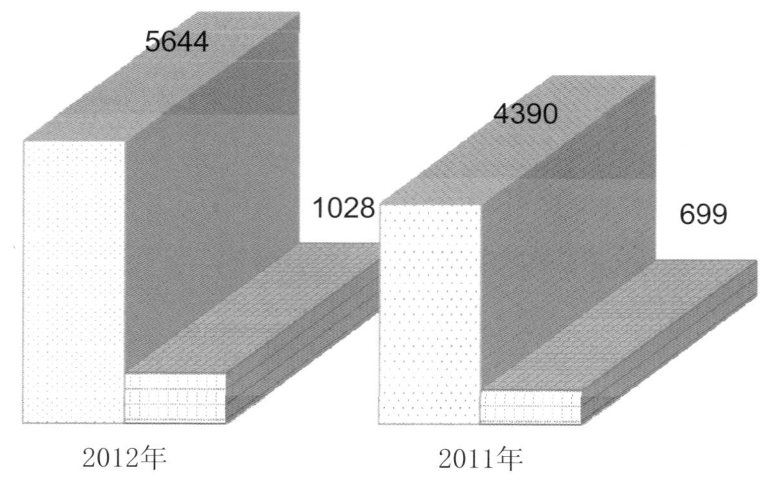
5644
1028
4390
699
2012年
2011年

# 8-1 总承包及专业承包建筑业企业主要经济指标
# Main Economic Indicator on Construction Enterprises of General and Professional Contractors

| 指标 | | Item | | 2012 | 2011 | 2012年比2011年增长(%) Growth Rate in 2012 over 2011(%) |
|---|---|---|---|---|---|---|
| 从业人员 | (万人) | Number of Employed Persons | (10 000 persons) | 23.81 | 24.67 | -3.5 |
| 自有固定资产原价 | (亿元) | Fixed Assets (original value) | (100 million yuan) | 58.39 | 58.63 | -0.4 |
| 自有固定资产净价 | (亿元) | Fixed Assets (net value) | (100 million yuan) | 31.81 | 32.78 | -3.0 |
| 自有机械设备台数 | (台) | Number of Machinery and Equipment Owned | (set) | 41763.00 | 40393.00 | 3.4 |
| 自有机械设备净值 | (亿元) | Net Value of Machinery and Equipment Owned | (100 million yuan) | 16.49 | 20.33 | -18.9 |
| 自有机械设备总功率 | (万千瓦) | Total Power of Machinery and Equipment Owned | (10 000 kw) | 87.26 | 93.93 | -7.1 |
| 建筑业总产值 | (亿元) | Gross Output Value of Construction | (100 million yuan) | 789.52 | 622.96 | 26.7 |
| 施工面积 | (万平方米) | Floor Space of Buildings Under Construction | (10 000sq.m) | 5643.67 | 4390.32 | 28.5 |
| 竣工面积 | (万平方米) | Floor Space of Buildings Completed | (10 000sq.m) | 1027.90 | 698.80 | 47.1 |
| 利润总额 | (亿元) | Total Profit | (100 million yuan) | 9.90 | 7.51 | 31.8 |
| 劳动生产率 | (元/人) | Overall Labor Productivity | (yuan/person) | 371118.00 | 252640.00 | 46.9 |
| 技术装备率 | (元/人) | Value of Machines per Laborer | (yuan/person) | 7753.00 | 8244.00 | -6.0 |
| 动力装备率 | (千瓦/人) | Power of Machines per Laborer | (kw/person) | 4.10 | 3.80 | 7.9 |
| 房屋建筑面积竣工率 | (%) | Rate of Floor Space of Buildings Completed | (%) | 18.21 | 15.91 | 14.5 |
| 产值利润率 | (%) | Ratio of Profit to Gross Output Value | (%) | 1.25 | 1.20 | 4.2 |
| 产值利税率 | (%) | Ratio of Pre-tax Profit to Gross Output Value | (%) | 4.84 | 5.00 | -3.2 |

# 8–2 总承包及专业承包建筑企业生产情况(2012年)

单位：个、万元

| 指　　标 | Item | 建筑业企业个数 Number of Construction Enterprises | #有工作量的建筑业企业 Enterprises Having Project | #亏损企业 Enterprises under Deficit |
|---|---|---|---|---|
| **总　计** | **Total** | **278** | **244** | **73** |
| #国有及国有控股企业 | State-owned and State-controlled Construction Enterprises | 69 | 63 | 10 |
| **按登记注册类型分** | **By Status of Registration** | | | |
| 内资企业 | Domestic Funded | 277 | 244 | 72 |
| 国有企业 | State-owned Enterprises | 49 | 44 | 8 |
| 集体企业 | Collective-owned Enterprises | 26 | 23 | 9 |
| 股份合作企业 | Cooperative Enterprises | 1 | 1 | |
| 联营企业 | Joint Ownership Enterprises | 3 | 3 | 2 |
| 有限责任公司 | Limited Liability Corporations | 128 | 114 | 33 |
| 股份有限公司 | Share-holding Corporations Ltd. | 7 | 6 | 1 |
| 私营企业 | Private Enterprises | 63 | 53 | 19 |
| **按国民经济行业分** | **By Sector** | | | |
| 房屋和土木工程建筑业 | Building and Civil Engineering | 153 | 136 | 39 |
| 房屋工程建筑 | House Building | 110 | 94 | 32 |
| 土木工程建筑 | Civil Engineering | 43 | 42 | 7 |
| 建筑安装业 | Construction Installation | 50 | 47 | 8 |
| 建筑装饰和其他建筑业 | Construction Decoration and Others | 75 | 61 | 26 |
| 建筑装饰业 | Construction Decoration | 47 | 35 | 15 |
| 工程准备活动 | Project Preparation | 15 | 14 | 6 |
| 提供施工设备服务 | Construction Equipment Providing | 1 | 1 | |
| 其他未列明建筑业 | Others | 12 | 11 | 5 |
| **按隶属关系分** | **By Administrative Division** | | | |
| 中　央 | Central Government | 18 | 17 | 3 |
| 省(自治区、直辖市) | Provinces(Autonomous Regions and Municipalities) | 54 | 49 | 9 |
| 地区(州、盟、省辖市) | Prefecture(Autonomous Prefecture,League,Provincially Administered Municipality) | 38 | 33 | 8 |
| 县(区、市、旗) | Counties(Districts,Cities at County Level,Banner) | 12 | 10 | 3 |
| 街　道 | Street Communities | 3 | 2 | 1 |
| 乡 | Towns | 2 | 2 | |
| 其　他 | Others | 151 | 131 | 49 |
| **按企业资质等级分** | **By Qualification Grade** | | | |
| 施工总承包 | Construction of General Contractors | 158 | 138 | 43 |
| 特　级 | Special Grade | 1 | 1 | |
| 一　级 | First Grade | 31 | 30 | 2 |
| 二　级 | Second Grade | 47 | 46 | 10 |
| 三级及以下 | Third Grade and Below | 79 | 61 | 31 |
| 专业承包 | Speciality Contractors | 120 | 106 | 30 |
| 一　级 | First Grade | 9 | 9 | 1 |
| 二　级 | Second Grade | 54 | 49 | 11 |
| 三级及以下 | Third Grade and Below | 57 | 48 | 18 |
| **按营业状态分** | **By Operation Status** | | | |
| 营　业 | In Business or Operating | 266 | 241 | 67 |
| 停业(歇业) | Closed | 8 | 2 | 6 |
| 筹　建 | In Preparation | 2 | 1 | |
| 当年关闭 | Closed in This Year | 2 | | |
| **按控股情况分** | **By Share-holding** | | | |
| 国有控股 | State-owned and State-controlled Enterprises | 69 | 63 | 10 |
| 集体控股 | Collective Share-holding Enterprises | 41 | 38 | 11 |
| 私人控股 | Private Share-holding Enterprises | 156 | 134 | 46 |
| 港澳台商控股 | Hong Kong, Macao and Taiwan Share-holding Enterprises | 1 | | 1 |
| 其　他 | Others | 11 | 9 | 5 |

# Main Indicators on Construction Enterprises of General and Professional Contractors(2012)

(unit;10 000 yuan)

| 合同情况 Contracts Signed by Construction Enterprises | | 承包工程完成情况 Completion of Contracted Project | | | | 建筑业总产值 Total Output Value | | |
|---|---|---|---|---|---|---|---|---|
| #签订的合同额 Value from Signed Contracts | #本年新签合同额 Value from New Contracts Signed in This Year | 直接从建设单位承揽工程完成的产值 Completed Output Value of Projects Contracted Directly from Investors | 自行完成施工产值 Own-completed Output Value | 分包出去工程的产值 Output Value of Out-sourced Projects | 从建设单位以外承揽工程完成的产值 Completed Output Value of Projects Contracted from Non-investors | | #装饰装修产值 Output Value of Decoration | #在外省完成的产值 Output Value of Construction Fulfilled Outside of Guizhou Province |
| **18380036** | **10074968.3** | **7852986** | **7839162** | **13824** | **56043** | **7895205** | **82626** | **1548860** |
| 17028801 | 9394626 | 7140607 | 7131269 | 9337 | 43128 | 7174397 | 51902 | 1534560 |
| 18380036 | 10074968.3 | 7852986 | 7839162 | 13824 | 56043 | 7895205 | 82626 | 1548860 |
| 11128962 | 6444196 | 4676180 | 4666843 | 9337 | 6310 | 4673152 | 46670 | 1270657 |
| 113587 | 62937 | 76377 | 76361 | 16 | 16 | 76377 | 90 | |
| 392 | 385 | 392 | 392 | | | 392 | 392 | |
| 4151 | 1360 | 4927 | 4927 | | | 4927 | | |
| 6610275 | 3308372 | 2831847 | 2829248 | 2599 | 45132 | 2874380 | 16804 | 278203 |
| 129080 | 65912 | 56243 | 56183 | 60 | 200 | 56383 | 569 | |
| 393589 | 191806 | 207020 | 205208 | 1812 | 4385 | 209593 | 18101 | |
| 16113978 | 8481785 | 6389530 | 6377991 | 11539 | 8873 | 6386864 | 31643 | 1201523 |
| 8166216 | 4705851 | 3670487 | 3667372 | 3115 | 2852 | 3670224 | 27779 | 847265 |
| 7947761 | 3775934 | 2719043 | 2710619 | 8424 | 6020 | 2716639 | 3864 | 354258 |
| 1787754 | 1299609 | 1128770 | 1126552 | 2218 | 40773 | 1167325 | 6252 | 347337 |
| 478304 | 293574 | 334685 | 334619 | 67 | 6397 | 341016 | 44731 | |
| 223043 | 186767 | 121647 | 121587 | 60 | 4561 | 126148 | 44678 | |
| 228702 | 85271 | 188736 | 188736 | | 1100 | 189836 | 33 | |
| 77 | 77 | 77 | 70 | 7 | | 70 | 20 | |
| 26482 | 21459 | 24226 | 24226 | | 736 | 24962 | | |
| 5390999 | 2641913 | 2439702 | 2432505 | 7197 | 5616 | 2438121 | 7207 | 1039339 |
| 11479236 | 6616644 | 4499303 | 4499303 | | 37740 | 4537043 | 43871 | 507222 |
| 523576 | 315811 | 231402 | 231386 | 16 | 5265 | 236651 | 2555 | 2300 |
| 74385 | 50569 | 58280 | 56140 | 2140 | 4 | 56144 | 607 | |
| 15657 | 2732 | 8442 | 8442 | | | 8442 | | |
| 2289 | 2289 | 1404 | 1404 | | | 1404 | | |
| 893894 | 445010 | 614453 | 609983 | 4470 | 7418 | 617401 | 28387 | |
| 17952880 | 9844155 | 7492063 | 7480524 | 11539 | 45186 | 7525710 | 37438 | 1546560 |
| 857933 | 408448 | 618769 | 618769 | | | 618769 | | |
| 15312031 | 8518720 | 5980878 | 5974181 | 6697 | 42206 | 6016386 | 26896 | 1517862 |
| 1425740 | 640819 | 673676 | 671528 | 2147 | 44 | 671573 | 7645 | 28698 |
| 357176 | 276168 | 218740 | 216046 | 2694 | 2936 | 218982 | 2897 | |
| 427156 | 230813 | 360923 | 358638 | 2285 | 10856 | 369495 | 45188 | 2300 |
| 247009 | 96366 | 207290 | 207290 | | 61 | 207351 | 28539 | |
| 115746 | 88041 | 95318 | 95251 | 67 | 3436 | 98688 | 15397 | |
| 64401 | 46406 | 58316 | 56097 | 2218 | 7359 | 63456 | 1252 | 2300 |
| 18379732 | 10074685 | 7852724 | 7838907 | 13817 | 56043 | 7894949 | 82423 | 1548860 |
| 227 | 207 | 186 | 186 | | | 186 | 182 | |
| 77 | 77 | 77 | 70 | 7 | | 70 | 20 | |
| 17028801 | 9394626 | 7140607 | 7131269 | 9337 | 43128 | 7174397 | 51902 | 1534560 |
| 189884 | 112906 | 117087 | 117071 | 16 | 330 | 117401 | 659 | |
| 1093764 | 537813 | 559675 | 555205 | 4470 | 11848 | 567053 | 28469 | 14300 |
| 67587 | 29624 | 35617 | 35617 | | 737 | 36354 | 1595 | |

## 8-2 续表 1

单位：万元、万平方米

| 指　　标 | Item | 建筑工程产值 Output Value of Construction | 安装工程产值 Output Value of Installation | 其他产值 Others |
|---|---|---|---|---|
| **总　　计** | **Total** | **6870974** | **780195** | **244035** |
| #国有及国有控股企业 | State-owned and State-controlled Construction Enterprises | 6257869 | 688551 | 227977 |
| **按登记注册类型分** | **By Status of Registration** | | | |
| 内资企业 | Domestic Funded | 6870974 | 780195 | 244035 |
| 国有企业 | State-owned Enterprises | 4091393 | 461598 | 120162 |
| 集体企业 | Collective-owned Enterprises | 69870 | 6284 | 223 |
| 股份合作企业 | Cooperative Enterprises | 392 | | |
| 联营企业 | Joint Ownership Enterprises | 4927 | | |
| 有限责任公司 | Limited Liability Corporations | 2473630 | 283890 | 116860 |
| 股份有限公司 | Share-holding Corporations Ltd. | 44974 | 8790 | 2620 |
| 私营企业 | Private Enterprises | 185788 | 19634 | 4171 |
| **按国民经济行业分** | **By Sector** | | | |
| 房屋和土木工程建筑业 | Building and Civil Engineering | 6036618 | 262298 | 87948 |
| 房屋工程建筑 | House Building | 3550603 | 50288 | 69333 |
| 土木工程建筑 | Civil Engineering | 2486015 | 212010 | 18615 |
| 建筑安装业 | Construction Installation | 538985 | 501879 | 126460 |
| 建筑装饰和其他建筑业 | Construction Decoration and Others | 295371 | 16018 | 29627 |
| 建筑装饰业 | Construction Decoration | 106812 | 5703 | 13632 |
| 工程准备活动 | Project Preparation | 179308 | 10186 | 343 |
| 提供施工设备服务 | Construction Equipment Providing | 40 | 20 | 10 |
| 其他未列明建筑业 | Others | 9212 | 108 | 15642 |
| **按隶属关系分** | **By Administrative Division** | | | |
| 中　央 | Central Government | 2055750 | 367024 | 15347 |
| 省(自治区、直辖市) | Provinces(Autonomous Regions and Municipalities) | 4034475 | 301565 | 201003 |
| 地区(州、盟、省辖市) | Prefecture(Autonomous Prefecture,League,Provincially Administered Municipality) | 193427 | 31907 | 11317 |
| 县(区、市、旗) | Counties(Districts,Cities at County Level,Banner) | 43398 | 12213 | 533 |
| 街　道 | Street Communities | 7111 | 1330 | |
| 乡 | Towns | 1404 | | |
| 其　他 | Others | 535409 | 66156 | 15835 |
| **按企业资质等级分** | **By Qualification Grade** | | | |
| 施工总承包 | Construction of General Contractors | 6615532 | 696483 | 213696 |
| 特　级 | Special Grade | 618769 | | |
| 一　级 | First Grade | 5162374 | 654117 | 199896 |
| 二　级 | Second Grade | 632033 | 31568 | 7972 |
| 三级及以下 | Third Grade and Below | 202355 | 10798 | 5828 |
| 专业承包 | Speciality Contractors | 255443 | 83713 | 30340 |
| 一　级 | First Grade | 188353 | 770 | 18228 |
| 二　级 | Second Grade | 52413 | 40081 | 6193 |
| 三级及以下 | Third Grade and Below | 14676 | 42862 | 5918 |
| **按营业状态分** | **By Operation Status** | | | |
| 营　业 | In Business or Operating | 6870749 | 780175 | 244025 |
| 停业(歇业) | Closed | 186 | | |
| 筹　建 | In Preparation | 40 | 20 | 10 |
| 当年关闭 | Closed in This Year | | | |
| **按控股情况分** | **By Share-holding** | | | |
| 国有控股 | State-owned and State-controlled Enterprises | 6257869 | 688551 | 227977 |
| 集体控股 | Collective Share-holding Enterprises | 103491 | 12985 | 924 |
| 私人控股 | Private Share-holding Enterprises | 473382 | 78627 | 15045 |
| 港澳台商控股 | Hong Kong, Macao and Taiwan Share-holding Enterprises | | | |
| 其　他 | Others | 36232 | 33 | 89 |

(continued)

(10 000 yuan;10 000 sq.m)

| 竣工产值 Output Value of Buildings Completed | 房屋建筑施工面积 Floor Space under Construction | #本年新开工面积 Started This Year | #实行投标承包面积 Under Tendering | 房屋建筑竣工面积 Floor Space of Building Completed | #住宅房屋 Residential Building | 商业及服务用房屋 Business Building | 办公用房屋 Office Building | 科研、教育、医疗用房屋 Scientific Research Educational and Medical Buildings |
|---|---|---|---|---|---|---|---|---|
| **2253630** | **5644** | **1804** | **5209** | **1028** | **703** | **46** | **62** | **86** |
| 1915475 | 5070 | 1539 | 4861 | 861 | 602 | 41 | 52 | 74 |
| | | | | | | | | |
| 2253630 | 5644 | 1804 | 5209 | 1028 | 703 | 46 | 62 | 86 |
| 1708794 | 4644 | 1280 | 4444 | 755 | 523 | 39 | 52 | 72 |
| 41462 | 47 | 24 | 35 | 26 | 16 | | 8 | |
| 392 | | | | | | | | |
| 4038 | 1 | | | | | | | |
| 348885 | 632 | 358 | 562 | 168 | 102 | 2 | 1 | 8 |
| 53876 | 82 | 34 | 82 | 33 | 29 | 3 | | |
| 96183 | 238 | 108 | 85 | 45 | 33 | 2 | 1 | 6 |
| | | | | | | | | |
| 2036540 | 51058067 | 15055043 | 47092621 | 915 | 627 | 45 | 59 | 86 |
| 1609746 | 48826130 | 14087086 | 46284600 | 861 | 587 | 45 | 58 | 86 |
| 426794 | 2231937 | 967957 | 808021 | 54 | 40 | | 1 | |
| 151364 | 4089727 | 2077170 | 4089727 | 80 | 75 | | 3 | |
| 65726 | 129 | 91 | 91 | 33 | 2 | | | |
| 36513 | 99 | 90 | 90 | 3 | | | | |
| 9785 | 30 | 1 | 1 | 30 | 2 | | | |
| | | | | | | | | |
| 19427 | | | | | | | | |
| | | | | | | | | |
| 609420 | 1691 | 387 | 1550 | 200 | 122 | 16 | 18 | 15 |
| 1279415 | 3483 | 1217 | 3400 | 667 | 484 | 25 | 33 | 61 |
| 86166 | 121 | 47 | 119 | 42 | 37 | 3 | | 1 |
| 48733 | 303722 | 169223 | 256406 | 25 | 15 | | 8 | |
| 1330 | 30332 | 30332 | | | | | | |
| 1203 | 41359 | 39709 | | 1 | 1 | | | |
| 227363 | 3116925 | 1288584 | 1151670 | 92 | 43 | 2 | 2 | 10 |
| 2125528 | 56434323 | 18041070 | 52092810 | 1028 | 703 | 46 | 62 | 86 |
| 1671687 | 47916231 | 14686276 | 44857453 | 797 | 562 | 36 | 49 | 67 |
| 354023 | 6242719 | 1916134 | 5625920 | 148 | 112 | 10 | 3 | 14 |
| 99818 | 2275373 | 1438660 | 1609437 | 82 | 29 | | 10 | 4 |
| 128102 | 2345 | 1605 | | | | | | |
| 31207 | | | | | | | | |
| 70098 | | | | | | | | |
| 26797 | 2345 | 1605 | | | | | | |
| 2253444 | 56436653 | 18042675 | 52092810 | 1028 | 703 | 46 | 62 | 86 |
| 186 | 15 | | | | | | | |
| | | | | | | | | |
| 1915475 | 50703231 | 15394819 | 48614688 | 861 | 602 | 41 | 52 | 74 |
| 67231 | 748650 | 425207 | 607215 | 34 | 20 | | 9 | 1 |
| 240017 | 4147639 | 1602088 | 2049646 | 124 | 74 | 5 | 1 | 9 |
| 30907 | 837148 | 620561 | 821261 | 9 | 7 | | | 1 |

# 8-2 续表 2

| 指　　标 | Item | 文化、体育、娱乐用房屋 Buildings for Culture, Sports and Entertainment | 厂房及建筑物 Workshop | 仓　库 Storehouse |
|---|---|---|---|---|
| **总　计** | **Total** | **8** | **77** | **7** |
| #国有及国有控股企业 | State-owned and State-controlled Construction Enterprises | 7 | 69 | 7 |
| **按登记注册类型分组** | **By Status of Registration** | | | |
| 内资企业 | Domestic Funded | 8 | 77 | 7 |
| 国有企业 | State-owned Enterprises | 7 | 50 | 4 |
| 集体企业 | Collective-owned Enterprises | | | |
| 股份合作企业 | Cooperative Enterprises | | | |
| 联营企业 | Joint Ownership Enterprises | | | |
| 有限责任公司 | Limited Liability Corporations | 1 | 23 | 3 |
| 股份有限公司 | Share-holding Corporations Ltd. | | 1 | |
| 私营企业 | Private Enterprises | | 3 | |
| **按国民经济行业分组** | **By Sector** | | | |
| 房屋和土木工程建筑业 | Building and Civil Engineering | 8 | 76 | 6 |
| 房屋工程建筑 | House Building | 8 | 62 | 6 |
| 土木工程建筑 | Civil Engineering | | 13 | |
| 建筑安装业 | Construction Installation | | 1 | |
| 建筑装饰和其他建筑业 | Construction Decoration and Others | | 1 | 2 |
| 建筑装饰业 | Construction Decoration | | 1 | 2 |
| 工程准备活动 | Project Preparation | | | |
| 提供施工设备服务 | Construction Equipment Providing | | | |
| 其他未列明建筑业 | Others | | | |
| **按隶属关系分组** | **By Administrative Division** | | | |
| 中　央 | Central Government | 5 | 23 | |
| 省(自治区、直辖市) | Provinces(Autonomous Regions and Municipalities) | 3 | 45 | 7 |
| 地区(州、盟、省辖市) | Prefecture(Autonomous Prefecture,League,Provincially Administered Municipality) | | 2 | |
| 县(区、市、旗) | Counties(Districts,Cities at County Level,Banner) | | | |
| 街　道 | Street Communities | | | |
| 乡 | Towns | | | |
| 其　他 | Others | | 6 | |
| **按企业资质等级分组** | **By Qualification Grade** | | | |
| 施工总承包 | Construction of General Contractors | 8 | 77 | 7 |
| 特　级 | Special Grade | | | |
| 一　级 | First Grade | 7 | 64 | 4 |
| 二　级 | Second Grade | 1 | 6 | 2 |
| 三级及以下 | Third Grade and Below | | 6 | 2 |
| 专业承包 | Speciality Contractors | | | |
| 一　级 | First Grade | | | |
| 二　级 | Second Grade | | | |
| 三级及以下 | Third Grade and Below | | | |
| **按营业状态分** | **By Operation Status** | | | |
| 营　业 | In Business or Operating | 8 | 77 | 7 |
| 停业(歇业) | Closed | | | |
| 筹　建 | In Preparation | | | |
| 当年关闭 | Closed in This Year | | | |
| **按控股情况分** | **By Share-holding** | | | |
| 国有控股 | State-owned and State-controlled Enterprises | 7 | 69 | 7 |
| 集体控股 | Collective Share-holding Enterprises | | 3 | |
| 私人控股 | Private Share-holding Enterprises | | 5 | |
| 港澳台商控股 | Hong Kong, Macao and Taiwan Share-holding Enterprises | | | |
| 其　他 | Others | 1 | | |

(continued)

| 竣工房屋价值 Value of Building Completed | #住宅房屋 Residential Building | 商业及服务用房屋 Business Building | 办公用房屋 Office Building | 科研、教育、医疗用房屋 Scientific Research, Educational and Medical Buildings | 文化、体育、娱乐用房屋 Buildings for Culture,Sports and Entertainment | 厂房及建筑物 Workshop | 仓库 Storehouse |
|---|---|---|---|---|---|---|---|
| **1402926** | **859729** | **69227** | **69955** | **201167** | **12181** | **131737** | **10460** |
| 1235328 | 736857 | 63214 | 61245 | 186732 | 11444 | 123010 | 10086 |
| 1402926 | 859729 | 69227 | 69955 | 201167 | 12181 | 131737 | 10460 |
| 1097310 | 635929 | 60944 | 61245 | 183630 | 11444 | 95403 | 5982 |
| 25503 | 15854 | | 6292 | 486 | | 149 | 163 |
| 340 | 340 | | | | | | |
| 178983 | 127747 | 2270 | 1043 | 8650 | 738 | 31292 | 4119 |
| 41022 | 37228 | 3000 | | | | 794 | |
| 59768 | 42631 | 3013 | 1376 | 8401 | | 4099 | 196 |
| 1301100 | 771722 | 68127 | 67000 | 201167 | 12181 | 130435 | 8311 |
| 1224548 | 707296 | 68127 | 66350 | 201167 | 12181 | 118960 | 8311 |
| 76552 | 64426 | | 651 | | | 11475 | |
| 95110 | 86512 | 1100 | 2955 | | | 738 | |
| 6716 | 1495 | | | | | 564 | 2149 |
| 2721 | | | | | | 564 | 2149 |
| 3995 | 1495 | | | | | | |
| 318105 | 164950 | 33680 | 24528 | 29394 | 7731 | 52010 | |
| 926947 | 579560 | 29534 | 36717 | 158682 | 4438 | 71000 | 10086 |
| 50015 | 44531 | 3000 | | 648 | | 1835 | |
| 23658 | 14644 | | 6292 | | | | 163 |
| 905 | 756 | | | | | 149 | |
| 83296 | 55288 | 3013 | 2418 | 12443 | 12 | 6743 | 211 |
| 1402522 | 859729 | 69227 | 69955 | 201167 | 12181 | 131333 | 10460 |
| 1149446 | 689732 | 57926 | 54523 | 169858 | 11444 | 119178 | 5586 |
| 196319 | 141743 | 10765 | 7266 | 26598 | 726 | 5439 | 2351 |
| 56757 | 28254 | 536 | 8166 | 4712 | 12 | 6717 | 2523 |
| 404 | | | | | | 404 | |
| 404 | | | | | | 404 | |
| 1402926 | 859729 | 69227 | 69955 | 201167 | 12181 | 131737 | 10460 |
| 1235328 | 736857 | 63214 | 61245 | 186732 | 11444 | 123010 | 10086 |
| 32090 | 19153 | | 6492 | 1339 | | 2384 | 163 |
| 123813 | 94226 | 6013 | 2097 | 11743 | 12 | 6343 | 211 |
| 11695 | 9494 | | 121 | 1354 | 726 | | |

# 8–3 总承包及专业承包建筑业企业财务状况(2012年)

单位：万平方米、万元

| 指　　标 | Item | 年　初<br>存　货<br>Stock at Year-beginning | 年末资产负债<br>流动资产合计<br>Total Working Capitals | 应收工程款<br>Accounts Receivable | #竣工工程<br>Completed Engineering |
|---|---|---|---|---|---|
| **总　计** | **Total** | **857758** | **5614551** | **1278223** | **271533** |
| #国有及国有控股企业 | State-owned and State-controlled Construction Enterprises | 748907 | 4874605 | 1124073 | 216637 |
| **按登记注册类型分** | **By Status of Registration** | | | | |
| 内资企业 | Domestic Funded | 857663 | 5612866 | 1276716 | 271533 |
| 国有企业 | State-owned Enterprises | 537606 | 2965818 | 720762 | 155804 |
| 集体企业 | Collective-owned Enterprises | 10496 | 21881 | 5349 | 856 |
| 股份合作企业 | Cooperative Enterprises | | 73 | 2 | |
| 联营企业 | Joint Ownership Enterprises | 249 | 5295 | 1847 | 1827 |
| 有限责任公司 | Limited Liability Corporations | 256552 | 2338188 | 524909 | 103501 |
| 股份有限公司 | Share-holding Corporations Ltd. | 12240 | 47437 | 2124 | 1075 |
| 私营企业 | Private Enterprises | 40521 | 234174 | 21724 | 8470 |
| **按国民经济行业分** | **By Sector** | | | | |
| 房屋和土木工程建筑业 | Building and Civil Engineering | 747778 | 4492555 | 938777 | 217613 |
| 房屋工程建筑 | House Building | 313412 | 2122248 | 479850 | 155623 |
| 土木工程建筑业 | Civil Engineering | 434366 | 2370307 | 458928 | 61990 |
| 建筑安装业 | Construction Installation | 91899 | 782113 | 195856 | 38993 |
| 建筑装饰和其他建筑业 | Construction Decoration and Others | 18081 | 339883 | 143590 | 14927 |
| 建筑装饰业 | Construction Decoration | 12779 | 113928 | 34656 | 2734 |
| 工程准备活动 | Project Preparation | 3598 | 207586 | 107392 | 11088 |
| 提供施工设备服务 | Construction Equipment Providing | 5 | 315 | 22 | 22 |
| 其他未列明建筑业 | Others | 1699 | 18055 | 1520 | 1084 |
| **按隶属关系分** | **By Administrative Division** | | | | |
| 中　央 | Central Government | 417386 | 1593120 | 542686 | 95867 |
| 省(自治区、直辖市) | Provinces(Autonomous Regions and Municipalities) | 299916 | 3045779 | 468702 | 117216 |
| 地区(州、盟、省辖市) | Prefecture(Autonomous Prefecture,League,Provincially Administered Municipality) | 54423 | 240035 | 88974 | 23964 |
| 县(区、市、旗) | Counties(Districts,Cities at County Level,Banner) | 8171 | 34011 | 1063 | 127 |
| 街　道 | Street Communities | 229 | 3653 | 79 | 79 |
| 乡 | Towns | 1020 | 253 | 62 | |
| 其　他 | Others | 76614 | 697700 | 176656 | 34279 |
| **按企业资质等级分** | **By Qualification Grade** | | | | |
| 施工总承包 | Construction of General Contractors | 830674 | 5193103 | 1130098 | 248167 |
| 特　级 | Special Grade | 61852 | 318423 | 61856 | 22635 |
| 一　级 | First Grade | 652750 | 4096102 | 846866 | 172305 |
| 二　级 | Second Grade | 93224 | 573263 | 170223 | 49298 |
| 三级以下 | Third Grade and Below | 22848 | 205315 | 51153 | 3929 |
| 专业承包 | Speciality Contractors | 27083 | 421448 | 148125 | 23366 |
| 一　级 | First Grade | 3481 | 185243 | 85789 | 884 |
| 二　级 | Second Grade | 10910 | 112830 | 29440 | 5665 |
| 三级以下 | Third Grade and Below | 12692 | 123375 | 32896 | 16817 |
| **按营业状态分** | **By Operation Status** | | | | |
| 营　业 | In Business or Operating | 857165 | 5609689 | 1277227 | 271249 |
| 停业(歇业) | Closed | 588 | 4546 | 974 | 262 |
| 筹　建 | In Preparation | 5 | 315 | 22 | 22 |
| **按控股情况分** | **By Share-holding** | | | | |
| 国有控股 | State-owned and State-controlled Enterprises | 748907 | 4874605 | 1124073 | 216637 |
| 集体控股 | Collective Share-holding Enterprises | 15776 | 66618 | 16934 | 6421 |
| 私人控股 | Private Share-holding Enterprises | 73279 | 600255 | 113939 | 34149 |
| 港澳台商控股 | Hong Kong,Macao and Taiwan Share-holding Enterprises | 95 | 1684 | 1507 | |
| 其　他 | Others | 19701 | 71389 | 21771 | 14326 |

# Financial State for Construction Enterprises of General and Professional Contractors(2012)

(10 000 sq.m;10 000 yuan)

| Asset–liability at Year-end | | | | | | | | | |
|---|---|---|---|---|---|---|---|---|---|
| 在建工程 In Construction | 资产合计 Total Assets | 流动负债合计 Total Working Liabilities | 应付账款 Accounts Payable | 负债合计 Total Liabilities | 所有者权益合计 Total Owner's Equities | #实收资本 Paid-in Capitals | #国家资本 National Capital | 集体资本 Collective Capital | 港澳台资本 Capitals from Hong Kong, Mcao and Taiwan |
| **22816** | **6967246** | **5215384** | **1310942** | **5484857** | **1482389** | **1803851** | **705739** | **31246** | **3851** |
| 19528 | 6083827 | 4735113 | 1180283 | 4907754 | 1176073 | 913021 | 698811 | 4251 | |
| 22816 | 6965538 | 5214844 | 1310942 | 5484317 | 1481222 | 1802068 | 705739 | 31246 | 2068 |
| 15698 | 3462799 | 2801190 | 763824 | 2851640 | 611159 | 432501 | 238949 | 180 | |
| 67 | 33689 | 15797 | 2548 | 17468 | 16221 | 16496 | 727 | 10330 | |
| | 124 | 73 | | 73 | 51 | 50 | | | |
| | 7832 | 2182 | 2182 | 4062 | 3770 | 3578 | | 1578 | |
| 5453 | 3137268 | 2200757 | 522934 | 2390275 | 746993 | 636299 | 459862 | 14858 | 2068 |
| | 61183 | 32007 | 3507 | 33076 | 28107 | 16514 | 6200 | | |
| 1598 | 262645 | 162838 | 15947 | 187723 | 74922 | 696629 | | 4300 | |
| 18878 | 5598888 | 4321145 | 989192 | 4458525 | 1140364 | 1565322 | 581684 | 20982 | 1783 |
| 14545 | 2435561 | 1970759 | 422362 | 2009717 | 425844 | 984880 | 136844 | 11854 | 1783 |
| 4333 | 3163327 | 2350386 | 566829 | 2448807 | 714520 | 580442 | 444840 | 9128 | |
| 3004 | 883971 | 678974 | 220107 | 706752 | 177219 | 92252 | 31580 | 5631 | 2068 |
| 934 | 484386 | 215265 | 101644 | 319580 | 164806 | 146277 | 92474 | 4633 | |
| 28 | 118593 | 62929 | 28937 | 82619 | 35974 | 36941 | 5982 | 1100 | |
| 901 | 339038 | 144401 | 71013 | 222872 | 116166 | 99290 | 85000 | 3495 | |
| | 318 | 18 | 18 | 18 | 300 | 300 | | | |
| 5 | 26436 | 7917 | 1676 | 14071 | 12366 | 9747 | 1492 | 39 | |
| 1406 | 1760038 | 1405049 | 473793 | 1446171 | 313867 | 179975 | 58627 | 609 | |
| 17010 | 3980940 | 3133880 | 648699 | 3209662 | 771278 | 654005 | 540430 | 3190 | |
| 724 | 292981 | 185109 | 44743 | 213232 | 79748 | 64659 | 13480 | 9040 | |
| 927 | 44232 | 30803 | 5069 | 32644 | 11588 | 10070 | 1746 | 1524 | |
| | 4115 | 1967 | 204 | 1967 | 2148 | 2006 | | 501 | |
| | 2270 | 1000 | 21 | 1000 | 1270 | 1263 | | 600 | |
| 2749 | 882671 | 457577 | 138414 | 580182 | 302489 | 891872 | 91455 | 15782 | 3851 |
| 20939 | 6385017 | 4933855 | 1197380 | 5106155 | 1278862 | 1630568 | 616100 | 25689 | 3851 |
| | 420512 | 317363 | 134629 | 323363 | 97149 | 90000 | 90000 | | |
| 4777 | 5031088 | 4040401 | 926793 | 4134301 | 896787 | 675415 | 466817 | 1201 | |
| 15148 | 687944 | 465550 | 103210 | 501120 | 186824 | 147002 | 41973 | 9081 | 2068 |
| 1014 | 245473 | 110541 | 32749 | 147371 | 98102 | 718151 | 17310 | 15406 | 1783 |
| 1876 | 582229 | 281529 | 113562 | 378702 | 203526 | 173282 | 89639 | 5557 | |
| 95 | 302316 | 142033 | 63952 | 188222 | 114095 | 98146 | 87000 | | |
| 704 | 134455 | 61840 | 31693 | 82221 | 52234 | 40995 | 1719 | 1260 | |
| 1077 | 145458 | 77657 | 17917 | 108260 | 37198 | 34142 | 920 | 4297 | |
| 22816 | 6960658 | 5212070 | 1309657 | 5481376 | 1479282 | 1799314 | 705139 | 30859 | 3851 |
| | 6269 | 3296 | 1267 | 3463 | 2806 | 4237 | 600 | 387 | |
| | 318 | 18 | 18 | 18 | 300 | 300 | | | |
| 19528 | 6083827 | 4735113 | 1180283 | 4907754 | 1176073 | 913021 | 698811 | 4251 | |
| 156 | 106693 | 58126 | 13404 | 66204 | 40490 | 34949 | 727 | 15272 | |
| 3114 | 702492 | 371299 | 82600 | 460053 | 242439 | 836178 | 6200 | 11723 | 2068 |
| | 1707 | 540 | | 540 | 1167 | 1783 | | | 1783 |
| 18 | 72526 | 50306 | 34655 | 50306 | 22220 | 17920 | | | |

## 8-3 续表

单位：万元

| 指 标 | Item | 损益及分配<br>营业收入<br>Business Revenue | 主营业务收入<br>Revenue from Principal Business | 营业成本<br>Business Cost | 主营业务成本<br>Cost of Principal Business |
|---|---|---|---|---|---|
| **总 计** | **Total** | **7611625** | **7531857** | **7029353** | **6950599** |
| #国有及国有控股企业 | State-owned and State-controlled Construction Enterprises | 6916588 | 6840644 | 6402021 | 6327125 |
| **按登记注册类型分** | **By Status of Registration** | | | | |
| 内资企业 | Domestic Funded | 7611625 | 7531857 | 7029353 | 6950599 |
| 国有企业 | State-owned Enterprises | 4477090 | 4432601 | 4144018 | 4096766 |
| 集体企业 | Collective-owned Enterprises | 62635 | 62477 | 56806 | 56695 |
| 股份合作企业 | Cooperative Enterprises | 392 | 392 | 360 | 360 |
| 联营企业 | Joint Ownership Enterprises | 4897 | 4897 | 4659 | 4659 |
| 有限责任公司 | Limited Liability Corporations | 2823935 | 2789959 | 2601876 | 2571207 |
| 股份有限公司 | Share-holding Corporations Ltd. | 57970 | 57815 | 51468 | 51439 |
| 私营企业 | Private Enterprises | 184706 | 183717 | 170165 | 169473 |
| **按国民经济行业分** | **By Sector** | | | | |
| 房屋和土木工程建筑业 | Building and Civil Engineering | 6150085 | 6093768 | 5719563 | 5662905 |
| 房屋工程建筑 | House Building | 3454881 | 3423411 | 3248771 | 3214268 |
| 土木工程建筑业 | Civil Engineering | 2695203 | 2670357 | 2470793 | 2448637 |
| 建筑安装业 | Construction Installation | 1148020 | 1124664 | 1037243 | 1015671 |
| 建筑装饰和其他建筑业 | Construction Decoration and Others | 313520 | 313425 | 272547 | 272022 |
| 建筑装饰业 | Construction Decoration | 121201 | 121114 | 112154 | 111679 |
| 工程准备活动 | Project Preparation | 165884 | 165884 | 137054 | 137054 |
| 提供施工设备服务 | Construction Equipment Providing | 77 | 77 | 50 | |
| 其他未列明建筑业 | Others | 26358 | 26350 | 23290 | 23290 |
| **按隶属关系分** | **By Administrative Division** | | | | |
| 中 央 | Central Government | 2339413 | 2326113 | 2140645 | 2128781 |
| 省(自治区、直辖市) | Provinces(Autonomous Regions and Municipalities) | 4419685 | 4362059 | 4137045 | 4080459 |
| 地区(州、盟、省辖市) | Prefecture(Autonomous Prefecture,League, Provincially Administered Municipality) | 245691 | 238747 | 218487 | 210148 |
| 县(区、市、旗) | Counties(Districts,Cities at County Level,Banner) | 50881 | 50609 | 43341 | 43178 |
| 街 道 | Street Communities | 8577 | 8566 | 8090 | 8090 |
| 乡 | Towns | 1279 | 1279 | 1203 | 1203 |
| 其 他 | Others | 546099 | 544484 | 480542 | 478739 |
| **按企业资质等级分** | **By Qualification Grade** | | | | |
| 施工总承包 | Construction of General Contractors | 7253975 | 7175784 | 6729888 | 6655101 |
| 特 级 | Special Grade | 565569 | 561926 | 533222 | 530349 |
| 一 级 | First Grade | 5806998 | 5739944 | 5384959 | 5328295 |
| 二 级 | Second Grade | 672496 | 669057 | 620924 | 609635 |
| 三级以下 | Third Grade and Below | 208912 | 204858 | 190783 | 186823 |
| 专业承包 | Speciality Contractors | 357650 | 356074 | 299465 | 295498 |
| 一 级 | First Grade | 176072 | 176010 | 149479 | 149114 |
| 二 级 | Second Grade | 104026 | 102718 | 87283 | 85505 |
| 三级以下 | Third Grade and Below | 77552 | 77346 | 62703 | 60879 |
| **按营业状态分** | **By Operation Status** | | | | |
| 营 业 | In Business or Operating | 7611356 | 7531595 | 7029140 | 6950435 |
| 停业(歇业) | Closed | 192 | 186 | 163 | 163 |
| 筹 建 | In Preparation | 77 | 77 | 50 | |
| **按控股情况分** | **By Share-holding** | | | | |
| 国有控股 | State-owned and State-controlled Enterprises | 6916588 | 6840644 | 6402021 | 6327125 |
| 集体控股 | Collective Share-holding Enterprises | 111881 | 110392 | 101114 | 99486 |
| 私人控股 | Private Share-holding Enterprises | 527875 | 525570 | 473840 | 472334 |
| 港澳台商控股 | Hong Kong, Macao and Taiwan Share-holding Enterprises | | | | |
| 其 他 | Others | 55280 | 55251 | 52377 | 51654 |

(continued)

(10 000 yuan)

| Profit and Losses | | | | | | | | | |
|---|---|---|---|---|---|---|---|---|---|
| 营业税金及附加 Taxes and Other Charges Business | 主营业务税金及附加 Taxes and Other Charges on Principal Business | 营业利润 Business Profits | 利润总额 Total Profits | 土地和固定资产支出 Expenditure for Land and Fixed Capital | 土地购置 Land Purchase | 房屋和建筑物 Houses and Buildings | 机器设备 Mechanical Equipment | 销售费用 Expenditure for Products Sold | 建筑业企业在境外完成的营业收入 Revenue Earned by Construction Enterprises from Abroad |
| **257872** | **249570** | **98666** | **99034** | **140788** | **23709** | **94461** | **14961** | **2924** | **39753** |
| 234064 | 226242 | 93011 | 93394 | 139026 | 23297 | 94238 | 14442 | 1139 | 36022 |
| | | | | | | | | | |
| 257872 | 249570 | 98716 | 99084 | 140788 | 23709 | 94461 | 14961 | 2924 | 39753 |
| 150629 | 143708 | 61272 | 62094 | 11993 | 665 | 2583 | 5052 | 642 | 36022 |
| 2824 | 2824 | 150 | | | | | | 219 | |
| 14 | 14 | | | | | | | | |
| 203 | 203 | | | 4 | | | | | |
| 96147 | 94856 | 36059 | 36008 | 128584 | 23044 | 91875 | 9873 | 1521 | |
| 2087 | 2029 | 918 | 922 | 127 | | 3 | 28 | 2 | |
| 5969 | 5938 | 457 | 471 | 80 | | | 9 | 540 | 3732 |
| | | | | | | | | | |
| 207252 | 200743 | 49910 | 50254 | 20481 | 1077 | 2834 | 10763 | 1108 | 35612 |
| 120683 | 115001 | 23464 | 23427 | 7373 | 1077 | 2803 | 882 | 449 | 7282 |
| 86569 | 85742 | 26446 | 26827 | 13108 | | 31 | 9880 | 659 | 28330 |
| 39880 | 38094 | 33063 | 32581 | 119546 | 22631 | 91627 | 3981 | 1224 | 4138 |
| 10740 | 10733 | 15692 | 16199 | 761 | | | 218 | 591 | 4 |
| 4140 | 4133 | 1039 | 1324 | 32 | | | 28 | 203 | 4 |
| 5728 | 5728 | 14537 | 14506 | 729 | | | 190 | 341 | |
| 1 | 1 | 1 | 1 | | | | | | |
| 871 | 871 | 116 | 368 | | | | | 47 | |
| | | | | | | | | | |
| 78928 | 78476 | 44269 | 45260 | 7005 | | 273 | 4481 | 622 | 28330 |
| 149451 | 143018 | 27336 | 26979 | 131380 | 23297 | 93934 | 9947 | 453 | 7692 |
| 8343 | 8330 | 7529 | 7041 | 684 | 49 | 223 | 178 | 77 | |
| 2752 | 1683 | 976 | 1008 | 479 | | 31 | 197 | 224 | |
| 302 | 302 | 16 | 16 | | | | | 1 | |
| 44 | 44 | 8 | 8 | | | | | 2 | |
| 18053 | 17718 | 18533 | 18722 | 1239 | 364 | | 158 | 1545 | 3732 |
| | | | | | | | | | |
| 245558 | 238383 | 75260 | 76127 | 139526 | 23709 | 94379 | 14617 | 1912 | 39750 |
| 18744 | 18544 | 1806 | 1584 | 6753 | | | 5183 | | |
| 196050 | 190031 | 67283 | 67712 | 128233 | 23297 | 91900 | 8648 | 1075 | 32468 |
| 22800 | 22276 | 5082 | 5675 | 3673 | 49 | 2449 | 660 | 167 | 7282 |
| 7964 | 7532 | 1089 | 1156 | 867 | 364 | 31 | 128 | 670 | |
| 12314 | 11187 | 23406 | 22907 | 1262 | | 82 | 344 | 1011 | 4 |
| 6157 | 6151 | 15508 | 15482 | 506 | | | 73 | 169 | 4 |
| 3274 | 3264 | 3536 | 3827 | 299 | | | 129 | 119 | |
| 2883 | 1772 | 4363 | 3599 | 458 | | 82 | 141 | 724 | |
| | | | | | | | | | |
| 257865 | 249563 | 98525 | 98684 | 140788 | 23709 | 94461 | 14961 | 2923 | 39753 |
| 6 | 6 | 140 | 349 | | | | | | |
| 1 | 1 | 1 | 1 | | | | | | |
| | | | | | | | | | |
| 234064 | 226242 | 93011 | 93394 | 139026 | 23297 | 94238 | 14442 | 1139 | 36022 |
| 4372 | 4340 | 778 | 401 | 153 | | 3 | 91 | 526 | |
| 17569 | 17146 | 5086 | 5463 | 1609 | 412 | 220 | 428 | 1258 | 3732 |
| | | | | | | | | | |
| 1867 | 1843 | | | | | | | 1 | |

# 主要统计指标解释

**建筑业统计单位** 指从事房屋、构筑物建造和设备安装活动的法人企业。建筑业法人企业应同时具备的条件是：①依法成立，有自己的名称、组织机构和场所，能够承担民事责任；②独立拥有和使用资产，承担负债，有权与其他单位签订合同；③独立核算盈亏，能够编制资产负债表。

**建筑业总产值**(即自行完成施工产值）是以货币表现的建筑企业在一定时期内生产的建筑业产品和服务的总和。建筑业总产值包括：

(1)建筑工程产值：指列入建筑工程预算内的各种工程价值。

(2)设备安装工程产值：指设备安装工程价值，不包括被安装设备本身价值。

(3)房屋、构筑物修理产值：指房屋、构筑物修理所完成的价值，但不包括被修理房屋、构筑物本身的价值和生产设备的修理价值。

(4)非标准设备制造产值：指加工制造没有定型的、非标准的生产设备的加工费和原材料价值，以及附属加工厂为本企业承建工程制作的非标准设备的价值。

**建筑业增加值** 指建筑业企业在报告期内以货币表现的建筑业生产经营活动的最终成果。目前建筑业增加值采用分配法（收入法）计算，即从收入的角度出发，根据生产要素在生产过程中应得的收入份额计算。具体计算公式为：

建筑业增加值＝本年提取的固定资产折旧+应付工资+应付福利费+管理费用中的劳动待业保险金、税金+工程结算税金及附加+营业利润

**房屋建筑施工面积** 指在报告期内施过工的全部房屋建筑面积，包括本期新开工的房屋面积、上期施工跨入本期继续施工的房屋面积、上期停缓建在本期恢复施工的房屋面积、本期竣工的房屋面积及本期施工后又停缓建的房屋面积。

**房屋建筑竣工面积** 指在报告期内房屋建筑按照设计要求全部完工，达到了住人和使用条件，经验收鉴定合格，正式移交使用单位的房屋建筑面积。

# Explanatory Notes on Main Statistics Indicators

**Statistical Unit in the Construction Industry** refers to a corporate enterprise engaged in the construction of buildings and structures and in the Installation of equipment. A corporate construction enterprise should meet the following 3 requirements: a) being set up in line with relevant legal basis, having its full name, Organization and location, and capable of taking civil liabilities; b) independently processing and using its assets and assuming its liabilities, and entitled to sign contracts with other institutions; and c) making independent accounts of its profits and losses, and capable of compiling its own balance sheet.

**Gross Output Value of Construction** refers to total of construction products and services, expressed in money terms, produced or rendered by construction and installation enterprises during a given period of time. It includes:

(1) Output value of construction projects: the value of projects covered by the project budgets;

(2) Output value of installation projects: the value of the installation of equipment, (excluding the value of the equipment to be installed);

(3)Output value of repair of buildings and structures: the value created through the repairs of buildings or structures. It does not include the value of buildings or structures being repaired and the value of the repair of production equipment;

(4)Output value of manufactured non-standard equipment; the value of non-standard production equipment, including raw materials and manufacturing cost, made for the construction project (i.e., chemical plant; kettles or tanks used by refineries; various fillers, triangle tanks, valves used by mines). It also includes the output value of equipment manufactured by subsidiary workshops.

**Value-added of Construction** refers to the final result of the activities of production and operation of enterprises of the construction industry in monetary terms during the reference period.

Starting from the 2004 economic census, value-added of construction is calculated by both production approach and income approach, with the figures from the income approach as the final figures. Under the income approach, calculation starts from the perspective of income and is based on the share of income derived from the production process by the relevant factors of production. Specifically, value-added of construction for the Census year is calculated in accordance with the Programme of Compilation of GDP and National Accounts for the Year of Economic Census, and value-added of construction for other years is calculated in accordance with the Programme of Compilation of GDP and National Accounts for the Non Economic Census Years.

**Floor Space of Building Under Construction** refers to floor space of buildings under construction during the reference period, including the floor space of building for which construction has newly started; buildings for which construction has started earlier and is continuing during the reference period: and buildings for which construction has been suspended earlier but has restarted during the reference period; buildings completed during the reference period; and buildings under construction but construction has subsequently been during the reference period.

**Floor Space of Buildings Completed** refers to total floor space of each building that has been completed in the reference period in according with the requirements of the design, up to the standard for being resided in and put into use, or has been checked and accepted by departments concerned as qualified ones or up to the standard of buildings competed and can be handed over for putting into use.

9

Nine

# 农 业

# Agriculture

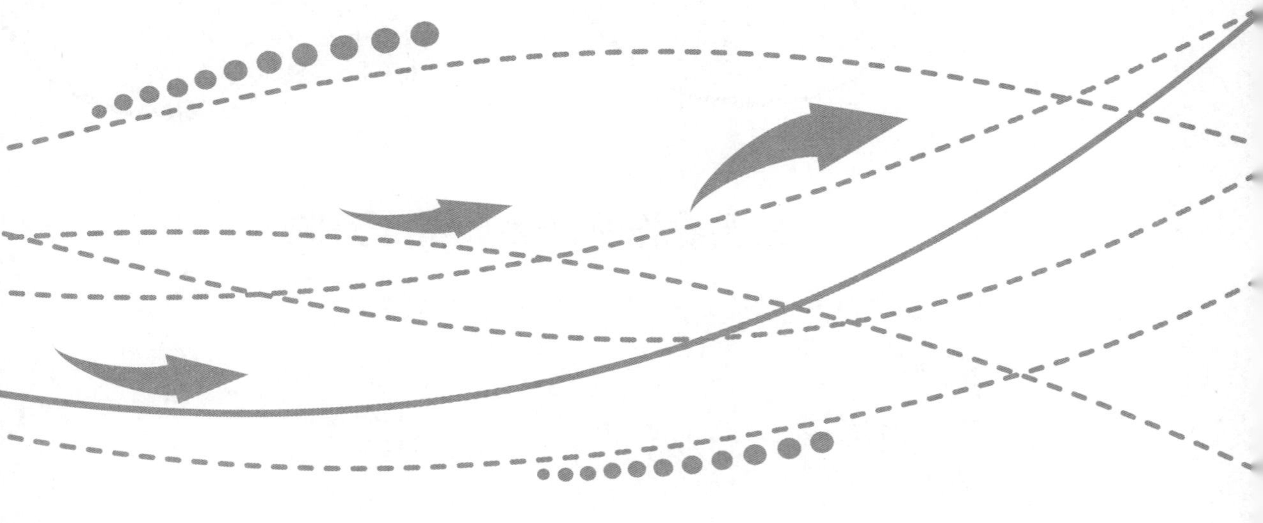

## 农林牧渔业总产值（万元）

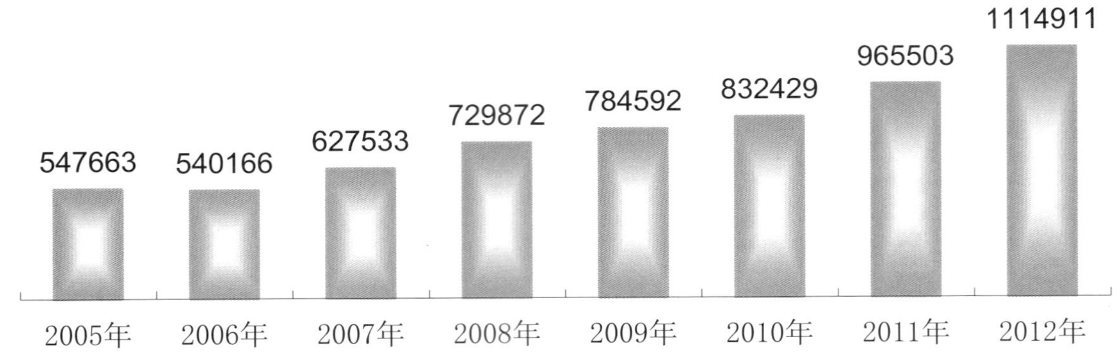


注:2006年、2007年数据按第二次农业普查进行调整。

## 农林牧渔业总产值构成

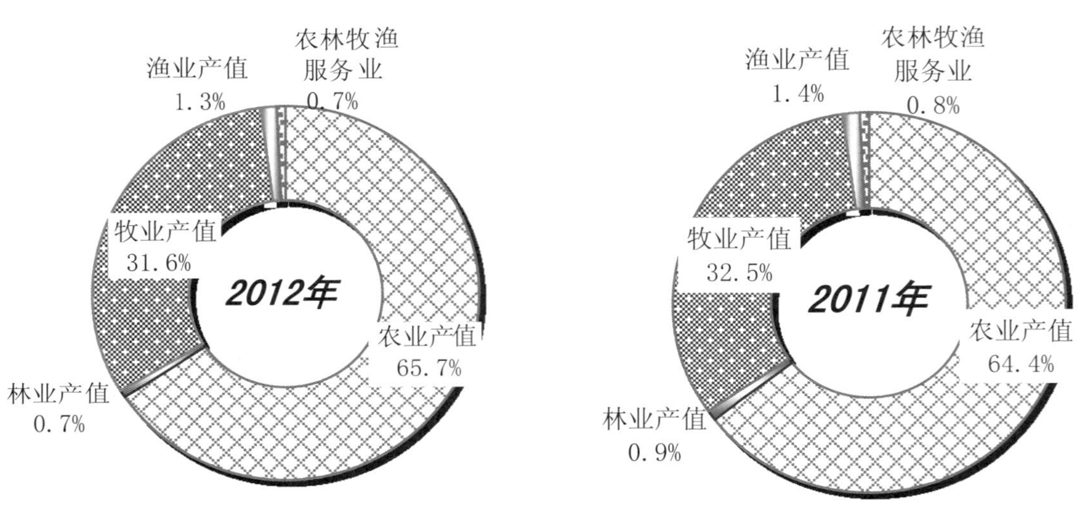


## 主要农作物产品产量（万吨）

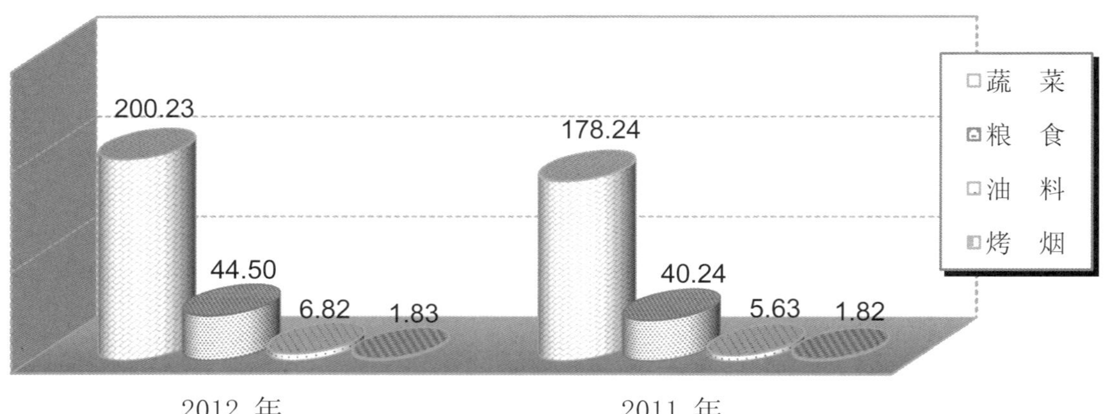

# 9-1 农村基本情况及农业生产条件
# Basic Conditions of Rural Areas and Agricultural Production

| 指标 | | Item | | 2012 | 2011 | 2012年比2011年增长(%) Growth Rate in 2012 over 2011 (%) |
|---|---|---|---|---|---|---|
| **农村基层组织** | | **Rural Grassroots Units** | | | | |
| 乡镇个数 | (个) | Number of Towns and Townships | (unit) | 77 | 77 | 持平 |
| #镇 | (个) | Towns | (unit) | 31 | 28 | 10.7 |
| 村委会个数 | (个) | Number of Villagers Committee | (unit) | 1156 | 1156 | 持平 |
| **农村社会基础设施** | | **Infrastructure in Rural Areas** | | | | |
| 自来水受益村数 | (个) | Villages with Tap Water | (unit) | 1138 | 1152 | -1.2 |
| 通电乡镇数 | (个) | Townships and Towns with Electricity | (unit) | 77 | 77 | 持平 |
| 通电村数 | (个) | Villages with Electricity | (unit) | 1156 | 1156 | 持平 |
| 通公路的乡镇数 | (个) | Townships and Towns with Highway | (unit) | 77 | 77 | 持平 |
| 通公路的村数 | (个) | Villages with Highway | (unit) | 1156 | 1156 | 持平 |
| 通汽车的村数 | (个) | Villages with Automobile | (unit) | 1156 | 1156 | 持平 |
| 通邮件的乡镇数 | (个) | Townships and Towns with Post Communication | (unit) | 77 | 77 | 持平 |
| 通邮件的村数 | (个) | Villages with Post Communication | (unit) | 1121 | 1133 | -1.1 |
| 通电话的乡镇数 | (个) | Townships and Towns with Telephone | (unit) | 77 | 77 | 持平 |
| 通电话的村数 | (个) | Villages with Telephone | (unit) | 1156 | 1156 | 持平 |
| 通有线广播的村数 | (个) | Villages with Wire Broadcast | (unit) | 1047 | 1031 | 1.6 |
| 建成农村地面卫星接收站个数 | (个) | Satellite Ground Receiving Station in Rural Area | (unit) | 163446 | 150922 | 8.3 |
| 有文化站的乡数 | (个) | Townships with Cultural Station | (unit) | 46 | 48 | -4.2 |
| 有文化中心的镇数 | (个) | Towns with Cultural Center | (unit) | 31 | 28 | 10.7 |
| 用电户数 | (户) | Households with Electricity | (household) | 554410 | 539358 | 2.8 |
| 饮用安全卫生水户数 | (户) | Households with Safe and Healthy Water | (household) | 525062 | 510857 | 2.8 |
| 使用沼气的户数 | (户) | Households with Marsh Gas | (household) | 190720 | 193169 | -1.3 |
| #当年新增 | (户) | The Increase over Last Year | (household) | 1170 | 213 | 449.3 |
| **农村人口及劳动力资源** | | **Rural Population and Laborers** | | | | |
| 乡村户数 | (万户) | Rural Households | (10 000households) | 55.65 | 54.24 | 2.6 |
| 乡村人口数 | (万人) | Rural Population | (10 000 persons) | 192.63 | 192.07 | 0.3 |
| 乡村从业人员数 | (万人) | Rural Employees | (10 000 persons) | 117.48 | 118.41 | -0.8 |
| 按性别分 | | By Gender | | | | |
| 男 | (万人) | Male | (10 000 persons) | 62.39 | 62.56 | -0.3 |
| 女 | (万人) | Female | (10 000 persons) | 55.09 | 55.85 | -1.4 |
| 按行业分 | | By Sector | | | | |
| 农林牧渔业劳动力 | (万人) | Farming,Forestry,Animal Husbandry and Fishery | (10 000 persons) | 59.80 | 61.10 | -2.1 |

## 9-1 续表1 (continued)

| 指　　标 | | Item | | 2012 | 2011 | 2012年比2011年增长(%) Growth Rate in 2012 over 2011 (%) |
|---|---|---|---|---|---|---|
| 工业劳动力 | (万　人) | Industrial Labors | (10 000 persons) | 9.80 | 9.65 | 1.6 |
| 建筑业劳动力 | (万　人) | Construction Labors | (10 000 persons) | 7.57 | 7.52 | 0.7 |
| 交通运输、仓储业及邮电通讯业劳动力 | (万　人) | Labors in Transportation,Storage, Post and Telecommunication | (10 000 persons) | 4.00 | 4.02 | -0.5 |
| 批发零售贸易业、餐饮业劳动力 | (万　人) | Labors in Wholesale,Retail and Catering Industry | (10 000 persons) | 9.50 | 9.89 | -3.9 |
| 其他劳动力 | (万　人) | Others | (10 000 persons) | 26.81 | 26.23 | 2.2 |
| #外出人数 | (万　人) | Labors Working out of Guiyang | (10 000 persons) | 20.67 | 20.96 | -1.4 |
| #出省人数 | (万　人) | Labors Working out of Guizhou | (10 000 persons) | 11.44 | 12.37 | -7.5 |
| **耕地情况** | | **Arable Land** | | | | |
| 年末实有耕地面积 | (公　顷) | Cultivated Area at Year-end | (hectare) | 95591 | 96737 | -1.18 |
| #水　田 | (公　顷) | Paddy Field | (hectare) | 39173 | 39178 | -0.01 |
| 水浇地 | (公　顷) | Irrigable Land | (hectare) | 5243 | 4841 | 8.30 |
| **农田水利建设和农业机械化情况** | | **Construction of Water Conservancy and Agricultural Machinery** | | | | |
| 机耕面积 | (公　顷) | Area Plowed by Machinery | (hectare) | 80694 | 62057 | 30.0 |
| 机播面积 | (公　顷) | Area Sowed by Machinery | (hectare) | 2095 | 2054 | 2.0 |
| 机电灌溉面积 | (公　顷) | Area Irrigated by Machinery | (hectare) | 34813 | 34971 | -0.5 |
| 机械植保面积 | (公　顷) | Plant Area Protected by Machinery | (hectare) | 21453 | 17882 | 20.0 |
| 机械收获面积 | (公　顷) | Area Harvested by Machinery | (hectare) | 3157 | 2595 | 21.7 |
| 农用机械总动力 | (万千瓦) | Total Agricultural Machinery Power | (10 000 kw) | 153.12 | 138.02 | 10.9 |
| 柴油机 | (万千瓦) | Diesel Engine | (10 000 kw) | 114.20 | 102.83 | 11.1 |
| 汽油机 | (万千瓦) | Gasoline Engine | (10 000 kw) | 12.51 | 11.38 | 9.9 |
| 电动机 | (万千瓦) | Electricmotor | (10 000 kw) | 26.41 | 23.81 | 10.9 |
| 其他机械 | (万千瓦) | Others | (10 000 kw) | | | |
| **农用主要能源及物资消耗** | | **Rural Energy and Material Consumption** | | | | |
| 农用化肥施用量(折纯法) | (万　吨) | Pure Consumption of Chemical Fertilizers | (10 000 ton) | 6.65 | 6.55 | 1.5 |
| 氮　肥 | (万　吨) | Nitrogen Fertilizer | (10 000 ton) | 3.23 | 3.12 | 3.5 |
| 磷　肥 | (万　吨) | Phosphorus Fertilizer | (10 000 ton) | 0.61 | 0.62 | -1.6 |
| 钾　肥 | (万　吨) | Potassium Fertilizer | (10 000 ton) | 0.87 | 0.83 | 4.8 |
| 复合肥 | (万　吨) | Compound Fertilizer | (10 000 ton) | 1.94 | 1.98 | -2.0 |
| 平均每亩耕地化肥施用量 | (公　斤) | Average Chemical Fertilizers per Mou | (kg) | 46.39 | 45.14 | 2.8 |
| 农村用电量 | (万千瓦时) | Rural Electricity Consumption | (10 000 kwh) | 42309 | 40741 | 3.8 |
| 农药使用量 | (吨) | Use of Pesticides | (ton) | 598 | 585 | 2.2 |
| 地膜使用量 | (吨) | Consumption of Farm Plastic Film | (ton) | 2318 | 2122 | 9.2 |

# 9—2 主要农业机械年末拥有量
# Number of Major Agricultural Machinery

| 指 标 | | Item | | 2012 | 2011 | 2012年比2011年增长(%) Growth Rate in 2012 over 2011(%) |
|---|---|---|---|---|---|---|
| 大中型拖拉机 | (台) | Large and Medium-sized Tractors | (set) | 3058 | 2947 | 3.8 |
| 大中型拖拉机配套农具 | (部) | Towing Farm Machinery of Large and Medium-sized Tractors | (unit) | 1725 | 1646 | 4.8 |
| 小型拖拉机 | (台) | Small Tractors | (set) | 3557 | 3504 | 1.5 |
| 小型拖拉机配套农具 | (部) | Towing Farm Machinery of Small Tractors | (unit) | 3013 | 2947 | 2.2 |
| 农用排灌柴油机 | (台) | Diesel Engines | (set) | 11327 | 10332 | 9.6 |
| 农用排灌电动机 | (台) | Electromotor Engines | (set) | 11036 | 10234 | 7.8 |
| 耕整机 | (台) | Cultivator | (set) | 32615 | 20448 | 59.5 |
| 农用水泵 | (台) | Agricultural Pump | (set) | 21556 | 21061 | 2.4 |
| 机动喷雾(粉)机 | (台) | Motorized Spray ( Powder ) Machines | (set) | 2130 | 2097 | 1.6 |
| 联合收割机 | (台) | Combine Harvester | (set) | 24 | 13 | 84.6 |
| 机动脱粒机 | (台) | Power Thresher | (set) | 16888 | 10201 | 65.6 |
| 谷物烘干机 | (台) | Grain Drying Machine | (set) | 44 | 44 | 持平 |
| 饲草料加工机械 | (台/套) | Feed Processing Machinery | (set) | 19715 | 9239 | 113.4 |
| 机动挤奶机 | (台) | Mobile Milking Machine | (set) | 521 | 351 | 48.4 |
| 农用运输车 | (辆) | Farm Transporter | (unit) | 15081 | 15007 | 0.5 |

注：本表资料由市农机部门提供。2011年数据由省农委农机办对部分指标进行修正调整。

a) Date in this table were provided by Agricultural Machinery Sector of Guiyang. Some index explanation of the data in 2011 were adopted by Agricultural Machinery Office of Guizhou Provincial Agriculture Committee.

# 9—3 主要农作物播种面积
# Total Sown Areas of Major Farm Crops

单位：公顷 (hectare)

| 指 标 | Item | 2012 | 2011 | 2012年比2011年增长(%) Growth Rate in 2012 over 2011(%) |
|---|---|---|---|---|
| **农作物总播种面积** | **Total Sown Areas of Farm Crops** | **272175** | **268348** | **1.4** |
| **粮食作物播种面积** | **Sown Areas of Grain Crops** | **110930** | **116925** | **-5.1** |
| #稻 谷 | Rice | 34048 | 35198 | -3.3 |
| 小 麦 | Wheat | 5169 | 6875 | -24.8 |
| 玉 米 | Corn | 38064 | 40030 | -4.9 |
| 大 豆 | Soja | 7035 | 7163 | -1.8 |
| 薯 类 | Tubers | 25755 | 26928 | -4.4 |
| **经济作物播种面积** | **Sown Areas of Cash Crops** | **55113** | **50749** | **8.6** |
| #棉 花 | Cotton | | | |
| 油菜籽 | Rapeseeds | 39816 | 37006 | 7.6 |
| 花 生 | Peanuts | 500 | 590 | -15.3 |
| 麻 类 | Fiber Crops | 1 | 1 | 持平 |
| 烤 烟 | Flue-cured Tobacco | 12304 | 11286 | 9.0 |
| **其他作物播种面积** | **Other Sown Areas** | **106132** | **100674** | **-3.0** |
| #蔬 菜 | Vegetables | 97636 | 91702 | 6.5 |
| 西 瓜 | Water Melon | 729 | 709 | 2.8 |
| 青饲料 | Succulence | 5856 | 5663 | 3.4 |
| 绿 肥 | Green Manure | 1448 | 1857 | -22.0 |

## 9–4 主要农作物产品产量及单产
## Basic Statistics on Major Farm Products

| 指　　标 | Item | 2012 | | 2011 | | 2012年比2011年增长(%) Growth Rate in 2012 over 2011(%) | |
|---|---|---|---|---|---|---|---|
| | | 产量(万吨) Output (10 000 ton) | 单产(公斤/亩) Output Per Hectare(kg/mou) | 产量(万吨) Output (10 000 ton) | 单产(公斤/亩) Output Per Hectare(kg/mou) | 产　量 Output | 单　产 Output Per Mou |
| **粮食作物产量** | **Grain Crops** | **44.50** | **268** | **40.24** | **229** | **10.6** | **16.8** |
| **按夏秋粮分** | **By Seasons** | | | | | | |
| #夏　粮 | Summer Grain | 8.22 | 196 | 8.14 | 178 | 1.0 | 10.3 |
| 秋　粮 | Autumn Grain | 36.28 | 292 | 32.10 | 248 | 13.0 | 17.9 |
| **按类别分** | **By types** | | | | | | |
| 稻　谷 | Rice | 19.50 | 382 | 17.10 | 324 | 14.0 | 17.9 |
| 小　麦 | Wheat | 1.22 | 157 | 1.17 | 113 | 4.3 | 38.4 |
| 玉　米 | Corn | 15.18 | 266 | 13.68 | 228 | 11.0 | 16.8 |
| 大　豆 | Soja | 0.90 | 86 | 0.86 | 80 | 5.2 | 7.4 |
| 薯　类 | Tubers | 7.46 | 193 | 7.35 | 182 | 1.4 | 6.1 |
| **油料作物** | **Oil Crops** | **6.82** | **112** | **5.63** | **99** | **21.1** | **13.6** |
| #油菜籽 | Rapeseeds | 6.57 | 110 | 5.47 | 99 | 20.0 | 11.6 |
| 花　生 | Peanuts | 0.10 | 127 | 0.10 | 113 | 持平 | 12.4 |
| **烤　烟** | **Flue-cured Tobacco** | **1.83** | **99** | **1.82** | **108** | **0.5** | **-7.9** |
| **蔬　菜** | **Vegetables** | **200.23** | **1367** | **178.24** | **1296** | **12.3** | **5.5** |

## 9–5 茶叶、水果、水产品面积及产量
## Basic Statistics on Tea, Fruits and Aquatic Products

| 指　　标 | Item | 2012 | 2011 | 2012年比2011年增长（%） Growth Rate in 2012 over 2011(%) |
|---|---|---|---|---|
| **面　积(公顷)** | **Area (Hectare)** | | | |
| 茶园面积 | Area of Tea Fields | 6468 | 5147 | 25.7 |
| 果园面积 | Area of Orchards Fields | 30809 | 26218 | 17.5 |
| **产　量(吨)** | **Output (ton)** | | | |
| 茶　叶 | Tea | **3047** | **2545** | **19.7** |
| 园林水果 | Fruit Garden | **124137** | **110552** | **12.3** |
| #苹　果 | Apples | 136 | 110 | 23.6 |
| #柑　桔 | Citrus | 5843 | 4973 | 17.5 |
| #桔 | Tangerine | 3929 | 3809 | 3.2 |
| 梨 | Pears | 42704 | 36923 | 15.7 |
| 桃 | Peach | 16964 | 12660 | 34.0 |
| 杨　梅 | Red Bayberry | 5794 | 12345 | -53.1 |
| 猕猴桃 | Chinese Gooseberry | 9230 | 7171 | 28.7 |
| 葡　萄 | Grape | 6811 | 7322 | -7.0 |
| 柿　子 | Persimmons | 1589 | 607 | 161.8 |
| **水产品产量** | **Output of Aquatic Products** | **9060** | **9058** | **0.02** |

# 9–6 造林及林产品产量
# Areas of Forestation and Output of Forest Products

| 指 标 | | Item | | 2012 | 2011 | 2012年比2011年增长(%) Growth Rate in 2012 over 2011(%) |
|---|---|---|---|---|---|---|
| **当年造林面积** | **(公顷)** | **Annual Areas of Forestation** | **(hectare)** | **11324** | **10439** | **8.5** |
| #竹林面积 | (公顷) | Areas of Bamboo Grove | (hectare) | 36 | 117 | -69.2 |
| **林产品产量** | | **Output of Forest Products** | | | | |
| 生 漆 | (吨) | Lacquer | (ton) | 12 | 21 | -42.9 |
| 油桐籽 | (吨) | Tung-oil Seeds | (ton) | 24 | 43 | -44.2 |
| 油茶籽 | (吨) | Tea-oil Seeds | (ton) | 130 | 142 | -8.5 |
| 乌桕籽 | (吨) | Tallow Seed | (ton) | 2 | 3 | 持平 |
| 五倍籽 | (吨) | Nutgall | (ton) | 18 | 21 | -14.3 |
| 棕 片 | (吨) | Palm Flake | (ton) | 54 | 55 | -1.8 |
| 松 脂 | (吨) | Pine Resin | (ton) | 22 | 43 | -48.8 |
| 竹笋片 | (吨) | Bamboo Shoot | (ton) | 11 | 11 | 持平 |
| 核 桃 | (吨) | Walnuts | (ton) | 173 | 128 | 35.2 |
| 板 栗 | (吨) | Chestnut | (ton) | 145 | 147 | -1.4 |
| 花 椒 | (吨) | Zanthoxylum | (ton) | 40 | 38 | 6.0 |
| 银 杏(白果) | (吨) | Ginkgo | (ton) | 14 | 15 | -4.8 |

# 9–7 畜牧业生产
# Number of Livestock and Livestock Products

| 指 标 | | Item | | 2012 | 2011 | 2012年比2011年增长(%) Growth Rate in 2012 over 2011(%) |
|---|---|---|---|---|---|---|
| **猪牛羊家禽出栏头数** | | **Number of Slaughtered Hogs,Cattle and Poultry** | | | | |
| 当年肉猪出栏头数 | (万 头) | Annual Slaughtered Fattened Hogs | (10 000 heads) | 126.29 | 123.71 | 2.1 |
| 当年肉用牛出栏头数 | (万 头) | Annual Slaughtered Beef Cattle | (10 000 heads) | 4.66 | 4.52 | 3.1 |
| 当年羊出栏头数 | (万 只) | Annual Slaughtered Sheep and Goats | (10 000 heads) | 2.00 | 1.95 | 2.6 |
| 当年家禽出栏头数 | (万 只) | Annual Slaughtered Poultry | (10 000 heads) | 1732.74 | 1666.72 | 4.0 |
| **当年肉类总产量** | **(万 吨)** | **Annual Output of Meat** | **(10 000 tons)** | **14.46** | **13.94** | **3.7** |
| #猪 肉 | (万 吨) | Pork | (10 000 tons) | 10.96 | 10.51 | 4.3 |
| 牛 肉 | (万 吨) | Beef | (10 000 tons) | 0.62 | 0.58 | 6.9 |
| 羊 肉 | (万 吨) | Mutton | (10 000 tons) | 0.04 | 0.04 | |
| 禽 肉 | (万 吨) | Poultry | (10 000 tons) | 2.71 | 2.68 | 1.1 |
| **其他畜产品产量** | | **Other Livestock Products** | | | | |
| #牛 奶 | (吨) | Milk | (ton) | 40616 | 37809 | 7.4 |
| 蜂 蜜 | (吨) | Honey | (ton) | 17 | 22 | -21.8 |
| 禽 蛋 | (吨) | Poultry Eggs | (ton) | 23083 | 22373 | 3.2 |
| **大牲畜年末存栏头数** | **(万 头)** | **Large Animal at year-end** | **(10 000 heads)** | **25.93** | **26.24** | **-1.2** |
| #牛 | (万 头) | Cattle and Buffaloes | (10 000 heads) | 23.49 | 23.51 | -0.1 |
| 肉 牛 | (万 头) | Beef Cattle | (10 000 heads) | 1.68 | 1.96 | -14.3 |
| 奶 牛 | (万 头) | Cows | (10 000 heads) | 2.58 | 1.74 | 48.3 |
| 役用牛 | (万 头) | Draft Cattle | (10 000 heads) | 19.22 | 19.82 | -3.0 |
| 马 | (万 匹) | Horses | (10 000 heads) | 2.44 | 2.71 | -10.0 |
| **猪年末存栏数** | **(万 头)** | **Hogs at year-end** | **(10 000 heads)** | **93.98** | **90.47** | **3.9** |
| **羊年末存栏数** | **(万 只)** | **Sheep and Goats at year-end** | **(10 000 heads)** | **3.48** | **3.25** | **7.1** |
| **家禽年末存栏数** | **(万 只)** | **Poultry at year-end** | **(10 000 heads)** | **1310.96** | **1306.86** | **0.3** |

# 9-8 主要农产品、畜产品最高年产量
# Peak Year of Annual Output of Major Agricultural and Livestock Products

| 产品名称 | Item | 年份 Year | 产量 Output |
|---|---|---|---|
| **种植业(万吨)** | **Farm Crops (10 000 tons)** | | |
| 粮　食 | Grain Crops | 2000 | 63.45 |
| #稻　谷 | Rice | 2000 | 30.37 |
| 小　麦 | Wheat | 1997 | 5.15 |
| 玉　米 | Corn | 2009 | 21.40 |
| 大　豆 | Soja | 2009 | 1.29 |
| 薯　类 | Tubers | 2009 | 9.86 |
| 油菜籽 | Rapeseeds | 2012 | 6.57 |
| 烤　烟 | Flue-cured Tobacco | 1997 | 3.73 |
| 蔬　菜 | Vegetables | 2012 | 200.23 |
| 茶　叶 | Tea | 2012 | 0.30 |
| 园林水果 | Fruits | 2012 | 12.41 |
| **畜牧业(万头、万只、万吨)** | **Livestock (10 000 heads,10 000 tons)** | | |
| 大牲畜年末存栏数 | Large Animal (year-end) | 2010 | 30.70 |
| #牛 | Cattle and Buffaloes | 2010 | 27.50 |
| 猪年末存栏数 | Hogs (year-end) | 2012 | 93.98 |
| 肉猪出栏头数 | Slaughtered Fattened Hogs | 2012 | 126.29 |
| 家禽年末存栏数 | Poultry (year-end) | 2012 | 1310.96 |
| 家禽出栏数 | Slaughtered Fattened Poultry | 2010 | 1800.86 |
| 肉类总产量 | Total Output of Meat | 2012 | 14.46 |
| 牛奶产量 | Output of Milk | 2012 | 4.06 |
| 禽蛋产量 | Output of Poultry Eggs | 2012 | 2.31 |
| **水产品(吨)** | **Aquatic Products (ton)** | **2009** | **9190** |

# 9-9 农林牧渔总产值、增加值
# Gross Output Value and Added Value of Agriculture, Forestry, Animal Husbandry and Fishery

| 指　　标 | Item | 2012 | | 2011 | | 2012年比2011年增长(%) Growth Rate in 2012 over 2011(%) |
|---|---|---|---|---|---|---|
| | | 绝对数(万 元) Absolute Figures (10 000 yuan) | 构 成(%) Proportion (%) | 绝对数(万 元) Absolute Figures (10 000 yuan) | 构 成(%) Proportion (%) | |
| **农林牧渔业总产值(万元)** | **Total** | **1114911** | **100.0** | **965503** | **100.0** | **8.8** |
| **农业产值** | **Output Value of Farming** | **732370** | **65.7** | **622118** | **64.4** | **11.2** |
| 谷物及其他作物 | Grain and Others | 209401 | 18.8 | 174222 | 18.0 | 11.6 |
| 谷　物 | Grain | 97351 | 8.7 | 76007 | 7.9 | 17.8 |
| #小　麦 | Wheat | 2995 | 0.3 | 2783 | 0.3 | 4.3 |
| 稻　谷 | Rice | 55446 | 5.0 | 42594 | 4.4 | 18.9 |
| 玉　米 | Corn | 37601 | 3.4 | 30462 | 3.2 | 14.6 |
| 薯　类 | Tubers | 38389 | 3.4 | 38882 | 4.0 | 1.3 |
| 油　料 | Oil-bearing Crops | 32568 | 2.9 | 25045 | 2.6 | 20.2 |
| #花　生 | Peanuts | 1274 | 0.1 | 531 | 0.1 | 91.9 |
| 油菜籽 | Rapeseeds | 30704 | 2.8 | 24171 | 2.5 | 20.4 |
| 豆　类 | Beans | 4502 | 0.4 | 4293 | 0.4 | 5.1 |
| #大　豆 | Soja | 4237 | 0.4 | 4059 | 0.4 | 4.6 |
| 烟　草 | Tobacco | 36121 | 3.2 | 29591 | 3.1 | 3.0 |
| 其他农作物 | Other Farm Crops | 470 | 0.1 | 404 | 0.1 | 8.0 |
| #饲料作物 | Grass Crops | 398 | 0.2 | 315 | 0.2 | 17.3 |
| 蔬菜园艺作物 | Vegetables and Bonsais | 440366 | 39.5 | 376327 | 39.0 | 10.4 |
| 蔬　菜(含菜用瓜) | Vegetables and Melon | 431796 | 38.7 | 368258 | 38.1 | 10.6 |
| 食用菌 | Edible Fungus | 2656 | 0.2 | 3503 | 0.4 | -22.6 |
| 花　卉 | Flowers | 5914 | 0.5 | 4566 | 0.5 | 17.7 |
| 水果、饮料和香料作物 | Fruit,Beverage and Aromatic Crops | 75597 | 6.8 | 66548 | 6.9 | 13.0 |
| 水　果 | Fruits | 63629 | 5.7 | 62353 | 6.5 | 11.1 |
| #苹　果 | Apples | 32 | 0.0 | 24 | 0.0 | 25.5 |
| 梨 | Pears | 23475 | 2.1 | 22844 | 2.4 | 14.2 |
| 柑桔类 | Citrus | 1080 | 0.1 | 946 | 0.1 | 17.5 |
| 坚　果 | Nuts | 390 | 0.1 | 310 | 0.0 | 18.0 |
| 茶及饮料作物 | Tea and Beverage Crops | 11461 | 1.0 | 3736 | 0.4 | 54.2 |
| #茶 | Tea and Beverage Crops | 11461 | 1.0 | 3736 | 0.4 | 54.2 |
| 香料作物 | Aromatic Crops | 117 | 0.0 | 149 | 0.0 | -24.9 |
| 中药材 | Medicinal Materials | 7006 | 0.6 | 5021 | 0.5 | 34.5 |

注：表中绝对数按当年价格计算，增长速度按可比价格计算。

a) Data in value terms in this table were calculated at current prices, while growth rate were calculated at comparable prices.

9–9 续表 (continued)

| 指　　标 | Item | 2012 绝对数（万 元）Gross Output Value (10 000 yuan) | 2012 构　成 (%) Proportion (%) | 2011 绝对数（万 元）Gross Output Value (10 000 yuan) | 2011 构　成 (%) Proportion (%) | 2012年比2011年增长(%) Growth Rate in 2012 over 2011(%) |
|---|---|---|---|---|---|---|
| **林业产值** | **Output Value of Forestry** | **7556** | **0.7** | **8608** | **0.9** | **-18.3** |
| 林木的培育和种植 | Cultivating and Planting of Forest | 4449 | 0.4 | 5207 | 0.5 | -19.5 |
| 木材和竹材采运 | Logging and Transporting of Timber & Bamboo | 2628 | 0.2 | 2730 | 0.3 | -12.1 |
| 林产品的采集 | Collecting of Forest Products | 477 | 0.0 | 671 | 0.1 | -34.1 |
| **牧业产值** | **Output Value of Animal Husbandry** | **352089** | **31.6** | **313870** | **32.5** | **5.3** |
| 牲畜饲养 | Animal Raising | 34555 | 3.1 | 34076 | 3.5 | 6.2 |
| 牛的饲养 | Cattle Raising | 18450 | 1.7 | 19421 | 2.0 | 5.6 |
| 羊的饲养 | Sheep Raising | 1365 | 0.1 | 1049 | 0.1 | 4.1 |
| 其它动物的饲养 | Others | 1013 | 0.1 | 602 | 0.1 | 46.3 |
| 奶产品 | Milk Products | 13727 | 1.2 | 13004 | 1.3 | 5.6 |
| #牛　奶 | Milk | 13727 | 1.2 | 13004 | 1.3 | 5.6 |
| 猪的饲养 | Hogs Raising | 239568 | 21.5 | 207486 | 21.5 | 5.7 |
| 家禽饲养 | Poultry Raising | 75640 | 6.8 | 70464 | 7.3 | 3.0 |
| 肉　禽 | Poultry | 50360 | 4.5 | 43728 | 4.5 | 2.8 |
| 禽　蛋 | Eggs | 25280 | 2.3 | 26736 | 2.8 | 3.3 |
| 其他畜牧业 | Others | 2326 | 0.2 | 1844 | 0.2 | 26.1 |
| **渔业产值** | **Output Value of Fishery** | **14832** | **1.3** | **13617** | **1.4** | **0.6** |
| **农林牧渔服务业产值** | **Service Industry of Agriculture, Forestry,Animal Husbandry and Fishery** | **8064** | **0.7** | **7290** | **0.8** | **7.8** |
| **农林牧渔业增加值（当年生产价）** | **Added Value of FFAF Services** | **722826** | **100.0** | **625514** | **100.0** | **8.5** |
| 农　业 | Agriculture | 507401 | 70.2 | 440871 | 70.5 | 10.8 |
| 林　业 | Forestry | 4556 | 0.6 | 4651 | 0.7 | -18.3 |
| 牧　业 | Animal Husbandry | 196372 | 27.2 | 167171 | 26.7 | 5.2 |
| 渔　业 | Fishery | 8676 | 1.2 | 7603 | 1.2 | 0.6 |
| 农林牧渔服务业 | Service Industry of Agriculture, Forestry,Animal Husbandry and Fishery | 5821 | 0.8 | 5218 | 0.8 | 7.8 |

# 主要统计指标解释

**农林牧渔业总产值** 指以货币表现的农、林、牧、渔业全部产品的总量和对农村牧渔业生产活动进行的各种支持性服务活动的价值。它反映一定时期内农业生产总规模和总成果，农业总产值的计算方法通常是按农林牧渔业产品及其副产品的产量分别乘以各自单位产品价格求得。

**耕地面积** 指可以用来种植农作物、经常进行耕锄的田地，包括熟地、当年新开荒地、连续撂荒未满三年的耕地和当年的休闲地(轮歇地)，还包括以种植农作物为主并附带种植桑树、茶树、果树和其他林木的土地，以及沿海、沿湖地区已围垦利用的“海涂”、“湖田”等面积。不包括属于专业性的桑园、茶园、果园、果木苗圃、林地、芦苇地、天然或人工草地面积。

**有效灌溉面积** 指具有一定的水源，地块比较平整，灌溉工程或设备已经配套，在一般年景下当年能够进行正常灌溉的耕地面积。

**农用化肥施用量** 指本年内实际用于农业生产的化肥数量，包括氮肥、磷肥、钾肥和复合肥。化肥施用量要求按折纯量计算数量。折纯量是指把氮肥、磷肥、钾肥分别按含氮、含五氧化二磷、含氧化钾的百分之一百成份进行折算后的数量。复合肥按其所含主要成分折算。

**农业机械总动力** 指主要用于农、林、牧、渔业的各种动力机械的动力总和。包括耕作机械、排灌机械、收获机械、农用运输机械、植物保护机械、牧业机械、林业机械、渔业机械和其他农业机械〔内燃机按引擎马力折成瓦(特)计算、电动机按功率折成瓦(特)计算〕。不包括专门用于乡、镇、村、组办工业、基本建设、非农业运输、科学试验和教学等非农业生产方面用的动力机械与作业机械。

**农作物播种面积** 指实际播种或移植有农作物的面积。凡是实际种植有农作物的面积，不论种植在耕地上还是种植在非耕地上，均包括在农作物播种面积中。在播种季节基本结束后，因遭灾而重新改种和补种的农作物面积，也包括在内。

**粮食产量** 指全社会的产量。包括国有经济经营的、集体统一经营的和农民家庭经营的粮食产量，还包括工矿企业办的农场和其他生产单位的产量。粮食除包括稻谷、小麦、玉米、高粱、谷子及其他杂粮外，还包括薯类和豆类。其产量计算方法，豆类按去豆荚后的干豆计算；薯类(包括甘薯和马铃薯，不包括芋头和木薯)按 5 公斤鲜薯折 1 公斤粮食计算。城市郊区作为蔬菜的薯类(如马铃薯等)按鲜品计算，并且不作粮食统计。其他粮食一律按脱粒后的原粮计算。

**油料产量** 指全部油料作物的生产量。包括花生、油菜籽、芝麻、向日葵籽、胡麻籽（亚麻籽）和其他油料。不包括大豆、木本油料和野生油料。花生以带壳干花生计算。

**肉产量** 指各种牲畜及家禽、兔等动物肉产量总计。猪、牛、羊、驴、骡、骆驼肉产量按去掉头蹄下水后带骨肉的胴体重量计算。兔禽肉产量按屠宰后去毛和内脏后的重量计算。

**猪、牛、羊肉产量** 指当年出栏并已屠宰、除去头蹄下水后带骨肉(即胴体重)的重量。

**期初(末)畜禽存栏头(只)数** 指报告期初(末)农村各种合作经济组织和国营农场、农民个人、机关、团体、学校、工矿企业、部队等单位以及城镇居民饲养的大牲畜、猪、羊、家禽等畜禽的存栏数。

**水产品产量** 指人工养殖的水产品和天然生长的水产品的捕捞量。包括海水的鱼类、虾蟹类、贝类和藻类以及内陆水域的鱼类、虾蟹类和贝类，不包括淡水生植物。

# Explanatory Notes on Main Statistics Indicators

**Gross Output Value of Agriculture, Forestry, Animal Husbandry and Fishery** refers to the total value of products of agriculture, forestry, animal husbandry and fishery, and total value of services in support of agriculture, forestry, animal husbandry and fishery activities. It reflects the total scale and results of agriculture production during a given period. Gross output value of agriculture is obtained by multiplying the output of each product or by-product by its price, resulting in the output value of each single item.

**Cultivated Area (Area under Cultivation)** refers to farmland which is plowed constantly for growing crops, including cultivated land, newly cultivated land in the current year, farmland left without cultivation for less than three years and fallow land in the current year, rotation land, rotation land of grass and crops, farmland with some fruit trees, mulberry trees and other tress and cultivated seashore land, lake land, and etc. The land of mulberry fields, tea plantations, orchards.

**Effective Irrigated Area** refers to area of land that are effectively irrigated, i.e. relatively level land, where there are water sources or complete sets of irrigation facilities to lift and move adequate water for irrigation purpose under normal conditions.

**Consumption of Chemical Fertilized in Agriculture** refers to the quantity of chemical fertilizers applied in agriculture in the year, including nitrogenous fertilizer, phosphate fertilizer, potash fertilizer, and compound fertilizer. The consumption of chemical fertilizers is calculated in terms of volume of effective components by means of converting the gross weight of the respective fertilizers into weight containing effective component (e.g. nitrogen content in nitrogenous fertilizer, phosphorous pentoxide contents in phosphate fertilizer, and potassium oxide contents in potash fertilizer). Compound fertilizer is converted in regard to its major components.

**Total Power of Agriculture Machinery** refer to total mechanical power of machinery used in agriculture, forestry, animal husbandry and fishery, including machinery for plough, irrigation and drainage harvesting, transport, plant protection, animal husbandry, forestry and fishery and other agricultural machineries. (For the power of internal combustion engines, it is converted from its horse power into watts while for electric motors the output power is converted into watts.) Machinery employed for non-agricultural purposes, such as the machines used in township-run and village-run industry, construction, non-agricultural transport, scientific experiments and teaching, are not included.

**Sown Area of Crops** refer to area of land sown or transplanted with crops regardless of being in cultivated area or non cultivated area. Area of land re-sown due to natural disasters is also included after the end of seedtime.

**Grain Output** refers to the total output of grains produced by all agricultural producers in an year. Grains can be divided into summer grain, early rice and autumn grain by season, into cereal, tubers and beans by type. Cereal includes gramineae crops and Polygonaceae crops such as wheat, corn, early season rice, mid-season rice, single-cropping late rice, double-cropping late rice, barley, sorghum, millet and buckwheat. Tubers refer to sweet potatoes and potatoes, excluding taros and cassava. Beans include soybeans, mung beans and red beans. The output of grains is calculated on raw cereal after threshing. The output of tubers was converted into that of grain at the ratio 5 : 1. Output of beans refers to dry beans without pods.

**Yield of Oil bearing Crops** refers to the total yield of oil bearing crops of various kinds, including peanuts, (dry, in shell) rapeseeds, sesame, sunflower seeds, flax seeds, and other oil bearing crops. Soybeans, oil bearing woody plants, and wild oil bearing crops are not included.

**Output of Tea** refers to total output of tea produced in this year, including tea picked from big tea gardens,

sporadic tea trees and barren tea trees. It is calculated on the weight of primary dry tea after initial processing. Tea can be divided into green tea, spring tea, black tea, yellow tea, white tea and others according to its process and quality.

**Output of Meat** refers to total output of meat of slaughtered livestock, rabbits and so on. Output of meat of hogs, cattle, sheep and goats, donkeys and camels refers to their meat with head, feet, and offal taken away. Output of meat of slaughtered rabbits refers to their meat with feather and internal organs taken away.

**Output of Pork, Beef and Mutton** refers to the meat of slaughtered hogs, cattle, sheep and goats with head, feet, and offal taken away.

**Output of Aquatic Products** refers to finally valid catches of both artificially cultured and naturally grown aquatic products, including final output of fish, shrimps, crabs, shellfish and cephalopods in sea and inland water. But aquatic products just existing during the fishery production process are not included, such as fry, fish seed, parent fishes， bait and so on. Output of products decaying, which is inedible and cannot be processed, is excluded from the output of aquatic products.

10

Ten

# 国内外贸易及旅游

# Domestic Trade, Foreign Trade and Tourism

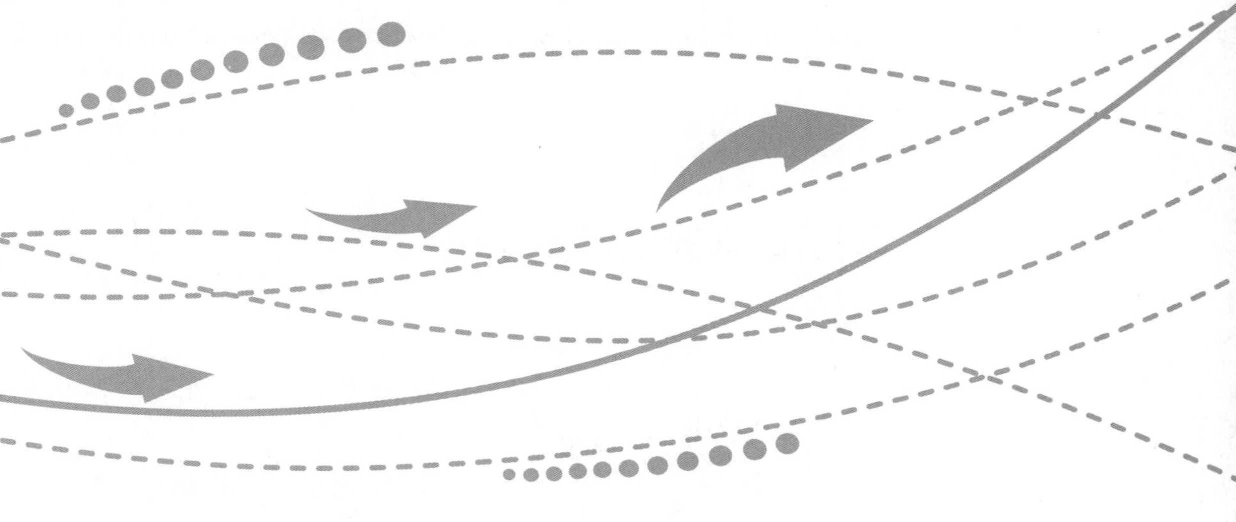

## 社会消费品零售总额（万元）

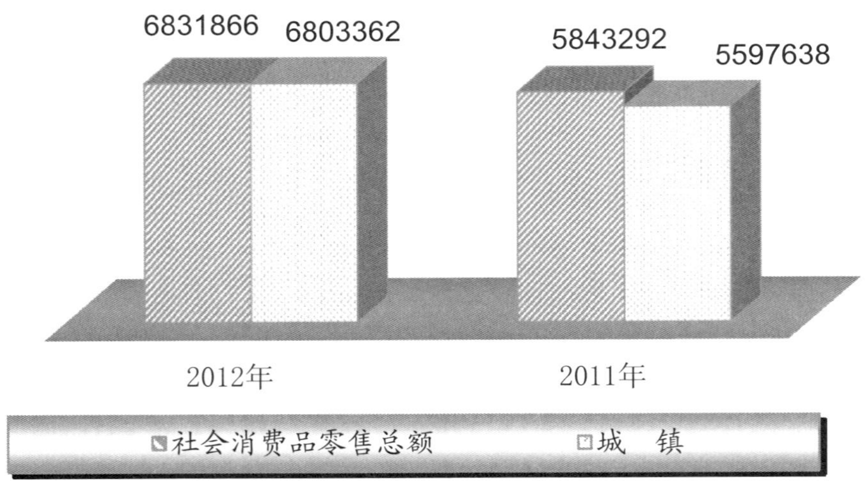


## 社会消费品零售总额构成（%）

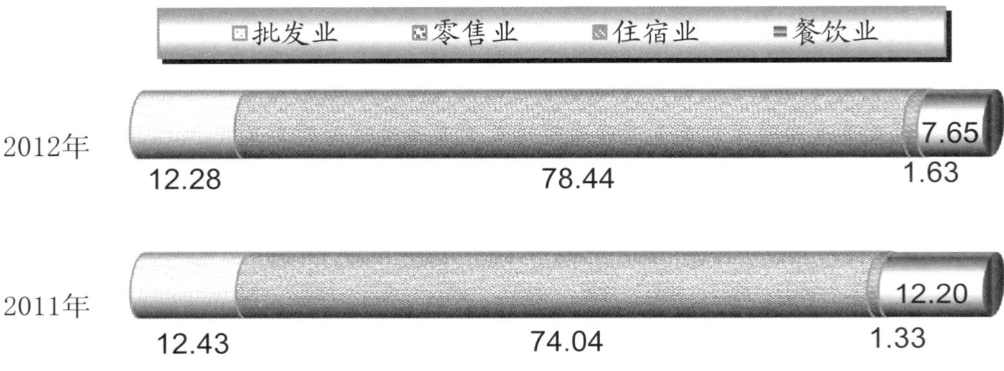


## 进出口总额（万美元）

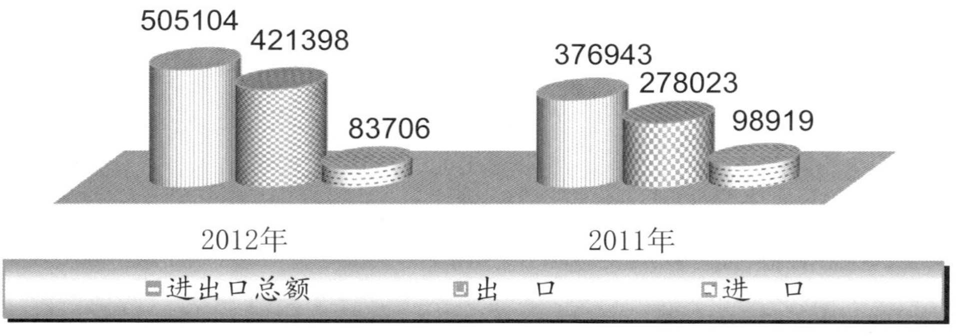

# 10–1 社会消费品零售总额
# Total Retail Sales of Consumer Goods

单位：万元 (10 000 yuan)

| 指　　标 | Item | 2012 | 2011 | 2012年比2011年增长(%) Growth Rate in 2012 over 2011(%) |
|---|---|---|---|---|
| **总　　计** | **Total** | **6831866** | **5843292** | **16.9** |
| **按销售单位所在地分** | **By Area** | | | |
| 城　镇 | Urban | 6803362 | 5597638 | 16.9 |
| #城　区 | Urban Center | 6732482 | 5554596 | 16.6 |
| 乡　村 | Rural | 28504 | 245654 | 15.2 |
| **按行业分** | **By Sector** | | | |
| 批发业 | Wholesale | 839041 | 726539 | 38.9 |
| 零售业 | Retail Trade | 5358847 | 4326205 | 14.5 |
| 住宿业 | Hotels | 111099 | 77823 | 18.9 |
| 餐饮业 | Catering Services | 522879 | 712725 | 12.6 |

注：由于2012年城乡码和部分企业行业变动，社会消费品零售总额速度为全口径增速，其余指标均为可比口径增速。

a) Growth rates here were calculated on comparable basis,exluding the growth rate of total retail sale of consumer goods which were calculated on total growth.

# 10–2 住宿和餐饮业经营情况
# Statistics on Hotels and Catering Services

单位：万元 (10 000 yuan)

| 年　份 Year | 营业总收入 Business Revenue | 限额以上企业(单位) Enterprises(unit) above Designated Size | 限额以下企业及个体户 Enterprises below Designated Size and Individual | 商品零售额 Retail Sales | 限额以上企业(单位) Enterprises above(unit) Designated Size | 限额以下企业及个体户 Enterprises below Designated Size and Individual |
|---|---|---|---|---|---|---|
| 2005 | 467444 | 92183 | 375261 | 430741 | 55480 | 375261 |
| 2006 | 548268 | 108969 | 439299 | 506044 | 66745 | 439299 |
| 2007 | 662726 | 117515 | 545211 | 615490 | 70279 | 545211 |
| 2008 | 809591 | 159895 | 649696 | 748188 | 98492 | 649696 |
| 2009 | 938043 | 161358 | 776685 | 878435 | 101750 | 776685 |
| 2010 | 947349 | 181508 | 765841 | 725861 | 117181 | 608680 |
| 2011 | 1193136 | 250012 | 943124 | 763541 | 158480 | 605061 |
| 2012 | 1486274 | 306834 | 1179440 | 804772 | 191518 | 613254 |

# 10–3 批发零售贸易业销售总额
# Total Sales of Wholesale and Retail Trades

单位：万元 (10 000 yuan)

| 年　份 Year | 销售总额 Total Sales | 限额以上企业(单位) Enterprises (unit)above Designated Size | 限额以下企业及个体户 Enterprises below Designated Size and Individual | 批发业销售额 Total Sales of Wholesale Trade | 限额以上企业(单位) Enterprises (unit)above Designated Size | 限额以下企业及个体户 Enterprises below Designated Size and Individual | 零售业销售额 Total Sales of Retail Trade | 限额以上企业(单位) Enterprises above Designated Size | 限额以下企业及个体户 Enterprises below Designated Size and Individual |
|---|---|---|---|---|---|---|---|---|---|
| 2005 | 5341497 | 2327352 | 3014145 | 3646479 | 1682077 | 1964402 | 1695018 | 645275 | 1049743 |
| 2006 | 5989490 | 2589774 | 3399716 | 4077734 | 1852992 | 2224742 | 1911756 | 736782 | 1174974 |
| 2007 | 6794894 | 3037635 | 3757259 | 4408124 | 1966993 | 2441131 | 2386770 | 1070642 | 1316128 |
| 2008 | 9749038 | 5492498 | 4256540 | 6719713 | 4005436 | 2714277 | 3029325 | 1487062 | 1542263 |
| 2009 | 9926342 | 5536944 | 4389398 | 6474189 | 3714644 | 2759545 | 3452153 | 1822300 | 1629853 |
| 2010 | 10289425 | 7311541 | 2977884 | 6214681 | 4974233 | 1240448 | 4074744 | 2337308 | 1737436 |
| 2011 | 12679806 | 8959683 | 3720123 | 7505724 | 5532897 | 1972827 | 5174082 | 3426786 | 1747296 |
| 2012 | 15204267 | 12170225 | 3034042 | 9111949 | 8026142 | 1085807 | 6092318 | 4144083 | 1948235 |

# 10-4 限额以上批发和零售业企业基本情况(2012年)

| 指　　标 | Item |
|---|---|
| **总　　计** | **Total** |
| **批发业** | **Wholesale Trade** |
| **按批发行业小类分** | **Wholesale Industry Classification** |
| 农畜产品批发 | Wholesale of Farm Produce and Livestock Products |
| 食品、饮料及烟草制品批发 | Wholesale of Food,Beverages and Tobaccos |
| 米、面制品及食用油批发 | Wholesale of Rice,Flour and Edible oil |
| 烟草制品批发 | Wholesale of Tobaccos and Related Products |
| 纺织、服装及日用品批发 | Wholesale of Textiles,Garments and Daily Consumer Goods |
| 文化、体育用品及器材批发 | Wholesale of Culture,Sports Goods and Equipments |
| 医药及医疗器材批发 | Wholesale of Medicines and Medical Appliances |
| 矿产品、建材及化工产品批发 | Wholesale of Mineral Products,Building Materials and Chemical Materials |
| 煤炭及制品批发 | Wholesale of Coal and Related Products |
| 石油及制品批发 | Wholesale of Petroleum and Related Products |
| 金属及金属矿批发 | Wholesale of Metal Materials |
| 建材批发 | Wholesale of Building Materials |
| 化肥批发 | Wholesale of Chemical Fertilizers |
| 机械设备、五金交电及电子产品批发 | Wholesale of Machinery,Hardware,Transport,Electric and Electronic Products |
| 汽车、摩托车及零配件批发 | Wholesale of Motor Vehicles,Motorcycles and Parts |
| 家用电器批发 | Wholesale of Household Electrical Appliances |
| 计算机、软件及辅助设备批发 | Wholesale of Computer,Software and Assistance Appliances |
| 其他批发 | Others |
| **按登记注册类型分** | **Types of Registration Status** |
| 内资企业 | Domestic Funded Enterprises |
| 国有企业 | State-owned Enterprises |
| 集体企业 | Collective-owned Enterprises |
| 股份合作企业 | Cooperation Enterprises |
| 有限责任公司 | Limited Liability Corporations |
| 国有独资公司 | State Sole Funded Corperations |
| 其他有限责任公司 | Other Limited Liability Corporations |
| 股份有限公司 | Share-holding Corporations Ltd. |
| 私营企业 | Private Enterprises |
| 私营独资企业 | Private-funded Enterprises |
| 私营有限责任公司 | Private Limited Liability Corporations |
| 港、澳、台商投资企业 | Enterprises with Funds from Hong Kong,Macao and Taiwan |
| 合资经营企业(港或澳、台资) | Joint-venture Enterprises with Funds from Hong Kong,Macao and Taiwan |
| 外商投资企业 | Foreign Funded Enterprises |
| 外资企业 | Enterprises with Sole Foreign Fund |
| **按控股情况分** | **Holdings** |
| 国有控股 | State-owned Holding |
| 集体控股 | Collective Holdings |
| 私人控股 | Private Holdings |
| 港澳台商控股 | Hong Kong,Macao and Taiwan Holdings |
| 外商控股 | Foreign Holdings |
| 其　他 | Others |
| **按经营形式分** | **Management Form** |
| 独立门店 | Independent Store |
| 连锁门店 | Chain Store |
| 其　他 | Others |

# Basic Conditions of Enterprises above Designated Size in Wholesale and Retail Trades(2012)

| 法人企业数(个)<br>Number of Corporations (unit) | 年末从业人员(人)<br>Employees at Year-end (person) | 年末零售营业面积(平方米)<br>Area of Retail Business at Year-end (sq.m.) |
|---:|---:|---:|
| **384** | **43297** | **1172539** |
| **170** | **17632** | **332139** |
| | | |
| 1 | 23 | |
| 20 | 2791 | 6367 |
| 3 | 230 | 3000 |
| 2 | 1673 | |
| 10 | 986 | 7399 |
| 7 | 391 | 2580 |
| 24 | 1829 | 36685 |
| 61 | 8994 | 221342 |
| 14 | 728 | 8572 |
| 7 | 6941 | 186099 |
| 19 | 559 | 5260 |
| 2 | 28 | 125 |
| 5 | 316 | 11535 |
| 42 | 2437 | 51011 |
| 21 | 945 | 37452 |
| 5 | 699 | 4225 |
| 4 | 171 | 322 |
| 5 | 181 | 6755 |
| | | |
| 169 | 17473 | 331939 |
| 23 | 10286 | 198553 |
| 1 | 31 | |
| 3 | 41 | 150 |
| 113 | 5614 | 102335 |
| 3 | 137 | 3000 |
| 110 | 5477 | 99335 |
| 5 | 522 | 16030 |
| 22 | 859 | 13171 |
| 2 | 61 | 1118 |
| 17 | 754 | 8353 |
| | | |
| | | |
| 1 | 159 | 200 |
| | | |
| | | |
| 36 | 11167 | 202703 |
| 6 | 123 | 7200 |
| 119 | 5443 | 83626 |
| | | |
| 1 | 159 | 200 |
| 8 | 740 | 38410 |
| | | |
| 83 | 4740 | 119517 |
| 1 | 22 | 625 |
| 85 | 12749 | 208397 |

10-4 续表

| 指　　标 | Item |
|---|---|
| **零售业** | **Retail Sales** |
| **按批发行业小类分** | **Wholesale Industry Classification** |
| 综合零售 | Integrated Retail |
| 百货零售 | Retail of General Merchandise |
| 超级市场零售 | Retail of Supermarkets |
| 食品、饮料及烟草制品专门零售 | Retail of Food,Beverages and Tobaccos |
| 纺织、服装及日用品专门零售 | Retail of Textiles,Garments and Daily Consumer Goods |
| 服装零售 | Retail of Garments |
| 文化、体育用品及器材专门零售 | Retail of Culture,Sports Appliances and Equipments |
| 图书零售 | Retail of Books |
| 医药及医疗器材专门零售 | Retail of Medicines and Medical Appliances |
| 药品零售 | Retail of Medicines |
| 汽车、摩托车、燃料及零配件专门零售 | Retail of Motor Vehicles,Motorcycles,Fuel and Parts |
| 汽车零售 | Retail of Motor Vehicles |
| 家用电器及电子产品专门零售 | Retail of Household Electric Appliances and Electronic Products |
| 家用电器零售 | Retail of Household Appliances |
| 五金、家具及室内装修材料专门零售 | Retail of Hardware,Furniture and Interior Decoration Materials |
| 无店铺及其他零售 | Non-shop and Other Retails |
| **按登记注册类型分** | **Types of Registration** |
| 内资企业 | Domestic Funded Enterprises |
| 国有企业 | State-owned Enterprises |
| 集体企业 | Collective-owned Enterprises |
| 有限责任公司 | Limited Liability Corporations |
| 国有独资公司 | State Sole Funded Corperations |
| 其他有限责任公司 | Other Limited Liability Corporations |
| 股份有限公司 | Share-holding Corporations Ltd. |
| 私营企业 | Private Enterprises |
| 私营独资企业 | Private-funded Enterprises |
| 私营有限责任公司 | Private Limited Liability Corporations |
| 其他企业 | Other Enterprises |
| 港、澳、台商投资企业 | Enterprises with Funds from Hong Kong,Macao and Taiwan |
| 合资经营企业(港或澳、台资) | Joint-venture Enterprises with Funds from Hong Kong,Macao and Taiwan |
| 港、澳、台商独资经营企业 | Enterprises with Sole Investment |
| 外商投资企业 | Foreign Funded Enterprises |
| 中外合资经营企业 | Joint-venture Enterprises |
| 外资企业 | Enterprises With Sole Foreign Fund |
| **按控股情况分** | **Holdings** |
| 国有控股 | State-owned Holdings |
| 集体控股 | Collective Holdings |
| 私人控股 | Private Holdings |
| 港澳台商控股 | Hong Kong,Macao and Taiwan Holdings |
| 外商控股 | Foreign Holdings |
| 其　他 | Others |
| **按经营形式分** | **Management Form** |
| 独立门店 | Independent Store |
| 连锁总店 | Chain Store Headquarters |
| 连锁门店 | Chain Store |
| 其　他 | Others |

(continued)

| 法人企业数(个)<br>Number of Corporation (unit) | 年末从业人员(人)<br>Employees at Year-end (person) | 年末零售营业面积(平方米)<br>Area of Retail Business at Year-end (sq.m.) |
|---:|---:|---:|
| **214** | **25665** | **840400** |
| | | |
| 36 | 8718 | 417969 |
| 17 | 3664 | 266172 |
| 13 | 4071 | 124986 |
| 16 | 528 | 5712 |
| 15 | 1326 | 39841 |
| 13 | 1256 | 39539 |
| 13 | 699 | 17690 |
| 8 | 580 | 15001 |
| 17 | 2956 | 46421 |
| 15 | 2919 | 46028 |
| 86 | 7852 | 200288 |
| 80 | 7130 | 194138 |
| 24 | 1966 | 108771 |
| 1 | 28 | 750 |
| 2 | 41 | 550 |
| 5 | 1579 | 3158 |
| | | |
| 203 | 22895 | 688367 |
| 7 | 254 | 2294 |
| 3 | 34 | 1841 |
| 154 | 17778 | 618140 |
| 1 | 41 | 160 |
| 153 | 17737 | 617980 |
| 4 | 750 | 4478 |
| 29 | 2116 | 52235 |
| 4 | 102 | 2691 |
| 25 | 2014 | 49544 |
| 4 | 1776 | 7000 |
| 6 | 1108 | 77768 |
| 4 | 713 | 56947 |
| 1 | 281 | 5908 |
| 5 | 1662 | 74265 |
| 2 | 1143 | 44820 |
| 3 | 519 | 29445 |
| | | |
| 21 | 2725 | 43560 |
| 5 | 135 | 3541 |
| 149 | 16419 | 501700 |
| 5 | 994 | 62855 |
| 4 | 772 | 51455 |
| 30 | 4620 | 177289 |
| | | |
| 174 | 15385 | 667145 |
| 18 | 7139 | 151588 |
| 4 | 595 | 7997 |
| 18 | 2546 | 13670 |

# 10−5 限额以上批发和零售业企业商品销售情况(2012年)

单位：万元

| 指标 | Item |
|---|---|
| **总计** | **Total** |
| **批发业** | **Wholesale Trade** |
| **按批发行业小类分** | **Wholesale Industry Classification** |
| 农畜产品批发 | Wholesale of Farm Produce and Livestock Products |
| 食品、饮料及烟草制品批发 | Wholesale of Food,Beverages and Tobaccos |
| 米、面制品及食用油批发 | Wholesale of Rice,Flour and Edible Oil |
| 烟草制品批发 | Wholesale of Tobaccos and Related Products |
| 纺织、服装及日用品批发 | Wholesale of Textiles,Garments and Daily Consumer Goods |
| 文化、体育用品及器材批发 | Wholesale of Culture,Sports Goods and Equipments |
| 医药及医疗器材批发 | Wholesale of Medicines and Medical Appliances |
| 矿产品、建材及化工产品批发 | Wholesale of Mineral Products,Building Materials and Chemical Materials |
| 煤炭及制品批发 | Wholesale of Coal and Related Products |
| 石油及制品批发 | Wholesale of Petroleum and Related Products |
| 金属及金属矿批发 | Wholesale of Metal Materials |
| 建材批发 | Wholesale of Building Materials |
| 化肥批发 | Wholesale of Chemical Fertilizers |
| 机械设备、五金交电及电子产品批发 | Wholesale of Machinery,Hardware,Transport,Electric and Electronic Products |
| 汽车、摩托车及零配件批发 | Wholesale of Motor Vehicles,Motorcycles and Parts |
| 家用电器批发 | Wholesale of Household Electrical Appliances |
| 计算机、软件及辅助设备批发 | Wholesale of Computer,Software and Assistant Appliances |
| 其他批发 | Others |
| **按登记注册类型分** | **Types of Registration Status** |
| 内资企业 | Domestic Funded Enterprises |
| 国有企业 | State-owned Enterprises |
| 集体企业 | Collective-owned Enterprises |
| 股份合作企业 | Cooperation Enterprises |
| 有限责任公司 | Limited Liability Corporations |
| 国有独资公司 | State Sole Funded Corperations |
| 其他有限责任公司 | Other Limited Liability Corporations |
| 股份有限公司 | Share-holding Corporations Ltd. |
| 私营企业 | Private Enterprises |
| 私营独资企业 | Private-funded Enterprises |
| 私营有限责任公司 | Private Limited Liability Corporations |
| 港、澳、台商投资企业 | Enterprises with Funds from Hong Kong,Macao and Taiwan |
| 合资经营企业(港或澳、台资) | Joint-venture Enterprises with Funds from Hong Kong,Macao and Taiwan |
| 外商投资企业 | Foreign Funded Enterprises |
| 外资企业 | Enterprises with Sole Foreign Fund |
| **按控股情况分** | **Holdings** |
| 国有控股 | State-owned Holding |
| 集体控股 | Collective Holdings |
| 私人控股 | Private Holdings |
| 港澳台商控股 | Hong Kong,Macao and Taiwan Holdings |
| 外商控股 | Foreign Holdings |
| 其　他 | Others |
| **按经营形式分** | **Management Form** |
| 独立门店 | Independent Store |
| 连锁门店 | Chain Store |
| 其　他 | Others |

# The Sales of Enterprises above Designated Size in Wholesale and Retail Trades(2012)

(10 000 yuan)

| 销售合计<br>Total Sales | 批发额<br>Wholesale Trade | 零售额<br>Retail Trade |
|---|---|---|
| **12170224** | **7826689** | **4343535** |
| **8026142** | **7577753** | **448389** |
| | | |
| 7502 | 7502 | |
| 949903 | 919808 | 30096 |
| 29993 | 28523 | 1470 |
| 748567 | 748567 | |
| 225831 | 215728 | 10103 |
| 140960 | 139217 | 1743 |
| 487779 | 466262 | 21517 |
| 5269215 | 4915753 | 353462 |
| 437205 | 433571 | 3634 |
| 970926 | 622056 | 348871 |
| 628336 | 627409 | 927 |
| 16885 | 16885 | |
| 1961438 | 1961408 | 31 |
| 917206 | 885789 | 31417 |
| 639884 | 616751 | 23133 |
| 184701 | 175061 | 9640 |
| 35997 | 30353 | 5643 |
| 27746 | 27694 | 52 |
| | | |
| 8010485 | 7565227 | 445258 |
| 4319203 | 3959005 | 360198 |
| 6733 | 6733 | |
| 8713 | 8713 | |
| 2232348 | 2151081 | 81267 |
| 35879 | 34409 | 1470 |
| 2196469 | 2116672 | 79797 |
| 1151701 | 1151701 | |
| 265651 | 261858 | 3793 |
| 6100 | 6032 | 69 |
| 245301 | 241577 | 3724 |
| | | |
| 15657 | 12526 | 3131 |
| | | |
| 5084939 | 4707077 | 377862 |
| 163185 | 163154 | 31 |
| 2498499 | 2435221 | 63278 |
| | | |
| 15657 | 12526 | 3131 |
| 263863 | 259775 | 4087 |
| | | |
| 3393905 | 3321843 | 72062 |
| 4093 | 2661 | 1433 |
| 4620109 | 4253231 | 366879 |

10−5　续表

单位：万元

| 指　　标 | Item |
|---|---|
| **零售业** | **Retail Sales** |
| **按批发行业小类分** | **Wholesale Industry Classification** |
| 综合零售 | Integrated Retail |
| 百货零售 | Retail of General Merchandise |
| 超级市场零售 | Retail of Supermarkets |
| 食品、饮料及烟草制品专门零售 | Retail of Food,Beverages and Tobaccos |
| 纺织、服装及日用品专门零售 | Retail of Textiles,Garments and Daily Consumer Goods |
| 服装零售 | Retail of Garments |
| 文化、体育用品及器材专门零售 | Retail of Culture,Sports Appliances and Equipments |
| 图书零售 | Retail of Books |
| 医药及医疗器材专门零售 | Retail of Medicines and Medical Appliances |
| 药品零售 | Retail of Medicines |
| 汽车、摩托车、燃料及零配件专门零售 | Retail of Motor Vehicles,Motorcycles,Fuel and Parts |
| 汽车零售 | Retail of Motor Vehicles |
| 家用电器及电子产品专门零售 | Retail of Household Electric Appliances and Electronic Products |
| 家用电器零售 | Retail of Household Appliances |
| 五金、家具及室内装修材料专门零售 | Retail of Hardware,Furniture and Interior Decoration Materials |
| 无店铺及其他零售 | Non-shop and Other Retails |
| **按登记注册类型分** | **Types of Registration** |
| 内资企业 | Domestic Funded Enterprises |
| 国有企业 | State-owned Enterprises |
| 集体企业 | Collective-owned Enterprises |
| 有限责任公司 | Limited Liability Corporations |
| 国有独资公司 | State Sole Funded Corperations |
| 其他有限责任公司 | Other Limited Liability Corporations |
| 股份有限公司 | Share-holding Corporations Ltd. |
| 私营企业 | Private Enterprises |
| 私营独资企业 | Private-funded Enterprises |
| 私营有限责任公司 | Private Limited Liability Corporations |
| 其他企业 | Other Enterprises |
| 港、澳、台商投资企业 | Enterprises with Funds from Hong Kong,Macao and Taiwan |
| 合资经营企业(港或澳、台资) | Joint-venture Enterprises with Funds from Hong Kong,Macao and Taiwan |
| 港、澳、台商独资经营企业 | Enterprises with Sole Investment |
| 外商投资企业 | Foreign Funded Enterprises |
| 中外合资经营企业 | Joint-venture Enterprises |
| 外资企业 | Enterprises With Sole Foreign Fund |
| **按控股情况分** | **Holdings** |
| 国有控股 | State-owned Holdings |
| 集体控股 | Collective Holdings |
| 私人控股 | Private Holdings |
| 港澳台商控股 | Hong Kong,Macao and Taiwan Holdings |
| 外商控股 | Foreign Holdings |
| 其　他 | Others |
| **按经营形式分** | **Management Form** |
| 独立门店 | Independent Store |
| 连锁总店 | Chain Store Headquarters |
| 连锁门店 | Chain Store |
| 其　他 | Others |

(continued)

(10 000 yuan)

| 销售合计<br>Total Sales | 批发额<br>Wholesale Trade | 零售额<br>Retail Trade |
|---|---|---|
| **4144083** | **248936** | **3895146** |
| 802773 | 1039 | 801735 |
| 588644 | | 588644 |
| 171581 | | 171581 |
| 139670 | 53619 | 86050 |
| 85151 | 27462 | 57688 |
| 82079 | 26691 | 55388 |
| 45687 | 3479 | 42208 |
| 36474 | 3114 | 33360 |
| 250427 | 59435 | 190992 |
| 243177 | 59435 | 183742 |
| 2401475 | 75206 | 2326269 |
| 1960541 | 36313 | 1924227 |
| 235195 | 22631 | 212563 |
| 1114 | | 1114 |
| 3560 | 361 | 3199 |
| 180145 | 5703 | 174442 |
| 3725376 | 240572 | 3484804 |
| 14229 | 3323 | 10906 |
| 24486 | 5348 | 19138 |
| 2675553 | 127578 | 2547976 |
| 1154 | | 1154 |
| 2674399 | 127578 | 2546822 |
| 421241 | 44927 | 376314 |
| 440922 | 44129 | 396793 |
| 4292 | 630 | 3662 |
| 436630 | 43499 | 393131 |
| 109570 | | 109570 |
| 243362 | 8364 | 234998 |
| 209726 | 5703 | 204023 |
| 10778 | 2662 | 8117 |
| 175344 | | 175344 |
| 140499 | | 140499 |
| 34845 | | 34845 |
| 687169 | 95890 | 591279 |
| 41816 | 5348 | 36469 |
| 2520165 | 128675 | 2391490 |
| 220504 | 8364 | 212140 |
| 130990 | | 130990 |
| 543438 | 10659 | 532779 |
| 3057115 | 117913 | 2939201 |
| 668003 | 41299 | 626704 |
| 44367 | 28691 | 15676 |
| 374598 | 61033 | 313565 |

# 10–6 限额以上批发和零售业企业主要财务状况(2012年)

单位：万元

| 指　　标 | Item | 流动资产合计 Current Assets |
|---|---|---|
| **总　　计** | **Total** | **4882466** |
| **批发业** | **Wholesale Trade** | **3433007** |
| **按批发行业小类分** | **Wholesale Industry Classification** | |
| 农畜产品批发 | Wholesale of Farm Produce and Livestock Products | 1422 |
| 食品、饮料及烟草制品批发 | Wholesale of Food,Beverages and Tobaccos | 351882 |
| 米、面制品及食用油批发 | Wholesale of Rice,Flour and Edible oil | 7726 |
| 烟草制品批发 | Wholesale of Tobaccos and Related Products | 205976 |
| 纺织、服装及日用品批发 | Wholesale of Textiles,Garments and Daily Consumer Goods | 96312 |
| 文化、体育用品及器材批发 | Wholesale of Culture,Sports Goods and Equipments | 251279 |
| 医药及医疗器材批发 | Wholesale of Medicines and Medical Appliances | 268763 |
| 矿产品、建材及化工产品批发 | Wholesale of Mineral Products,Building Materials and Chemical Materials | 2108738 |
| 煤炭及制品批发 | Wholesale of Coal and Related Products | 188164 |
| 石油及制品批发 | Wholesale of Petroleum and Related Products | 196919 |
| 金属及金属矿批发 | Wholesale of Metal Materials | 387872 |
| 建材批发 | Wholesale of Building Materials | 15694 |
| 化肥批发 | Wholesale of Chemical Fertilizers | 747977 |
| 机械设备、五金交电及电子产品批发 | Wholesale of Machinery,Hardware,Transport,Electric and Electronic Products | 339709 |
| 汽车、摩托车及零配件批发 | Wholesale of Motor Vehicles,Motorcycles and Parts | 190298 |
| 家用电器批发 | Wholesale of Household Electrical Appliances | 85445 |
| 计算机、软件及辅助设备批发 | Wholesale of Computer,Software and Assistance Appliances | 7219 |
| 其他批发 | Others | 14901 |
| **按登记注册类型分** | **Types of Registration Status** | |
| 内资企业 | Domestic Funded Enterprises | 3430383 |
| 国有企业 | State-owned Enterprises | 1701600 |
| 集体企业 | Collective-owned Enterprises | 2836 |
| 股份合作企业 | Cooperation Enterprises | 1538 |
| 有限责任公司 | Limited Liability Corporations | 1096432 |
| 国有独资公司 | State Sole Funded Corperations | 66346 |
| 其他有限责任公司 | Other Limited Liability Corporations | 1030086 |
| 股份有限公司 | Share-holding Corporations Ltd. | 515080 |
| 私营企业 | Private Enterprises | 102721 |
| 私营独资企业 | Private-funded Enterprises | 3340 |
| 私营有限责任公司 | Private Limited Liability Corporations | 91634 |
| 港、澳、台商投资企业 | Enterprises with Funds from Hong Kong,Macao and Taiwan | |
| 合资经营企业(港或澳、台资) | Joint-venture Enterprises with Funds from Hong Kong,Macao and Taiwan | |
| 外商投资企业 | Foreign Funded Enterprises | 2625 |
| 外资企业 | Enterprises with Sole Foreign Fund | |
| **按控股情况分** | **Holdings** | |
| 国有控股 | State-owned Holdings | 2030143 |
| 集体控股 | Collective Holdings | 26353 |
| 私人控股 | Private Holdings | 1268036 |
| 港澳台商控股 | Hong Kong,Macao and Taiwan Holdings | |
| 外商控股 | Foreign Holdings | 2625 |
| 其　他 | Others | 105851 |
| **按经营形式分** | **Management Form** | |
| 独立门店 | Independent Store | 1602806 |
| 连锁门店 | Chain Store | 1084 |
| 其　他 | Others | 1792952 |

# Main Financial Indicators of Enterprises above Designated Size in Wholesale and Retail Trades(2012)

(10 000 yuan)

| #存 货<br>Inventory | 固定资产合计<br>Total Fixed Assets | 固定资产原价<br>Original Value of Fixed Assets | 本年折旧<br>Depreciation in This Year | 资产总计<br>Total Assets | 负债合计<br>Total Liabilities | 所有者权益<br>Owners Equities |
|---|---|---|---|---|---|---|
| **884324** | **378492** | **542968** | **30714** | **5926716** | **4636177** | **1290539** |
| **560663** | **149542** | **232494** | **13545** | **3946220** | **3045190** | **901031** |
| 245 | 10 | 28 | 2 | 1433 | 943 | 490 |
| 81112 | 45420 | 72525 | 3437 | 483796 | 192050 | 291747 |
| 3803 | 915 | 2075 | 46 | 9728 | 8311 | 1418 |
| 65229 | 18365 | 36333 | 2101 | 261893 | 24013 | 237880 |
| 18448 | 1667 | 2202 | 123 | 98578 | 93392 | 5187 |
| 14432 | 9998 | 15628 | 645 | 262156 | 244969 | 17187 |
| 30464 | 13256 | 19982 | 1559 | 324527 | 252294 | 72233 |
| 351894 | 62647 | 98220 | 5273 | 2384731 | 1931568 | 453163 |
| 17152 | 7879 | 13889 | 775 | 217629 | 134219 | 83410 |
| 98476 | 41276 | 61117 | 2963 | 249244 | 170149 | 79096 |
| 19007 | 8788 | 13914 | 800 | 555376 | 354193 | 201183 |
| 298 | 158 | 329 | 48 | 15876 | 11386 | 4489 |
| 108692 | 962 | 1582 | 122 | 756666 | 731222 | 25444 |
| 62945 | 10468 | 16157 | 2184 | 359320 | 308866 | 50454 |
| 18030 | 5515 | 7137 | 414 | 202638 | 174757 | 27881 |
| 16126 | 1505 | 1807 | 60 | 87412 | 84362 | 3050 |
| 1899 | 295 | 521 | 1 | 7626 | 4439 | 3187 |
| 1123 | 6076 | 7752 | 323 | 31678 | 21108 | 10571 |
| 559726 | 147895 | 229685 | 13545 | 3941948 | 3038998 | 902950 |
| 271312 | 82897 | 135544 | 7131 | 2019092 | 1416226 | 602866 |
| 1916 | 425 | 747 | 27 | 3930 | 3417 | 513 |
| 649 | 324 | 399 | 8 | 1862 | 1291 | 571 |
| 144653 | 57438 | 79654 | 4807 | 1246883 | 1018972 | 227911 |
| 1626 | 24294 | 30892 | 1080 | 138221 | 94560 | 43661 |
| 143027 | 33144 | 48763 | 3727 | 1108662 | 924412 | 184249 |
| 119548 | 3204 | 6747 | 859 | 551622 | 493897 | 57726 |
| 18946 | 3391 | 6290 | 639 | 108141 | 96409 | 11732 |
| 853 |  | 1 |  | 3340 | 3032 | 308 |
| 15717 | 3365 | 6258 | 635 | 96828 | 86687 | 10141 |
| 937 | 1647 | 2809 |  | 4272 | 6192 | -1919 |
| 286707 | 115475 | 177997 | 8796 | 2443336 | 1742168 | 701167 |
| 17664 | 890 | 1337 | 41 | 30662 | 24126 | 6536 |
| 234414 | 22337 | 36794 | 3427 | 1326750 | 1171912 | 154838 |
| 937 | 1647 | 2809 |  | 4272 | 6192 | -1919 |
| 20941 | 9192 | 13558 | 1282 | 141200 | 100791 | 40409 |
| 219075 | 33309 | 52294 | 4244 | 1701612 | 1531328 | 170284 |
| 34 | 21 | 34 | 7 | 1106 | 1028 | 78 |
| 341453 | 116186 | 180116 | 9280 | 2207062 | 1477693 | 729370 |

10–6 续表 1

单位：万元

| 指　　标 | Item | 流动资产合计 Current Assets |
|---|---|---|
| **零售业** | **Retail Sales** | **1449458** |
| **按批发行业小类分** | **Wholesale Industry Classification** | |
| 综合零售 | Integrated Retail | 291024 |
| 百货零售 | Retail of General Merchandise | 234806 |
| 超级市场零售 | Retail of Supermarkets | 48021 |
| 食品、饮料及烟草制品专门零售 | Retail of Food,Beverages and Tobaccos | 53473 |
| 纺织、服装及日用品专门零售 | Retail of Textiles,Garments and Daily Consumer Goods | 36907 |
| 服装零售 | Retail of Garments | 35583 |
| 文化、体育用品及器材专门零售 | Retail of Culture,Sports Apliances and Equipments | 26530 |
| 图书零售 | Retail of Books | 23212 |
| 医药及医疗器材专门零售 | Retail of Medicines and Medical Appliances | 130724 |
| 药品零售 | Retail of Medicines | 120899 |
| 汽车、摩托车、燃料及零配件专门零售 | Retail of Motor Vehicles,Motorcycles,Fuel and Parts | 774402 |
| 汽车零售 | Retail of Motor Vehicles | 751262 |
| 家用电器及电子产品专门零售 | Retail of Household Electric Appliances and Electronic Products | 103812 |
| 家用电器零售 | Retail of Household Appliances | 1446 |
| 五金、家具及室内装修材料专门零售 | Retail of Hardware,Furniture and Interior Decoration Materials | 1453 |
| 无店铺及其他零售 | Non-shop and Other Retails | 31133 |
| **按登记注册类型分** | **Types of Registration** | |
| 内资企业 | Domestic Funded Enterprises | 1269716 |
| 国有企业 | State-owned Enterprises | 12733 |
| 集体企业 | Collective-owned Enterprises | 25017 |
| 有限责任公司 | Limited Liability Corporations | 1015192 |
| 国有独资公司 | State Sole Funded Corperations | 450 |
| 其他有限责任公司 | Other Limited Liability Corporations | 1014742 |
| 股份有限公司 | Share-holding Corporations Ltd. | 29694 |
| 私营企业 | Private Enterprises | 147249 |
| 私营独资企业 | Private-funded Enterprises | 1679 |
| 私营有限责任公司 | Private Limited Liability Corporations | 145570 |
| 其他企业 | Other Enterprises | 30117 |
| 港、澳、台商投资企业 | Enterprises with Funds from Hong Kong,Macao and Taiwan | 69460 |
| 合资经营企业(港或澳、台资) | Joint-venture Enterprises with Funds from Hong Kong,Macao and Taiwan | 57575 |
| 港、澳、台商独资经营企业 | Enterprises with Sole Investment | 5691 |
| 外商投资企业 | Foreign Funded Enterprises | 110283 |
| 中外合资经营企业 | Joint-venture Enterprises | 99340 |
| 外资企业 | Enterprises With Sole Foreign Fund | 10942 |
| **按控股情况分** | **Holdings** | |
| 国有控股 | State-owned Holdings | 106205 |
| 集体控股 | Collective Holdings | 26357 |
| 私人控股 | Private Holdings | 1049011 |
| 港澳台商控股 | Hong Kong,Macao and Taiwan Holdings | 63266 |
| 外商控股 | Foreign Holdings | 76515 |
| 其　他 | Others | 128104 |
| **按经营形式分** | **Management Form** | |
| 独立门店 | Independent Store | 1194294 |
| 连锁总店 | Chain Store Headquarters | 127903 |
| 连锁门店 | Chain Store | 14571 |
| 其　他 | Others | 112691 |

(continued)

(10 000 yuan)

| #存　货<br>Inventory | 固定资产合计<br>Total Fixed Assets | 固定资产原价<br>Original Value of Fixed Assets | 本年折旧<br>Depreciation in This Year | 资产总计<br>Total Assets | 负债合计<br>Total Liabilities | 所有者权益<br>Owners Equities |
|---|---|---|---|---|---|---|
| **323661** | **228950** | **310474** | **17168** | **1980496** | **1590987** | **389508** |
| | | | | | | |
| 46060 | 119786 | 151265 | 6504 | 508882 | 411791 | 97092 |
| 16794 | 104318 | 133934 | 4192 | 424975 | 348548 | 76427 |
| 23126 | 12706 | 13962 | 2154 | 72338 | 55104 | 17234 |
| 11191 | 2168 | 3393 | 286 | 58726 | 16554 | 42172 |
| 17462 | 15195 | 19836 | 402 | 66277 | 53402 | 12875 |
| 16444 | 15174 | 19779 | 396 | 64873 | 52408 | 12465 |
| 10204 | 3316 | 5867 | 339 | 30385 | 27156 | 3229 |
| 8536 | 3217 | 5628 | 319 | 26701 | 24515 | 2185 |
| 33582 | 4418 | 7760 | 391 | 138514 | 122439 | 16075 |
| 31030 | 4341 | 7636 | 388 | 128612 | 113303 | 15309 |
| 185222 | 75865 | 110229 | 8532 | 996694 | 846256 | 150438 |
| 181712 | 61313 | 86411 | 6983 | 906238 | 772152 | 134087 |
| 15119 | 1388 | 2697 | 442 | 112508 | 76787 | 35721 |
| 345 | 21 | 122 | 6 | 1467 | 1166 | 301 |
| 1150 | 44 | 130 | 1 | 1496 | 1165 | 331 |
| 3671 | 6769 | 9296 | 272 | 67014 | 35438 | 31576 |
| | | | | | | |
| 291418 | 198721 | 266698 | 14023 | 1718377 | 1404096 | 314281 |
| 2642 | 3626 | 5524 | 165 | 17523 | 10237 | 7285 |
| 3564 | 81 | 186 | 9 | 25502 | 2938 | 22564 |
| 231207 | 163317 | 215327 | 10163 | 1348126 | 1117278 | 230848 |
| 234 | 19 | 53 | 5 | 472 | 185 | 286 |
| 230973 | 163299 | 215274 | 10158 | 1347655 | 1117093 | 230562 |
| 4872 | 14561 | 23726 | 1516 | 99539 | 81906 | 17633 |
| 38639 | 9180 | 14641 | 1314 | 171579 | 149696 | 21883 |
| 702 | 24 | 90 | 28 | 1706 | 1120 | 586 |
| 37937 | 9156 | 14551 | 1286 | 169873 | 148576 | 21297 |
| 7945 | 4684 | 3403 | 755 | 38509 | 29429 | 9080 |
| 16607 | 8095 | 13133 | 1326 | 90872 | 51231 | 39641 |
| 12887 | 7977 | 12716 | 1297 | 71047 | 38172 | 32876 |
| 3720 | 40 | 214 | 2 | 13437 | 9234 | 4203 |
| 15636 | 22134 | 30643 | 1819 | 171247 | 135660 | 35587 |
| 11102 | 17699 | 24879 | 1316 | 154077 | 121750 | 32326 |
| 4534 | 4435 | 5764 | 503 | 17170 | 13910 | 3260 |
| | | | | | | |
| 37323 | 32099 | 56044 | 2808 | 206921 | 161307 | 45614 |
| 4851 | 2460 | 2858 | 248 | 29332 | 4651 | 24682 |
| 220596 | 132267 | 169632 | 9186 | 1327725 | 1125602 | 202123 |
| 16607 | 8017 | 12930 | 1299 | 84484 | 47405 | 37079 |
| 6874 | 21463 | 28876 | 1717 | 135820 | 107039 | 28781 |
| 37411 | 32644 | 40133 | 1910 | 196214 | 144983 | 51231 |
| | | | | | | |
| 251777 | 193332 | 260576 | 13532 | 1596080 | 1279728 | 316352 |
| 42113 | 27848 | 39118 | 3223 | 221467 | 180768 | 40699 |
| 7156 | 1349 | 1714 | 64 | 17588 | 14918 | 2671 |
| 22615 | 6421 | 9066 | 349 | 145361 | 115575 | 29786 |

## 10-6 续表 2

单位：万元

| 指　　标 | Item | 主营业务收入 Revenue from Principal Business |
|---|---|---|
| **总　　计** | **Total** | **11128390** |
| **批发业** | **Wholesale Trade** | **7509533** |
| **按批发行业小类分** | **Wholesale Industry Classification** | |
| 农畜产品批发 | Wholesale of Farm Produce and Livestock Products | 6659 |
| 食品、饮料及烟草制品批发 | Wholesale of Food,Beverages and Tobaccos | 839367 |
| 米、面制品及食用油批发 | Wholesale of Rice,Flour and Edible oil | 30372 |
| 烟草制品批发 | Wholesale of Tobaccos and Related Products | 654870 |
| 纺织、服装及日用品批发 | Wholesale of Textiles,Garments and Daily Consumer Goods | 196545 |
| 文化、体育用品及器材批发 | Wholesale of Culture,Sports Goods and Equipments | 122522 |
| 医药及医疗器材批发 | Wholesale of Medicines and Medical Appliances | 423484 |
| 矿产品、建材及化工产品批发 | Wholesale of Mininery Products Building Materials and Chemical Materials | 5063895 |
| 煤炭及制品批发 | Wholesale of Coal and Related Products | 416278 |
| 石油及制品批发 | Wholesale of Petroleum and Related Products | 854690 |
| 金属及金属矿批发 | Wholesale of Metal Materials | 580436 |
| 建材批发 | Wholesale of Building Materials | 15568 |
| 化肥批发 | Wholesale of Chemical Fertilizers | 1960243 |
| 机械设备、五金交电及电子产品批发 | Wholesale of Machinery,Hardware,Transport,Electric and Electronic Products | 1224431 |
| 汽车、摩托车及零配件批发 | Wholesale of Motor Vehicles,Motorcycles and Parts | 574952 |
| 家用电器批发 | Wholesale of Household Electrical Appliances | 159683 |
| 计算机、软件及辅助设备批发 | Wholesale of Computer,Software and Assistance Appliances | 33933 |
| 其他批发 | Others | 26898 |
| **按登记注册类型分** | **Types of Registration Status** | |
| 内资企业 | Domestic Funded Enterprises | 7496151 |
| 国有企业 | State-owned Enterprises | 4035252 |
| 集体企业 | Collecttive-owned Enterprises | 5960 |
| 股份合作企业 | Cooperation Enterprises | 8275 |
| 有限责任公司 | Limited Liability Corporations | 2042307 |
| 国有独资公司 | State Sole Funded Corperationms | 31868 |
| 其他有限责任公司 | Other Limited Liability Corporations | 2010439 |
| 股份有限公司 | Share-holding Corporations Ltd. | 1141231 |
| 私营企业 | Private Enterprises | 239389 |
| 私营独资企业 | Private-funded Enterprises | 5870 |
| 私营有限责任公司 | Private Limited Liability Corporations | 221315 |
| 港、澳、台商投资企业 | Enterprises with Funds from Hong Kong,Macao and Taiwan | |
| 合资经营企业(港或澳、台资) | Joint-venture Enterprises with Funds from Hong Kong,Macao and Taiwan | |
| 外商投资企业 | Foreign Funded Enterprises | 13382 |
| 外资企业 | Enterprises with Sole Foreign Fund | |
| **按控股情况分** | **Holdings** | |
| 国有控股 | State-owned Holdings | 4741379 |
| 集体控股 | Collective Holdings | 153356 |
| 私人控股 | Private Holdings | 2373330 |
| 港澳台商控股 | Hong Kong and Taiwan Holdings | |
| 外商控股 | Foreign Holdings | 13382 |
| 其　他 | Others | 228087 |
| **按经营形式分** | **Management Form** | |
| 独立门店 | Independent Store | 3238900 |
| 连锁门店 | Chain Store | 3499 |
| 其　他 | Others | 4258117 |

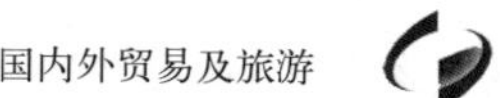

(continued)

(10 000 yuan)

| 主营业务成　本 Cost of Principal Business | 主营业务税金及附加 Tax and Extra Charges on Principal Business | 营　业 利　润 Operating Profits | 利　润 总　额 Total Profits | 应　交 所得税 Income Tax Payable | 本年应交 增 值 税 the VAT Payable |
|---|---|---|---|---|---|
| **10039072** | **97841** | **353830** | **378243** | **55514** | **534955** |
| **6855522** | **84591** | **265920** | **279242** | **34425** | **57855** |
| | | | | | |
| 6207 | 2 | 45 | 44 | 11 | 41 |
| 653133 | 33633 | 80618 | 92740 | 23694 | 33070 |
| 28017 | 39 | -336 | 386 | 108 | 252 |
| 501521 | 33028 | 75517 | 86867 | 21703 | 27578 |
| 179241 | 446 | 335 | 609 | 308 | 2498 |
| 116269 | 165 | -119 | 60 | 74 | 1082 |
| 389840 | 1247 | 7929 | 8261 | 2502 | 5886 |
| 4710857 | 48163 | 170434 | 169574 | 5461 | 11404 |
| 385763 | 1450 | 936 | -6876 | 551 | 1507 |
| 681178 | 1038 | 150926 | 152312 | 588 | 7798 |
| 558745 | 899 | 10192 | 13256 | 1837 | 1870 |
| 14828 | 41 | 58 | 57 | 17 | 191 |
| 1909898 | 21277 | -764 | 1134 | 94 | -2181 |
| 1149236 | 23281 | 8585 | 9190 | 2249 | 2149 |
| 548100 | 330 | 3634 | 4188 | 1420 | 1526 |
| 145183 | 387 | -86 | 273 | 240 | 2126 |
| 32612 | 35 | 172 | 172 | 43 | 220 |
| 24723 | 91 | 997 | 1207 | 275 | 207 |
| | | | | | |
| 6845164 | 84540 | 266679 | 280008 | 34402 | 57411 |
| 3615915 | 57096 | 239362 | 253475 | 24446 | 35879 |
| 5776 | | -141 | 13 | 4 | |
| 7833 | 19 | -48 | 133 | 26 | 52 |
| 1894692 | 3876 | 19364 | 18152 | 7324 | 16388 |
| 23756 | 189 | 1009 | 1743 | 577 | 1149 |
| 1870936 | 3687 | 18355 | 16409 | 6746 | 15239 |
| 1069823 | 23207 | 7923 | 8017 | 2187 | 2199 |
| 228781 | 289 | 84 | 86 | 382 | 2574 |
| 5455 | 3 | 97 | 97 | 25 | 83 |
| 211390 | 274 | -27 | -26 | 349 | 2457 |
| | | | | | |
| 10358 | 51 | -759 | -766 | 23 | 445 |
| | | | | | |
| 4280759 | 57997 | 250432 | 268618 | 27612 | 38683 |
| 151053 | 13 | 91 | 1178 | 57 | 48 |
| 2201809 | 25635 | 8721 | 2779 | 5212 | 16689 |
| | | | | | |
| 10358 | 51 | -759 | -766 | 23 | 445 |
| 211543 | 895 | 7436 | 7433 | 1522 | 1990 |
| | | | | | |
| 3102384 | 23988 | 13086 | 15689 | 4411 | 9168 |
| 2995 | 3 | 27 | 26 | 5 | 28 |
| 3741515 | 60567 | 253921 | 264270 | 30009 | 48633 |

## 10-6 续表 3

单位：万元

| 指　　标 | Item | 主营业务收入 Revenue from Principal Business |
|---|---|---|
| **零售业** | **Retail Sales** | **3618857** |
| **按批发行业小类分** | **Wholesale Trade** | |
| 综合零售 | Integrated Retail | 714964 |
| 百货零售 | Retail of General Merchandise | 495577 |
| 超级市场零售 | Retail of Supermarkets | 180759 |
| 食品、饮料及烟草制品专门零售 | Retail of Food,Beverages and Tobaccos | 132165 |
| 纺织、服装及日用品专门零售 | Retail of Textiles,Garments and Daily Consumer Goods | 73183 |
| 服装零售 | Retail of Garments | 70557 |
| 文化、体育用品及器材专门零售 | Retail of Culture,Sports Appliances and Equipments | 34808 |
| 图书零售 | Retail of Books | 26796 |
| 医药及医疗器材专门零售 | Retail of Medicines and Medical Appliances | 220999 |
| 药品零售 | Retail of Medicines | 214802 |
| 汽车、摩托车、燃料及零配件专门零售 | Retail of Motor Vehicles,Motorcycles,Fuel and Parts | 2137196 |
| 汽车零售 | Retail of Motor Vehicles | 1759860 |
| 家用电器及电子产品专门零售 | Retail of Household Electric Appliances and Electronic Products | 154364 |
| 家用电器零售 | Retail of Household Appliances | 952 |
| 五金、家具及室内装修材料专门零售 | Retail of Hardware,Furniture and Interior Decoration Materials | 3043 |
| 无店铺及其他零售 | Non-shop and Other Retails | 148136 |
| **按登记注册类型分** | **Types of Registration** | |
| 内资企业 | Domestic Funded Enterprises | 3246183 |
| 国有企业 | State-owned Enterprises | 12923 |
| 集体企业 | Collecttive-owned Enterprises | 21301 |
| 有限责任公司 | Limited Liability Corporations | 2281104 |
| 国有独资公司 | State Sole Funded Corperations | 986 |
| 其他有限责任公司 | Other Limited Liability Corporations | 2280118 |
| 股份有限公司 | Share-holding Corporations Ltd. | 361356 |
| 私营企业 | Private Enterprises | 412789 |
| 私营独资企业 | Private-funded Enterprises | 3956 |
| 私营有限责任公司 | Private Limited Liability Corporations | 408833 |
| 其他企业 | Other Enterprises | 121015 |
| 港、澳、台商投资企业 | Enterprises with Funds from Hong Kong,Macao and Taiwan | 222835 |
| 合资经营企业(港或澳、台资) | Joint-venture Enterprises with Funds from Hong Kong,Macao and Taiwan | 194083 |
| 港、澳、台商独资经营企业 | Enterprises with Sole Investment | 9216 |
| 外商投资企业 | Foreign Funded Enterprises | 149839 |
| 中外合资经营企业 | Joint-venture Enterprises | 119331 |
| 外资企业 | Enterprises With Sole Foreign Fund | 30508 |
| **按控股情况分** | **Holdings** | |
| 国有控股 | State-owned Holdings | 590748 |
| 集体控股 | Collective Holdings | 38631 |
| 私人控股 | Private Holdings | 2178714 |
| 港澳台商控股 | Hong Kong,Macao and Taiwan Holdings | 203299 |
| 外商控股 | Foreign Holdings | 111929 |
| 其　他 | Others | 495536 |
| **按经营形式分** | **Management Form** | |
| 独立门店 | Independent Store | 2650719 |
| 连锁总店 | Chain Store Headquarters | 603017 |
| 连锁门店 | Chain Store | 38477 |
| 其　他 | Others | 326644 |

(continued)

(10 000 yuan)

| 主营业务成本 Cost of Principal Business | 主营业务税金及附加 Tax and Extra Charges on Principal Business | 营业利润 Operating Profits | 利润总额 Total Profits | 应交所得税 Income Tax Payable | 本年应交增值税 the VAT Payable |
|---|---|---|---|---|---|
| **3183550** | **13250** | **87909** | **99001** | **21089** | **477100** |
| | | | | | |
| 592010 | 5811 | 32287 | 35942 | 8561 | 21921 |
| 406323 | 5175 | 29431 | 32763 | 7847 | 18653 |
| 152050 | 573 | 2754 | 2861 | 712 | 2903 |
| 111439 | 976 | 11950 | 13061 | 3532 | 2357 |
| 58402 | 428 | -973 | 151 | 279 | 3198 |
| 56344 | 414 | -1022 | 101 | 266 | 3133 |
| 29077 | 182 | -320 | -396 | 19 | 1209 |
| 22209 | 165 | -356 | -430 | 9 | 1115 |
| 192818 | 633 | 5569 | 5715 | 759 | 4192 |
| 187630 | 618 | 5425 | 5573 | 724 | 4101 |
| 1964583 | 3259 | 24637 | 27828 | 4584 | 430158 |
| 1604234 | 2916 | 20468 | 23618 | 4513 | 84456 |
| 136317 | 731 | 4973 | 5572 | 555 | 5989 |
| 844 | 4 | -3 | -3 | | 32 |
| 2637 | 10 | 36 | 36 | 9 | 53 |
| 96268 | 1219 | 9749 | 11091 | 2789 | 8024 |
| | | | | | |
| 2870866 | 11100 | 61446 | 71038 | 15245 | 469763 |
| 8956 | 69 | 635 | 686 | 127 | 445 |
| 12165 | 151 | 8337 | 8555 | 2137 | 1073 |
| 1978064 | 9173 | 39346 | 47931 | 11168 | 62902 |
| 661 | 8 | 39 | 39 | 11 | 57 |
| 1977403 | 9165 | 39308 | 47892 | 11157 | 62845 |
| 344368 | 356 | 3689 | 3952 | 12 | 345576 |
| 387122 | 1154 | 8017 | 8157 | 1445 | 57555 |
| 3381 | 10 | 27 | 15 | 2 | 44 |
| 383741 | 1144 | 7990 | 8142 | 1443 | 57510 |
| 107718 | 175 | 1077 | 1242 | 347 | 2037 |
| 192547 | 1067 | 14381 | 14314 | 3398 | 3342 |
| 169027 | 796 | 12557 | 12487 | 2983 | 2777 |
| 7341 | 25 | 161 | 163 | | 30 |
| 120136 | 1083 | 12082 | 13650 | 2446 | 3996 |
| 95380 | 973 | 12174 | 13741 | 2209 | 3725 |
| 24757 | 110 | -92 | -92 | 236 | 271 |
| | | | | | |
| 547700 | 903 | 10773 | 11408 | 2265 | 350222 |
| 27306 | 160 | 8694 | 8922 | 2137 | 1108 |
| 1962390 | 8400 | 34325 | 40525 | 7550 | 105284 |
| 176368 | 821 | 12718 | 12650 | 2983 | 2806 |
| 92291 | 881 | 8385 | 9903 | 2292 | 2616 |
| 377495 | 2085 | 13014 | 15593 | 3863 | 15065 |
| | | | | | |
| 2347540 | 10235 | 67725 | 76380 | 16788 | 114239 |
| 540644 | 1366 | 11675 | 11929 | 1114 | 351544 |
| 31365 | 125 | -404 | 330 | 209 | 1073 |
| 264000 | 1524 | 8913 | 10362 | 2978 | 10244 |

# 10−7 限额以上住宿和餐饮业企业基本情况(2012年)

| 指　　标 | Item | 法人企业数(个) Number of Corporations(unit) |
|---|---|---|
| **总　计** | **Total** | **175** |
| **住宿业** | **Hotels** | **95** |
| **按住宿行业小类分** | **Hotels Industry Classification** | |
| 旅游饭店 | Tourist Hotels | 65 |
| 一般旅馆 | General Hotels | 28 |
| **按登记注册类型分** | **By Types of Registration** | |
| 内资企业 | Domestic Funded Enterprises | 90 |
| 国有企业 | State-owned Enterprises | 26 |
| 集体企业 | Collective-owned Enterprises | 3 |
| 有限责任公司 | Limited Liability Corporations | 48 |
| 国有独资公司 | State Sole Funded Corperations | 1 |
| 其他有限责任公司 | Other Limited Liability Corporations | 47 |
| 私营企业 | Private Enterprises | 11 |
| 港、澳、台商投资企业 | Enterprises with Funds From Hong Kong,Macao and Taiwan | 4 |
| 外商投资企业 | Foreign Funded Enterprises | 1 |
| **按控股情况分** | **Holdings** | |
| 国有控股 | State-owned Holding | 33 |
| 集体控股 | Collective Holdings | 6 |
| 私人控股 | Private Holdings | 48 |
| 港澳台商控股 | Hong Kong,Macao and Taiwan Holdings | 2 |
| 其　他 | Others | 6 |
| **按经营形式分** | **Management Form** | |
| 独立门店 | Independent Store | 93 |
| 其　他 | Others | 1 |
| **按星级分** | **Hotel Star Points** | |
| 五　星 | Five-stars | 3 |
| 四　星 | Four-stars | 18 |
| 三　星 | Three-stars | 27 |
| 二　星 | Two-stars | 3 |
| 一　星 | One-star | 3 |
| 其　他 | Others | 41 |
| **餐饮业** | **Catering Services** | **80** |
| **按餐饮行业小类分** | **Catering Industry Classification** | |
| 正餐服务 | Restaurant | 79 |
| 快餐服务 | Fast Food | 1 |
| **按登记注册类型分** | **Types of Registration** | |
| 内资企业 | Domestic Funded Enterprises | 79 |
| 国有企业 | State-owned Enterprises | 5 |
| 有限责任公司 | Limited Liability Corporations | 42 |
| 其他有限责任公司 | Other Limited Liability Corporations | 42 |
| 私营企业 | Private Enterprises | 25 |
| 私营独资企业 | Private-funded Enterprises | 12 |
| 私营合伙企业 | Private Partnership Enterprises | 4 |
| 私营有限责任公司 | Private Limited Liability Corporations | 7 |
| 私营股份有限公司 | Private Share-holding Corporations Limited | 2 |
| 其他企业 | Other Enterprises | 5 |
| **按控股情况分** | **Holdings** | |
| 国有控股 | State-owned Holdings | 5 |
| 集体控股 | Collective Holdings | |
| 私人控股 | Private Holdings | 58 |
| 其　他 | Others | 16 |
| **按经营形式分** | **Management Form** | |
| 独立门店 | Independent Store | 75 |
| 连锁总店 | Chain Store Headquarters | 1 |
| 连锁门店 | Chain Store | 1 |
| 其　他 | Others | 3 |

# Basic Conditions of Enterprises above Designated Size of Hotels and Catering Services(2012)

| 年末从业人员(人)<br>Employed Persons(person) | 客房数(间)<br>Number of Hotel Rooms(room) | 床位数(个)<br>Number of Beds(unit) | 餐位数(张)<br>Number of Tables(table) |
|---:|---:|---:|---:|
| **24074** | **24758** | **44034** | **76920** |
| **12653** | **24096** | **42877** | **34064** |
| 10429 | 20798 | 37425 | 28742 |
| 1915 | 2974 | 4973 | 4257 |
| 11426 | 23032 | 41293 | 31120 |
| 2946 | 3300 | 5893 | 10506 |
| 198 | 309 | 610 | 600 |
| 7155 | 7937 | 12290 | 12684 |
| 577 | 367 | 616 | 1300 |
| 6578 | 7570 | 11674 | 11384 |
| 890 | 11233 | 22066 | 7010 |
| 968 | 845 | 1259 | 2100 |
| 259 | 219 | 325 | 844 |
| 4999 | 5050 | 8695 | 14243 |
| 667 | 828 | 1389 | 1670 |
| 5084 | 16338 | 30101 | 15409 |
| 441 | 338 | 488 | 1500 |
| 1462 | 1542 | 2204 | 1242 |
| 12555 | 23805 | 42426 | 33454 |
| 65 | 164 | 271 | 580 |
| 1690 | 1196 | 1679 | 2491 |
| 4307 | 4054 | 6379 | 10762 |
| 2595 | 3578 | 6269 | 6844 |
| 228 | 279 | 629 | 1120 |
| 261 | 487 | 791 | 930 |
| 3572 | 14502 | 27130 | 11917 |
| **11421** | **662** | **1157** | **42856** |
| 11295 | 662 | 1157 | 42612 |
| 126 | | | 244 |
| 11118 | 662 | 1157 | 41656 |
| 1786 | 332 | 575 | 2771 |
| 6366 | 201 | 370 | 23986 |
| 6366 | 201 | 370 | 23986 |
| 2325 | 89 | 141 | 12881 |
| 945 | | | 6197 |
| 492 | | | 1900 |
| 796 | 89 | 141 | 3244 |
| 92 | | | 1540 |
| 542 | 40 | 71 | 1468 |
| 1786 | 332 | 575 | 2771 |
| 6880 | 330 | 582 | 31763 |
| 2452 | | | 7122 |
| 8555 | 587 | 1031 | 37900 |
| 1291 | | | 2925 |
| 145 | | | 480 |
| 1430 | 75 | 126 | 1551 |

# 10–8 限额以上住宿和餐饮业企业经营情况(2012年)

单位：万元

| 指　　标 | Item | 营业额<br>Business Revenue |
|---|---|---|
| **总　　计** | **Total** | **306834** |
| 住宿业 | **Hotels** | **179695** |
| 按住宿行业小类分 | **Hotels Industry Classification** | |
| 旅游饭店 | Tourist Hotels | 149946 |
| 一般旅馆 | General Hotels | 25832 |
| 按登记注册类型分 | **By Types of Registration** | |
| 内资企业 | Domestic Funded Enterprises | 163599 |
| 国有企业 | State-owned Enterprises | 40252 |
| 集体企业 | Collective-owned Enterprises | 2445 |
| 有限责任公司 | Limited Liability Corporations | 110316 |
| 国有独资公司 | State Sole Funded Corperations | 14350 |
| 其他有限责任公司 | Other Limited Liability Corporations | 95966 |
| 私营企业 | Private Enterprises | 7096 |
| 港、澳、台商投资企业 | Enterprises with Funds From Hong Kong,Macao and Taiwan | 13043 |
| 外商投资企业 | Foreign Funded Enterprises | 3054 |
| 按控股情况分 | **Holdings** | |
| 国有控股 | State-owned Holding | 73829 |
| 集体控股 | Collective Holdings | 8880 |
| 私人控股 | Private Holdings | 62358 |
| 港澳台商控股 | Hong Kong,Macao and Taiwan Holdings | 5174 |
| 其　他 | Others | 29454 |
| 按经营形式分 | **Management Form** | |
| 独立门店 | Independent Store | 177534 |
| 其　他 | Others | 1358 |
| 按星级分 | **Hotel Star Points** | |
| 五　星 | Five-stars | 36871 |
| 四　星 | Four-stars | 63231 |
| 三　星 | Three-stars | 29251 |
| 二　星 | Two-stars | 2324 |
| 一　星 | One-star | 3989 |
| 其　他 | Others | 44030 |
| 餐饮业 | **Catering Services** | **127139** |
| 按餐饮行业小类分 | **Catering Industry Classification** | |
| 正餐服务 | Restaurant | 123885 |
| 快餐服务 | Fast Food | 3254 |
| 按登记注册类型分 | **Types of Registration** | |
| 内资企业 | Domestic Funded Enterprises | 122344 |
| 国有企业 | State-owned Enterprises | 12195 |
| 有限责任公司 | Limited Liability Corporations | 73311 |
| 其他有限责任公司 | Other Limited Liability Corporations | 73311 |
| 私营企业 | Private Enterprises | 29387 |
| 私营独资企业 | Private-funded Enterprises | 12022 |
| 私营合伙企业 | Private Partnership Enterprises | 6095 |
| 私营有限责任公司 | Private Limited Liability Corporations | 10613 |
| 私营股份有限公司 | Private Share-holding Corporations Limited | 657 |
| 其他企业 | Other Enterprises | 6163 |
| 按控股情况分 | **Holdings** | |
| 国有控股 | State-owned Holding | 12195 |
| 集体控股 | Collective Holdings | |
| 私人控股 | Private Holdings | 89326 |
| 其　他 | Others | 20823 |
| 按经营形式分 | **Management Form** | |
| 独立门店 | Independent Store | 94955 |
| 连锁总店 | Chain Store Headquarters | 22652 |
| 连锁门店 | Chain Store | 1465 |
| 其　他 | Others | 8067 |

# Business of Enterprises above Designated Size of Hotels and Catering Services(2012)

(10 000 yuan)

| 客房收入 Reveneue from Hotel Rooms | 餐费收入 Reveneue from Meals | 商品销售额 Merchandise Sales | 其他收入 Other Revenue | 年末零售营业面积(平方米) Business at Year-end Area of Retail(sq.m.) |
|---|---|---|---|---|
| **103222** | **182721** | **8797** | **12094** | **388963** |
| **99787** | **66489** | **3877** | **9542** | **165300** |
| 80859 | 57027 | 3471 | 8588 | 128478 |
| 17190 | 7290 | 406 | 945 | 32552 |
| 91784 | 58757 | 3854 | 9203 | 146487 |
| 19790 | 17243 | 698 | 2522 | 31769 |
| 874 | 1184 | 174 | 214 | 3140 |
| 63122 | 37749 | 2981 | 6464 | 88930 |
| 4778 | 6166 | 1741 | 1665 | 3685 |
| 58344 | 31583 | 1240 | 4799 | 85245 |
| 5669 | 1421 | 2 | 4 | 17660 |
| 6532 | 6243 | 23 | 245 | 17871 |
| 1472 | 1489 |  | 93 | 942 |
| 33561 | 32402 | 2804 | 5061 | 46905 |
| 4481 | 3979 | 206 | 214 | 10400 |
| 42742 | 17281 | 90 | 2244 | 82228 |
| 2992 | 2055 | 4 | 123 | 13360 |
| 16011 | 10772 | 772 | 1899 | 12407 |
| 97862 | 66253 | 3877 | 9542 | 163100 |
| 1122 | 236 |  |  | 1700 |
| 16933 | 17444 | 791 | 1703 | 17536 |
| 33516 | 24505 | 2039 | 3172 | 51293 |
| 17369 | 8650 | 531 | 2702 | 33425 |
| 1064 | 1254 |  | 6 | 2200 |
| 3288 | 556 |  | 146 | 5360 |
| 27619 | 14081 | 516 | 1814 | 55486 |
| **3435** | **116232** | **4920** | **2553** | **223663** |
| 3435 | 112978 | 4920 | 2553 | 221063 |
|  | 3254 |  |  | 2600 |
| 3435 | 111437 | 4920 | 2553 | 212701 |
| 1379 | 10073 | 166 | 576 | 14079 |
| 1414 | 66798 | 3270 | 1828 | 122350 |
| 1414 | 66798 | 3270 | 1828 | 122350 |
| 405 | 27596 | 1384 | 2 | 62588 |
|  | 11009 | 1013 |  | 26695 |
|  | 6095 |  |  | 20100 |
| 405 | 9844 | 364 |  | 13950 |
|  | 649 | 7 | 2 | 1843 |
| 236 | 5681 | 100 | 147 | 10415 |
| 1379 | 10073 | 166 | 576 | 14079 |
| 2055 | 82503 | 4547 | 221 | 160180 |
|  | 18861 | 207 | 1756 | 38442 |
| 2951 | 84726 | 4754 | 2525 | 190764 |
|  | 22652 |  |  | 23098 |
|  | 1465 |  |  | 3000 |
| 484 | 7389 | 166 | 28 | 6801 |

# 10–9 限额以上住宿和餐饮业企业主要财务状况(2012年)

单位：万元

| 指　标 | Item | 流动资产合计 Current Assets |
|---|---|---|
| **总　计** | **Total** | **187533** |
| **住宿业** | **Hotels** | **116947** |
| **按住宿行业小类分** | **Hotels Industry Classification** | |
| 旅游饭店 | Tourist Hotels | 100026 |
| 一般旅馆 | General Hotels | 15654 |
| **按登记注册类型分** | **Types of Registration** | |
| 内资企业 | Domestic Funded Enterprises | 112092 |
| 国有企业 | State-owned Enterprises | 14916 |
| 集体企业 | Collective-owned Enterprises | 3374 |
| 有限责任公司 | Limited Liability Corporations | 73759 |
| 国有独资公司 | State Sole Funded Corperations | 8043 |
| 其他有限责任公司 | Other Limited Liability Corporations | 65716 |
| 私营企业 | Private Enterprises | 19552 |
| 港、澳、台商投资企业 | Enterprises with Funds From Hong Kong,Macao and Taiwan | 4310 |
| 外商投资企业 | Foreign Funded Enterprises | 545 |
| **按控股情况分** | **Holdings** | |
| 国有控股 | State-owned Holding | 31158 |
| 集体控股 | Collective Holdings | 5419 |
| 私人控股 | Private Holdings | 67620 |
| 港澳台商控股 | Hong Kong,Macao and Taiwan Holdings | 982 |
| 其　他 | Others | 11768 |
| **按经营形式分** | **Management Form** | |
| 独立门店 | Independent Store | 113143 |
| 其　他 | Others | 2690 |
| **按星级分** | **Hotel Star Points** | |
| 五　星 | Five-stars | 9665 |
| 四　星 | Four-stars | 53993 |
| 三　星 | Three-stars | 15385 |
| 二　星 | Two-stars | 10473 |
| 一　星 | One-star | 1774 |
| 其　他 | Others | 25657 |
| **餐饮业** | **Catering Services** | **70586** |
| **按餐饮行业小类分** | **Catering Industry Classification** | |
| 正餐服务 | Restaurant | 69707 |
| 快餐服务 | Fast Food | 879 |
| **按登记注册类型分** | **Types of Registration** | |
| 内资企业 | Domestic Funded Enterprises | 67863 |
| 国有企业 | State-owned Enterprises | 5249 |
| 有限责任公司 | Limited Liability Corporations | 45786 |
| 其他有限责任公司 | Other Limited Liability Corporations | 45786 |
| 私营企业 | Private Enterprises | 10849 |
| 私营独资企业 | Private-funded Enterprises | 2662 |
| 私营合伙企业 | Private Partnership Enterprises | 3484 |
| 私营有限责任公司 | Private Limited Liability Corporations | 4604 |
| 私营股份有限公司 | Private Share-holding Corporations Limited | 99 |
| 其他企业 | Other Enterprises | 5400 |
| **按控股情况分** | **Holdings** | |
| 国有控股 | State-owned Holdings | 5249 |
| 集体控股 | Collective Holdings | |
| 私人控股 | Private Holdings | 50744 |
| 其　他 | Others | 11871 |
| **按经营形式分** | **Management Form** | |
| 独立门店 | Independent Store | 55025 |
| 连锁总店 | Chain Store Headquarters | 11168 |
| 连锁门店 | Chain Store | 321 |
| 其　他 | Others | 4072 |

# Main Financial Indicators of Enterprises above Designated Size of Hotels and Catering Services(2012)

(10 000 yuan)

| #存 货 Inventory | 固定资产合计 Total Fixed Assets | 固定资产原价 Original Value of Fixed Assets | 本年折旧 Depreciation in This Year | 资产总计 Total Assets | 负债合计 Total Liabilities | 所有者权益 Owners Equities |
|---|---|---|---|---|---|---|
| **15571** | **229957** | **338096** | **17817** | **498477** | **382827** | **115650** |
| **8594** | **199363** | **290219** | **13842** | **375105** | **288827** | **86277** |
| 7194 | 191161 | 273219 | 12049 | 342720 | 276047 | 66673 |
| 1157 | 7812 | 16180 | 1752 | 30726 | 12266 | 18460 |
| 7579 | 174740 | 245066 | 12389 | 336183 | 265351 | 70832 |
| 2227 | 30106 | 52931 | 2584 | 51191 | 18227 | 32964 |
| 198 | 283 | 719 | 38 | 3849 | 1735 | 2115 |
| 4756 | 139320 | 182221 | 9312 | 253604 | 225541 | 28063 |
| 1107 | 2653 | 10563 | 673 | 11869 | 3787 | 8081 |
| 3649 | 136668 | 171658 | 8638 | 241736 | 221754 | 19982 |
| 361 | 4869 | 9023 | 450 | 26862 | 19338 | 7525 |
| 961 | 15617 | 31730 | 1453 | 21463 | 16088 | 5375 |
| 54 | 9006 | 13423 | | 17459 | 7389 | 10070 |
| 5217 | 105185 | 146355 | 5762 | 147992 | 118412 | 29580 |
| 480 | 818 | 2274 | 273 | 9339 | 3427 | 5912 |
| 1730 | 40087 | 65890 | 2899 | 142221 | 112801 | 29420 |
| 113 | 11061 | 19171 | 761 | 12088 | 9136 | 2952 |
| 1054 | 42213 | 56529 | 4147 | 63465 | 45050 | 18414 |
| 8542 | 197273 | 288080 | 13804 | 365642 | 285139 | 80502 |
| 52 | 1833 | 1833 | | 4580 | 3580 | 1000 |
| 1478 | 40184 | 56149 | 3948 | 52265 | 40689 | 11576 |
| 3100 | 42709 | 74719 | 3797 | 122204 | 80462 | 41742 |
| 1342 | 33166 | 57594 | 1994 | 68910 | 53213 | 15697 |
| 427 | 1677 | 5444 | 199 | 12150 | 9013 | 3137 |
| 168 | 1328 | 3374 | 322 | 5743 | 2575 | 3169 |
| 2079 | 80299 | 92939 | 3584 | 113832 | 102875 | 10957 |
| **6977** | **30593** | **47878** | **3975** | **123372** | **94000** | **29372** |
| 6832 | 30526 | 47639 | 3975 | 122426 | 93784 | 28643 |
| 145 | 67 | 238 | | 946 | 216 | 730 |
| 6906 | 30477 | 47713 | 3950 | 119821 | 90563 | 29258 |
| 1055 | 6147 | 10140 | 355 | 17042 | 16135 | 908 |
| 3451 | 15525 | 25012 | 1874 | 72414 | 53574 | 18840 |
| 3451 | 15525 | 25012 | 1874 | 72414 | 53574 | 18840 |
| 1803 | 7276 | 10489 | 1443 | 21076 | 11204 | 9873 |
| 400 | 2402 | 3952 | 1002 | 6252 | 3035 | 3217 |
| 281 | 2822 | 3182 | 116 | 7406 | 3802 | 3604 |
| 1109 | 1952 | 3170 | 313 | 7184 | 4330 | 2854 |
| 12 | 100 | 186 | 12 | 235 | 38 | 197 |
| 549 | 1426 | 1847 | 268 | 8603 | 9303 | -700 |
| 1055 | 6147 | 10140 | 355 | 17042 | 16135 | 908 |
| 4714 | 20537 | 32247 | 3194 | 84056 | 55839 | 28217 |
| 1136 | 3793 | 5327 | 401 | 18723 | 18590 | 133 |
| 5180 | 18525 | 30349 | 3142 | 88127 | 66093 | 22034 |
| 958 | 6594 | 9135 | 443 | 18810 | 11387 | 7424 |
| 199 | 352 | 445 | 93 | 2438 | 3269 | -831 |
| 641 | 5122 | 7950 | 298 | 13997 | 13251 | 746 |

## 10–9 续表

单位：万元

| 指 标 | Item | 主营业务收入 Revenue from Principal Business |
|---|---|---|
| **总 计** | **Total** | **297685** |
| **住宿业** | **Hotels** | **178057** |
| **按住宿行业小类分** | **Hotels Industry Classification** | |
| 旅游饭店 | Tourist Hotels | 148627 |
| 一般旅馆 | General Hotels | 25512 |
| **按登记注册类型分** | **Types of Registration** | |
| 内资企业 | Domestic Funded Enterprises | 161961 |
| 国有企业 | State-owned Enterprises | 39886 |
| 集体企业 | Collective-owned Enterprises | 2495 |
| 有限责任公司 | Limited Liability Corporations | 108611 |
| 国有独资公司 | State Sole Funded Corperations | 13732 |
| 其他有限责任公司 | Other Limited Liability Corporations | 94879 |
| 私营企业 | Private Enterprises | 7480 |
| 港、澳、台商投资企业 | Enterprises with Funds From Hong Kong,Macao and Taiwan | 13043 |
| 外商投资企业 | Foreign Funded Enterprises | 3054 |
| **按控股情况分** | **Holdings** | |
| 国有控股 | State-owned Holding | 72634 |
| 集体控股 | Collective Holdings | 8972 |
| 私人控股 | Private Holdings | 62858 |
| 港澳台商控股 | Hong Kong,Macao and Taiwan Holdings | 5174 |
| 其 他 | Others | 28419 |
| **按经营形式分** | **Management Form** | |
| 独立门店 | Independent Store | 175905 |
| 其 他 | Others | 1358 |
| **按星级分** | **Hotel Star Points** | |
| 五 星 | Five-stars | 35848 |
| 四 星 | Four-stars | 62718 |
| 三 星 | Three-stars | 29475 |
| 二 星 | Two-stars | 2354 |
| 一 星 | One-star | 3898 |
| 其 他 | Others | 43765 |
| **餐饮业** | **Catering Services** | **119628** |
| **按餐饮行业小类分** | **Catering Industry Classification** | |
| 正餐服务 | Restaurant | 116374 |
| 快餐服务 | Fast Food | 3254 |
| **按登记注册类型分** | **Types of Registration** | |
| 内资企业 | Domestic Funded Enterprises | 114832 |
| 国有企业 | State-owned Enterprises | 7762 |
| 有限责任公司 | Limited Liability Corporations | 71156 |
| 其他有限责任公司 | Other Limited Liability Corporations | 71156 |
| 私营企业 | Private Enterprises | 28499 |
| 私营独资企业 | Private-funded Enterprises | 11087 |
| 私营合伙企业 | Private Partnership Enterprises | 6095 |
| 私营有限责任公司 | Private Limited Liability Corporations | 10527 |
| 私营股份有限公司 | Private Share-holding Corporations Limited | 790 |
| 其他企业 | Other Enterprises | 6127 |
| **按控股情况分** | **Holdings** | |
| 国有控股 | State-owned Holdings | 7762 |
| 集体控股 | Collective Holdings | |
| 私人控股 | Private Holdings | 87147 |
| 其 他 | Others | 19923 |
| **按经营形式分** | **Management Form** | |
| 独立门店 | Independent Store | 91876 |
| 连锁总店 | Chain Store Headquarters | 22652 |
| 连锁门店 | Chain Store | 1465 |
| 其 他 | Others | 3634 |

(continued)

(10 000 yuan)

| 主营业务成本 Cost of Principal Business | 主营业务税金及附加 Tax and Extra Charges on Principal Business | 营业利润 Operating Profits | 利润总额 Total Profits | 应交所得税 Income Tax Payable |
|---|---|---|---|---|
| **121476** | **16708** | **-14242** | **-11947** | **3127** |
| **63627** | **9905** | **-10796** | **-9556** | **2060** |
| 52245 | 8241 | -10671 | -9500 | 1879 |
| 10359 | 1452 | 597 | 706 | 181 |
| 60810 | 8984 | -9942 | -8725 | 2024 |
| 15439 | 2311 | -1554 | -1456 | 77 |
| 1690 | 95 | 202 | 196 | 59 |
| 37246 | 5978 | -8040 | -6960 | 1868 |
| 2627 | 711 | 1116 | 1171 | 295 |
| 34619 | 5267 | -9155 | -8130 | 1573 |
| 4062 | 402 | -524 | -483 | 18 |
| 2292 | 740 | -211 | -188 | 36 |
| 525 | 182 | -643 | -643 | |
| 32005 | 4108 | -10178 | -9999 | 564 |
| 4477 | 352 | 570 | 534 | 160 |
| 20139 | 3543 | -3590 | -3331 | 216 |
| 889 | 294 | -182 | -180 | 1 |
| 6117 | 1608 | 2583 | 3419 | 1119 |
| 62634 | 9782 | -10802 | -9562 | 2060 |
| 421 | 77 | -55 | -55 | |
| 6501 | 2013 | 3771 | 4628 | 1154 |
| 15242 | 3494 | -1049 | -903 | 361 |
| 12365 | 1669 | -2367 | -2335 | 270 |
| 746 | 151 | -130 | -139 | 17 |
| 1791 | 117 | 141 | 102 | 68 |
| 26983 | 2460 | -11163 | -10908 | 190 |
| **57849** | **6803** | **-3446** | **-2391** | **1067** |
| 55887 | 6618 | -3573 | -2518 | 1036 |
| 1962 | 186 | 126 | 126 | 32 |
| 56122 | 6530 | -3460 | -2541 | 1030 |
| 4800 | 407 | -659 | -669 | 58 |
| 33142 | 4002 | -2610 | -1483 | 632 |
| 33142 | 4002 | -2610 | -1483 | 632 |
| 14854 | 1696 | 1182 | 949 | 320 |
| 6003 | 708 | 559 | 185 | 73 |
| 2927 | 345 | 269 | 271 | 128 |
| 5407 | 586 | 317 | 454 | 117 |
| 516 | 58 | 37 | 40 | 2 |
| 2791 | 351 | -1457 | -1421 | |
| 4800 | 407 | -659 | -669 | 58 |
| 42654 | 4968 | 588 | 388 | 905 |
| 8668 | 1155 | -3388 | -2259 | 67 |
| 41884 | 5252 | -3060 | -2055 | 746 |
| 12139 | 1292 | 1053 | 1057 | 264 |
| 764 | 84 | -851 | -851 | |
| 3063 | 175 | -588 | -543 | 57 |

# 10—10 各区(县、市)社会消费品零售总额
# Total Retail Sales of Consumer Goods by District ,County(City)

单位：万元 (10 000 yuan)

| 区(县、市)名称 | District (County,City) | 2012 | 2011 | 2012年比2011年增长(%) Growth Rate in 2012 over 2011(%) |
|---|---|---|---|---|
| 南明区 | Nanming | 2276701 | 1924899 | 18.3 |
| 云岩区 | Yunyan | 2552452 | 2187991 | 16.7 |
| 花溪区 | Huaxi | 266305 | 225696 | 18.0 |
| 乌当区 | Wudang | 664080 | 531553 | 18.1 |
| 白云区 | Baiyun | 269958 | 228391 | 18.2 |
| 小河区 | Xiaohe | 627076 | 493233 | 18.2 |
| 开阳县 | Kaiyang | 233090 | 198374 | 17.5 |
| 息烽县 | Xifeng | 122138 | 103948 | 17.5 |
| 修文县 | Xiuwen | 142468 | 121560 | 17.2 |
| 清镇市 | Qingzhen | 255878 | 218140 | 17.3 |

注：以上数据总量为全口径，增速为可比口径。

a) Total retail sales of consumer goods in this table referred to all retail sales in 2012,whereas the growth rate were calculated on the comparable basis.

# 10—11 "黄金周"旅游接待情况
# Tourism in Golden Week

| 指标 | | Item | | 春节 Spring Festival | 国庆节 National Day |
|---|---|---|---|---|---|
| **旅游住宿设施** | | **Tourism Accommodation** | | | |
| 累计接待人天数 | (万人/天) | Number of Tourists Every Day | (10 000 persons/day) | 11.83 | 141.25 |
| 平均停留天数 | (天) | Average Days Tourists Stay | ( Day) | 3.89 | 1.73 |
| 星级宾馆出租率 | | Room Occupancy Rate | | | |
| #饭店宾馆 | (%) | Hotel | (%) | 22.05 | 68.1 |
| #旅馆招待所 | (%) | Guesthouse | (%) | | 67.8 |
| **旅行社** | | **Travel Agencies** | | | |
| 累计接团数 | (个) | Cumulative Number of Tours | (unit) | 512 | 1202 |
| 累计接待人数 | (万人次) | Cumulative Number of Tourists Arrival | (10 000 person-times) | 1.07 | 3.9 |
| **景区(点)** | | **Scenic Spots** | | | |
| 统计的景区(点) | (个) | Numbers of Statistical Scenic Spots | (unit) | 31 | 40 |
| 累计接待人数 | (万人次) | Cumulative Number of Tourists | (10 000 person-times) | 53.32 | 140.22 |
| 一日游游客所占比重 | (%) | Percentage of Day-tripper | (%) | 72.9 | 81.54 |
| 门票收入 | (万元) | Ticket Receipt | (10 000yuan) | 511.58 | 1536.13 |
| **交通客运** | | **Transportation** | | | |
| 累计抵达班车次 | | Cumulative Number | | | |
| #铁路 | (班车、次) | Railway | (time) | 650 | 461 |
| 民航 | (班车、次) | Civil Aviation | (time) | 570 | 947 |
| 公路 | (班车、次) | Highway | (time) | 43107 | 48827 |
| 累计抵达旅客量 | | Cumulative Number of Tourists Arrival | | | |
| #铁路 | (万人、次) | Railway | (10 000 person-times) | 21.2 | 42.8 |
| 民航 | (万人、次) | Civil Aviation | (10 000 person-times) | 6 | 10.3 |
| 公路 | (万人、次) | Highway | (10 000 person-times) | 79.58 | 129.66 |
| **接待综合情况** | | **General Information of Tourism** | | | |
| 接待人数 | (万人、次) | Number of Visitors | (10 000 person-times) | 118.19 | 442.31 |
| 旅游收入 | (万元) | Tourism Earnings | (10 000yuan) | 46297 | 221258 |
| 人均天花费 | | Per Capita Expenditure Every Day | | | |
| #过夜旅游者 | (元/人天) | Tourist Stay for Several Days | ( yuan/person) | 707.16 | 767.63 |
| 一日游游客 | (元/人天) | Day-tripper | ( yuan/person) | 329.01 | 312.83 |

# 10-12 旅 游 Tourism

| 指 标 | | Item | | 2012 | 2011 | 2012年比2011年增长(%) Growth Rate in 2012 over 2011(%) |
|---|---|---|---|---|---|---|
| **接待海外旅游人数** | **(人 次)** | **Number of Foreign Tourists** | **(person-time)** | **116181** | **97777** | **18.8** |
| 外国人 | (人 次) | Foreigner | (person-time) | 56734 | 51469 | 10.2 |
| 港澳同胞 | (人 次) | Compatriots from Hong Kong and Macao | (person-time) | 33744 | 24827 | 35.9 |
| 台湾同胞 | (人 次) | Compatriots from Taiwan | (person-time) | 25703 | 21481 | 19.7 |
| **接待海外旅游人天数** | **(人 天)** | **International Tourist** | **(person-time)** | **250703** | **209648** | **19.6** |
| 外国人 | (人 天) | Foreigner | (person-day) | 126557 | 109456 | 15.6 |
| 港澳同胞 | (人 天) | Compatriots from Hong Kong and Macao | (person-day) | 65130 | 50663 | 28.6 |
| 台湾同胞 | (人 天) | Compatriots from Taiwan | (person-day) | 59016 | 49529 | 19.2 |
| **旅游外汇收入** | **(万美元)** | **Foreign Exchange Earnings** | **(10 000U.S.D)** | **4474.08** | **3726.76** | **20.1** |
| **国内旅游** | | **Domestic Tourism** | | | | |
| 接待国内游客 | (万人次) | Domestic Tourist | (10 000person-times) | 6332.59 | 5065.59 | 25.0 |
| 旅游收入 | (亿 元) | Tourism Earnings | (100 million yuan) | 600.01 | 461.32 | 30.0 |
| **旅游总收入** | **(亿 元)** | **Total Tourism Earnings** | **( 100 million yuan)** | **602.70** | **463.62** | **30.0** |

注：由于省旅游局进行综合测试，2011-2012年旅游数据为省旅游局评估数。

a) The tourism data from 2011 to 2012 are the assessed number of tourism administrative of Guizhou province after the comprehensive avessment made by tourism administrative of Guizhou province.

# 10-13 星级饭店 Star-rated Hotels

单位：个 (unit)

| 指 标 | Item | 2012 | 2011 | 2012年比2011年增长(%) Growth Rate in 2012 over 2011(%) |
|---|---|---|---|---|
| **总 计** | **Total** | **77** | **81** | **-4.9** |
| **按星级分** | **By Star-rated** | | | |
| 一 星 | one-star Hotel | 5 | 5 | 持平 |
| 二 星 | Two-stars Hotel | 17 | 20 | -15.0 |
| 三 星 | Three-stars Hotel | 33 | 35 | -5.7 |
| 四 星 | Four-stars Hotel | 19 | 19 | 持平 |
| 五 星 | Five-stars Hotel | 3 | 2 | 50.0 |
| **按经济类型分** | **By Ownership** | | | |
| 国有经济 | State-owned | 29 | 27 | 7.4 |
| 集体经济 | Collective-owned | | 2 | |
| 外商投资经济 | Foreign Funded | | 2 | |
| 个人投资经济 | Private Funded | 48 | 50 | -4.0 |
| **按规模分** | **By Capacity** | | | |
| 客房总数500间以上 | With more than 500 Rooms | | | |
| 客房总数300-499间 | With 300-499 Rooms | 4 | 3 | 33.3 |
| 客房总数200-299间 | With 200-299 Rooms | 8 | 8 | 持平 |
| 客房总数100-199间 | With 100-199 Rooms | 28 | 30 | -6.7 |
| 客房总数99间以下 | With Less than 99 Rooms | 36 | 40 | -10.0 |

# 10–14 招商引资 Capital Absorbed

| 指标 | Item | 项目个数(个) Number of Projects (Unit) | | 合同引资额 Contracted Capital | | 实际到位资金 Actually Absorbed Capital | | |
|---|---|---|---|---|---|---|---|---|
| | | 2012 | 2011 | 2012 | 2011 | 2012 | 2011 | 2012年比2011年增(%) Growth Rate in 2012 over 2011(%) |
| **利用外资(万美元)** | **Foreign Capital Absorbed (10 000 USD)** | **12** | **30** | **19233** | **120505** | **47415** | **27874** | **70.1** |
| **直接利用外资** | **Direct Foreign Investment** | **12** | **30** | **19233** | **120505** | **47415** | **27874** | **70.1** |
| #合资经营企业 | Joint Venture | 5 | 12 | 3737 | 72520 | 17331.30 | 5800 | **198.8** |
| 合作经营企业 | Cooperative Venture | | 2 | 240 | 3846 | 290 | 406 | **-28.6** |
| 外资企业 | Foreign-funded Enterprises | 7 | 16 | 15255 | 44139 | 21204.44 | 21668 | **-2.1** |
| **引进内资(亿元)** | **Contracted Value (100 million yuan )** | **1110** | **1539** | **4306.80** | **1579.58** | **1354.49** | **691.31** | **95.9** |

注：2012年实际到位资金中投注差（投资总额与注册资本的差额）为8589万美元。
a) The registered capital in 2012 was 85.89 million U.S.D.more than the actually absorbed capital.

# 10–15 各区(县、市)实际直接利用外资 Direct Foreign Investment Actually Utilized by District,County(City)

单位：万美元 (10 000 USD)

| 区(县、市)名称 | District,County(City) | 2012 | 2011 | 2012年比2011年增长(%) Growth Rate in 2012 over 2011(%) |
|---|---|---|---|---|
| **总计** | **Total** | **47415** | **27874** | **70.1** |
| 南明区 | Nanming | 5688 | 3301 | 72.3 |
| 云岩区 | Yunyan | 5706 | 3305 | 72.6 |
| 花溪区 | Huaxi | 4470 | 2677 | 67.0 |
| 乌当区 | Wudang | 4489 | 2670 | 68.1 |
| 白云区 | Baiyun | 4489 | 2654 | 69.1 |
| 小河区 | Xiaohe | 4487 | 2672 | 67.9 |
| 开阳县 | Kaiyang | 1678 | 992 | 69.2 |
| 息烽县 | Xifeng | 1679 | 996 | 68.6 |
| 修文县 | Xiuwen | 1681 | 995 | 68.9 |
| 清镇市 | Qingzhen | 1680 | 3302 | 68.3 |
| 高新区 | Gaoxin | 5688 | 998 | 71.7 |
| 金阳新区 | Jinyang | 5688 | 3312 | 72.3 |

# 10–16 进出口总额
# Total Value of Imports and Exports

单位：万美元 (10 000 USD)

| 指　　标 | Item | 2012 | 2011 | 2012年比2011年增长(%) Growth Rate in 2012 over 2011(%) |
|---|---|---|---|---|
| **进出口总额** | **Total Value of Imports and Exports** | **505104** | **376943** | **34.0** |
| **按企业性质分** | **By Ownship of Enterprise** | | | |
| 三资企业 | Foreign-funded Enterprises | 12547 | 16806 | -25.3 |
| 国有企业 | State-owned Enterprises | 274336 | 320425 | -14.4 |
| 集体企业 | Collective-owned Enterprises | 11527 | 7293 | 58.1 |
| 民营企业及其他 | Private and Other Enterprises | 206694 | 32418 | 537.6 |
| **按贸易方式分** | **By Types of Trade** | | | |
| 一般贸易 | General Trade | 437484 | 323203 | 35.4 |
| 加工贸易 | Processing Trade | 47770 | 47498 | 0.6 |
| 其他贸易 | Others | 19850 | 6242 | 218.0 |
| **出口总额** | **Total Value of Exports** | **421398** | **278023** | **51.6** |
| **按企业性质分** | **By Ownship of Enterprise** | | | |
| 三资企业 | Foreign-funded Enterprises | 8647 | 11231 | -23.0 |
| 国有企业 | State-owned Enterprises | 207431 | 239650 | -13.4 |
| 集体企业 | Collective-owned Enterprises | 5653 | 5883 | -3.9 |
| 民营企业及其他 | Private and Other Enterprises | 199667 | 21259 | 839.2 |
| **按贸易方式分** | **By Types of Trade** | | | |
| 一般贸易 | General Trade | 369654 | 241159 | 53.3 |
| 加工贸易 | Processing Trade | 34041 | 32891 | 3.5 |
| 其他贸易 | Others | 17703 | 3973 | 345.6 |
| **进口总额** | **Total Value of Imports** | **83706** | **98919** | **-15.4** |
| **按企业性质分** | **By Ownship of Enterprise** | | | |
| 三资企业 | Foreign-funded Enterprises | 3900 | 5575 | -30.0 |
| 国有企业 | State-owned Enterprises | 66905 | 80775 | -17.2 |
| 集体企业 | Collective-owned Enterprises | 5874 | 1410 | 316.6 |
| 民营企业及其他 | Private and Other Enterprises | 7027 | 11159 | -37.0 |
| **按贸易方式分** | **By Types of Trade** | | | |
| 一般贸易 | General Trade | 67830 | 82044 | -17.3 |
| 加工贸易 | Processing Trade | 13729 | 14606 | -6.0 |
| 其他贸易 | Others | 2147 | 2269 | -5.4 |

注：数据来源于贵阳市商务局。
a) Data in this table were provided by Commerce Bureau of Guiyang.

# 10–17 分国别(地区)进出口总额
# Total Value of Imports and Exports by Country

单位：万美元 (10 000 USD)

| 指　　标 | Item | 2012 合　计 Total Value | 2012 出　口 Exports | 2012 进　口 Imports | 2011 合　计 Total Value | 2011 出　口 Exports | 2011 进　口 Imports |
|---|---|---|---|---|---|---|---|
| **总　　计** | **Total** | **505104** | **421398** | **83706** | **376943** | **278023** | **98919** |
| 亚　洲 | Asia | 313167 | 261150 | 52017 | 245049 | 177934 | 67115 |
| #香　港 | Hong Kong | 20219 | 20217 | 2 | 21405 | 21399 | 6 |
| 印　度 | India | 59214 | 58514 | 699 | 65091 | 62928 | 2163 |
| 韩　国 | North Korea | 8049 | 7390 | 659 | 7020 | 6020 | 1000 |
| 台　湾 | Taiwan | 2140 | 2022 | 118 | 2648 | 1836 | 812 |
| 东　盟 | ASEAN | 152663 | 122629 | 30034 | 87392 | 48729 | 38663 |
| 非　洲 | Africa | 26727 | 26347 | 380 | 8730 | 7814 | 916 |
| 欧　洲 | Europe | 53012 | 45446 | 7566 | 29186 | 20313 | 8873 |
| #欧　盟 | European Union | 48442 | 41101 | 7342 | 25470 | 17695 | 7775 |
| 拉丁美洲 | Latin America | 20713 | 19728 | 985 | 33090 | 28946 | 4144 |
| 北美洲 | North America | 71800 | 49490 | 22310 | 45048 | 27435 | 17613 |
| #美　国 | America | 58652 | 45434 | 13218 | 32804 | 25830 | 6974 |
| 大洋洲 | Oceania | 19685 | 19237 | 448 | 15839 | 15581 | 258 |
| #澳大利亚 | Australia | 13619 | 13275 | 343 | 11041 | 10845 | 196 |

# 10–18 各区(县、市)进出口总额
# Total Value of Imports and Exports by District(County,City)

单位：万美元 (10 000 USD)

| 区(县、市)名　称 | District (County,City) | 2012 合　计 Total Value | 2012 出　口 Exports | 2012 进　口 Imports | 2011 合　计 Total Value | 2011 出　口 Exports | 2011 进　口 Imports |
|---|---|---|---|---|---|---|---|
| **总　　计** | **Total** | **505104** | **421398** | **83706** | **376943** | **278023** | **98919** |
| 南 明 区 | Nanming | 269307 | 246220 | 23087 | 91590 | 68548 | 23042 |
| 云 岩 区 | Yunyan | 157579 | 125593 | 31986 | 241643 | 183776 | 57867 |
| 花 溪 区 | Huaxi | 326 | 326 | | 225 | 225 | |
| 乌 当 区 | Wudang | 10258 | 8889 | 1369 | 7491 | 6725 | 766 |
| 白 云 区 | Baiyun | 3955 | 3700 | 255 | 2380 | 2340 | 40 |
| 小 河 区 | Xiaohe | 23069 | 6129 | 16940 | 17599 | 6803 | 10796 |
| 开 阳 县 | Kaiyang | 208 | 208 | | 155 | 155 | |
| 息 烽 县 | Xifeng | 2591 | 575 | 2016 | 1941 | 412 | 1529 |
| 修 文 县 | Xiuwen | 6617 | 6608 | 9 | 4906 | 4878 | 28 |
| 清 镇 市 | Qingzhen | 1258 | 301 | 957 | 1023 | 278 | 745 |

注：全市数据包含高新区、金阳新区。
a) Date in this table included value of imports and exports in Gaoxin District and Jinyang District.

# 主要统计指标解释

**社会消费品零售总额** 指企业（单位、个体户）通过交易直接售给个人、社会集团非生产、非经营用的实物商品金额，以及提供餐饮服务所取得的收入金额。个人包括城乡居民和入境人员，社会集团包括机关、社会团体、部队、学校、企事业单位、居委会或村委会等。

**批发零售贸易业商品购、销、存总额** 指各种登记注册类型的批发、零售贸易业(不包括个体)企业（单位）以本企业（单位）为总体的商品购进、销售、库存总额。

**商品购进总额** 指从本企业(单位)以外的单位和个人购进(包括从境外直接进口)作为转卖或加工后转卖的商品总额。它反映批发零售贸易业从国内、国外市场上购进商品的总量。商品购进总额包括：(1)从工农业生产者购进的商品；(2)从出版社、报社的出版发行部门购进的图书、杂志和报纸；(3)从各种登记注册类型的批发零售贸易企业(单位)购进的商品；(4)从其他单位购进的商品，如从机关、团体、企业等单位购进的剩余物资，从餐饮业、服务业购进的商品，从海关、市场管理部门购进的缉私和没收的商品，从居民手中收购的废旧商品等；(5)从国(境)外直接进口的商品。不包括企业(单位)为自身经营用和未通过买卖行为而收入的商品以及销售退回、商品升溢等。

**商品销售总额** 指对本企业(单位)以外的单位和个人出售(包括对境外直接出口)的商品总额。它反映批发零售贸易业在国内市场上销售商品以及出口商品的总量。商品销售总额包括：⑴售给城乡居民和社会集团消费用的商品；⑵售给工业、农业、建筑业、运输邮电业、批发零售贸易业、餐饮业、服务业等作为生产、经营使用的商品；⑶售给批发零售贸易业作为转卖或加工后转卖的商品；⑷对国(境)外直接出口的商品。不包括出售本企业(单位)自用的废旧包装用品；未通过买卖行为付出的商品；经本单位介绍，由买卖双方直接结算，本单位只收取手续费的业务；购货退出的商品以及商品损耗和损失等。

**批发零售贸易业库存** 指报告期末各种登记注册类型的批发零售贸易企业(单位)已取得所有权的商品。它反映批发零售贸易企业(单位)的商品库存情况和对市场商品供应的保证程度。

**零售额** 指售给城乡居民用于生活消费和社会集团用于公共消费的商品金额。具体包括：

（1）售给城乡居民的各种生活消费品；

（2）售给入境旅游的外国人、华侨、港澳台同胞的各类商品；

（3）售给行政事业单位、社会团体、军队和武警等机构的商品，以及以零售方式售予各类企业的商品。具体包括：用于非生产和社会交往的办公用品，如通讯设备、计算器具和设备、电讯网络设备、文印设备、音像视听器材和设备、纸张、本册、文具及装订文印材料、家具、日用电器、针纺织品、清洁卫生用品、文体用品、奖品、纪念品、礼品等；供内部人员乘坐的交通工具和燃料；用于办公设施修缮的各类配件、材料、工具等；用于取暖和防暑降温的设备、燃料、材料及食品等；专用于教学的用品和设备；非营利医疗机权的中、西药品、中药材和医疗设备器材；非专用的劳动保护用品；不对外营业的内部食堂用的餐具、炊具、设备、清洁卫生工具和食品、燃料等；军队、武警用于其人员生活的衣着品和个人用品；其他各类非生产性设备和用品。不包括：

（1）售给城乡居民已确知是用于生产、经营的商品；

（2）售给各类农业生产者的生产资料类商品；

（3）售给企业单位生产上专用的劳动保护用品；

**批发额** 指售给国民经济各行业用于生产经营的商品金额。具体包括：

（1）售予国民经济各行业用于生产经营、勘察设计、科研试验等的商品；加油站售予生产及营运用的运输工具的石油及制品类商品；售予民政部门救灾用的商品。

（2）售予批发零售业、餐饮业和其他服务行业用于转卖的商品。

（3）直接向境外出品的商品和委托外贸部门代理出口的商品。不包括售给外贸部门出口或加工后出口的商品以及在境内市场以外币销售的商品。外贸企业只统计自主出口的商品，不包括代理出口的商品。

**住宿和餐饮业经营情况**

**营业额** 指住宿和餐饮业法人企业、产业活动单位在经营活动中因提供服务或销售商品等取得的收入。包括：客房收入、餐费收入、商品销售额（含增值税）和其他收入。

**客房收入** 指住宿和餐饮业法人企业、产业活动单位在经营活动中因提供住宿服务取得的客房收入。

**餐费收入** 指住宿和餐饮业法人企业、产业活动单位因为顾客提供就餐服务取得的收入。包括：经烹饪、调制加工后出售的各种食品，如主食、炒菜、凉拌菜等的收入。

**商品销售额** 指住宿和餐饮业法人企业、产业活动单位出售商品的总金额（含增值税）。

其他收入指营业额中除客房收入、餐费收入、商品销售额（含增值税）以外的其他收入。包括：娱乐、健身和商务服务等。

**从业人员** 指在该连锁企业工作并取得劳动报酬的年末实有人员数。包括在岗职工、再就业的离退休人员、在该企业工作的外方人员、港、澳、台方人员、兼职人员、借用的外单位人员和第二职业者。不包括离开本单位但仍保留劳动关系的职工。从业人数包括总店和全部门店以及自有配送中心的从业人数。

**外贸进出口总额** 指实际进出我国国境的货物总金额。包括对外贸易实际进出口货物，来料加工装配进出口货物，国家间、联合国及国际组织无偿援助物资和赠送品，华侨、港澳台同胞和外籍华人捐赠品，租赁期满归承租人所有的租赁货物，来料加工进出口货物，边境地方贸易及边境地区小额贸易进出口货物（边民互市贸易除外），中外合资企业、中外合作经营企业、外商独资经营企业进出口货物和公用物品，到、离岸价格在规定限额以上的进出口货样和广告品（无商业价值、无使用价值和免费提供出口的除外），从保税仓库提取在中国境内销售的进口货物，以及其他进出口货物。进出口总额用以观察一个国家在对外贸易方面的总规模。我国规定出口货物按离岸价格统计，进口货物按到岸价格统计。

**利用外资** 指我国各级政府、部门和其他经济组织通过对外借款、吸收外商直接投资以及用其他方式筹措的境外现汇、设备、技术等。

**外商直接投资** 指外国企业和经济组织或个人（包括华侨、港澳台胞以及我国在境外注册的企业）按我国有关政策、法规，用现汇、实物、技术等在我国境内开办外商独资企业、与我国境内的企业或经济组织共同举办中外合资经营企业、合作经营企业或合作开发资源的投资（包括外商投资收益的再投资），以及经政府有关部门批准的项目投资总额内企业从境外借入的资金。

**旅游者人数**

（1）入境国际旅游者人数 指来中国参观、访问、旅行、探亲、访友、休养、考察、参加会议和从事经济、科技、文化、教育、宗教等活动的外国人、华侨、港澳同胞和台湾同胞的人数。不包括外国在我国的常驻机构，如使领馆、通讯社、企业办事处的工作人员；来我国常住的外国专家、留学生以及在岸逗留不过夜人员。

（2）出境居民人数 指大陆居民因公务活动或私人事务短期出境的人数。公务活动出境居民人数包括在国际交通工具上的中国服务员工，因私出境居民人数不包括在国际交通工具上的中国服务员工。

（3）国内旅游者人数 指我国大陆居民和在我国常住1年以上的外国人、华侨、港澳台同胞离开常住地在境内其他地方的旅游设施内至少停留一夜，最长不超过6个月的人数。

**旅游总收入** 游客（海外游客和国内游客）在旅游过程中（由游客或游客的代表为游客）支付的一切旅游支出就是国家（省、区、市）的旅游总收入。旅游支出应包括（过夜）旅游者和一日游游客在整个游程中行、游、住、食、购、娱，以及为亲友、家人购买纪念品、礼品等方面的旅游支出，不包括为商业目的购物、购买房、地、车、船等资本性或交易性的投资、馈赠亲友的现金及给公共机构的捐赠。

旅游收入包括国际旅游（外汇）收入和国内旅游收入。

国际旅游（外汇）收入 海外旅游者在中国（大陆）境内旅行、游览过程中用于交通、参观游览、住宿、餐饮、购物、娱乐等全部花费。

国内旅游收入 指国内旅游者在国内旅行、游览过程中用于交通、参观游览、住宿、餐饮、购物、娱乐等全部花费。

**涉外饭店**　指经有关部门批准，允许接待外国人、华侨、港澳同胞和台湾同胞的饭店。

# Explanatory Notes on Main Statistics Indicators

**Total Retail Sales of Consumer Goods** refer to the amount obtained by enterprises (unites, self-employed individuals) through direct sales of non-production and non-business physical commodity to individuals, social institutions, and revenue from providing catering services. Individuals include rural and urban households, population from abroad, social institutions include government agencies, social organizations, military unites, schools, institutions, neighborhood (village) committees.

**Purchase, Sales and Stock of Commodities by Wholesale and Retail Trades** refer to the total volume of commodities purchased, total volume of sales and exports, and the stock of commodities by wholesale and retail enterprises (establishments) of different status of registration (excluding individuals).

**Total Purchases of Commodities** refer to the total value of purchases of commodities by the enterprises (establishments) from other establishments or individuals (including direct import from abroad) for the purpose of re-selling, either with or without further processing of the commodities purchased. This indicator is used to show the total value of purchases of commodities by wholesale and retail establishments from domestic and overseas markets. The total purchases include: (1) agricultural and industrial products purchased from producers; (2) books, magazines and newspapers purchased from distribution departments of the publishers; (3) commodities purchased from wholesale and retail establishments of different status of registration; (4) commodities purchased from other units, such as surplus materials purchased from government agencies, enterprise or institutions, commodities purchased from catering and service establishments, confiscated goods purchased from customs authorities or market management agencies, second-hand goods and wastes purchased from residents; and (5) commodities directly imported from abroad. Excluded are commodities purchased by establishments(units) for use in their own business operation, commodities obtained without buying or selling procedures, rejected commodities, etc.

**Total Sales of Commodities** refer to value of commodities sold by the establishments to other establishments and individuals (including direct export). This indicator is used to show the total value of sales of commodities at domestic markets and export. The total sales include: (1) commodities sold to urban and rural residents and social groups for their consumption; (2) commodities sold to establishments in industry, agriculture, construction, transportation, post and telecommunications, wholesale and retail trades, hotels and catering services, and public utility for their production and operation; (3) commodities sold to wholesale and retail establishments for re-selling, with or without further processing; (4) commodities for direct export to other countries. Excluded are selling of waste packaging materials used by the establishments (units) themselves, commodities transferred without buying or selling procedures, commission income from brokerage in transactions for which settlement is directly handled by buyers and sellers, rejected commodities in the purchase, loss in commodities, etc.

**Commodity Stock of Wholesale and Retail Enterprises** refers to total commodities possessed by wholesale and retail enterprises (units) of various types of registration status at the end of the reference period, reflecting the commodity stock level of various wholesale and retail enterprises and the potential for market supply.

**Value of Retail Sales** refers to sales sold to urban and rural households for household consumption and to social institutions for public consumption.

a) of commodities to urban and rural households;

b) of commodities to foreigners, overseas Chinese and Chinese compatriots from Hong Kong, Macao and Taiwan visiting China;

c) of commodities to government agencies, institutions, social organizations, military and armed police units,

and commodities to enterprises in the form of retail sales. More specifically, they include: office facilities and articles for non-production purposes such as communications equipment, computing equipment and instruments, TV and network equipment, printing and copying equipment, audio-visual equipment and instruments, paper, notebooks, stationeries, furniture, electric appliances, knitwear, sanitation and cleaning articles, cultural and sport articles, articles for prizes, souvenirs, etc.; transport vehicles and fuels for employees; materials, spare parts and tools for the maintenance of office facilities; equipment, fuels, materials and food for winter heating or summer cooling purposes; articles and equipment for teaching purpose; Chinese and western medicines and medical equipment and facilities purchased by non profit-making medical institutes; non-specialized work safety articles; cooking utensils, tableware, equipment, cleaning articles, food and fuels purchased by in-house cafeterias; clothes and personal articles purchased by military or armed police units for their officials and soldiers; and other equipment and articles for non-production purposes. Excluding:

(1) Commodities sold to residents for production and management;

(2) Commodities like means of production sold to agricultural producers;

(3) Labor protection products sold to enterprises during production.

**Value of Wholesale** refers to the amount of commodities sold to industries of national economy for production and management.including:

(1) Commodities sold to industries for production and management, survey and design and scientific researches. Oil and oil products permitted by gas station to produce and be used to traffic tools. Relief goods sold to Ministry of Civil Affairs.

(2) Commodities sold to retailers, catering and other service industries to resale.

(3) Commodities directly exported overseas or exported by Foreign Trade Department, excluding commodities sold to Foreign Trade Department to export, processed commodities for export and commodities sold in foreign currencies at domestic market. Commodities of foreign trade enterprises only counted those exported by themselves, not including commodities by export broker.

**Accommodation and catering**

**Business Revenue** refers to revenue received from providing services or selling commodities by enterprises and establishments engaged in hotels and catering services, including income from hotels, from catering services, from selling of commodities(including added-value tax) and from other services.

**Income from Hotel Rooms** refers to income of corporate enterprises and establishments by providing lodging services.

**Income from Catering Services** refers to income of corporate enterprises and establishments by providing catering services, including selling of cooked or prepared foods such as staple food, cooked dishes or cold dishes.

**Income from Selling of Commodities** refers to income of corporate enterprises and establishments by selling commodities that accompany the services they provide(including added-value tax). Income from other activities refers to income received other than income from hotel rooms, catering services or selling of commodities, such as income from providing recreation, fitness or business services.

**Employed Persons** refer to all those who are employed in enterprises and receive remunerations there from, including currently working employees, retirees who are re-employed, teachers of local-run schools, as well as foreigners, staff from Hong Kong, Macao and Taiwan, part-time employees and persons with second job who are employed by the enterprises, and employees of other units temporarily working in the enterprises, but excluding former employees who left the enterprises with their employment records still being kept by the enterprises.

**Total Imports and Exports at Customs** refer to the real value of commodities imported and exported across the border of China. They include the actual imports and exports through foreign trade, imported and exported goods under the processing and assembling trades and materials, supplies and gifts as aid given gratis between governments and by the United Nations and other international organizations, and contributions donated by overseas Chinese, compatriots in Hong Kong and Macao and Chinese with foreign citizenship, leasing commodities owned by tenant at the expiration of leasing period, the imported and exported commodities processed with imported materials, commodities trading in border areas (excluding mutual exchange goods), the imported and exported commodities and articles for public use of the Sino-foreign joint ventures, cooperative enterprises and ventures with sole foreign investment. Also included are import or export of samples and advertising goods for whose CIF or FOB value are beyond the permitted ceiling (excluding goods of no trading or use value and free commodities for export), imported goods sold in China from bonded warehouses and other imported or exported goods. The indicator of the total imports and exports at customs can be used to observe the total size of external trade in a country. In accordance with the stipulation of the Chinese government, imports are calculated at CIF, while exports are calculated at FOB.

**Utilization of Foreign Capital** refers to remittance, equipment and technology financed from abroad, by loans, foreign direct investment and other forms undertaken by the governments at all levels, by various departments, enterprises and other economic units.

**Foreign Direct Investment** refers to the investments inside China by foreign enterprises and economic organizations or individuals (including overseas Chinese, compatriots from Hong Kong, Macao and Taiwan, and Chinese enterprises registered abroad), following the relevant policies and laws of China, for the establishment of ventures exclusively with foreign own investment, Sino-foreign joint ventures and cooperative enterprises or for co-operative exploration of resources with enterprises or economic organizations in China. It includes the reinvestment of the foreign entrepreneurs with the profits gained from the investment and the funds that enterprises borrow from abroad in the total investment of projects which are approved by the relevant department of the government.

**Number of Tourists**

(1) International tourists refer to foreigners, overseas Chinese, Chinese compatriots from Hong Kong, Macao and Taiwan coming to China for sight-seeing, visits, tours, family reunions, vacations, study tours, conferences and other activities of a business, scientific and technological, cultural, educational and religious nature. It does not include representatives and employees of resident institutions of foreign countries in China such as embassies, consulates, news agencies and offices of foreign companies and organizations, nor does it include long-term foreign experts or students residing in China, or persons in transition without spending a night in China.

(2) Number of local residents going abroad refers to the number of mainland China residents who go abroad either for official business or for private affairs. Number of Chinese workers who serve in the international transportation vehicles are included in those who exit for official business, but not in those for private affairs.

(3) Domestic tourists refers to the number of people who leave their living places to stay in the tourism facilities for at least one night but no more than 6 months, including mainland China residents, foreigners, residents from HK, Macao and TW who lived in China for more than one year.

**Total Tourism Earnings** refers to the total expenditure of foreigners, overseas Chinese, Chinese compatriots from Hong Kong, Macao and Taiwan and domestic tourists spending during their stay in the mainland of China on transportation, sighting, accommodation, food, shopping, entertainment, souvenirs and gifts for their friends and families, exclude the expenses on commercial shopping, houses, lands, cars, ships, cash given to friends and families and donations.

Tourism Earnings includes foreign exchange earnings from international tourism and income from domestic tourism.

**Foreign Exchange Earnings from International Tourism** refer to the total expenditure of foreigners, overseas Chinese, Chinese compatriots from Hong Kong, Macao and Taiwan during their stay in the mainland of China on transportation,sighting, accommodation, food, shopping and entertainment.

**Income from Domestic Tourism** refer to expenditure of domestic tourists on transportation, sighting, accommodation, food, shopping and entertainment while they travel.

**Foreign Oriented Hotels** refer to those hotels authorized by the government to receive foreigners, overseas Chinese and Hong Kong, Macao and Taiwan compatriots.

11

Eleven

# 交通、运输、邮电、城市公用事业

# Traffic, Transportation, Postal and Telecommunication Services, Urban Public Utilities

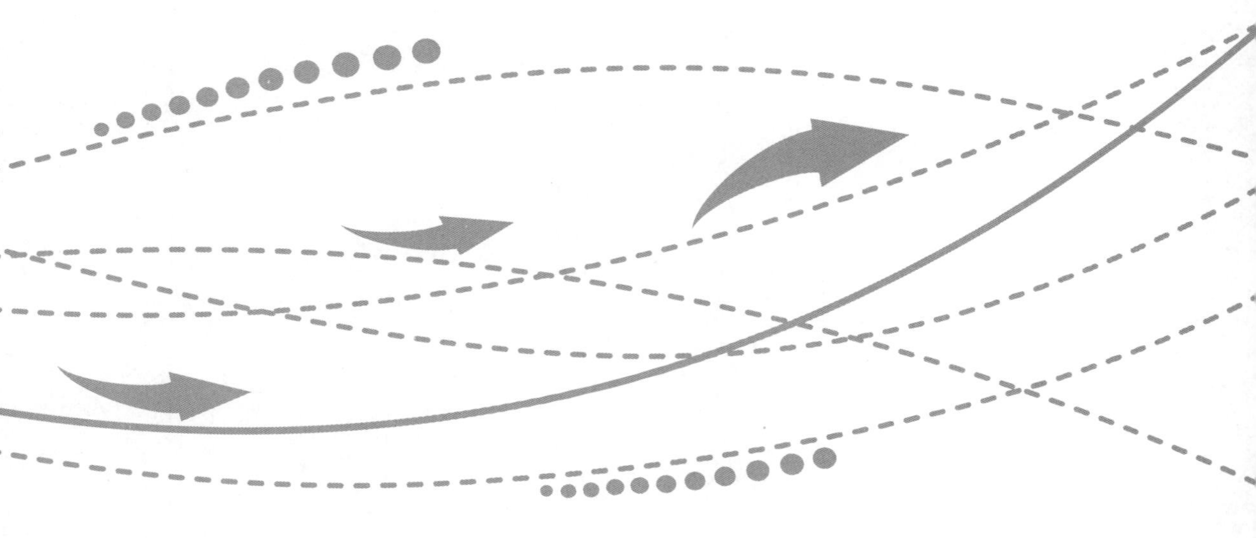

## 2012年民用车辆拥有量（辆）

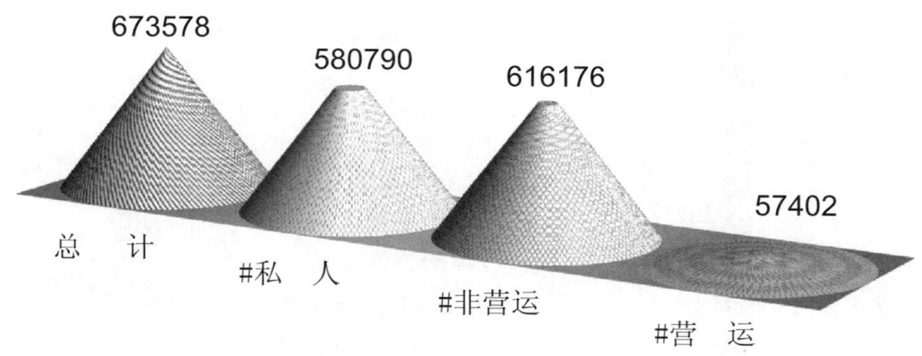


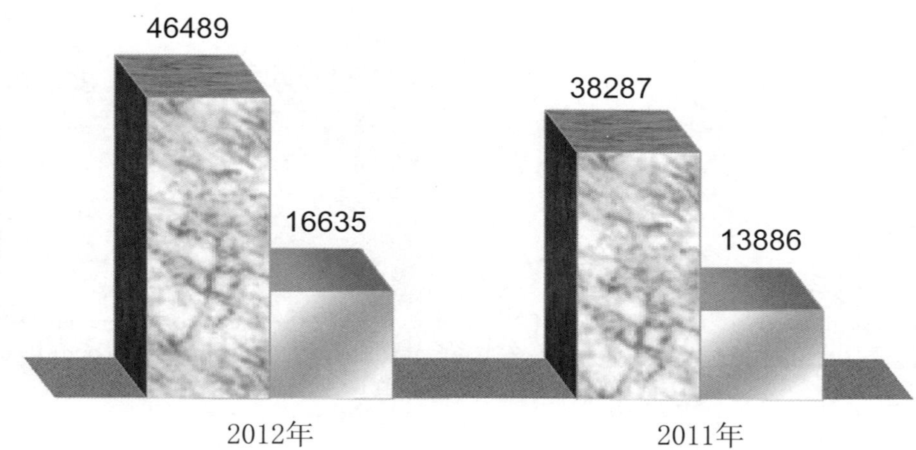


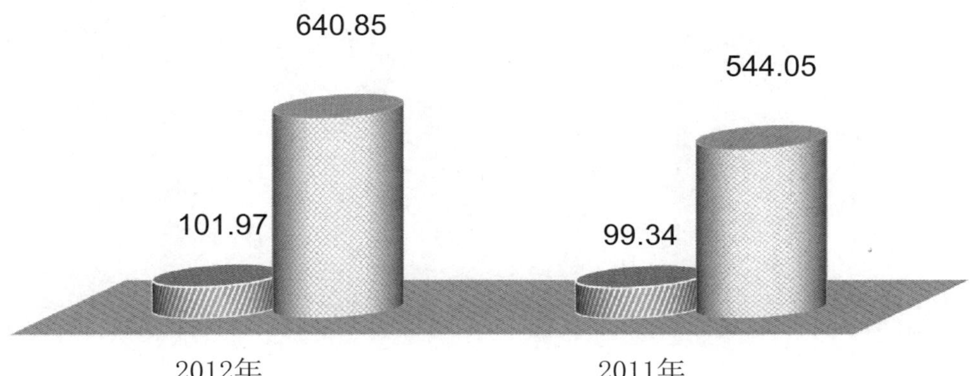

全年供水总量
#生产用量
#生活用量

单位：万立方米
23855
2332
14228
22542
2483
13203
2012年
2011年

## 2012年城市用气

26909
11054
#家庭用量
36000
36000
液化石油气供气总量（万吨）
#家庭用量

建成区绿化覆盖面积
公园绿地面积
单位：公顷
7105
2767
7047
2658
2012年
2011年

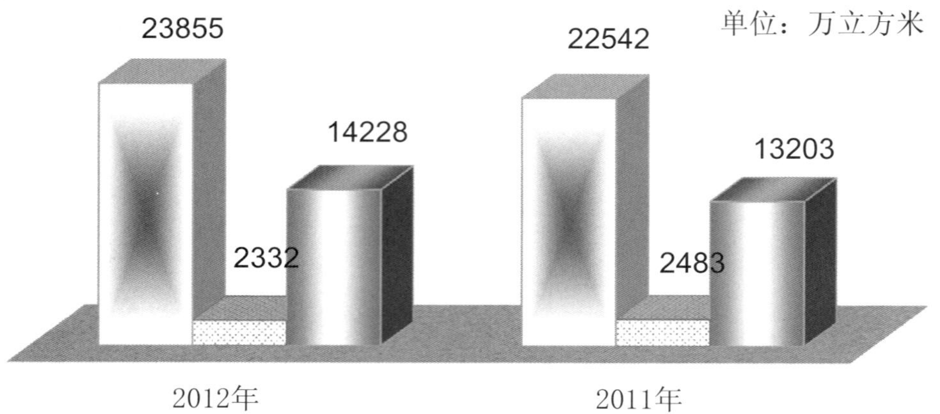

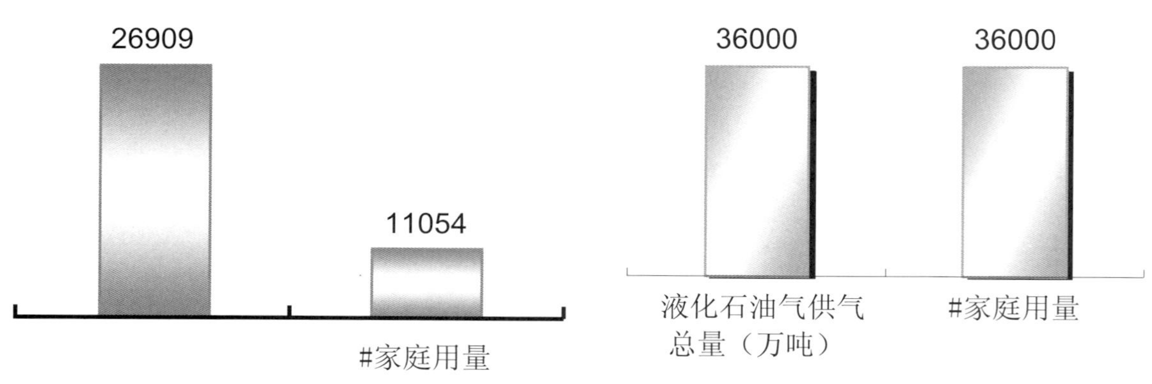

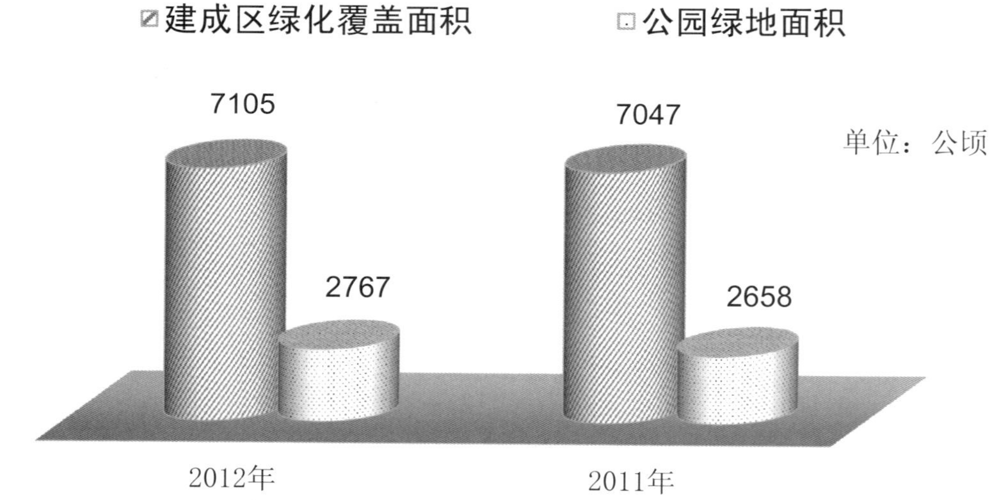

# 11−1 民用车辆拥有量(2012年)
# Number of Civil Vehicles Owned(2012)

单位：辆 (unit)

| 指 标 | Item | 总 计 Total | 营 运 Working | 非营运 Non-working | #进 口 Import | #个 人 Private | #新注册 New Registered | 报 废 Eliminated |
|---|---|---|---|---|---|---|---|---|
| **民用车辆合计** | **Total Civil Vehicles** | **673578** | **57402** | **616176** | **22305** | **580790** | **100719** | **3054** |
| **汽 车** | **Cars** | **554962** | **56948** | **498014** | **22295** | **463523** | **79814** | **3034** |
| 载客汽车 | Passenger Vehicles | 451259 | 13702 | 437557 | 22166 | 383217 | 64522 | 2497 |
| #大 型 | Large | 4491 | 3099 | 1392 | 29 | 87 | 576 | 275 |
| 中 型 | Medium | 3326 | 1317 | 2009 | 135 | 514 | 379 | 215 |
| 小 型 | Small | 417705 | 9235 | 408470 | 21872 | 358926 | 63152 | 1389 |
| 微 型 | Minicar | 25737 | 51 | 25686 | 130 | 23690 | 415 | 618 |
| 载货汽车 | Trucks | 97043 | 41862 | 55181 | 97 | 76190 | 13946 | 514 |
| #重 型 | Heavy | 9918 | 8456 | 1462 | 41 | 4815 | 2248 | 24 |
| 中 型 | Medium | 11094 | 10299 | 795 | 6 | 8713 | 936 | 62 |
| 轻 型 | Light | 75759 | 23080 | 52679 | 49 | 62442 | 10762 | 393 |
| 微 型 | Mini | 272 | 27 | 245 | 1 | 220 | | 35 |
| 其它汽车 | Others | 6660 | 1384 | 5276 | 32 | 4116 | 1346 | 23 |
| #三轮汽车 | Tricar | 1727 | 153 | 1574 | | 1723 | 313 | |
| 低速汽车 | Low-speed Cars | 1333 | 359 | 974 | | 1272 | 236 | 1 |
| **摩托车** | **Motorcycle** | **118149** | **21** | **118128** | **10** | **117188** | **20852** | **19** |
| 普 通 | Ordinary | 112937 | 21 | 112916 | 10 | 112007 | 20773 | 17 |
| 轻 便 | Lightweight | 5212 | | 5212 | | 5181 | 79 | 2 |
| **拖拉车** | **Tractor** | | | | | | | |
| 挂 车 | Trailer | **467** | **433** | **34** | | **79** | **53** | **1** |

注：机动车驾驶员999307人，其中汽车驾驶员951694人。

a) The number of motor drivers was 999,307 and the number of the automobile drivers was 951,694 in 2012.

# 11−2 旅客运量及货物运输量
# Passengers and Freight Traffic

| 指 标 | Item | 2012 | 2011 | 2012年比2011年增长(%) Grwoth Rate in 2012 over 2011(%) |
|---|---|---|---|---|
| **旅客发送量(万人)** | **Total Passenger Traffic (10 000 persons)** | **46489** | **38287** | **21.4** |
| 铁 路 | Railways | 1284 | 1299 | -1.2 |
| 公 路 | Highways | 44299 | 36091 | 22.7 |
| 航 空 | Aviation | 875 | 734 | 19.2 |
| 水 运 | Waterways | 32 | 163 | -80.7 |
| **货物运输量(万吨)** | **Total Freight Traffic (10 000 persons)** | **16635** | **13886** | **19.8** |
| 铁 路 | Railways | 1548 | 1645 | -5.9 |
| 公 路 | Highways | 15074 | 12219 | 23.4 |
| 航 空 | Aviation | 7.9 | 6.9 | 14.3 |
| 水 运 | Waterways | 5.1 | 14.7 | -65.2 |

# 11－3　邮电线路及通信工具拥有量
# Number of Postal Routes and Telecommunication Facilities

| 指　　标 | | Item | | 2012 | 2011 | 2012年比2011年增长(%) Growth Rate in 2012 over 2011(%) |
|---|---|---|---|---|---|---|
| **邮路总条数** | **(条)** | **Total Postal Routes** | **(line)** | **231** | **152** | **52.0** |
| **邮路总长度(单程)** | **(公　里)** | **Length of Postal Routes (one way)** | **(km)** | **47382** | **49317** | **-3.9** |
| 汽车邮路 | (公　里) | Highway Routes | (km) | 7382 | 8784 | -16.0 |
| 铁路邮路 | (公　里) | Railway Routes | (km) | 5880 | 6413 | -8.3 |
| 航空邮路 | (公　里) | Air Mail Routes | (km) | 34120 | 34120 | -100.0 |
| **农村投递线路总长度** | **(公　里)** | **Rural Delivery Routes** | **(km)** | **1791** | **5821** | **-69.2** |
| **电话交换机容量** | **(万　门)** | **Capacity of Telephone Exchanges** | **(10 000 lines)** | **1024** | **1030** | **-0.6** |

注：邮路总条数中包含速递物流公司的26条航空邮路。
a) The number of postal routes included 26 air mail lines of the express corporations.

# 11－4　邮电业务量
# Statistics of Postal and Telecommunication Services

| 指　　标 | | Item | | 2012 | 2011 | 2012年比2011年增长(%) Growth Rate of 2012 over 2011(%) |
|---|---|---|---|---|---|---|
| **邮电业务收入** | **(万　元)** | **Business Revenue of Postal and Telecommunication Services** | **(10 000 yuan)** | **507605** | **456070** | **11.3** |
| 电信业务收入 | (万　元) | Business Revenue of Telecommunication Services | (10 000 yuan) | 477540 | 421310 | 13.3 |
| 邮政业务收入 | (万　元) | Business Revenue of Postal Services | (10 000 yuan) | 38736 | 34759 | 11.4 |
| 函　　件 | (万　件) | Numbers of Letters | (10 000 pcs) | 3031.91 | 3060.00 | -0.9 |
| 包　　件 | (万　件) | Package | (10 000 pcs) | 6.34 | 4.70 | 34.9 |
| 特快专递 | (万　件) | Pieces of Express Mail Services | (10 000 pcs) | 1162.63 | 296.50 | 292.1 |
| 汇　　票 | (万　张) | Postal Order | (10 000 pcs) | 88.66 | 91.13 | -2.7 |
| 订销报纸 | (万　份) | Issue of Newspapers | (10 000 copies) | 9521.57 | 7725.00 | 23.3 |
| 订销杂志 | (万　份) | Issue of Magazines | (10 000 copies) | 931.72 | 1091.00 | -14.6 |
| 邮政储蓄期末余额 | (万　元) | Post Deposits at the Year-end | (10 000 yuan) | 465600 | 350834 | 32.7 |
| 集邮业务量 | (万　枚) | Stamps for Collection | (10 000 pcs) | 403.93 | 616.64 | -34.5 |
| **邮电业务总量** | **(万　元)** | **Business Volume of Postal and Telecommunication Services** | **(10 000 yuan)** | **660541** | **560930** | **17.8** |
| 电信业务总量 | (万　元) | Business Volume of Telecommunication Services | (10 000 yuan) | 627706 | 524355 | 19.7 |
| 邮政业务总量 | (万　元) | Business Volume of Postal Services | (10 000 yuan) | 33931 | 36575 | -7.2 |
| **年末固定电话用户** | **(万　户)** | **Telephone Subscribers at Year-end** | **(10 000 subscribers)** | **101.97** | **99.34** | **2.6** |
| #城市电话用户 | (万　户) | Urban Fixed Telephone Subscribers | (10 000 subscribers) | 89.87 | 85.46 | 5.2 |
| #住宅电话用户 | (万　户) | Household Fixed Telephone Surbscribers | (10 000 subscribers) | 53.03 | 49.07 | 8.1 |
| 农村电话用户 | (万　户) | Rural Fixed Telephone Subscribers | (10 000 subscribers) | 12.10 | 13.88 | -12.8 |
| #住宅电话用户 | (万　户) | Household Fixed Telephone Subscribers | (10 000 subscribers) | 8.68 | 10.40 | -16.5 |
| #公用电话用户 | (万　户) | Public Telephone | (10 000 subscribers) | 14.13 | 14.37 | -1.7 |
| **移动电话用户** | **(万　户)** | **Mobile Telephone Subscribers** | **(10 000 subscribers)** | **640.85** | **544.05** | **17.8** |
| **互联网用户数** | **(万　户)** | **Internet Subscribers** | **(10 000 subscribers)** | **451.94** | **355.18** | **27.2** |
| **固定互联网宽带用户数** | **(万　户)** | **Fixed Internet Broadband users** | **(10 000 subscribers)** | **80.77** | **68.24** | **34.4** |

# 11—5 自来水、公共汽车基本情况
# Basic Statistics on Tap Water Supply and Buses

| 指　　标 | | Item | | 2012 | 2011 |
|---|---|---|---|---|---|
| 水　厂 | (个) | Water Plant | (unit) | 9 | 9 |
| 综合生产能力 | (万吨/日) | Production Capacity of Water Supply | (10 000tons/day) | 117.50 | 117.50 |
| 供水管道长度 | (公　里) | Length of Water Supply Pipelines | (km) | 3223.88 | 3072.16 |
| 全年供水总量 | (万立方米) | Total Annual Volume of Water Supply | (10 000cu.m) | 23855.07 | 22542.17 |
| #生产用量 | (万立方米) | For Productive Use | (10 000cu.m) | 2332.49 | 2482.50 |
| 生活用量 | (万立方米) | For Residential Use | (10 000cu.m) | 14228.03 | 13203.26 |
| 用水户数 | (万　户) | Registered Subscribers | (10 000subscribers) | 52.66 | 49.60 |
| #家庭用户 | (万　户) | Household Subscribers | (10 000subscribers) | 49.65 | 46.75 |
| 用水人口 | (万　人) | Number of Residents with Access to Tap Water | (10 000 persons) | 236.19 | 220.09 |
| 年末实有公共汽车(电)车营运车辆数 | (辆) | Number of Buses under Operation at Year-end | (unit) | 2299 | 2303 |
| 公共汽(电)车营运标准车台数 | (标　台) | Number of Buses under Operation | (unit) | 2685 | 2677 |
| 公共汽(电)车营运线路网长度 | (公　里) | Length under Operation | (km) | 550 | 550 |
| 全年公共汽(电)车客运总量 | (万人次) | Passengers Transported by Public Vehicles of the Whole Year | (10 000 person-times) | 61010 | 56487 |
| 年末实有出租汽车数 | (辆) | Number of Taxis at Year-end | (unit) | 6511 | 4401 |

注：本表数据为市辖区数。
a) All statistics in the table came from Guiyang.

# 11—6 市政设施和城市燃气情况
# Municipal Facilities and Supply of Gas and Liquefied Petroleum Gas in Cities

| 指　　标 | | Item | | 2012 | 2011 |
|---|---|---|---|---|---|
| 道路长度 | (公　里) | Length of Paved Roads | (km) | 872 | 872 |
| 道路面积 | (万平方米) | Area of Paved Roads | (10 000sq.m) | 1348 | 1348 |
| #人行道 | (万平方米) | Area of Pavements | (10 000sq.m) | 459 | 459 |
| 桥梁数 | (座) | Number of City Bridges | (unit) | 203 | 188 |
| 排水管道长度 | (公　里) | Length of City Sewage Pipes | (km) | 1910 | 1910 |
| 防洪堤长度 | (公　里) | Length of Floodbank | (km) | 72 | 72 |
| 路灯盏数 | (万　盏) | Number of Street Lights | (10 000units) | 14.54 | 12.93 |
| 煤气供气总量 | (万立方米) | Volume of Coal Gas Supply | (10 000cu.m) | 26909 | 25237 |
| #家庭用量 | (万立方米) | Used by Households | (10 000cu.m) | 11054 | 10302 |
| 用煤气户数 | (万　户) | Number of Households Using Coal Gas | (10 000households) | 47.61 | 49.91 |
| #家庭用户 | (万　户) | Domestic Consumer | (10 000households) | 47.36 | 49.64 |
| 用煤气人口 | (万　人) | Population with Access to Coal Gas | (10 000persons) | 140 | 175 |
| 液化石油气供气总量 | (万　吨) | Volume of Liquefied Petroleum Gas Supply | (10 000tons) | 3.60 | 3.60 |
| #家庭用量 | (万　吨) | Resendential Use | (10 000tons) | 3.60 | 3.60 |
| 用液化气户数 | (万　户) | Number of Subscriber of Liquefied Gas | (10 000households) | 21 | 21 |
| #家庭用户 | (万　户) | Households Using Liquefied Gas | (10 000households) | 21 | 21 |
| 用液化石油气人口 | (万　人) | Population with Access to Liquefied Petroleum | (10 000persons) | 72 | 72 |

# 11—7 园林绿化和环境保护
# Basic Statistics on Parks, Gardens and Green Areas and Environment Protection

| 指　　标 | | Item | | 2012 | 2011 |
|---|---|---|---|---|---|
| 园林绿地面积 | (公 顷) | Area of Park and Greening | (hectare) | 22345 | 20840 |
| #建成区 | (公 顷) | Area of Built Districts | (hectare) | 6904 | 6850 |
| 建成区公共绿地面积 | (公 顷) | Area of Public Greening in Built Districts | (hectare) | 1450 | 1341 |
| 公园绿地面积 | (公 顷) | Park Greening Areas | (hectare) | 2767 | 2658 |
| 绿化覆盖面积 | (公 顷) | Green coverage Areas | (hectare) | 22766 | 21186 |
| #建成区 | (公 顷) | Built Districts | (hectare) | 7105 | 7047 |
| 建成区绿地率 | (%) | The Rate of Greening in Built Areas | (%) | 42.4 | 42.1 |
| 建成区绿化覆盖率 | (%) | Green Coverage Rate in Built Area | (%) | 43.2 | 42.8 |
| 人均公共绿地面积 | (平方米/人) | Per Capital Public Green Areas | (square meters per person) | 10.85 | 10.32 |
| 公园数 | (个) | Number of Parks and and Zoos | (unit) | 12 | 11 |
| 公园面积 | (公 顷) | Area of Parks | (hectare) | 3172 | 3118 |
| 道路清扫面积 | (万平方米) | The Area of Road Swept and Cleaned | (10 000square meters) | 2237 | 1864 |
| 生活垃圾清运量 | (万 吨) | Consumption Wastes Treated | (10 000tons) | 89.4 | 77.9 |
| 生活垃圾粪便无害化处理量 | (万 吨) | Disposal of Consumption Wastes, Excrement and Urine | (10 000tons) | 88.27 | 74.5 |
| 城市生活垃圾无害化处理率 | (%) | Treatment Rate of Consumption Wastes | (%) | 97.71 | 94.7 |
| 城市生活垃圾粪便无害化处理率 | (%) | Treatment Rate of Consumption Wastes, Excrement and Urine | (%) | 97.71 | 94.7 |
| 公厕数量(水冲式) | (座) | The Number of Public Latrine(Flushing) | (unit) | 542 | 531 |
| 环卫机械总数(环卫专用车总数) | (台) | Total Number of Environmental Sanitary Machines(Total Number of Environmental Sanitary Environmental Sanitary Vehicles) | (unit) | 875 | 805 |
| 废水排放总量 | (万 吨) | Total Volume of Waste Water Discharged | (10 000tons) | 23009 | 14508 |
| 生活废水排放总量 | (万 吨) | Total Volume of Waste Water Discharged | (10 000tons) | 20997 | 12519 |
| 工业废水排放总量 | (万 吨) | Total Volume of Industrial Waste Water Discharged | (10 000tons) | 2008 | 1986 |
| 工业废气排放总量 | (亿标立方米) | Total Volume of Waste Gas | (100 million standard cubic meters) | 2242 | 1557 |
| 二氧化硫排放总量 | (万 吨) | Total Volume of $SO_2$ Emission | (10 000tons) | 9.89 | 11.51 |
| #工业二氧化硫排放量 | (万 吨) | Industrial Sulphur Dioxide Discharged | (10 000tons) | 6.53 | 8.16 |
| 烟尘排放总量 | (万 吨) | Total Volume of Smoke and Dust Discharged | (10 000tons) | 2.71 | 3.83 |
| 工业固体废物产生量 | (万 吨) | Industrial Solid Wastes Produced | (10 000tons) | 1122.4 | 1140.0 |
| 城镇生活污水排放量 | (万立方米) | Waste Water Discharged | (10 000cu.m) | 20997 | 12519 |

注：环境保护数据来源于市环境保护局监测站。

a) Data in the table were provided by the monitoring station of Municipal Environmental Protection Bureau.

# 主要统计指标解释

**货(客)运量** 指在一定时期内，各种运输工具实际运送的货物(旅客)数量。货运按吨计算，客运按人次计算。货物不论运输距离长短、货物类别，均按实际重量统计。旅客不论行程远近或票价多少，均按一人一次客运量统计；半价票、小孩票也按一人统计。

**邮电业务总量** 指以价值量形式表现的邮电通信企业为社会提供各类邮电通信服务的总数量。邮电业务量按专业分类包括函件、包件、汇票、报刊发行、邮政快件、特快专递、邮政储蓄、集邮、公众电报、用户电报、传真、长途电话、出租电路、市话无线寻呼、移动电话、分组交换数据通信、出租代维等。计算方法为各类产品乘以相应的平均单价(不变价)之和，再加上出租电路和设备、代用户维护电话交换机和线路等的服务收入。其计算公式为：

邮电业务总量＝Σ（各类邮电业务量×不变单价）+出租代维及其他业务收入

**移动电话用户** 指在移动电话营业部门登记，通过移动电话交换机进入移动电话网、占有移动电话号码的电话用户。用户数量以实际办理登记手续进入邮电部门移动电话网的户数进行计算，一部或一台移动电话统计为一户。

**固定电话用户** 指接入国家公众固定电话网，并按固定电话业务进行经营管理的电话用户。

**城市电话用户** 指直辖市、省辖市、地级市、县级市的市区、市郊区及县城（包括县人民政府所在地的县城关区或行政建制相当于县人民政府所在地的镇）范围内接入局用交换机的电话用户数，包括分布在农村地区的独立工矿区、林区、驻军等电话用户数。

**农村电话用户** 指按行政区划属于城市范围内以外的乡镇、村的电话用户数。

**生活用水** 包括城镇生活用水和农村生活用水。城镇生活用水由居民用水和公共用水（含服务业、商饮业、货运邮电业及建筑业等用水）组成；农村生活用水除居民生活用水外，还包括畜用水在内。

**工业废水排放量** 指经过企业厂区所有排放口排到企业外部的工业废水量。包括生产废水、外排的直接冷却水、超标排放的矿井地下水和与工业废水混排的厂区生活污水，不包括外排的间接冷却水(清污不分流的间接冷却水应计算在内)。

**工业废水排放达标量** 指报告期内废水中各项污染物指标都达到国家或地方排放标准的外排工业废水量，包括未经处理外排达标的，经废水处理设施处理后达标排放的，以及经污水处理厂处理后达标排放的。

**工业废水排放达标率** 指工业废水排放达标量占工业废水排放量的百分率，计算公式为：

工业废水排放达标率=工业废水排放达标量/工业废水排放量×100%

**城镇生活污水排放量** 指城镇居民每年排放的生活污水量。用人均系数法测算，测算公式为：

城镇生活污水排放量=城镇生活污水排放系数×市镇非农业人口×365

**工业废气排放量** 指报告期内企业厂区内燃料燃烧和生产工艺过程中产生的各种排入大气的含有污染物的气体的总量，以标准状态(273K，101325Pa)计算。测算公式为：

工业废气排放量=燃料燃烧过程中废气排放量+生产工艺过程中废气排放量

**工业烟尘排放量** 指企业厂区内燃料燃烧过程中产生的烟气中夹带的颗粒物排放量。

**工业粉尘排放量** 指企业在生产工艺过程中排放的能在空气中悬浮一定时间的固体颗粒物排放量。如钢铁企业的耐火材料粉尘、焦化企业的筛焦系统粉尘、烧结机的粉尘、石灰窑的粉尘、建材企业的水泥粉尘等。不包括电厂排入大气的烟尘。

**工业固体废物产生量** 指报告期内企业在生产过程中产生的固体状、半固体状和高浓度液体状废弃物的总量，包括危险废物、冶炼废渣、粉煤灰、炉渣、煤矸石、尾矿、放射性废物和其他废物等。不包括矿山开采的剥离废石和掘进废石(煤矸石和呈酸性或碱性的废石除外)。酸性或碱性废石指采掘的废石其流经水、雨淋水的pH值小于4或pH值大于10.5者。

**工业固体废物综合利用率** 指工业固体废物综合利用量占工业固体废物产生量(包括综合利用往年贮存量)的百分率。计算公式为：

工业固体废物综合利用率=工业固体废物综合利用量/工业固体废物产生量+综合利用往年贮存量×100%

**工业固体废物排放量** 指报告期内企业将所产生的固体废物排到固体废物污染防治设施、场所以外的数量，不包括矿山开采的剥离废石和掘进废石(煤矸石和呈酸性或碱性的废石除外)。

**生活垃圾清运量** 指报告期内收集和运送到垃圾处理厂(场)的生活垃圾数量。生活垃圾指城市日常生活或为城市日常生活提供服务的活动中产生的固体废物以及法律行政规定的视为城市生活垃圾的固体废物。包括：居民生活垃圾、商业垃圾、集市贸易市场垃圾、街道清扫垃圾、公共场所垃圾和机关、学校、厂矿等单位的生活垃圾。

**生活垃圾无害化处理率** 指报告期生活垃圾无害化处理量与生活垃圾产生量比率。在统计上，由于生活垃圾产生量不易取得，可用清运量代替。计算公式为：

生活垃圾无害化处理率=生活垃圾无害化处理量/生活垃圾产生量×100%

# Explanatory Notes on Main Statistics Indicators

**Freight (Passenger) Traffic** refers to the volume of freight (passenger) transported with various means. Freight transport is calculated in tons and passenger traffic is calculated in the number of persons. Despite the type of freight and travelling distance, the freight transport is calculated in the actual weight of the goods: and despite the travelling distance and ticket price, the passenger traffic is calculated by the principle that one person can be counted only once in one travel. The passenger who travels with a half price ticket or a child ticket is also calculated as one person.

**Business Volume of Post and Telecommunications** refers to the total amount of postal and telecommunication services, expressed in value terms, provided by the post and telecommunications departments for society. Postal and telecommunication services can be classified as letters, parcels, remittance, issue of newspapers and magazines, fast mail service, express mail service, savings deposits, stamps for collection, facsimiles, long-distance telephone service, leasing of telephone lines, mobile telephone service, data transmission, income from leasing, maintenance, etc. The accounting approach is to multiply the service products of all types with their average unit price (constant price) to get the total business value, and to add it to income from other services such as leasing of telephone lines and equipment and maintenance of telephone switchboards and lines on behalf of customers. This indicator reflects the overall results of postal and telecommunication services during a given period, and is important for studying the composition of business service and the trend of development of postal and telecommunication services. The formula is as follows:

Business volume of post and telecommunications=∑(Transaction of post and telecommunication services ×price [constant price] ) +Income from leasing, maintenance and other services

**Mobile Telephone Subscribers** refer to the persons who own mobile telephone number connected with the mobile telephone communication network and registered by postal and telecommunication organization. The number of subscribers is calculated only when the subscriber who has gone through all the register formalities and entered into the mobile telephone network.. One mobile telephone is treated as a subscriber.

**Local Telephone Subscribers** refer to all subscribers who are connected to the local telecommunications service provider through fixed line network and are managed by the local telecommunications service provider as an fixed telephone business.

**Urban Telephone Subscribers** refer to number of telephone subscribers, located at municipalities, cities under the jurisdiction of province, cities at prefecture level, downtown and suburb of city at county level town and county towns (including country towns where county government located, and towns of county level according to the administrative organizational system), that are connected to the public line telephone network, including rural mineral area, forest area, military area.

**Rural Telephone Subscribers** refer to telephone subscribers, located at counties (towns) and villages outside the range of cities according to administrative jurisdiction.

**Water Use by Households and Service** includes use of water for living consumption in both urban and rural areas. Urban water use by living consumption is composed of household use and public use (including services, commerce, restaurants, cargo transportation, posts, telecommunication and construction). Rural water use by living consumption includes both households and animals.

**Waste Water Discharged by Industry** refers to the volume of waste water discharged by industrial enterprises through all their outlets, including waste water from production process, directly cooled water, groundwater from mining wells which does not meet discharge standards and sewage from households mixed with waste water produced by industrial activities, but excluding indirectly cooled water discharged (It should be included if the discharge is not separated with waste water).

**Industrial Waste Water Meeting Discharge Standards** refers to volume of industrial waste water discharge which, with or without treatment, reaches national or local standards with regard to all pollutants.

**Ratio of Industrial Waste Water Meeting Discharge Standards** refers to percentage of industrial waste water meeting discharge standards over total industrial waste water discharge. It is calculated as:

**Ratio of Industrial Waste Water Meeting Discharge Standards** refers to percentage of industrial waste water meeting discharge standards over total industrial waste water discharge. It is calculated as:

Ratio of Industrial Waste Water Meeting Discharge Standards = Industrial Waste Water Meeting Discharge Standards/Total Industrial Waste Water Discharge×100%

**Urban Non-industrial Waste Water Discharge** refers to annual discharge of non-industrial waste water by urban households. It is estimated by per capita coefficient using the formula:

Urban non-industrial waste water discharge = urban non-industrial waste water discharge coefficient ×urban non-agricultural population ×365

**Industrial Waste Air Emission** refers to discharge into atmosphere of waste air containing pollutants generated from fuel burning and production process in enterprises within a given period of time. It is calculated at standard status (273K, 101325Pa) as:

Industrial waste air emission = emission through fuel burning + emission through production process

**Industrial Soot Emission** refers to volume of soot in smoke emitted in process of fuel burning in premises of enterprises.

**Industrial Dust Emission** refers to volume of dust emitted by production process of enterprises and suspended in the air for a given period of time, including dust from refractory material of iron and steel works, dust from coke-screening systems and sintering machines of coke plants, dust from lime kilns and dust from cement production in building material enterprises, but excluding soot and dust emitted from power plants.

**Industrial Solid Wastes Produced** refers to total volume of solid, semi-solid and high concentration liquid residues produced by industrial enterprises from production process in a given period of time, including hazardous wastes, slag, coal ash, gangue, tailings, radioactive residues and other wastes, but excluding stones stripped or dug out in mining ( gangue and acid or alkaline stones not included). A stone is acid or alkaline according to the pH value of the water being below 4 or above 10.5 when the stone is in, or soaked by water.

**Ratio of Industrial Solid Wastes Utilized** refers to the percentage of industrial solid wastes utilized over industrial solid wastes produced (including stocks of the previous years). It is calculated as:

Ratio of industrial solid wastes utilized = volume of industrial solid wastes utilized / (industrial solid wastes produced + stock of previous years) ×100%

**Industrial Solid Wastes Discharged** refers to volume of industrial solid wastes discharged by producing enterprises to disposal facilities or to other sites. The wastes exclude stones stripped or dug from mining (gangue and acid or alkaline waste stones not included).

**Consumption Wastes Transported** refers to volume of consumption wastes collected and transported to disposal factories or sites. Consumption wastes are solid wastes produced from urban households or from service activities for urban households, and solid wastes regarded by laws and regulations as urban consumption wastes, including those from households, commercial activities, markets, cleaning of streets, public sites, offices, schools, factories, mining units and other sources.

**Ratio of Consumption Wastes Treated** refers to consumption wastes treated over that produced. In practical statistics, as it is difficult to estimate, the volume of consumption wastes produced is replaced with that transported. It is calculated as:

Ratio of consumption wastes treated = consumption wastes treated / consumption wastes produced×100%

12

Twelve

# 财政、税收、金融、证券、保险

# Government, Taxation, Banking, Securites, Insurance

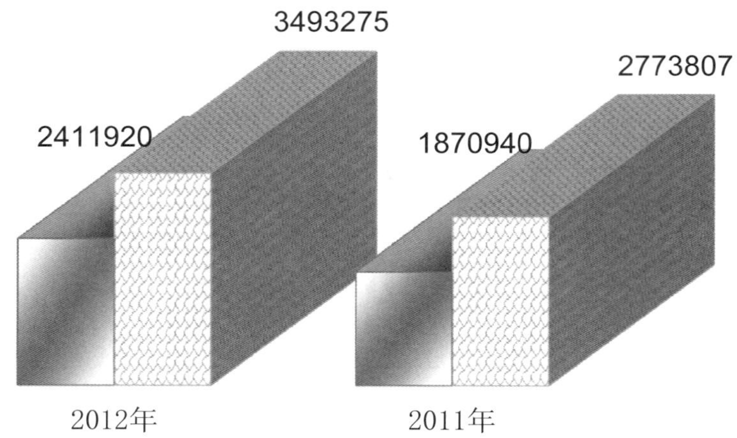

公共财政预算收入(万元)
公共财政预算支出(万元)
3493275
2411920
2773807
1870940
2012年
2011年


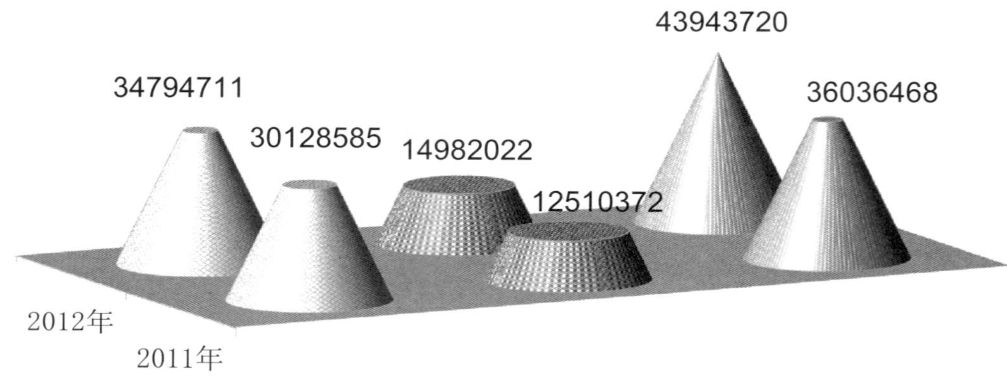

金融机构人民币年末存款余额(万元)
#城乡居民储蓄存款(万元)
金融机构人民币年末贷款余额(万元)
34794711
30128585
14982022
12510372
43943720
36036468
2012年
2011年


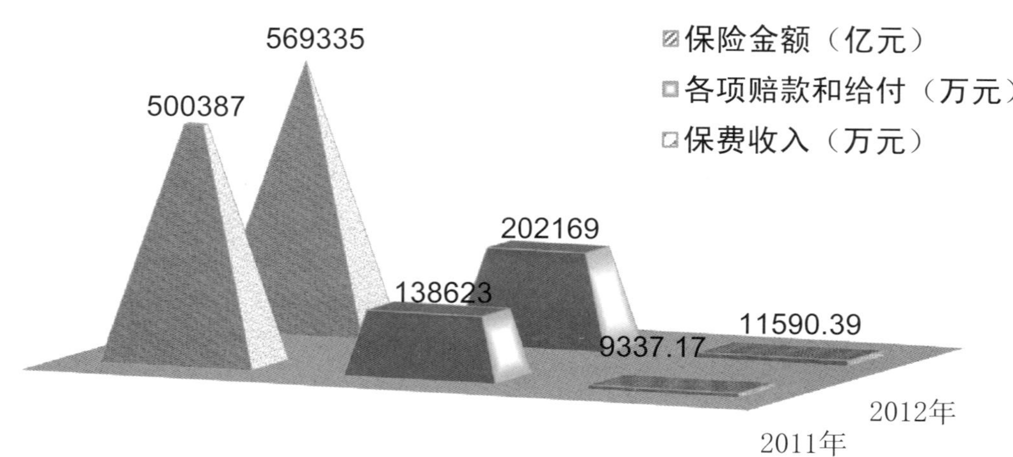

保险金额（亿元）
各项赔款和给付（万元）
保费收入（万元）
569335
500387
202169
138623
11590.39
9337.17
2012年
2011年

# 12-1 财政收入基本情况
# Government Revenue

单位：万元 (10 000 yuan)

| 指标 | Item | 2012 | 2011 | 2012年比2011年增长(%) Growth Rate in 2012 over 2011(%) |
|---|---|---|---|---|
| **财政总收入** | **Total Government Revenue** | **4880181** | **4013094** | **21.6** |
| **#公共财政预算收入** | **Local General Budget Revenues** | **2411920** | **1870940** | **28.9** |
| **税收收入** | **Total Tax Revenue** | **1936518** | **1544043** | **25.4** |
| 增值税 | Added-value Tax | 138254 | 118746 | 16.4 |
| 营业税 | Business Tax | 758718 | 591483 | 28.3 |
| 企业所得税 | Corporate Income Tax | 268615 | 233353 | 15.1 |
| 个人所得税 | Individual Income Tax | 84640 | 92698 | -8.7 |
| 资源税 | Resource Tax | 16024 | 16379 | -2.2 |
| 城市维护建设税 | City Maintenance and Construction Tax | 173694 | 137690 | 26.1 |
| 房产税 | House Property Tax | 57369 | 48695 | 17.8 |
| 印花税 | Stamp Tax | 33474 | 28957 | 15.6 |
| 城镇土地使用税 | Urban Land Use Tax | 33061 | 32042 | 3.2 |
| 土地增值税 | Land Appreciation Tax | 74363 | 57992 | 28.2 |
| 车船税 | Tax on Vehicles and Boat Operation | 18482 | 12851 | 43.8 |
| 耕地占用税 | Farm Land Occupation Tax | 124468 | 67100 | 85.5 |
| 契　税 | Deed Tax | 150219 | 101107 | 48.6 |
| 烟叶税 | Tobacco Tax | 5137 | 4950 | 3.8 |
| 其他税收收入 | Other Tax Revenue | | | |
| **非税收入** | **Total Non-tax Revenue** | **475402** | **326897** | **45.4** |
| 专项收入 | Special Program Receipts | 205958 | 99785 | 106.4 |
| 行政事业性收费收入 | Charge of Administrative and Institutional Units | 87773 | 73634 | 19.2 |
| 罚没收入 | Penalty Receipts | 33319 | 28646 | 16.3 |
| 国有资本经营收入 | Operation Income of State-owned Assets | 21283 | 16220 | 31.2 |
| 国有资源(资产)有偿使用收入 | Income from Use of State-owned Resources(Assets) | 86493 | 64829 | 33.4 |
| 其他收入 | Other Non-tax Revenue | 40576 | 43783 | -7.3 |
| **政府性基金收入** | **Income from State-owned Funds** | **1922579** | **1498920** | **28.3** |

# 12-2 财政支出基本情况
# Government Expenditure

单位：万元 (10 000 yuan)

| 指标 | Item | 2012 | 2011 | 2012年比2011年增长(%) Growth Rate in 2012 over 2011(%) |
|---|---|---|---|---|
| **财政总支出** | **Total Government Revenue** | **5409509** | **4540882** | **19.1** |
| **公共财政预算支出** | **Local General Budget Expenditure** | **3493275** | **2773807** | **25.9** |
| 一般公共服务 | Expenditure for General Public Services | 666332 | 458258 | 45.4 |
| 公共安全 | Expenditure for General Public Services | 273685 | 197756 | 38.4 |
| 教　育 | Expenditure for Education | 626051 | 483766 | 29.4 |
| 科学技术 | Expenditure for Science and Technology | 65869 | 50526 | 30.4 |
| 文化体育与传媒 | Expenditure for Culture,Sport and Media | 47817 | 43474 | 10.0 |
| 社会保障和就业 | Expenditure for Social Safety Net and Employment Effort | 250590 | 200251 | 25.1 |
| 医疗卫生 | Expenditure for Medical and Health Care | 208794 | 178655 | 16.9 |
| 节能环保 | Expenditure for Energy Conservation and Environment Protection | 127751 | 71254 | 79.3 |
| 城乡社区事务 | Expenditure for Urban and Rural Community Affairs | 234759 | 206029 | 13.9 |
| 农林水事务 | Expenditure for Agriculture, Forestry and Water Conservancy | 241752 | 195311 | 23.8 |
| 交通运输 | Expenditure for Transportation | 72666 | 53669 | 35.4 |
| 资源勘探电力信息等事务 | Expenditure for Affairs of Exploration,Power and Information | 177051 | 187871 | -5.8 |
| 商业服务业等事务 | Expenditure for Affairs of Commerce and Services | 28265 | 27915 | 1.3 |
| 金融监管等事务支出 | Expenditure for Affairs of Financial Supervision | 485 | 210 | 131.0 |
| 国土资源气象等事务 | Expenditure for Affairs of Land and Weather | 19224 | 19953 | -3.7 |
| 住房保障支出 | Expenditure for Affairs of Housing Security | 140470 | 160176 | -12.3 |
| 粮食物资储备管理等事务 | Expenditure for Management of Grain & Oil Reserves | 10540 | 4486 | 135.0 |
| 国债还本付息支出 | Interest Payment for Domestic and Foreign Debts | 1848 | 1819 | 1.6 |
| 其他支出 | Other Expenditure | 299326 | 232428 | 24.2 |
| **基金支出** | **Expenditure for Fund** | **1916234** | **1767075** | **8.4** |

# 12–3 各级地方财政分类别收入(2012年)
# Government Revenue by Level and Item(2012)

单位：万元 (10 000 yuan)

| 指 标 | Item | 全市合计 Guiyang | 市级 City Government | 县级 County Government | 乡镇级 Town Government |
|---|---|---|---|---|---|
| **总 计** | **Total** | **2411920** | **1088040** | **1103385** | **220495** |
| **税收收入** | **Total Tax Revenue** | **1936518** | **880375** | **848012** | **208131** |
| 增值税 | Added-value Tax | 138254 | 58540 | 54351 | 25363 |
| 营业税 | Business Tax | 758718 | 284432 | 391129 | 83157 |
| 企业所得税 | Corporate Income Tax | 268615 | 154369 | 85126 | 29120 |
| 个人所得税 | Individual Income Tax | 84640 | 42770 | 31033 | 10837 |
| 资源税 | Resource Tax | 16024 | 2339 | 2242 | 11443 |
| 城市维护建设税 | City Maintenance and Construction Tax | 173694 | 114779 | 50818 | 8097 |
| 房产税 | House Property Tax | 57369 | 30631 | 23842 | 2896 |
| 印花税 | Stamp Tax | 33474 | 18322 | 12806 | 2346 |
| 城镇土地使用税 | Urban Land Use Tax | 33061 | 13561 | 16506 | 2994 |
| 土地增值税 | Land Appreciation Tax | 74363 | 35096 | 33987 | 5280 |
| 车船税 | Tax on Vehicles and Boat Operation | 18482 | 18482 | | |
| 耕地占用税 | Farm Land Occupation Tax | 124468 | 37948 | 68083 | 18437 |
| 契 税 | Deed Tax | 150219 | 69103 | 77887 | 3229 |
| 烟叶税 | Tobacco Tax | 5137 | 3 | 202 | 4932 |
| **非税收入** | **Total Non-tax Revenue** | **475402** | **207665** | **255373** | **12364** |
| 专项收入 | Special Program Receipts | 205958 | 114441 | 88807 | 2710 |
| 行政事业性收费收入 | Charge of Administrative and Institutional Units | 87773 | 37307 | 48867 | 1599 |
| 罚没收入 | Penalty Receipts | 33319 | 19925 | 12511 | 883 |
| 国有资本经营收入 | Operation Income of State-owned Assets | 21283 | 1359 | 19924 | |
| 国有资源(资产)有偿使用收入 | Income from Use of State-owned Resources(Assets) | 86493 | 22940 | 60227 | 3326 |
| 其他收入 | Other Non-tax Revenue | 40576 | 11693 | 25037 | 3846 |

注：2011年乡镇级数据含金阳下辖乡镇。
a) In 2011, data of towns in the table include those under jurisdictions of Jinyang District.

# 12–4 各级地方财政分类别支出(2012年)
# Government Expenditure by Level and Category(2012)

单位：万元 (10 000 yuan)

| 指 标 | Item | 全市合计 Guiyang | 市级 City Government | 县级 County Government | 乡镇级 Town Government |
|---|---|---|---|---|---|
| **总 计** | **Total** | **3493275** | **1421415** | **1943617** | **128243** |
| 一般公共服务 | Expenditure for General Public Services | 666332 | 256210 | 339780 | 70342 |
| 国防 | National Defense | 10537 | 7789 | 2694 | 54 |
| 公共安全 | Expenditure for Public Security | 273685 | 130952 | 140782 | 1951 |
| 教 育 | Expenditure for Education | 626051 | 153462 | 472480 | 109 |
| 科学技术 | Expenditure for Science and Technology | 65869 | 28233 | 37325 | 311 |
| 文化体育与传媒 | Expenditure for Culture,Sports and Media | 47817 | 32330 | 13345 | 2142 |
| 社会保障和就业 | Expenditure for Social Safety Net and Employment Effort | 250590 | 86126 | 156468 | 7996 |
| 医疗卫生 | Expenditure for Medical and Health Care | 208794 | 82066 | 124611 | 2117 |
| 节能环保 | Expenditure for Energy Conservation and Environment Protection | 127751 | 86648 | 38979 | 2124 |
| 城乡社区事务 | Expenditure for Urban and Rural Community Affairs | 234759 | 133216 | 96520 | 5023 |
| 农林水事务 | Expenditure for Agriculture,Forestry and Water Conservancy | 241752 | 52890 | 163529 | 25333 |
| 交通运输 | Expenditure for Transportation | 72666 | 56680 | 15845 | 141 |
| 资源勘探电力信息等事务 | Expenditure for Affairs of Exploration,Power and Information | 177051 | 117002 | 57695 | 2354 |
| 商业服务业等事务 | Expenditure for Affairs of Commerce and Services | 28265 | 16542 | 10561 | 1162 |
| 金融监管等事务支出 | Expenditure for Affairs of Financial Supervision | 485 | | 485 | |
| 国土资源气象等事务 | Expenditure for Affairs of Land and Weather | 19224 | 7841 | 10836 | 547 |
| 住房保障支出 | Expenditure for Affairs of Housing Security | 140470 | 51047 | 84358 | 5065 |
| 粮油物资储备管理等事务 | Expenditure for Management of Grain & Oil Reserves | 10540 | 8068 | 2472 | |
| 国债还本付息支出 | Interest Payment for Domestic and Foreign Debts | 1848 | 1728 | 120 | |
| 其他支出 | Other Expenditure | 288789 | 112585 | 174732 | 1472 |

# 12-5 公共财政预算分类别支出
# General Budgetary Expenditure by Item

单位：万元 (10 000 yuan)

| 指　标 | Item | 支出数 Expenditure |
|---|---|---|
| **教　育** | **Expenditure for Education** | **626051** |
| 教育管理事务 | Educational Affairs Management | 14982 |
| 普通教育 | Regular Education | 464905 |
| #学前教育 | Pre-primary Eduaction | 24418 |
| 小学教育 | Primary Education | 208385 |
| 初中教育 | Junior Secondary Education | 155148 |
| 高中教育 | Senior Secondary Education | 50297 |
| 高等教育 | Higher Education | 21028 |
| 职业教育 | Vocational Education | 51979 |
| 成人教育 | Adult Education | 197 |
| 广播电视教育 | Broadcasting and Television Education | 379 |
| 特殊教育 | Special Education | 3167 |
| 教师进修及干部继续教育 | Further Education for Teachers and Cadre | 10142 |
| 教育费附加安排的支出 | Educational Surtax | 72818 |
| 其他教育支出 | Others | 7482 |
| **科学技术** | **Expenditure for Science and Technology** | **65869** |
| 科学技术管理事务 | Management of Science and Technology Affairs | 2751 |
| 技术研究与开发 | Scientific Research and Development | 52592 |
| 科技条件与服务 | Science Conditions and Services | 2786 |
| 社会科学 | Social Science | 521 |
| 科学技术普及 | Popularization of Science and Technology | 2702 |
| 其他科学技术支出 | Others | 4517 |
| **文化体育与传媒** | **Expenditure for Culture, Sports and Media** | **47817** |
| 文　化 | Culture | 18649 |
| 文　物 | Historical Relic | 2216 |
| 体　育 | Physical Culture and Sports | 3626 |
| 广播影视 | Radio,Film and Television | 6291 |
| 新闻出版 | Press and Publication | 752 |
| 其他文化体育与传媒 | Others | 16283 |
| **社会保障和就业** | **Expenditure for Social Security and Employment** | **250590** |
| #人力资源和社会保障和就业管理事务 | Human Recources,Social Security and Employment Affairs | 21004 |
| 民政管理事务 | Civil Affairs | 28053 |
| 财政对社会保险基金的补助 | Allowance for Social Insurance Fund | 40381 |
| 行政事业单位离退休 | Pensions for Retirees from Administrative Institutions | 1801 |
| 企业改革补助 | Allowance for Enterprise Reform | 2818 |
| 就业补助 | Employment Allowance | 26657 |
| 抚　恤 | Pension | 12923 |
| 退役安置 | Placement of Demobbed Soldiers | 15252 |
| 社会福利 | Social Welfare | 19303 |
| 残疾人事业 | Undertakings of the Disabled | 2788 |
| 城市居民最低生活保障 | Minimum Standard of Living Guaranteed for Urban Residents | 32150 |
| 其他城镇社会救济 | Other Social Relief for Urban Residents | 3198 |
| 自然灾害生活救助 | Allowance for Natural Disasters | 3729 |
| 农村最低生活保障 | Minimum Standard of Living Guaranteed for Rural Residents | 10123 |
| 其他农村社会救助 | Other Social Relief for Rural Residents | 3034 |
| **医疗卫生** | **Expenditure for Health Care** | **208794** |
| #医疗卫生管理事务 | Management of Medical Affairs | 7590 |
| 公立医院 | Public Hospital | 25612 |
| 基层医疗卫生机构 | Grassroots Health Care Institutions | 21182 |
| 公共卫生 | Public Health | 37073 |
| 医疗保障 | Medical Security | 88192 |
| **节能环保** | **Expenditure for Environment Protection** | **127751** |
| #环境保护管理事务 | Environmental Protection Affairs | 5425 |
| 环境监测与监察 | Environment Monitoring and Supervision | 1445 |
| 污染防治 | Pollution Control | 25755 |
| 自然生态保护 | Nature and Ecology Conservation | 6781 |
| 天然林保护 | Natural Forest Protection | 4332 |
| 退耕还林 | Returning Farmland to Forest | 6948 |
| 风沙荒漠治理 | Wind-drift Sand and Desert Control | 7573 |
| 能源节约利用 | Energy Conservation | 51787 |
| 污染减排 | Pollution Reduction | 7578 |
| **农林水事务** | **Expenditure for Agriculture, Forestry and Water** | **241752** |
| #农　业 | Agriculture | 86942 |
| 林　业 | Forestry | 23769 |
| 水　利 | Water Conservation | 57657 |
| 扶　贫 | Poverty Alleviation | 21176 |
| 农业综合开发 | Comprehensive Agricultural Development | 5513 |
| 农村综合改革 | Comprehensive Agricultural Reform | 31216 |

# 12-6 各区(县、市)地方财政收支
# Government Revenue and Expenditure by District,City (County)

单位：万元 (10 000 yuan)

| 区(市、县)名称 | Disrict,City (County) | 公共财政预算收入 Public Finance Budgetary Revenue | | 2012年比2011年增长(%) Growth Rate in 2012 over 2011(%) | 公共财政预算支出 Public Finance Budgetary Expenditure | | 2012年比2011年增长(%) Growth Rate in 2012 over 2011(%) |
|---|---|---|---|---|---|---|---|
| | | 2012 | 2011 | | 2012 | 2011 | |
| 南明区 | Nanming | 267309 | 186108 | 43.6 | 303836 | 207553 | 46.4 |
| 云岩区 | Yunyan | 259813 | 205007 | 26.7 | 361421 | 223941 | 61.4 |
| 花溪区 | Huaxi | 89520 | 65184 | 37.3 | 166426 | 137362 | 21.2 |
| 乌当区 | Wudang | 114560 | 87671 | 30.7 | 177796 | 145006 | 22.6 |
| 白云区 | Baiyun | 135683 | 94996 | 42.8 | 182267 | 135605 | 34.4 |
| 小河区 | Xiaohe | 108152 | 83148 | 30.1 | 140120 | 102962 | 36.1 |
| 开阳县 | Kaiyang | 128024 | 71139 | 80.0 | 233821 | 164568 | 42.1 |
| 息烽县 | Xifeng | 60009 | 43944 | 36.6 | 155576 | 115592 | 34.6 |
| 修文县 | Xiuwen | 54229 | 38682 | 40.2 | 138327 | 110409 | 25.3 |
| 清镇市 | Qingzhen | 99495 | 78405 | 26.9 | 202634 | 172828 | 17.2 |

# 12-7 全部金融机构信贷收支情况
# Receipts and Payments of Credit Funds of all Financial Institutions

单位：万元 (10 000 yuan)

| 指标 | Item | 2012 | 2011 | 2012年比2011年增长(%) Growth Rate in 2012 over 2011(%) |
|---|---|---|---|---|
| **本外币** | **Domestic and Foreign Currency** | | | |
| **各项存款合计** | **Total Deposits** | **44160028** | **36251040** | **21.8** |
| #企事业单位存款 | Deposits by Enterprises and Institutions | 25953024 | 20877035 | 24.3 |
| 储蓄存款 | Saving Deposits | 15052764 | 12579042 | 19.7 |
| 委托存款 | Trusted Deposits | 33112 | 68012 | -51.3 |
| **各项贷款合计** | **Total Loans** | **35213180** | **30300664** | **16.2** |
| #短期贷款 | Short-term Loans | 9311989 | 7195070 | 29.4 |
| 中长期贷款 | Medium & Long Loans | 24934436 | 22452130 | 11.1 |
| 票据融资 | Notes Financing | 948061 | 646615 | 46.6 |
| 各项垫款 | Advances | 15205 | 3016 | 404.1 |
| **人民币** | **RMB** | | | |
| **各项存款合计** | **Total Deposits** | **43943720** | **36036468** | **21.9** |
| 单位存款 | Deposits by Units | 25814036 | 20734661 | 24.5 |
| #活期存款 | Demand Deposits | 17391975 | 14583488 | 19.3 |
| 定期存款 | Time Deposits | 2986041 | 2486681 | 20.1 |
| 储蓄存款 | Saving Deposits | 14982022 | 12510372 | 19.8 |
| **各项贷款合计** | **Total Loans** | **34794711** | **30128585** | **15.5** |
| #短期贷款 | Short-term Loans | 8896116 | 7025690 | 26.6 |
| 中长期贷款 | Medium-term & Long-term Loans | 24931840 | 22449431 | 11.1 |
| 票据融资 | Notes financing | 948061 | 646615 | 46.6 |

# 12-8 保险业务情况
# Indicators of Insurance Companies

(人寿保险公司)

| 项目 Item / 年份 Year / 险种 Insurances | | 承保人次(万人) Insurer(10 000 person) | | 保险金额(万元) Insured Amount (10 000 yuan) | | 保费收入(万元) Premium(10 000 yuan) | |
|---|---|---|---|---|---|---|---|
| | | 2012 | 2011 | 2012 | 2011 | 2012 | 2011 |
| **合　计** | **Total** | **681.01** | **493.84** | **28072575** | **22900350** | **296549** | **272376** |
| **寿险小计** | **Subtotal of Life Insurance** | **138.62** | **132.02** | **4824385** | **6461021** | **267474** | **246083** |
| 普通寿险 | Normal Life Insurance | 79.19 | 75.78 | 1869759 | 1239035 | 19010 | 19213 |
| 分红寿险 | Share Out Bonus | 46.92 | 45.03 | 1831029 | 4302491 | 244300 | 222784 |
| 投资连结产品 | Life Insurance Product in Investment | 0.84 | 0.98 | 43128 | 42069 | 210 | 227 |
| 万能寿险 | Omnipotence Life Insurance | 11.67 | 10.22 | 1080468 | 877425 | 3955 | 3859 |
| **意外伤害险小计** | **Subtotal of Accident Injury Insurance** | **256.23** | **182.65** | **18881804** | **13143694** | **8988** | **8295** |
| **健康险小计** | **Subtotal of Health Insurance** | **223.16** | **179.18** | **4366386** | **3295635** | **20087** | **17998** |

注：本表包括九家人寿保险分公司：中国人民人寿保险股份有限公司、中国人寿保险股份有限公司、太平洋人寿保险股份有限公司、平安人寿保险股份有限公司、新华人寿保险股份有限公司、泰康人寿保险股份有限公司、太平人寿保险有限公司、平安养老保险股份有限公司，生命人寿保险股份有限公司为今年新增。

a) Date in this table include figures of the Guizhou Branches of China Life Insurance Company, Pacific Life Insurance Company, Ping An Life Insurance Company, Xinhua Life Insurance Company, Taikang Life Insurance Company, Taiping Life Insurance Company, Ping An Annuity Insurance Company and PICC Life Insurance Company which is added to the table this year.

## 12-8 续表1 (continued)

| 项目 Item / 年份 Year / 险种 Insurances | | 新单保费(万元) Premium of New Insurance (10 000yuan) | | 赔付支出(万元) Payment (10 000 yuan) | | #退保金 Insurance Withdrawn | |
|---|---|---|---|---|---|---|---|
| | | 2012 | 2011 | 2012 | 2011 | 2012 | 2011 |
| **合　计** | **Total** | **107565** | **113246** | **56418** | **49614** | **46355** | **40109** |
| **寿险小计** | **Subtotal of Life Insurance** | **102915** | **110116** | **46068** | **41501** | **45728** | **39440** |
| 普通寿险 | Normal Life Insurance | 4282 | 4562 | 20838 | 15806 | 1426 | 1256 |
| 分红寿险 | Share Out Bonus | 97761 | 104035 | 24247 | 24618 | 44296 | 38164 |
| 投资连结产品 | Life Insurance Product in Investment | 7 | 11 | 126 | 429 | 2 | 1 |
| 万能寿险 | Omnipotence Life Insurance | 865 | 1508 | 857 | 649 | 4 | 18 |
| **意外伤害险小计** | **Subtotal of Accident Injury Insurance** | | | **2823** | **2314** | | |
| **健康险小计** | **Subtotal of Health Insurance** | **4649** | **3130** | **7528** | **5798** | **627** | **670** |

## 12-8 续表2 (continued)

| 险种 Insurances | | 承保件数（万件）Insured Cases (10 000 cases) 2012 | 2011 | 保险金额或责任限额（万元）Insured Amount (10 000 yuan) 2012 | 2011 | 签单保费（万元）Premium (10 000yuan) 2012 | 2011 |
|---|---|---|---|---|---|---|---|
| **合　计** | **Total** | **132.91** | **127.99** | **87831299** | **70471389** | **272787** | **228011** |
| 企业财产保险 | Enterprise Property Insurance | 1.31 | 1.33 | 21595418 | 21537141 | 27848 | 28794 |
| 家庭财产保险 | Family Property Insurance | 0.31 | 0.39 | 182598 | 81127 | 101 | 86 |
| 机动车辆保险 | Motor Vehicle Insurance | 95.71 | 79.97 | 24545142 | 18011432 | 200895 | 159302 |
| 工程保险 | Engineering Insurance | 0.07 | 0.03 | 3428983 | 5197377 | 9770 | 15687 |
| 责任保险 | Liability Insurance | 1.75 | 1.23 | 8087145 | 5873275 | 7382 | 5672 |
| 信用保险 | Credit Insurance | | | 24000 | | 89 | |
| 保证保险 | Guarantee Insurance | 0.59 | 0.36 | 32665 | 28672 | 12026 | 7012 |
| 船舶保险 | Ship Insurance | | | 4800 | 178 | 23 | 5 |
| 货物运输保险 | Freight Transport Insurance | 4.14 | 6.26 | 5829779 | 5405623 | 3335 | 3707 |
| 特殊风险保险 | Special Risks Insurance | | | 24513 | 26515 | 13 | 14 |
| 农业保险 | Agriculture Insurance | 0.02 | 0.02 | 17878 | 7600 | 495 | 286 |
| 健康险 | Health Insurance | 1.16 | 0.38 | 3170150 | 1268080 | 3233 | 1775 |
| 意外伤害保险 | Accident Injury Insurance | 27.77 | 37.91 | 20499745 | 12979867 | 6923 | 5154 |
| 其他险 | Other Insurance Insurance | 0.08 | 0.06 | 388483 | 54504 | 654 | 517 |

注：本表包括十四家财产保险分公司：中国人民财产保险股份有限公司、太平洋财产保险股份有限公司、中国平安财产保险股份有限公司、太平财产保险股份有限公司、天安保险股份有限公司、安邦财产保险股份有限公司、阳光财产保险股份有限公司、中国大地保险股份有限公司、中国人寿财产保险股份有限公司、华安财产保险股份有限公司、都邦财产保险股份有限公司、鼎和财产保险股份有限公司、华泰财产保险股份有限公司和安诚财产保险股份有限公司。

a) Date in this table includes figures of the Guizhou Branches of PICC Property and Casualty Company, CPIC Property and Casualty Company, Ping An Property and Casualty Company, Taiping Property and Casualty Company, Tian An Property and Casualty Company, An Bang Property and Casualty Company, Yangguangm Property and Casualty Company, China Continent Property and Casualty Company, China Life Property and Casualty Company, Hua An Property and Casualty Company, Dubang Property and Casualty Company, Dinghe Property and Casualty Company, Huatai Property and Casualty Company, and An Cheng Property and Casualty Company.

## 12-8 续表3 (continued)

| 项　目 | Item | 已决赔付件数（万　件）Number of Settled Claims (10 000 cases) 2012 | 2011 | 已决赔款（万　元）Settled Loss (10 000 yuan) 2012 | 2011 | 未决赔款（万　元）Outstanding Loss (10 000 yuan) 2012 | 2011 |
|---|---|---|---|---|---|---|---|
| **合　计** | **Total** | **31.28** | **18.71** | **145751** | **89009** | **75615** | **80373** |
| 企业财产保险 | Enterprise Property Insurance | 0.55 | 0.26 | 25682 | 7461 | 10345 | 22853 |
| 家庭财产保险 | Family Property Insurance | | | 31 | 20 | 30 | 25 |
| 机动车辆保险 | Motor Vehicle Insurance | 29.05 | 17.85 | 105505 | 72978 | 49248 | 44865 |
| 工程保险 | Engineering Insurance | 0.11 | 0.02 | 4119 | 1959 | 6578 | 4593 |
| 责任保险 | Liability Insurance | 0.27 | 0.10 | 5382 | 3043 | 4921 | 4490 |
| 信用保险 | Export Credit Insurance | | | | | | |
| 保证保险 | Guarantee Insurance | 0.02 | 0.01 | 461 | 166 | 102 | 103 |
| 船舶保险 | Ship Insurance | | | | | | |
| 货物运输保险 | Freight Transport Insurance | 0.02 | 0.02 | 228 | 489 | 263 | 267 |
| 特殊风险保险 | Special Risks Insurance | | | 6 | 12 | 345 | 345 |
| 农业保险 | Agriculture Insurance | 0.25 | 0.03 | 119 | 50 | 447 | 103 |
| 健康险 | Health Insurance | 0.73 | 0.26 | 1543 | 875 | 1062 | 865 |
| 意外伤害保险 | Accident Injury Insurance | 0.25 | 0.13 | 2442 | 1808 | 2112 | 1796 |
| 其他险 | Other Insurance | 0.03 | 0.01 | 233 | 149 | 162 | 67 |

# 12–9 上市公司情况
# Listed Companies

| 指　　标 | | Item | | 2012 | 2011 |
|---|---|---|---|---|---|
| **上市公司数量** | **(个)** | **Number of Listed Companies** | **(unit)** | **14** | **13** |
| #上交所 | (个) | Shanghai Stock Exchange | (unit) | 5 | 5 |
| #深交所 | (个) | Shenzheng Stock Exchange | (unit) | 9 | 8 |
| **上市公司总股本** | **(亿 股)** | **Total Capital of Listed Company** | **(100 million shares)** | **66.11** | **63.35** |
| **上市公司总市值** | **(亿 元)** | **Total Market Capitalization of Listed Company** | **(100 million yuan)** | **561.32** | **496.30** |
| **募集资金** | **(亿 元)** | **Raised Capital** | **(100 million yuan)** | **30.80** | **23.71** |

注：资料范围为总部设在贵阳市辖区内的上市公司。

a) Data in this table include listed companies with general headquarters in Guiyang.

# 12–10 证券期货交易情况
# General Statistics on Futures Trading

| 指　　标 | | Item | | 2012 | 2011 | 2010 |
|---|---|---|---|---|---|---|
| **证券公司** | **(家)** | **Securities Company** | **(unit)** | **1** | **1** | **1** |
| 客户交易结算资金 | (亿 元) | Customers' Transaction Settlement Funds | (100 million yuan) | 20.61 | 21.41 | 21.41 |
| 指定与托管证券市值 | (亿 元) | Market Value of Designated and Deposited Securities | (100 million yuan) | 189.63 | 176.35 | 176.35 |
| **证券营业部** | **(家)** | **Security Exchange** | **(unit)** | **32** | **27** | **27** |
| 资金帐户数 | (户) | Number of Share Capital Accounts | (household) | 394145 | 369683 | 369683 |
| 客户交易结算资金 | (亿 元) | Customers' Transaction Settlement Funds | (100 million yuan) | 22.21 | 24.81 | 24.81 |
| 指定与托管证券市值 | (亿 元) | Market Value of Designated and Deposited Securities | (100 million yuan) | 239.54 | 194.71 | 194.71 |
| 成交金额 | (亿 元) | Trading Turnover | (100 million yuan) | 1968.42 | 1877.15 | 1877.15 |
| **期货营业部** | **(家)** | **Futures Business Departments** | **(unit)** | **8** | **8** | **8** |
| 成交金额 | (亿 元) | Trading Turnover | (100 million yuan) | 3602.82 | 2392.78 | 2392.78 |

注：资料范围包括贵阳市辖区内从事证券交易的所有证券机构。

a) Date in the table include figures of all securities institutions of Guiyang traded on stock exchange.

# 12–11 税收收入分企业类型情况(2012年)
# Tax Revenue by Enterprise Entities(2012)

单位：万元 (10 000 yuan)

| 指标 | Item | 税收总计 Tax Revenue | 国税 National Taxation | 地税 Local Taxation |
|---|---|---|---|---|
| **总计** | **Total** | **4473660** | **2336135** | **2137525** |
| **内资企业** | **Domestically-funded Enterprise** | **4108774** | **2119264** | **1989510** |
| 国有企业 | State-owned Enterprises | 365314 | 195094 | 170220 |
| 集体企业 | Collective-owned Enterprises | 38534 | 15377 | 23157 |
| 股份合作企业 | Cooperative Enterprises | 31823 | 20047 | 11776 |
| 联营企业 | Joint Ownership Enterprises | 1212 | 737 | 475 |
| 股份公司 | Share-holding Corporations Ltd. | 3372250 | 1837874 | 1534376 |
| 私营企业 | Private Enterprises | 91146 | 49556 | 41590 |
| 其他企业 | Others | 208495 | 579 | 207916 |
| **港澳台投资企业** | **Enterprises with Funds From Hong Kong,Macao and Taiwan** | **50848** | **26573** | **24275** |
| **外商投资企业** | **Foreign-Funded Enterprises** | **110572** | **81199** | **29373** |
| **个体经营** | **Individually-owned Business** | **203466** | **109099** | **94367** |

# 12–12 税收收入分产业情况(2012年)
# Tax Revenue by Sector(2012)

单位：万元 (10 000 yuan)

| 指标 | Item | 税收总计 Tax Revenue | 国税 National Taxation | 地税 Local Taxation |
|---|---|---|---|---|
| **总计** | **Total** | **4473660** | **2336135** | **2137525** |
| **第一产业** | **Primary Industry** | **11179** | **10381** | **798** |
| **第二产业** | **Secondary Industry** | **2032538** | **1481995** | **550543** |
| 采矿业 | Mining and Quarrying | 106902 | 50060 | 56842 |
| 制造业 | Manufacturing | 1496208 | 1284656 | 211552 |
| 电力、燃气及水的生产和供应业 | Production and Supplyment of Electric Power,Gas and Water | 150953 | 124911 | 26042 |
| 建筑业 | Construction | 278475 | 22368 | 256107 |
| **第三产业** | **Tertiary Industry** | **2429943** | **843759** | **1586184** |
| 交通运输、仓储及邮政业 | Transport,Storage and Post | 72110 | 9256 | 62854 |
| 批发和零售业 | Wholesale and Retail Trade | 435865 | 378175 | 100926 |
| 金融业 | Financial Industry | 388891 | 114124 | 274767 |
| 信息传输、计算机服务和软件业 | Information Transmission, Computer Services and Software | 123992 | 91844 | 32148 |
| 住宿和餐饮业 | Hotel and Catering Services | 44181 | 1714 | 42467 |
| 文化、体育和娱乐业 | Culture,Sports and Entertainment | 21952 | 1917 | 20035 |
| 租赁和商务服务业 | Leasing and Business Services | 177058 | 9774 | 176084 |
| 房地产业 | Real Estates | 724085 | 111207 | 612878 |
| 其他行业 | Others | 162107 | 125748 | 264025 |

注：从2011年起，税收收入包括契税、耕地占用税。
a) Tax revenue includes deed tax and Farm Land Occupation Tax.

# 12–13 地税收入分企业类型情况(2012年)
# Local Taxation Revenue by Business Entities(2012)

单位：万元 (10 000 yuan)

| 指标 | Item | 合计 Total | 内资企业 Domestically-funded Enterprise 小计 Subtotal | 国有企业 State-owned Enterprises | 集体企业 Collective-owned Enterprises | 股份合作企业 Coorperative Enterprises | 联营企业 Joint Ownership Enterprises |
|---|---|---|---|---|---|---|---|
| **税收收入合计** | **Total Tax Income** | **2137525** | **1989510** | **170220** | **23157** | **11776** | **475** |
| #营业税 | Business Tax | 954318 | 881632 | 76291 | 9360 | 5961 | 190 |
| 企业所得税 | Corporate Income Tax | 187757 | 187757 | 11321 | 6859 | 215 | 132 |
| 个人所得税 | Individual Income Tax | 211602 | 177399 | 25861 | 2139 | 4248 | 12 |
| 资源税 | Resource Tax | 22893 | 22511 | 863 | 284 | | 2 |
| 城市维护建设税 | City Maintenance and Construction Tax | 173735 | 164717 | 14404 | 1152 | 327 | 46 |
| 房产税 | Property tax | 57369 | 51912 | 8089 | 1664 | 396 | 20 |
| 印花税 | Stamp Tax | 33473 | 31724 | 4889 | 83 | 63 | 6 |
| 城镇土地使用税 | Urban Land Use Tax | 47229 | 43760 | 5309 | 406 | 63 | 36 |
| 土地增值税 | Land Appreciation Tax | 74363 | 70333 | 1606 | 250 | 4 | |
| 车船税 | Tax on Vehicles and Boat Operation | 18482 | 18481 | | | | |
| 烟叶税 | Tobacco Tax | 5137 | 5137 | 5137 | | | |
| 耕地占用税 | Farm Land Occupation Tax | 124468 | 122798 | 4715 | 40 | 18 | |
| 契税 | Deed Tax | 150221 | 140272 | 4323 | 15 | 16 | |

12–13 续表 (continued)

单位：万元 (10 000 yuan)

| 指标 | Item | 内资企业 Domestically-funded Enterprise 股份公司 Share-holding Corporations Ltd. | 私营企业 Private Enterprises | 其他企业 Others | 港澳台投资企业 Enterprises with Funds From HongKong, Macao and Taiwan | 外商投资企业 Foreign-Funded Enterprises | 个体经营 Individually-owned Business | 附列资料：乡镇(企业) Township and Village Enterprises |
|---|---|---|---|---|---|---|---|---|
| **税收收入合计** | **Total Tax Income** | **1534376** | **41590** | **207916** | **24275** | **29373** | **94367** | |
| #营业税 | Business Tax | 744894 | 14851 | 30085 | 10512 | 14733 | 47441 | |
| 企业所得税 | Corporate Income Tax | 161610 | 2148 | 5472 | | | | |
| 个人所得税 | Individual Income Tax | 109681 | 10957 | 24501 | 1928 | 3309 | 28966 | |
| 资源税 | Resource Tax | 18619 | 1846 | 897 | | 86 | 296 | |
| 城市维护建设税 | City Maintenance and Construction Tax | 144497 | 2220 | 2071 | 2513 | 3388 | 3117 | |
| 房产税 | Property tax | 37560 | 780 | 3403 | 1526 | 1091 | 2840 | |
| 印花税 | Stamp Tax | 26034 | 424 | 225 | 266 | 652 | 831 | |
| 城镇土地使用税 | Urban Land Use Tax | 35307 | 1863 | 776 | 1161 | 2024 | 284 | |
| 土地增值税 | Land Appreciation Tax | 65576 | 1898 | 999 | 1940 | 1768 | 322 | |
| 车船税 | Tax on Vehicles and Boat Operation | 18481 | | | | | 1 | |
| 烟叶税 | Tobacco Tax | | | | | | | |
| 耕地占用税 | Farm Land Occupation Tax | 38269 | 1373 | 78383 | 488 | | 1182 | |
| 契税 | Deed Tax | 78606 | 1659 | 55653 | 3108 | 657 | 6184 | |

# 12–14 国税收入分企业类型情况(2012年)
# National Taxation Revenue by Business Entities(2012)

单位：万元 (10 000 yuan)

| 指标 | Item | 合计 Total | 内资企业 Domestically-funded Enterprise | | | | |
|---|---|---|---|---|---|---|---|
| | | | 小计 Subtotal | 国有企业 State-owned Enterprises | 集体企业 Collective-owned Enterprises | 股份合作企业 Coorperative Enterprises | 联营企业 Joint Ownership Enterprises |
| **税收收入合计** | **Total** | **2336135** | **2119264** | **195094** | **15377** | **20047** | **737** |
| #增值税 | Added-value Tax | 924111 | 833218 | 112885 | 7256 | 669 | 605 |
| #一般纳税人 | General Taxpayer | 876179 | 810437 | 109370 | 7122 | 668 | 600 |
| 小规模纳税人 | Small-scale Taxpayers | 47932 | 22781 | 3515 | 134 | 1 | 5 |
| 消费税 | Consumption Tax | 679862 | 674897 | 26862 | | | 115 |
| 企业所得税 | Corporate Income Tax | 630880 | 592640 | 42644 | 7793 | 15996 | |
| 外商投资企业和外国企业所得税 | Foreign-invested Enterprises and Foreign Enterprises Income Tax | | | | | | |
| 个人所得税 | Personal Income Tax | 127 | | | | | |
| 车辆购置税 | Vehicle Purchase Tax | 101155 | 18509 | 12703 | 328 | 3382 | 17 |

## 12–14 续表 (continued)

单位：万元 (10 000 yuan)

| 指标 | Item | 内资企业 Domestically-funded Enterprise | | | 港澳台投资企业 Enterprises with Funds From HongKong, Macao and Taiwan | 外商投资企业 Foreign-Funded Enterprises | 个体经营 Individually-owned Business | 附列资料：乡镇(企业) Township and Village Enterprises |
|---|---|---|---|---|---|---|---|---|
| | | 股份公司 Share-holding Corporations Ltd. | 私营企业 Private Enterprises | 其他企业 Others | | | | |
| **税收收入合计** | **Total** | **1837874** | **49556** | **579** | **26573** | **81199** | **109099** | **7008** |
| #增值税 | Added-value Tax | 665978 | 45702 | 123 | 13913 | 50692 | 26288 | 6951 |
| #一般纳税人 | General Taxpayer | 648684 | 43941 | 52 | 13844 | 50652 | 1246 | 6940 |
| 小规模纳税人 | Small-scale Taxpayers | 17294 | 1761 | 71 | 69 | 40 | 25042 | 11 |
| 消费税 | Consumption Tax | 647911 | 9 | | 194 | 4733 | 38 | 5 |
| 企业所得税 | Corporate Income Tax | 523083 | 2866 | 258 | 12466 | 25774 | | 52 |
| 外商投资企业和外国企业所得税 | Foreign-invested Enterprises and Foreign Enterprises Income Tax | | | | | | | |
| 个人所得税 | Personal Income Tax | | | | | | 127 | |
| 车辆购置税 | Vehicle Purchase Tax | 902 | 979 | 198 | | | 82646 | |

# 主要统计指标解释

**财政收入** 包括地方财政收入和上划中央增值税、消费税两部分。财政一般预算内收入包括营业税、地方企业所得税 40%部分、个人所得税 40%部分、城镇土地使用税 70%部分、城镇维护建设税、房产税、车船使用税、印花税、屠宰税、烤烟税、耕地占用税、契税、增值税 15%部分和除海洋石油资源税以外的其他资源税 70%部分。

**财政支出** 国家财政将筹集起来的资金进行分配使用，以满足经济建设和各项事业的需要，主要包括：一般公共服务、公共安全、教育、科学技术、文化体育与传媒、社会保障和就业、医疗卫生、环境保护、城乡社区事务、农林水事务、交通运输、粮食物资储备管理等事务、采掘电力信息等事务和其他支出。

**信贷资金** 指金融机构以信用方式积聚和分配的货币资金。金融机构信贷资金的来源有各项存款、对国际金融机构负债、流通中货币、银行自有资金及当年结益等；信贷资金的运用有各项贷款、黄金占款、外汇占款、财政借款及在国际金融机构中的资产等。

**存　款** 指企业、机关、团体或居民根据资金必须收回的原则，把货币资金存入银行或其他信用机构保管并取得一定利息的一种信用活动形式。根据存款对象的不同可划分为企业存款、财政存款、机关团体存款、基本建设存款、城镇储蓄存款、农村存款等科目。它是银行信贷资金的主要来源。

**城乡居民储蓄存款余额** 指某一时点城乡居民存入银行及农村信用社的储蓄金额，包括城镇居民储蓄存款和农民个人储蓄存款，不包括居民的手存现金和工矿企业、部队、机关、团体等单位存款。

**贷　款** 指银行或其他信用机构根据资金必须归还的原则，按一定利率，为企业、个人等提供资金的一种信用活动形式。我国银行贷款分为流动资金贷款、固定资产贷款、城乡个体工商户贷款以及农业贷款等科目。

**保险金额** 指保险人承担赔偿或者给付保险金责任的最高限额。

**保　费** 指投保人为取得保险人在约定范围内所承担赔偿责任而支付给保险人的费用。

**赔　款** 指保险人根据保险合同的规定，向被保险人支付的赔偿保险责任损失的金额。

**股票市价总值** 指在交易所上市的证券在某一时点按市价与发行数量计算的总金额。计算公式为：

股票市价总值＝Σ(市价×发行数量)。

# Explanatory Notes on Main Statistics Indicators

**Government Revenue** refers to local government revenue and central added value tax and consumption tax. General Budgetary Financial Revenue includes business tax, 40% of local enterprise income tax, 40% of personal income tax, 70% of urban land use tax, urban maintenance and construction tax, house property tax, vehicle and vessel tax, stamp tax, slaughter tax, tobacco tax, contract tax, 15% of added-value tax and 70% other taxes except for offshore petroleum resources tax.

**Government Expenditure** refers to the distribution and use of the funds which the government finance has raised, so as to meet the needs of economic construction and various causes. It includes: expenditure for general public services, expenditure for public security, expenditure for education, expenditure for science and technology, expenditure for culture, sport and media, expenditure for social safety net and employment effort, expenditure for medical and health care, expenditure for environment protection, expenditure for urban and rural community affairs, expenditure for agriculture forestry and water conservancy, expenditure for transportation, expenditure for grain and material stock and management, expenditure for digging, electricity and information affairs and expenditure for others.

**Credit Funds** refers to the monetary funds accumulated and disturbed in the means of credit by the financial institutions. The sources of credit funds include various deposits, liabilities to international financial institutions, currency in circulation, bank itself owned funds, current retained profits and other items. The uses of credit funds include loans, securities and investment, position for bullion and silver purchase, position for foreign exchange purchase, advances to treasury, and assets with international financial institutions.

**Deposit** is a form of credit by which enterprises, institutions, organizations or households can put money into banks and other credit institutions for safekeeping and interest earning under the principle of free withdrawal. According to different depositors, deposits are divided into enterprise deposits, treasury deposits, deposits of government agencies and organizations, capital construction deposits, urban savings deposits, rural deposits and other deposits. Deposits are major sources of the credit funds of banks.

**Savings Deposit Balance of Urban and Rural Residents** refers to the money put into banks and rural credit unions at certain time points, include the bank savings deposit of urban residents and the bank savings deposit of rural residents. The cash held by residents and the deposits of organizations such as industrial and mining enterprises, army units, institutions, etc, are not included.

**Loan** is a form of credit by which banks and other credit institutions provide funds at certain interest rate to enterprises and individuals in the light of the principle of unconditional repayment. Loans from Chinese banks include circulating capital loans, fixed assets loans, loans to urban and rural individuals engaged in industrial and commercial business and agricultural loans.

**Amount Insured** refers to the maximum that the insurant will get for the claim of the case insured.

**Premium** is the fee paid by the insurant to the insurer to obtain the obligation of compensation from the insurance within the agrees terms.

**Settled Claim** is the compensation paid by the insurer to the insurant in accordance with the insurance contract.

**Total Market capitalization** refers to the total value of the issued shares calculated on the share price at a certain time and the number of shares outstanding. The formula is as follows:

Total Market capitalization= ∑（Market Price × Issued Volume ）

13

Thirteen

# 城乡调查

# Urban and Rural Survey

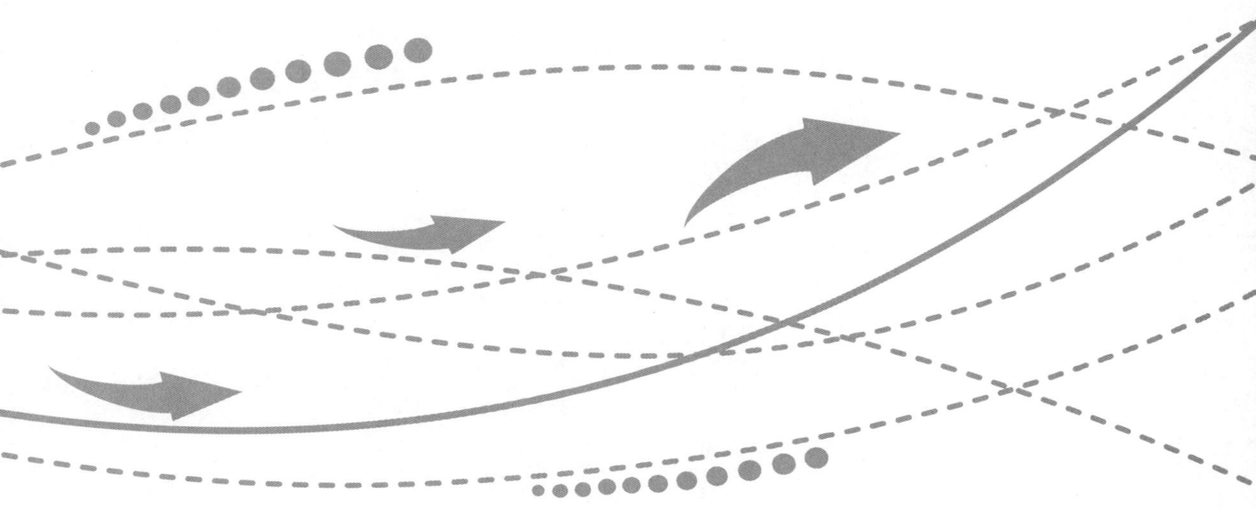

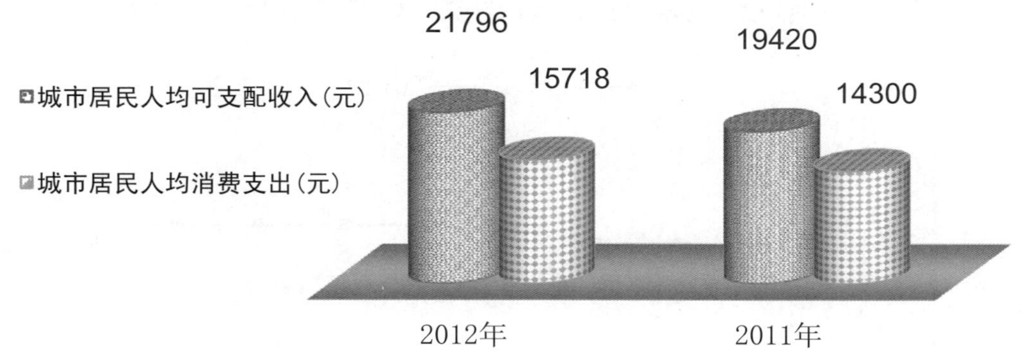


## 2012年每百户城镇居民主要耐用消费品拥有量

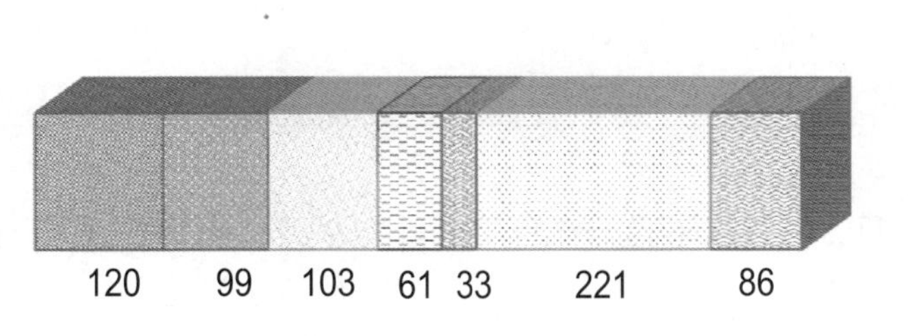


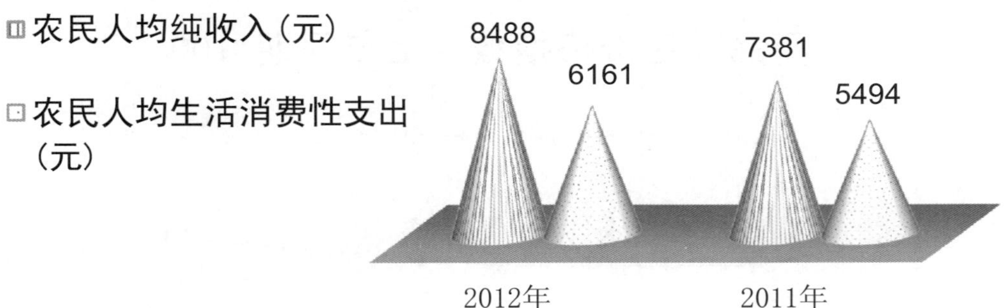


## 2012年每百户农民主要耐用消费品拥有量

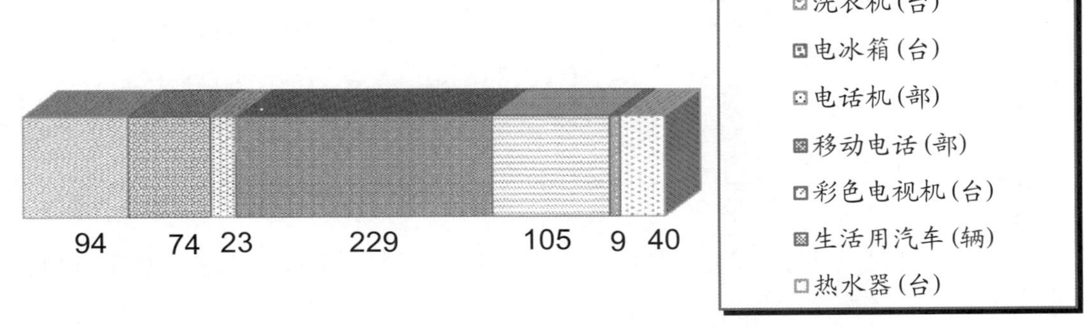

## 城市居民消费价格指数（上年同期=100）

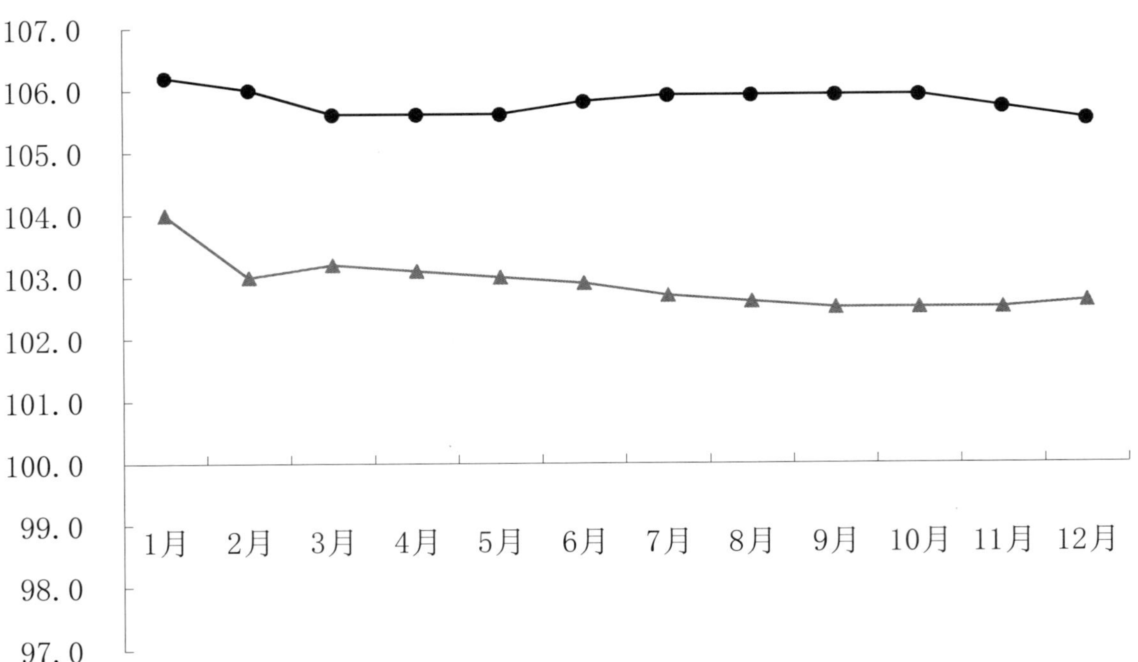


## 商品零售价格指数（上年同期=100）

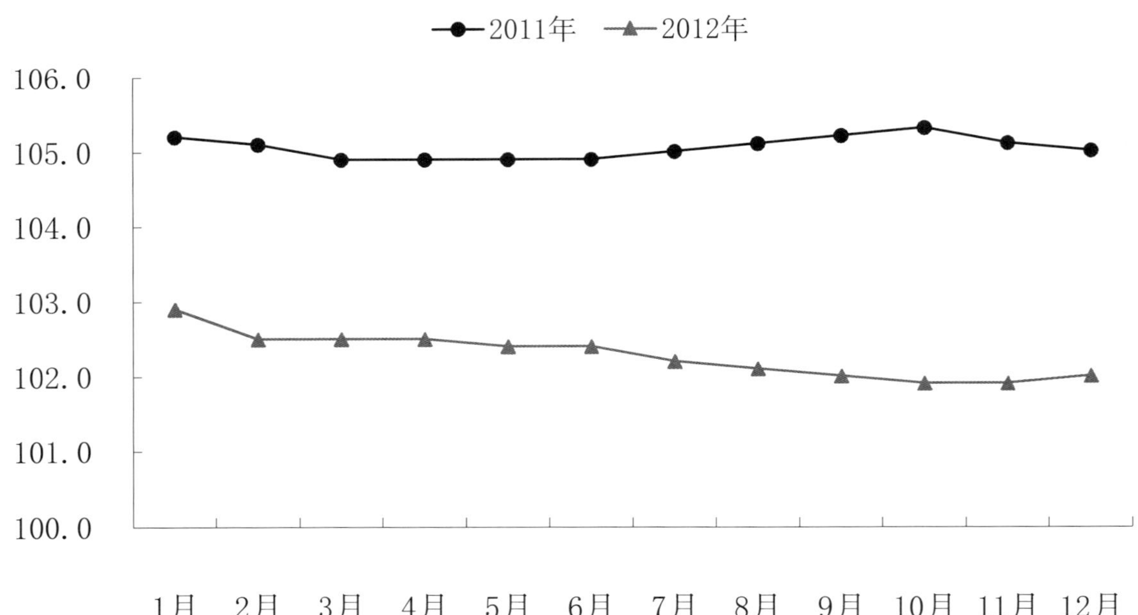

# 13-1 城市居民消费价格指数
# Urban Consumer Price Indices

(以上年同期为100)

| 指　标 | Item | 2012 | 2011 | 指　标 | Item | 2012 | 2011 |
|---|---|---|---|---|---|---|---|
| **居民消费价格总指数** | **Gereral Consumer Price Index** | **102.6** | **105.5** | 饮　料 | Beverages | 107.9 | 109.1 |
| #服务项目价格指数 | Services Price Index | 101.4 | 103.5 | 干鲜瓜果 | Dried and Fresh Melons and Fruits | 96.8 | 111.6 |
| 消费品价格指数 | Consumer Goods Price Index | 103.1 | 106.4 | 鲜　果 | Fresh Fruits | 96.1 | 111.8 |
| **食　品** | **Food** | **105.6** | **113.2** | 干(坚)果及瓜果制品 | Dried Fruits and Fruit Products | 98.9 | 110.8 |
| 粮　食 | Grain | 103.8 | 116.8 | 糕点饼干面包 | Cake, Biscuit and Bread | 109.2 | 115.8 |
| 淀粉及薯类 | Starches and Tuber | 106.9 | 114.0 | 奶及奶制品 | Milk and Milk Products | 105.9 | 98.3 |
| 干豆类及豆制品 | Beans and Bean Products | 101.1 | 114.1 | 在外用膳食品 | Dining Out | 109.6 | 113.3 |
| 油　脂 | Oil or Fat | 105.8 | 116.4 | 其它食品及食品加工服务 | Other Foods and Processing Services | 109.8 | 104.4 |
| 肉禽及其制品 | Meat, Poultry and Processed Products | 102.1 | 121.0 | **烟酒及用品** | **Tobacco,Liquor and Articles** | **101.5** | **103.0** |
| 食用畜肉及副产品 | Meat and By-products | 101.1 | 124.7 | 烟　草 | Tobacco | 99.6 | 100.0 |
| 禽 | Poultry | 102.7 | 110.0 | 酒 | Liquor | 105.3 | 109.4 |
| 肉禽加工制品 | Processed Products | 113.7 | 105.3 | 吸烟饮酒用品 | Other Articles about Tobacco and Liquor | | |
| 蛋 | Eggs | 99.3 | 113.3 | **衣　着** | **Clothing** | **104.5** | **101.5** |
| 水产品 | Aquatic Products | 109.1 | 110.7 | 服　装 | Garments | 105.1 | 101.4 |
| 鱼 | Fish | 110.7 | 112.1 | 男式服装 | Men's Garments | 105.8 | 101.5 |
| 其它水产品 | Other Aquatic Products | 105.6 | 107.7 | 女式服装 | Women's Garments | 104.6 | 101.2 |
| 菜 | Vegetables | 107.7 | 105.7 | 儿童服装 | Children's Garments | 104.7 | 102.4 |
| 鲜　菜 | Fresh Vegetables | 108.9 | 105.9 | 衣着材料 | Clothing Material | 103.6 | 114.6 |
| 干菜及菜制品 | Dried Vegetable and Processed Products | 98.6 | 106.5 | 鞋袜帽 | Shoes,Socks and Hats | 103.1 | 100.9 |
| 调味品 | Flavoring | 107.2 | 107.6 | 鞋 | Shoes | 103.9 | 100.2 |
| 糖 | Carbohydrate | 105.0 | 112.4 | 袜　子 | Socks | 101.2 | 104.7 |
| 茶及饮料 | Tea and Beverages | 105.4 | 105.6 | 帽　子 | Hats | 95.3 | 102.8 |
| 茶　叶 | Tea | 97.3 | 95.2 | 衣着加工服务 | Clothing Manufacturing Services | 101.4 | 107.1 |

## 13-1 续表 (continued)

| 指 标 | Item | 2012 | 2011 | 指 标 | Item | 2012 | 2011 |
|---|---|---|---|---|---|---|---|
| **家庭设备用品及维修服务** | **Household Facilities, and Maintenance Services** | **103.1** | **100.9** | 车用燃料及零配件 | Fuels and Parts | 103.3 | 112.7 |
| 耐用消费品 | Durable Consumer Goods | 100.4 | 97.2 | 车辆使用及维修 | Fees for Vehicles Use and Maintenance | 99.3 | 127.7 |
| 家 具 | Furniture | 110.2 | 104.4 | 市区公共交通 | Incity Traffic Fare | 100.0 | 99.0 |
| 家庭设备 | Household Facilities | 97.3 | 95.2 | 城市间交通 | Intercity Traffic Fare | 98.5 | 103.7 |
| 室内装饰品 | Interior Decorations | 96.4 | 91.4 | 通 信 | Communication | 95.7 | 94.1 |
| 床上用品 | Bed Articles | 99.0 | 108.7 | 通信工具 | Communication Facility | 74.7 | 72.8 |
| 家庭日用杂品 | Daily Use household Articles | 100.9 | 100.7 | 通信服务 | Communication Service | 100.0 | 100.0 |
| 家庭服务及加工维修服务 | Household Services and Maintenance and Renovation | 122.9 | 109.2 | **娱乐教育文化用品及服务** | **Recreation,Education and Culture Articles** | **100.0** | **100.1** |
| **医疗保健和个人用品** | **Health Care and Personal Articles** | **102.9** | **103.7** | 文娱用耐用消费品及服务 | Durable Consumer Goods for Cultural and Recreational Use and Sercices | 97.7 | 97.3 |
| 医疗保健 | Heath Care | 102.2 | 105.1 | 教 育 | Education | 100.3 | 101.8 |
| 医疗器具及用品 | Medical Instrument and Articles | 103.8 | 101.6 | 教材及参考书 | Teaching Materials and Reference Books | 101.5 | 97.7 |
| 中药材及中成药 | Traditional Chinese Medicine | 104.6 | 118.6 | 学杂托幼费 | Tuition and Incidental Expenses | | |
| 西 药 | Western Medicine | 103.1 | 103.5 | 文化娱乐用品 | Culture and Recreational Articles | 101.7 | 99.5 |
| 保健器具及用品 | Health Care Applicants and Articles | 100.0 | 100.4 | 文化娱乐 | Culture Articles | 101.2 | 98.1 |
| 医疗保健服务 | Health Care Services | 100.0 | 100.0 | 书报杂志 | Newspapers and Magazines | 102.2 | 99.4 |
| 个人用品及服务 | Personal Articles and Services | 104.0 | 101.5 | 文娱费 | Expenditure on Culture and Recreation | 101.8 | 99.8 |
| 化妆美容用品 | Cosmetics | 100.0 | 100.1 | 旅游及外出 | Touring and Outing | 100.4 | 100.6 |
| 卫生用品 | Sanitation Articles | 106.5 | 102.7 | **居 住** | **Residence** | **100.7** | **105.8** |
| 个人饰品 | Personal Ornaments | 97.7 | 105.9 | 建房及装修材料 | Building and Building Decoration Materials | 96.9 | 103.4 |
| 个人服务 | Personal Services | 107.9 | 100.0 | 租 房 | Renting | 100.7 | 100.3 |
| **交通和通讯** | **Transportation and Communication** | **98.0** | **99.4** | 自有住房 | Private Housing | 101.8 | 109.2 |
| 交 通 | Transportation | 100.0 | 104.8 | 水、电、燃料 | Water, Electricity and Fuels | 101.1 | 102.5 |
| 交通工具 | Transportation Facility | 100.2 | 100.2 | | | | |

# 13–2 商品零售价格指数
# Retail Price Index of Commodities

(以上年同期为100)

| 指　标 | Item | 2012 | 2011 | 指　标 | Item | 2012 | 2011 |
|---|---|---|---|---|---|---|---|
| **商品零售价格总指数** | **General Retail Price Index** | **102.0** | **105.0** | **纺织品类** | **Textiles** | **99.8** | **107.3** |
| **食品类** | **Food** | **105.8** | **113.1** | 衣着材料 | Clothing | 103.8 | 114.8 |
| 粮　食 | Grain | 104.1 | 116.2 | 床上用品 | Bed Articles | 98.5 | 105.0 |
| 淀粉及薯类 | Starches and Tuber | 106.3 | 112.8 | **家用电器及音像器材** | **Household Appliances, Music and Video Equipment** | **96.9** | **95.5** |
| 干豆类及豆制品 | Beans and Bean Products | 100.9 | 113.8 | 家庭设备 | Household Appliances | 95.9 | 94.6 |
| 油　脂 | Oil or Fat | 105.6 | 117.0 | 文娱用耐用消费品 | Durable Consumer Goods for Cultural and Recreational Use | 97.2 | 95.8 |
| 肉禽及其制品 | Meat,Poultry and Processed Products | 103.9 | 120.5 | 音像器材类 | Music and Video Equipment | 100.0 | 99.1 |
| 食用畜肉及副产品 | Meat and By-products | 100.8 | 129.8 | **文化办公用品** | **Cultural and Office Appliances** | **98.0** | **97.6** |
| 禽 | Poultry | 102.6 | 109.9 | **日用品** | **Articles for Daily Use** | **100.4** | **100.7** |
| 肉禽加工制品 | Processed Products | 113.7 | 105.3 | 日用百货 | General Merchandise for Daily Use | 95.4 | 101.7 |
| 蛋 | Eggs | 99.3 | 113.3 | 日用杂品 | Articles for Daily Use | 100.0 | 102.4 |
| 水产品 | Aquatic Products | 109.9 | 111.6 | 洗涤用品 | Washing Articles | 102.8 | 99.8 |
| 鱼 | Fish | 110.7 | 112.1 | 其它日用品 | Others | 102.0 | 99.5 |
| 其它水产品 | Other Aquatic Products | 104.7 | 108.3 | **体育娱乐用品** | **Sports and Recreation Articles** | **101.4** | **99.3** |
| 菜 | Vegetables | 107.4 | 105.8 | 体育用品 | Sports Articles | 103.2 | 108.9 |
| 调味品 | Flavoring | 107.2 | 107.6 | 娱乐用品 | Recreation Articles | 100.0 | 92.9 |
| 糖 | Carbohydrate | 103.9 | 113.5 | **交通、通信用品** | **Transportation and Communication Appliances** | **98.4** | **97.9** |
| 干鲜瓜果 | Dried and Fresh Melons and Fruits | 96.7 | 111.6 | 交通运输机械 | Transportation Appliances | 100.0 | 100.2 |
| 糕点饼干面包 | Cake, Biscuit and Bread | 109.7 | 115.4 | 通讯器材类 | Communication Appliances | 84.7 | 81.3 |
| 奶及奶制品 | Milk and Milk Products | 106.2 | 98.1 | **家　具** | **Furniture** | **109.4** | **104.2** |
| 在外用膳食品 | Dining Out | 110.1 | 113.0 | **化妆品类** | **Cosmetics** | **101.2** | **100.7** |
| 其它食品 | Other Foods | 110.2 | 104.6 | **金银珠宝类** | **Gold,Silver and Jewelry** | **96.0** | **111.3** |
| **饮料、烟酒** | **Beverages,Tobacco and Liquor** | **101.4** | **102.8** | **中西药品及医疗保健用品类** | **Traditional Chinese and Western Medicines and Health Care Articles** | **102.8** | **106.4** |
| 茶及饮料 | Tea and Beverages | 104.2 | 103.0 | 医疗器具及用品 | Medical Apparatus and Article | 103.8 | 101.6 |
| 茶　叶 | Tea | 97.3 | 95.2 | 中药材及中成药 | Traditional Chinese Medicinal Materials and Medicines | 104.1 | 116.2 |
| 饮　料 | Beverages | 106.3 | 105.8 | 西　药 | Western Medicines | 102.5 | 103.0 |
| 烟　草 | Tobacco | 98.6 | 99.8 | 保健器具及用品 | Health Care Applicants and Articles | 100.0 | 100.4 |
| 酒 | Liquor | 105.8 | 110.3 | **书报杂志及电子出版物类** | **Books, Newspapers, Magazines and Electronic Publications** | **103.7** | **99.1** |
| **服装、鞋帽类** | **Garments,Shoes and Hats** | **103.4** | **101.9** | 教材及参考书 | Teaching Materials and Reference Books | 103.1 | 97.9 |
| 服　装 | Garments | 105.2 | 101.6 | 书报杂志 | Newspapers and Magazines | 104.6 | 99.6 |
| 男士服装 | Men's Garments | 105.9 | 101.6 | 电子音像制品 | Electronic Music and Video Products | 100.0 | 99.5 |
| 女式服装 | Women's Garments | 104.6 | 101.2 | **燃料类** | **Fuels** | **100.8** | **112.8** |
| 儿童服装 | Children's Garments | 104.7 | 102.4 | 煤炭及制品类 | Coal and Coal products | 88.5 | 136.0 |
| 鞋袜帽 | Shoes,Socks and Hats | 103.6 | 100.5 | 石油及制品类 | Oil and Oil products | 102.5 | 110.3 |
| 鞋 | Shoes | 103.9 | 100.2 | **建筑材料及五金电料类** | **Building Materials and hardware** | **97.0** | **104.2** |
| 袜　子 | Socks | 101.2 | 104.7 | 建筑装璜材料 | Building Decoration Materials | 96.7 | 104.5 |
| 帽　子 | Hats | 95.3 | 102.8 | 五金电料类 | Hardware | 98.3 | 102.8 |
| 其　它 | Others | 92.9 | 107.5 | | | | |

# 13-3 城市住户基本情况(2012年)
# Statistics on Urban Households(2012)

| 指标 | | Item | | 数量 Quantity |
|---|---|---|---|---|
| **调查户数** | **(户)** | **Number of Households Surveyed** | **(household)** | **300** |
| **家庭人口数** | **(人/户)** | **Number of Persons Per Household** | **(household/person)** | **2.94** |
| 有收入者人数 | (人/户) | Number of Income Earners | (household/person) | 2.23 |
| 就业人口数 | (人/户) | Number of Employed Persons Per Household | (household/person) | 1.44 |
| 国有经济单位职工人数 | (人/户) | Number of Staff in State-owned Units | (household/person) | 0.79 |
| 城镇集体经济单位职工人数 | (人/户) | Number of Staff in Urban Collective-owned Units | (household/person) | 0.01 |
| 其它经济类型单位职工人数 | (人/户) | Number of Staff in Other Types of Ownership Units | (household/person) | 0.17 |
| 城镇个体或私营企业主人数 | (人/户) | Number of Entrepreneurs of Individual Economies or Private Enterprises | (household/person) | 0.28 |
| 城镇个体或私营企业被雇人数 | (人/户) | Number of Employees in Individual Economies and Private Enterprises | (household/person) | 0.17 |
| 离退休再就业人数 | (人/户) | Number of Reemployed Retirees | (household/person) | 0.02 |
| 其它就业人数 | (人/户) | Other Employed Persons | (household/person) | |
| 离退休人数 | (人/户) | Number of Retirees | (household/person) | 0.65 |
| 其它有收入者人数 | (人/户) | Number of Other Income Earners | (household/person) | 0.14 |
| 无收入者人数 | (人/户) | Number of Unwaged Persons | (household/person) | 0.71 |
| **在外就学人数** | **(人/户)** | **Numer of Persons Studying at Other Cities** | **(household/person)** | **0.05** |
| **非家庭人口在家用餐** | **(人/户)** | **Non-household Persons Dining at Home** | **(household/person)** | **2.10** |
| **家庭人口在外用餐** | **(人/户)** | **Number of Household Persons Dining Out** | **(household/person)** | **22.81** |
| **负担系数** | **(人/就业者)** | **Dependency Ratio** | **(person/employee)** | **2.04** |
| **耐用消费品** | | **Durable Consumer Goods** | | |
| 摩托车 | (辆/百户) | Motorcycle | (unit/100households) | 0.39 |
| 助力车 | (辆/百户) | Hand Car | (unit/100households) | 1.27 |
| 家用汽车 | (辆/百户) | Automobile | (unit/100households) | 16.80 |
| 洗衣机 | (台/百户) | Washing Machine | (set/100households) | 102.69 |
| 电冰箱 | (台/百户) | Refrigerator | (set/100households) | 98.98 |
| 彩色电视机 | (台/百户) | Color TV Set | (set/100households) | 120.49 |
| 家用电脑 | (台/百户) | Computer | (set/100households) | 85.76 |
| 组合音响 | (套/百户) | Hi-Fi Stereo Component System | (unit/100households) | 32.63 |
| 摄像机 | (架/百户) | Video Camera | (unit/100households) | 10.68 |
| 照相机 | (架/百户) | Camera | (unit/100households) | 45.27 |
| 钢　琴 | (架/百户) | Piano | (unit/100households) | 4.04 |
| 其它中高档乐器 | (件/百户) | Other Medium and High Grade Musical Instrument | (unit/100households) | 6.64 |
| 微波炉 | (台/百户) | Microwave Oven | (set/100households) | 60.87 |
| 空调器 | (台/百户) | Air Conditioner | (set/100households) | 19.48 |
| 淋浴热水器 | (台/百户) | Water Heater for Shower | (set/100households) | 82.44 |
| 消毒碗柜 | (台/百户) | Disinfection Cupboard | (set/100households) | 38.2 |
| 洗碗机 | (台/百户) | Dishwasher | (set/100households) | 0.32 |
| 健身器材 | (套/百户) | Health Equipment | (unit/100households) | 2.93 |
| 固定电话 | (部/百户) | Fixed Telephone | (unit/100households) | 64.31 |
| 移动电话 | (部/百户) | Mobile telephone | (unit/100households) | 221.39 |
| **信息化调查** | | **Informationization Survey** | | |
| 接入互联网的移动电话 | (部/百户) | Number of Mobil Phones with Access to Internet | (unit/100households) | 26.71 |
| 接入有线电视网络的电视机 | (台/百户) | Number of TVs with Access to CATV Network | (set/100households) | 102.59 |
| 接入互联网的计算机 | (台/百户) | Number of Computers with Access to Internet | (set/100households) | 73.23 |

## 13–3 续表 (continued)

| 指　　标 | Item | 数　量<br>Quantity |
|---|---|---|
| **现住房总建筑面积(平方米/人)** | **Total Floor Space of Houses (sq.m/person)** | **22.67** |
| **房屋产权** | **Housing Property Right** | |
| 租赁公房 | Leasing of State-owned Housing | 6.1 |
| 租赁私房 | Leasing of Private Housing | 11.4 |
| 原有私房 | Private Housing Existed | 6.19 |
| 房改私房 | Private Housing through Housing Reforming | 49.81 |
| 商品房 | Commercial Housing | 25.86 |
| 其　它 | Others | 0.32 |
| **住宅建筑式样** | **Housing Styles** | |
| 单栋住宅 | Single Housing | |
| 四居室 | Four-bedroom House | 2.37 |
| 三居室 | Three-bedroom House | 18.67 |
| 二居室 | Two-bedroom House | 57.46 |
| 一居室 | One-bedroom House | 11.72 |
| 普通楼房 | Ordinary House | 7.23 |
| 平房及其它 | Bungalow and Others | 2.54 |
| **装修状况** | **Decoration** | |
| 有装修 | Decorated House | 70.16 |
| 未装修 | Undecorated House | 29.84 |
| **饮水情况** | **Drinking Water** | |
| 自来水 | Tap Water | 59.74 |
| 矿泉水 | Mineral Spring Water | 29.79 |
| 纯净水 | Purified Water | 10.47 |
| 井、河水 | Well and Spring Water | |
| 其　它 | Others | |
| **用水情况(合计)** | **Water Condition(Total)** | |
| 独用自来水 | Separate Using Tap Water | 99.61 |
| 公用自来水 | Public Using | 0.39 |
| **卫生设备** | **Sanitary Equipment** | |
| 无卫生设备 | Without Sanitary Equipment | 1.91 |
| 有厕所浴室 | Washroom | 80.38 |
| 有厕所无浴室 | Toilet | 14.43 |
| 公　用 | Public Using | 3.28 |
| **取暖设备** | **Warm Equipment** | |
| 无取暖设备 | Without Heating Installation | 79.92 |
| 空调设备 | With Air Conditioner | 16.23 |
| 暖　气 | With Heater Installation | 3.85 |
| 其　它 | Others | |
| **炊用燃料使用情况** | **Fuels for Cooking** | |
| 管道煤气 | Piped Gas | 68.5 |
| 液化石油气 | Liquefied Petroleum Gas | 8.2 |
| 煤 | Coal | 3.57 |
| 其　它 | Others | 19.73 |

# 13-4 城市住户现金收支情况(2012年)
# Cash Income and Expenditure of Urban Households(2012)

单位：元/人 (yuan/person)

| 指　　标 | Item | 合　计 | 指　　标 | Item | 合　计 |
|---|---|---|---|---|---|
| **期初手存现金** | **Cash in Hand at the Beginning of the Year** | **638.02** | 食　品 | Food | 6011.43 |
| **家庭总收入** | **Total Households Income** | **23944.73** | 衣　着 | Clothing | 1345.92 |
| #可支配收入 | Disposable Income | 21796.26 | 家庭设备用品及服务 | Household Facilities,Articles and Services | 981.68 |
| **工资性收入** | **Income from Wages and Salaries** | **13533.92** | 医疗保健 | Health Care and Medical Services | 818.58 |
| 工资及补贴收入 | Income from Laborage and Allowance | 13257.33 | 交通和通信 | Transport and Communication | 3013.94 |
| 其他劳动收入 | Others | 276.59 | 教育文化娱乐服务 | Education,Culture and Recreation Services | 1924.05 |
| **经营净收入** | **Net Business Income** | **2462.27** | 居　住 | Residence | 1219.97 |
| **财产性收入** | **Property Income** | **469.23** | 杂项商品和服务 | Miscellaneous Goods and Services | 402.74 |
| 利息收入 | Interest Income | 29.52 | **购房与建房支出** | **Expenditure on Houses** | **1463.66** |
| 股息与红利收入 | Dividends and Bonus Income | 3.29 | 购　房 | Expenditure on Purchasing Houses | 1463.66 |
| 保险收益 | Interests of Insurance | 37.41 | 建　房 | Expenditure of Building Houses | |
| 其它投资收入 | from other Investment Income | 205.2 | **转移性支出** | **Transfer Expenditure** | **2497.41** |
| 出租房屋收入 | House Rent | 193.8 | 交纳的个人收入税 | Individual Income Tax | 14.15 |
| 知识产权收入 | Income from Intellectual Property Rights | | 捐赠支出 | Expenditure on Donation | 1980.36 |
| 其他财产性收入 | Other Property Income | | 购买彩票 | Expenditure on Lottery | 16.51 |
| **转移性收入** | **Income from Transfer** | **7479.31** | 赡养支出 | Expenditure on Supporting the Old | 320.47 |
| 养老金或离退休金 | Annuities or Pension | 6104.46 | #在外就学子女费用 | Expenditure on Children Studying Abroad | 240.95 |
| 社会救济收入 | Income from Social Relief | 177.06 | 各种非储蓄性保险支出 | Various Non-saving Insurance Expenditure | 52.68 |
| 辞退金 | Income from Dismissal Compensation | | #车辆保险支出 | Car Insurance Expenditure | 48.12 |
| 赔偿收入 | Income from Compensation | 1.34 | 其他转移性支出 | Others | 113.24 |
| 保险收入 | Income from Insurance | 2.18 | **财产性支出** | **Property Expenditure** | **179.76** |
| #失业保险金 | Unemployment Insurance Support Money | | 非生产性贷款利息支出 | Nonproductive Interest of Loans | 140.53 |
| 赡养收入 | from Offsprings | 197.58 | 其　他 | Others | 39.23 |
| 捐赠收入 | Income from Donations | 651.64 | **社会保障支出** | **Social Security Expenditure** | **1926.58** |
| 提取住房公积金 | Income from Drawing Housing Funds | 49.54 | 个人交纳的养老基金 | Superannuation Fund Paid by Individual | 1047.37 |
| 记帐补贴 | Keeping Accounts Subsidies | 207.74 | 个人交纳的住房公积金 | Housing Fund Paid by Individual | 520.93 |
| 其他转移性收入 | Others | 87.76 | 个人交纳的医疗基金 | Medical Benefits Fund Paid by Individual | 301.85 |
| **出售财物收入** | **Income from Selling Properties and Goods** | **771.54** | 个人交纳的失业基金 | Unemployment Fund Paid by Individual | 56.44 |
| 出售其他物品收入 | Income from Sales | | 其他社会保障支出 | Others | |
| **借贷收入** | **Income from Loan** | **10490.75** | **借贷支出** | **Expenditure on Loan** | **13187.83** |
| 提取储蓄存款 | Drawing Money from Banks | 9658.36 | 存入储蓄款 | Saving Deposits | 11031.25 |
| 借入款 | Loan Payable | 90.06 | 借出款 | Lending | 26.22 |
| 住房贷款 | Housing Loan | 461.34 | 储蓄性保险支出 | Expenditure on Saving Insurance | 77.67 |
| 其他借贷收入 | Others | 8.34 | 购买有价证券 | Purchasing Securities | 2.24 |
| **家庭总支出** | **Total Households Expenditure** | **21785.70** | 其它投资支出 | Others | 78.80 |
| **消费支出** | **Consumption Expenditure** | **15718.3** | 归还住房贷款 | Repaying | 406.73 |
| #服务性消费支出 | Services | 4328.69 | 其他借贷支出 | Others | 90.39 |
| 通过互联网购买商品或服务 | Purchasing Goods or Services from the Internet | 64.42 | 期末手存现金 | Cash in Hand at the End of the Year | 889.54 |

# 13–5 城市住户消费支出情况(2012年)
# Capital Expenditure of Urban Households(2012)

| 指标 | | Item | | 数量(—/人) Quantity(-/person) | 金额(元/人) Amount (yuan/person) | 平均单价(元/千克) Average Unit Price(yuan/kg) |
|---|---|---|---|---|---|---|
| **消费支出** | **(元)** | **Consumption Expenditure** | **(yuan)** | | **15718.3** | |
| **#服务性消费支出** | **(元)** | **Services** | **(yuan)** | | **4328.69** | |
| **食　品** | **(元)** | **Food** | **(yuan)** | | **6011.43** | |
| **粮油类** | **(元)** | **Food and Oil** | **(yuan)** | | **680.2** | |
| 粮　食 | (千克) | Grain | (kg) | | 410.84 | |
| 大　米 | (千克) | Rice | (kg) | 37.06 | 208.78 | 5.63 |
| 面　粉 | (千克) | Flour | (kg) | 1.11 | 5.7 | 5.13 |
| 其他粮食及制品 | (千克) | Others | (kg) | 26.46 | 196.36 | |
| 淀粉及薯类 | (千克) | Starches and Tubers | (kg) | 8.9 | 42.94 | |
| 干豆类及豆制品 | (元) | Beans and Bean Products | (yuan) | | 69.82 | |
| 油脂类 | (千克) | Oil and Fats | (kg) | 9.34 | 156.6 | |
| 食用植物油 | (千克) | Edible Vegetable Oil | (kg) | 8.38 | 135.04 | 16.11 |
| 食用动物油 | (千克) | Edible Animal Oil | (kg) | | 21.56 | |
| **肉禽蛋水产品类** | **(元)** | **Meat,Poultry,Eggs and Aquatic Products** | **(yuan)** | | **1491.28** | |
| 肉　类 | (千克) | Meat | (kg) | 29.36 | 956.14 | |
| 猪　肉 | (千克) | Pork | (kg) | 24.78 | 705.85 | 28.49 |
| 牛　肉 | (千克) | Beef | (kg) | 1.38 | 63.28 | 45.99 |
| 羊　肉 | (千克) | Mutton | (kg) | 0.1 | 5.82 | 58.12 |
| 其他肉及制品 | (千克) | Others | (kg) | 3.14 | 181.19 | |
| 禽　类 | (千克) | Poultry | (kg) | 9.31 | 284.76 | |
| 鸡 | (千克) | Chicken | (kg) | 6.53 | 171.92 | 26.32 |
| 鸭 | (千克) | Duck Meat | (kg) | 0.86 | 21.34 | 24.8 |
| 其他禽类及制品 | (千克) | Others | (kg) | 1.92 | 91.5 | |
| 蛋　类 | (千克) | Eggs | (kg) | 7.33 | 97.95 | |
| 鲜　蛋 | (千克) | Fresh Eggs | (kg) | 6.57 | 82.97 | 12.64 |
| 蛋制品 | (千克) | Egg Products | (kg) | 0.76 | 14.97 | |
| 水产品类 | (元) | Aquatic Products | (yuan) | | 152.43 | |
| 鱼 | (千克) | Fish | (kg) | 4.36 | 103.23 | 23.66 |
| 虾 | (千克) | Shrimp | (kg) | 0.25 | 15.73 | 62.48 |
| 其他水产品及制品 | (千克) | Others | (kg) | 1.02 | 33.47 | |

13-5 续表1 (continued)

| 指　　标 | | Item | | 数　量 (-/人) Quantity(-/person) | 金　额 (元/人) Amount (yuan/person) | 平均单价 (元/千克) Average Unit Price (yuan/kg) |
|---|---|---|---|---|---|---|
| **蔬菜类** | **(元)** | **Vegetables** | **(yuan)** | | **591.77** | |
| 鲜　菜 | (千 克) | Fresh Vegetables | (kg) | 87.95 | 539.3 | 6.13 |
| 干　菜 | (千 克) | Dried Vegetables | (kg) | | 31.99 | |
| 菜制品 | (元) | Vegetable Products | (yuan) | | 20.47 | |
| **调味品** | **(元)** | **Condiments** | **(yuan)** | | **83.92** | |
| **糖烟酒饮料类** | **(元)** | **Sugar,Tobacco and Beverages** | **(yuan)** | | **775.18** | |
| 糖　类 | (元) | Sugar | (yuan) | | 66.13 | |
| 烟草类 | (元) | Tobacco | (yuan) | | 418.46 | |
| 酒　类 | (千 克) | Liquor | (kg) | 4.43 | 190.24 | |
| 白　酒 | (千 克) | Spirit | (kg) | 2.38 | 169.33 | 71.08 |
| 果　酒 | (千 克) | Fruit Wine | (kg) | 0.07 | 6.12 | 83.51 |
| 啤　酒 | (千 克) | Beer | (kg) | 1.97 | 11.67 | 5.92 |
| 其他酒 | (千 克) | Others | (kg) | | 3.12 | |
| 饮　料 | (元) | Beverages | (yuan) | | 100.36 | |
| 碳酸饮料 | (千 克) | Sodas | (kg) | 0.57 | 2.78 | 4.85 |
| 瓶装饮用水 | (千 克) | Bottled Drinking Water | (kg) | 35.73 | 23.6 | 0.66 |
| 茶　叶 | (千 克) | Tea | (kg) | 0.27 | 35.74 | 132.76 |
| 其他饮料 | (元) | Others | (yuan) | | 38.24 | |
| **干鲜瓜果类** | **(元)** | **Dried and Fresh Melons and Fruits** | **(yuan)** | | **476.29** | |
| 鲜　果 | (千 克) | Fresh Fruits | (kg) | 31.82 | 300.83 | 9.45 |
| 鲜　瓜 | (元) | Fresh Melons | (yuan) | 4.3 | 20.65 | 4.8 |
| 其它干鲜瓜果及制品 | (千 克) | Others | (kg) | | 154.8 | |
| **糕点、奶及奶制品** | **(元)** | **Cake,Milk and Milk Products** | **(yuan)** | | **345.72** | |
| 糕　点 | (千 克) | Cake | (kg) | 3.34 | 101.99 | 30.51 |
| 奶及奶制品 | (元) | Milk and Milk Products | (yuan) | | 243.73 | |
| 鲜乳品 | (千 克) | Fresh Milk Products | (kg) | 16.66 | 180.73 | 10.85 |
| 奶　粉 | (千 克) | Milk Powder | (kg) | 0.21 | 44.79 | 208.47 |
| 酸　奶 | (千 克) | Yoghourt | (kg) | 1.18 | 14.36 | 12.22 |
| 其他奶制品 | (元) | Others | (yuan) | | 3.85 | |
| **其他食品** | **(元)** | **Other Foods** | **(yuan)** | | **82.37** | |

13-5 续表2 (continued)

| 指标 | | Item | | 数量(-/百户) Quantity (-/100households) | 金额(元/人) Amount (yuan/person) | 平均单价(元/-) Average Unit Price (yuan/-) |
|---|---|---|---|---|---|---|
| 饮食服务 | (元) | Catering Services | (yuan) | | 1484.72 | |
| 食品加工服务费 | (元) | Food Processing Service Fees | (yuan) | | 1.8 | |
| 在外饮食 | (元) | Dining Out | (yuan) | | 1482.92 | |
| **衣 着** | **(元)** | **Clothing** | **(yuan)** | | **1345.92** | |
| 服 装 | (件) | Garments | (piece) | 6.92 | 978.66 | 141.43 |
| 衣着材料 | (元) | Clothing Materials | (yuan) | | 16.33 | |
| 鞋 类 | (双) | Shoes | (pair) | 2.24 | 316.31 | 141.04 |
| 其他衣着用品 | (元) | Others | (yuan) | | 30.35 | |
| 衣着加工服务费 | (元) | Tailoring and Laundering Service Fees | (yuan) | | 4.27 | |
| **家庭设备用品及服务** | **(元)** | **Household Facilities,Articles and Services** | **(yuan)** | | **981.68** | |
| 耐用消费品 | (元) | Durable Consumer Goods | (yuan) | | 330.49 | |
| 家 具 | (元) | Furniture | (yuan) | | 120.79 | |
| 家庭设备 | (元) | Household Facilities | (yuan) | | 209.7 | |
| 洗衣机 | (台) | Washing Machine | (set) | 8.98 | 50.86 | 1665.76 |
| 电冰箱 | (台) | Refrigerator | (set) | 3.37 | 35.16 | 3066.67 |
| 微波炉 | (台) | Microwave Oven | (set) | 2.73 | 6.46 | 697.44 |
| 空调器 | (台) | Air Conditioner | (set) | | | |
| 淋浴热水器 | (台) | Water Heater for Shower | (set) | 5.05 | 30.44 | 1772.13 |
| 消毒碗柜 | (台) | Disinfection Cupboard | (set) | 0.65 | 4.82 | 2197.96 |
| 洗碗机 | (台) | Dishwasher | (set) | | | |
| 其他家庭设备 | (元) | Others | (yuan) | | 81.96 | |
| 室内装饰品 | (元) | Articles for Interior Decoration | (yuan) | | 17.93 | |
| 床上用品 | (元) | Bed Articles | (yuan) | | 115.52 | |
| 家庭日用杂品 | (元) | Household Articles for Daily Use | (yuan) | | 439.91 | |
| 家具材料 | (元) | Furniture Materials | (yuan) | | 0.34 | |
| 家庭服务 | (元) | Family Services | (yuan) | | 77.49 | |
| 家政服务 | (元) | Household Services | (yuan) | | 62.94 | |
| 加工维修服务费 | (元) | Processing and Maintenance Fees | (yuan) | | 14.55 | |

13-5 续表3 (continued)

| 指　　标 | | Item | | 数　量<br>(-/百户)<br>Quantity<br>(-/100households) | 金　额<br>(元/人)<br>Amount<br>(yuan/person) | 平均单价<br>(元/-)<br>Average Unit Price<br>(yuan/-) |
|---|---|---|---|---|---|---|
| **医疗保健** | **(元)** | **Health Care and Medical Services** | **(yuan)** | | **818.58** | |
| 医疗器具 | (元) | Medical Apparatus | (yuan) | | 14.27 | |
| 保健器具 | (元) | Health Care Equipment | (yuan) | | 8.02 | |
| 药品费 | (元) | Drugs | (yuan) | | 429.53 | |
| 滋补保健品 | (元) | Health Care Products | (yuan) | | 77.98 | |
| 医疗费 | (元) | Medical Care Expenses | (yuan) | | 284.78 | |
| 其　他 | (元) | Others | (yuan) | | 3.99 | |
| **交通和通讯** | **(元)** | **Transport and Communications** | **(yuan)** | | **3013.94** | |
| 交　通 | (元) | Transport | (yuan) | | 2190.86 | |
| 家庭交通工具 | (元) | Household Trasportation Tools | (yuan) | | 1308.9 | |
| 车辆用燃料及零配件 | (元) | Fuel and Auto-parts for Vehicles | (yuan) | | 294.07 | |
| 燃　料 | (元) | Fuel | (yuan) | | 280.88 | |
| 零配件 | (元) | Auto-parts | (yuan) | | 3.66 | |
| 其　他 | (元) | Others | (yuan) | | 9.53 | |
| 交通工具服务支出 | (元) | Expendituture for Transportation Tools | (yuan) | | 232.9 | |
| 维修费 | (元) | Maintenance Expenditure | (yuan) | | 35.43 | |
| 车辆使用税费 | (元) | Taxes for Vehicle Use | (yuan) | | 196.91 | |
| 其它车辆使用费用 | (元) | Others | (yuan) | | 0.56 | |
| 交通费 | (元) | Transportation Expenses | (yuan) | | 355 | |
| 飞　机 | (元) | Airplane | (yuan) | | 77.01 | |
| 火　车 | (元) | Train | (yuan) | | 54.67 | |
| 长途汽车 | (元) | Coach | (yuan) | | 40.19 | |
| 市内公共交通 | (元) | Local Public Traffic | (yuan) | | 103.01 | |
| 出租汽车费 | (元) | Expenses on Taxis | (yuan) | | 77.29 | |
| 其他交通费 | (元) | Others | (yuan) | | 2.82 | |
| 通　信 | (元) | Communication | (yuan) | | 823.07 | |
| 通信工具 | (元) | Communication Tools | (yuan) | | 145.67 | |
| 电话机 | (部) | Telephone | (unit) | 2.58 | 1.22 | 139.73 |
| 移动电话 | (部) | Mobile Telephone | (unit) | 28.62 | 140.42 | 1442.96 |
| 其他通信工具 | (元) | Others | (yuan) | | 4.02 | |

13—5 续表4 (continued)

| 指 标 | | Item | | 数 量 (-/百户) Quantity (-/100households) | 金 额 (元/人) Amount (yuan/person) | 平均单价 (元/-) Average Unit Price (yuan/-) |
|---|---|---|---|---|---|---|
| 通信服务 | (元) | Communication Services | (yuan) | | 677.41 | |
| 电信费 | (元) | Telecom Fees | (yuan) | | 671.72 | |
| 邮 费 | (元) | Postage | (yuan) | | 2.87 | |
| 其 他 | (元) | Others | (yuan) | | 2.82 | |
| **教育文化娱乐服务** | **(元)** | **Education Culture and Recreation Services** | **(yuan)** | | **1924.05** | |
| 文化娱乐用品 | (元) | Recreation Articles | (yuan) | | 452.62 | |
| 彩色电视机 | (台) | Color TV Set | (set) | 6.93 | 90.4 | 3837.25 |
| 家用电脑 | (台) | Household Computer | (set) | | 105.8 | |
| 整机电脑 | (台) | Computer Machine | (set) | 6.94 | 83.67 | 3546.3 |
| 计算机外部设备 | (元) | External Device of Computer | (yuan) | | 12.06 | |
| 各种零配件及耗材 | (元) | Accessories and Materials | (yuan) | | 10.07 | |
| 组合音响 | (台) | Hi-Fi Stereo Component System | (unit) | 0.65 | 6.31 | 2847.5 |
| 摄像机 | (架) | Video Camera | (unit) | | | |
| 照相机 | (架) | Camera | (unit) | 2.34 | 15.54 | 1956.56 |
| 钢 琴 | (架) | Piano | (unit) | | | |
| 其他中高档乐器 | (件) | Other Medium and High Grade Musical Instrument | (unit) | 1.36 | 10.23 | 2208.44 |
| 健身器材 | (件) | Heath Equipment | (unit) | | | |
| 电子辞典 | (部) | E-dictionary | (set) | | | |
| 音像制品及软件 | (元) | Electronic Music,Video Products and Software | (yuan) | | 2.63 | |
| 体育用品 | (元) | Sports Articles | (yuan) | | 7.57 | |
| 书报杂志 | (元) | Newspapers and Magazines | (yuan) | | 43.09 | |
| 纸张文具 | (元) | Paper and Stationery | (yuan) | | 16.82 | |
| 其他文娱用品 | (元) | Others | (yuan) | | 154.25 | |
| 文化娱乐服务 | (元) | Recreation Services | (yuan) | | 891.49 | |
| 参观游览 | (元) | Sightseeing | (yuan) | | 46.81 | |
| 健身活动 | (元) | Body-building Exercises | (yuan) | | 17.28 | |
| 团体旅游 | (元) | Group Travel | (yuan) | | 668.97 | |
| 其它文娱活动 | (元) | Others | (yuan) | | 149.67 | |
| 文娱用品修理服务费 | (元) | Maintenance Fees for Recreation Articles and Services | (yuan) | | 8.77 | |

13-5 续表5 (continued)

| 指标 | | Item | | 数量 (-/人) Quantity (-/person) | 金额 (元/人) Amount (yuan/person) | 平均单价 (元/-) Average Unit Price (yuan/-) |
|---|---|---|---|---|---|---|
| 教育 | (元) | Education | (yuan) | | 579.94 | |
| 教材 | (元) | Teaching Materials | (yuan) | | 29.87 | |
| 教育费用 | (元) | Educational Expenses | (yuan) | | 550.07 | |
| **居住** | **(元)** | **Residence** | **(yuan)** | | **1219.97** | |
| 住房 | (元) | Housing | (yuan) | | 448.87 | |
| #住房装潢支出 | (元) | Expenditure for Decoration | (yuan) | | 243.46 | |
| 维修用建筑材料 | (元) | Expenditure for Maintenance Materials | (yuan) | | 10.67 | |
| 水电燃料及其他 | (元) | Water,Electricity, Fuels and Others | (yuan) | | 680.08 | |
| 水 | (吨) | Water | (ton) | 34.78 | 93.63 | 2.69 |
| 电 | (度) | Electricity | (degree) | 1023.72 | 456 | 0.45 |
| 燃料 | (元) | Fuels | (yuan) | | 122.78 | |
| 煤炭 | (千克) | Coal | (kg) | 13.48 | 18.06 | 1.34 |
| 液化石油气 | (千克) | Liquefied Petroleum Gas | (kg) | 1.86 | 15.71 | 8.43 |
| 管道煤气 | (立方米) | Piped Gas | (cu.m) | 65.88 | 88.92 | 1.35 |
| 其他燃料 | (元) | Other Fuels | (yuan) | | 0.09 | |
| 其他 | (元) | Others | (yuan) | | 6.57 | |
| 居住服务费 | (元) | Residence Services | (yuan) | | 91.02 | |
| 物业管理费 | (元) | Property Management | (yuan) | | 45.93 | |
| 维修服务费 | (元) | Maintenance and Service Fees | (yuan) | | 3.65 | |
| 其它 | (元) | Others | (yuan) | | 41.44 | |
| **其它商品和服务** | **(元)** | **Others** | **(yuan)** | | **402.74** | |
| 其它商品 | (元) | Other Goods | (yuan) | | 273.61 | |
| 金银珠宝饰品 | (元) | Jewelry | (yuan) | | 59.38 | |
| 手表 | (只) | Watches | (unit) | 0.03 | 17.5 | 649.49 |
| 理发美容用具 | (元) | Hairdressing Tools | (yuan) | | 4.81 | |
| 化妆品 | (元) | Cosmetics | (yuan) | | 124.77 | |
| 其他杂品 | (元) | Others | (yuan) | | 67.14 | |
| 服务 | (元) | Services | (yuan) | | 129.13 | |
| 旅馆住宿费 | (元) | Hotel Charge | (yuan) | | 43.51 | |
| 理发洗澡费 | (元) | Hairdressing and Bath Fees | (yuan) | | 28.35 | |
| 美容费 | (元) | Cosmetic Fees | (yuan) | | 24.11 | |
| 其他服务 | (元) | Others | (yuan) | | 33.15 | |

# 13–6 农村住户基本情况
# Basic Condition of Rural Households

| 指　　标 | | Item | | 2012 | 2011 |
|---|---|---|---|---|---|
| **调查户数** | **(户)** | **Households Surveyed** | **(household)** | **590** | **590** |
| **调查户常住人口** | **(人)** | **Permanent Residents Per Surveyed Households** | **(person)** | **2269** | **2288** |
| 平均每户常住人口 | (人) | Average Number of Persons Per Households | (person) | 3.84 | 3.88 |
| **每户整、半劳动力** | **(人)** | **Number of Full Labor Force and Semi Labor Force Per Households** | **(person)** | **2.61** | **2.71** |
| 平均每个劳动力负担人口 | (人) | Average Number of Dependants Per Labour Force | (person) | 1.47 | 1.43 |
| 整、半劳动力占常住人口比重 | (%) | The Proportion of Full Labor Force and Semi Labor Force | (%) | 67.97 | 69.85 |
| **平均每百个劳动力中** | | **In Per 100 Laborers** | | | |
| 文盲或半文盲 | (人) | Illiterate or Semi-Illiterate | (person) | 3.23 | 3.77 |
| 小学程度 | (人) | Elementary School | (person) | 25.80 | 26.83 |
| 初中程度 | (人) | Junior High School | (person) | 58.06 | 57.30 |
| 高中程度 | (人) | Senior High School | (person) | 6.45 | 7.14 |
| 中专程度 | (人) | Technical Secondary School | (person) | 3.23 | 2.91 |
| 大专以上 | (人) | Junior College | (person) | 3.23 | 2.05 |
| **劳动力平均受教育年限** | **(年/人)** | **Average Schooling Years of Laborers** | **(year/person)** | **8.42** | **8.28** |
| **年末住房面积** | **(平方米/人)** | **Living Space at Year-end** | **(sq.m./person)** | **58.97** | **52.20** |
| 新建房屋面积 | (平方米/人) | Areas of Houses Newly Built | (sq.m./person) | 2.57 | 3.99 |
| 砖木结构面积 | (平方米/人) | Areas of Brick and Wood Structure | (sq.m./person) | 29.67 | 22.98 |
| 钢筋混泥土面积 | (平方米/人) | Areas of Reinforced Concrete Structure | (sq.m./person) | 25.43 | 28.42 |
| 楼房面积 | (平方米/人) | Areas of Storied Buidings | (sq.m./person) | 38.91 | 37.19 |
| **年末住房价值** | **(元/平方米)** | **Houses Value at Year-end** | **(yuan/sq.m)** | **895.03** | **492.96** |
| **年末生产性固定资产原值** | **(元/人)** | **Original Value of Productive Fixed Assets at Year-end** | **(yuan/person)** | **4197.32** | **2937.99** |

# 13–7 农村住户家庭经营情况
# Basic Condition of Household Business in Rural Households

| 指　　标 | | Item | | 2012 | 2011 |
|---|---|---|---|---|---|
| **经营耕地面积** | **（亩/人）** | **Area of Cultivated Land** | **(mu/person)** | **0.92** | **0.88** |
| **经营山地面积** | **（亩/人）** | **Areas of Hills Managed** | **(mu/person)** | **0.37** | **0.22** |
| **经营园地面积** | **（亩/人）** | **Areas of Garden Plot Managed** | **(mu/person)** | **0.04** | **0.05** |
| **经营牧草地面积** | **（亩/人）** | **Areas of Meadow Managed** | **(mu/person)** | **0.01** | |
| **年内出售猪头数** | **（头/户）** | **Number of Selling Fattened Hogs in the Year** | **(head/household)** | **1.83** | **2.50** |
| 年内自宰肥猪数 | （头/户） | Output of Fattened Hogs Slaughtered by Peasants Themselves and Sold | (head/household) | 0.15 | 0.21 |
| 出售、自宰肥猪肉产量 | （公斤/户） | Output of Pork Slaughtered by Peasants Themselves and Sold | (kg/household) | 171.67 | 158.12 |
| 每头猪肉产量 | （公斤/头） | Output of Per Slaughtered Hog | (kg/head) | 63.64 | 58.35 |
| **年内出售菜羊只数** | **（只/百户）** | **Number of Sold Mutton Sheep and Goat in the Year** | **(head/100 households)** | | **0.34** |
| 出售、自宰羊的肉产量 | （公斤/户） | Output of Mutton Slaughtered by Peasants Themselves and Sold | (kg/household) | 0.14 | 0.51 |
| **年内出售肉牛数** | **（头/百户）** | **Number of Sold Fattened Cattle in the Year** | **(head/100 households)** | **5.00** | **6.10** |

# 13-8 城市住户按相对收入不等距分组情况(2012年)

| 指标 | | Item | | 合计 Total | 最低10% The Lowest Income Households 10% | 更低5% Lower Income Househols 5% |
|---|---|---|---|---|---|---|
| **家庭人口数** | **(人/户)** | **Number of Persons Per Household** | **(person/household)** | **3** | **3** | **3** |
| #有收入者人数 | (人/户) | Number of Income Earners | (person/household) | 2 | 2 | 2 |
| #就业人口数 | (人/户) | Number of Employed Persons | (person/household) | 1 | 1 | 1 |
| #国有经济单位职工人数 | (人/户) | Number of Staff in State-owned Units | (person/household) | 1 | 0 | 0 |
| **家庭总收入** | **(元/人)** | **Total Households Income** | **(yuan/person)** | **23945** | **7649** | **6577** |
| #可支配收入 | (元/人) | Disposable Income | (yuan/person) | 21796 | 5592 | 3914 |
| 工薪收入 | (元/人) | Income from Wages and Salaries | (yuan/person) | 13534 | 3870 | 2578 |
| #工资及补贴收入 | (元/人) | Income from Laborage and Allowance | (yuan/person) | 13257 | 3490 | 2288 |
| 经营净收入 | (元/人) | Net Business Income | (yuan/person) | 2462 | 1716 | 1449 |
| 财产性收入 | (元/人) | Income from Properties | (yuan/person) | 469 | 1 | 1 |
| #利息收入 | (元/人) | Interest Income | (yuan/person) | 30 | 1 | 1 |
| 出租房屋收入 | (元/人) | Rental Income | (yuan/person) | 194 | | |
| 转移性收入 | (元) | Income from Transfer | (yuan) | 7479 | 2062 | 2549 |
| #养老金或离退休金 | (元) | Annuities or Pension | (yuan) | 6104 | 673 | 400 |
| 社会救济收入 | (元) | Income from Social Relief | (yuan) | 177 | 962 | 1550 |
| #最低生活保障收入 | (元) | Basic Living Allowances | (yuan) | 145 | 833 | 1377 |
| 赡养收入 | (元) | Income of Supporting the Old | (yuan) | 198 | 85 | 155 |
| #来自城镇居民的赡养收入 | (元) | Income of Supporting the Old from Urban Residents | (yuan) | 198 | 85 | 155 |
| 捐赠收入 | (元) | Income from Donation | (yuan) | 652 | 47 | 86 |
| **出售财物收入** | **(元/人)** | **Income of Selling Property and Goods** | **(yuan/person)** | **772** | **301** | **548** |
| **借贷收入** | **(元/人)** | **Income from Loan** | **(yuan/person)** | **10491** | **2910** | **2900** |
| **家庭总支出** | **(元/人)** | **Total Households Expenditure** | **(yuan/person)** | **21786** | **9352** | **8829** |
| 消费支出 | (元/人) | Consumption Expenditure | (yuan/person) | 15718 | 6782 | 5939 |
| 食品 | (元/人) | Food | (yuan/person) | 6011 | 3604 | 3122 |
| 衣着 | (元/人) | Clothing | (yuan/person) | 1346 | 538 | 303 |
| 家庭设备用品及服务 | (元/人) | Household Fcilities,Articles and Services | (yuan/person) | 982 | 352 | 297 |
| 医疗保健 | (元/人) | Health Care and Medical Services | (yuan/person) | 819 | 337 | 340 |
| 交通和通信 | (元/人) | Transport and Communication | (yuan/person) | 3014 | 537 | 468 |
| 教育文化娱乐服务 | (元/人) | Education,Culture and Recreation Services | (yuan/person) | 1924 | 701 | 768 |
| 居住 | (元/人) | Residence | (yuan/person) | 1220 | 611 | 561 |
| 其它商品和服务 | (元/人) | Others | (yuan/person) | 403 | 102 | 79 |
| 社会保障支出 | (元/人) | Social Security Expenditure | (yuan/person) | 1927 | 1852 | 2466 |
| **借贷支出** | **(元/人)** | **Expenditure on Loan** | **(yuan/person)** | **13188** | **1373** | **1234** |
| **消费支出** | **(元/人)** | **Consumption Expenditure** | **(yuan/person)** | **15718** | **6782** | **5939** |
| **食品** | **(元/人)** | **Food** | **(yuan/person)** | **6011** | **3604** | **3122** |
| 粮油类 | (元/人) | Food and Oil | (yuan/person) | 680 | 713 | 655 |
| 肉禽蛋水产品类 | (元/人) | Meat,Poultry,Eggs and Aquatic Products | (yuan/person) | 1491 | 1091 | 903 |

# Urban Households on Relative Income Inequality(2012)

| 低10%<br>Low Income Households 20% | 较低20%<br>Lower Middle Income Households 20% | 中间20%<br>Middle Income Households 20% | 较高20%<br>Upper Middle Income Households 20% | 高10%<br>High Income Households 10% | 最高10%<br>The Highest Income Households10% | 更高5%<br>Higher Income Households 5% |
|---|---|---|---|---|---|---|
| **3** | **3** | **3** | **3** | **3** | **3** | **2** |
| 2 | 2 | 2 | 2 | 2 | 2 | 2 |
| 1 | 1 | 2 | 1 | 2 | 1 | 1 |
| 1 | 1 | 1 | 1 | 1 | 1 | 1 |
| **11503** | **15949** | **21966** | **30575** | **39549** | **55832** | **63122** |
| 10349 | 14078 | 20272 | 28060 | 36450 | 52107 | 59016 |
| 5731 | 8421 | 10996 | 18317 | 25115 | 33344 | 39242 |
| 5374 | 8400 | 10639 | 18220 | 25009 | 32235 | 38192 |
| 1564 | 2204 | 3604 | 2207 | 3570 | 1459 | 1416 |
| 2 | 349 | 325 | 531 | 1411 | 1195 | 1105 |
| 2 | 2 | 3 | 6 | 11 | 321 | 186 |
|  | 130 | 27 | 397 | 616 | 409 | 151 |
| 4206 | 4975 | 7041 | 9519 | 9453 | 19834 | 21360 |
| 2450 | 4184 | 5867 | 7965 | 7246 | 18109 | 20089 |
| 740 |  |  |  |  | 48 |  |
| 596 |  |  |  |  |  |  |
| 39 | 326 | 152 | 145 | 210 | 408 |  |
| 39 | 326 | 152 | 145 | 210 | 408 |  |
| 711 | 271 | 782 | 975 | 1177 | 723 | 963 |
|  |  |  | **3834** | **747** |  |  |
| **3719** | **6545** | **5192** | **14032** | **26157** | **28923** | **45634** |
| **11132** | **15853** | **16917** | **25397** | **41067** | **51322** | **71313** |
| 9162 | 10087 | 13472 | 20221 | 26511 | 35144 | 45638 |
| 4381 | 4682 | 5700 | 7343 | 8119 | 10373 | 11727 |
| 519 | 825 | 1411 | 1636 | 2339 | 2941 | 3057 |
| 387 | 503 | 804 | 1063 | 1457 | 3629 | 4664 |
| 813 | 712 | 1065 | 534 | 959 | 1489 | 1532 |
| 515 | 924 | 1484 | 5812 | 6363 | 9486 | 15703 |
| 1152 | 1238 | 1732 | 2085 | 4355 | 3799 | 4942 |
| 1251 | 1069 | 993 | 1269 | 2004 | 1979 | 1719 |
| 144 | 134 | 283 | 477 | 915 | 1448 | 2292 |
| 956 | 1679 | 1493 | 2280 | 2852 | 3365 | 3626 |
| **3756** | **6460** | **10012** | **22837** | **24925** | **33246** | **37248** |
| **9162** | **10087** | **13472** | **20221** | **26511** | **35144** | **45638** |
| **4381** | **4682** | **5700** | **7343** | **8119** | **10373** | **11727** |
| 667 | 693 | 638 | 742 | 587 | 707 | 719 |
| 1319 | 1379 | 1440 | 1754 | 1566 | 1999 | 2467 |

## 13-8 续表

| 指标 | | Item | | 合计 Total | 最低10% The Lowest Income Households 10% | 更低5% Lower Income Househols 5% |
|---|---|---|---|---|---|---|
| 蔬菜类 | (元/人) | Vegetables | (yuan/person) | 592 | 490 | 481 |
| 调味品 | (元/人) | Conaliments | (yuan/person) | 84 | 79 | 78 |
| 糖烟酒饮料类 | (元/人) | Sugar,Tobacco,Liquor and Beverages | (yuan/person) | 775 | 395 | 398 |
| 干鲜瓜果类 | (元/人) | Dried and Fresh Melons and Fruits | (yuan/person) | 476 | 255 | 199 |
| 糕点、奶及奶制品 | (元/人) | Cake,Milk and Milk Products | (yuan/person) | 346 | 162 | 88 |
| 其他食品 | (元/人) | Other Food | (yuan/person) | 82 | 30 | 18 |
| 饮食服务 | (元/人) | Catering Services | (yuan/person) | 1485 | 390 | 302 |
| **衣　着** | **(元/人)** | **Clothing** | **(yuan/person)** | **1346** | **538** | **303** |
| 服　装 | (元/人) | Garments | (yuan/person) | 979 | 354 | 212 |
| 衣着材料 | (元/人) | Clothing Material | (yuan/person) | 16 | 8 | 2 |
| 鞋　类 | (元/人) | Shoes | (yuan/person) | 316 | 152 | 74 |
| 其他衣着用品 | (元/人) | Others | (yuan/person) | 30 | 22 | 12 |
| 衣着加工服务费 | (元/人) | Expenditure on Clothing Processing | (yuan/person) | 4 | 3 | 2 |
| **家庭设备用品及服务** | **(元/人)** | **Household Facilities,Articles and Services** | **(yuan/person)** | **982** | **352** | **297** |
| 耐用消费品 | (元/人) | Durable Consumer Goods | (yuan/person) | 330 | 57 | 71 |
| 室内装饰品 | (元/人) | Interior Decorations | (yuan/person) | 18 | 0 | 0 |
| 床上用品 | (元/人) | Bed Articles | (yuan/person) | 116 | 44 | 43 |
| 家庭日用杂品 | (元/人) | Daily Use Household Articles | (yuan/person) | 440 | 240 | 176 |
| 家具材料 | (元/人) | Materials for Furniture | (yuan/person) | 0 | | |
| 家庭服务 | (元/人) | Household Services | (yuan/person) | 77 | 10 | 7 |
| **医疗保健** | **(元/人)** | **Health Care and Medical Services** | **(yuan/person)** | **819** | **337** | **340** |
| 药品费 | (元/人) | Drugs | (yuan/person) | 430 | 219 | 231 |
| 医疗费 | (元/人) | Medical Care Expenses | (yuan/person) | 285 | 107 | 99 |
| **交通和通讯** | **(元/人)** | **Transportation and Communications** | **(yuan/person)** | **3014** | **537** | **468** |
| 交　通 | (元/人) | Transportation | (yuan/person) | 2191 | 100 | 72 |
| 通　信 | (元/人) | Communication | (yuan/person) | 823 | 437 | 395 |
| **教育文化娱乐服务** | **(元/人)** | **Education,Culture and Recreational Services** | **(yuan/person)** | **1924** | **701** | **768** |
| 文化娱乐用品 | (元/人) | Culture and Recreational Articles | (yuan/person) | 453 | 286 | 353 |
| 文化娱乐服务 | (元/人) | Culture and Recreational Services | (yuan/person) | 891 | 73 | 38 |
| 教　育 | (元/人) | Education | (yuan/person) | 580 | 343 | 377 |
| **居　住** | **(元/人)** | **Residence** | **(yuan/person)** | **1220** | **611** | **561** |
| 住　房 | (元/人) | Housing | (yuan/person) | 449 | 129 | 100 |
| 水电燃料及其他 | (元/人) | Water,Electricity,Fuels and Others | (yuan/person) | 680 | 461 | 440 |
| 居住服务费 | (元/人) | Residence Services | (yuan/person) | 91 | 21 | 21 |
| **其它商品商品和服务** | **(元/人)** | **Other Goods and Services** | **(yuan/person)** | **403** | **102** | **79** |
| 其它商品 | (元/人) | Other Goods | (yuan/person) | 274 | 70 | 59 |
| 服　务 | (元/人) | Other Services | (yuan/person) | 129 | 31 | 21 |

(continued)

| 低10% Low Income Households 20% | 较低20% Lower Middle Income Households 20% | 中间20% Middle Income Households 20% | 较高20% Upper Middle Income Households 20% | 高10% High Income Households 10% | 最高10% The Highest Income Households10% | 更高5% Higher Income Households 5% |
|---|---|---|---|---|---|---|
| 622 | 545 | 587 | 648 | 548 | 746 | 828 |
| 88 | 86 | 78 | 86 | 79 | 95 | 117 |
| 328 | 563 | 625 | 1023 | 1184 | 1827 | 2024 |
| 316 | 355 | 481 | 605 | 629 | 830 | 872 |
| 203 | 269 | 361 | 420 | 614 | 467 | 415 |
| 49 | 58 | 98 | 85 | 138 | 148 | 209 |
| 788 | 734 | 1393 | 1980 | 2774 | 3554 | 4077 |
| **519** | **825** | **1411** | **1636** | **2339** | **2941** | **3057** |
| 351 | 525 | 1012 | 1214 | 1859 | 2239 | 2189 |
| 11 | 22 | 26 | 8 | 11 | 13 | 22 |
| 133 | 255 | 328 | 390 | 429 | 610 | 731 |
| 22 | 20 | 39 | 22 | 35 | 71 | 107 |
| 3 | 4 | 6 | 3 | 6 | 7 | 9 |
| **387** | **503** | **804** | **1063** | **1457** | **3629** | **4664** |
| 92 | 141 | 228 | 393 | 300 | 1673 | 2004 |
|  |  | 7 | 13 | 17 | 155 | 107 |
| 38 | 42 | 89 | 132 | 156 | 495 | 631 |
| 250 | 307 | 457 | 476 | 727 | 858 | 1028 |
|  |  |  |  |  | 4 | 9 |
| 7 | 13 | 23 | 49 | 257 | 443 | 885 |
| **813** | **712** | **1065** | **534** | **959** | **1489** | **1532** |
| 448 | 422 | 510 | 286 | 563 | 623 | 571 |
| 345 | 245 | 358 | 170 | 241 | 629 | 671 |
| **515** | **924** | **1484** | **5812** | **6363** | **9486** | **15703** |
| 177 | 266 | 601 | 4789 | 5154 | 8130 | 14351 |
| 338 | 658 | 883 | 1024 | 1209 | 1355 | 1352 |
| **1152** | **1238** | **1732** | **2085** | **4355** | **3799** | **4942** |
| 154 | 219 | 439 | 456 | 704 | 1443 | 2154 |
| 407 | 526 | 640 | 1187 | 2564 | 1724 | 1528 |
| 592 | 492 | 653 | 442 | 1087 | 631 | 1260 |
| **1251** | **1069** | **993** | **1269** | **2004** | **1979** | **1719** |
| 731 | 396 | 206 | 298 | 1015 | 979 | 665 |
| 503 | 616 | 720 | 828 | 824 | 766 | 829 |
| 18 | 57 | 68 | 143 | 166 | 234 | 225 |
| **144** | **134** | **283** | **477** | **915** | **1448** | **2292** |
| 112 | 87 | 175 | 315 | 683 | 976 | 1545 |
| 32 | 48 | 107 | 163 | 232 | 472 | 748 |

# 13–9 农民家庭人均总收入
# Annual Per Capital Revenue of Rural Households

单位：元 (yuan)

| 指标 | Item | 2012 | 2011 | 2012年比2011年增长(%) Growth Rate in 2012 over 2011(%) |
|---|---|---|---|---|
| **全年总收入** | **Total Revenue of the Year** | **10308** | **8881** | **16.1** |
| 工资性收入 | Income from Wages and Salaries | 3867 | 3255 | 18.8 |
| 在非企业组织中劳动得到的收入 | Income from Working in Non-enterprises | 411 | 354 | 16.3 |
| 在本乡地域内劳动得到的收入 | Income from Working in Local Areas | 2723 | 2366 | 15.1 |
| 外出从业得到的收入 | Income from Working Outside | 733 | 536 | 36.6 |
| 家庭经营收入 | Income from Household Operation | 5225 | 4443 | 17.6 |
| 第一产业 | Primary Industry | 4018 | 3313 | 21.3 |
| 农业收入 | Farming | 2781 | 2140 | 30.0 |
| #农产品收入 | Farm Products | 2725 | 2088 | 30.5 |
| 林业收入 | Forestry | 33 | 47 | -29.0 |
| 牧业收入 | Animal Husbandry | 1184 | 1110 | 6.6 |
| 渔业收入 | Fishery | 20 | 16 | 27.5 |
| 第二产业 | Secondary Industry | 128 | 105 | 22.5 |
| 工业收入 | Industry | 5 | 7 | -20.4 |
| 建筑业收入 | Construction | 123 | 98 | 25.5 |
| 第三产业 | Tertiary Industry | 1079 | 1026 | 5.2 |
| 交通、运输和邮电业收入 | Transport,Post and Telecommunication Services | 481 | 369 | 30.6 |
| 批零贸易业、饮食收入 | Wholesale and Retail Trade & Catering Services | 450 | 456 | -1.2 |
| 社会服务业收入 | Social Services | 68 | 31 | 122.4 |
| 文教卫生业收入 | Culture,Education and Health Services | 15 | 37 | -59.0 |
| 其他行业收入 | Others | 63 | 134 | -52.6 |
| 转移性收入 | Income from Transfer | 610 | 602 | 1.3 |
| 家庭非常住人口寄回和带回收入 | Income from Non-permanent Residents' Posting and Bringing | 6 | 83 | -93.1 |
| 城市亲友赠送收入 | Income from Urban Friends and Relatives' Presents | 11 | 6 | 73.5 |
| 农村亲友赠送收入 | Income from Rural Friends and Relatives' Presents | 82 | 95 | -13.7 |
| 退耕还林还草补贴收入 | Income from Subsidies of Returning Farmland to Forest and Grassland | 23 | 27 | -15.6 |
| 粮食直接补贴收入 | Income from Direct Grain Subsidies | 10 | 49 | -80.2 |
| 其他转移性收入 | Others | 479 | 341 | 40.3 |
| 财产性收入 | Property Income | 606 | 581 | 4.3 |
| 利息收入 | Interest Income | 5 | 1 | 850.9 |
| 集体分配股息和红利收入 | Income from Collective Dividend and Bonus | 7 | 8 | -17.1 |
| 租金收入 | Rental Income | 330 | 393 | -16.0 |
| 土地征用补偿收入 | Income from Land Requisition Subsidies | 120 | 273 | -56.0 |

注：2011年按国家统计方法制度，土地征用补偿收入不算现金收入，计入非现金收入所得。

a) In 2011, according to National Statistical System, incomes from land requisition subsidies should be calculated into noncash debit rather than cash debit.

# 13—10 农民家庭人均纯收入
# Annual Per Net Income of Rural Households

单位：元 (yuan)

| 指 标 | Item | 2012 | 2011 | 2012年比2011年增长(%) Growth Rate in 2012 over 2011(%) |
|---|---|---|---|---|
| **绝对数** | **Absolute Value** | | | |
| **全年纯收入** | **Annual Net Income** | **8488** | **7381** | **15.0** |
| 工资性收入 | Income from Wages and Salaries | 3867 | 3255 | 18.8 |
| #外出从业得到的收入 | Income from Working Outside | 733 | 536 | 36.6 |
| 家庭经营收入 | Income from Household Operation | 3478 | 3007 | 15.7 |
| 第一产业 | Primary Industry | 2551 | 2160 | 18.1 |
| 农业收入 | Farming | 2005 | 1637 | 22.5 |
| 林业收入 | Forestry | 1 | 27 | -96.7 |
| 牧业收入 | Animal Husbandry | 529 | 489 | 8.3 |
| 渔业收入 | Fishery | 16 | 8 | 94.3 |
| 第二产业 | Secondary Industry | 93 | 122 | -24.3 |
| 工业收入 | Industry | 1 | 31 | -96.6 |
| 建筑业收入 | Construction | 92 | 87 | 5.8 |
| 第三产业 | Tertiary Industry | 835 | 724 | 15.2 |
| 交通、运输、邮电业收入 | Transport,Post and Telecommunication Services | 355 | 263 | 34.7 |
| 批零贸易业.饮食业收入 | Wholesale and Retail Trade & Catering Services | 346 | 321 | 8.0 |
| 社会服务业收入 | Social Services | 63 | 31 | 105.0 |
| 文教卫生业收入 | Culture,Education and Health Services | 11 | 40 | -71.7 |
| 其他行业收入 | Others | 60 | 70 | -14.5 |
| 转移性收入 | Income from Transfer | 537 | 538 | -0.2 |
| 财产性收入 | Property Income | 606 | 581 | 4.3 |

# 13—11 农民家庭人均总支出
# Annual Per Capita Gross Expenditure of Rural Households

单位：元 (yuan)

| 指 标 | Item | 2012 | 2011 | 2012年比2011年增长(%) Growth Rate in 2012 over 2011(%) |
|---|---|---|---|---|
| **全年总支出** | **Gross Expenditure** | **9515** | **8439** | **12.8** |
| 家庭经营费用支出 | Expenditure for Household Operation | 1464 | 1238 | 18.2 |
| 购置生产性固定资产支出 | Expenditure for Purchasing Productive Fixed Assets | 116 | 192 | -39.8 |
| 建、造生产性固定资产雇工支出 | Expenditure for Constructing Productive Fixed Assets'Hirelings | 7 | 4 | 66.6 |
| 税费支出 | Taxes and Fees | 4 | 2 | 145.7 |
| 生活消费支出 | Living Consumption Expenditure | 6161 | 5494 | 12.1 |
| 财产性支出 | Expenditure for Property | 7 | 48 | -85.7 |
| 转移性支出 | Expenditures for Transfer | 1757 | 1461 | 20.3 |
| 寄给带给家庭非常住人口 | Posting or Taking to Non-permanent Residents | 199 | 114 | 75.0 |
| 赠送农村亲友 | Expenditure on Presents for Rural Friends and Relatives | 1217 | 1055 | 15.3 |
| 赠送城市亲友 | Expenditure on Presents for Urban Friends and Relatives | 154 | 133 | 15.7 |
| 其他转移性支出 | Others | 188 | 159 | 18.0 |

# 13–12 农民家庭人均经营费用和生产性固定资产购置
# Per Capita Expenditure for Households Business Operations and Purcrase of Productive Fixed Assets of Rural Households

单位：元 (yuan)

| 指　　标 | Item | 2012 | 2011 | 2012年比2011年增长(%) Growth Rate in 2012 over 2011(%) |
|---|---|---|---|---|
| **家庭经营费用支出** | **Expenditure on Household Operations** | **1464** | **1238** | **18.2** |
| 农业生产费用支出 | Farming | 612 | 401 | 52.7 |
| #种植业生产资料支出 | Producer Goods of Crop Farming | 335 | 342 | -1.9 |
| 林业生产费用支出 | Forestry | 32 | 9 | 274.6 |
| 牧业生产费用支出 | Animal husbandry | 610 | 580 | 5.0 |
| 渔业生产费用支出 | Fishery | 4 | 1 | 175.8 |
| 工业生产费用支出 | Industry | 4 | 27 | -83.8 |
| 建筑业生产费用支出 | Construction | 30 | 71 | -57.6 |
| 交通运输邮电业生产费用支出 | Transport,Post and Telecommunication | 88 | 76 | 15.5 |
| 批零贸易餐饮业生产费用支出 | Wholesale Retail Trade & Catering Services | 72 | 28 | 160.2 |
| 社会服务、文教卫生业生产费用支出 | Social Services,Culture,Education and Health Care | 8 | 28 | -72.3 |
| 其他家庭经营费用支出 | Others | 3 | 16 | -79.9 |
| **购置生产性固定资产支出** | **Expenditure on Purchasing Productive Fixed Assets** | **116** | **192** | **-39.8** |
| 建筑生产用建筑物材料 | Material for Construction | 39 | 57 | **-31.7** |
| 役畜、产品畜 | Draught Animals and Animal Production | 6 | 18 | -67.6 |
| 农林牧渔业机械 | Machinery of Farming,Forestry, Animal Husbandry and Fishery | 33 | 42 | -22.5 |
| 工业机械 | Industrial Machinery | | 1 | -100.0 |
| 运输机械 | Transportation Machinery | 26 | 71 | -63.3 |
| 其他生产性固定资产 | Others | 12 | 3 | 297.1 |
| **建、造生产性固定资产雇工支出** | **Expenditure on Productive Fixed Assets and Hirelings** | **7** | **4** | **66.6** |

# 13–13 农民家庭人均生活消费支出
# Per Capita Rural Household Living Expenditures

单位：元 (yuan)

| 指　　标 | Item | 2012 | 2011 | 2012年比2011年增长(%) Growth Rate in 2012 over 2011(%) |
|---|---|---|---|---|
| **平均每人生活消费支出** | **Per Capita Consumption Expenditure** | **6161** | **5494** | **12.1** |
| 食　品 | Food | 2380 | 2241 | 6.2 |
| 衣　着 | Clothing | 517 | 418 | 23.7 |
| 居　住 | Residence | 945 | 1127 | -16.2 |
| 家庭设备用品及服务 | Household Facilities,Articles and Related Services | 444 | 363 | 22.5 |
| 交通和通讯 | Transport and Communications | 899 | 594 | 51.4 |
| 文教娱乐用品及服务 | Education,Culture Recreation,and Related Services | 477 | 304 | 56.9 |
| 医疗保健 | Health Care and Medical Services | 349 | 312 | 11.8 |
| 其他商品及服务 | Miscsellanveous Goods and Services | 150 | 135 | 10.8 |

# 13-14 农民人均现金收入
# Annual Per Capita Cash Income of Farmers

单位：元 (yuan)

| 指 标 | Item | 2012 | 2011 | 2012年比2011年增长(%) Growth Rate in 2012 over 2011 (%) |
|---|---|---|---|---|
| **年内现金收入合计** | **Total Cash Income of the Year** | **9211** | **8162** | **12.9** |
| 工资性收入 | Income from Wages and Salaries | 3862 | 3255 | 18.6 |
| 在非企业劳动得到的收入 | Income from Working in Non-enterprises | 410 | 354 | 16.1 |
| 在本乡地域内劳动得到的收入 | Income from Working in Local Areas | 2719 | 2366 | 14.9 |
| 外出从业得到的收入 | Income from Working Out | 733 | 536 | 36.6 |
| 家庭经营现金收入 | Cash Income from Household Operations | 4177 | 3769 | 10.8 |
| #第一产业现金收入 | Cash Income from Primary Industry | 2970 | 2643 | 12.4 |
| 工业收入 | Income from Industry | 5 | 7 | -20.4 |
| 建筑业收入 | Income from Construction | 123 | 98 | 25.5 |
| 交通运输邮电收入 | Income from Transport,Post and Telecommunication | 481 | 369 | 30.6 |
| 批零贸易业、饮食业收入 | Income from Wholesale and Retail Trade & Catering Services | 450 | 456 | -1.2 |
| 社会服务业收入 | Income from Social Services | 68 | 31 | 122.4 |
| 文教卫生业收入 | Income from Culture,Education and Health Care | 15 | 37 | -59.0 |
| 转移性现金收入 | Income from Transfer | 608 | 602 | 1.1 |
| 家庭非常住人口寄回和带回 | Income from Non-permanent Residents' Posting and Bring | 4 | 83 | -94.7 |
| 城市亲友赠送 | Income from Urban Friends' and Relatives' Presents | 11 | 6 | 73.5 |
| 农村亲友赠送 | Income from Rural Friends' and Relatives' Presents | 82 | 95 | -13.7 |
| 救济金 | Relief Fund | 0 | 1 | -92.9 |
| 抚恤金 | Pension | 0 | 3 | -99.3 |
| 粮食直补 | Direct Subsidies or Grain | 10 | 49 | -80.2 |
| 购置和更新大型农机具补贴收入 | Subsidies for Purchasing and Renewing Agricultural Implements | 0 | 7 | -98.8 |
| 良种补贴(粮食种植) | Subsidies for Superior Seeds(Growing Grains) | 17 | 21 | -23.2 |
| 其它转移性收入 | Others | 485 | 484 | 0.2 |
| 财产性现金收入 | Income from Property | 564 | 536 | 5.3 |
| #租金(包括农业机械)收入 | Rent(including Agricultural Mechanics) | 330 | 393 | -16.0 |
| **非收入所得** | **Non-income** | **2180** | **2034** | **7.2** |
| 调查补贴 | Subsidies for Investigation | 87 | 49 | 78.3 |
| 银行、信用社贷款 | Loans from Banks and Credit Associations | 132 | 135 | -2.0 |
| 借入款 | Loans | 564 | 536 | 5.1 |
| 收回借出款 | Loans Repaid | 63 | 63 | 0.6 |
| 从银行、信用社取回存款 | Withdraw Cash from Banks and Credit Associations | 372 | 320 | 16.2 |
| 土地征用补偿收入 | Income from Land Requisition Subsidies | 120 | 273 | -56.0 |
| 其他非收入所得 | Others | 843 | 658 | 28.1 |

注：将2011年农民收入中土地征用补偿由现金收入计入非现金收入所得。
a) In 2011, incomes from land requisition subsidies should be calculated into non-cash debit rather than cash debit.

# 13–15 农民人均出售产品现金收入
# Annual Per Capita Cash Income of Sale Products

单位：元 (yuan)

| 指　　标 | Item | 2012 | 2011 | 2012年比2011年增长(%) Growth Rate in 2012 over 2011(%) |
|---|---|---|---|---|
| **出售产品现金收入** | **Cash Income from Selling Products** | | | |
| 出售产品收入 | Products | 4177 | 3773 | 10.7 |
| 出售农业产品收入 | Farming Products | 1876 | 2643 | -29.0 |
| 出售林产品 | Forestry Products | 24 | 47 | -49.1 |
| 出售牧业产品 | Animal Husbandry Products | 971 | 1051 | -7.6 |
| 出售渔业产品 | Fishery Products | 7 | 7 | -2.9 |
| 出售工业产品 | Industrial Products | 2 | 17 | -91.0 |
| 出售建筑业产品 | Construction Products | 7 | 2 | 307.9 |
| 出售其他产品 | Others | 1 | 6 | -84.6 |

# 13–16 农民人均现金支出
# Annual Per Capita Cash Expenditures

单位：元 (yuan)

| 指　　标 | Item | 2012 | 2011 | 2012年比2011年增长(%) Growth Rate in 2012 over 2011(%) |
|---|---|---|---|---|
| **消费性现金支出** | **Consumption Cash Expenditure** | **8759.20** | **7644.51** | **14.6** |
| 生产费用支出 | Production | 1398.10 | 1287.79 | 8.6 |
| #家庭经营费用支出 | Expenditure for Household Operations | 1275.45 | 1091.52 | 16.9 |
| 购置生产性固定资产支出 | Purchase of Productive Fixed Assets | 115.72 | 192.15 | -39.8 |
| 税费支出 | Taxes and Fees | 4.03 | 1.64 | 145.7 |
| 生活消费支出 | Living Consumption | 5593.21 | 4846.25 | 15.4 |
| 财产性支出 | Expenditure for Properties | 6.90 | 48.33 | -85.7 |
| 转移性支出 | Expenditure for Transfers | 1756.96 | 1460.50 | 20.3 |
| #寄给带给家庭非常人口现金 | Post Cash to Non-permanent Residents | 198.66 | 113.54 | 75.0 |
| 赠送农村亲友 | Expenditure on Presents for Rural Friends and Relatives | 1217.14 | 1055.29 | 15.3 |
| 赠送城市亲友 | Expenditure on Presents for Urban Friends and Relatives | 153.64 | 132.74 | 15.7 |
| **非消费性现金支出** | **Cash Expenditure for Non-consumption** | **1045.88** | **1115.46** | **-6.2** |
| #归还银行、信用社贷款 | Repaying to Banks and Credit Associations | 52.95 | 86.90 | -39.1 |
| 借出款 | Lending | 23.44 | 17.69 | 32.5 |
| 归还借款 | Repaying | 241.61 | 225.16 | 7.3 |
| 存入银行、信用社 | Saving Deposits | 69.72 | 254.85 | -72.6 |

## 13-17 农民人均粮食收支存
## Per Capita Grain Income, Expense and Stock of Rural Households

单位：公斤 (kg)

| 指　　标 | Item | 2012 | 2011 | 2012年比2011年增长(%) Growth Rate in 2012 over 2011(%) |
|---|---|---|---|---|
| **年内粮食收入合计** | **Grain Income of the Year** | **399.90** | **389.41** | **2.7** |
| 家庭经营生产粮食 | Self-producted | 324.77 | 308.04 | 5.4 |
| 购入粮食 | Bought Grain | 75.13 | 81.29 | -7.6 |
| 借入粮食 | Borrowed Grain | | | |
| 收回借出粮 | Taken Back Grains | | | |
| 其它粮食收入 | Others | | 0.07 | |
| **年内粮食支出合计** | **Grain Expenditure of the Year** | **304.92** | **329.29** | **-7.4** |
| 主食用粮 | Staple Food Grain | 120.23 | 135.70 | -11.4 |
| 其它生活用粮 | Other Living Uses | | | |
| 出售粮食 | Sold Grain | 75.20 | 91.03 | -17.4 |
| 种籽用粮 | Seeds | 1.56 | 3.61 | -56.8 |
| 饲料用粮 | Fodder | 107.94 | 98.95 | 9.1 |
| 借出粮食 | Lent Out | | | |
| 其它粮食支出 | Other Grain Expenditure | | | |
| **年末结存** | **Year-end Grain Deposite Balance** | **319.65** | **288.52** | **10.8** |

## 13-18 农民家庭人均主要消费品消费量
## Per Capita Consumption on Major Consumer Goods of Rural Households

单位：公斤 (kg)

| 指　　标 | Item | 2012 | 2011 | 2012年比2011年增长(%) Growth Rate in 2012 over 2011(%) |
|---|---|---|---|---|
| 粮食消费量 | Grain | 120.23 | 135.70 | -11.4 |
| #细　粮 | Refined Grain | 104.17 | 116.67 | -10.7 |
| 蔬菜及菜制品消费量 | Vegetables and Its Products | 89.18 | 276.64 | -67.8 |
| 油脂类消费量 | Oils | 7.34 | 11.66 | -37.0 |
| 肉禽及其制品消费量 | Poultry and Its Processed products | 26.45 | 28.91 | -8.5 |
| 蛋类及蛋制品消费量 | Eggs and Its Products | 4.88 | 3.64 | 34.1 |
| 奶和奶制品消费量 | Milk and Its Products | 3.48 | 3.29 | 5.8 |
| 水产品消费量 | Aquatic Products | 0.74 | 0.70 | 5.7 |
| 食糖消费量 | Sugar | 0.86 | 0.74 | 16.2 |
| 酒消费量 | Liquor | 6.39 | 7.33 | -12.8 |
| 茶叶消费量 | Tea | 0.31 | 0.34 | -8.8 |

# 13–19 农民家庭每百户耐用消费品拥有量
# Rural Household Possession of Durable Consumer Goods Per 100 Households

| 指　　标 | | Item | | 2012 | 2011 | 2012年比2011年增长(%) Growth Rate in 2012 over 2011(%) |
|---|---|---|---|---|---|---|
| 洗衣机 | (台) | Washing Machine | (set) | 93.90 | 93.05 | 0.9 |
| 电冰箱 | (台) | Refrigerator | (set) | 73.56 | 67.80 | 8.5 |
| 空调机 | (台) | Air Conditioner | (set) | 1.36 | 2.03 | -33.0 |
| 热水器 | (台) | Water Heater | (set) | 39.66 | 35.08 | 13.1 |
| 摩托车 | (辆) | Motorcycle | (unit) | 55.08 | 58.81 | -6.3 |
| 生活用汽车 | (辆) | Automobile | (unit) | 9.49 | 5.42 | 75.1 |
| 电话机 | (部) | Telephone | (set) | 22.54 | 23.73 | -5.0 |
| 移动电话 | (部) | Mobile Telephone | (set) | 229.32 | 203.22 | 12.8 |
| 彩色电视机 | (台) | Color TV | (set) | 105.42 | 105.76 | -0.3 |
| 黑白电视机 | (台) | Black and White TV | (set) | | 0.17 | |
| 摄像机 | (台) | Radio Camera | (set) | 4.24 | 3.90 | 8.7 |
| 照相机 | (台) | Camera | (set) | 4.75 | 3.05 | 55.7 |

# 13–20 农村住户人均主要产品产量及商品率（2012年）
# Per Capita Output of Major Agricultural Products and Commodity Rate of Rural Households(2012)

| 指　　标 | Item | 产品产量(公斤) Output(kg) | 出售量(公斤) Sale(kg) | 商品率(%) Commodity Rate(%) |
|---|---|---|---|---|
| 谷　物 | Grain | 314.67 | 62.58 | 19.9 |
| #小　麦 | Wheat | 0.35 | | |
| 水　稻 | Rice | 151.34 | 18.99 | 12.5 |
| 玉　米 | Corn | 160.24 | 40.50 | 25.3 |
| 豆　类 | Beans | 5.23 | 1.84 | 35.2 |
| 薯　类 | Tubers | 4.87 | 1.22 | 25.1 |
| 油　料 | Oil-bearing Crops | 31.55 | 12.05 | 38.2 |
| 烟　草 | Tobacco | 13.07 | 9.57 | 73.2 |
| 蔬　菜 | Vegetable | 600.95 | 516.57 | 86.0 |
| 水　果 | Fruit | 36.19 | 33.80 | 93.4 |
| 茶　叶 | Tea | 0.48 | 0.08 | 16.7 |
| 肉猪及猪肉 | Hogs and Pork | 41.88 | 34.08 | 81.4 |
| 肉牛及牛肉 | Beef Cattle and Beef | 1.49 | 0.96 | 64.4 |
| 菜羊及羊肉 | Sheep and Mutton | 0.10 | 0.02 | 20.0 |
| 家禽肉 | Poultry | 7.90 | 6.07 | 76.8 |
| 禽　蛋 | Eggs | 2.78 | 2.47 | 88.8 |

# 13-21 各区(县、市)城市居民人均可支配收入及消费性支出
# Annual Per Capita Disposable Income and Per Capita Consumption Expenditure of Urban Households by District, County(City)

单位：元 (yuan)

| 区(县、市)名称 | District County(City) | 城市居民人均可支配收入 Per Capital Disposable Income of Urban Residents | | | | 城市居民人均消费性支出 Per Capital Consumption Expenditure of Urban Residents | | | |
|---|---|---|---|---|---|---|---|---|---|
| | | 2012 | 2011 | 2012年比2011年增长(%) Growth Rate in 2012 over 2011 (%) | 扣价增速(%) Growth Rate of Discount (%) | 2012 | 2011 | 2012年比2011年增长(%) Growth Rate in 2012 over 2011(%) | 扣价增速(%) Growth Rate of Discount (%) |
| 南明区 | Nanming | 21796 | 19420 | 12.2 | 9.4 | 15718 | 14300 | 9.9 | 7.1 |
| 云岩区 | Yunyan | 21796 | 19420 | 12.2 | 9.4 | 15718 | 14300 | 9.9 | 7.1 |
| 花溪区 | Huaxi | 21785 | 19318 | 12.8 | 9.9 | 10655 | 11574 | -7.9 | -10.3 |
| 乌当区 | Wudang | 21791 | 19332 | 12.7 | 9.9 | 13899 | 12806 | 8.5 | 5.8 |
| 白云区 | Baiyun | 21796 | 19394 | 12.4 | 9.5 | 15969 | 13135 | 21.6 | 18.5 |
| 小河区 | Xiaohe | 21796 | 19357 | 12.6 | 9.8 | 13342 | 11566 | 15.4 | 12.4 |
| 开阳县 | Kaiyang | 21780 | 19314 | 12.8 | 9.9 | 13034 | 11141 | 17.0 | 14.0 |
| 息烽县 | Xifeng | 20421 | 17528 | 16.5 | 13.6 | 9335 | 9147 | 2.1 | -0.5 |
| 修文县 | Xiuwen | 21720 | 18721 | 16.0 | 13.1 | 14131 | 11272 | 25.4 | 22.2 |
| 清镇市 | Qingzhen | 21227 | 18261 | 16.2 | 13.3 | 12310 | 11016 | 11.7 | 8.9 |

注：2012年以前按国家城镇居民调查制度，以南明、云岩两区作为中心城区整体进行调查，并作为贵阳市全市调查结果，故两区与全市数据相同。

a) In 2012,according to former National Urban Residents Survey System, Nanming and Yunyan Districts were surveyed as the downtown area, and the data of the two districts were taken as the data of Guiyang city. Thus, the data of the two districts were the same with Guiyang City.

# 13-22 各区(县、市)农民人均纯收入及生活消费支出
# Annual Per Capita Net Income and Per Capita Consumption Expenditure of Rural Households by District,County(City)

单位：元 (yuan)

| 区(县、市)名称 | District County(City) | 农民人均纯收入 Per Capita Annual Net Income of Rural Residents | | | | 农民人均生活消费支出 Per Capital Consumption Expenditure of Rural Residents | | |
|---|---|---|---|---|---|---|---|---|
| | | 2012 | 2011 | 2012年比2011年增长(%) Growth Rate in 2012 over 2011 (%) | 扣价增速(%) Growth Rate of Discount (%) | 2012 | 2011 | 2012年比2011年增长(%) Growth Rate in 2012 over 2011 (%) |
| 南明区 | Nanming | 10259 | 9031 | 13.6 | 10.5 | 7696 | 6151 | 25.1 |
| 云岩区 | Yunyan | 10356 | 9124 | 13.5 | 10.4 | 9040 | 6200 | 45.8 |
| 花溪区 | Huaxi | 8665 | 7508 | 15.4 | 12.3 | 5390 | 5937 | -9.2 |
| 乌当区 | Wudang | 9607 | 8332 | 15.3 | 12.2 | 8686 | 7651 | 13.5 |
| 白云区 | Baiyun | 10256 | 8887 | 15.4 | 12.3 | 9697 | 8398 | 15.5 |
| 小河区 | Xiaohe | 10128 | 8947 | 13.2 | 10.1 | 8546 | 6225 | 37.3 |
| 开阳县 | Kaiyang | 7860 | 6781 | 15.9 | 12.7 | 4587 | 4845 | -5.3 |
| 息烽县 | Xifeng | 7456 | 6434 | 15.9 | 12.7 | 4361 | 4514 | -3.4 |
| 修文县 | Xiuwen | 7460 | 6470 | 15.3 | 12.2 | 6440 | 4198 | 53.4 |
| 清镇市 | Qingzhen | 7953 | 6898 | 15.3 | 12.2 | 4897 | 4381 | 11.8 |

# 主要统计指标解释

**商品零售价格指数** 是反映城乡商品零售价格变动趋势的一种经济指数。零售物价的变动直接反映城乡居民的生活支出和国家的财政收入，反映居民购买力和市场供需平衡，反映消费与积累的比例。

**居民消费价格指数** 是反映一定时期内城乡居民所购买的生活消费品价格和服务项目价格变动趋势和程度的相对数，是对城市居民消费价格指数和农村居民消费价格指数进行综合汇总计算的结果。

**城市住户**

**家庭人口** 指居住在一起，经济上合在一起共同生活的家庭成员。凡计算为家庭人口的成员其全部收支都包括在本家庭中。

**就业者负担系数** 指家庭人口与就业人口之比。

**家庭总收入** 指家庭成员得到的工薪收入、经营净收入、财产性收入、转移性收入之和，不包括出售财物收入和借贷收入。

**家庭可支配收入** 指家庭成员得到可用于最终消费支出和其它非义务性支出以及储蓄的总和，即居民家庭可以用来自由支配的收入。它是家庭总收入扣除交纳的所得税、个人交纳的社会保障支出以及记账补贴后的收入。计算公式为：

可支配收入=家庭总收入－交纳所得税－个人交纳的社会保障支出－记帐补贴

**家庭总支出** 指除借贷支出以外的全部家庭支出。包括消费性支出、购房建房支出、转移性支出、财产性支出、社会保障支出。

**家庭消费性支出** 指家庭用于日常生活的支出，包括食品、衣着、家庭设备用品及服务、医疗保健、交通和通信、教育文化娱乐服务、居住、其它商品和服务等八大类支出。

**家庭服务性消费支出** 指家庭用于支付社会提供的各种非商品性服务费用。

**家庭收入分组方法** 将所有调查户依户人均可支配收入由低到高排队，按10%，10%，20%，20%，20%，10%，10%的比例依次分成：最低收入户、低收入户、中等偏下收入户、中等收入户、中等偏上收入户、高收入户、最高收入户等七组。总体中最低5%的户为困难户。

**恩格尔系数** 指食物支出金额在生活消费总支出金额中所占的比例。计算公式为：

恩格尔系数=食品支出金额/生活消费总支出金额×100%

**农村住户**

**农村住户** 指农村常住户。农村常住户指长期(一年以上)居住在乡镇(不包括城关镇)行政管理区域内的住户，以及长期居住在城关镇所辖行政村范围内的农村住户。户口不在本地而在本地居住一年及以上的住户也包括在本地农村常住户范围内；有本地户口，但举家外出谋生一年以上的住户，无论是否保留承包耕地都不包括在本地农村住户范围内。

**家庭常住人口** 指全年经常在家或在家居住 6 个月以上，而且经济和生活与本户连成一体的人口。外出从业人员在外居住时间虽然在 6 个月以上，但收入主要带回家中，经济与本户连为一体，仍视为家庭常住人口；在家居住，生活和本户连成一体的国家职工、退休人员也为家庭常住人口。但是现役军人、中专及以上(走读生除外)的在校学生、以及常年在外(不包括探亲、看病等)且已有稳定的职业与居住场所的外出从业人员，不算家庭常住人口。家庭常住人口主要作为计算农村住户平均每人收入、消费和积累水平及分析家庭人口状况的依据。

**整、半劳动力** 整劳动力指男子 18 周岁到 50 周岁，女子 18 周岁到 45 周岁；半劳动力指男子 16 周岁到 17 周岁，51 周岁到 60 周岁；女子 16 周岁到 17 周岁，46 周岁到 55 周岁，同时具有劳动能力的人。虽然在劳动年龄之内，但已丧失劳动能力的人，不应算为劳动力；超过劳动年龄，但能经常参加劳动，计入半劳动力数内。常住人口中的职工，若这些职工为劳动力，就包括在本户的整半劳动力中。

**农民人均总收入** 指调查期内农村住户和住户成员从各种来源渠道得到的收入总和。按收入的性质划分为工资性收入、家庭经营收入、财产性收入和转移性收入。

**工资性收入** 指农村住户成员受雇于单位或个人，靠出卖劳动而获得的收入。

**家庭经营收入** 指农村住户以家庭为生产经营单位进行生产筹划和管理而获得的收入。农村住户家庭经营活动按行业划分为农业、林业、牧业、渔业、工业、建筑业、交通运输业、邮电业、批发和零售贸易餐饮业、社会服务业、文教卫生业和其他家庭经营。

**财产性收入** 指金融资产或有形非生产性资产的所有者向其他机构单位提供资金或将有形非生产性资产供其支配，作为回报而从中获得的收入。

**转移性收入** 指农村住户和住户成员无须付出任何对应物而获得的货物、服务、资金或资产所有权等，不包括无偿提供的用于固定资本形成的资金。一般情况下，是指农村住户在二次分配中的所有收入。

**现金收入** 指农村住户和住户成员在调查期内得到以现金形态表现的收入。按来源分成工资性收入、家庭经营现金收入、财产性收入、转移性收入。

**农民人均纯收入** 指农村住户当年从各个来源得到的总收入相应地扣除所发生的费用后的收入总和。计算方法：

纯收入=总收入－税费支出-家庭经营费用支出－税费支出-生产性固定资产折旧－调查补贴－赠送农村外部亲友支出

纯收入主要用于再生产投入和当年生活消费支出，也可用于储蓄和各种非义务性支出。“农民人均纯收入”按人口平均的纯收入水平，反映的是一个地区或一个农户农村居民的平均收入水平。

**农民人均总支出** 指农村住户用于生产、生活和再分配的全部支出。家庭经营费用支出、购置生产性固定资产支出、生产性固定资产折旧、税费支出、生活消费支出、财产性支出和转移性支出。

**农民人均生活消费支出** 指农民家庭用于物质生活和精神生活方面的支出。生活消费支出包括食品、衣着、居住、家庭设备用品及服务、医疗保健、交通和通讯、文教娱乐用品及服务、其他商品及服务等消费支出。

# Explanatory Notes on Main Statistics Indicators

**Retail Price Indices** reflect the general change in retail prices of commodities. The change and adjustment in retail prices directly reflects the living expenditure of urban and rural residents and government revenue, purchasing power of residents and the equilibrium of market supply and demand, and the ratio of consumption to accumulation.

**Consumer Price Indices** reflect the trend and degree of changes in prices of consumer goods and services purchased by urban and rural households during a given period, and is a composite index derived from the urban consumer price change on actual expenditure for living cost of urban and rural residents.

**Urban Households**

**Population of Urban Households** refer to members of households living and sharing economically together in the urban areas. All the income and expenditure of all the members of such households are included in the income and expenditure of the household.

**Number of Dependents per Urban Employee** refers to the ratio between number of persons in an urban household and the number of employed persons.

**Total Income of Urban Households** refers to the sum of wage income; net business income; income from properties; and income from transfers of members of the households. Income from selling of properties and income from borrowing are not included.

**Disposable Income of Urban Households** refers to the actual income at the disposal of members of the households which can be used for final consumption, other non-compulsory expenditure and savings. This equals to total income minus income tax, personal contribution to social security and subsidy for keeping diaries in being a sample household. The following formula is used:

Disposable income = total household income - income tax - personal contribution to social security - subsidy for keeping diaries for a sampled household

**Total Expenditure of Urban Households** refers to all expenditure of households except expenditure on lending. It includes expenditure on consumption; on purchasing or building houses; on transfers; on properties; and on social security.

**Consumption Expenditure of Urban Households** refers to total expenditure of households for consumption in daily life, including expenditure on the eight categories of food; clothing; housing; household appliances and services; health care and medical services; transport and communications; education, cultural and recreational services; housing; and miscellaneous goods and services.

**Expenditure of Urban Households on Consumption of Services** refers to expenditure of households on various kinds of non-commercial services provided by society.

**Urban Households by Income Group** all households in the sample are grouped, by per capita disposable income of the household, into groups of lowest income, low income, lower middle income, middle income, upper middle income, high income and highest income, each group consisting of 10%, 10%, 20%, 20%, 20%, 10% and 10% of all households respectively. The lowest 5% of households are also referred to as poor households.

**Engel Coefficient** refers to the percentage of expenditure on food in the total consumption expenditure, using the following formula:

$$\text{Engel Coefficient} = \frac{\text{expenditure on food}}{\text{totalconsumption expenditure}} \times 100\%$$

**Rural Households**

**Rural Households** refer to usual resident households in rural areas. Usual resident households in rural areas are households residing on a long term basis (for more than one year) in the areas under the administration of township governments (not including county towns), and in the areas under the administration of villages in county towns. Households residing in the current addresses for over one year with their household registration in other places are still considered as resident households of the locality. For households with their household registration in one place but all members of the households having moved away to make a living in another place for over one year, they will not be included in the rural households of the area where they are registered, irrespective of whether they still keep their contracted land.

**Usual Resident Population** refers to persons staying at home regularly or for over 6 months during a year and integrated with the household economically and in terms of living.. Members of the household staying away from the household for over 6 months but keeping a close economic relation with the household by sending the majority of income to the household are regarded as usual resident of the household. Government staff and workers or retirees living as close members of the household are also considered as usual resident. However, servicemen, students of secondary technical schools or schools of higher education and persons with stable jobs and residence outside the household (excluding those visiting relatives or seeking medical service) are not included as resident population of the household. Resident population is used in calculating income, consumption, accumulation on per capita basis of rural households and in analyzing composition of rural households.

**Full/Semi Labor Force** full labor force refers to persons capable of work, aged 18-50 for males and 18-45 for females. Semi labor force refers to persons capable of work, aged 16-17 and 51-60 for males and 16-17 and 46-55 for females. Persons at their working ages but not capable of work are not to be included as labor force. Persons not at working ages but participating regularly in work are included in semi labor force. For staff and workers who are usual residents, are included as full or semi labor force of the household if they are in the labor force.

**Total Income of Rural Residents** refers to the sum of income earned from various sources by the rural households and their members during the reference period, and is classified as income from wages and salaries, income from household operations, income from properties and income from transfers.

**Income from Wages and Salaries** refers to income from labor earned by the members of rural households employed by other units or individuals.

**Income from Household Operations** refers to income by the rural households as units of production and operation. Operations by rural households are classified according to their economic activities namely agriculture, forestry, animal husbandry, fishery, manufacturing, construction, transportation, post and telecommunications, wholesale, retail and catering, social service, culture, education, health, and other household operations.

**Income from Properties** refers to the income received as returns by owners of financial assets or tangible non-productive assets by providing capitals or tangible non-productive assets to other institutional units.

**Income from Transfers** refers to the receipt by rural households and their members of goods, services, capital or rights of assets without giving or repaying accordingly, excluding capital provided to them for the formation of fixed assets. In general, it refers to all income received by rural households through redistribution.

**Cash Income** refers to income received by rural households and their members in the form of cash during the reference period. It is classified, by source of income, into income from wages and salaries, cash income from household operations, income from properties and income from transfers.

**Net Income** refers to the total income of rural households from all sources minus all corresponding expenses. The formula for calculation is as follows:

Net income = total income - taxes and fees paid - household operation expenses - taxes and fees - depreciation of fixed assets for production - gifts to non-rural relatives

Net income is mainly used as input for reinvestment in production and as consumption expenditure of the year, and also used for savings and non-compulsory expenses of various forms. “Per capita net income of farmers” is the level of net income averaged by population, reflecting the average income level of rural households in a given area.

**Total Expenditure** refers to total expenses of rural households on production, consumption and redistribution, including expenditure on household operations; purchase of productive fixed assets; taxed and fees; consumption expenditure; expenses on properties; and expenses on transfers.

**Expenditure on Consumption of Rural Households** refers to expenditure by rural households on their material and cultural life, including expenditure on food; clothing; housing; household appliances, articles and services; health and medical service; transportation and communications; articles and services on culture, education and recreation; and other goods and services.

14

Fourteen

# 科技、教育、文化、广播

# Science and Technology, Education , Culture and Radio

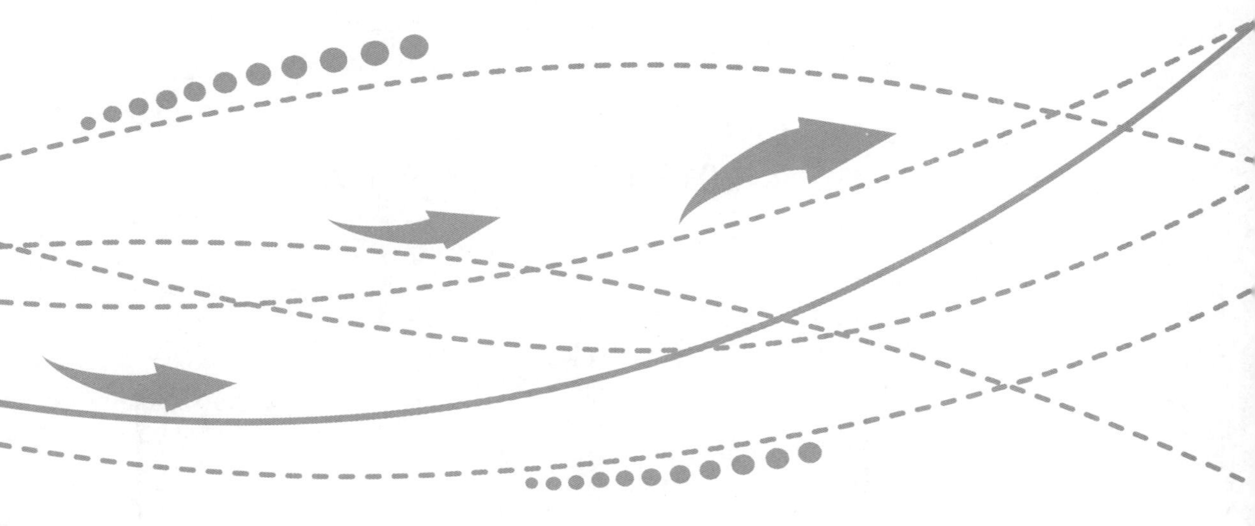

## 广播电视节目制作时间（小时）

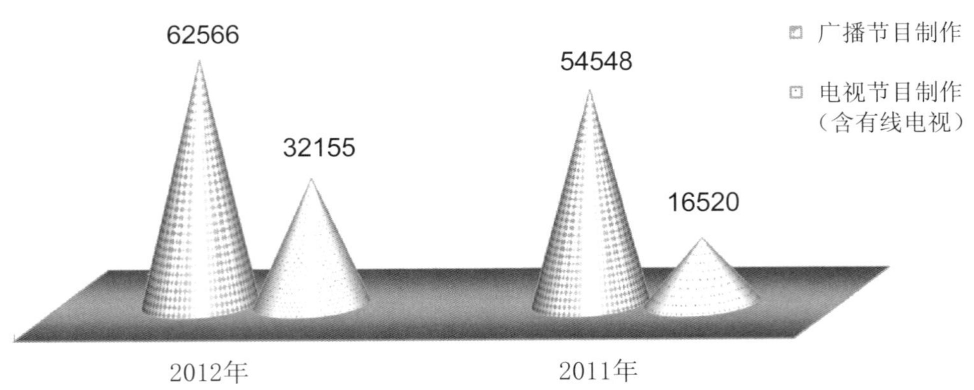


## 2012年在校生人数（人）

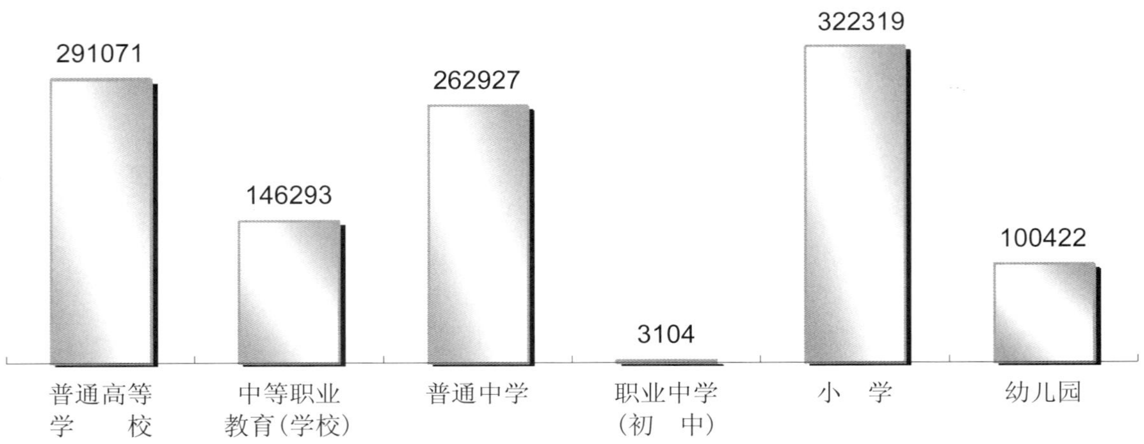


## 2012年专任教师数（人）

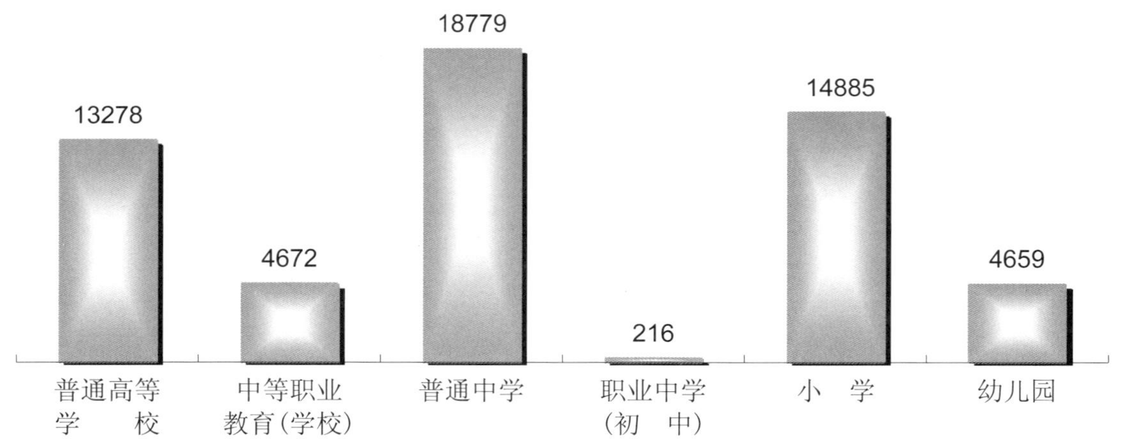

# 14–1 规模以上工业企业科技机构情况(2012年)
# Scientific and Technological Institutions of Industrial Enterprises above Designated Size(2012)

| 指　　标 | Item | 机构数(个) Number of R&D Institutions (unit) | 机构科技活动人员(人) Persons Engaged in Scientific and Technological Activities(person) | 仪器设备原价(万　元) Equipment (10 000 yuan) |
|---|---|---|---|---|
| **总　　计** | **Total** | | | |
| **按企业规模分** | **By Enterprise Scale** | **77** | **6839** | **169002** |
| 大中型企业 | Large and Medium-sized Enterprises | 40 | 3964 | 126373 |
| 大型企业 | Large-sized Enterprises | 19 | 2787 | 69887 |
| 中型企业 | Medium-sized Enterprises | 21 | 1177 | 56486 |
| 小型企业 | Small-sized Enterprises | 37 | 2875 | 42629 |
| **按隶属关系分** | **By Subordination** | | | |
| 中　央 | Subordinated to Central Level | 34 | 3796 | 94052 |
| 地　方 | Subordinated to Local Level | 43 | 3043 | 74950 |
| **按登记注册类型分** | **By Status of Registration** | | | |
| 内资企业 | Domestic Funded Enterprises | 74 | 6534 | 166364 |
| 外商投资 | Foreign Funded Enterprises | 3 | 305 | 2638 |
| **按工业行业大类分** | **By Sector** | | | |
| 农副食品加工业 | Processing of Food from Agricultural Products | 2 | 21 | 60 |
| 食品制造业 | Manufacture of Foods | 1 | 13 | 5 |
| 烟草制品业 | Manufacture of Tobacco | 1 | 73 | 7395 |
| 皮革、毛皮、羽毛及其制品和制鞋业 | Manufacture of Leather,Fur,Feather and Related Products and Footware | 1 | 482 | 708 |
| 化学原料和化学制品制造业 | Manufacture of Raw Chemical Materials and Chemical Products | 7 | 841 | 9071 |
| 医药制造业 | Manufacture of Medicines | 7 | 492 | 5898 |
| 橡胶和塑料制品业 | Manufacture of Rubber and Plastic | 7 | 711 | 24877 |
| 非金属矿物制品业 | Manufacture and Processing of Non-ferrous Metals | 1 | 11 | 55 |
| 黑色金属冶炼和压延加工业 | Manufacture and Processing of Ferrous Metals | | | |
| 有色金属冶炼和压延加工业 | Manufacture and Processing of Non-ferrous Metals | | | |
| 金属制品业 | Manufacture of Metal Products | 3 | 166 | 4828 |
| 通用设备制造业 | Manufacture of General Purpose Machinery | 2 | 127 | 15726 |
| 专用设备制造业 | Manufacture of Special Purpose Machinery | | | |
| 汽车制造业 | Manufacture of Automobile | 14 | 642 | 3546 |
| 铁路、船舶、航空、航天和其他运输设备制造业 | Manufacture of Railway,Watercraft,Aviation,Aerospace and Other Transport Equipment | 10 | 684 | 20381 |
| 电气机械和器材制造业 | Manufacture of Electrical Machinery and Equipment | 4 | 107 | 746 |
| 计算机、通信和其他电子设备制造业 | Manufacture of Computers,Communication Equipment and Other Electronic Equipment | 8 | 1371 | 53555 |
| 仪器仪表制造业 | Manufacture of Measuring Instruments | 3 | 308 | 2771 |
| 其他制造业 | Other Manufacture | 4 | 545 | 1006 |
| 电力、热力的生产和供应业 | Production and Supply of Electric Power and Heat Power | 1 | 237 | 18364 |

# 14-2 规模以上工业企业R&D人员和经费情况(2012年)

| 指　　标 | Item | R&D人员合计（人）Total R&D Personnel (person) |
|---|---|---|
| **总　计** | **Total** | **9053** |
| **按企业规模分** | **By Enterprise Scale** | |
| 大中型企业 | Large and Medium-sized Enterprises | 5630 |
| 大型企业 | Large-sized Enterprises | 3779 |
| 中型企业 | Medium-sized Enterprises | 1851 |
| 小型企业 | Small-sized Enterprises | 3423 |
| **按隶属关系分** | **By Subordination** | |
| 中　央 | Subordinated to Central Level | 5197 |
| 地　方 | Subordinated to Local Level | 3856 |
| **按登记注册类型分** | **By Status of Registration** | |
| 内资企业 | Domestic Funded Enterprises | 8580 |
| 外商投资 | Foreign Funded Enterprises | 473 |
| **按工业行业大类分** | **By Sector** | |
| 农副食品加工业 | Processing of Food from Agricultural Products | 53 |
| 食品制造业 | Manufacture of Foods | 78 |
| 烟草制品业 | Manufacture of Tobacco | 403 |
| 皮革、毛皮、羽毛及其制品和制鞋业 | Manufacture of Leather,Fur,Feather and Related Products and Footware | 171 |
| 化学原料和化学制品制造业 | Manufacture of Raw Chemical Materials and Chemical Products | 676 |
| 医药制造业 | Manufacture of Medicines | 631 |
| 橡胶和塑料制品业 | Manufacture of Rubber and Plastic | 1254 |
| 非金属矿物制品业 | Manufacture and Processing of Non-ferrous Metals | 46 |
| 黑色金属冶炼和压延加工业 | Manufacture and Processing of Ferrous Metals | |
| 有色金属冶炼和压延加工业 | Manufacture and Processing of Non-ferrous Metals | 60 |
| 金属制品业 | Manufacture of Metal Products | 307 |
| 通用设备制造业 | Manufacture of General Purpose Machinery | |
| 专用设备制造业 | Manufacture of Special Purpose Machinery | 71 |
| 汽车制造业 | Manufacture of Automobile | 305 |
| 铁路、船舶、航空、航天和其他运输设备制造业 | Manufacture of Railway,Watercraft,Aviation,Aerospace and Other Transport Equipment | 2007 |
| 计算机、通信和其他电子设备制造业 | Manufacture of Computers,Communication Equipment and Other Electronic Equipment | 1202 |
| 仪器仪表制造业 | Manufacture of Measuring Instruments | 165 |
| 其他制造业 | Other Manufacture | 932 |
| 电力、热力的生产和供应业 | Production and Supply of Electric Power and Heat Power | 560 |

# R&D Personnel and Expenditures Industrial Enterprises above Designed Size(2012)

| R&D人员折合全时当量(人·年) Full-time Equivalent of R&D Personnel (person-year) | R&D经费内部支出(万元) Intramural Expenditure on R&D (10 000 yuan) | | | |
|---|---|---|---|---|
| | | 政府资金 Government Funds | 企业资金 Enterprises Funds | 其他资金 Other Funds |
| **5949** | **151694** | **16817** | **125587** | **9290** |
| 3632 | 102369 | 7359 | 88271 | 6739 |
| 2276 | 82838 | 4242 | 72334 | 6262 |
| 1356 | 19531 | 3117 | 15937 | 477 |
| 2317 | 49325 | 9458 | 37316 | 2551 |
| 3899 | 83190 | 12645 | 61313 | 9232 |
| 2050 | 68504 | 4172 | 64274 | 58 |
| 5802 | 145919 | 15857 | 120772 | 9290 |
| 147 | 5775 | 960 | 4815 | |
| 7 | 490 | 27 | 463 | |
| 14 | 1944 | 337 | 1607 | |
| 305 | 14777 | 10 | 8505 | 6262 |
| 171 | 1313 | | 1313 | |
| 415 | 22318 | 582 | 21250 | 486 |
| 381 | 7668 | 1293 | 6342 | 33 |
| 668 | 26527 | 305 | 26222 | |
| 25 | 390 | 72 | 318 | |
| 45 | 356 | 215 | 141 | |
| 270 | 3152 | 217 | 2935 | |
| 23 | 102 | 17 | 85 | |
| 60 | 1388 | 55 | 1333 | |
| 1794 | 37244 | 10150 | 24811 | 2283 |
| 810 | 17381 | 2546 | 14818 | 17 |
| 120 | 3202 | | 3202 | |
| 666 | 8107 | 718 | 7179 | 210 |
| 112 | 3494 | 5 | 3489 | |

# 14-3 各级各类学校概况(2012年)

单位：人

| 类　　别 | Item | 学校数(所) Number of Schools (unit) | 毕业生 Graduates |
|---|---|---|---|
| **各类学校总计** | **Total** | **2476** | **408549** |
| 研究生培养机构 | Institutions Providing Postgraduate Programs | 7 | 3420 |
| #高等学校 | Institutions of Higher Education | 6 | 1780 |
| 普通高等学校 | Regular Institutions of Higher Education | 26 | 64834 |
| 普通高等教育 | Regular Higher Education | | 48885 |
| 成人高等教育 | Adult Higher Education | | 15949 |
| 中等职业教育(学校) | Vocational Secondary Education | 80 | 39869 |
| #普通中专 | Regular Specialized Secondary Schools | 38 | 30251 |
| 职业高中 | Vocational Senior Secondary Schools | 29 | 7872 |
| 成人中专学校 | Adult Specialized Secondary Schools | 13 | 1446 |
| 普通中学 | Regular Secondary Schools | 315 | 80713 |
| #高　中 | Senior Secondary Schools | 76 | 21799 |
| 初　中 | Junior Secondary Schools | 239 | 58914 |
| #职业中学(初中) | Vocational Junior Secondary Schools | 9 | 1260 |
| 小　学 | Primary Schools | 671 | 61888 |
| 特殊教育学校 | Special Education | 9 | 186 |
| 工读学校 | Schools for Juvenile Delinquents | 3 | 248 |
| 技工学校 | Technical Schools | 31 | 3560 |
| 成人高等学校 | Institutions of Higher Education for Adult | 2 | 1040 |
| 普通高等教育 | Regular Higher Education | | |
| 成人高等教育 | Adult Higher Education | | 1040 |
| 职业技术培训机构 | Vocational and Technical Training Institutions | 652 | 150075 |
| 成人基础教育 | Adult Basic Education | 243 | 2716 |
| 成人小学 | Adult Primary Schools | 243 | 2716 |
| 幼儿园 | Kindergarten | 444 | |

注：每万人中在校学生数按常住半年及以上口径人口数计算。

# Basic Statistics on Schools(2012)

(person)

| 招　生<br>New Enrollment | 在校生<br>Total Enrollment | 毕业班学生<br>Current Graduates | 专任教师<br>Full-time Teachers | 每一专任教师负担学生<br>Number of Students for Per Full-time Teachers | 每万人口中在校学生<br>Number of Students Per 10 000 Population |
|---|---|---|---|---|---|
| **359932** | **1344036** | **308780** | **59494** | **22.6** | **3019.2** |
| 4256 | 11900 | 3975 | | | 26.7 |
| 2146 | 6183 | 2032 | | | 13.9 |
| 97462 | 291071 | 72496 | 13278 | 21.9 | 653.8 |
| 76680 | 232706 | 55360 | | | 522.7 |
| 20782 | 58365 | 17136 | | | 131.1 |
| 51475 | 146293 | 48410 | 4672 | 31.3 | 328.6 |
| 39885 | 106822 | 32345 | 2665 | 40.1 | 240.0 |
| 10619 | 31535 | 9900 | 899 | 35.1 | 70.8 |
| 719 | 7462 | 6025 | 1061 | 7.0 | 16.8 |
| 91403 | 262927 | 83701 | 18779 | 14.0 | 590.6 |
| 30269 | 81264 | 24283 | 5252 | 15.5 | 182.5 |
| 61134 | 181663 | 59418 | 11121 | 16.3 | 408.1 |
| 927 | 3104 | 1208 | 216 | 14.4 | 7.0 |
| 56365 | 322319 | 59755 | 14885 | 21.7 | 724.0 |
| 221 | 1268 | | 190 | 6.7 | 2.8 |
| 328 | 288 | | 33 | 8.7 | 0.6 |
| 5956 | 15394 | | 775 | 19.9 | 34.6 |
| 2604 | 4202 | 1280 | 305 | 13.8 | 9.4 |
| 2604 | 4202 | 1280 | | | 9.4 |
| | 184599 | | 1730 | 106.7 | 414.7 |
| | 3353 | | 188 | 17.8 | 7.5 |
| | 3353 | | 188 | 17.8 | 7.5 |
| 49862 | 100422 | 39163 | 4659 | 21.6 | 225.6 |

a) Total enrollment of per ten thousand population are calculated on permanent residents living for 6 months or above.

# 14–4 普通高等教育(学校)基本情况(2012年)

单位：人

| 类　　别 | Item | 学校数(所) Number of Schools (unit) |
|---|---|---|
| **总　　计** | **Total** | **26** |
| **本科大学** | **Universities with Full Undergraduate Courses** | **4** |
| 贵州大学 | Guizhou University | 1 |
| 贵州师范大学 | Guizhou Normal University | 1 |
| 贵州财经大学 | Guizhou University of Finance and Economics | 1 |
| 贵州民族大学 | Guizhou Minzu University | 1 |
| **本科院校** | **Institutions with Full Undergraduate Courses** | **4** |
| 贵阳医学院 | Guiyang Medical University | 1 |
| 贵阳中医学院 | Guiyang College of Traditional Chinese Medicine | 1 |
| 贵阳学院 | Guiyang University | 1 |
| 贵州师范学院 | Guizhou Normal College | 1 |
| **本科独立学院** | **Non-university Tertiary** | **7** |
| 贵阳中医学院时珍学院 | Shizhen Institute of Guiyang College of Traditional Chinese Medicine | 1 |
| 贵州财经大学商务学院 | Business College of Guizhou University of Finance and Economics | 1 |
| 贵州大学科技学院 | The College of Science and Technology of Guizhou University | 1 |
| 贵州大学明德学院 | Mingde College of Guizhou University | 1 |
| 贵州民族大学人文科技学院 | The College of Humanities Sciences Guizhou Universicity for Nationalities | 1 |
| 贵州师范大学求是学院 | Qiushi College of Guizhou Normal College | 1 |
| 贵阳医学院神奇民族医药学院 | Shenqi Ethnic Medicine College.GMU | 1 |
| **专科院校(高等专科学校)** | **Academy(Junior College)** | **1** |
| 贵州商业高等专科学校 | Commercial College of Guizhou | 1 |
| **专科院校(高等职业学校)** | **Colleges with Specialized Courses** | **10** |
| 贵州警官职业学院 | Guizhou Police Officer Vocational College | 1 |
| 贵州交通职业技术学院 | Guizhou Polytechnic College of Communications | 1 |
| 贵州亚泰职业学院 | Guizhou Yatai Vocational College | 1 |
| 贵州工业职业技术学院 | Guizhou Industry Polytechnic College | 1 |
| 贵州电力职业技术学院 | Guizhou Power Vocational and Technical College | 1 |
| 贵州轻工职业技术学院 | Guizhou Light Industry Technical College | 1 |
| 贵阳护理职业学院 | Guiyang Nursing Vocational College | 1 |
| 贵阳职业技术学院 | Guiyang Vocational and Technology College | 1 |
| 贵州职业技术学院 | Guizhou Vocational and Technology Institute | 1 |
| 贵州工商职业技术学院 | Guizhou Technology and Business Institute | 1 |

# Basic Statistics on Schools or Institutions of Higher Education(2012)

(Person)

| 毕业生 Graduates | 普通高等教育 Regular Higher Education | 成人高等教育 Adult Higher Education | 招　生 New Enrollment | 普通高等教育 Regular Higher Education | 成人高等教育 Adult Higher Education |
|---|---|---|---|---|---|
| **64834** | **48885** | **15949** | **97462** | **76680** | **20782** |
| **25975** | **15867** | **10108** | **33941** | **23116** | **10825** |
| 9160 | 6683 | 2477 | 12038 | 8494 | 3544 |
| 9477 | 4536 | 4941 | 9986 | 6249 | 3737 |
| 3726 | 2043 | 1683 | 6366 | 4716 | 1650 |
| 3612 | 2605 | 1007 | 5551 | 3657 | 1894 |
| **13086** | **7877** | **5209** | **22116** | **13024** | **9092** |
| 2843 | 1582 | 1261 | 4504 | 2797 | 1707 |
| 1230 | 1183 | 47 | 1731 | 1631 | 100 |
| 5040 | 3006 | 2034 | 9522 | 4891 | 4631 |
| 3973 | 2106 | 1867 | 6359 | 3705 | 2654 |
| **9429** | **9429** | | **13974** | **13974** | |
| 654 | 654 | | 669 | 669 | |
| 1852 | 1852 | | 3548 | 3548 | |
| 1641 | 1641 | | 1942 | 1942 | |
| 1476 | 1476 | | 1597 | 1597 | |
| 805 | 805 | | 1491 | 1491 | |
| 2140 | 2140 | | 3111 | 3111 | |
| 861 | 861 | | 1616 | 1616 | |
| **2997** | **2658** | **339** | **4510** | **4084** | **426** |
| 2997 | 2658 | 339 | 4510 | 4084 | 426 |
| **13347** | **13054** | **293** | **22921** | **22482** | **439** |
| 1048 | 1022 | 26 | 1758 | 1758 | |
| 3160 | 3160 | | 3442 | 3442 | |
| 1508 | 1508 | | 1848 | 1848 | |
| 1989 | 1899 | 90 | 3509 | 3125 | 384 |
| 827 | 650 | 177 | 726 | 671 | 55 |
| 1171 | 1171 | | 2667 | 2667 | |
| 1053 | 1053 | | 1860 | 1860 | |
| 1139 | 1139 | | 3191 | 3191 | |
| 1452 | 1452 | | 2640 | 2640 | |
| | | | 1280 | 1280 | |

## 14-4 续表

单位：人

| 类　　别 | Item | 在校生 Total Enrollment |
|---|---|---|
| **总　　计** | **Total** | **291071** |
| **本科大学** | **Universities with Full Undergraduate Courses** | **112564** |
| 贵州大学 | Guizhou University | 41452 |
| 贵州师范大学 | Guizhou Normal University | 31666 |
| 贵州财经大学 | Guizhou University of Finance and Economics | 21368 |
| 贵州民族大学 | Guizhou Minzu University | 18078 |
| **本科院校** | **Guizhou University of Finance and Economics** | **59449** |
| 贵阳医学院 | Guizhou Minzu University | 13370 |
| 贵阳中医学院 | Undergraduate Institutions | 6075 |
| 贵阳学院 | Guiyang University | 21140 |
| 贵州师范学院 | Guizhou Normal College | 18864 |
| **本科独立学院** | **Undergraduate Independent Institute** | **52443** |
| 贵阳中医学院时珍学院 | Shizhen Institute of Guiyang College of Traditional Chinese Medicine | 3910 |
| 贵州财经学院商务学院 | Business College of Guizhou University of Finance and Economics | 10012 |
| 贵州大学科技学院 | The College of Science and Technology of Guizhou University | 7231 |
| 贵州大学明德学院 | Mingde College of Guizhou University | 7202 |
| 贵州民族学院人文科技学院 | The College of Humanities Sciences Guizhou Universicity for Nationalities | 6864 |
| 贵州师范大学求是学院 | Qiushi College of Guizhou Normal College | 11902 |
| 贵阳医学院神奇民族医药学院 | Shenqi Ethnic Medicine College. GMU | 5322 |
| **专科院校（高等专科学校）** | **Academy(Junior College)** | **11641** |
| 贵州商业高等专科学校 | Commercial College of Guizhou | 11641 |
| **专科院校（高等职业学校）** | **Colleges with Specialized Courses** | **54974** |
| 贵州警官职业学院 | Guizhou Police Vocational College | 5314 |
| 贵州交通职业技术学院 | Guizhou Polytechnic College of Communications | 9485 |
| 贵州亚泰职业学院 | Guizhou Yatai Vocational College | 4287 |
| 贵州工业职业技术学院 | Guizhou Industry Polytechnic College | 9065 |
| 贵州电力职业技术学院 | Guizhou Power Vocational and Technology College | 2093 |
| 贵州轻工职业技术学院 | Guizhou Light Industry Technical College | 6197 |
| 贵阳护理职业学院 | Guiyang Nursing Vocational College | 4906 |
| 贵阳职业技术学院 | Guiyang Vocational and Technology College | 6350 |
| 贵州职业技术学院 | Guizhou Vocational and Technology Institute | 5997 |
| 贵州工商职业技术学院 | Guizhou Technology and Business Institute | 1280 |

(continued)

(person)

| | | 毕业班学生<br>Current<br>Graduates | | | 教职工<br>Teachers<br>and Staff | |
|---|---|---|---|---|---|---|
| 普通高等教育<br>Regular Higher<br>Education | 成人高等教育<br>Adult Higher<br>Education | | 普通高等教育<br>Regular Higher<br>Education | 成人高等教育<br>Adult Higher<br>Education | | #专任教师<br>Fulltime<br>Teachers |
| **232706** | **58365** | **72496** | **55360** | **17136** | **19498** | **13278** |
| **78267** | **34297** | **30397** | **19208** | **11189** | **8617** | **5554** |
| 30970 | 10482 | 9883 | 7597 | 2286 | 4033 | 2448 |
| 20164 | 11502 | 9554 | 4887 | 4667 | 2178 | 1563 |
| 13669 | 7699 | 5842 | 2712 | 3130 | 1196 | 791 |
| 13464 | 4614 | 5118 | 4012 | 1106 | 1210 | 752 |
| **37831** | **21618** | **12973** | **7721** | **5252** | **3488** | **2303** |
| 8228 | 5142 | 2581 | 1417 | 1164 | 1224 | 715 |
| 5826 | 249 | 1273 | 1224 | 49 | 738 | 446 |
| 11375 | 9765 | 4279 | 1927 | 2352 | 739 | 582 |
| 12402 | 6462 | 4840 | 3153 | 1687 | 787 | 560 |
| **52443** | | **10986** | **10986** | | **3202** | **2453** |
| 3910 | | 753 | 753 | | 319 | 283 |
| 10012 | | 1561 | 1561 | | 534 | 472 |
| 7231 | | 1637 | 1637 | | 441 | 411 |
| 7202 | | 1741 | 1741 | | 356 | 254 |
| 6864 | | 1788 | 1788 | | 534 | 375 |
| 11902 | | 2597 | 2597 | | 663 | 515 |
| 5322 | | 909 | 909 | | 355 | 143 |
| **10400** | **1241** | **3598** | **3264** | **334** | **414** | **309** |
| 10400 | 1241 | 3598 | 3264 | 334 | 414 | 309 |
| **53765** | **1209** | **14542** | **14181** | **361** | **3777** | **2659** |
| 5314 | | 1351 | 1351 | | 462 | 297 |
| 9485 | | 3055 | 3055 | | 680 | 521 |
| 4287 | | 1209 | 1209 | | 341 | 241 |
| 7941 | 1124 | 2438 | 2088 | 350 | 390 | 321 |
| 2008 | 85 | 635 | 624 | 11 | 207 | 123 |
| 6197 | | 1386 | 1386 | | 402 | 336 |
| 4906 | | 1546 | 1546 | | 299 | 228 |
| 6350 | | 1362 | 1362 | | 435 | 280 |
| 5997 | | 1560 | 1560 | | 429 | 239 |
| 1280 | | | | | 132 | 73 |

# 14-5 高等教育研究生及本科分科学生数(2012年)
# Number of Undergraduate and Postgraduate Students in Institutions of Higher Education by Field of Study(2012)

单位：人 (person)

| 指标 | Item | 毕业生 Graduates | | 招生 New Enrollment | | 在校生 Total Enrollment | | 毕业班学生 Current Year Graduates | |
|---|---|---|---|---|---|---|---|---|---|
| | | 研究生以上学历 Postgraduate Students | 本科 Undergraduate Students | 研究生以上学历 Postgraduate Students | 本科 Undergraduate Students | 研究生以上学历 Posgraduate Students | 本科 Undergraduate Students | 研究生以上学历 Postgraduate Students | 本科 Undergraduate Students |
| **总计** | **Total** | **3420** | **37925** | **4256** | **56647** | **11900** | **188588** | **3975** | **43430** |
| 哲学 | Philosophy | 53 | 27 | 53 | 46 | 168 | 206 | 54 | 73 |
| 经济学 | Economics | 137 | 1871 | 196 | 2959 | 501 | 8884 | 184 | 1877 |
| 法学 | Law | 494 | 2993 | 566 | 3393 | 1619 | 12758 | 545 | 3326 |
| 教育学 | Education | 261 | 2311 | 313 | 3198 | 725 | 9862 | 269 | 2524 |
| 文学 | Literature | 139 | 8496 | 187 | 12000 | 494 | 41900 | 152 | 10514 |
| 历史学 | History | 57 | 282 | 43 | 539 | 151 | 1814 | 62 | 378 |
| 理学 | Science | 365 | 4069 | 425 | 5955 | 1252 | 19136 | 426 | 4573 |
| 工学 | Engineering | 587 | 6358 | 835 | 9986 | 2282 | 31958 | 689 | 7005 |
| 农学 | Agriculture | 215 | 684 | 221 | 1419 | 661 | 3752 | 221 | 797 |
| 医学 | Medicine | 666 | 4066 | 754 | 6854 | 2195 | 23575 | 710 | 4423 |
| 管理学 | Management | 402 | 6768 | 585 | 10298 | 1644 | 34743 | 597 | 7940 |
| 艺术学 | Arts | 44 | | 78 | | 208 | | 66 | |

# 14-6 高等教育专科分科学生数(2012年)
# College Students in Institutions of Higher Education by Field of Study(2012)

单位：人 (Person)

| 指标 | Item | 毕业生 Graduates | 招生 New Enrollment | 在校生 Total Enrollment | 毕业班学生 Current Graduates |
|---|---|---|---|---|---|
| **总计** | **Total** | **27567** | **42776** | **103662** | **29586** |
| 农林牧渔 | Agriculture,Forestry,Animal Husbandry and Fishing | | 232 | 521 | 112 |
| 交通运输 | Transport | 1462 | 2506 | 5356 | 1369 |
| 生化与药品 | Biochemistry and Medicine | 743 | 927 | 2748 | 775 |
| 资源开发与测绘 | Resource Development and Mapping | 659 | 1646 | 4479 | 1384 |
| 材料与能源 | Materials and Energy | 547 | 602 | 1667 | 427 |
| 土建 | Civil Engineering | 2620 | 5368 | 11111 | 2441 |
| 水利 | Hydraulic Engineering | 34 | | 40 | 40 |
| 制造 | Manufacture | 1562 | 2572 | 6225 | 1549 |
| 电子信息 | Electronic Information | 2668 | 3057 | 8411 | 2960 |
| 环保、气象与安全 | Environmental Protection,Meteorology and Security | 278 | 212 | 620 | 275 |
| 轻纺食品 | Light Industry,Textile and Food | 190 | 91 | 342 | 147 |
| 财经 | Finance | 5827 | 8837 | 22705 | 7098 |
| 医药卫生 | Medicine and Health Care | 2681 | 3076 | 8967 | 2582 |
| 旅游 | Tourism | 1642 | 2105 | 5721 | 1946 |
| 公共事业 | Public Services | 482 | 1254 | 2717 | 622 |
| 文化教育 | Culture and Education | 4163 | 6157 | 11442 | 3026 |
| 艺术设计传媒 | Artistic Design and Media | 946 | 2215 | 5202 | 1434 |
| 公安 | Public Security | 113 | | 191 | 104 |
| 法律 | Legislation | 950 | 1919 | 5197 | 1295 |

# 14–7 研究生基本情况(2012年)
# Basic Statistics on Postgraduates(2012)

单位：人 (Person)

| 类别 | Item | 学校数(所) Number of Schools (unit) | 毕业生 Graduates | 博士 Doctor | 硕士 Master | 招生 New Enrollment | 博士 Doctor | 硕士 Master | 在校生 Total Enrollment | 博士 Doctor | 硕士 Master | 毕业班学生 Current Graduates | 博士 Doctor | 硕士 Master |
|---|---|---|---|---|---|---|---|---|---|---|---|---|---|---|
| **合计** | **Total** | **7** | **3420** | **47** | **3373** | **4256** | **88** | **4168** | **11900** | **307** | **11593** | **3975** | **151** | **3824** |
| **高等院校小计** | **Institutions of Higher Education** | **6** | **3403** | **47** | **3356** | **4200** | **88** | **4112** | **11761** | **307** | **11454** | **3946** | **151** | **3795** |
| 贵州大学 | Guizhou University | 1 | 1780 | 39 | 1741 | 2146 | 73 | 2073 | 6183 | 267 | 5916 | 2032 | 136 | 1896 |
| 贵阳医学院 | Guiyang Medical University | 1 | 476 | 8 | 468 | 514 | 15 | 499 | 1517 | 40 | 1477 | 495 | 15 | 480 |
| 贵阳中医学院 | Guiyang College of Traditional Chinese Medicine | 1 | 180 | | 180 | 218 | | 218 | 612 | | 612 | 194 | | 194 |
| 贵州师范大学 | Guizhou Normal University | 1 | 646 | | 646 | 774 | | 774 | 2045 | | 2045 | 725 | | 725 |
| 贵州财经大学 | Guizhou University of Finance and Economics | 1 | 220 | | 220 | 347 | | 347 | 927 | | 927 | 375 | | 375 |
| 贵州民族大学 | Guizhou Minzu University | 1 | 101 | | 101 | 201 | | 201 | 477 | | 477 | 125 | | 125 |
| **科研机构小计** | **Scientific Research Institutions** | **1** | **17** | | **17** | **56** | | **56** | **139** | | **139** | **29** | | **29** |
| 中国科学院地球化学研究所 | Institute of Geochemistry, Chinese Academy of Sciences | 1 | 17 | | 17 | 56 | | 56 | 139 | | 139 | 29 | | 29 |

# 14–8 职业技术培训机构基本情况(2012年)
# Basic Statistics on Vocational/Technical Training Institutions(2012)

单位：人 (person)

| 类别 | Item | 学校数(所) Number of Schools (unit) | 教学班(点)(个) Number of Classes (unit) | 毕业生 Graduates | 在校生 Total Enrollment | 教职工 Teachers and Staff | #专任教师 Full-time Teachers | 聘请校外教师 Teachers Engaged from Other Schools |
|---|---|---|---|---|---|---|---|---|
| **总计** | **Total** | **652** | **1665** | **150075** | **184599** | **3389** | **1730** | **820** |
| **教育部门和集体办** | **Run by Education Department and Collectives** | **508** | **568** | **117183** | **119923** | **913** | **301** | **527** |
| 县办 | Run by Counties | 10 | 11 | 2854 | 3551 | 168 | 84 | 32 |
| 乡办 | Run by Townships | 133 | 184 | 22088 | 29403 | 186 | 57 | 145 |
| 村办 | Run by Villages | 365 | 373 | 92241 | 86969 | 559 | 160 | 350 |
| **其他部门办** | **Run by Other Departments** | **21** | **38** | **3000** | **3320** | **28** | **18** | **69** |
| **其它培训机构** | **Others** | **123** | **1059** | **29892** | **61356** | **2448** | **1411** | **224** |

# 14–9 中等职业教育(学校)基本情况(2012年)

单位：人

| 类别 | Item | 毕业生 Graduates | #普通中专 Regular Specialized Secondary Schools |
|---|---|---|---|
| **总计** | **Total** | **39869** | **30251** |
| #女 | Female | 20282 | 15655 |
| **按类别划分** | **By Specialized Subject** | | |
| 农林牧渔 | Agriculture,Forestry,Animal Husbandry and Fishing | 2310 | 1677 |
| 资源环境 | Resources and Environment | 261 | 246 |
| 能源与新能源 | Energy and New Energy | 513 | 458 |
| 土木水利 | Civil and Hydraulic Engineering | 3776 | 3355 |
| 加工制造 | Processing and Manufacturing | 5980 | 4956 |
| 石油化工 | Petroleum Chemical Industry | 272 | 272 |
| 轻纺食品 | Light Industry,Textile and Food | 197 | 164 |
| 交通运输 | Transport | 2277 | 1162 |
| 信息技术 | Information Technologies | 8062 | 5610 |
| 医药卫生 | Medicine and Health | 5875 | 4426 |
| 休闲保健 | Leisure and Health | | |
| 财经商贸 | Finance and Trade | 3759 | 3223 |
| 旅游服务 | Tourism Services | 2356 | 1946 |
| 文化艺术 | Culture and Arts | 680 | 381 |
| 体育与健身 | Sports and Fitness | 151 | 151 |
| 教育 | Education | 2358 | 1439 |
| 司法服务 | Justice Service | 426 | 232 |
| 公共管理与服务 | Public Management and Services | 379 | 316 |
| 其他 | Others | 237 | 237 |

注：中等职业教育学校共80所，其中普通中专38所，职业高中29所，成人中专13所。

# Basic Statistics on Vocational Secondary Education(2012)

(person)

| | | 招 生<br>New Enrollment | | | |
|---|---|---|---|---|---|
| 职业高中<br>Vocational Senior Secondary Schools | 成人中专<br>Adult Specialized Secondary Schools | | #普通中专<br>Regular Specialized Secondary Schools | 职业高中<br>Vocational Senior Secondary Schools | 成人中专<br>Adult Specialized Secondary Schools |
| **7872** | **1446** | **51475** | **39885** | **10619** | **719** |
| 3848 | 677 | 26097 | 20340 | 5159 | 485 |
| 28 | 605 | 2397 | 2229 | 98 | 70 |
| | 15 | 170 | 170 | | |
| | 55 | 445 | 445 | | |
| 421 | | 7262 | 6537 | 725 | |
| 749 | 186 | 5902 | 5460 | 418 | 120 |
| | | 552 | 236 | 196 | |
| 28 | | 188 | 140 | 48 | |
| 1046 | 2 | 4080 | 2331 | 1685 | |
| 2015 | 298 | 6517 | 4289 | 2184 | |
| 1449 | | 6186 | 4228 | 1958 | |
| | | 56 | 56 | | |
| 400 | 136 | 5337 | 4747 | 485 | 105 |
| 395 | 15 | 3111 | 2716 | 395 | |
| 299 | | 773 | 612 | 106 | |
| | | 134 | 134 | | |
| 787 | 132 | 7486 | 4860 | 2137 | 424 |
| 194 | | 428 | 244 | 184 | |
| 61 | 2 | 102 | 102 | | |
| | | 349 | 349 | | |

a) Guiyang has 80 vocational secondary schools including 38 regular specialized secondary schools, 29 Vocational senior secondary schools and 13 adult specialized secondary schools.

## 14-9 续表

单位：人

| 类别 | Item | 在校生 Total Enrollment | #普通中专 Regular Specialized Secondary Schools | 职业高中 Vocational Senior Secondary Schools | 成人中专 Adult Specialized Secondary Schools |
|---|---|---|---|---|---|
| **总 计** | **Total** | **146293** | **106822** | **31535** | **7462** |
| #女 | Female Students | 74158 | 54585 | 15291 | 4069 |
| #文化基础课 | Cultural Basic | | | | |
| #实习指导课 | Internship Tutorials | | | | |
| **按类别划分** | **By Specialized Subject** | | | | |
| 农林牧渔 | Agriculture,Forestry,Animal Husbandry and Fishing | 10806 | 4098 | 678 | 6030 |
| 资源环境 | Resources and Environment | 905 | 779 | 126 | |
| 能源与新能源 | Energy and New Energy | 1448 | 1431 | 17 | |
| 土木水利 | Civil and Hydraulic Engineering | 17698 | 15777 | 1921 | |
| 加工制造 | Processing and Manufacturing | 17018 | 14780 | 2156 | 120 |
| 石油化工 | Petroleum Chemical Industry | 1317 | 783 | 414 | |
| 轻纺食品 | Light Industry,Textile and Food | 703 | 556 | 147 | |
| 交通运输 | Transport | 10948 | 6468 | 4393 | |
| 信息技术 | Information Technologies | 21434 | 14845 | 6463 | |
| 医药卫生 | Medicine and Health | 18196 | 12761 | 5435 | |
| 休闲保健 | Leisure and Health | 119 | 119 | | |
| 财经商贸 | Finance and Trade | 13954 | 12142 | 1402 | 410 |
| 旅游服务 | Tourism Services | 8118 | 7067 | 1051 | |
| 文化艺术 | Culture and Arts | 3161 | 2038 | 1009 | |
| 体育与健身 | Sports and Fitness | 446 | 416 | 30 | |
| 教 育 | Education | 16480 | 10411 | 5112 | 892 |
| 司法服务 | Justice Service | 1399 | 664 | 735 | |
| 公共管理与服务 | Public Management and Services | 809 | 687 | 112 | 10 |
| 其 他 | Others | 1334 | 1000 | 334 | |

(continued)

(person)

| 毕业班学生 Current Year Graduates | #普通中专 Regular Specialized Secondary Schools | 职业高中 Vocational Senior Secondary Schools | 成人中专 Adult Specialized Secondary Schools | 专任教师 Full-time Teachers | #普通中专 Regular Specialized Secondary Schools | 职业高中 Vocational Senior Secondary Schools | 成人中专 Adult Specialized Secondary Schools |
|---|---|---|---|---|---|---|---|
| **48410** | **32345** | **9900** | **6025** | **4672** | **2665** | **899** | **1061** |
| 23005 | 15487 | 4409 | 3053 | 2291 | 1473 | 360 | 435 |
| | | | | 1746 | 885 | 389 | 448 |
| | | | | 151 | 30 | 53 | 64 |
| | | | | | | | |
| 7303 | 1108 | 525 | 5670 | 303 | 126 | 1 | 176 |
| 478 | 352 | 126 | | 18 | 7 | | 11 |
| 565 | 565 | | | 45 | 1 | 2 | 42 |
| 4778 | 4387 | 391 | | 81 | 61 | 11 | 9 |
| 5656 | 4563 | 1046 | | 252 | 213 | 20 | 16 |
| 246 | 246 | | | 23 | 15 | | 8 |
| 260 | 212 | 48 | | 11 | 11 | | |
| 3173 | 1927 | 1223 | | 114 | 76 | 32 | 4 |
| 7969 | 5813 | 2107 | | 376 | 193 | 128 | 52 |
| 5430 | 4013 | 1417 | | 471 | 403 | 60 | 8 |
| | | | | 3 | 2 | 1 | |
| 4596 | 3950 | 478 | 168 | 207 | 172 | 15 | 20 |
| 2295 | 1944 | 351 | | 172 | 116 | 48 | 8 |
| 1405 | 709 | 675 | | 192 | 124 | 49 | 16 |
| 184 | 154 | 30 | | 88 | 74 | 14 | |
| 2678 | 1634 | 867 | 177 | 165 | 69 | 21 | 75 |
| 461 | 240 | 221 | | 7 | | 7 | |
| 313 | 242 | 61 | 10 | 54 | 34 | 4 | 13 |
| 620 | 286 | 334 | | 193 | 53 | 41 | 91 |

# 14–10 普通中学基本情况(2012年)

单位：人

| 类别 | Item | 学校数(所) Number of Schools (unit) | 初中 Junior Secondary Schools |
|---|---|---|---|
| **总计** | **Total** | **315** | **114** |
| #女 | Female Students | | |
| 教育部门和集体办 | Run by Education Departments and Collectives | 196 | 101 |
| 民办 | Run by Private Institutions | 117 | 13 |
| 其他部门办 | Run by Other Departments | 2 | |
| **城区合计** | **Cities** | **198** | **49** |
| 教育部门和集体办 | Run by Education Departments and Collectives | 89 | 39 |
| 民办 | Run by Private Institutions | 107 | 10 |
| 其他部门办 | Run by Other Departments | 2 | |
| **镇区合计** | **Towns** | **52** | **22** |
| 教育部门和集体办 | Run by Education Departments and Collectives | 47 | 21 |
| 民办 | Run by Private Institutions | 5 | 1 |
| 其他部门办 | Run by Other Departments | | |
| **乡村合计** | **Villages** | **65** | **43** |
| 教育部门和集体办 | Run by Education Departments and Collectives | 60 | 41 |
| 民办 | Run by Private Institutions | 5 | 2 |
| 其他部门办 | Run by Other Departments | | |

注：学生数不含十二年一贯制学校的小学生人数。

## 14–10 续表

单位：人

| 类别 | Item | 招生 New Enrollment | |
|---|---|---|---|
| | | 初中 Junior Secondary Schools | 高中 Senior Secondary Schools |
| **总计** | **Total** | **61134** | **30269** |
| #女 | Female Students | 29313 | 16360 |
| 教育部门和集体办 | Run by Education Departments and Collectives | 46969 | 25900 |
| 民办 | Run by Private Institutions | 13734 | 4286 |
| 其他部门办 | Run by Other Departments | 431 | 83 |
| **城区合计** | **Cities** | **36424** | **19699** |
| 教育部门和集体办 | Run by Education Departments and Collectives | 23451 | 16792 |
| 民办 | Run by Private Institutions | 12542 | 2824 |
| 其他部门办 | Run by Other Departments | 431 | 83 |
| **镇区合计** | **Towns** | **14482** | **9373** |
| 教育部门和集体办 | Run by Education Departments and Collectives | 13704 | 8745 |
| 民办 | Run by Private Institutions | 778 | 628 |
| 其他部门办 | Run by Other Departments | | |
| **乡村合计** | **Villages** | **10228** | **1197** |
| 教育部门和集体办 | Run by Education Departments and Collectives | 9814 | 363 |
| 民办 | Run by Private Institutions | 414 | 834 |
| 其他部门办 | Run by Other Departments | | |

# Stacistics on Regular Secondary Schools(2012)

(person)

| | | | | | 毕业生 Graduates | |
|---|---|---|---|---|---|---|
| 高 中 Senior Secondary Schools | 完 全 中 学 Six-grades Secondary Schools | 职 业 初 中 Vocational Junior Secondary Schools | 九年一贯制学校 9-Year Primary-Secondary Schools | 十二年一贯制学校 12-Year Primary-Secondary Schools | 初 中 Junior Secondary Schools | 高 中 Senior Secondary Schools |
| **20** | **40** | **9** | **116** | **16** | **58914** | **21799** |
| | | | | | 29325 | 11568 |
| 17 | 27 | 9 | 35 | 7 | 51100 | 19432 |
| 3 | 12 | | 81 | 8 | 7683 | 2328 |
| | 1 | | | 1 | 131 | 39 |
| **16** | **24** | | **99** | **10** | **30687** | **15299** |
| 13 | 15 | | 19 | 3 | 23502 | 13448 |
| 3 | 8 | | 80 | 6 | 7054 | 1812 |
| | 1 | | | 1 | 131 | 39 |
| **4** | **13** | **4** | **5** | **4** | **15912** | **6195** |
| 4 | 11 | 4 | 4 | 3 | 15542 | 5828 |
| | 2 | | 1 | 1 | 370 | 367 |
| | | | | | | |
| | **3** | **5** | **12** | **2** | **12315** | **305** |
| | 1 | 5 | 12 | 1 | 12056 | 156 |
| | 2 | | | 1 | 259 | 149 |

a)Number of students excluded pupils in Twelve-year Education Schools.

(continued)

(person)

| 在校生 Total Enrollment | | 毕业班学生 Current Graduates | | 教职工 Teachers and Staff | |
|---|---|---|---|---|---|
| 初 中 Junior Secondary Schools | 高 中 Senior Secondary Schools | 初 中 Junior Secondary Schools | 高 中 Senior Secondary Schools | | #专任教师 Full-time Teachers |
| **181663** | **81264** | **59418** | **24283** | **20825** | **18779** |
| 87816 | 31486 | 29355 | 11568 | 12048 | 11012 |
| 146794 | 69680 | 50146 | 20716 | 15901 | 14826 |
| 34126 | 11386 | 9143 | 3515 | 4851 | 3885 |
| 743 | 198 | 129 | 52 | 73 | 68 |
| **104116** | **55494** | **33054** | **17329** | **13871** | **12386** |
| 72286 | 46909 | 24676 | 14451 | 9330 | 8709 |
| 31087 | 8387 | 8249 | 2826 | 4468 | 3609 |
| 743 | 198 | 129 | 52 | 73 | 68 |
| **45224** | **23441** | **15305** | **6532** | **4362** | **3990** |
| 43332 | 21912 | 14794 | 6055 | 4153 | 3848 |
| 1892 | 1529 | 511 | 477 | 209 | 142 |
| | | | | | |
| **32323** | **2329** | **11059** | **422** | **2592** | **2403** |
| 31176 | 859 | 10676 | 210 | 2418 | 2269 |
| 1147 | 1470 | 383 | 212 | 174 | 134 |

# 14-11　小学基本情况(2012年)

| 类　　别 | Item | 学校数(所) Number of Schools (unit) | #独立设置少数民族学校 Ethnic Minority School |
|---|---|---|---|
| **总　　计** | **Total** | **671** | **17** |
| #女 | Female Students | | |
| 教育部门和集体办 | Run by Education Departments and Collectives | 551 | 16 |
| 民　办 | Run by Private Institutions | 117 | 1 |
| 地方企业办 | Run by Local Enterprises | 1 | |
| 其他部门办 | Run by Other Departments | 2 | |
| **城区合计** | **Cities** | **259** | **3** |
| 教育部门和集体办 | Run by Education Departments and Collectives | 147 | 2 |
| 民　办 | Run by Private Institutions | 109 | 1 |
| 地方企业办 | Run by Local Enterprises | 1 | |
| 其他部门办 | Run by Other Departments | 2 | |
| **镇区合计** | **Towns** | **79** | |
| 教育部门和集体办 | Run by Education Departments and Collectives | 74 | |
| 民　办 | Run by Private Institutions | 5 | |
| 其他部门办 | Run by Other Departments | | |
| **乡村合计** | **Villages** | **333** | **14** |
| 教育部门和集体办 | Run by Education Departments and Collectives | 330 | 14 |
| 民　办 | Run by Private Institutions | 3 | |
| 其他部门办 | Run by Other Departments | | |

# 14-12　广播电视宣传基本情况(2012年)

单位：小时

| 指　　标 | Item | 全年广播电视节目播出时间 Length of Radio and Television Programs Broadcasted |
|---|---|---|
| **无线广播合计** | **All Radio Broadcasting Stations** | **87600** |
| 省人民广播电台 | Provincial Level | 60225 |
| 地(市)级广播电台 | Prefectural Level | 27375 |
| **电视播映合计(含有线电视)** | **All Television Stations** | **92442** |
| 省电视台 | Provincial Level | 59860 |
| 地(市)级电视台 | Prefectural Level | 29454 |
| 县电视台 | County Level | 3128 |

# Statistics on Primary Schools(2012)

| 其它机构(教学点) Others Insitutions | 毕业生 Graduates | 招 生 New Enrollment | 在校生 Total Enrollment | 毕业班学生 Current Year Graduates | 教职工 Teachers and Staff | #专任教师 Full-time Teachers |
|---|---|---|---|---|---|---|
| **121** | **61888** | **56365** | **322319** | **59755** | **16023** | **14885** |
| | 29560 | 26306 | 151231 | 28143 | 11053 | 10582 |
| 121 | 48815 | 41464 | 247198 | 46772 | 13742 | 12939 |
| | 12739 | 14478 | 72981 | 12648 | 2151 | 1859 |
| | 90 | 200 | 903 | 115 | 101 | 60 |
| | 244 | 223 | 1237 | 220 | 29 | 27 |
| **1** | **36509** | **37663** | **209864** | **36444** | **8270** | **7704** |
| 1 | 23794 | 23257 | 137182 | 23863 | 6174 | 5917 |
| | 12381 | 13983 | 70542 | 12246 | 1966 | 1700 |
| | 90 | 200 | 903 | 115 | 101 | 60 |
| | 244 | 223 | 1237 | 220 | 29 | 27 |
| **4** | **9524** | **7707** | **47013** | **9265** | **2623** | **2397** |
| 4 | 9241 | 7271 | 44923 | 8945 | 2464 | 2262 |
| | 283 | 436 | 2090 | 320 | 159 | 135 |
| **116** | **15855** | **10995** | **65442** | **14046** | **5130** | **4784** |
| 116 | 15780 | 10936 | 65093 | 13964 | 5104 | 4760 |
| | 75 | 59 | 349 | 82 | 26 | 24 |

# Basic Information for Radio and Television Propaganda(2012)

(hour)

| 按节目类型分 | | | | | |
|---|---|---|---|---|---|
| 新闻资讯 News | 专题服务 Special Subject | 综艺益智 General Entertainment | 广播影视剧 Radio Play | 广 告 Advertising | 其 他 Others |
| **7441** | **25486** | **22367** | **3227** | **13236** | **15845** |
| 4429 | 17307 | 17105 | 3103 | 7537 | 10746 |
| 3012 | 8179 | 5262 | 124 | 5699 | 5099 |
| **15573** | **14468** | **7986** | **20084** | **13547** | **20783** |
| 7587 | 10584 | 3135 | 16479 | 7635 | 14439 |
| 5297 | 3668 | 4728 | 3605 | 5812 | 6344 |
| 2689 | 216 | 123 | | 100 | |

# 14–13 特殊教育基本情况(2012年)
# Special Education(2012)

单位：人 (person)

| 类别 | Item | 班数(个) Number of Classes (unit) | 毕业生 Graduates | 招生 New Enrollment | 在校生 Total Enrollment | 教职工 Teachers and Staff | #专任教师 Full-time Teachers |
|---|---|---|---|---|---|---|---|
| **总计** | **Total** | **73** | **186** | **221** | **1268** | **226** | **190** |
| #女 | Female Students | | 70 | 90 | 517 | 170 | 152 |
| **按特殊教育分** | **Disability Classification** | | | | | | |
| 视力残疾 | Vision Disability | 10 | 17 | 39 | 135 | | |
| 听力残疾 | Hearing Disability | 27 | 67 | 87 | 343 | | |
| 智力残疾 | Intellectual Disability | 36 | 94 | 75 | 695 | | |
| 其他残疾 | Other Disability | | 8 | 20 | 95 | | |
| **按地域分** | **Classification by Region** | | | | | | |
| 城市 | Cities | 50 | 76 | 138 | 709 | 157 | 129 |
| 县镇 | Counties and Towns | 23 | 57 | 52 | 294 | 69 | 61 |
| 农村 | Villages | | 53 | 31 | 265 | | |

注：特殊学校数全市合计9所，其中弱智学校4所，其他学校5所。
a) Guiyang has 9 special education schools, including 4 schools for the mentally handicapped.

# 14–14 成人高等学校基本情况(2012年)
# Institutions of Higher Education for Adult(2012)

单位：人 (person)

| 类别 | Item | 学校数(所) Number of Schools (unit) | 毕业生 Graduates | 普通高等教育 Regular Higher Education | 成人高等教育 Adult Higher Education | 招生 New Enrollment | 普通高等教育 Regular Higher Education | 成人高等教育 Adult Higher Education |
|---|---|---|---|---|---|---|---|---|
| **总计** | **Total** | **2** | **1040** | | **1040** | **2604** | | **2604** |
| 贵州广播电视大学 | Guizhou Radio&TV University | 1 | 1040 | | 1040 | 2589 | | 2589 |
| 贵州铝厂职工大学 | Guizhou Aluminum Plant University for Employees | 1 | | | | 15 | | 15 |

14–14 续表 (continued)

| 类别 | Item | 在校生 Total Enrollment | 普通高等教育 Regular Higher Education | 成人高等教育 Adult Higher Education | 毕业班学生 Current Year Graduates | 普通高等教育 Regular Higher Education | 成人高等教育 Adult Higher Education | 教职工 Teachers and Staff | #专任教师 Full-time Teachers |
|---|---|---|---|---|---|---|---|---|---|
| **总计** | **Total** | **4202** | | **4202** | **1280** | | **1280** | **514** | **305** |
| 贵州广播电视大学 | Guizhou Radio&TV University | 4156 | | 4156 | 1280 | | 1280 | 423 | 235 |
| 贵州铝厂职工大学 | Guizhou Aluminum Plant University for Employees | 46 | | 46 | | | | 91 | 70 |

# 14–15 广播电视节目制作
# Length of Radio and Television Programs Produced

单位：小时　　(hour)

| 指　　标 | Item | 2012 | 2011 | 2012年比2011年增长(%) Growth Rate in 2012 over 2011 (%) |
|---|---|---|---|---|
| **广播节目制作** | **Production of Radio Programs** | **62566** | **54548** | **14.7** |
| #新闻资讯 | News Programs | 4714 | 9657 | -51.2 |
| 专题服务 | Special Subject Programs | 19209 | 12491 | 53.8 |
| 综　艺 | General Entertainment Programs | 17995 | 21467 | -16.2 |
| 广播剧 | Radio Play Programs | | 122 | -100.0 |
| 广　告 | Advertising Programs | 8903 | 5839 | 52.5 |
| 其　他 | Others | 11745 | 4972 | 136.2 |
| **电视节目制作(含有线电视)** | **Production of TV Programs** | **32155** | **16520** | **94.6** |
| #新闻资讯 | News Programs | 8831 | 2958 | 198.6 |
| 专题服务 | Special Subject Programs | 10793 | 4165 | 159.1 |
| 综　艺 | General Entertainment Programs | 3801 | 1337 | 184.3 |
| 影视剧 | Radio Play Programs | | 45 | -100.0 |
| 广　告 | Advertising Programs | 1216 | 976 | 24.6 |
| 其　他 | Others | 7514 | 7039 | 6.7 |

# 14–16 广播电视事业发展情况
# Basic Statistics on Radio and Television Industry

| 指　　标 | | Item | | 2012 | 2011 |
|---|---|---|---|---|---|
| 广播电台 | (座) | Radio Stations | (unit) | 2 | 2 |
| 中短波转播发射台 | (座) | Transmission and Relaying Stations of Medium and Short Wave Broadcast | (unit) | 2 | 2 |
| 发射机功率 | (千瓦) | Transmitter Power | (1000 watts) | 278 | 278 |
| 调频转播发射台 | (座) | Relaying Stations of Frequency Modulation Broadcasting | (unit) | 2 | 2 |
| 发射机功率 | (千瓦) | Transmitter Power | (1000 watts) | 66 | 53 |
| 广播人口覆盖率 | (%) | Radio Coverage Rate of Population | (%) | 100 | 100 |
| 农村广播综合人口覆盖率 | (%) | Radio Coverage Rate of Population in Rural Area | (%) | 100 | 100 |
| 电视台 | (座) | Television Stations | (unit) | 2 | 2 |
| 电视发射及转播台 | (座) | TV Transmission and Relaying Stations | (unit) | 6 | 6 |
| 发射机功率 | (千瓦) | Transmitter Power | (1000 watts) | 46.35 | 45.00 |
| 电视人口覆盖率 | (%) | TV Coverage Rate of Population | (%) | 99.70 | 99.69 |
| 农村电视综合人口覆盖率 | (%) | TV Coverage Rate of Population in Rural Area | (%) | 99.44 | 99.41 |
| 广播电视台 | (座) | Radio and Television Stations | (unit) | 2 | 2 |

# 14–17 图书、报纸、杂志出版情况
# Number of Books, Newspapers and Magazines Published in Guiyang

| 指标 | | Item | | 2012 | 2011 | 2012年比2011年增长(%) Growth Rate in 2012 over 2011 (%) |
|---|---|---|---|---|---|---|
| **图书出版** | | **Books Published** | | | | |
| 种数 | (种) | Number of Publication | (kind) | 1836 | 856 | 114.5 |
| 总印数 | (万册) | Printed Copies | (10 000 copies) | 11117.71 | 8492.38 | 30.9 |
| 总印张 | (千印张) | Printed Sheets | (1000 sheets) | 555309 | 572776 | -3.0 |
| **报纸出版** | | **Newspapers Published** | | | | |
| 种数 | (种) | Number of Publication | (kind) | 30 | 21 | 42.9 |
| 总印数 | (万份) | Printed Copies | (10 000 copies) | 32559 | 36056 | -9.7 |
| 总印张 | (千印张) | Printed Sheets | (1000 sheets) | 1547040 | 1792496 | -13.7 |
| **杂志出版** | | **Magazines Published** | | | | |
| 种数 | (种) | Number of Publication | (kind) | 74 | 74 | |
| 总印数 | (万册) | Printed Copies | (10 000 copies) | 1436 | 1379 | 4.1 |
| 总印张 | (千印张) | Printed Sheets | (1000 sheets) | 65202 | 70099 | -7.0 |

# 14–18 文化事业机构及人员
# Number of Institutions and Personnel in Cultural Industry

| 指标 | Item | 机构(个) Number of Institutions (unit) | | 人员(人) Numbers of Employed Persons (person) | |
|---|---|---|---|---|---|
| | | 2012 | 2011 | 2012 | 2011 |
| **总计** | **Total** | **284** | **244** | **3745** | **3384** |
| 文化产业 | Culture and Related Industry | 281 | 241 | 3717 | 3375 |
| #艺术业 | Arts | 18 | 17 | 833 | 1051 |
| 图书馆业 | Public Libraries | 9 | 10 | 276 | 262 |
| 群众文化业 | Mass Culture | 179 | 125 | 601 | 528 |
| 文化市场经营单位 | Business Units Dealing in Culture Market | 1 | 1 | 14 | 9 |
| 文艺科研 | Art Research Institutions | 48 | 39 | 1750 | 729 |
| 文物业 | Cultural Relics | 1 | 1 | 15 | 16 |
| 其他文化产业 | Other Cultural Units | 19 | 21 | 172 | 340 |
| 非文化产业 | Non-culture and Related Industry | 6 | 27 | 56 | 413 |

# 主要统计指标解释

**普通高等学校**　指按照国家规定的设置标准和审批程序批准举办，通过国家统一招生考试，招收高中毕业生为主要培养对象，实施高等教育的全日制大学、独立设置的学院和高等专科学校、短期职业大学。

**成人高等学校**　指按照国家有关规定审批，招收通过全国成人高教统一招生考试的具有高中毕业或同等学历的在职从业人员，利用脱产、半脱产、业余或函授等多种形式对其实施高等学历教育，培养高等教育专科或本科毕业水平的专门人才，修业年限、课程设置和总学时数均按高等学历教育要求付诸实施的学校。包括广播电视大学、职工高等学校、农民高等学校、管理干部学院、教育学院、独立设置的函授学院等。

**小学学龄儿童入学率**　指调查范围内已入小学学习的学龄儿童占校内外学龄儿童总数(包括弱智儿童，不包括盲聋哑儿童)的比重。计算公式为：

小学学龄儿童入学率＝已入学的小学学龄儿童数/校内外小学学龄儿童总数×100%

**文化事业机构**　指从事专业文化工作和为专业文化工作服务的独立建制的单位。不包括这些单位另外举办独立核算的其他机构和各部门的业余文化组织。

# Explanatory Notes on Main Statistics Indicators

**Regular Institutions of Higher Learning** refer to educational establishments set up according to the government evaluation and approval procedures, enrolling graduates from senior secondary schools and providing higher education courses and training for senior professionals. They include full-time universities, colleges, and institutions of higher professional education, institutions of higher vocational education and others.

**Institutions of Higher Learning for Adults** refer to educational establishments approved according to relevant government rules, enrolling staff and workers with senior secondary or equivalent education through uniform national matriculation examinations, and providing them with regular higher education in various forms such as full-time, part-time, spare-time and correspondence courses in accordance with requirements of regular higher education in years of education, curricula, and total learning hours, so that they meet the standards for graduation of universities or junior colleges. Institutions of higher learning for adults include radio and TV universities, colleges for staff and workers, colleges for farmers, colleges for management cadres, teachers' colleges, and independent correspondence colleges.

**Enrollment Rate of Primary School Age Children** refers to the proportion of school-age children enrolled at primary schools in the total number of school-age children both in and outside schools (including retarded children, but excluding blind, deaf and dumb children). The formula is:

Enrollment Rate of Primary School-age Children = (Total Primary School-age Children at Schools) /(Total Primary School age Children Both at and Outside Schools) ×100%

**Cultural Institutions** refer to units which have their own organizational system and independent accounting system and specialize in cultural work or service cultural work. They do not include other establishments run by these units with separate accounting system and amateur cultural groups established by various departments.

15

Fifteen

# 卫生、体育、民政及其他

# Public Health , Sports , Social Welfare and Others

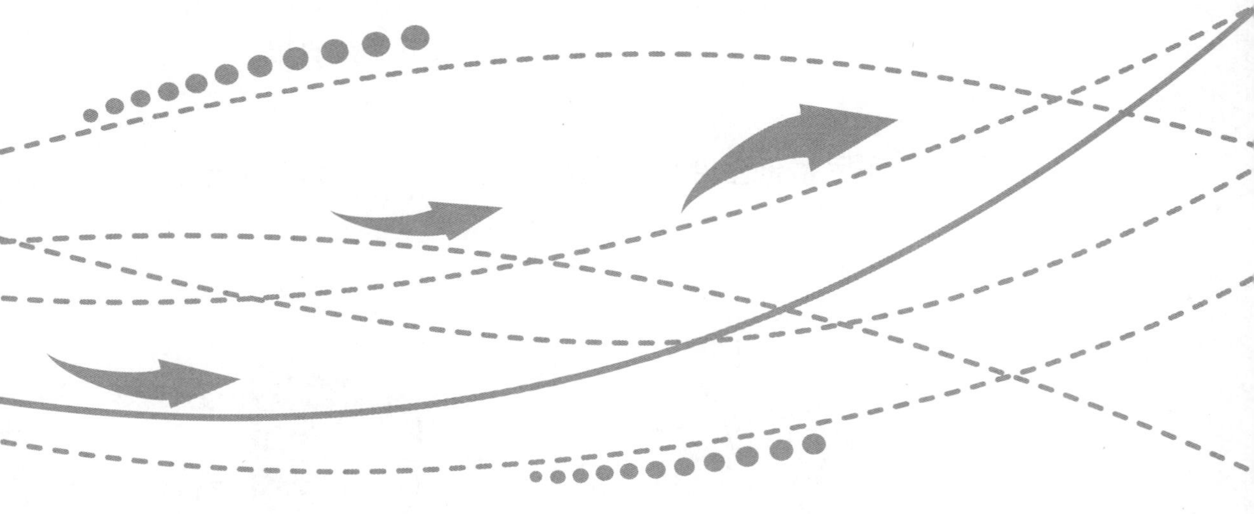

卫生机构数（个）　卫生机构床位数（张）　医生数（人）

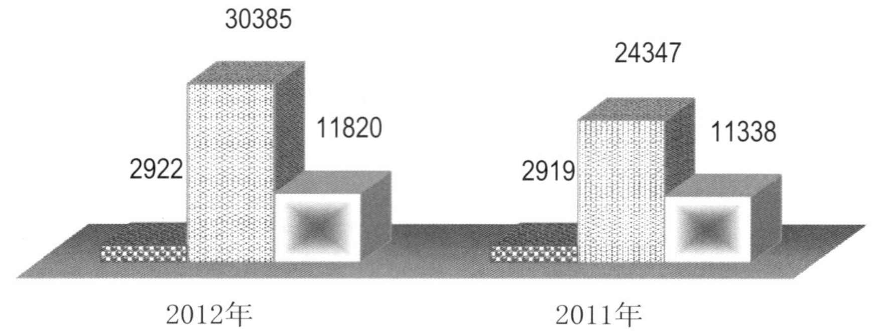


城乡各类福利院床位数（张）
城镇社区服务设施数（个）
城镇便民、利民服务网点数（个）

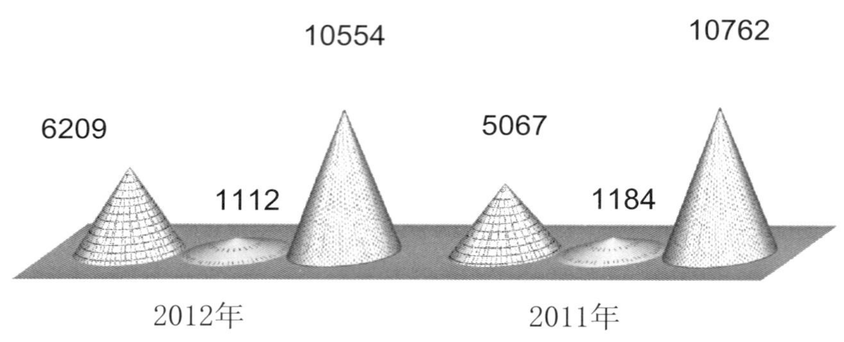


居民最低生活保障人数（人）　#城镇低保人数（人）

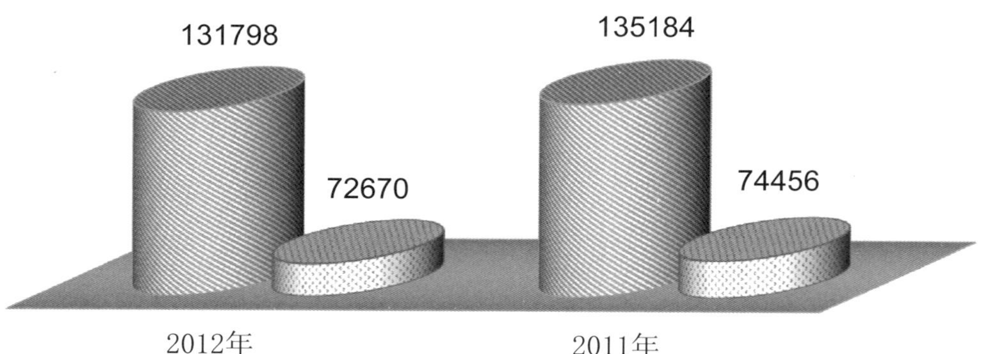

# 15–1　体育事业基本情况(2012年)
# Basic Statistics on Sports(2012)

| 指　　标 | | Item | | 合　计 Total | 省　级 Provincial Level | 市　级 Municipal Level |
|---|---|---|---|---|---|---|
| **运动员** | | **Number of Athletes** | | | | |
| 一线在队人员 | (人) | First Grade | (person) | 723 | 173 | 550 |
| 二线在队人员 | (人) | Second Grade | (person) | 2420 | 74 | 2346 |
| 三线在队人员 | (人) | Third Grade | (person) | 5156 | 332 | 4824 |
| **体育设施个数** | | **Sports Facilities** | | | | |
| 室外全民健身公园、广场 | (个) | Fitness Parks and Squares | (unit) | 1 | | 1 |
| 健身路径 | (个) | Fitness Paths | (unit) | 1410 | 330 | 1080 |
| 小篮板 | (个) | Basketball Stands | (unit) | 734 | 482 | 252 |
| 乒乓球台 | (个) | Ping Pong Tables | (unit) | 766 | 482 | 284 |
| 室内全民健身中心 | (个) | Fitness Center | (unit) | 2 | 1 | 1 |
| **体育设施占地面积** | | **Area of Sports Facilities** | | | | |
| 室外全民健身公园、广场、山体公园 | (平方米) | Fitness Parks,Squares and Mountain Park | (s.k.m.) | 305335 | | 305335 |
| 健身路径 | (平方米) | Fitness Paths | (s.k.m.) | 142500 | 115500 | 27000 |
| 小篮板 | (平方米) | Basketball Stands | (s.k.m.) | 367896 | 293056 | 74840 |
| 乒乓球台 | (平方米) | Ping Pong Tables | (s.k.m.) | 137768 | 109368 | 28400 |
| 室内全民健身中心 | (平方米) | Fitness Center | (s.k.m.) | 11713 | 11713 | |

# 15–2　体育系统机构和从业人员(2012年)
# Number of Institutions and Engaged Persons in Physical Education Systems(2012)

| 指　　标 | | Item | | 合　计 Total | 省　属 Provincial Level | 市　属 Municipal Level |
|---|---|---|---|---|---|---|
| **机构数** | **(个)** | **Number of Institution** | **(unit)** | **28** | **20** | **8** |
| 行政机关 | (个) | Administrative Agencies | (unit) | 2 | 1 | 1 |
| 体育运动学校 | (个) | Physical Culture and Sports | (unit) | 2 | 1 | 1 |
| 业余体校 | (个) | Spare-time Sports Schools | (unit) | | | |
| 体育场馆 | (个) | Stadium and Gymnasium | (unit) | 5 | 2 | 3 |
| 其他事业单位 | (个) | Other Institutions | (unit) | 19 | 16 | 3 |
| **从业人员** | **(人)** | **Number of Engaged Persons** | **(person)** | **976** | **837** | **139** |
| 行政机关 | (人) | Administrative Agencies | (person) | 64 | 48 | 16 |
| 体育运动学校 | (人) | Physical Culture and Sports | (person) | 158 | 100 | 58 |
| 业余体校 | (人) | Spare-time Sports Schools | (person) | | | |
| 体育场馆 | (人) | Stadiums and Gymnasiums | (person) | 143 | 97 | 46 |
| 其他事业单位 | (人) | Other Institutions | (person) | 611 | 592 | 19 |

注：省属为在贵阳市地域上，但隶属于省的机构和人员；市属为在贵阳市地域上，同时也隶属于市的机构和人员。
a) Provincial-level institutions and engaged persons refer to those administrated by Guizhou provincial government in Guiyang. Municipal-level ones refer to those administrated by Guiyang municipal government.

# 15–3 卫生机构、床位和人员(2012年)

单位：人

| 指　　标 | Item | 机构数(个) Number of Institutions (unit) | 床位数(张) Number of Bed (bed) |
|---|---|---|---|
| **总　　计** | **Total** | **2922** | **30385** |
| **医　院** | **Hospitals** | **148** | **20433** |
| 综合医院 | General Hospitals | 109 | 15399 |
| 中医医院 | Traditional Chinese Medicine Hospitals Specialized | 10 | 2270 |
| 中西医结合医院 | Hospital of Integrated Traditional Chinese Medicine | 1 | 60 |
| 专科医院 | Specialized Hospitals | 28 | 2704 |
| 口腔医院 | Stomatological Hospitals | 1 | 50 |
| 眼科医院 | Ophthalmic Hospitals | 3 | 155 |
| 耳鼻喉科医院 | Otorhinolaryngology Hospital | 1 | 20 |
| 肿瘤医院 | Cancer Hospitals | 1 | 670 |
| 妇产(科)医院 | Obstetrics and Gynecology Hospitals | 1 | 35 |
| 精神病医院 | Psychiatric Hospitals | 2 | 140 |
| 皮肤病医院 | Dermatological Hospitals | 1 | 35 |
| 结核病医院 | Tuberculosis Hospitals | 1 | 350 |
| 骨科医院 | Orthopaedic Hospitals | 6 | 827 |
| 康复医院 | Recovery Hospitals | 3 | 127 |
| 整形外科医院 | Plastic Surgery Hospitals | 1 | 120 |
| 美容医院 | Beauty Hospitals | 1 | 20 |
| 其他专科医院 | Other Specialized Hospitals | 6 | 155 |
| **基层医疗卫生机构** | **Basic Medical Institutions** | **2723** | **8689** |
| 社区卫生服务中心(站) | Health Service Centers for Community | 108 | 1199 |
| 社区卫生服务中心 | Community Health Service Centers | 44 | 666 |
| 社区卫生服务站 | Community Health Service Stations | 64 | 533 |
| 卫生院 | Health Centers | 78 | 1265 |
| 乡镇卫生院 | Township Health Centers | 78 | 1265 |
| 中心卫生院 | Central Health Centers | 31 | 807 |
| 乡卫生院 | Town Health Centers | 47 | 458 |
| 村卫生室 | Village Clinics | 1405 | |
| 门诊部 | Outpatient Department | 27 | 6225 |
| 综合门诊部 | General Department | 19 | 3775 |
| 中西医结合门诊部 | Department of Integrated Traditional Chinese Medicine | 1 | 10 |
| 专科门诊部 | Specialized Department | 7 | 2440 |
| 诊所、卫生所、医务室 | Clinics,Health Centers | 1105 | |
| 诊　所 | Clinics | 997 | |
| 卫生所、医务室 | Health Centers | 108 | |

# Basic Statistics on Health Care Institutions(2012)

(person)

| 卫生技术人员 Medical Technical Personnel | #医生 Doctor | #执业医师 Licensed Doctor | 注册护士 Registered Nurse | 药师(士) Pharmacist | 技师(士) Technician | #检验师 Inspector | 其他 Others |
|---|---|---|---|---|---|---|---|
| **30383** | **11820** | **10922** | **13079** | **1428** | **1674** | **1208** | **2382** |
| **21629** | **7632** | **7340** | **10147** | **1089** | **1290** | **890** | **1471** |
| 16461 | 5915 | 5695 | 7799 | 790 | 983 | 666 | 974 |
| 2264 | 783 | 761 | 1090 | 172 | 109 | 87 | 110 |
| 65 | 27 | 14 | 21 | 2 | 4 | 2 | 11 |
| 2839 | 907 | 870 | 1237 | 125 | 194 | 135 | 376 |
| 173 | 86 | 83 | 76 | 3 | 8 | 4 | |
| 140 | 44 | 43 | 65 | 9 | 4 | 4 | 18 |
| 28 | 9 | 9 | 12 | 2 | 1 | 1 | 4 |
| 793 | 172 | 171 | 315 | 28 | 75 | 50 | 203 |
| 11 | 7 | 7 | 3 | | 1 | 1 | |
| 49 | 13 | 13 | 26 | 2 | 3 | 1 | 5 |
| 35 | 15 | 11 | 5 | 4 | 3 | 2 | 8 |
| 379 | 117 | 117 | 195 | 24 | 35 | 30 | 8 |
| 705 | 220 | 208 | 329 | 30 | 36 | 21 | 90 |
| 72 | 32 | 32 | 25 | 4 | 5 | 4 | 6 |
| 158 | 80 | 73 | 66 | 1 | 3 | 2 | 8 |
| 37 | 13 | 11 | 21 | 2 | 1 | 1 | |
| 259 | 99 | 92 | 99 | 16 | 19 | 14 | 26 |
| **6565** | **3282** | **2732** | **2406** | **278** | **166** | **119** | **433** |
| 1506 | 598 | 513 | 636 | 82 | 65 | 45 | 125 |
| 882 | 330 | 282 | 389 | 52 | 41 | 28 | 70 |
| 624 | 268 | 231 | 247 | 30 | 24 | 17 | 55 |
| 1194 | 539 | 285 | 291 | 49 | 69 | 50 | 246 |
| 1194 | 539 | 285 | 291 | 49 | 69 | 50 | 246 |
| 690 | 303 | 165 | 190 | 30 | 40 | 28 | 127 |
| 504 | 236 | 120 | 101 | 19 | 29 | 22 | 119 |
| 238 | 139 | 62 | 99 | | | | |
| 333 | 169 | 154 | 120 | 18 | 18 | 15 | 8 |
| 252 | 121 | 111 | 93 | 17 | 16 | 13 | 5 |
| 6 | 3 | 3 | 2 | | 1 | 1 | |
| 75 | 45 | 40 | 25 | 1 | 1 | 1 | 3 |
| 3294 | 1837 | 1718 | 1260 | 129 | 14 | 9 | 54 |
| 2841 | 1606 | 1505 | 1064 | 122 | 11 | 6 | 38 |
| 453 | 231 | 213 | 196 | 7 | 3 | 3 | 16 |

## 15-3 续表

单位：人

| 指　　标 | Item | 机构数（个）Number of Institutions (unit) | 床位数（张）Number of Bed (bed) |
|---|---|---|---|
| **专业公共卫生机构** | **Specialized Public Health Institutions** | **43** | **995** |
| 疾病预防控制中心 | Disease Prevention & Treatment Centers | 13 | |
| 省　属 | Provincial Centers | 1 | |
| 省辖市(地区)属 | Centers of Provincially Administered Cities | 1 | |
| 地辖市属 | Municipal Centers | 7 | |
| 县　属 | County Centers | 3 | |
| 其　他 | Others | 1 | |
| 专科疾病防治院(所、站) | Specialized Disease Prevention & Treatment Institutions | 1 | 50 |
| 专科疾病防治院 | Specialized Disease Prevention & Treatment Agencies | 1 | 50 |
| 妇幼保健院(所、站) | Women and Children Care Agencies | 13 | 945 |
| **按隶属分** | **By Administration** | | |
| 省辖市(地区)属 | Centers of Provincially Administered Cities | 1 | 709 |
| 地辖市属 | Municipal Centers | 4 | 124 |
| 县　属 | County Centers | 3 | 72 |
| 其　他 | Others | 5 | 40 |
| **按类型分** | **By Types** | | |
| 妇幼保健院 | Maternity and Child Health Hospitals | 3 | 769 |
| 妇幼保健所 | Maternity and Child Health Centers | 2 | 73 |
| 妇幼保健站 | Maternity and Child Health Stations | 7 | 87 |
| 生殖保健中心 | Reproductive Health Centers | 1 | 16 |
| 急救中心(站) | First Aid Centers (Stations) | 1 | |
| 采供血机构 | Blood Banks | 2 | |
| 卫生监督所(中心) | Health Monitoring Institutions(Centers) | 13 | |
| 省　属 | Provincial Centers | 1 | |
| 省辖市(地区)属 | Centers of Provincially Administered Cities | 1 | |
| 地辖市属 | Municipal Centers | 8 | |
| 县　属 | County Centers | 3 | |
| **其他卫生机构** | **Other Institutions** | **8** | **268** |
| 疗养院 | Sanatoriums | 2 | 268 |
| 医学科学研究机构 | Institutions of Medical Scientific Research | 1 | |
| 医学在职培训机构 | Institutions of Medical In-service Training | 3 | |
| 其　他 | Others | 2 | |

(continued)

(person)

| 卫生技术人员 Medical Technical Personnel | #医生 Doctors | #执业医师 Licensed Doctors | 注册护士 Registered Nurses | 药师(士) Pharmacist | 技师(士) Technician | #检验师 Inspector | 其他 Others |
|---|---|---|---|---|---|---|---|
| **1789** | **740** | **693** | **339** | **54** | **194** | **183** | **462** |
| 602 | 248 | 222 | 56 | 16 | 116 | 109 | 166 |
| 215 | 27 | 27 | 13 | 9 | 39 | 38 | 127 |
| 80 | 46 | 44 | 10 | 2 | 20 | 20 | 2 |
| 198 | 120 | 105 | 26 | 3 | 34 | 31 | 15 |
| 81 | 43 | 34 | 7 | 2 | 18 | 15 | 11 |
| 28 | 12 | 12 |  |  | 5 | 5 | 11 |
| 17 | 4 | 2 | 9 | 1 |  |  | 3 |
| 17 | 4 | 2 | 9 | 1 |  |  | 3 |
| 787 | 458 | 439 | 227 | 31 | 47 | 43 | 24 |
| 530 | 323 | 323 | 153 | 24 | 28 | 28 | 2 |
| 138 | 76 | 65 | 40 | 5 | 11 | 8 | 6 |
| 82 | 35 | 33 | 23 | 1 | 7 | 6 | 16 |
| 37 | 24 | 18 | 11 | 1 | 1 | 1 |  |
| 589 | 357 | 350 | 174 | 26 | 30 | 30 | 2 |
| 84 | 45 | 39 | 22 | 4 | 7 | 4 | 6 |
| 95 | 43 | 39 | 27 | 1 | 8 | 7 | 16 |
| 19 | 13 | 11 | 4 |  | 2 | 2 |  |
| 123 | 30 | 30 | 47 | 6 | 31 | 31 | 9 |
| 260 |  |  |  |  |  |  | 260 |
| 62 |  |  |  |  |  |  | 62 |
| 40 |  |  |  |  |  |  | 40 |
| 124 |  |  |  |  |  |  | 124 |
| 34 |  |  |  |  |  |  | 34 |
| **400** | **166** | **157** | **187** | **7** | **24** | **16** | **16** |
| 190 | 76 | 67 | 79 | 7 | 12 | 6 | 16 |
| 182 | 74 | 74 | 106 |  | 2 |  |  |
| 14 | 11 | 11 | 2 |  | 1 | 1 |  |
| 14 | 5 | 5 |  |  | 9 | 9 |  |

# 15-4 县(区)诊所、卫生室、医务室基本情况(2012年)

| 指 标 | Item | 机构数(个) Number of Institutions(unit) | 总人员数(人) Medical Personnel (person) | 卫生技术人员(人) Medical Technical Personnel(person) |
|---|---|---|---|---|
| **合 计** | **Total** | **1132** | **3713** | **3627** |
| **按管理类别分** | **By Management** | | | |
| 非营利性 | Non-Profit | 113 | 542 | 512 |
| 营利性 | Profit | 1019 | 3171 | 3115 |
| **按经济类型分** | **By Ownership** | | | |
| 国 有 | State-owned | 90 | 447 | 418 |
| 集体办 | Collective-owned | 20 | 111 | 110 |
| 联 营 | Jointly Operated | 1 | 2 | 2 |
| 私 营 | Private-owned | 989 | 3044 | 2993 |
| 其 他 | Others | 32 | 109 | 104 |
| **按设置、主办单位分** | **By Sponsor** | | | |
| 政府办 | Run by Government | 13 | 76 | 67 |
| 社会办 | Run by Society | 102 | 491 | 469 |
| 私人办 | Run by Private | 1017 | 3146 | 3091 |
| **按诊所类别分** | **By Types** | | | |
| 普 通 | General | 856 | 2454 | 2433 |
| 中 医 | Traditional Chinese Medicine | 43 | 103 | 99 |
| 中西医结合 | Traditional Chinese Medicine and Western Medicine | 42 | 126 | 126 |
| 口 腔 | Stomatological | 48 | 150 | 144 |
| 其 他 | Others | 116 | 514 | 492 |

# 15-5 县(区)村卫生室基本情况(2012年)

| 指 标 | | Item | | 合 计 Total | 村 办 Run by Village |
|---|---|---|---|---|---|
| 机构数 | (个) | Number of Institutions | (unit) | 1405 | 411 |
| 执业(助理)医师 | (人) | Licensed(Assistant) Doctor | (person) | 158 | 57 |
| 注册护士 | (人) | Registered Nurse | (person) | 103 | 19 |
| 乡村医生和卫生员 | (人) | Village Doctors and Assistants | (person) | 2059 | 714 |
| 乡村医生 | (人) | Village Doctors | (person) | 1604 | 509 |
| #大专及以上学历 | (人) | Associate Degree and above | (person) | 44 | 16 |
| 中专学历(水平) | (人) | Graduated from Technical Secondary School | (person) | 1207 | 438 |
| 在职培训合格者 | (人) | Qualified Through In-service Training | (person) | 455 | 205 |
| 卫生员 | (人) | Assistants | (person) | 10802 | 5204 |
| 诊疗人次数 | (万人次) | Visits | (10 000 times) | 420.59 | 114.41 |
| #出诊人次数 | (万人次) | Patients | (10 000 times) | 14.69 | 6.52 |

# Basic Statistics on Clinics and Health Centers at County(District) Level(2012)

| 执业医师 Licensed Doctors | 执业助理医师 Licensed Assistant Doctors | 注册护士 Registered Nurses | 药剂师(士) Pharmacist | 技师(士) Technician | #检验师(士) Inspector | 其他 Others | 诊疗人次数(万人次) Visits (10 000 times) |
|---|---|---|---|---|---|---|---|
| **1872** | **134** | **1380** | **147** | **32** | **24** | **62** | **516.01** |
| 244 | 17 | 211 | 14 | 6 | 6 | 20 | 48.62 |
| 1628 | 117 | 1169 | 133 | 26 | 18 | 42 | 467.38 |
| 197 | 13 | 169 | 13 | 6 | 6 | 20 | 40.45 |
| 48 | 10 | 47 | 3 | | | 2 | 14.86 |
| 1 | | 1 | | | | | 0.06 |
| 1576 | 107 | 1122 | 123 | 26 | 18 | 39 | 450.02 |
| 50 | 4 | 41 | 8 | | | 1 | 10.61 |
| 29 | 1 | 25 | 4 | 4 | 4 | 4 | 4.41 |
| 223 | 20 | 197 | 9 | 2 | 2 | 18 | 52.16 |
| 1620 | 113 | 1158 | 134 | 26 | 18 | 40 | 459.44 |
| 1304 | 78 | 929 | 88 | 9 | 5 | 25 | 391.35 |
| 51 | 1 | 19 | 24 | | | 4 | 21.91 |
| 61 | 4 | 52 | 6 | 1 | 1 | 2 | 20.42 |
| 72 | 14 | 51 | | 1 | | 6 | 14.20 |
| 230 | 22 | 209 | 11 | 3 | 3 | 17 | 52.67 |

# Basic Statistics on Village Clinics at County(District) Level(2012)

| 按主办单位分 By Sponsor | | | | 按行医方式分 By Medicine | | |
|---|---|---|---|---|---|---|
| 乡医院设点 Township Hospitals | 联合办 Jointly Run | 私人办 Run by Private | 其他 Others | 中医 Chinese Traditional Medicine | 西医 Western Medicine | 中西医结合 Integrate Chinese Traditional Medicine with Western Medicine |
| 86 | 41 | 795 | 72 | 20 | 1246 | 139 |
| 19.00 | 8 | 60 | 14 | 6 | 116 | 36 |
| 4.00 | 5 | 60 | 15 | 1 | 84 | 18 |
| 114 | 71 | 1082 | 78 | 24 | 1851 | 184 |
| 99 | 37 | 891 | 68 | 23 | 1412 | 169 |
| 1 | | 24 | 3 | 1 | 26 | 17 |
| 89 | 34 | 587 | 59 | 20 | 1052 | 135 |
| 15 | 34 | 191 | 10 | 1 | 439 | 15 |
| 1011 | 12 | 4153 | 422 | 94 | 9591 | 1117 |
| 18.07 | 10.46 | 258.81 | 18.84 | 4.55 | 380.25 | 35.79 |
| 0.69 | 0.50 | 6.45 | 0.53 | 0.07 | 13.68 | 0.94 |

# 15–6 举办体育业务情况(2012年)
# Basic Statistics on Sports Activities(2012)

| 指标 | | Item | | 合计 Total | 省级 Provincial Level | 市级 Municipal Level | 区、县(市)级 Prefectural (County,District) Level |
|---|---|---|---|---|---|---|---|
| **运动会或比赛** | | **Sports Games** | | | | | |
| 举办综合运动会 | (次) | Comprehensive Games | (time) | 3 | 3 | | |
| 现代体育项目活动 | (次) | Indivisual Games | (time) | | | | |
| **全民健身活动** | | **National Fitness Activities** | | | | | |
| 举办全民健身活动次数 | (次) | Number of National Fitness Activities | (time) | 302 | 85 | 60 | 157 |
| #1000人以上 | (次) | Over 1 000 Participators | (time) | 145 | 35 | 60 | 50 |
| 参加活动人数 | (人) | Number of Participators | (person) | 1180000 | 950000 | 80000 | 150000 |
| **国际体育活动情况** | | **International Sports Games** | | | | | |
| 出访起数 | (起) | Times of Participation | (time) | 15 | 13 | 2 | |
| 出访人次 | (人次) | Numbers of Participators of Guiyang | (person) | 37 | 35 | 2 | |
| **举办培训班情况** | | **Training Classes** | | | | | |
| 举办培训班次数 | (次) | Times of Training | (time) | 74 | 25 | 27 | 22 |
| 参加培训班人数 | (人) | Times of Participators | (person) | 17079 | 8000 | 3879 | 5200 |

# 15–7 婚姻情况
# Number of Marriages and Divorces

| 指标 | | Item | | 2012 | 2011 | 2012年比2011年增长(%) Growth Rate in 2012 over 2011(%) |
|---|---|---|---|---|---|---|
| **国内婚姻** | | **Marriages in the Mainland** | | | | |
| 登记结婚对数 | | Number of Registered Marriages | | 59749 | 49616 | 20.4 |
| 初婚 | (人) | First Marriages | (person) | 105652 | 84166 | 25.5 |
| 再婚 | (人) | Re-marriages | (person) | 13846 | 15066 | -8.1 |
| 登记离婚对数 | | Number of Registered Divorces | | 18727 | 14021 | 33.6 |
| **涉外婚姻** | | **Marriages Out of the Mainland** | | | | |
| 登记结婚对数 | | Number of Registered Marriages | | 440 | 500 | -12.0 |
| 国内公民 | (人) | Citizen of Mainland | (person) | 439 | 500 | -12.2 |
| 香港、澳门、台湾居民 | (人) | Citizen of Hong Kong, Macao and Taiwan | (person) | 255 | 329 | -22.5 |
| 华侨 | (人) | Overseas Chinese | (person) | 11 | 20 | -45.0 |
| 外国人 | (人) | Foreigners | (person) | 175 | 151 | 15.9 |
| 登记离婚对数 | | Number of Registered Divorces | | 53 | 63 | -15.9 |

# 15–8 民政事业基本情况(2012年)
# Statistics on Social Service Institutions(2012)

| 指　　标 | Item | 单位数（个） Number of Institutions (unit) | 职工人数（人） Number of Staff (person) | 固定资产原价（万元） the Original Cost of the Fixed Assets (10 000 yuan) | 收入合计（万元） Total Revenue (10 000 yuan) | 支出合计（万元） Total Expenditure (10 000 yuan) |
|---|---|---|---|---|---|---|
| **优抚安置单位** | **Agencies for Serviceman** | **7** | **73** | **1748** | **10117** | **9578** |
| 军休所(含管理中心) | Veteran Management Institution | 5 | 49 | 1558 | 9581 | 9072 |
| 军供站 | Serviceman Supply Stations | 1 | 20 | 180 | 520 | 491 |
| 烈士纪念建筑物管理单位 | Martyr Memorial Building Management Units | 1 | 4 | 10 | 17 | 15 |
| **收养类单位** | **Residential Institutions** | **105** | **737** | **10532** | **11012** | **8016** |
| 社会福利院 | Social Welfare Homes | 2 | 109 | 3991 | 4881 | 3768 |
| 儿童福利院 | Social Welfare Homes for Children | 1 | 68 | 856 | 3657 | 1891 |
| 社会福利医院(精神病福利院) | Social Welfare Hospitals (Mental Welfare Hospitals ) | 1 | 46 | 712 | 1780 | 1557 |
| 城镇老年福利机构 | Urban Welfare Hospitals for Aged Persons | 47 | 380 | 1689 | 425 | 522 |
| 农村五保供养服务机构 | Rural Five-guarantee Institutions | 54 | 134 | 3285 | 269 | 278 |
| **救助类单位** | **Institutions for Relief** | **2** | **43** | **41** | **2931** | **2285** |
| 救助管理站 | Relief Management Stations | 2 | 43 | 41 | 2931 | 2285 |
| **殡仪服务单位** | **Funeral and Interment Institutions** | **19** | **1135** | **40152** | **19459** | **6554** |
| 殡仪馆 | Funeral Home | 5 | 316 | 21985 | 7430 | 2024 |
| 公　墓 | Cemetery | 11 | 798 | 18089 | 11707 | 4207 |
| 殡葬管理 | Funeral and Interment Management Institutions | 3 | 21 | 78 | 322 | 323 |
| 福利彩票发行单位 | Welfare Lottery Issuing Institutions | 1 | 34 | 359 | 997 | 710 |
| **老龄事业单位** | **Senior Citizens'Work Institutions** | **10** | **46** | **358** | **1183** | **1208** |
| **其他事业单位** | **Other Institutions** | **10** | **155** | **1739** | **8186** | **7424** |
| **行政机关** | **Administrative Institutions** | **11** | **330** | **3715** | **72005** | **70498** |

# 15–9　城乡各种福利院机构和人员情况
# Statistics on Welfare Institutions

| 指　　标 | Item | 2012 | 2011 | 2012年比2011年增长(%) Growth Rate in 2012 over 2011 (%) |
|---|---|---|---|---|
| **机构数(个)** | **Number of Institutions(unit)** | **105** | **105** | **持平** |
| 社会福利院 | Social Welfare Homes | 2 | 2 | 持平 |
| 儿童福利院 | Social Welfare Homes for Children | 1 | 1 | 持平 |
| 精神病福利院 | Mental Welfare Hospitals | 1 | 1 | 持平 |
| 城镇老年福利机构 | Urban Welfare Hospitals for Aged Persons | 47 | 44 | 6.8 |
| 农村五保供养服务机构 | Rural Five-guarantee Institutions | 54 | 57 | -5.3 |
| **职工人数(人)** | **Number of Staff (person)** | **737** | **657** | **12.2** |
| 社会福利院 | Social Welfare Homes | 109 | 112 | -2.7 |
| 儿童福利院 | Social Welfare Homes for Children | 68 | 69 | -1.4 |
| 精神病福利院 | Mental Welfare Hospitals | 46 | 50 | -8.0 |
| 城镇老年福利机构 | Urban Welfare Hospitals for Aged Persons | 380 | 338 | 12.4 |
| 农村五保供养服务机构 | Rural Five-guarantee Institutions | 134 | 88 | 52.3 |
| **床位数(张)** | **Number of Beds (bed)** | **6209** | **5067** | **22.5** |
| 社会福利院 | Social Welfare Homes | 850 | 850 | 持平 |
| 儿童福利院 | Social Welfare Homes for Children | 500 | 300 | 66.7 |
| 精神病福利院 | Mental Welfare Hospitals | 100 | 100 | 持平 |
| 城镇老年福利机构 | Urban Welfare Hospitals for Aged Persons | 3266 | 2923 | 11.7 |
| 农村五保供养服务机构 | Rural Five-guarantee Institutions | 1493 | 894 | 67.0 |
| 城乡各类福利院床位利用率(%) | Utilization Rate of Beds in Welfare Institutions (%) | 38.70 | 47.05 | -17.7 |
| **在院人数(人)** | **Inpatients(person)** | **2403** | **2384** | **0.8** |
| 社会福利院 | Social Welfare Homes | 393 | 406 | -3.2 |
| 儿童福利院 | Social Welfare Homes for Children | 423 | 410 | -1.4 |
| 精神病福利院 | Mental Welfare Hospitals | 96 | 96 | 持平 |
| 城镇老年福利机构 | Urban Welfare Hospitals for Aged Persons | 1134 | 1099 | 3.2 |
| 农村五保供养服务机构 | Rural Five-guarantee Institutions | 357 | 373 | -4.3 |

# 15-10 民政事业发展情况
# Basic Statistics on Civil Affairs

| 指标 | | Item | | 2012 | 2011 | 2012年比2011年增长(%) Growth Rate in 2012 over 2012 (%) |
|---|---|---|---|---|---|---|
| **抚恤、补助对象情况** | | **State Entitled Groups** | | | | |
| 抚恤、补助优抚对象总数 | (人) | Total | (person) | 16275 | 13476 | 20.8 |
| 定期抚恤 | (人) | People Receiving Regular Pension | (person) | 303 | 279 | 8.6 |
| 定期补助 | (人) | People Receiving Regular Subsidy | (person) | 13629 | 10884 | 25.2 |
| 伤残人员 | (人) | Injured and Disabled Persons | (person) | 2343 | 2313 | 1.3 |
| **优待、烈士褒扬情况** | | **Preferential Treatment and Resettlement** | | | | |
| 优待优抚对象 | (户) | Number of Household Receiving Preferential Treatment | (household) | 4315 | 3846 | 12.2 |
| #优待军属 | (户) | Number of Soldier's Family Receiving Preferential Treatment | (household) | 3609 | 3413 | 5.7 |
| 安置退役士兵、复员干部 | (人) | Number of Ex-servicemen Receiving Resettlement | (person) | 1041 | 905 | 15.0 |
| **低保、救济和医疗救助情况** | | **Minimum Living Allowance and Medical Aid** | | | | |
| 城市居民最低生活保障家庭数 | (户) | Number of Households Receiving Minimum Living Allowance in Urban Area | (household) | 34957 | 35244 | -0.8 |
| 城市居民最低生活保障人数 | (人) | Number of Persons Receiving Minimum Living Allowance in Urban Area | (person) | 72670 | 74456 | -2.4 |
| #女　性 | (人) | Female | (person) | 34242 | 35220 | -2.8 |
| 农村居民最低生活保障家庭数 | (户) | Number of Households Receiving Minimum Living Allowance in Rural Area | (household) | 28185 | 28140 | 0.2 |
| 农村居民最低生活保障人数 | (人) | Number of Persons Receiving Minimum Living Allowance in Rural Area | (person) | 59128 | 60728 | -2.6 |
| 农村五保户供养户数 | (户) | Number of Households Receiving Livelihood Guaranteed in Five Aspects in Rural Area | (household) | 2547 | 2640 | -3.5 |
| 农村五保户供养人数 | (人) | Number of Persons Receiving Livelihood Guaranteed in Five Aspects in Rural Area | (person) | 2747 | 2854 | -3.7 |
| #女　性 | (人) | Female | (person) | 537 | 570 | -5.8 |
| 农村民政部门医疗救助总人次数 | (人 次) | Person-times Receiving Medical Aid in Rural Area | (person-time) | 72859 | 73281 | -0.6 |
| 民政部门资助参加合作医疗 | (人 次) | Aid for Cooperative Medical Care of Civil Affairs Offices | (person-time) | 68123 | 66548 | 2.4 |
| 民政部门医疗救助 | (人 次) | Medical Aid of Civil Affairs Offices | (person-time) | 4736 | 6733 | -29.7 |
| 城市医疗救助人次数 | (人 次) | Person-times Receiving Medical Aid in Urban Area | (person-time) | 62763 | 64706 | -3.0 |
| 民政资助参加城镇居民基本医疗保险人数 | (人 次) | Number of Urban Residents Participating in Basic Medical Insurance | (person-time) | 59446 | 61800 | -3.8 |
| 民政部门直接救助人次数 | (人 次) | Person-times Directly Receiving Medical Aid of Civil Affairs Offices | (person-time) | 3317 | 2906 | 14.1 |
| **社会捐赠情况** | | **Social Donations** | | | | |
| 直接接收捐赠款 | (万 元) | Directly Donated Money | (10 000yuan) | 5912.1 | 4381.1 | 34.9 |
| 直接接收捐赠衣被 | (万 件) | Directly Donated Clothes and Quilts | (10 000 units) | | | |
| 间接接收捐赠款 | (万 元) | Indirectly Donated Money | (10 000yuan) | | | |
| 间接接收捐赠衣被 | (万 件) | Indirectly Donated Clothes and Quilts | (10 000 units) | | | |
| 受益人次数 | (人 次) | Number of Beneficiary | (person-time) | 60001 | 56000 | 7.1 |
| 社会捐赠接收工作站、点数 | (个) | Number of Work Stations and Spots Receiving Social Donations | (unit) | 161 | 161 | |
| #社会捐赠接收工作站 | (个) | Number of Work Stations Receiving Social Donations | (unit) | 35 | 12 | 191.7 |
| 慈善超市 | (个) | Number of Charity Supermarket | (unit) | 28 | 34 | -17.6 |
| **社区服务情况** | | **Community Service** | | | | |
| 城镇社区服务设施数 | (个) | Community Service Facilities in Urban Areas | (unit) | 1112 | 1184 | -6.1 |
| 社区服务志愿者组织数 | (个) | Number of Community Voluntary Organizations | (unit) | 794 | 1854 | -57.2 |
| 城镇便民、利民服务网点数 | (个) | Number of Convenience Networks | (unit) | 10554 | 10762 | -1.9 |

# 15-11　社会保险及就业情况
# Social Insurance and Employment

| 指　　标 | | Item | | 2012 | 2011 | 2012年比2011年增长(%) Growth Rate in 2012 over 2011 (%) |
|---|---|---|---|---|---|---|
| **城镇就业和失业** | | **Rural Employment and Unemployment** | | | | |
| 城乡统筹就业人数 | (人) | Number of Engaged Person in Urban and Rural Area | (person) | 211197 | 121001 | 74.5 |
| 城镇失业人员就业人数 | (人) | Number of Unemployed Person in Urban Area | (person) | 50253 | 40135 | 25.2 |
| 农村富余劳动力转移人数 | (人) | Number of Surplus Rural laborer Transferring to Urban Area | (person) | 38827 | 35587 | 9.1 |
| #就业困难对象(4050人员) | (人) | Number of People Hard to Find a Job | (person) | 11146 | 10351 | 7.7 |
| 新增就业岗位 | (人) | Number of New Jobs | (person) | 172370 | 85414 | 101.8 |
| 城镇实有登记失业人数 | (人) | Registered Unemployed Persons in Urban Areas | (person) | 29060 | 30649 | -5.2 |
| #女　性 | (人) | Female | (person) | 15522 | 15418 | 0.7 |
| 城镇登记失业率 | (%) | Registered Unemployment Rate in Urban Areas | (%) | 2.94 | 3.29 | -10.6 |
| **社会保险** | | **Social Insurance** | | | | |
| 养老保险 | (人) | Basic Pension Insurance | (person) | 1182561 | 1040514 | 13.7 |
| 在职职工养老保险 | (人) | Basic Pension Insurance of Employees | (person) | 982966 | 856699 | 14.7 |
| 离退休退职人员养老保险 | (人) | Basic Pension Insurance of Retirees | (person) | 199595 | 183815 | 8.6 |
| 失业保险 | (人) | Unemployment Insurance | (person) | 531040 | 480788 | 10.5 |
| 医疗保险 | (人) | Medical Care Insurance | (person) | 1091910 | 1055670 | 3.4 |
| #退休人员 | (人) | Retirees | (person) | 307688 | 311478 | -1.2 |
| 生育保险 | (人) | Maternity Insurance | (person) | 932218 | 892375 | 4.5 |
| 工伤保险 | (人) | Work Injury Insurance(person) | (person) | 694359 | 634501 | 9.4 |

# 15-12　火灾事故
# Basic Statistics on Fires

| 指　　标 | | Item | | 2012 | 2011 | 2012年比2011年增长(%) Growth Rate in 2012 over 2011(%) |
|---|---|---|---|---|---|---|
| 火灾事故 | (起　数) | Number of Fire Hazard | (case) | 530 | 518 | 2.3 |
| 死亡人数 | (人) | Number of Deaths | (person) | 4 | 6 | -33.3 |
| 受伤人数 | (人) | Number of Injuries | (person) | 2 | | |
| 直接损失额 | (万　元) | Direct Property Losses | (10 000 yuan) | 1972.84 | 1688.14 | 16.9 |

# 15-13　社会治安
# Basic Statistic on Social Securities

| 指　　标 | | Item | | 2012 | 2011 | 2012年比2011年增长(%) Growth Rate in 2012 over 2011(%) |
|---|---|---|---|---|---|---|
| 交通事故件数 | (件) | Number of Traffic Accidents | (case) | 259 | 304 | -14.8 |
| 交通事故死亡人数 | (人) | Number of Deaths in Traffic Accidents | (person) | 161 | 206 | -21.8 |
| 交通事故受伤人数 | (人) | Number of Injuries in Traffic Accidents | (person) | 335 | 367 | -8.7 |
| 交通事故损失额 | (万　元) | Amount of Loss in Traffic Accidents | (10 000 yuan) | 281.17 | 242.79 | 15.8 |
| 刑事案件立案数 | (件) | Number of Criminal Cases Registered | (case) | 5964 | 5010 | 19.0 |
| 犯罪人数 | (人) | Number of Offenders | (person) | 6730 | 5904 | 14.0 |

注：刑事案件立案数和犯罪人数均为贵阳市中级人民法院数据。
a) Data of criminal cases registered and offenders were provided by the intermediate people's court of Guiyang.

# 主要统计指标解释

**卫生机构** 包括医疗机构、疾病预防控制中心(防疫站)、采供血机构、卫生监督及监测(检验)机构、医学科研和在职培训机构、健康教育所等。

**医疗机构** 包括医院、社区卫生服务中心(站)、疗养院、卫生院、门诊部、诊所(卫生所、医务室)、妇幼保健院(所、站)、专科疾病防治院(所、站)、急救中心(站)和临床检验中心。医疗机构分为非赢利性医疗机构和赢利性医疗机构。

**医　院** 指设有固定床位，能收容病人住院并能为病人提供医疗、护理服务的医疗机构，包括县及县以上医院、农村乡卫生院和其他医院三部分。县及县以上医院按业务性质不同分为综合医院和专科医院。

**卫生技术人员** 指卫生事业机构支付工资的全部职工中现任职务为卫生技术工作的专业人员，包括执业医师、执业助理医师、注册护士、药剂人员、检验员和其他初级卫生技术人员。

**医　生** 指在医疗、预防保健机构工作且取得《执业医师证书》的执业医师和执业助理医师。

**体育场** 指有４００米跑道（中心含足球场），有固定道牙，跑道６条以上，并有固定看台的室外田径场地。体育场按看台容纳观众人数分为：甲级２５０００人以上，乙级１５０００—２５０００人，丙级５０００—１５０００人，丁级５０００人以下。

**体育馆** 指有固定看台，可供篮球、排球、羽毛球、乒乓球、体操等项目训练比赛活动用的室内运动场地。体育馆按看台容纳观众人数分为：甲级６０００人以上，乙级４０００—６０００人，丙级２０００—４０００人，丁级２０００人以下。

**城镇登记失业人员** 指有非农业户口，在一定的劳动年龄内(16周岁至退休年龄)，有劳动能力，无业而要求就业，并在当地就业服务机构进行求职登记的人员。

**城镇登记失业率** 城镇登记失业人员与城镇单位就业人员(扣除使用的农村劳动力、聘用的离退休人员、港澳台及外方人员)、城镇单位中的不在岗职工、城镇私营业主、个体户主、城镇私营企业和个体就业人员、城镇登记失业人员之和的比。计算公式为：

城镇登记失业率=城镇登记失业人数/（城镇单位就业人员-使用的农村劳动力-聘用的离退休人员-聘用的港澳台及外方人员）+不在岗职工+城镇私营业主+城镇个体户主+城镇私营企业及个体就业人员+城镇登记失业人数×100%

# Explanatory Notes on Main Statistics Indicators

**Health Care Institutions** refer to medical institutions, disease prevention and control centers (epidemic prevention stations), blood gathering and supplying institutions, health supervision and inspection (check-up) institutions, medicinal scientific research and on-job training institutions, health education centers and so on.

**Medical Organizations** refer to hospitals, health service centers (stations) in communities, sanatoria, health centers, out-patient clinics, clinics (health stations and infirmaries), maternity and child care agencies (centers and stations), special disease prevention and curing agencies (centers and stations), first aid centers (stations) and clinical inspection centers. Medical organizations are grouped by two types: profit-making and non-profit-making medical organizations.

**Hospitals** refer to medical institutions with permanent hospital beds including hospitals at county and higher levels, rural township hospitals and other hospitals, which are able to take in patients and provide them with medical and nursing services. Hospital at county and higher levels can be divided into general hospital and general hospital according to their business scope.

**Medical Technical Personnel** refer to the professional staff engaged in, getting payment from health care institutions and working in medical technical position, such as licensed doctors, licensed assistant doctors, registered nurses, pharmacists, laboratory technicians and others.

**Doctors** refer to licensed doctors and licensed assistant doctors engaged in health care and prevention institutions.

**Stadiums** refer to stadiums for track and field events with six lane 400-meter tracks around soccer fields, permanent track marks and permanent bleachers. Stadiums are classified according to seating capacity. They include: Class A stadiums have the capacity of seating 25000 people each. Class B stadiums have the capacity of seating 15000 to 25000 people each. Class C stadiums have the capacity of seating 5000 to 15000 people each, and Class D stadiums have the capacity of seating fewer than 5000 people. This indicator reflects numbers of large and medium-sized stadiums.

**Gymnasiums** refer to indoor sports grounds with permanent seats in which basketball, volleyball badminton, table tennis and gymnastics competitions can be held. Gymnasiums are classified according to seating capacity. They include Class A gymnasiums with seating over 6000 people， Class B gymnasiums with seating 4000 to 6000 people， Class C gymnasiums with seating 2000 to 4000 people, and Class D gymnasiums with seating fewer than 2000 people.

**Urban Registered Unemployed Persons** refer to the persons with non-agricultural household registration at certain working ages (16 years old to retirement age), who are capable of working ,unemployed and willing to work, and have been registered at the local employment services agencies to apply for a job.

**Urban Registered Unemployment Rate** refers to the ratio of urban registered unemployment to the sum of employment in urban units (excluded those who have agricultural residence cards, reemployed retirees, and those who are from Hong Kong, Macao, Taiwan or other countries) and not-on-post staff and workers and employment in urban private sectors and individuals and urban registered unemployment. It is calculated as follows:

Urban Registered Unemployment Rate =urban registered unemployment/[(employment in urban units- those who have agricultural residence cards-reemployed retirees- those who are from Hong Kong, Macao, Taiwan or other countries)+ not-on-post staff and workers + employment in urban private sectors and individuals + urban registered unemployment]×100%

16

Sixteen

# 全国、全省及省会城市和副省级城市主要经济指标

# Major Economic Indicators of China , Guizhou , Provincial Capitals and Deputy Provincial Cities in China

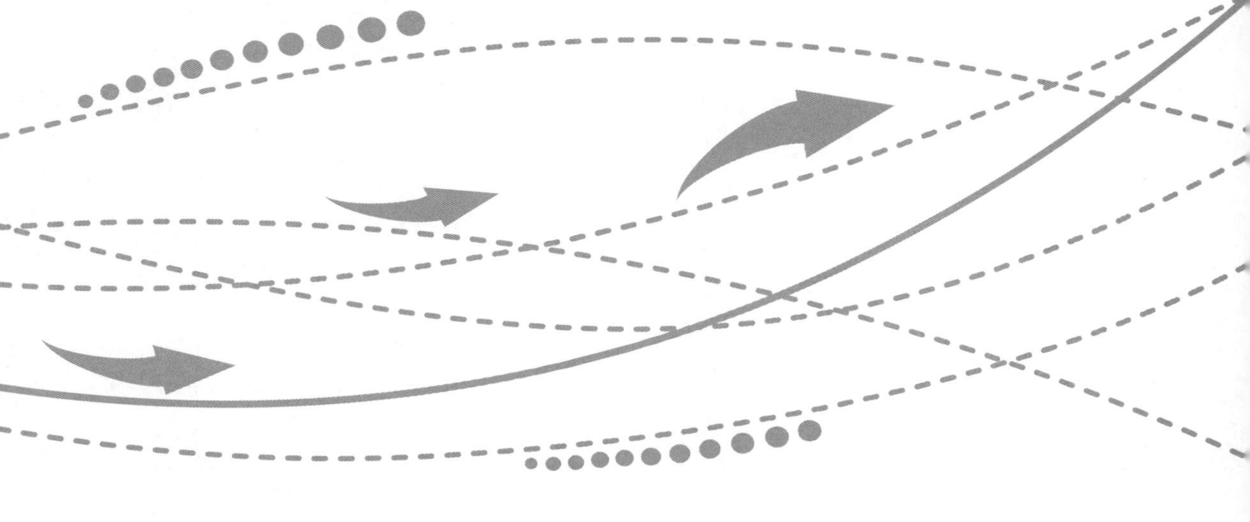

# 16−1 全国、全省及省会城市和副省级城市主要经济指标 Major Economic Indicators of China,Guizhou,Provincial Capitals and Deputy Provincial Cities in China

单位：亿元 (100 million yuan)

| 城市名称 | City | 生产总值 GDP | 位次 Ranking | 2012年比2011年增长(%) Growth Rate in 2012 over 2011 (%) | 位次 Ranking | 第一产业增加值 Added Value of Primary Industry | 位次 Ranking | 2012年比2011年增长(%) Growth Rate in 2012 over 2011 (%) | 位次 Ranking | 第二产业增加值 Added Value of Secondary Industry | 位次 Ranking |
|---|---|---|---|---|---|---|---|---|---|---|---|
| **全　国** | **China** | **519322.10** | | **7.8** | | **52377.00** | | **4.5** | | **235318.60** | |
| **贵州省** | **Guizhou Province** | **6852.20** | | **13.6** | | **891.91** | | **8.6** | | **2677.54** | |
| **西部省会城市** | **Provincial Capital Cities of Western China** | | | | | | | | | | |
| 贵　阳 | Guiyang | 1710.30 | 22 | 15.9 | 2 | 72.28 | 20 | 8.5 | 2 | 717.32 | 23 |
| *成　都 | Chengdu | 8138.94 | 2 | 13.0 | 7 | 348.07 | 4 | 3.8 | 19 | 3790.62 | 3 |
| 昆　明 | Kunming | 3011.14 | 16 | 14.1 | 4 | 159.16 | 16 | 6.4 | 5 | 1378.48 | 17 |
| *西　安 | Xi'an | 4369.37 | 13 | 11.8 | 12 | 195.59 | 14 | 6.0 | 7 | 1893.79 | 14 |
| 兰　州 | Lanzhou | 1564.41 | 23 | 13.4 | 6 | 45.14 | 23 | 7.6 | 3 | 744.70 | 22 |
| 西　宁 | Xining | 851.09 | 25 | 15.0 | 3 | 31.17 | 25 | 5.3 | 10 | 439.52 | 25 |
| 银　川 | Yinchuan | 1140.83 | 24 | 12.5 | 8 | 51.06 | 22 | 5.5 | 8 | 624.91 | 24 |
| 乌鲁木齐 | Urumqi | 2060.00 | 21 | 17.3 | 1 | 25.00 | 26 | 6.5 | 4 | 878.00 | 21 |
| 南　宁 | Nanning | 2503.55 | 18 | 12.3 | 9 | 324.09 | 5 | 5.2 | 11 | 958.96 | 19 |
| 呼和浩特 | Hohhot | 2475.57 | 19 | 11.0 | 15 | 120.52 | 19 | 4.5 | 16 | 902.30 | 20 |
| **其它省会城市** | **Other Provincial Cities** | | | | | | | | | | |
| 石家庄 | Shijiazhuang | 4500.20 | 11 | 10.4 | 17 | 452.20 | 2 | 3.6 | 20 | 2240.70 | 11 |
| 太　原 | Taiyuan | 2311.43 | 20 | 10.5 | 16 | 36.02 | 24 | 5.2 | 11 | 1035.57 | 18 |
| *沈　阳 | Shenyang | 6606.80 | 6 | 10.0 | 18 | 315.20 | 7 | 5.1 | 12 | 3389.10 | 6 |
| *长　春 | Changchun | 4456.60 | 12 | 12.0 | 11 | 317.50 | 6 | 4.3 | 17 | 2291.50 | 10 |
| 合　肥 | Hefei | 4164.30 | 15 | 13.6 | 5 | 229.00 | 12 | 5.4 | 9 | 2303.90 | 9 |
| 福　州 | Fuzhou | 4218.29 | 14 | 12.1 | 10 | 367.64 | 3 | 4.7 | 14 | 1917.00 | 13 |
| 南　昌 | Nanchang | 3000.52 | 17 | 12.5 | 8 | 147.19 | 17 | 4.6 | 15 | 1735.85 | 15 |
| *济　南 | Jinan | 4812.68 | 9 | 9.5 | 19 | 252.92 | 11 | 4.7 | 14 | 1938.14 | 12 |
| 郑　州 | Zhengzhou | 5546.98 | 8 | 12.0 | 11 | 142.40 | 18 | 4.0 | 18 | 3208.42 | 7 |
| 长　沙 | Changsha | 6399.91 | 7 | 13.0 | 7 | 272.31 | 9 | 4.0 | 18 | 3592.52 | 5 |
| *武　汉 | Wuhan | 8003.82 | 3 | 11.4 | 14 | 301.21 | 8 | 4.5 | 16 | 3869.56 | 2 |
| 海　口 | Haikou | 820.58 | 26 | 9.4 | 20 | 57.74 | 21 | 6.2 | 6 | 201.66 | 26 |
| *杭　州 | Hangzhou | 7803.98 | 4 | 9.0 | 21 | 255.93 | 10 | 2.5 | 22 | 3626.88 | 4 |
| *南　京 | Nanjing | 7201.57 | 5 | 11.7 | 13 | 184.64 | 15 | 4.9 | 13 | 3170.78 | 8 |
| *哈尔滨 | Harbin | 4550.10 | 10 | 10.0 | 18 | 506.80 | 1 | 9.2 | 1 | 1638.90 | 16 |
| *广　州 | Guangzhou | 13551.21 | 1 | 10.5 | 16 | 220.72 | 13 | 3.3 | 21 | 4713.16 | 1 |
| **其它副省级城市** | **Other Deputy Provincial Cities** | | | | | | | | | | |
| *大　连 | Dalian | 7002.80 | | 10.3 | | 451.40 | | 5.1 | | 3634.80 | |
| *宁　波 | Ningbo | 6524.70 | | 7.8 | | 269.97 | | 1.6 | | 3516.73 | |
| *厦　门 | Xiamen | 2817.07 | | 12.1 | | 25.21 | | 0.4 | | 1374.01 | |
| *青　岛 | Qingdao | 7302.11 | | 10.6 | | 324.41 | | 3.2 | | 3402.23 | |
| *深　圳 | Shenzhen | 12950.08 | | 10.0 | | 5.56 | | -18.2 | | 5737.64 | |

注：加*号为副省级城市。

a) The cities marked with“*”are deputy provincial cities.

## 16-1　续表1　(continued)

单位：亿元　　　　　　　　　　　　　　　　　(100 million yuan)

| 城市名称 | City | 2012年比2011年增长(%) Growth Rate in 2012 over 2011 (%) | 位次 Ranking | #工业增加值 Added Value of Industry | 位次 Ranking | 2012年比2011年增长(%) Growth Rate in 2012 over 2011 (%) | 位次 Ranking | 第三产业增加值 Added Value of Tertiary Industry | 位次 Ranking | 2012年比2011年增长(%) Growth Rate in 2012 over 2011 (%) | 位次 Ranking |
|---|---|---|---|---|---|---|---|---|---|---|---|
| **全　国** | **China** | **8.1** | | **199859.50** | | **7.9** | | **231626.50** | | **8.1** | |
| **贵州省** | **Guizhou Province** | **16.8** | | **2217.06** | | **15.6** | | **3282.75** | | **12.1** | |
| **西部省会城市** | **Provincial Capital Cities of Western China** | | | | | | | | | | |
| 贵　阳 | Guiyang | 18.8 | 1 | 534.73 | 22 | 16.2 | 5 | 920.70 | 22 | 14.1 | 3 |
| *成　都 | Chengdu | 15.6 | 6 | 3149.61 | 4 | 16.5 | 4 | 4000.26 | 2 | 11.5 | 10 |
| 昆　明 | Kunming | 16.1 | 4 | 1008.42 | 16 | 15.6 | 7 | 1473.50 | 16 | 13.0 | 4 |
| *西　安 | Xi'an | 11.8 | 18 | 1340.75 | 14 | 12.4 | 12 | 2279.99 | 10 | 12.2 | 6 |
| 兰　州 | Lanzhou | 12.2 | 14 | 562.42 | 21 | 11.8 | 15 | 774.57 | 23 | 14.8 | 2 |
| 西　宁 | Xining | 18.3 | 2 | 377.19 | 24 | 19.5 | 1 | 380.40 | 26 | 11.8 | 9 |
| 银　川 | Yinchuan | 15.1 | 8 | 474.29 | 23 | 15.3 | 9 | 464.86 | 25 | 10.1 | 15 |
| 乌鲁木齐 | Urumqi | 16.0 | 5 | 750.00 | 18 | 15.5 | 8 | 1157.00 | 20 | 18.6 | 1 |
| 南　宁 | Nanning | 18.1 | 3 | 704.32 | 20 | 18.7 | 2 | 1220.50 | 19 | 9.6 | 17 |
| 呼和浩特 | Hohhot | 12.1 | 15 | 737.55 | 19 | 11.0 | 17 | 1452.75 | 17 | 10.8 | 13 |
| **其它省会城市** | **Other Provincial Cities** | | | | | | | | | | |
| 石家庄 | Shijiazhuang | 12.0 | 16 | 1993.60 | 9 | 12.1 | 14 | 1807.30 | 14 | 10.0 | 16 |
| 太　原 | Taiyuan | 9.7 | 23 | 784.28 | 17 | 12.2 | 13 | 1239.84 | 18 | 11.3 | 11 |
| *沈　阳 | Shenyang | 11.4 | 19 | 3052.90 | 5 | 11.6 | 16 | 2902.50 | 6 | 8.9 | 19 |
| *长　春 | Changchun | 13.1 | 13 | 1922.10 | 10 | 12.1 | 14 | 1847.60 | 13 | 11.8 | 9 |
| 合　肥 | Hefei | 15.4 | 7 | 1813.90 | 11 | 17.0 | 3 | 1631.40 | 15 | 12.3 | 5 |
| 福　州 | Fuzhou | 14.8 | 9 | 1493.48 | 13 | 14.0 | 10 | 1933.65 | 12 | 10.6 | 14 |
| 南　昌 | Nanchang | 13.6 | 11 | 1333.14 | 15 | 13.7 | 11 | 1117.48 | 21 | 11.9 | 8 |
| *济　南 | Jinan | 9.2 | 24 | 1603.08 | 12 | 9.7 | 19 | 2621.62 | 7 | 10.1 | 15 |
| 郑　州 | Zhengzhou | 14.8 | 9 | 2874.77 | 7 | 15.7 | 6 | 2196.15 | 11 | 8.4 | 20 |
| 长　沙 | Changsha | 14.5 | 10 | 3051.94 | 6 | 15.7 | 6 | 2535.08 | 8 | 12.0 | 7 |
| *武　汉 | Wuhan | 13.2 | 12 | 3203.66 | 2 | 13.7 | 11 | 3833.05 | 5 | 10.0 | 16 |
| 海　口 | Haikou | 10.3 | 21 | 136.67 | 25 | 9.1 | 20 | 561.17 | 24 | 9.4 | 18 |
| *杭　州 | Hangzhou | 8.5 | 25 | 3190.32 | 3 | 9.1 | 20 | 3921.17 | 3 | 10.1 | 15 |
| *南　京 | Nanjing | 11.9 | 17 | 2748.45 | 8 | 11.0 | 17 | 3846.15 | 4 | 11.8 | 9 |
| *哈尔滨 | Harbin | 10.9 | 20 | | | | | 2404.40 | 9 | 9.4 | 18 |
| *广　州 | Guangzhou | 9.9 | 22 | 4256.67 | 1 | 10.6 | 18 | 8617.33 | 1 | 11.1 | 12 |
| **其它副省级城市** | **Other Deputy Provincial Cities** | | | | | | | | | | |
| *大　连 | Dalian | 10.6 | | 3207.40 | | 10.7 | | 2916.70 | | 10.6 | |
| *宁　波 | Ningbo | 6.0 | | 3170.02 | | 6.0 | | 2738.00 | | 10.9 | |
| *厦　门 | Xiamen | 12.6 | | 1163.93 | | 12.8 | | 1417.85 | | 11.7 | |
| *青　岛 | Qingdao | 11.5 | | 3041.31 | | 11.9 | | 3575.47 | | 10.5 | |
| *深　圳 | Shenzhen | 7.3 | | 5355.85 | | 7.3 | | 7206.88 | | 12.3 | |

注：加*号为副省级城市。
a) The cities marked with"*"are deputy provincial cities.

# 16-1 续表2 (continued)

单位：亿元 (100 million yuan)

| 城市名称 | City | 规模以上工业增加值 Added Value of Industry above Designated Size | 位次 Ranking | 2012年比2011年增长(%) Growth Rate in 2012 over 2011 (%) | 位次 Ranking | 全社会固定资产投资 Total Investment in Fixed Assets in the Whole Country | 位次 Ranking | 2012年比2011年增长(%) Growth Rate in 2012 over 2011 (%) | 位次 Ranking | 房地产投资 Real Estate Investment | 位次 Ranking |
|---|---|---|---|---|---|---|---|---|---|---|---|
| **全国** | **China** | | | **10.0** | | **374676.00** | | **20.3** | | **71803.79** | |
| **贵州省** | **Guizhou Province** | **2055.46** | | **16.2** | | **7809.05** | | **53.1** | | **1467.60** | |
| **西部省会城市** | **Provincial Capital Cities of Western China** | | | | | | | | | | |
| 贵阳 | Guiyang | 455.68 | 19 | 17.6 | 2 | 2482.56 | 17 | 55.1 | 2 | 908.52 | 13 |
| *成都 | Chengdu | 2589.00 | 4 | 17.2 | 4 | 5890.10 | 1 | 17.7 | 25 | 1890.04 | 2 |
| 昆明 | Kunming | | | 15.7 | 7 | 2345.91 | 18 | 25.1 | 14 | 919.07 | 11 |
| *西安 | Xi'an | 1144.29 | 12 | 13.0 | 13 | 4243.43 | 5 | 26.6 | 11 | 1281.90 | 6 |
| 兰州 | Lanzhou | 538.15 | 18 | 11.5 | 14 | 1239.18 | 22 | 42.3 | 3 | 223.31 | 23 |
| 西宁 | Xining | 323.14 | 21 | 15.1 | 10 | 700.48 | 25 | 32.7 | 4 | 158.23 | 26 |
| 银川 | Yinchuan | 430.00 | 20 | 16.0 | 6 | 918.73 | 24 | 25.2 | 13 | 275.70 | 22 |
| 乌鲁木齐 | Urumqi | 750.00 | 15 | 15.5 | 8 | 1010.00 | 23 | 59.0 | 1 | 216.26 | 24 |
| 南宁 | Nanning | 633.67 | 17 | 22.0 | 1 | 2517.61 | 16 | 28.1 | 10 | 362.73 | 20 |
| 呼和浩特 | Hohhot | | | 11.0 | 16 | 1301.43 | 21 | 26.2 | 12 | 447.99 | 18 |
| **其它省会城市** | **Other Provincial Cities** | | | | | | | | | | |
| 石家庄 | Shijiazhuang | 1800.20 | 9 | 13.5 | 12 | 3673.30 | 11 | 21.4 | 17 | 833.20 | 14 |
| 太原 | Taiyuan | 782.96 | 14 | 13.5 | 12 | 1320.63 | 20 | 28.9 | 9 | 364.72 | 19 |
| *沈阳 | Shenyang | 3304.70 | 1 | 11.0 | 16 | 5625.40 | 2 | 23.3 | 15 | 1943.00 | 1 |
| *长春 | Changchun | 1822.30 | 8 | 11.0 | 16 | 3172.90 | 14 | 30.4 | 7 | 649.70 | 17 |
| 合肥 | Hefei | 1653.54 | 10 | 17.4 | 3 | 3803.04 | 8 | 19.7 | 24 | 913.80 | 12 |
| 福州 | Fuzhou | 1436.38 | 11 | 15.1 | 10 | 3234.78 | 13 | 21.1 | 19 | 972.27 | 10 |
| 南昌 | Nanchang | 967.26 | 13 | 14.8 | 11 | 2623.03 | 15 | 31.0 | 6 | 344.36 | 21 |
| *济南 | Jinan | | | 10.1 | 18 | 2186.08 | 19 | 20.4 | 20 | 663.32 | 16 |
| 郑州 | Zhengzhou | 2613.77 | 3 | 17.2 | 4 | 3561.00 | 12 | 22.7 | 16 | 1095.10 | 7 |
| 长沙 | Changsha | 2309.62 | 7 | 16.8 | 5 | 4011.96 | 6 | 20.3 | 21 | 1032.00 | 8 |
| *武汉 | Wuhan | 2711.47 | 2 | 15.2 | 9 | 5031.25 | 3 | 20.0 | 23 | 1574.86 | 4 |
| 海口 | Haikou | 126.47 | 22 | 9.3 | 20 | 510.38 | 26 | 29.2 | 8 | 175.55 | 25 |
| *杭州 | Hangzhou | 2393.59 | 6 | 10.9 | 17 | 3722.75 | 10 | 20.1 | 22 | 1597.36 | 3 |
| *南京 | Nanjing | 2571.98 | 5 | 11.1 | 15 | 4558.49 | 4 | 21.3 | 18 | 1015.76 | 9 |
| *哈尔滨 | Harbin | 677.40 | 16 | 10.0 | 19 | 3950.00 | 7 | 31.1 | 5 | 772.00 | 15 |
| *广州 | Guangzhou | | | 10.9 | 17 | 3758.39 | 9 | 10.1 | 26 | 1370.45 | 3 |
| **其它副省级城市** | **Other Deputy Provincial Cities** | | | | | | | | | | |
| *大连 | Dalian | | | 11.0 | | 5624.40 | | 23.5 | | 1396.50 | |
| *宁波 | Ningbo | 2132.50 | | 5.0 | | 2901.43 | | 21.6 | | 884.35 | |
| *厦门 | Xiamen | 1072.57 | | 12.5 | | 1332.64 | | 18.1 | | 518.88 | |
| *青岛 | Qingdao | | | 11.6 | | 4153.91 | | 22.3 | | 930.10 | |
| *深圳 | Shenzhen | 5091.42 | | 7.3 | | 2314.43 | | 12.3 | | 736.84 | |

注：加*号为副省级城市。

a) The cities marked with“*”are deputy provincial cities.

## 16-1 续表3 (continued)

单位：亿元 (100 million yuan)

| 城市名称 | City | 2012年比2011年增长(%) Growth Rate in 2012 over 2011 (%) | 位次 Ranking | 工业投资 Industrial Investment | 位次 Ranking | 2012年比2011年增长(%) Growth Rate in 2012 over 2011 (%) | 位次 Ranking | 社会消费品零售总额 Total Retail Sales of Consumer Goods | 位次 Ranking | 2012年比2011年增长(%) Growth Rate in 2012 over 2011 (%) | 位次 Ranking |
|---|---|---|---|---|---|---|---|---|---|---|---|
| **全国** | **China** | **16.2** | | **154636** | | **20.0** | | **210307.00** | | **14.3** | |
| **贵州省** | **Guizhou Province** | **68.0** | | **2457.88** | | **35.0** | | **2027.64** | | **15.8** | |
| **西部省会城市** | **Provincial Capital Cities of Western China** | | | | | | | | | | |
| 贵阳 | Guiyang | 94.4 | 1 | 722.00 | 12 | 41.9 | 2 | 683.19 | 23 | 16.9 | 7 |
| *成都 | Chengdu | 18.5 | 14 | 1750.11 | 3 | 16.4 | 21 | 3317.67 | 3 | 16.0 | 10 |
| 昆明 | Kunming | 45.2 | 2 | 550.17 | 19 | 35.1 | 8 | 1493.80 | 15 | 17.5 | 4 |
| *西安 | Xi'an | 28.6 | 8 | 578.17 | 17 | 44.9 | 4 | 2236.06 | 12 | 15.5 | 13 |
| 兰州 | Lanzhou | 39.9 | 3 | 346.83 | 23 | 34.5 | 9 | 749.12 | 22 | 17.1 | 5 |
| 西宁 | Xining | 34.9 | 5 | 308.45 | 24 | 27.0 | 13 | 317.46 | 25 | 17.0 | 6 |
| 银川 | Yinchuan | 32.8 | 6 | 435.47 | 20 | 30.7 | 11 | 316.02 | 26 | 15.1 | 16 |
| 乌鲁木齐 | Urumqi | 10.6 | 20 | 429.99 | 21 | 87.2 | 1 | 834.00 | 21 | 20.0 | 1 |
| 南宁 | Nanning | -7.3 | 26 | 712.29 | 15 | 36.3 | 7 | 1255.59 | 17 | 17.0 | 6 |
| 呼和浩特 | Hohhot | 30.0 | 7 | 209.57 | 25 | -7.9 | 25 | 1022.25 | 20 | 14.9 | 18 |
| **其它省会城市** | **Other Provincial Cities** | | | | | | | | | | |
| 石家庄 | Shijiazhuang | 5.6 | 21 | 1392.30 | 7 | 30.5 | 12 | 1894.80 | 13 | 15.6 | 12 |
| 太原 | Taiyuan | 16.9 | 16 | 428.87 | 22 | 50.7 | 3 | 1129.51 | 18 | 16.1 | 9 |
| *沈阳 | Shenyang | 15.3 | 18 | 1860.70 | 2 | 22.1 | 18 | 2802.20 | 6 | 15.5 | 13 |
| *长春 | Changchun | -2.5 | 25 | 1400.00 | 6 | 25.2 | 14 | 1739.60 | 14 | 15.0 | 17 |
| 合肥 | Hefei | 3.8 | 23 | 1551.40 | 5 | 23.5 | 17 | 1293.62 | 16 | 16.7 | 8 |
| 福州 | Fuzhou | 0.9 | 24 | 829.04 | 14 | 23.8 | 15 | 2259.03 | 11 | 19.1 | 2 |
| 南昌 | Nanchang | 23.0 | 10 | 1118.33 | 11 | 32.1 | 10 | 1116.54 | 19 | 18.4 | 3 |
| *济南 | Jinan | 25.8 | 9 | 701.85 | 16 | 21.8 | 19 | 2323.60 | 9 | 14.9 | 18 |
| 郑州 | Zhengzhou | 18.2 | 15 | 1356.10 | 8 | 17.1 | 20 | 2289.90 | 10 | 15.2 | 15 |
| 长沙 | Changsha | 16.4 | 17 | 1162.75 | 10 | 23.7 | 16 | 2454.71 | 7 | 15.7 | 11 |
| *武汉 | Wuhan | 22.8 | 11 | 1701.04 | 4 | 41.5 | 6 | 3432.43 | 2 | 16.0 | 10 |
| 海口 | Haikou | 21.0 | 13 | 64.46 | 26 | -0.5 | 24 | 436.26 | 24 | 12.7 | 19 |
| *杭州 | Hangzhou | 22.6 | 12 | 851.87 | 13 | 14.0 | 22 | 2944.63 | 5 | 15.5 | 13 |
| *南京 | Nanjing | 13.3 | 19 | 2293.98 | 1 | 25.2 | 14 | 3080.58 | 4 | 15.4 | 14 |
| *哈尔滨 | Harbin | 37.4 | 4 | 1226.60 | 9 | 41.9 | 5 | 2394.60 | 8 | 15.7 | 11 |
| *广州 | Guangzhou | 5.0 | 22 | 577.56 | 18 | 11.7 | 23 | 5977.27 | 1 | 15.2 | 15 |
| **其它副省级城市** | **Other Deputy Provincial Cities** | | | | | | | | | | |
| *大连 | Dalian | 26.1 | | 1678.75 | | 25.2 | | 2224.00 | | 15.5 | |
| *宁波 | Ningbo | 17.1 | | 817.18 | | 22.3 | | 2329.30 | | 15.4 | |
| *厦门 | Xiamen | 18.4 | | 265.43 | | 14.1 | | 882.11 | | 10.2 | |
| *青岛 | Qingdao | 18.8 | | 1853.90 | | 32.1 | | 2564.50 | | 14.9 | |
| *深圳 | Shenzhen | 43.1 | | 514.96 | | 9.6 | | 4008.78 | | 16.5 | |

注：加*号为副省级城市。
a) The cities marked with"*"are deputy provincial cities.

# 16–1 续表4 (continued)

单位：亿美元 (100 million dallors)

| 城市名称 | City | 进出口总额 Total Value of Import and Export | 位次 Ranking | 2012年比2011年增长(%) Growth Rate in 2012 over 2011 (%) | 位次 Ranking | #出口总额 Total Value of Export | 位次 Ranking | 2012年比2011年增长(%) Growth Rate in 2012 over 2011 (%) | 位次 Ranking | 外商直接投资 Foreign Direct Investment | 位次 Ranking |
|---|---|---|---|---|---|---|---|---|---|---|---|
| **全国** | **China** | **39667.60** | | **6.2** | | **20489.35** | | **7.9** | | **1117.00** | |
| **贵州省** | **Guizhou Province** | **66.32** | | **35.7** | | **49.52** | | **65.9** | | **10.46** | |
| **西部省会城市** | **Provincial Capital Cities of Western China** | | | | | | | | | | |
| 贵阳 | Guiyang | 50.51 | 20 | 34.0 | 5 | 42.14 | 18 | 51.6 | 3 | 4.74 | 19 |
| *成都 | Chengdu | 475.39 | 4 | 25.5 | 6 | 303.61 | 4 | 32.4 | 6 | 85.90 | 1 |
| 昆明 | Kunming | 144.10 | 10 | 20.1 | 7 | 56.86 | 15 | -13.9 | 23 | 15.88 | 13 |
| *西安 | Xi'an | 130.14 | 11 | 3.3 | 15 | 72.99 | 11 | 25.3 | 9 | 24.78 | 9 |
| 兰州 | Lanzhou | 33.94 | 23 | 83.4 | 2 | | | | | | |
| 西宁 | Xining | 9.34 | 26 | 14.5 | 10 | 6.62 | 25 | 11.6 | 14 | 0.29 | 23 |
| 银川 | Yinchuan | 13.64 | 25 | 12.7 | 12 | 10.75 | 23 | 32.5 | 5 | 1.46 | 22 |
| 乌鲁木齐 | Urumqi | 103.97 | 14 | 15.2 | 9 | 80.64 | 9 | 20.5 | 12 | 1.90 | 21 |
| 南宁 | Nanning | 41.47 | 22 | 65.2 | 3 | 25.17 | 20 | 51.5 | 4 | 5.03 | 18 |
| 呼和浩特 | Hohhot | 17.01 | 24 | -16.0 | 25 | 8.33 | 24 | -18.6 | 25 | 0.19 | 24 |
| **其它省会城市** | **Other Provincial Cities** | | | | | | | | | | |
| 石家庄 | Shijiazhuang | 129.50 | 12 | -8.7 | 21 | 73.40 | 10 | 3.6 | 17 | 8.50 | 16 |
| 太原 | Taiyuan | 84.74 | 17 | -0.6 | 17 | 42.42 | 17 | 21.1 | 11 | 7.82 | 17 |
| *沈阳 | Shenyang | 127.50 | 13 | 20.1 | 7 | 59.70 | 13 | 23.6 | 10 | 58.00 | 2 |
| *长春 | Changchun | 196.80 | 8 | 13.5 | 11 | 29.00 | 19 | 27.9 | 7 | 8.50 | 16 |
| 合肥 | Hefei | 176.42 | 9 | 43.3 | 4 | 136.28 | 7 | 74.3 | 2 | 16.01 | 12 |
| 福州 | Fuzhou | 311.33 | 6 | -10.3 | 22 | 211.46 | 5 | -12.3 | 22 | 13.39 | 14 |
| 南昌 | Nanchang | 82.87 | 18 | 5.2 | 13 | 64.66 | 12 | 14.4 | 13 | 19.03 | 10 |
| *济南 | Jinan | 91.47 | 15 | -12.1 | 24 | 57.20 | 14 | -5.4 | 20 | 12.20 | 15 |
| 郑州 | Zhengzhou | 358.30 | 5 | 124 | 1 | 202.60 | 6 | 110.3 | 1 | 34.30 | 7 |
| 长沙 | Changsha | 86.83 | 16 | 16.1 | 8 | 51.74 | 16 | 26.7 | 8 | 29.77 | 8 |
| *武汉 | Wuhan | 203.54 | 7 | -11 | 23 | 107.48 | 8 | -8.3 | 21 | 44.44 | 5 |
| 海口 | Haikou | 42.16 | 21 | -0.7 | 18 | 17.98 | 22 | 6.2 | 15 | 4.53 | 20 |
| *杭州 | Hangzhou | 616.80 | 2 | -3.6 | 19 | 412.60 | 2 | -0.6 | 19 | 49.61 | 3 |
| *南京 | Nanjing | 552.35 | 3 | -3.7 | 20 | 319.01 | 3 | 3.4 | 18 | 41.30 | 6 |
| *哈尔滨 | Harbin | 53.30 | 19 | 4.2 | 14 | 18.60 | 21 | -17.8 | 24 | 19.00 | 11 |
| *广州 | Guangzhou | 1171.31 | 1 | 0.8 | 16 | 589.12 | 1 | 4.3 | 16 | 45.75 | 4 |
| **其它副省级城市** | **Other Deputy Provincial Cities** | | | | | | | | | | |
| *大连 | Dalian | 641.13 | | 6.8 | | 346.82 | | 11.2 | | 123.50 | |
| *宁波 | Ningbo | 965.70 | | -1.6 | | 614.50 | | 1.0 | | 28.53 | |
| *厦门 | Xiamen | 744.91 | | 6.2 | | 454.02 | | 6.5 | | 17.75 | |
| *青岛 | Qingdao | 732.08 | | 4.2 | | 408.20 | | 3.6 | | 46.00 | |
| *深圳 | Shenzhen | 4667.85 | | 12.7 | | 2713.70 | | 10.5 | | 52.29 | |

注：加*号为副省级城市。

a) The cities marked with“*”are deputy provincial cities.

## 16-1 续表5 (continued)

单位：亿元 (100 million yuan)

| 城市名称 | City | 2012年比2011年增长(%) Growth Rate in 2012 over 2011 (%) | 位次 Ranking | 公共财政预算收入 Public Finance Budget Revenue | 位次 Ranking | 2012年比2011年增长(%) Growth Rate in 2012 over 2011 (%) | 位次 Ranking | 公共财政预算支出 Public Finance Budget Expenditure | 位次 Ranking | 2012年比2011年增长(%) Growth Rate in 2012 over 2011 (%) | 位次 Ranking |
|---|---|---|---|---|---|---|---|---|---|---|---|
| **全　国** | **China** | **-3.7** | | **117210.00** | | **12.8** | | **125712.00** | | **15.1** | |
| **贵州省** | **Guizhou Province** | **55.4** | | **1014.05** | | **31.2** | | **2755.68** | | **22.5** | |
| **西部省会城市** | **Provincial Capital Cities of Western China** | | | | | | | | | | |
| 贵　阳 | Guiyang | 70.1 | 2 | 241.19 | 18 | 28.9 | 1 | 349.33 | 18 | 25.9 | 2 |
| *成　都 | Chengdu | 31.1 | 3 | 781.02 | 4 | 18.9 | 15 | 982.25 | 2 | 15.8 | 15 |
| 昆　明 | Kunming | 24.7 | 4 | 378.40 | 13 | 19.1 | 14 | 525.54 | 13 | 19.0 | 10 |
| *西　安 | Xi'an | 23.6 | 5 | 396.96 | 9 | 24.6 | 3 | 597.49 | 10 | 20.8 | 6 |
| 兰　州 | Lanzhou | | | 103.73 | 25 | 19.9 | 12 | 202.43 | 23 | 15.4 | 17 |
| 西　宁 | Xining | -32.8 | 24 | 122.71 | 23 | 20.4 | 10 | 185.32 | 25 | 23.5 | 5 |
| 银　川 | Yinchuan | -22.0 | 23 | 113.13 | 24 | 20.7 | 9 | 189.53 | 24 | 26.7 | 1 |
| 乌鲁木齐 | Urumqi | 21.0 | 7 | 252.01 | 17 | 22.2 | 7 | 295.60 | 20 | 24.0 | 3 |
| 南　宁 | Nanning | 17.2 | 10 | 229.73 | 20 | 23.3 | 5 | 364.02 | 17 | 20.4 | 8 |
| 呼和浩特 | Hohhot | -76.9 | 25 | 178.60 | 22 | 18.0 | 17 | 276.30 | 22 | 8.2 | 23 |
| **其它省会城市** | **Other Provincial Cities** | | | | | | | | | | |
| 石家庄 | Shijiazhuang | 130.9 | 1 | 272.27 | 16 | 23.1 | 6 | 458.06 | 15 | 13.5 | 20 |
| 太　原 | Taiyuan | 15.2 | 12 | 215.67 | 21 | 23.4 | 4 | 277.51 | 21 | 16.0 | 14 |
| *沈　阳 | Shenyang | 5.5 | 20 | 715.00 | 6 | 15.3 | 20 | 765.10 | 6 | 19.7 | 9 |
| *长　春 | Changchun | 9.9 | 18 | 340.80 | 15 | 18.1 | 16 | 555.50 | 12 | 7.1 | 24 |
| 合　肥 | Hefei | 23.1 | 6 | 389.50 | 10 | 15.1 | 22 | 572.10 | 11 | 20.5 | 7 |
| 福　州 | Fuzhou | 4.8 | 22 | 382.01 | 11 | 19.4 | 13 | 409.37 | 16 | 12.7 | 22 |
| 南　昌 | Nanchang | 13.1 | 14 | 240.02 | 19 | 28.3 | 2 | 345.51 | 19 | 15.4 | 17 |
| *济　南 | Jinan | 10.9 | 16 | 380.82 | 12 | 17.0 | 18 | 461.42 | 14 | 16.6 | 12 |
| 郑　州 | Zhengzhou | 10.6 | 17 | 606.70 | 7 | 20.8 | 8 | 700.60 | 7 | 23.7 | 4 |
| 长　沙 | Changsha | 14.4 | 13 | 490.65 | 8 | 15.2 | 21 | 616.59 | 9 | 18.4 | 11 |
| *武　汉 | Wuhan | 18.2 | 9 | 828.58 | 3 | 23.1 | 6 | 874.78 | 3 | 14.3 | 19 |
| 海　口 | Haikou | 11.1 | 15 | 73.17 | 26 | 20.1 | 11 | 113.81 | 26 | 14.5 | 18 |
| *杭　州 | Hangzhou | 5.1 | 21 | 859.99 | 2 | 9.5 | 24 | 786.28 | 4 | 5.2 | 25 |
| *南　京 | Nanjing | 15.8 | 11 | 733.02 | 5 | 15.4 | 19 | 769.81 | 5 | 15.6 | 16 |
| *哈尔滨 | Harbin | 18.8 | 8 | 354.70 | 14 | 18.1 | 16 | 643.60 | 8 | 16.5 | 13 |
| *广　州 | Guangzhou | 7.1 | | 1102.25 | 1 | 12.5 | 23 | 1343.76 | 1 | 13.3 | 21 |
| **其它副省级城市** | **Other Deputy Provincial Cities** | | | | | | | | | | |
| *大　连 | Dalian | 12.2 | | 750.10 | | 15.2 | | 891.00 | | 21.2 | |
| *宁　波 | Ningbo | 1.5 | | 725.50 | | 10.3 | | 828.44 | | 10.4 | |
| *厦　门 | Xiamen | 2.8 | | 422.91 | | 14.1 | | 460.71 | | 16.8 | |
| *青　岛 | Qingdao | 27.8 | | 670.20 | | 18.4 | | 766.00 | | 16.3 | |
| *深　圳 | Shenzhen | 13.7 | | 1482.08 | | 10.6 | | 1565.71 | | -1.6 | |

注：加*号为副省级城市。

a) The cities marked with"*"are deputy provincial cities.

## 16-1 续表6 (continued)

单位：亿元 (100 million yuan)

| 城市名称 | City | 全金融机构人民币存款余额 Balance of Deposits in All Financial Institutions | 位次 Ranking | 比年初增长(%) Growth Rate over the Year Beginning (%) | 位次 Ranking | 城乡居民储蓄存款余额 Balance of Savings Deposits in Urban and Rural Areas | 位次 Ranking | 比年初增长(%) Growth Rate over the Year Beginning (%) | 位次 Ranking | 全金融机构人民币贷款余额 Balance of Loans in All Financial Institutions | 位次 Ranking |
|---|---|---|---|---|---|---|---|---|---|---|---|
| **全 国** | **China** | **917554.77** | | **13.3** | | **399551.04** | | **14.5** | | **629909.64** | |
| **贵州省** | **Guizhou Province** | **10540.06** | | **20.6** | | **4847.79** | | **22.2** | | **8274.78** | |
| **西部省会城市** | **Provincial Capital Cities of Western China** | | | | | | | | | | |
| 贵 阳 | Guiyang | 4394.37 | 22 | 21.9 | 2 | 1498.20 | 22 | 19.8 | 4 | 3479.47 | 22 |
| *成 都 | Chengdu | 20354.00 | 2 | 19.1 | 7 | 7060.00 | 2 | 18.8 | 7 | 15630.00 | 3 |
| 昆 明 | Kunming | 8839.46 | 11 | 17.0 | 12 | 2967.02 | 13 | 13.4 | 20 | 8165.49 | 8 |
| *西 安 | Xi'an | 12125.53 | 6 | 16.3 | 15 | 4787.03 | 4 | 15.2 | 18 | 8635.22 | 6 |
| 兰 州 | Lanzhou | 4589.26 | 21 | 19.7 | 4 | 1743.18 | 20 | 17.8 | 12 | 3672.85 | 21 |
| 西 宁 | Xining | 2364.86 | 25 | 26.8 | 1 | 823.15 | 26 | 21.9 | 3 | 2257.50 | 26 |
| 银 川 | Yinchuan | 2108.28 | 26 | 16.8 | 13 | 901.47 | 25 | 24.3 | 1 | 2282.97 | 25 |
| 乌鲁木齐 | Urumqi | 4819.11 | 20 | 18.1 | 10 | 1715.97 | 21 | 16.7 | 14 | 3245.33 | 23 |
| 南 宁 | Nanning | 5627.18 | 19 | 19.0 | 8 | 1863.80 | 18 | 17.9 | 11 | 5501.28 | 17 |
| 呼和浩特 | Hohhot | 3805.76 | 23 | 19.4 | 6 | 1243.27 | 23 | 18.0 | 10 | 3707.22 | 20 |
| **其它省会城市** | **Other Provincial Cities** | | | | | | | | | | |
| 石家庄 | Shijiazhuang | 7640.75 | 13 | 13.8 | 19 | 3735.50 | 9 | 15.2 | 18 | 3995.07 | 19 |
| 太 原 | Taiyuan | 8902.46 | 10 | 17.4 | 11 | 3021.50 | 11 | 13.3 | 21 | 6376.21 | 13 |
| *沈 阳 | Shenyang | 10275.40 | 8 | 15.5 | 17 | 4318.80 | 7 | 15.8 | 15 | 7852.70 | 9 |
| *长 春 | Changchun | 6578.30 | 17 | 18.1 | 10 | 2767.40 | 16 | 18.4 | 8 | 5727.20 | 15 |
| 合 肥 | Hefei | 6913.84 | 16 | 20.1 | 3 | 2065.57 | 17 | 22.3 | 2 | 6136.03 | 14 |
| 福 州 | Fuzhou | 7635.71 | 14 | 13.9 | 18 | 2929.92 | 14 | 15.3 | 17 | 6644.53 | 12 |
| 南 昌 | Nanchang | 5723.14 | 18 | 12.6 | 20 | 1853.57 | 19 | 15.6 | 16 | 4728.01 | 18 |
| *济 南 | Jinan | 9798.50 | 9 | 18.4 | 9 | 2888.70 | 15 | 19.0 | 5 | 7406.20 | 10 |
| 郑 州 | Zhengzhou | 10448.30 | 7 | 16.5 | 14 | 3845.50 | 8 | 18.2 | 9 | 6794.10 | 11 |
| 长 沙 | Changsha | 8800.70 | 12 | 19.5 | 5 | 3004.10 | 12 | 18.9 | 6 | 8518.93 | 7 |
| *武 汉 | Wuhan | 12929.26 | 5 | 13.8 | 19 | 4683.37 | 5 | 17.2 | 13 | 10627.60 | 5 |
| 海 口 | Haikou | 2582.97 | 24 | 11.7 | 23 | 952.15 | 24 | 13.2 | 22 | 2425.78 | 24 |
| *杭 州 | Hangzhou | 19599.85 | 3 | 8.2 | 24 | 6022.00 | 3 | 9.7 | 24 | 17215.93 | 2 |
| *南 京 | Nanjing | 16131.41 | 4 | 15.7 | 16 | 4465.37 | 6 | 14.2 | 19 | 12314.41 | 4 |
| *哈尔滨 | Harbin | 7360.30 | 15 | 12.3 | 22 | 3381.20 | 10 | 15.6 | 16 | 5558.00 | 16 |
| *广 州 | Guangzhou | 29006.99 | 1 | 12.4 | 21 | 11310.69 | 1 | 12.7 | 23 | 18023.02 | 1 |
| **其它副省级城市** | **Other Deputy Provincial Cities** | | | | | | | | | | |
| *大 连 | Dalian | 10322.30 | | 13.5 | | | | | | 8127.40 | |
| *宁 波 | Ningbo | 11602.30 | | 11.2 | | 4176.00 | | 13.9 | | 11300.30 | |
| *厦 门 | Xiamen | 5151.40 | | 9.7 | | 1680.19 | | 12.1 | | 4555.91 | |
| *青 岛 | Qingdao | 9435.00 | | 9.2 | | 3758.00 | | 17.5 | | 7947.00 | |
| *深 圳 | Shenzhen | 27378.63 | | 13.7 | | 8661.04 | | 11.6 | | 18020.11 | |

注：加*号为副省级城市；全国和贵州省为比上年同期增长。

a) The cities marked with"*"are deputy provincial cities.

## 16–1 续表7 (continued)

单位：元 (yuan)

| 城市名称 | City | 比年初增长(%) Growth Rate over the Year Beginning (%) | 位次 Ranking | 城市居民人均可支配收入 Per Capital Annual Disposable Income of Urban Households | 位次 Ranking | 2012年比2011年增长(%) Growth Rate in 2012 over 2011 (%) | 位次 Ranking | 城市居民人均消费性支出 Per Capital Annual Consumption Expenditure of Urban Residents | 位次 Ranking | 2012年比2011年增长(%) Growth Rate in 2012 over 2011 (%) | 位次 Ranking |
|---|---|---|---|---|---|---|---|---|---|---|---|
| **全国** | **China** | **15.0** | | **24565** | | **12.6** | | | | | |
| **贵州省** | **Guizhou Province** | **20.9** | | **18701** | | **13.4** | | **12586** | | **10.9** | |
| **西部省会城市** | **Provincial Capital Cities of Western China** | | | | | | | | | | |
| 贵阳 | Guiyang | 15.5 | 8 | 21796 | 23 | 12.2 | 17 | 15718 | 20 | 9.9 | 12 |
| *成都 | Chengdu | 13.6 | 14 | 27194 | 9 | 13.6 | 7 | 19054 | 10 | 7.1 | 18 |
| 昆明 | Kunming | 12.0 | 18 | 25706 | 12 | 17.0 | 1 | 16990 | 15 | 20.4 | 1 |
| *西安 | Xi'an | 14.1 | 11 | 29982 | 7 | 15.4 | 3 | 21434 | 4 | 11.0 | 8 |
| 兰州 | Lanzhou | 25.9 | 2 | 18443 | 24 | 15.6 | 2 | | | | |
| 西宁 | Xining | 21.7 | 3 | 17634 | 26 | 11.3 | 20 | 12114 | 25 | 14.8 | 5 |
| 银川 | Yinchuan | 17.4 | 4 | 21900 | 22 | 12.4 | 15 | 16390 | 18 | 9.8 | 13 |
| 乌鲁木齐 | Urumqi | 27.1 | 1 | 18400 | 25 | 14.0 | 5 | 13785 | 23 | 17.3 | 3 |
| 南宁 | Nanning | 13.5 | 15 | 22561 | 19 | 12.8 | 12 | 15292 | 21 | 10.5 | 9 |
| 呼和浩特 | Hohhot | 15.3 | 9 | 32646 | 4 | 13.1 | 10 | 21095 | 5 | 10.4 | 10 |
| **其它省会城市** | **Other Provincial Cities** | | | | | | | | | | |
| 石家庄 | Shijiazhuang | 9.9 | 22 | 23038 | 16 | 12.2 | 17 | 13378 | 24 | 6.9 | 19 |
| 太原 | Taiyuan | 12.5 | 16 | 22587 | 18 | 12.1 | 18 | 13970 | 22 | 6.6 | 20 |
| *沈阳 | Shenyang | 14.0 | 12 | 26431 | 11 | 13.3 | 8 | 20002 | 8 | 10.2 | 11 |
| *长春 | Changchun | 11.1 | 19 | 22970 | 17 | 12.1 | 18 | 17863 | 13 | 9.4 | 15 |
| 合肥 | Hefei | 16.7 | 6 | 25434 | 13 | 13.2 | 9 | 18758 | 12 | 19.5 | 2 |
| 福州 | Fuzhou | 15.2 | 10 | 29399 | 8 | 12.9 | 11 | 20040 | 6 | 12.3 | 7 |
| 南昌 | Nanchang | 16.3 | 7 | 23602 | 15 | 13.8 | 6 | 16450 | 17 | 8.0 | 17 |
| *济南 | Jinan | 7.4 | 24 | 32570 | 5 | 12.7 | 13 | 20032 | 7 | 11.0 | 8 |
| 郑州 | Zhengzhou | 11.1 | 19 | 25301 | 14 | 12.6 | 14 | 16779 | 16 | 14.9 | 4 |
| 长沙 | Changsha | 13.8 | 13 | 30288 | 6 | 14.5 | 4 | 19460 | 9 | 9.4 | 15 |
| *武汉 | Wuhan | 12.2 | 17 | 27061 | 10 | 14.0 | 5 | 18813 | 11 | 9.8 | 13 |
| 海口 | Haikou | 17.3 | 5 | 22331 | 21 | 13.2 | 9 | 15736 | 19 | 9.7 | 14 |
| *杭州 | Hangzhou | 8.3 | 23 | 37511 | 2 | 10.1 | 21 | 22800 | 3 | 0.7 | 21 |
| *南京 | Nanjing | 10.7 | 20 | 36322 | 3 | 12.8 | 12 | 23493 | 2 | 13.1 | 6 |
| *哈尔滨 | Harbin | 14.1 | 11 | 22499 | 20 | 12.3 | 16 | 17615 | 14 | 8.5 | 16 |
| *广州 | Guangzhou | 10.3 | 21 | 38054 | 1 | 11.4 | 13 | 30490 | 1 | 9.8 | 13 |
| **其它副省级城市** | **Other Deputy Provincial Cities** | | | | | | | | | | |
| *大连 | Dalian | 13.4 | | 27539 | | 13.4 | | | | | |
| *宁波 | Ningbo | 10.7 | | 37902 | | 11.3 | | 23288 | | 6.9 | |
| *厦门 | Xiamen | 12.9 | | 37576 | | 11.9 | | 24922 | | 11.7 | |
| *青岛 | Qingdao | 14.3 | | 32145 | | 12.5 | | 20391 | | 5.7 | |
| *深圳 | Shenzhen | 10.2 | | 40742 | | 11.6 | | 26728 | | 11.0 | |

注：加*号为副省级城市。
a) The cities marked with“*”are deputy provincial cities.

## 16—1 续表8 (continued)

单位：元 (yuan)

| 城市名称 | City | 农民人均纯收入 Per Capital Annual Net Income of Rural Residents | 位次 Ranking | 2012年比2011年增长(%) Growth Rate in 2012 over 2011 (%) | 位次 Ranking | 居民消费价格指数(%) CPI (%) | 位次 Ranking | 2012年比2011年增长(%) Growth Rate in 2012 over 2011 (%) | 位次 Ranking |
|---|---|---|---|---|---|---|---|---|---|
| **全　国** | **China** | **7917** | | **13.5** | | **102.6** | | **2.6** | |
| **贵州省** | **Guizhou Province** | **4753** | | **14.7** | | **102.7** | | **2.7** | |
| **西部省会城市** | **Provincial Capital Cities of Western China** | | | | | | | | |
| 贵　阳 | Guiyang | 8488 | 21 | 15.0 | 9 | 102.6 | 9 | 2.6 | 9 |
| *成　都 | Chengdu | 11301 | 12 | 14.2 | 11 | 103.0 | 5 | 3.0 | 5 |
| 昆　明 | Kunming | 8200 | 22 | 18.0 | 4 | 103.1 | 4 | 3.1 | 4 |
| *西　安 | Xi'an | 11442 | 10 | 16.9 | 6 | 102.8 | 7 | 2.8 | 7 |
| 兰　州 | Lanzhou | 6224 | 26 | 18.5 | 3 | 102.4 | 11 | 2.4 | 11 |
| 西　宁 | Xining | 7802 | 24 | 17.6 | 5 | 102.7 | 8 | 2.7 | 8 |
| 银　川 | Yinchuan | 8068 | 23 | 14.1 | 12 | 102.6 | 9 | 2.6 | 9 |
| 乌鲁木齐 | Urumqi | 10356 | 14 | 22.8 | 1 | 103.4 | 1 | 3.4 | 1 |
| 南　宁 | Nanning | 6777 | 25 | 15.9 | 7 | 102.9 | 6 | 2.9 | 6 |
| 呼和浩特 | Hohhot | 11361 | 11 | 13.2 | 16 | 103.1 | 4 | 3.1 | 4 |
| **其它省会城市** | **Other Provincial Cities** | | | | | | | | |
| 石家庄 | Shijiazhuang | 8993 | 19 | 15.0 | 9 | 102.8 | 7 | 2.8 | 7 |
| 太　原 | Taiyuan | 10079 | 15 | 13.4 | 15 | 102.1 | 14 | 2.1 | 14 |
| *沈　阳 | Shenyang | 13045 | 5 | 12.7 | 18 | 103.0 | 5 | 3.0 | 5 |
| *长　春 | Changchun | 8570 | 20 | 12.1 | 19 | 102.3 | 12 | 2.3 | 12 |
| 合　肥 | Hefei | 9081 | 17 | 15.5 | 8 | 102.2 | 13 | 2.2 | 13 |
| 福　州 | Fuzhou | 11492 | 8 | 13.7 | 14 | 102.2 | 13 | 2.2 | 13 |
| 南　昌 | Nanchang | 9730 | 16 | 14.7 | 10 | 102.9 | 6 | 2.9 | 6 |
| *济　南 | Jinan | 11786 | 7 | 13.2 | 16 | 102.4 | 11 | 2.4 | 11 |
| 郑　州 | Zhengzhou | 12531 | 6 | 13.4 | 15 | 102.7 | 8 | 2.7 | 8 |
| 长　沙 | Changsha | 15763 | 3 | 17.6 | 5 | 102.3 | 12 | 2.3 | 12 |
| *武　汉 | Wuhan | 11190 | 13 | 14.0 | 13 | 102.8 | 7 | 2.8 | 7 |
| 海　口 | Haikou | 9048 | 18 | 8.1 | 21 | 103.3 | 2 | 3.3 | 2 |
| *杭　州 | Hangzhou | 17017 | 1 | 11.6 | 20 | 102.5 | 10 | 2.5 | 10 |
| *南　京 | Nanjing | 14786 | 4 | 12.8 | 17 | 102.7 | 8 | 2.7 | 8 |
| *哈尔滨 | Harbin | 11443 | 9 | 19.1 | 2 | 103.2 | 3 | 3.2 | 3 |
| *广　州 | Guangzhou | 16898 | 2 | 14.0 | 13 | 103.0 | 5 | 3.0 | 5 |
| **其它副省级城市** | **Other Deputy Provincial Cities** | | | | | | | | |
| *大　连 | Dalian | 15990 | | 12.5 | | 103.4 | | 3.4 | |
| *宁　波 | Ningbo | 18475 | | 11.8 | | 101.7 | | 1.7 | |
| *厦　门 | Xiamen | 13455 | | 12.8 | | 102.1 | | 2.1 | |
| *青　岛 | Qingdao | 13990 | | 13.1 | | 102.7 | | 2.7 | |
| *深　圳 | Shenzhen | | | | | 102.8 | | 2.8 | |

注：加*号为副省级城市。

a) The cities marked with"*"are deputy provincial cities.

17

Seven-teen

# 主要年份指标

# Major Indicators in Main Years

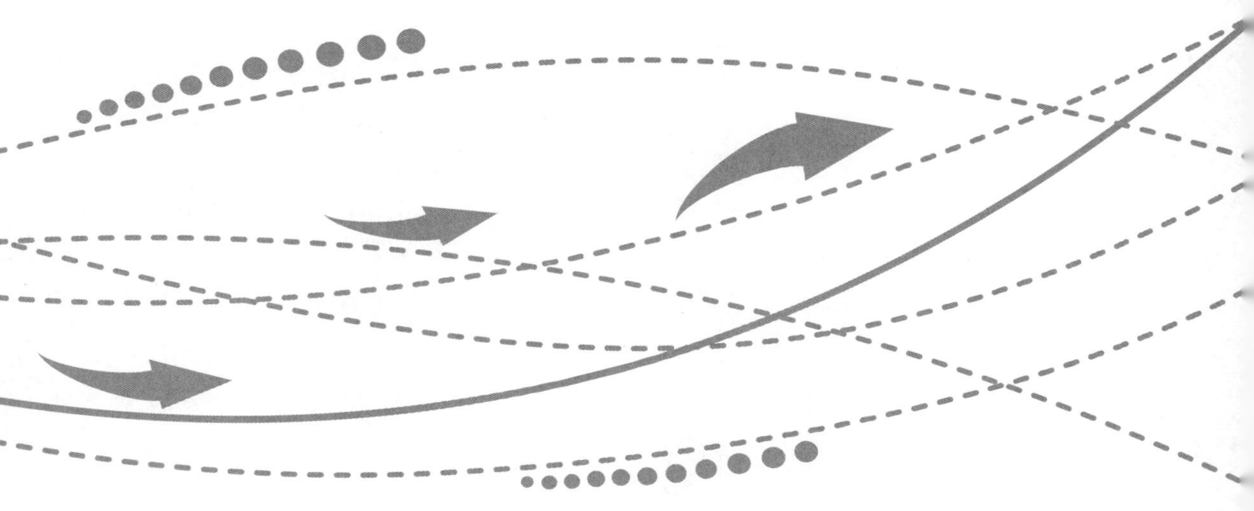

# 17–1 全市从业人员年末数
# Number of Employed Persons at Year-end

单位：万人 (10 000 persons)

| 年 份 Year | 从业人员 Number of Employed Persons | 第一产业 Primary Industry | 第二产业 Secondary Industry | 第三产业 Tertiary Industry | 城镇私营（含个体） Urban Private Enterprises (Self-employed Individuals) | 农村从业人员 Rural Employed Persons |
|---|---|---|---|---|---|---|
| 1978 | 102.69 | 51.36 | 32.04 | 19.29 | 0.66 | 52.19 |
| 1979 | 104.70 | 50.97 | 34.61 | 19.12 | 0.72 | 51.89 |
| 1980 | 107.94 | 52.12 | 35.59 | 20.23 | 0.98 | 53.15 |
| 1981 | 111.82 | 53.12 | 35.86 | 22.84 | 1.37 | 55.13 |
| 1982 | 114.92 | 54.69 | 36.30 | 23.93 | 1.56 | 56.81 |
| 1983 | 116.09 | 54.72 | 36.65 | 24.72 | 1.86 | 58.29 |
| 1984 | 125.17 | 55.84 | 39.67 | 29.66 | 2.59 | 60.93 |
| 1985 | 133.41 | 56.89 | 46.75 | 29.77 | 2.92 | 63.98 |
| 1986 | 139.64 | 59.57 | 45.85 | 34.22 | 5.02 | 65.97 |
| 1987 | 143.07 | 62.16 | 48.69 | 32.22 | 3.71 | 68.55 |
| 1988 | 146.47 | 67.70 | 48.51 | 33.26 | 3.96 | 71.50 |
| 1989 | 152.09 | 68.67 | 48.95 | 34.47 | 4.98 | 76.61 |
| 1990 | 159.57 | 71.50 | 49.99 | 38.08 | 5.15 | 80.89 |
| 1991 | 164.06 | 72.42 | 52.77 | 38.87 | 5.44 | 81.25 |
| 1992 | 169.85 | 74.77 | 52.20 | 42.88 | 5.24 | 83.76 |
| 1993 | 173.71 | 76.93 | 53.00 | 43.78 | 6.06 | 88.46 |
| 1994 | 181.94 | 79.11 | 56.28 | 46.55 | 4.11 | 90.63 |
| 1995 | 184.28 | 78.07 | 56.29 | 49.94 | 9.02 | 84.96 |
| 1996 | 189.73 | 78.85 | 56.00 | 54.88 | 17.28 | 94.71 |
| 1997 | 195.86 | 77.79 | 59.96 | 58.11 | 18.78 | 96.98 |
| 1998 | 200.35 | 77.24 | 63.27 | 59.84 | 19.82 | 98.95 |
| 1999 | 200.58 | 79.32 | 59.40 | 61.86 | 19.66 | 99.73 |
| 2000 | 204.29 | 87.01 | 53.70 | 63.58 | 24.55 | 116.83 |
| 2001 | 202.75 | 79.52 | 52.21 | 71.02 | 27.83 | 105.69 |
| 2002 | 205.06 | 76.39 | 51.41 | 77.26 | 29.52 | 106.04 |
| 2003 | 210.15 | 77.95 | 52.75 | 79.45 | 29.83 | 109.38 |
| 2004 | 211.66 | 72.98 | 55.33 | 83.35 | 38.41 | 110.24 |
| 2005 | 200.52 | 94.01 | 37.18 | 69.34 | 21.81 | 111.08 |
| 2006 | 206.69 | 93.17 | 39.39 | 74.14 | 24.35 | 115.19 |
| 2007 | 204.89 | 85.40 | 39.93 | 79.55 | 26.95 | 114.75 |
| 2008 | 209.74 | 81.41 | 42.03 | 86.31 | 28.46 | 117.60 |
| 2009 | 213.42 | 76.62 | 45.25 | 91.55 | 35.05 | 116.66 |
| 2010 | 212.98 | 70.40 | 46.49 | 96.09 | 46.65 | 118.83 |
| 2011 | 217.93 | 65.73 | 48.93 | 103.26 | 44.02 | 118.41 |
| 2012 | 223.57 | 61.07 | 54.72 | 107.78 | 40.47 | 117.48 |

注：2005－2010年为第六次人口普查调整数。

a) The data from 2005 to 2010 come from the adjusted figures of the sixth national census.

# 17–2 全市年末职工人数与工资总额
# Number of Staff and Workers Employed and Their Total Wages at Year-end

| 年 份 Year | 职工人数 (万 人) Number of Staff Members (10 000persons) | 国有单位 State-owned Units | 城镇集体单位 Urban Collective-owned Units | 其它经济类型 Others | 全部职工工资总额 (万 元) Total Salary Value of All Staff(10 000yuan) | 国有单位 State-owned Units | 城镇集体单位 Urban Collective-owned Units | 其它经济类型 Others | 在岗职工平均工资 (元) Average Salary of Employed Persons(yuan) |
|---|---|---|---|---|---|---|---|---|---|
| 1978 | 49.84 | 37.01 | 12.83 | | 29466 | 23411 | 5876 | | |
| 1979 | 52.10 | 38.58 | 13.52 | | 33116 | 26859 | 6089 | | |
| 1980 | 53.80 | 40.30 | 13.50 | | 39884 | 32369 | 7419 | | |
| 1981 | 55.32 | 42.46 | 13.86 | | 41777 | 33352 | 8298 | | |
| 1982 | 56.55 | 43.53 | 14.02 | | 43699 | 34756 | 8967 | | |
| 1983 | 55.94 | 42.77 | 14.17 | | 45583 | 35490 | 9730 | | |
| 1984 | 56.79 | 43.18 | 14.53 | 0.08 | 53492 | 41153 | 12160 | | |
| 1985 | 60.05 | 43.12 | 16.43 | 0.50 | 64125 | 51292 | 12833 | | |
| 1986 | 61.61 | 45.53 | 16.02 | 0.06 | 73409 | 59618 | 13748 | 43 | |
| 1987 | 63.26 | 46.90 | 16.34 | 0.02 | 82510 | 67533 | 14929 | 48 | |
| 1988 | 63.77 | 48.05 | 15.59 | 0.13 | 97748 | 107830 | 16819 | 98 | |
| 1989 | 64.32 | 49.25 | 14.87 | 0.20 | 109392 | 91423 | 17662 | 306 | |
| 1990 | 68.31 | 50.68 | 17.23 | 0.39 | 134771 | 109630 | 24155 | 985 | |
| 1991 | 70.33 | 51.67 | 18.28 | 0.38 | 149080 | 119246 | 28633 | 1200 | |
| 1992 | 71.22 | 51.78 | 18.79 | 0.65 | 173728 | 137969 | 33572 | 2186 | |
| 1993 | 72.71 | 52.92 | 18.83 | 0.96 | 209844 | 164713 | 41114 | 4016 | |
| 1994 | 70.75 | 52.84 | 16.95 | 0.95 | 280397 | 228097 | 47217 | 5083 | |
| 1995 | 66.60 | 51.85 | 12.64 | 1.98 | 316787 | 263713 | 41337 | 11736 | |
| 1996 | 68.32 | 52.23 | 13.20 | 2.89 | 366122 | 296943 | 50759 | 18420 | 5461 |
| 1997 | 69.00 | 52.76 | 13.29 | 2.95 | 397699 | 324947 | 50808 | 21944 | 5814 |
| 1998 | 60.99 | 42.58 | 10.45 | 7.96 | 397802 | 284117 | 51178 | 62507 | 6588 |
| 1999 | 55.55 | 38.82 | 8.57 | 8.16 | 419681 | 308397 | 47082 | 64202 | 7592 |
| 2000 | 53.62 | 38.00 | 7.44 | 8.18 | 473641 | 351290 | 46795 | 75556 | 8784 |
| 2001 | 50.11 | 36.09 | 5.57 | 8.45 | 525095 | 404655 | 39109 | 81331 | 10611 |
| 2002 | 53.95 | 37.82 | 5.22 | 10.91 | 575551 | 428048 | 38616 | 108887 | 10987 |
| 2003 | 55.45 | 35.26 | 5.06 | 15.13 | 664234 | 449066 | 39755 | 175413 | 12182 |
| 2004 | 57.30 | 34.98 | 4.53 | 17.79 | 791311 | 527475 | 38079 | 225757 | 14099 |
| 2005 | 60.59 | 36.73 | 4.13 | 19.73 | 964896 | 640431 | 42929 | 281536 | 16553 |
| 2006 | 59.11 | 35.58 | 3.44 | 20.10 | 1086325 | 722524 | 44864 | 318937 | 18524 |
| 2007 | 65.31 | 39.76 | 3.26 | 22.28 | 1420653 | 949233 | 54442 | 416977 | 22581 |
| 2008 | 64.52 | 38.93 | 3.13 | 22.46 | 1704279 | 1142652 | 54080 | 507547 | 26388 |
| 2009 | 66.25 | 37.86 | 2.60 | 25.79 | 1803395 | 1134357 | 49720 | 619318 | 28026 |
| 2010 | 69.84 | 41.08 | 2.35 | 26.41 | 2087789 | 1311053 | 45471 | 731265 | 31192 |
| 2011 | 72.15 | 40.54 | 2.39 | 29.22 | 2742300 | 1742040 | 53787 | 946474 | 38674 |
| 2012 | 75.86 | 37.97 | 1.61 | 36.28 | 3236338 | 1798308 | 51845 | 1386185 | 42974 |

注：1998年以后的职工人数、工资总额为在岗职工口径；2011年职工平均工资包含劳务派遣人员。

a) The number of employed persons and the total revenue of salaries after 1998 referred to the standard of employed persons; The average salary of employed persons includes those of dispatchers.

# 17–3 全市生产总值
# Gross Domestic Product

(当年价 current price)

| 年 份<br>Year | 生产总值<br>(万 元)<br>GDP<br>(10 000yuan) | | | | 三次产业构成(%)<br>Composition in Percentage(%) | | |
|---|---|---|---|---|---|---|---|
| | | 第一产业<br>Primary<br>Industry | 第二产业<br>Secondary<br>Industry | 第三产业<br>Tertiary<br>Industry | 第一产业<br>Primary<br>Industry | 第二产业<br>Secondary<br>Industry | 第三产业<br>Tertiary<br>Industry |
| 1978 | 107690 | 14397 | 70431 | 22862 | 13.4 | 65.4 | 21.2 |
| 1979 | 124916 | 15407 | 83509 | 26000 | 12.3 | 66.9 | 20.8 |
| 1980 | 141506 | 17245 | 95319 | 28942 | 12.2 | 67.4 | 20.5 |
| 1981 | 147901 | 21118 | 93196 | 33587 | 14.3 | 63.0 | 22.7 |
| 1982 | 164450 | 24851 | 102662 | 36937 | 15.1 | 62.4 | 22.4 |
| 1983 | 203635 | 26134 | 129612 | 47889 | 12.8 | 63.7 | 23.5 |
| 1984 | 254855 | 33954 | 154675 | 66226 | 13.3 | 60.7 | 26.0 |
| 1985 | 321865 | 33546 | 203833 | 84486 | 10.4 | 63.3 | 26.3 |
| 1986 | 357145 | 39171 | 223663 | 94311 | 11.0 | 62.6 | 26.4 |
| 1987 | 403620 | 47769 | 250578 | 105273 | 11.8 | 62.1 | 26.1 |
| 1988 | 451562 | 60834 | 266003 | 124725 | 13.5 | 58.9 | 27.6 |
| 1989 | 536413 | 65565 | 328769 | 142079 | 12.2 | 61.3 | 26.5 |
| 1990 | 602246 | 61985 | 349856 | 190405 | 10.3 | 58.1 | 31.6 |
| 1991 | 711129 | 76889 | 401664 | 232576 | 10.8 | 56.5 | 32.7 |
| 1992 | 833254 | 79843 | 458544 | 294867 | 9.6 | 55.0 | 35.4 |
| 1993 | 981275 | 92664 | 531798 | 356813 | 9.4 | 54.2 | 36.4 |
| 1994 | 1236708 | 142405 | 664107 | 430196 | 11.5 | 53.7 | 34.8 |
| 1995 | 1491181 | 173209 | 806196 | 511776 | 11.6 | 54.1 | 34.3 |
| 1996 | 1711880 | 206626 | 856467 | 648787 | 12.1 | 50.0 | 37.9 |
| 1997 | 1966287 | 223112 | 1004980 | 738195 | 11.3 | 51.2 | 37.5 |
| 1998 | 2198003 | 228912 | 1127141 | 841950 | 10.4 | 51.3 | 38.3 |
| 1999 | 2398261 | 237523 | 1190858 | 969880 | 9.9 | 49.7 | 40.4 |
| 2000 | 2747006 | 245146 | 1313146 | 1188714 | 8.9 | 47.8 | 43.3 |
| 2001 | 3106207 | 253040 | 1469275 | 1383892 | 8.1 | 47.3 | 44.6 |
| 2002 | 3480244 | 268513 | 1634422 | 1577309 | 7.7 | 47.0 | 45.3 |
| 2003 | 3959219 | 291554 | 1815433 | 1852232 | 7.4 | 45.9 | 46.8 |
| 2004 | 4691204 | 323566 | 2202055 | 2165583 | 6.9 | 46.9 | 46.2 |
| 2005 | 5256159 | 350217 | 2493874 | 2412068 | 6.7 | 47.4 | 45.9 |
| 2006 | 6172427 | 379455 | 2878516 | 2914456 | 6.2 | 46.6 | 47.2 |
| 2007 | 7289734 | 456333 | 3128264 | 3705137 | 6.3 | 42.9 | 50.8 |
| 2008 | 8768210 | 472885 | 3646658 | 4648667 | 5.4 | 41.6 | 53.0 |
| 2009 | 9719382 | 500766 | 3951065 | 5267551 | 5.1 | 40.7 | 54.2 |
| 2010 | 11218174 | 571048 | 4569539 | 6077587 | 5.1 | 40.7 | 54.2 |
| 2011 | 13830724 | 625514 | 5868389 | 7336821 | 4.6 | 42.4 | 53.0 |
| 2012 | 17103048 | 722826 | 7173223 | 9206999 | 4.2 | 42.0 | 53.8 |

注:2004年起,农林牧渔服务业划入第一产业；1997年－2004年为第一次经济普查调整数，2005年－2008年为第二次经济普查调整数。

a) From the year of 2004, primary industry includes agriculture, forestry, animal husbandry, fishery and services; The data from 1997 to 2004 come from the adjusted figures of the first economic census; The data from 2005 to 2008 come from the adjusted figures of the second economic census;

# 17-4 全市生产总值指数
# Indices of Gross Domestic Product

(以上年为100)

| 年 份 Year | 生产总值指数(%) Gross Domestic Product Indices (%) | 第一产业 Primary Industry | 第二产业 Secondary Industry | 第三产业 Tertiary Industry | 人均生产总值 Per Capita GDP 当年价(元) Current Price(yuan) | 人均生产总值 Per Capita GDP 指 数(%) Indices(%) |
|---|---|---|---|---|---|---|
| 1978 | 127.7 | 102.3 | 143.2 | 105.0 | | |
| 1979 | 111.1 | 105.5 | 113.6 | 106.0 | 530 | |
| 1980 | 108.1 | 110.7 | 108.6 | 102.2 | 592 | 106.7 |
| 1981 | 99.1 | 100.7 | 97.2 | 107.4 | 610 | 97.7 |
| 1982 | 113.4 | 117.6 | 113.3 | 108.8 | 667 | 111.6 |
| 1983 | 116.9 | 106.4 | 118.1 | 124.8 | 816 | 115.5 |
| 1984 | 115.5 | 110.3 | 114.7 | 125.2 | 1011 | 114.3 |
| 1985 | 115.4 | 97.5 | 118.8 | 118.5 | 1260 | 113.9 |
| 1986 | 106.4 | 107.1 | 104.6 | 114.0 | 1374 | 104.5 |
| 1987 | 109.3 | 105.5 | 109.2 | 112.6 | 1523 | 107.2 |
| 1988 | 111.8 | 101.7 | 108.1 | 133.8 | 1682 | 110.4 |
| 1989 | 107.9 | 99.6 | 105.9 | 119.2 | 1974 | 106.6 |
| 1990 | 107.1 | 85.8 | 104.5 | 124.4 | 2155 | 104.1 |
| 1991 | 108.9 | 126.6 | 105.2 | 112.3 | 2471 | 105.8 |
| 1992 | 110.7 | 106.8 | 102.1 | 131.4 | 2844 | 108.7 |
| 1993 | 107.1 | 106.3 | 103.9 | 113.0 | 3293 | 105.3 |
| 1994 | 111.8 | 107.2 | 112.2 | 112.3 | 4063 | 109.4 |
| 1995 | 109.8 | 100.6 | 115.9 | 102.2 | 4796 | 106.4 |
| 1996 | 112.9 | 101.4 | 117.6 | 107.4 | 5414 | 112.1 |
| 1997 | 111.5 | 107.5 | 112.0 | 111.6 | 6143 | 110.2 |
| 1998 | 111.9 | 103.6 | 112.3 | 112.9 | 6793 | 110.7 |
| 1999 | 112.0 | 103.6 | 112.6 | 112.8 | 7300 | 110.4 |
| 2000 | 111.7 | 102.3 | 111.6 | 113.7 | 8216 | 109.8 |
| 2001 | 111.8 | 103.8 | 111.6 | 113.7 | 9153 | 110.1 |
| 2002 | 112.6 | 103.8 | 113.0 | 113.8 | 10123 | 111.2 |
| 2003 | 113.3 | 106.7 | 113.6 | 114.1 | 11394 | 112.1 |
| 2004 | 113.7 | 107.6 | 113.9 | 114.4 | 13412 | 112.9 |
| 2005 | 114.6 | 107.6 | 116.2 | 113.9 | 13544 | 113.8 |
| 2006 | 114.7 | 107.6 | 112.1 | 118.5 | 15731 | 114.0 |
| 2007 | 115.8 | 108.7 | 112.6 | 119.9 | 18181 | 113.3 |
| 2008 | 113.1 | 107.2 | 109.0 | 117.6 | 21420 | 110.8 |
| 2009 | 113.3 | 108.1 | 112.4 | 114.6 | 23237 | 110.8 |
| 2010 | 114.3 | 108.0 | 115.1 | 114.3 | 26209 | 111.7 |
| 2011 | 117.1 | 102.8 | 121.3 | 115.2 | 31712 | 114.9 |
| 2012 | 115.9 | 108.5 | 118.8 | 114.1 | 38673 | 114.3 |

注：本表资料指数均按可比价格计算；人均生产总值按常住一年及以上人口计算，2007年以后按常住半年及以上人口计算，2006年－2010年按第六次人口普查调整数计算；生产总值1997-2004年为第一次经济普查调整数，2005-2008年为第二次经济普查调整数。

a) The data and indices of this table were counted by comparable prices; Per capita GNP refers to those residences living at least one year, but after 2007, it refers to those residences living at least a half year; Per capita GNP from 2006 to 2010 were calculated according to statistics of the sixth population census; The data from 1997 to 2004 come from the adjusted figures of the first economic census; The data from 2005 to 2008 come from the adjusted figures of the second economic census.

# 17–5　全市工业总产值
# Gross Output Value of Industry

单位：万元　　（当年价current price）　　(10 000 yuan)

| 年 份 Year | 工 业 总产值 Gross Industrial Output Value | 按经济类型分 Grouped by Status of Registration | | | 按轻重工业分 Grouped by Light&Heavy Industries | | 按企业规模分 Grouped by Size of Enterprises | |
|---|---|---|---|---|---|---|---|---|
| | | 国 有 State-owned | 集 体 Collective-owned | 其 它 Others | 轻工业 Light Industry | 重工业 Heavy Industry | 大 型 Large | 中 型 Small |
| 1978 | 151375 | 130770 | 20322 | 283 | 56277 | 95088 | 25820 | 44307 |
| 1979 | 175440 | 153916 | 20996 | 528 | 66374 | 109066 | 32680 | 54661 |
| 1980 | 183355 | 160364 | 22135 | 856 | 77788 | 105567 | 33256 | 45584 |
| 1981 | 178432 | 152973 | 23794 | 1665 | 85743 | 92689 | 33016 | 38268 |
| 1982 | 203633 | 175057 | 26146 | 2430 | 94709 | 108924 | 38895 | 56832 |
| 1983 | 255259 | 221377 | 31874 | 2008 | 113453 | 141806 | 50857 | 102222 |
| 1984 | 302965 | 259671 | 38975 | 4319 | 134338 | 168627 | 56374 | 125484 |
| 1985 | 383948 | 329526 | 48346 | 6076 | 170212 | 213736 | 87874 | 154720 |
| 1986 | 414655 | 350412 | 57583 | 6660 | 183643 | 231012 | 104403 | 165847 |
| 1987 | 472758 | 420788 | 45117 | 6853 | 201231 | 271527 | 180035 | 152303 |
| 1988 | 602424 | 511527 | 71047 | 19850 | 263817 | 338607 | 266186 | 139746 |
| 1989 | 742651 | 626715 | 78621 | 37315 | 327172 | 415479 | 357204 | 169243 |
| 1990 | 850041 | 719735 | 97229 | 33077 | 365057 | 484984 | 424666 | 177852 |
| 1991 | 925912 | 770874 | 123053 | 31985 | 373502 | 552410 | 462941 | 184998 |
| 1992 | 1118424 | 914383 | 119968 | 84073 | 430291 | 688133 | 663206 | 136173 |
| 1993 | 1318135 | 1024279 | 159044 | 134812 | 324109 | 994026 | 751980 | 163528 |
| 1994 | 1636509 | 1250835 | 199322 | 186352 | 470380 | 1166129 | 921134 | 201360 |
| 1995 | 1785515 | 1306931 | 199098 | 279486 | 524788 | 1260727 | 996878 | 240860 |
| 1996 | 2188705 | 1301683 | 384868 | 502154 | 714934 | 1473771 | 1092746 | 240437 |
| 1997 | 2542035 | 1394016 | 513556 | 634463 | 874346 | 1667689 | 1250940 | 210769 |
| 1998 | 2769327 | 1395723 | 482735 | 890869 | 960099 | 1809228 | 1322251 | 174196 |
| 1999 | 3217288 | 1534955 | 494503 | 1187830 | 1151949 | 2065339 | 1396605 | 167483 |
| 2000 | 2496275 | 1065299 | 236397 | 1194579 | 834976 | 1652399 | 1431631 | 168111 |
| 2001 | 2588494 | 1035899 | 135286 | 1417309 | 902276 | 1686218 | 1448460 | 155085 |
| 2002 | 2958943 | 826247 | 136108 | 1996588 | 1029353 | 1929590 | 1443748 | 464315 |
| 2003 | 3569419 | 1134129 | 101699 | 2333591 | 1177351 | 2392068 | 1298735 | 1409497 |
| 2004 | 4920242 | 1612578 | 76601 | 3231063 | 1449532 | 3470710 | 1651839 | 2115493 |
| 2005 | 5740645 | 1811987 | 82350 | 3846308 | 1783270 | 3957375 | 2118966 | 2318695 |
| 2006 | 6696494 | 1963818 | 54531 | 4678145 | 1910089 | 4786406 | 2504986 | 2581602 |
| 2007 | 7559236 | 2482745 | 58318 | 5018173 | 2086884 | 5472352 | 3190261 | 2678440 |
| 2008 | 8667178 | 2528191 | 46824 | 6092163 | 2502421 | 6164757 | 3605188 | 3015956 |
| 2009 | 8967496 | 2558660 | 37318 | 6371518 | 2866480 | 6101016 | 3582084 | 3040865 |
| 2010 | 10583479 | 2969558 | 41830 | 7572091 | 3337003 | 7246475 | 4710415 | 3289016 |
| 2011 | 14662863 | 4896761 | 86648 | 9679454 | 4475231 | 10187631 | 6492145 | 4115901 |
| 2012 | 17279420 | 4072621 | 59433 | 13147366 | 5208973 | 12070447 | 9307919 | 3127227 |

注：2000年以后数据为规模以上(500万口径及以上)企业，2005年－2008年为第二次经济普查调整数。

a) After 2000, the data come from enterprises obove designated size. The data from 2005 to 2008 are from the adjusted figures of the second economic census;

# 17-6 全市农林牧渔业总产值
# Gross Output Value of Agriculture,Forestry,Animal Husbandry and Fishery

单位：万元 (10 000 yuan)

| 年 份<br>Year | 农林牧渔业总产值<br>Gross Output Value of Agriculture,Forestry, Animal Husbandry and Fishery | 农 业<br>Agriculture | #种植业<br>Crop Farming | 林 业<br>Forestry | 牧 业<br>Animal Husbandry | 渔 业<br>Fishery | 农林牧渔服务业<br>Services of Agriculture, Forestry,Animal Husbandry,Fishery |
|---|---|---|---|---|---|---|---|
| 1978 | 20394 | 16714 | 14538 | 528 | 3127 | 25 | |
| 1979 | 22314 | 18176 | 15789 | 647 | 3439 | 51 | |
| 1980 | 22427 | 17882 | 15721 | 650 | 3851 | 43 | |
| 1981 | 27815 | 21299 | 18738 | 722 | 5750 | 43 | |
| 1982 | 34372 | 27362 | 24269 | 1122 | 5839 | 50 | |
| 1983 | 35441 | 27113 | 23954 | 1631 | 6601 | 97 | |
| 1984 | 43753 | 34835 | 27225 | 1418 | 7353 | 146 | |
| 1985 | 45351 | 30964 | 28087 | 1966 | 11913 | 508 | |
| 1986 | 51032 | 35060 | 31728 | 1636 | 13648 | 688 | |
| 1987 | 62352 | 40370 | 23457 | 1865 | 19657 | 460 | |
| 1988 | 82895 | 50676 | 45443 | 1849 | 29230 | 1140 | |
| 1989 | 91274 | 55190 | 51080 | 1813 | 33366 | 906 | |
| 1990 | 89660 | 57196 | 52893 | 3366 | 28128 | 1270 | |
| 1991 | 107985 | 73751 | 69828 | 2983 | 29871 | 1380 | |
| 1992 | 116180 | 77572 | 72342 | 3461 | 32744 | 2403 | |
| 1993 | 133030 | 87928 | 78291 | 4101 | 41239 | 2762 | |
| 1994 | 207946 | 136776 | 129369 | 4339 | 63429 | 3402 | |
| 1995 | 263352 | 171414 | 163235 | 5867 | 79997 | 6074 | |
| 1996 | 311117 | 205301 | 195636 | 7217 | 91948 | 6651 | |
| 1997 | 340619 | 271209 | 206892 | 7168 | 108391 | 7851 | |
| 1998 | 347982 | 213746 | 201028 | 8717 | 117443 | 8076 | |
| 1999 | 362061 | 218136 | 206334 | 8500 | 126938 | 8487 | |
| 2000 | 369939 | 230774 | 215146 | 8170 | 123709 | 7286 | |
| 2001 | 389659 | 237175 | 221221 | 6769 | 137845 | 7870 | |
| 2002 | 410318 | 231154 | 224798 | 8944 | 151940 | 8059 | 10221 |
| 2003 | 439373 | 257259 | 257259 | 6149 | 157215 | 7627 | 11123 |
| 2004 | 503219 | 288665 | 288665 | 5625 | 197452 | 9117 | 2360 |
| 2005 | 547663 | 313678 | 313678 | 4514 | 215686 | 10646 | 3139 |
| 2006 | 540166 | 325357 | 325357 | 4543 | 199088 | 6486 | 4692 |
| 2007 | 627533 | 388066 | 388066 | 4332 | 220979 | 8460 | 5696 |
| 2008 | 729872 | 454631 | 454631 | 8917 | 250719 | 9718 | 5887 |
| 2009 | 784592 | 518431 | 518431 | 5604 | 242702 | 11520 | 6335 |
| 2010 | 832429 | 554555 | 554555 | 5137 | 253598 | 12273 | 6866 |
| 2011 | 965503 | 622118 | 622118 | 8608 | 313870 | 13617 | 7290 |
| 2012 | 1114911 | 732370 | 732370 | 7556 | 352089 | 14832 | 8064 |

注：2003年起农林牧渔业总产值按国民经济新行业分类划分，2002年数据作相应调整；2006、2007年为第二次农业普查调整数。

a) Gross output value of agriculture,forestry,animal husbandry,fishery were grouped by new industry of national economies since 2003, and the data were adjusted in 2002. The data of 2006 and 2007 were from the second agricultural census.

# 17–7 全市固定资产投资总额
# Total Investment in Fixed Assets

单位：万元 (10 000 yuan)

| 年 份 Year | 固定资产投资完成额 Investment in Fixed Assets. | #基本建设 Infrastructure | 更新改造 Renovation | 房地产开发 Real Estate Development | 按三次产业分 Grouped by Three Strata of Industry | | |
|---|---|---|---|---|---|---|---|
| | | | | | 第一产业 Primary Industry | 第二产业 Secondary Industry | 第三产业 Tertiary Industry |
| 1978 | 10786 | 8311 | 2333 | | 706 | 3765 | 6315 |
| 1979 | 21627 | 18394 | 2980 | | 1165 | 10714 | 9748 |
| 1980 | 41012 | 36638 | 3600 | | 924 | 25599 | 14489 |
| 1981 | 65288 | 57397 | 6643 | | 342 | 47566 | 17380 |
| 1982 | 42500 | 28098 | 12026 | | 1544 | 16075 | 24881 |
| 1983 | 42395 | 22092 | 13725 | | 638 | 9774 | 31983 |
| 1984 | 54330 | 31023 | 17975 | | 513 | 28212 | 25605 |
| 1985 | 89290 | 50756 | 26987 | | 318 | 43348 | 45624 |
| 1986 | 98639 | 51661 | 31584 | | 428 | 35048 | 63163 |
| 1987 | 108224 | 57513 | 35408 | | 296 | 64275 | 43653 |
| 1988 | 124772 | 59615 | 43211 | | 469 | 70100 | 54203 |
| 1989 | 137602 | 73779 | 46871 | | 541 | 76983 | 60078 |
| 1990 | 157925 | 86087 | 46673 | 6465 | 1114 | 82793 | 74018 |
| 1991 | 180523 | 89077 | 66329 | 10119 | 706 | 83437 | 96380 |
| 1992 | 241952 | 114434 | 92331 | 16122 | 779 | 100017 | 141156 |
| 1993 | 283349 | 111001 | 110993 | 34036 | 303 | 110765 | 172281 |
| 1994 | 380076 | 138859 | 153192 | 50165 | 842 | 124516 | 254718 |
| 1995 | 535496 | 187730 | 177928 | 126631 | 517 | 129549 | 363548 |
| 1996 | 574771 | 211436 | 169314 | 123931 | 922 | 156032 | 417817 |
| 1997 | 619664 | 198609 | 225042 | 122044 | 7196 | 207784 | 404684 |
| 1998 | 778072 | 303380 | 258299 | 147325 | 2894 | 299544 | 475634 |
| 1999 | 954297 | 359440 | 260774 | 225549 | 4347 | 352641 | 597309 |
| 2000 | 1136510 | 379377 | 310039 | 310516 | 8290 | 395633 | 732587 |
| 2001 | 1554183 | 555418 | 394201 | 433327 | 10484 | 422541 | 1121158 |
| 2002 | 1879604 | 785644 | 417580 | 500300 | 13074 | 550815 | 1315715 |
| 2003 | 2418742 | 1073075 | 536939 | 611961 | 20823 | 728981 | 1668938 |
| 2004 | 2931482 | 1348089 | 610890 | 745827 | 25899 | 864306 | 2041277 |
| 2005 | 3439731 | 1412345 | 753697 | 911166 | 30981 | 1054645 | 2354105 |
| 2006 | 4133576 | 1826207 | 897951 | 1076936 | 44553 | 1259307 | 2829717 |
| 2007 | 5004734 | 2054926 | 1103319 | 1351267 | 58996 | 1526006 | 3419732 |
| 2008 | 6015710 | 2382065 | 1300350 | 1701116 | 102044 | 1820405 | 4093261 |
| 2009 | 7827910 | 3346548 | 1666608 | 2103225 | 161726 | 2133316 | 5532868 |
| 2010 | 10191025 | 4235164 | 2155898 | 3104665 | 206756 | 2749104 | 7235165 |
| 2011 | 16005898 | 6919685 | 3284391 | 4673595 | 393407 | 5291048 | 10321443 |
| 2012 | 24825583 | — | — | 9085224 | 701456 | 7373167 | 16750960 |

注：从2012年起为新口径，固定资产投资完成额分为建设项目和房地产开发。2012年建设项目为15740359万元。

a) Data in this figure were calculated according to new standard since 2012. Completed investment in fixed assets included those in construction Project and real estate development Investment in construction project in 2012 reached 157.4035 million yuan.

# 17–8 全市社会消费品零售总额及构成
# Total Retail Sales of Consumer Goods and Its Composition

单位：万元 (10 000 yuan)

| 年份 Year | 社会消费品零售总额 Total Retail Sales of Consumer Goods | 按行业分 Grouped by Sector | | | | 按经济类型分 Grouped by Status of Registration | | | |
|---|---|---|---|---|---|---|---|---|---|
| | | 批发零售贸易业 Wholesale and Retail Trades | 餐饮业 Catering | 制造业 Manufacturing | 其它行业 Others | 国有经济 Stated-owned Economies | 集体经济 Collective-owned Economies | 私营经济 Private Economies | 个体经济 Individual Economies |
| 1978 | 48458 | 41758 | 1890 | 1536 | 3274 | 38317 | 8549 | | 213 |
| 1979 | 55731 | 48078 | 1982 | 2469 | 3202 | 43248 | 10688 | | 364 |
| 1980 | 67017 | 56552 | 1994 | 3624 | 4847 | 51150 | 12116 | | 614 |
| 1981 | 75482 | 63364 | 2580 | 5177 | 4361 | 61222 | 9100 | | 1891 |
| 1982 | 81863 | 68013 | 3383 | 5034 | 5433 | 63498 | 10451 | | 3965 |
| 1983 | 90399 | 70413 | 3544 | 6476 | 9966 | 62154 | 16407 | | 5334 |
| 1984 | 107105 | 84343 | 4664 | 7133 | 10965 | 60451 | 28322 | | 10294 |
| 1985 | 132380 | 103240 | 5398 | 8494 | 15248 | 69741 | 37325 | | 15589 |
| 1986 | 153254 | 117811 | 5823 | 11340 | 18280 | 77451 | 41541 | | 22626 |
| 1987 | 180877 | 134597 | 6508 | 11133 | 28639 | 90080 | 45055 | | 28907 |
| 1988 | 231322 | 169728 | 6974 | 16452 | 38168 | 121535 | 55202 | | 33277 |
| 1989 | 240265 | 182066 | 7699 | 15652 | 34848 | 121679 | 55684 | | 39833 |
| 1990 | 249475 | 184414 | 10842 | 17290 | 36929 | 121945 | 57562 | | 42397 |
| 1991 | 274794 | 204460 | 11953 | 18091 | 40290 | 127882 | 59944 | | 58042 |
| 1992 | 328166 | 237398 | 15549 | 23183 | 52036 | 153991 | 72235 | | 67300 |
| 1993 | 414257 | 323267 | 15919 | 21651 | 53420 | 145609 | 97406 | | 104209 |
| 1994 | 476925 | 374886 | 29596 | 26723 | 45720 | 197728 | 95441 | | 155843 |
| 1995 | 592299 | 475173 | 37121 | 32146 | 47859 | 252923 | 116758 | | 205867 |
| 1996 | 729769 | 579308 | 60212 | 32893 | 57356 | 261921 | 132798 | 1797 | 301614 |
| 1997 | 827542 | 618287 | 76196 | 50808 | 82251 | 240009 | 162489 | 5245 | 322727 |
| 1998 | 895491 | 694543 | 94278 | 35032 | 71638 | 181124 | 213340 | 12968 | 379204 |
| 1999 | 970716 | 744288 | 118770 | 35382 | 72276 | 259547 | 176803 | 14500 | 423407 |
| 2000 | 1116154 | 848156 | 148234 | 39339 | 80426 | 187450 | 136374 | 133731 | 467949 |
| 2001 | 1251209 | 900965 | 225386 | 39278 | 85580 | 152728 | 40059 | 366354 | 473986 |
| 2002 | 1404732 | 1010701 | 273286 | 37756 | 82989 | 138210 | 19578 | 527026 | 505151 |
| 2003 | 1580464 | 1218109 | 318594 | — | 47361 | 103241 | 15956 | 727083 | 545934 |
| 2004 | 1805206 | 1380812 | 379196 | — | 45198 | 117922 | 18225 | 970875 | 578794 |
| 2005 | 2043210 | 1563283 | 430741 | — | 49186 | 133469 | 20628 | 1098878 | 624481 |
| 2006 | 2349623 | 1795163 | 502315 | — | 52145 | 130696 | 23722 | 1263673 | 740921 |
| 2007 | 2793885 | 2127041 | 611273 | — | 55571 | 155408 | 28207 | 1502606 | 881013 |
| 2008 | 3558943 | 2789282 | 708596 | — | 61065 | 197963 | 36931 | 1914069 | 1122263 |
| 2009 | 4052951 | 3401740 | 651211 | — | 63190 | 229574 | 41669 | 2219704 | 1301465 |
| 2010 | 4847785 | 4107415 | 740370 | — | — | 269654 | 48944 | 2607233 | 1528682 |
| 2011 | 5843292 | 5052744 | 790548 | — | — | 326220 | 59539 | 3154155 | 1849355 |
| 2012 | 6831866 | 6197888 | 633978 | — | — | 375753 | 67685 | 3702703 | 2175357 |

注：2003年起制造业已划入批发零售贸易业；2004年起餐饮业指标调整为住宿和餐饮业；2000年－2005年为第一次经济普查调整数，2008年为第二次经济普查调整数；2010年社会消费品零售总额不含其他行业。

a) Since 2003, wholesale and retail trades includes manufacturing; since 2004, the indices of catering are adjusted to accommodation and catering; The data from 2000 to 2005 come from the adjusted figures of the first economic census; The data of 2008 are the adjusted figures of the second economic census; The total retail sales of consumer goods of 2010 exclude other industries.

# 17–9 全市地方财政预算内收支及构成
# Local Budgetary Revenue and Expenditures and Their Composition

单位：万元 (10 000 yuan)

| 年 份<br>Year | 公共财政预算收入<br>Public Finance Budget Revenues | #企业收入<br>Enterprise Revenue | #工商税收收入<br>Industrial and Commercial Tax Revenue | #农业税收入<br>Agricultural Tax Revenue | 公共财政预算支出<br>Public Finance Budget Expenditure | 经济建设费<br>Economic and Construction Expenditure | 文教卫生费<br>Cultural, Educational and Healthy Expenditure | 行政管理费<br>Charges of Administration |
|---|---|---|---|---|---|---|---|---|
| 1978 | 25761 | 2445 | 22503 | 473 | 8984 | 4033 | 3032 | 1069 |
| 1979 | 26891 | 866 | 25325 | 462 | 9424 | 3803 | 3566 | 1194 |
| 1980 | 29851 | 1477 | 27648 | 447 | 10041 | 4318 | 3193 | 1403 |
| 1981 | 31420 | 261 | 30435 | 398 | 11065 | 4690 | 3517 | 1411 |
| 1982 | 37437 | 3080 | 33288 | 473 | 13492 | 6199 | 4042 | 1777 |
| 1983 | 44177 | 3359 | 39350 | 608 | 16541 | 7098 | 5292 | 2321 |
| 1984 | 51016 | 3576 | 45674 | 603 | 26067 | 13631 | 6314 | 3410 |
| 1985 | 60780 | 2877 | 56614 | 493 | 26930 | 8989 | 9437 | 4360 |
| 1986 | 72490 | 2053 | 69110 | 629 | 33082 | 13955 | 8258 | 4036 |
| 1987 | 82370 | -1271 | 81739 | 742 | 38224 | 14885 | 8851 | 4502 |
| 1988 | 96507 | -1224 | 95941 | 806 | 44953 | 14612 | 10353 | 4468 |
| 1989 | 118124 | -4984 | 20477 | 1173 | 67982 | 17604 | 12533 | 5327 |
| 1990 | 136291 | -7734 | 138566 | 947 | 71991 | 20392 | 13927 | 6244 |
| 1991 | 149939 | -6245 | 150309 | 1091 | 73851 | 22827 | 14640 | 6856 |
| 1992 | 155344 | -6145 | 154796 | 1386 | 81143 | 28409 | 17597 | 9184 |
| 1993 | 172183 | -3276 | 167953 | 1927 | 92093 | 32280 | 20635 | 11548 |
| 1994 | 64040 | -2619 | 51919 | 5337 | 105844 | 29362 | 27950 | 9665 |
| 1995 | 86341 | 550 | 70126 | 5648 | 131104 | 44185 | 30598 | 15957 |
| 1996 | 113498 | 4016 | 88225 | 9091 | 147782 | 50625 | 25182 | 18868 |
| 1997 | 130506 | 5952 | 106952 | 9878 | 166153 | 56063 | 26616 | 21987 |
| 1998 | 167353 | 10257 | 131391 | 7809 | 207261 | 75142 | 46985 | 26311 |
| 1999 | 197907 | 18642 | 137270 | 6859 | 261554 | 48800 | 56095 | 29842 |
| 2000 | 241483 | 35108 | 151656 | 10539 | 310569 | 107069 | 62536 | 35932 |
| 2001 | 279687 | 46105 | 191888 | 10365 | 361699 | 101781 | 79961 | 44501 |
| 2002 | 330788 | 39125 | 238891 | 14669 | 459589 | 108167 | 98646 | 51113 |
| 2003 | 403855 | 51692 | 277554 | 20517 | 502919 | 127837 | 111192 | 60271 |
| 2004 | 497019 | 88578 | 328695 | 22668 | 599316 | 136181 | 135334 | 77423 |
| 2005 | 498015 | 59822 | 341551 | 25465 | 725719 | 154500 | 168852 | 88389 |
| 2006 | 615798 | 81174 | 403904 | 32228 | 882349 | 180866 | 200191 | 107116 |
| 2007 | 759154 | 109593 | 623442 | — | 1064287 | — | — | — |
| 2008 | 890503 | 134409 | 713516 | — | 1422818 | — | — | — |
| 2009 | 1053636 | 181162 | 859391 | — | 1698423 | — | — | — |
| 2010 | 1363034 | 232046 | 1109258 | — | 2043801 | — | — | — |
| 2011 | 1870940 | 314402 | 1375836 | — | 2773807 | — | — | — |
| 2012 | 2411920 | 376391 | 1661831 | — | 3493275 | — | — | — |

注：从1994年起为新口径，2005年起财政收入为40%所得税口径。

a) Since1994, the revenue and expenditures took the new standard; since 2005, the government revenue took the standard of 40% income tax.

# 17—10 全市居民收支情况
## Income and Expenditure of Urban and Urban Households

单位：元 (yuan)

| 年 份<br>Year | 居民消费价格指数<br>Consumer Price Index | 城市居民人均可支配收入<br>Per Capital Annual Disposable Income of Urban Households | 城市居民人均消费性支出<br>Per Capital Annual Consumption Expenditure of Urban Residents | #食 品<br>Food | 教育文化娱乐服务<br>Education, Culture, Recreation and Services | 农民人均纯收入<br>Per Capital Net Income of Rural Residents | 农民人均生活消费支出<br>Per Capital Consumption Expenditure of Rural Residents | #食 品<br>Food |
|---|---|---|---|---|---|---|---|---|
| 1979 | | 343 | 313 | | | | | |
| 1980 | | 413 | 385 | | | | | |
| 1981 | | 453 | 418 | | | 266 | | |
| 1982 | | 477 | 431 | | | 290 | | |
| 1983 | | 501 | 447 | 277 | 16 | 288 | | |
| 1984 | | 593 | 527 | 306 | 29 | 342 | | |
| 1985 | | 805 | 740 | 365 | 95 | 377 | | |
| 1986 | | 969 | 873 | 438 | 77 | 411 | | |
| 1987 | | 1103 | 1010 | 513 | 70 | 479 | | |
| 1988 | | 1276 | 1228 | 635 | 73 | 593 | | |
| 1989 | | 1421 | 1277 | 734 | 79 | 644 | | |
| 1990 | | 1558 | 1361 | 781 | 84 | 680 | | |
| 1991 | | 1691 | 1514 | 879 | 71 | 672 | | |
| 1992 | | 2154 | 1869 | 1048 | 170 | 739 | | |
| 1993 | | 2581 | 2205 | 1221 | 179 | 901 | | |
| 1994 | | 3700 | 3087 | 1704 | 226 | 1039 | | |
| 1995 | | 4550 | 3964 | 2187 | 288 | 1343 | | |
| 1996 | 111.7 | 4866 | 4526 | 2335 | 450 | 1650 | 1282 | 890 |
| 1997 | 102.5 | 5343 | 4808 | 2274 | 569 | 1834 | 1279 | 835 |
| 1998 | 100.5 | 5369 | 5036 | 2180 | 624 | 1940 | 1410 | 918 |
| 1999 | 97.6 | 6082 | 5327 | 2214 | 476 | 2010 | 1418 | 883 |
| 2000 | 98.7 | 6453 | 5550 | 2208 | 648 | 2104 | 1453 | 852 |
| 2001 | 103.2 | 6909 | 5780 | 2170 | 822 | 2229 | 1532 | 854 |
| 2002 | 98.4 | 7306 | 5801 | 2210 | 1017 | 2352 | 1552 | 793 |
| 2003 | 100.8 | 7985 | 6324 | 2447 | 1034 | 2510 | 1704 | 805 |
| 2004 | 102.1 | 8989 | 6912 | 2750 | 1156 | 2809 | 1967 | 866 |
| 2005 | 100.7 | 9928 | 7693 | 2946 | 1113 | 3135 | 2296 | 980 |
| 2006 | 101.1 | 11222 | 8808 | 3334 | 1351 | 3442 | 2454 | 1314 |
| 2007 | 105.1 | 12781 | 10183 | 3897 | 1355 | 4088 | 3036 | 1271 |
| 2008 | 107.0 | 13817 | 10507 | 4383 | 1206 | 4818 | 3463 | 1435 |
| 2009 | 97.7 | 15041 | 11519 | 4718 | 1685 | 5316 | 3928 | 1605 |
| 2010 | 102.9 | 16597 | 12940 | 4905 | 1744 | 5976 | 4384 | 1736 |
| 2011 | 105.5 | 19420 | 14300 | 5528 | 1764 | 7381 | 5494 | 2241 |
| 2012 | 102.6 | 21796 | 15718 | 6011 | 1924 | 8488 | 6161 | 2380 |

注：1991年(包括1991年)以前，教育文化娱乐服务指标的名称为文娱用品。
a) In 1991(includes 1991), education, culture, recreation and services indices are called cultural and recreational articles.

# 17－11 全市对外贸易、招商引资及旅游
# Foreign Trade, Utilization of Capital and Tourism

| 年 份<br>Year | 进出口总额(万美元)<br>Total Value of Import and Export (10 000$) | 进 口<br>Imports | 出 口<br>Exports | 实际直接利用外资(万美元)<br>Foreign Investment Actually Directly Utilized (10 000$) | 内资实际到位金额(亿 元)<br>Actual Domestic Investment (100 million yuan) | 旅 游总收入(亿 元)<br>Total Tourism Earnings (100 million) | 国内旅游收 入(亿 元)<br>Earnings from Domestic Tourism (100million yuan) | 旅游外汇收 入(万美元)<br>Foreign Exchange Earnings from Tourism (10 000$) | 接待海外游 客(人 次)<br>Number of Foreign Visitors (person-time) | 接待国内游 客(万人次)<br>Number of Dometic Tourists (10000 person-times) |
|---|---|---|---|---|---|---|---|---|---|---|
| 1997 | | | | 2365 | | 5.84 | 4.02 | 1160.67 | 43674 | 865.19 |
| 1998 | 52019 | 21838 | 30181 | 1747 | | 20.51 | 19.52 | 1201.00 | 42115 | 895.20 |
| 1999 | 41436 | 14613 | 26823 | 692 | | 23.03 | 21.90 | 1369.00 | 45230 | 956.40 |
| 2000 | 48967 | 18386 | 30581 | 2755 | | 30.47 | 29.24 | 1484.00 | 49630 | 993.67 |
| 2001 | 49428 | 16313 | 33115 | 4384 | | 36.03 | 34.67 | 1633.00 | 59500 | 999.49 |
| 2002 | 57240 | 19745 | 37495 | 2918 | 39.58 | 41.62 | 40.04 | 1908.91 | 67500 | 1009.62 |
| 2003 | 85186 | 32866 | 52320 | 4450 | 90.26 | 38.74 | 38.07 | 806.52 | 22567 | 921.59 |
| 2004 | 120519 | 45424 | 75094 | 5237 | 122.42 | 48.70 | 47.60 | 1332.07 | 37215 | 1162.70 |
| 2005 | 113637 | 37506 | 76131 | 6045 | 161.01 | 60.38 | 58.40 | 2480.24 | 61502 | 1452.67 |
| 2006 | 111855 | 31755 | 80100 | 7010 | 209.64 | 84.54 | 81.43 | 3904.16 | 89168 | 1844.75 |
| 2007 | 169227 | 45998 | 123229 | 8100 | 252.00 | 125.28 | 120.81 | 5872.28 | 120879 | 2314.14 |
| 2008 | 225165 | 84115 | 141050 | 9350 | 303.01 | 187.29 | 182.29 | 6268.90 | 135834 | 2612.27 |
| 2009 | 181076 | 54751 | 126325 | 11220 | 368.52 | 294.85 | 292.09 | 4042.28 | 91115 | 3279.36 |
| 2010 | 227537 | 83445 | 144092 | 13470 | 453.76 | 356.63 | 355.09 | 2486.66 | 61002 | 4054.17 |
| 2011 | 376943 | 98919 | 278023 | 27874 | 691.31 | 463.62 | 461.32 | 3726.76 | 97777 | 5065.59 |
| 2012 | 505104 | 83706 | 421398 | 47415 | 1354.49 | 602.70 | 600.01 | 4474.08 | 116181 | 6332.59 |

注：2010—2012年旅游数据为省旅游局评估数。

a) The tourism data from 2010 to 2012 are the assessed number of tourism administrative of Guizhou province.

# 17–12 全市常住人口及构成
## Permanent Residents and Its Proportion

单位：万人 (10 000 persons)

| 年份 Year | 年末总人口 Total Population at Year-end | 按城镇乡村分 By Urban and Rural Area | | 按性别分 By Gender | | 出生率 (%) Birth Rate (%) | 死亡率 (%) Death Rate (%) | 自然增长率 (%) Natural Growth Rate (%) | 人口密度 (人/平方公里) Population Density (person/sq.km) |
|---|---|---|---|---|---|---|---|---|---|
| | | 城镇 Urban Area | 乡村 Rural Area | 男 Male | 女 Female | | | | |
| 1979 | 237.48 | 139.20 | 98.28 | 122.93 | 114.55 | 13.38 | 6.33 | 7.05 | 295.59 |
| 1980 | 240.53 | 146.81 | 93.72 | 124.41 | 116.12 | 14.68 | 6.53 | 8.08 | 299.39 |
| 1981 | 244.66 | 140.40 | 104.26 | 127.13 | 117.53 | 17.65 | 6.85 | 10.80 | 304.53 |
| 1982 | 248.30 | 142.32 | 105.98 | 128.80 | 119.50 | 15.90 | 6.69 | 9.21 | 309.06 |
| 1983 | 250.57 | 143.78 | 106.78 | 130.13 | 120.43 | 12.96 | 6.61 | 6.35 | 311.88 |
| 1984 | 253.48 | 147.53 | 105.96 | 131.55 | 121.93 | 14.23 | 6.52 | 7.70 | 315.51 |
| 1985 | 257.27 | 152.33 | 104.93 | 133.52 | 123.74 | 14.11 | 6.38 | 7.73 | 320.22 |
| 1986 | 262.75 | 156.06 | 106.68 | 136.45 | 126.30 | 16.35 | 6.31 | 10.04 | 327.04 |
| 1987 | 267.31 | 159.28 | 108.02 | 139.13 | 128.18 | 16.65 | 6.04 | 10.60 | 332.72 |
| 1988 | 269.64 | 163.83 | 105.81 | 140.22 | 129.42 | 15.91 | 6.28 | 9.63 | 335.62 |
| 1989 | 273.78 | 168.39 | 105.39 | 142.51 | 131.27 | 17.42 | 6.62 | 10.80 | 340.78 |
| 1990 | 285.15 | 175.43 | 109.71 | 148.26 | 136.88 | 18.21 | 5.73 | 12.48 | 354.92 |
| 1991 | 290.43 | 179.39 | 111.04 | 151.13 | 139.30 | 13.71 | 6.39 | 7.32 | 361.50 |
| 1992 | 295.58 | 256.68 | 38.89 | 153.27 | 142.31 | 11.99 | 6.52 | 5.47 | 367.91 |
| 1993 | 300.34 | 261.01 | 39.33 | 155.64 | 144.70 | 11.79 | 5.95 | 5.84 | 373.84 |
| 1994 | 308.37 | 268.73 | 39.64 | 160.25 | 148.12 | 12.87 | 5.81 | 7.06 | 383.83 |
| 1995 | 313.48 | 273.21 | 40.27 | 162.69 | 150.79 | 11.91 | 5.60 | 6.31 | 390.19 |
| 1996 | 318.85 | 278.21 | 40.64 | 165.24 | 153.61 | 12.02 | 6.15 | 5.87 | 396.88 |
| 1997 | 321.26 | 280.25 | 41.01 | 166.28 | 154.98 | 13.08 | 5.67 | 7.41 | 399.88 |
| 1998 | 325.87 | 284.27 | 41.60 | 168.66 | 157.21 | 13.85 | 5.92 | 7.93 | 405.61 |
| 1999 | 331.21 | 289.34 | 41.87 | 171.21 | 160.00 | 14.48 | 5.66 | 8.82 | 412.26 |
| 2000 | 337.45 | 206.42 | 131.03 | 177.40 | 160.05 | 14.87 | 6.07 | 8.80 | 420.03 |
| 2001 | 341.29 | 208.77 | 132.52 | 179.42 | 161.87 | 13.55 | 5.94 | 7.62 | 424.81 |
| 2002 | 346.27 | 214.58 | 131.69 | 182.03 | 164.24 | 12.90 | 5.80 | 7.10 | 431.01 |
| 2003 | 348.70 | 217.48 | 131.22 | 177.38 | 171.32 | 12.00 | 5.81 | 6.19 | 434.03 |
| 2004 | 350.85 | 221.83 | 129.02 | 178.65 | 172.20 | 12.07 | 5.92 | 6.15 | 436.71 |
| 2005 | 388.09 | 244.76 | 143.33 | 198.35 | 189.74 | 12.33 | 6.90 | 5.43 | 483.06 |
| 2006 | 396.66 | 250.17 | 146.50 | 200.83 | 195.83 | 11.85 | 6.10 | 5.75 | 493.73 |
| 2007 | 405.26 | 255.59 | 149.67 | 205.42 | 199.84 | 10.96 | 6.36 | 4.60 | 504.43 |
| 2008 | 413.44 | 265.35 | 148.09 | 209.50 | 203.94 | 10.75 | 6.31 | 4.44 | 514.61 |
| 2009 | 423.12 | 275.88 | 147.24 | 214.88 | 208.24 | 11.06 | 6.17 | 4.89 | 526.66 |
| 2010 | 432.93 | 294.96 | 137.97 | 222.79 | 210.14 | 11.11 | 4.48 | 6.63 | 538.87 |
| 2011 | 439.33 | 304.02 | 135.31 | 225.82 | 213.51 | 10.29 | 4.58 | 5.71 | 546.84 |
| 2012 | 445.17 | 313.97 | 131.20 | 229.14 | 216.03 | 10.73 | 4.76 | 5.97 | 554.11 |

注：1979年—2007年为常住一年口径数，2005年—2012年为常住半年口径数。

a) The data from 1979 to 2007 were based on permanent residents living for a year; from 2005 to 2012 were based on permanent residents living for 6 months.

# 附 录

# Appendix

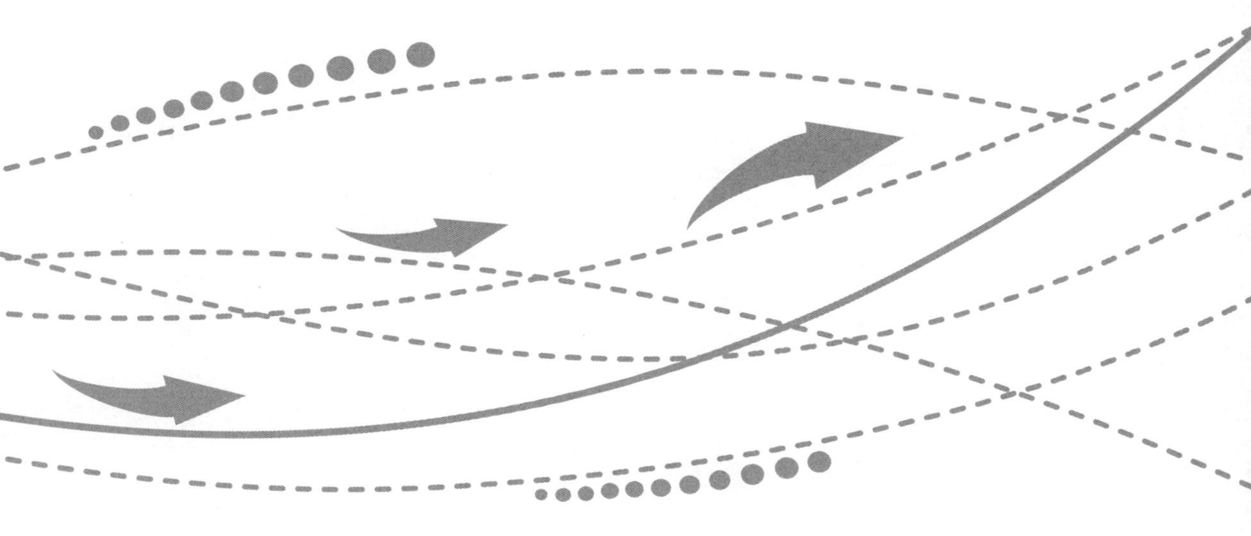

# 2012 年贵阳市国民经济和社会发展统计公报[1]

贵阳市统计局　国家统计局贵阳调查队

2013 年 3 月 27 日

2012 年，在市委、市政府的正确领导下，全市牢牢把握“两加一推”的主基调和工业强省、城镇化带动主战略，坚持走科学发展路，加快建生态文明市，抢抓国发 2 号文件及省委、省政府支持贵阳市加快发展的历史机遇，强化措施、狠抓落实、奋力争先，努力克服不利因素，全市经济社会呈现出发展加速、质量提升、环境优化、民生改善、社会稳定、创新突破的良好局面，为率先在全省建成全面小康社会和迈向生态文明新时代奠定了坚实基础。

## 一、综　合

初步核算，全年实现生产总值[2]1700.30 亿元，比上年增长 15.9%。分产业看，第一产业增加值 72.28 亿元，增长 8.5%；第二产业增加值 717.32 亿元，增长 18.8%；第三产业增加值 910.70 亿元，增长 14.1%。三次产业结构为 4.2 : 42.2 : 53.6。

图1：2008年—2012年GDP总量及增长速度

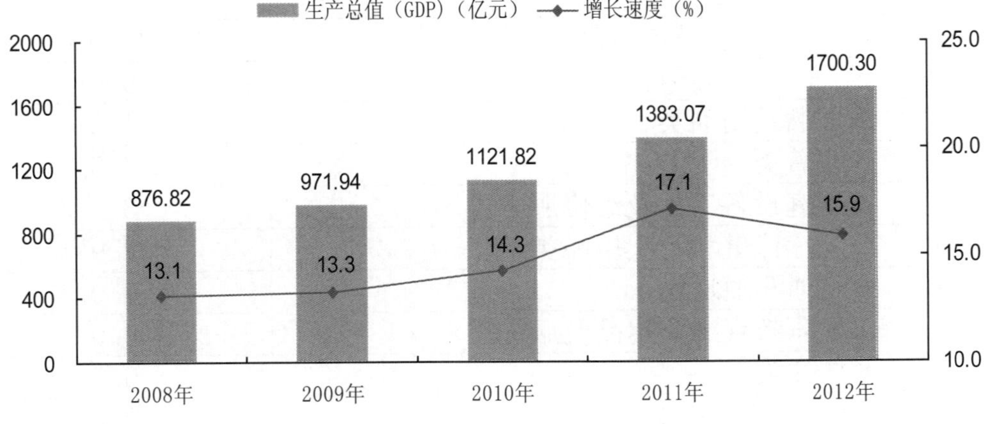


居民消费价格比上年上涨 2.6%，增幅比上年下降 2.9 个百分点，其中食品类价格上涨 5.6%，增幅比上年下降 7.6 个百分点。2012 年工业生产者出厂价格指数为 100.0。

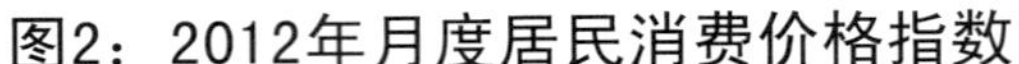

图2：2012年月度居民消费价格指数

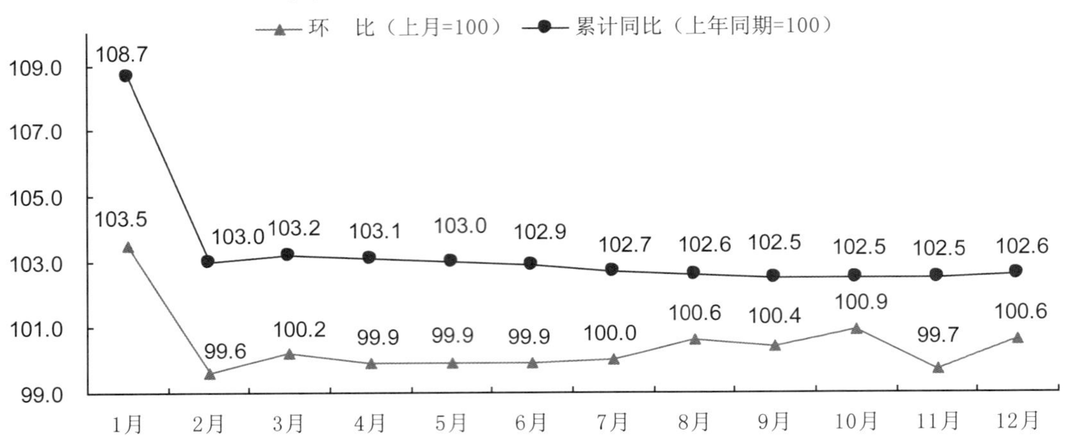


**表 1：2012 年居民消费价格比上年涨跌幅度**

| 指　　标 | 涨跌幅度（%） |
|---|---|
| 居民消费价格指数 | 2.6 |
| 扣除食品和能源价格指数 | 1.1 |
| 服务项目价格指数 | 1.4 |
| 消费品价格指数 | 3.1 |
| 1.食品类 | 5.6 |
| #粮　食 | 3.8 |
| 肉禽及其制品 | 2.1 |
| 蛋 | -0.7 |
| 水产品 | 9.1 |
| 菜 | 7.7 |
| 干鲜瓜果 | -3.2 |
| 液体乳及乳制品 | 5.9 |
| 在外用膳食品 | 9.6 |
| 2.烟酒及用品类 | 1.5 |
| 3.衣着类 | 4.5 |
| 4.家庭设备用品及维修服务类 | 3.1 |
| 5.医疗保健和个人用品类 | 2.9 |
| 6.交通和通迅类 | -2.0 |
| 7.娱乐教育文化用品及服务类 | 0.0 |
| 8.居住类 | 0.7 |
| 商品零售价格指数 | 2.0 |

## 二、农　业

全年农作物总播种面积为27.22万公顷，比上年增长1.4%，其中粮食播种面积11.09万公顷，比上年下降5.1%；经济作物播种面积5.56万公顷，比上年增长8.6%，其中油菜籽播种面积3.98万公顷，比上年增长7.6%；烤烟播种面积1.23万公顷，比上年增长9.0%；蔬菜播种面积9.76万公顷，比上年增长6.5%。

全年粮食产量44.50万吨，增产10.6%。其中夏粮产量8.22万吨，增产1.0%；秋粮产量36.28万吨，增产13.0%。

**表2：2012年主要农产品产量**

单位：万吨

| 指　标 | 绝对数 | 比上年增长（%） |
|---|---|---|
| 粮食作物产量 | 44.50 | 10.6 |
| 按夏秋粮分 | | |
| 夏　粮 | 8.22 | 1.0 |
| 秋　粮 | 36.28 | 13.0 |
| 按类别分 | | |
| #稻　谷 | 19.50 | 14.0 |
| 小　麦 | 1.22 | 4.3 |
| 玉　米 | 15.18 | 11.0 |
| 大　豆 | 0.90 | 4.7 |
| 薯　类 | 7.46 | 1.5 |
| 油料作物 | 6.82 | 21.1 |
| #油菜籽 | 6.57 | 20.1 |
| 花　生 | 0.10 | 0.0 |
| 烤　烟 | 1.83 | 0.5 |
| 蔬　菜 | 200.23 | 12.3 |
| 茶　叶 | 0.30 | 19.7 |
| 园林水果 | 12.41 | 12.3 |
| #梨 | 4.27 | 15.7 |
| 桃 | 1.70 | 34.0 |
| 杨　梅 | 0.58 | -53.1 |
| 猕猴桃 | 0.92 | 28.7 |
| 葡　萄 | 0.68 | -7.0 |

全年完成造林面积11324公顷，比上年增长8.5%。油茶籽产量130吨，比上年减产8.5%；核桃产量173吨，比上年增产35.2%；板栗产量145吨，比上年减产1.4%。

全年肉类总产量14.46万吨，比上年增长3.7%；牛奶产量40616吨，比上年增长7.4%。

### 表3：2012年主要畜产品产量

| 指　标 | 单 位 | 绝对数 | 比上年增长(%) |
|---|---|---|---|
| 当年肉猪出栏头数 | 万 头 | 126.29 | 2.1 |
| 当年肉用牛出栏头数 | 万 头 | 4.66 | 3.1 |
| 当年羊出栏头数 | 万 只 | 2.00 | 2.6 |
| 当年家禽出栏头数 | 万 只 | 1732.74 | 4.0 |
| 大牲畜年末存栏头数 | 万 头 | 25.93 | -1.2 |
| 猪年末存栏数 | 万 头 | 93.98 | 3.9 |
| 羊年末存栏数 | 万 只 | 3.48 | 7.1 |
| 家禽年末存栏数 | 万 只 | 1361.69 | 4.2 |
| 当年肉类总产量 | 万 吨 | 14.46 | 3.7 |
| #猪　肉 | 万 吨 | 10.96 | 4.3 |
| 牛　肉 | 万 吨 | 0.62 | 6.9 |
| 羊　肉 | 万 吨 | 0.04 | 0.0 |
| 禽　肉 | 万 吨 | 2.71 | 1.1 |
| 牛　奶 | 吨 | 40616 | 7.4 |
| 禽　蛋 | 吨 | 23052 | 3.0 |

全市年末拥有农业机械总动力153.12万千瓦，比上年增长16.6%；全年实现机耕面积8.07万公顷，比上年增长30.0%；机播面积2095.40公顷，比上年增长2.0%；机收面积3157公顷，比上年增长21.7%。年末农田有效灌溉面积3.27万公顷，比上年增长10.2%；农用化肥施用量（折纯）6.65万吨，比上年增长1.5%。

## 三、工业和建筑业

全年全部工业增加值534.73亿元，比上年增长16.2%。其中，规模以上工业增加值[3]480.23亿元，比上年增长22.1%。十大工业行业[4]规模以上工业增加值341.27亿元，比上年增长22.9%。六大特色支柱产业[5]实现规模以上工业增加值364.23亿元，比上年增长20.3%。工业园区规模以上工业[6]增加值348.04亿元，比上年增长27.0%。

图3：2008年—2012年全部工业增加值及增长速度

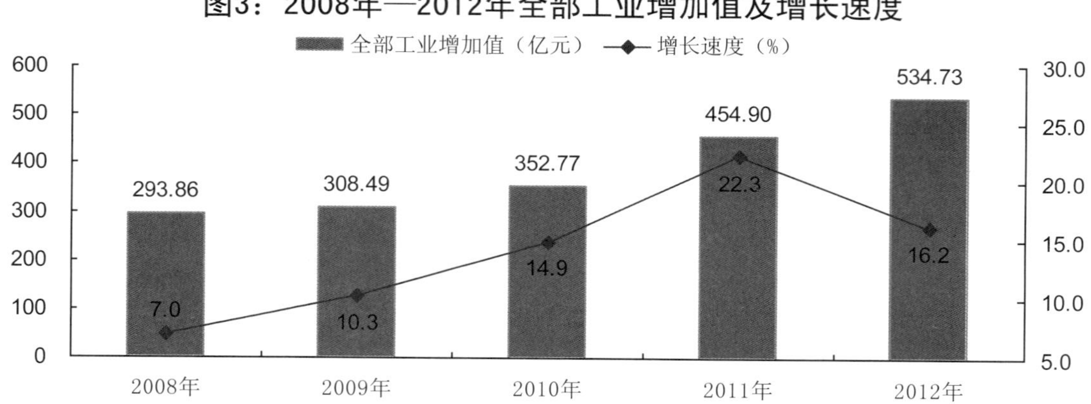

轻工业规模以上工业企业增加值比上年增长 21.9%，重工业规模以上工业企业增加值比上年增长 22.3%；国有企业规模以上工业增加值比上年增长 18.7%；国有控股规模以上工业企业增加值比上年增长 16.8%；非公有制规模以上工业企业增加值比上年增长 33.6%；外商及港澳台投资规模以上工业企业增加值比上年增长 26.2%；高新技术规模以上工业企业增加值比上年增长 21.6%。

**表 4：2012 年规模以上工业企业主要工业产品产量**

| 指　标 | 单　位 | 绝对数 | 比上年增长（%） |
|---|---|---|---|
| 原煤（全社会口径） | 万　吨 | 283.59 | 31.2 |
| 焦　炭 | 万　吨 | 116.32 | 2.0 |
| 发电量 | 亿千瓦时 | 93.02 | 22.9 |
| 铝 | 万　吨 | 40.27 | -2.4 |
| 成品钢材 | 万　吨 | 55.54 | 15.6 |
| 轮胎外胎 | 万　条 | 622.78 | 16.0 |
| 磷矿石（全社会口径） | 万　吨 | 1072.83 | 10.5 |
| 化肥（农用氮磷钾肥折纯） | 万　吨 | 332.32 | 55.8 |
| 彩色电视机 | 万　台 | 90.61 | 29.5 |
| 水 泥 | 万　吨 | 1047.69 | 20.0 |
| 卷 烟 | 亿　只 | 561.24 | -0.5 |
| 中成药 | 万　吨 | 3.40 | 6.7 |

规模以上工业主营业务收入 1610.32 亿元，比上年增长 18.6%。实现利税总额 337.47 亿元,比上年增长 31.9%；实现利润 104.95 亿元，比上年增长 62.6%。工业综合经济效益指数 259.50，比上年提高 33.5 个百分点。

全市建筑业实现增加值 182.59 亿元，比上年增长 28.0%。房屋建筑施工面积 5835.21 万平方米，比上年增长 18.0%；房屋建筑竣工面积 616.53 万平方米，比上年下降 1.8%。

**图4：2008年—2012年建筑业增加值及增长速度**

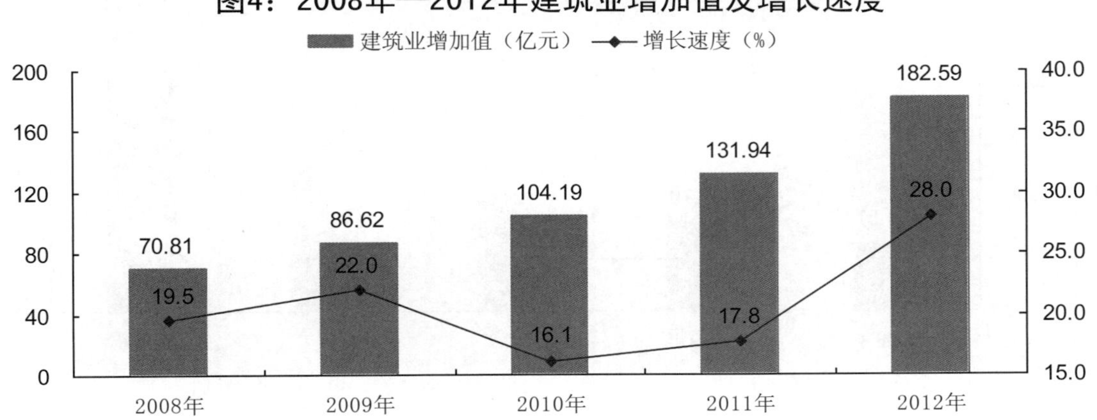

## 四、固定资产投资

全年全社会固定资产投资完成 2482.56 亿元，比上年增长 55.1%，其中城镇固定资产投资完成 2402.48 亿元，比上年增长 56.3%。工业投资[(7)]完成 723.86 亿元，比上年增长 42.2%。

**表 5：2012 年全社会固定资产投资完成情况**

单位：亿元

| 指　标 | 绝对数 | 比上年增长（%） |
|---|---|---|
| 全社会固定资产投资 | 2482.56 | 55.1 |
| #民间投资 | 1129.95 | 47.0 |
| 按隶属关系分 | | |
| 中　央 | 157.03 | 20.0 |
| 地　方 | 2325.53 | 58.2 |
| 按产业分 | | |
| 第一产业 | 70.10 | 78.2 |
| 第二产业 | 748.78 | 41.5 |
| 第三产业 | 1663.68 | 61.2 |
| 按管理类别分 | | |
| #建设项目 | 1571.44 | 39.9 |
| 房地产开发 | 908.52 | 94.4 |
| 按城乡分 | | |
| 城　镇 | 2402.48 | 56.3 |
| 农　村 | 80.08 | 26.6 |

图5：2008年—2012年全社会固定资产投资及增长速度

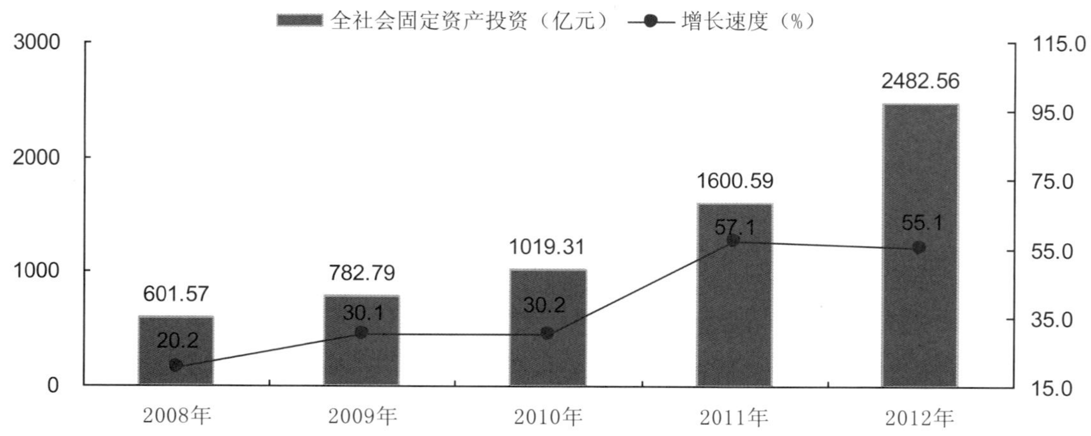

全市房地产开发投资908.52亿元，比上年增长94.4%。按工程用途分，住宅投资573.67亿元，增长102.4%；办公楼投资33.55亿元，比上年增长136.9%；商业营业用房投资113.18亿元，比上年增长110.3%；其他投资188.13亿元,增长62.3%。

**表6：2012年房地产开发投资资金和销售情况**

| 指　标 | 单　位 | 绝对数 | 比上年增长（%） |
|---|---|---|---|
| 房地产投资完成额 | 亿　元 | 908.52 | 94.4 |
| 本年实际到位资金 | 亿　元 | 746.57 | 5.1 |
| #国内贷款 | 亿　元 | 146.78 | 40.7 |
| 自筹资金 | 亿　元 | 196.77 | -29.8 |
| 利用外资 | 亿　元 | 4.29 | -2.7 |
| 其他资金 | 亿　元 | 398.73 | 24.0 |
| 房屋施工面积 | 万平方米 | 5835.21 | 18.0 |
| 房屋新开工面积 | 万平方米 | 1642.10 | 37.7 |
| 房屋竣工面积 | 万平方米 | 616.53 | -1.8 |
| 商品房销售面积 | 万平方米 | 1040.63 | 25.6 |
| 本年购置土地面积 | 万平方米 | 197.17 | -40.5 |

## 五、国内贸易

全年实现社会消费品零售总额683.19亿元，比上年增长16.9%。分地域看，城镇消费品零售额680.34亿元，增长16.9%，其中城区673.25亿元，增长16.6%；乡村消费品零售额2.85亿元，增长15.2%。分行业看，批发业零售额83.90亿元，增长38.9%；零售业零售额535.89亿元，增长14.5%；住宿业零售额11.11亿元，增长18.9%；餐饮业零售额52.29亿元，增长12.6%。

**图6：2008年—2012年社会消费品零售总额及增长速度**

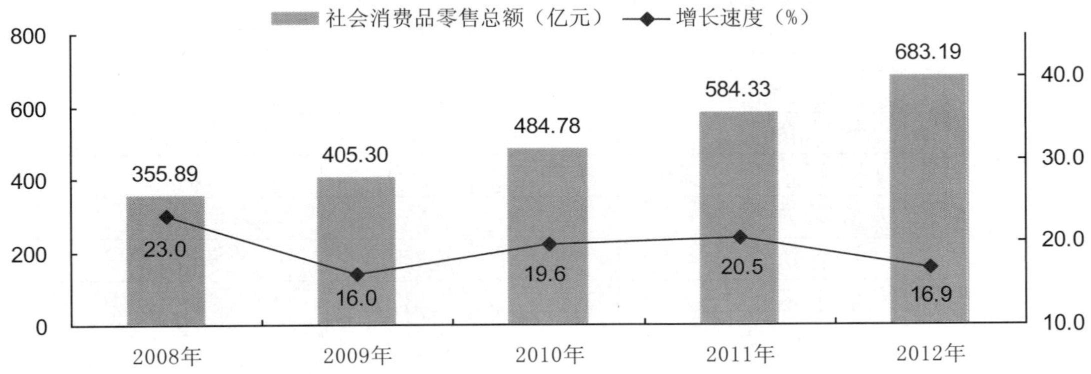

## 六、对外经济

全年外贸进出口总额 50.51 亿美元，比上年增长 34.0%。其中出口 42.14 亿美元，比上年增长 51.6%；进口 8.37 亿美元，比上年下降 15.4%。

全年批准外商投资项目 21 项，比上年下降 30.0%。实际直接利用外资 47415 万美元，比上年增长 70.1%。

**表 7：2012 年外贸进出口情况**

单位：亿美元

| 指　标 | 绝对数 | 比上年增长（%） |
|---|---|---|
| 外贸进出口总额 | 50.51 | 34.0 |
| 按企业性质分 | | |
| 三资企业 | 1.25 | -25.3 |
| 国有企业 | 27.43 | -14.4 |
| 集体企业 | 1.15 | 58.1 |
| 民营企业及其他 | 20.67 | 537.6 |
| 按贸易方式分 | | |
| 一般贸易 | 43.75 | 35.4 |
| 加工贸易 | 4.78 | 0.6 |
| 其他贸易 | 1.99 | 218.0 |
| 出口总额 | 42.14 | 51.6 |
| 按企业性质分 | | |
| 三资企业 | 0.86 | -23.0 |
| 国有企业 | 20.74 | -13.4 |
| 集体企业 | 0.57 | -3.9 |
| 民营企业及其他 | 19.97 | 839.2 |
| 按贸易方式分 | | |
| 一般贸易 | 36.97 | 53.3 |
| 加工贸易 | 3.40 | 3.5 |
| 其他贸易 | 1.77 | 345.6 |
| 进口总额 | 8.37 | -15.4 |
| 按企业性质分 | | |
| 三资企业 | 0.39 | -30.0 |
| 国有企业 | 6.69 | -17.2 |
| 集体企业 | 0.59 | 316.6 |
| 民营企业及其他 | 0.70 | -37.0 |
| 按贸易方式分 | | |
| 一般贸易 | 6.78 | -17.3 |
| 加工贸易 | 1.37 | -6.0 |
| 其他贸易 | 0.21 | -5.4 |

图7：2008年—2012年外贸进出口总额

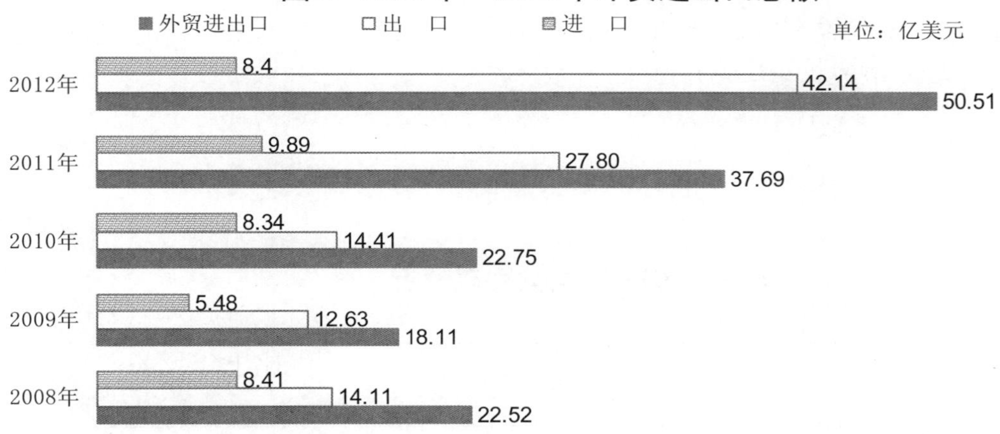


**表 8：2012 年分国别（地区）外贸进出口情况**

单位：亿美元

| 国家或地区 | 外贸进出口总额 | 出　口 | 进　口 |
|---|---|---|---|
| 总　计 | 50.51 | 42.14 | 8.37 |
| 亚　洲 | 31.32 | 26.12 | 5.20 |
| #香　港 | 2.02 | 2.02 | 0.00 |
| 印　度 | 5.92 | 5.85 | 0.07 |
| 日　本 | 1.22 | 0.91 | 0.31 |
| 韩　国 | 0.80 | 0.74 | 0.07 |
| 台　湾 | 0.21 | 0.20 | 0.01 |
| 东　盟 | 15.27 | 12.26 | 3.00 |
| 非　洲 | 2.67 | 2.63 | 0.04 |
| 欧　洲 | 5.30 | 4.54 | 0.76 |
| #欧　盟 | 4.84 | 4.11 | 0.73 |
| 拉丁美洲 | 2.07 | 1.97 | 0.10 |
| 北美洲 | 7.18 | 4.95 | 2.23 |
| #美　国 | 5.87 | 4.54 | 1.32 |
| 大洋洲 | 1.97 | 1.92 | 0.04 |
| #澳大利亚 | 1.36 | 1.33 | 0.03 |

## 七、交通、邮电和旅游

全年各种运输方式完成旅客发送量 46489.16 万人次，比上年增长 21.5%；完成货物运输量 16635.02 万吨，比上年增长 19.8%。

### 表 9：2012 年运输完成情况

| 指　标 | 绝对数 | 比上年增长（%） |
|---|---|---|
| 旅客发送量(万人) | 46489.16 | 21.5 |
| 铁　路 | 1284.00 | -1.2 |
| 公　路 | 44299.00 | 22.7 |
| 航　空 | 874.62 | 19.2 |
| 水　运 | 31.54 | -80.7 |
| 货物运输量(万吨) | 16635.02 | 19.8 |
| 铁　路 | 1548.00 | -5.9 |
| 公　路 | 15074.00 | 23.4 |
| 航　空 | 7.90 | 14.3 |
| 水　运 | 5.12 | -65.2 |

全市年末民用车辆拥有量 67.36 万辆，比上年末增长 4.5%，其中汽车拥有量 55.50 万辆，比上年末增长 10.6%。私人汽车拥有量 46.35 万辆，比上年末增长 11.4%。

全市邮电业务总量 66.05 亿元，比上年增长 17.8%，其中邮政业务总量 3.28 亿元，比上年下降 10.2%，电信业务总量 62.77 亿元，比上年增长 19.7%。年末固定电话用户 101.97 万户，比上年增长 2.7%；移动电话用户 640.85 万户，比上年增长 17.8%，其中 3G 用户数 109.72 万户，比上年增长 112.8%；互联网用户数 451.94 万户，比上年增长 27.2%，其中固定互联网宽带接入用户 80.77 万户，比上年增长 18.4%。

全市全年旅游总收入 602.70 亿元，其中旅游外汇收入达 4474.08 万美元；接待国内游客 6332.59 万人次；接待外国游客 116181 人次。

**表 10：2012 年旅游基本情况**

| 指　标 | 单　位 | 绝对数 |
|---|---|---|
| 接待海外旅游人数 | 人　次 | 116181 |
| 　外国人 | 人　次 | 56734 |
| 　港澳同胞 | 人　次 | 33744 |
| 　台湾同胞 | 人　次 | 25703 |
| 接待海外旅游人天数 | 人　天 | 250703 |
| 　外国人 | 人　天 | 126557 |
| 　港澳同胞 | 人　天 | 65130 |
| 　台湾同胞 | 人　天 | 59016 |
| 旅游外汇收入 | 万美元 | 4474.08 |
| 国内旅游 | | |
| 　接待国内游客 | 万人次 | 6332.59 |
| 　旅游收入 | 亿　元 | 599.91 |
| 旅游总收入 | 亿　元 | 602.70 |

## 八、财政、金融、证券和保险

全年完成财政总收入 488.02 亿元，比上年增长 21.6%；公共财政预算收入 241.20 亿元，比上年增长 28.9%；公共财政预算支出 351.44 亿元，比上年增长 26.7%。

**表 11：2012 年财政收支完成情况**

单位：亿元

| 指　标 | 绝对数 | 比上年增长（%） |
|---|---|---|
| 财政总收入 | 488.02 | 21.6 |
| #公共财政预算收入 | 241.20 | 28.9 |
| 税收收入 | 193.65 | 25.4 |
| 增值税 | 13.83 | 16.4 |
| 营业税 | 75.87 | 28.3 |
| 企业所得税 | 26.86 | 15.1 |
| 个人所得税 | 8.46 | -8.7 |
| 非税收入 | 47.55 | 45.5 |
| 公共财政预算支出 | 351.44 | 26.7 |
| #一般公共服务 | 66.63 | 45.4 |
| 公共安全 | 27.16 | 37.3 |
| 教　　育 | 62.71 | 29.6 |
| 科学技术 | 6.44 | 27.4 |
| 社会保障和就业 | 25.06 | 25.1 |
| 医疗卫生 | 21.04 | 17.8 |
| 城乡社区事务 | 23.45 | 13.8 |

全市年末金融机构人民币各项存款余额 4394.37 亿元，比年初增加 791.24 亿元。其中单位存款余额 2581.40 亿元，比年初增加 508.45 亿元；居民储蓄存款余额 1498.20 亿元，比年初增加 247.17 亿元。金融机构人民币各项贷款余额 3479.47 亿元，比年初增加 466.61 亿元。其中短期贷款余额 889.61 亿元，比年初增加 187.04 亿元；中长期贷款余额 2493.18 亿元，比年初增加 248.24 亿元。

图9：2008年——2012年城乡居民储蓄存款余额及增长速度

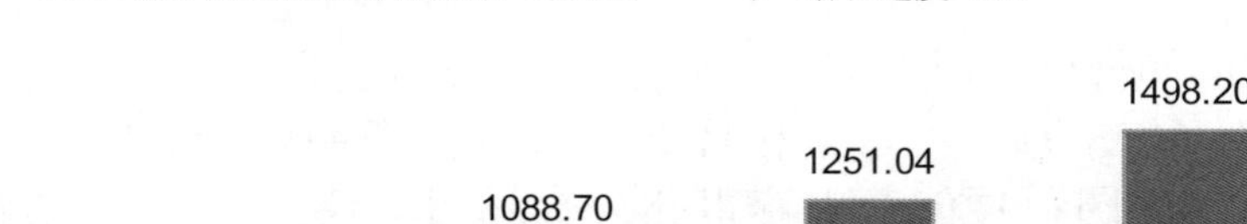


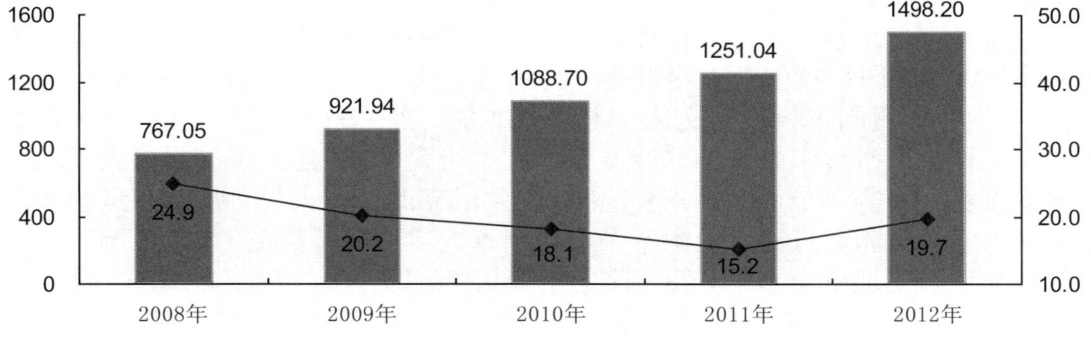


全年保险保费收入 56.93 亿元，比上年增长 13.8%。保险赔付支出 20.22 亿元，比上年增长 45.8%。

**表 12：2012 年保险业情况**

单位：亿元

| 指　标 | 绝对数 | 比上年增长（%） |
|---|---|---|
| 保费收入 | 56.93 | 13.8 |
| 财产险 | 27.28 | 19.6 |
| #机动车辆保险 | 20.09 | 26.1 |
| 人身险 | 29.65 | 8.9 |
| 人寿险 | 26.75 | 8.7 |
| 健康险 | 2.01 | 11.6 |
| 意外伤害险 | 0.90 | 8.4 |
| 赔付支出 | 20.22 | 45.8 |
| 财产险 | 14.58 | 63.7 |
| #机动车辆保险 | 10.55 | 44.6 |
| 人身险 | 5.64 | 13.7 |
| 人寿险 | 4.61 | 11.0 |
| 健康险 | 0.75 | 29.8 |
| 意外伤害险 | 0.28 | 22.0 |

全市年末共有上市公司 14 家，其中上交所 5 家，深交所 9 家。上市公司总市值 561.32 亿元，比上年增长 13.1%。证券公司 1 家，证券营业部 32 家，资金帐户数 39.41 万户，比上年增长 6.6%。成交金额达到 3602.82 亿元，比上年增长 50.6%。

## 九、科学技术和教育

全年完成 684 项科技计划项目立项工作，下达项目经费 1.60 亿元，其中，重点科技项目 66 项，资助资金 6105 万元；重大科技专项 9 项，资助资金 2311 万元。组织筹备了“科技活动周开幕式”、“中国科技创业大赛贵州分会场启动仪式”、“创新要素对接会（药业专场、IT 专场等）”、“贵阳市科技、文化、卫生三下乡”等一系列大型活动。新认定了贵阳市标准气体物质工程技术研究中心等 7 家企业工程技术研究中心；建立了贵阳市大气细粒子与大气污染化学重点实验室等 3 个市级重点实验室；挂牌成立的贵州大学科技园和贵州师范大学科技园成为省级大学科技园，打破了贵阳市乃至贵州省大学科技园数量上零的突破。

全年专利申请受理量为 5438 件，比上年增长 53.2%。专利授权量 2997 件，比上年增长 47.0%，其中发明专利 429 件，实用新型专利 1832 件，外观设计专利 736 件。

全年研究生教育招生 3420 人，在校生 11900 人，毕业生 3975 人；高等教育招生 10.01 万人，在校生 29.53 万人，毕业生 6.59 万人；中等职业教育招生 5.15 万人，在校生 14.63 万人，毕业生 3.99 万人；普通高中招生 3.03 万人，在校生 8.13 万人，毕业生 2.18 万人；普通初中招生 6.11 万人，在校生 18.17 万人，毕业生 5.89 万人；普通小学招生 5.64 万人，在校生 32.23 万人，毕业生 6.19 万人；特殊教育招生 221 人，在校生 1268 人，毕业生 186 人；幼儿园在园幼儿 10.04 万人。

图10：2008年—2012年高中、初中和小学招生人数

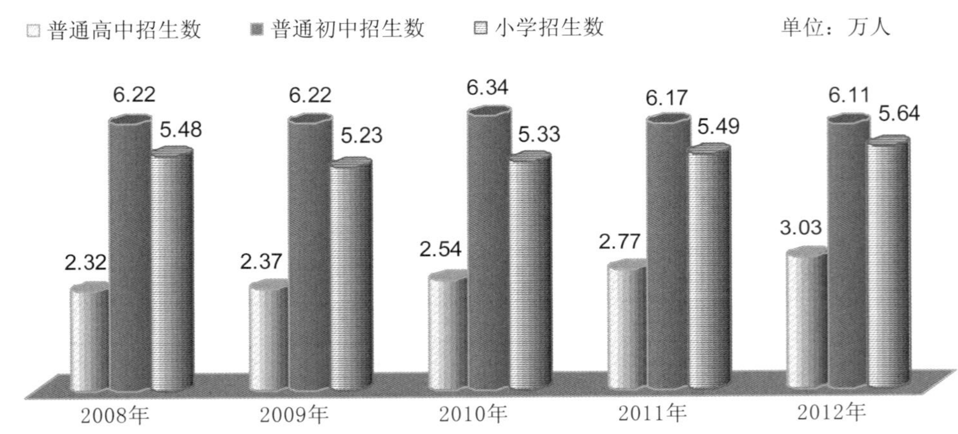


## 十、文化、卫生和体育

全市共有艺术表演团体 10 个、文化馆、群众艺术馆 12 个、文化站 167 个、公共图书馆 9 个，图书馆藏书量 244.81 万册。全市有广播电台 2 座，调频转播发射台 7 座，广播综合人口覆盖率 100%，农村广播人口覆盖率 100%，无线广播综合人口覆盖率 98.19%。电视台 2 座，电视发射及转播台 6 座，电视人口覆盖率 99.70%，农村电视人口覆盖率 99.44%。全年出版图书 1836 种，总印数 11117.71 万册；印刷出版杂志 74 种，总印数 1435.54 万册；印刷出版报纸 30 种，总印数 32558.99 万册；出版音像制品 9 种，发行数量 3.44 万张（万盒）[(8)]。

全市年末拥有卫生机构2922个，其中医院178个，卫生院78个，社区卫生服务中心（站）108个，诊所（卫生所、医务室）1105个，村卫生室1405个，疾病预防控制中心13个；卫生机构床位30385张；卫生技术人员30383人，执业（助理）医师11820人，注册护士13079人，药师1428人，技师1674人。

全市拥有58个体育运动学校；7728名运动员，其中1649名女运动员；279名裁判员，其中110名女裁判员；87名教练员，其中11人女教练员。全年共举办全民健身活动242次，其中，1000人以上的全名健身活动135次；举办培训班49次，培训人数达到9079人。全年获得国内体育比赛奖牌13块，其中，金牌8块，银牌2块，铜牌3块。

## 十一、城市建设、环境保护和生态建设

年末市区道路总长度达到872公里，道路面积1348万平方米，桥梁203座，其中立交桥17座。公交运营车辆2592辆[9]，折合标准运营车辆2920标台，运营线路总长度[10]1196.9公里，公交客运总量65846万人次。城市出租汽车7145辆。

全市自来水厂9个，自来水综合生产能力117.5万立方米/日，供水管道长度达到3223.88公里。全年供水总量23855.07万立方米，售水总量18021.12万立方米，其中公共服务用水3009.02万立方米，居民家庭用水11219.01万立方米。

年末有煤气用户47.61万户，其中家庭用户47.36万户；全年煤气供气量26909万立方米，家庭用气11054万立方米。液化气用户20.5万户，液化气供气量3.6万吨。天然气用户数8.34万户，其中家庭用户8.08万户；天然气供气总量5830万立方米。

市区污水处理厂7座，排水管道长度1910公里。全市空气污染指数年平均值为61，年降水PH值为5.63，全年空气质量为优或良的天数占全年天数的95.9％，市区大气可吸入颗粒物年平均值为0.073毫克/立方米，达到国家环境空气质量二级标准；二氧化硫年平均值为0.031毫克/立方米，达到国家环境空气质量二级标准；二氧化氮年平均值为0.028毫克/立方米，保持在国家环境空气质量一级标准内；地面水环境质量保持良好状况，城市地表水水质达标率为95.83%，饮用水源水质达标率为100%。

全年平均气温13.7℃，全年相对湿度85%，总降水量1226.4毫米，日照时数681.6小时。

年末建成区园林绿地面积6904.3公顷，建成区绿化覆盖面积7104.6公顷，建成区公共绿地面积1450.3公顷，建成区绿地率42.4%，建成区绿化覆盖率43.15%，人均公共绿地面积10.85平方米。

## 十二、人民生活和劳动就业

全年城市居民人均可支配收入21796元，比上年增长12.2%，扣除价格因素，实际增长9.4%。城市居民人均消费性支出15718元，比上年增长9.9%，扣除价格因素，实际增长7.1%。其中交通和通信类、医疗保健类支出增长较快，分别达到51.4%、35.6%；食品、衣着、教育文化娱乐服务、其他商品和服务类支出分别增长8.7%、3.9%、9.1%、6.9%；居住和家庭设备用品及服务的支出呈下降趋势，分别比上年下降21.1%、17.8%。每百户拥有的家用汽车和移动电话机数量分别为16.8辆和221.39部。城市居民人均住宅建筑面积达到22.67平方米，比上年增长1.8%。

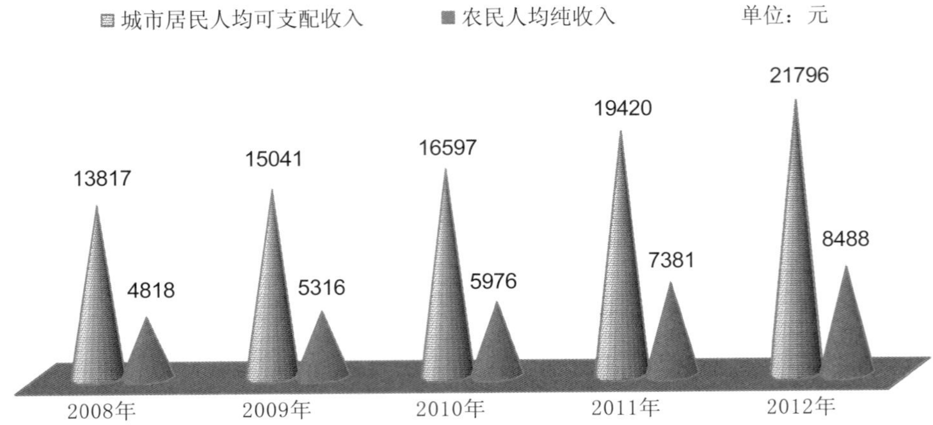


**表 13：2012 年末每百户城市居民家庭耐用消费品拥有量情况**

| 指　标 | 单　位 | 绝对数 | 比上年增长（%） |
|---|---|---|---|
| 彩色电视机 | 台 | 120.49 | 0.4 |
| 电冰箱 | 台 | 98.98 | -0.1 |
| 洗衣机 | 台 | 102.69 | 1.4 |
| 微波炉 | 部 | 60.87 | 1.5 |
| 组合音响 | 套 | 32.63 | -15.8 |
| 家用汽车 | 辆 | 16.80 | 32.3 |
| 家用电脑 | 台 | 85.76 | 11.2 |
| 固定电话 | 台 | 64.31 | -6.2 |
| 移动电话 | 台 | 221.39 | 4.9 |
| 空调机 | 台 | 19.48 | 2.3 |

农民人均纯收入 8488 元，比上年增长 15.0%，扣除价格因素，实际增长 11.9%。农民人均生活消费支出 6161 元，比上年增长 12.1%，扣除价格因素，实际增长 9.0%。其中教育文化娱乐服务、交通和通信、衣着、家庭设备用品及服务类支出增长较快，分别达到 56.9%、51.4%、23.7%、22.5%；食品、医疗保健和其他商品和服务类支出分别增长 6.2%、11.8% 和 10.8%；仅居住类支出呈下降趋势，比上年减少 16.2%。农村居民每百户居民拥有的家用汽车、电脑和移动电话分别比上年增长 49.4%、32.6%和 19.6%。农村居民人均住房面积达到 58.97 平方米，比上年增长 13.0%。

**表 14：2012 年末每百户农村居民家庭耐用消费品拥有量情况**

| 指　标 | 单　位 | 绝对数 | 比上年增长（%） |
|---|---|---|---|
| 摩托车 | 辆 | 56.71 | -3.6 |
| 生活用汽车 | 辆 | 8.10 | 49.4 |
| 热水器 | 台 | 40.51 | 15.5 |
| 电话机 | 部 | 24.31 | 2.4 |
| 移动电话 | 部 | 243.05 | 19.6 |
| 照相机和摄像机 | 部 | 8.10 | 16.5 |
| 彩色电视机 | 台 | 109.37 | 3.4 |
| 洗衣机 | 台 | 97.22 | 4.5 |
| 电冰箱 | 台 | 76.97 | 13.5 |
| 电　脑 | 台 | 12.15 | 32.6 |

全年城乡统筹就业人数达 21.12 万人，比上年增长 74.5%，就业困难对象实现再就业 11146 人。农村富余劳动力转移人数 38827 人。新增就业岗位 17.24 万人，比上年增长 101.8%。年末城镇登记失业率为 2.94%，比上年下降 0.35 个百分点。

**图12：2008年—2012年新增就业岗位**

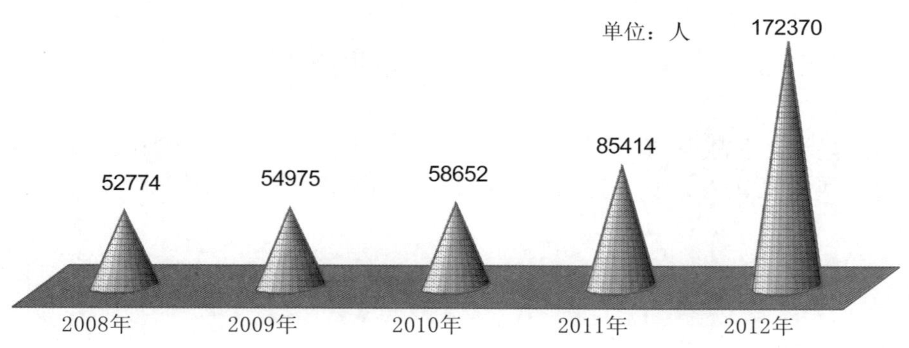


## 十三、人口、社会保障和福利事业

全市年末常住人口 445.17 万人，年平均人口 442.25 万人。年出生率 10.73‰，死亡率 4.76‰，自然增长率 5.97‰。城镇化率 70.53%。

**表 15：2012 年末常住人口数及其构成**

单位：万人

| 指　标 | 绝对数 | 比上年增长（%） |
| --- | --- | --- |
| 年平均人口 | 442.25 | 1.4 |
| 年末总人口 | 445.17 | 1.3 |
| 按城镇、乡村分 | | |
| 城　镇 | 313.97 | 3.3 |
| 乡　村 | 131.20 | -3.0 |
| 按性别分 | | |
| 男 | 229.14 | 1.5 |
| 女 | 216.03 | 1.2 |

全市年末参加基本养老保险人数 118.26 万人，比上年增长 13.7%，其中在岗职工基本养老保险 98.30 万人，比上年增长 14.7%，离退休职工基本养老保险 19.96 万人，比上年增长 8.6%；失业保险参保人数 53.10 万人，比上年增长 10.5%；基本医疗保险参保人数 109.19 万人，比上年增长 3.4%；参加生育保险人数 93.22 万人，比上年增长 4.5%；农村合作医疗参合率达到 97.99%。

全市城乡各级收养性社会福利单位共 105 个[11]，有床位 6209 张，年末收养人员 2403 人；城镇综合性社区服务中心 90 个，城镇各种社区服务设施 1112 个；城乡居民享受最低生活保障的人数达 13.18 万人，其中城镇最低生活保障人数为 7.27 万人，农村最低生活保障人数为 5.91 万人；国家抚恤、补助优抚对象总人数达到 16275 人；全年民政部门直接接受社会捐赠款 5912.1 万元，受益人数达 6.0 万人次。

## 十四、安全生产

全年各类生产安全事故共死亡 228 人，比上年下降 25.2%。全市工矿商贸企业发生生产安全事故 22 起，死亡 29 人，同比分别下降 33.3%和 48.2%。

注释：

(1) 公报中所列数据为初步统计数。

(2) 生产总值和各产业增加值绝对数均为当年价格，增长速度按可比价格计算。

(3)规模以上工业增加值口径为年主营业务收入 500 万元以上工业企业。

(4)十大工业行业是烟草制品业、化学原料及化学制品制造业、医药制造业、橡胶和塑料制品业、非金属矿物制品业、黑色金属冶炼及压延加工业、有色金属冶炼及压延加工业、电气机械和器材制造业、计算机、通信和其他电子设备制造业、电力、热力的生产和供应业。

(5)六大特色支柱产业包括磷煤化工、铝及铝化工、特色食品、烟草制品、现代医药、装备制造业。

(6)工业园区工业包括南明龙洞堡食品工业园、云岩益佰工业园、贵阳金石石材工业园、乌当医药食品工业园、白云铝工业基地、麦架—沙文高新技术产业园、小河—孟关装备制造业生

态工业园、开阳磷煤化工生态工业示范基地、息烽磷煤化工生态工业基地、修文扎佐医药工业园、清镇铝煤化工基地。

⑺该处工业投资不含园区基础设施项目投资；工业投资（含园区基础设施项目投资）完成864.75亿元，比上年增长54.2%。

⑻出版物包含图书、报纸、期刊、音像和网络出版。

⑼公交运营车辆数包含三县一市数据。

⑽运营线路总长度口径原为营运网长度，从2012年起为营运线路长度，包含重复营运线路。

⑾收养性社会福利单位包括：社会福利院、儿童福利院、福利类精神病院、城市养老服务机构、农村养老服务机构。

⑿资料来源：本公报中电信数据来自省通信管理局；民航运输数据来自贵州省机场集团；铁路运输数据来自成都铁路局；上市公司数据来自证监委贵州监管局；保险业数据来自贵州保监局；报纸、期刊、图书数据来自省新闻出版局；教育数据来自省教育厅、市教育局；艺术表演团体、公共图书馆、文化馆数据来自省文化厅、市文化局；广播、电视数据来自省、市广电局；体育数据来自省、市体育局；城镇新增就业、登记失业率、社会保障数据来自市人力资源和社会保障局；财政数据来自市财政局；农业机械总动力和机耕面积数据来自市农委；公路运输数据来自市交通局；水运数据来自市地方海事局；燃气供应数据来自市住房城乡建设局；建成区绿化数据来自市林业绿化局；外商投资、外贸进出口数据来自市商务局；民用车辆数据来自市公安局；邮政业务数据来自市邮政局；旅游数据来自市旅游产业发展委；金融数据来自人民银行贵阳中心支行；科技项目数据来自市科技局；专利数据来自市知识产权局；平均气温及湿度数据来自市气象局；卫生、新农合数据来自市卫生局；社会福利、低保、社会捐赠数据来自市民政局；环境监测数据来自市环保局；城市建设数据来自市城管局；公交运营数据来自市公交公司、市城市公共交通管理局；安全生产数据来自市安全监管局；物价和城乡居民收支数据来自国家统计局贵阳调查队；其他数据均来自市统计局。

# Statistical Communiqué of Guiyang on the 2012 National Economic and Social Development

Guiyang Bureau of Statistics

Survey Office of the National Bureau of Statistics in Guiyang

*March27, 2013*

In 2012, under the leadership of Guiyang municipal Party committee and municipal government, we insisted on the primary goals of "accelerating development, accelerating transformation and promoting leapfrog development" in Guiyang and the main strategies of "reforming Guizhou into an industrial province" and "driving development of Guizhou province by urbanization". We continued to apply the Scientific Outlook on Development and advanced ecological awareness. Grasping the opportunity of the issue of No.2 Document of State Council and the support of Guiyang municipal Party committee and municipal government, we strengthened measures and strived to be the first and overcame the negative factors. As a result, we accelerated the development of economy and society in Guiyang, improved the quality of it, optimized the environment, improved people's lives and achieved the social stability and breakthrough innovations. All of these laid a solid foundation for the building of a moderately prosperous society in all respects and the arrival of the new era of eco-civilization.

## I. General Outlook

In 2012, the gross domestic product (GDP) [(2)] of the year was 170.03 billion yuan, up by 15.9 percent over the previous year. Of this total, the value added of the primary industry was 7.228 billion yuan, up by 8.5%. That of the secondary industry was 71.732 billion yuan, up by 18.8 percent and the tertiary industry was 91.07 billion yuan, up by 14.1 percent. The value added of the primary industry accounted for 4.2 percent of the GDP, that of the secondary industry accounted for 42.2 percent, and that of the tertiary industry accounted for 53.6 percent.

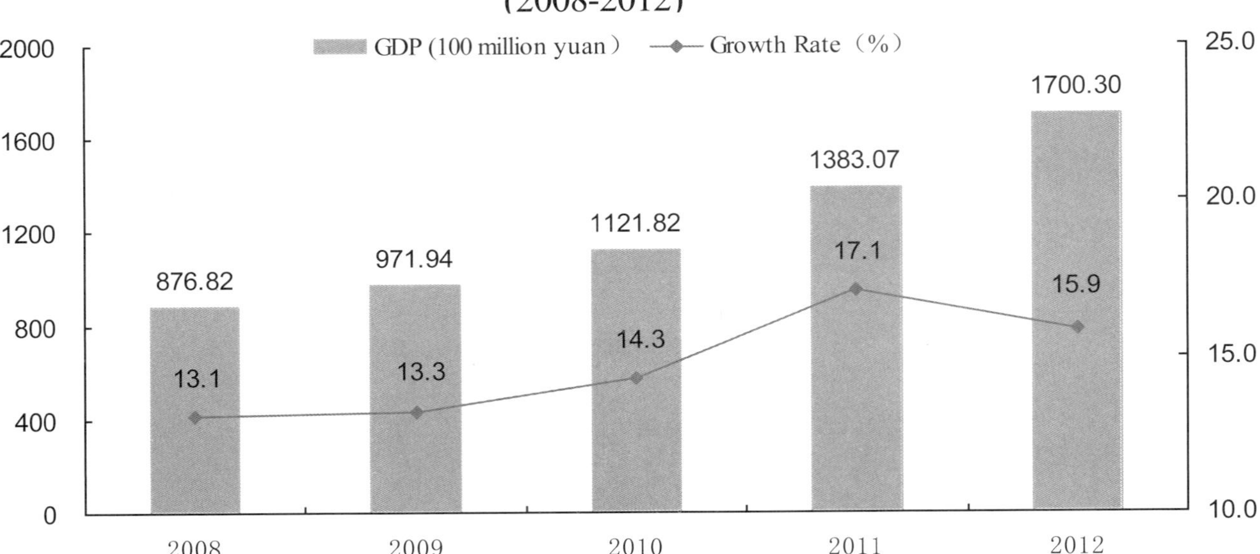


The consumer price in 2012 went up by 2.6 percent year-on-year, with the growth rate declined by 2.9 percentage point on the previous year. Of this total, the prices for food went up by 5.6 percent, with the growth rate declined by 7.6 percentage point on the previous year. The producer price index for industrial products in 2012 was 100.0.

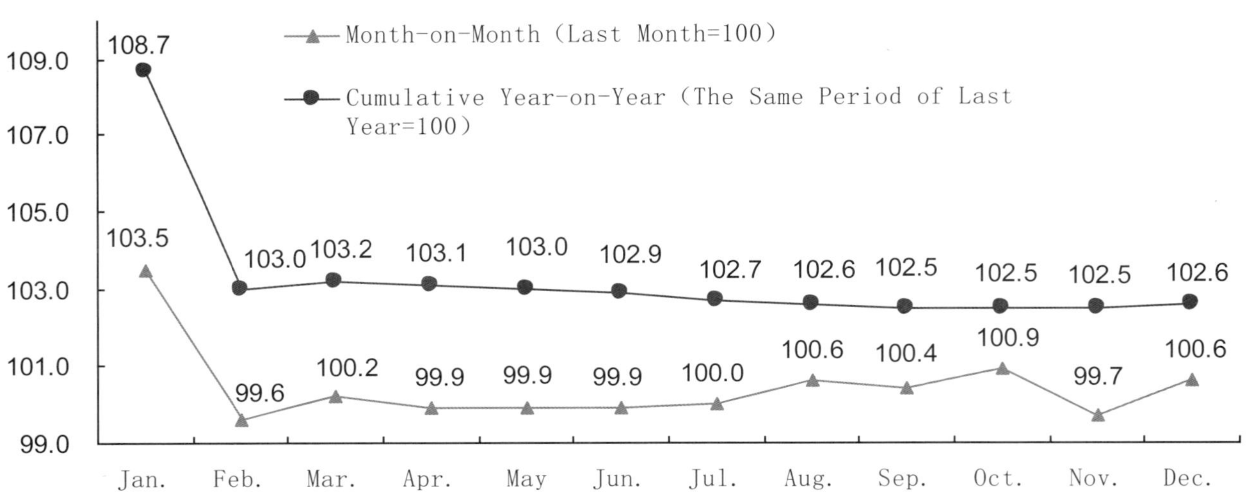

**Table 1: General Level of Consumer Prices in 2012**

| Item | Increase over 2011（%） |
|---|---|
| Consumer price index | 2.6 |
| Excluding food and energy price index | 1.1 |
| Services price index | 1.4 |
| Consumer goods price index | 3.1 |
| 1.Food | 5.6 |
| #Grain | 3.8 |
| Meat and poultry | 2.1 |
| Eggs | -0.7 |
| Aquatic products | 9.1 |
| Vegetables | 7.7 |
| Melons and fruits | -3.2 |
| Mile and dairy products | 5.9 |
| Food of dining out | 9.6 |
| 2.Tobacco, liquor and articles | 1.5 |
| 3.Clothing | 4.5 |
| 4.Household appliances and maintaining services | 3.1 |
| 5.Medical, health and personal articles | 2.9 |
| 6.Transportation and telecommunications | -2.0 |
| 7.Recreation, education, culture articles and services | 0.0 |
| 8.Housing | 0.7 |
| Retail Price Index | 2.0 |

## Ⅱ. Agriculture

In 2012, the total sown area was 272.2 thousand hectares, up by 1.4 percent. Of this total, the sown area of grain was 110.9 thousand hectares, down by 5.1 percent; the sown area of cash crop was 55.6 thousand hectares, up by 8.6 percent. Of this total, the sown area of rapeseed was 39.8 thousand hectares, a decrease of 7.6 percent; the sown area of flue-cured tobacco was 12.3 thousand hectares, an increase of 9.0 percent; the sown area of vegetable was 97.6 thousand hectares, an increase of 6.5 percent.

The total output of grain in 2012 was 445 thousand tons, up by 10.6 percent over the previous year. Of this total, the output of summer grain was 82.2 thousand tons, increased by 1.0 percent; the output of autumn grain was 362.8 thousand tons, an increase of 13.0 percent.

**Table 2 : Output of Major Agricultural Products in 2012**

Unit:10 000 tons

| Item | Volume | Increase over 2011 (%) |
|---|---|---|
| Grain | 44.50 | 10.6 |
| By season | | |
| Summer grain | 8.22 | 1.0 |
| Autumn grain | 36.28 | 13.0 |
| By type | | |
| Rice | 19.50 | 14.0 |
| Wheat | 1.22 | 4.3 |
| Corn | 15.18 | 11.0 |
| Beans | 0.90 | 4.7 |
| Tubers | 7.46 | 1.5 |
| Oil-bearing Crops | 6.82 | 21.1 |
| Rapeseeds | 6.57 | 20.1 |
| Peanuts | 0.10 | 0.0 |
| Flue-cured Tobacco | 1.83 | 0.5 |
| Vegetables | 200.23 | 12.3 |
| Tea | 0.30 | 19.7 |
| Fruits | 12.41 | 12.3 |
| Pear | 4.27 | 15.7 |
| Peach | 1.70 | 34.0 |
| Strawberry | 0.58 | -53.1 |
| Chinese Gooseberry | 0.92 | 28.7 |
| Grape | 0.68 | -7.0 |

The area of forestation in 2012 was 11.324 thousand hectares, up by 8.5 percent. The output of tea-oil seeds was 130 tons, a drop of 8.5 percent; the output of walnuts was 173 tons, an increase of 35.2 percent; the output of chestnut was 145 tons, a drop of 1.4 percent.

The total output of meat for the year reached 144.6 thousand tons, up by 3.7 percent over the previous year; the output of milk was 40.406 thousand tons, up by 7.4 percent.

**Table 3: Output of Major Livestock Products in 2012**

| Item | Unit | Volume | Increase over 2011（%） |
|---|---|---|---|
| Annual Slaughtered Fattened Hogs | 10000 heads | 126.29 | 2.1 |
| Annual Slaughtered Beef Cattle | 10000 heads | 4.66 | 3.1 |
| Annual Slaughtered Sheep and Goats | 10000 heads | 2.00 | 2.6 |
| Annual Slaughtered Poultry | 10000 heads | 1732.74 | 4.0 |
| Large Animal at year-end | 10000 heads | 25.93 | -1.2 |
| Hogs at year-end | 10000 heads | 93.98 | 3.9 |
| Sheep and Goats at year-end | 10000 heads | 3.48 | 7.1 |
| Poultry at year-end | 10000 heads | 1361.69 | 4.2 |
| Annual Output of Meat | 10000 tons | 14.46 | 3.7 |
| Pork | 10000 tons | 10.96 | 4.3 |
| Beef | 10000 tons | 0.62 | 6.9 |
| Mutton | 10000 tons | 0.04 | 0.0 |
| Poultry meat | 10000 tons | 2.71 | 1.1 |
| Milk | ton | 40616 | 7.4 |
| Eggs | ton | 23052 | 3.0 |

The total agricultural machinery power at the year end in 2012 reached 1.5312 million kilowatts, up by 16.6 percent. Area plowed by machinery in 2012 was 80.7 thousand hectares, up by 30 percent; area sowed by machinery was 2095.4 hectares, up by 2 percent; area harvested by machinery was 3157 hectares, up by 21.7 percent. The irrigated area at the year end in 2012 was 32.7 thousand hectares, an increase of 10.2 percent; consumption of chemical fertilizers in agriculture (volume of effective component) was 66.5 thousand tons, up by 1.5 percent.

## III. Industry and Construction

In 2012, the total added value of the industrial sector was 53.473 billion yuan, up by 16.2 percent over the previous year. Of this total, added value of industrial enterprises above the designated size was 48.023 billion yuan, increased by 22.1 percent over the previous year. The added value of the ten major industrial enterprises [(4)] above the designated size was 34.127 billion yuan, with an increase rate of 22.9 percent over the previous year. The added value of six characteristic pillar industries above the designated size reached 36.423 billon yuan, up by 20.3 percent over the previous year. The value added of industrial enterprises above the designated size in the industrial zone is 34.804 billion yuan, increased by 27.0 percent over the previous year.

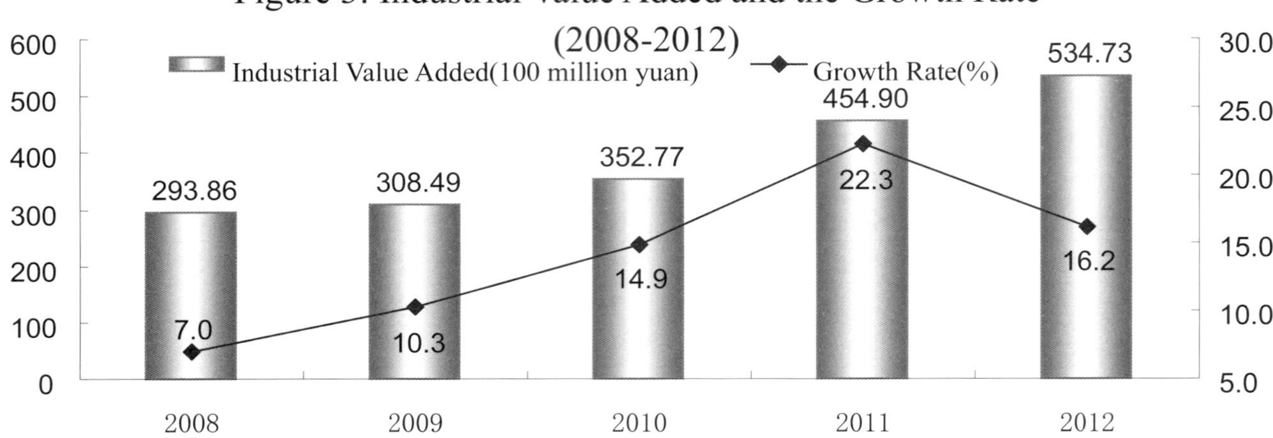


Of the industrial enterprises above the designated size, the value added of the light industry was 21.9 percent and that of the heavy industry was 22.3 percent over the previous year, the state-owned was 18.7 percent over the previous year and state-holding enterprises grew by 16.8 percent over the previous year, that of the non-public sector went up by 33.6 percent, that of the enterprises by foreign investors and investors from Hong Kong, Macao and Taiwan soared by 26.2 percent and 21.6 percent growth for high-tech enterprises.

**Table4: Output of Major Industrial Enterprises above the Designated Size in 2012**

| Item | Unit | Volume | Increase over 2011 (%) |
|---|---|---|---|
| Coal(the Total Output) | 10 000 tons | 283.59 | 31.2 |
| Coke | 10 000 tons | 116.32 | 2.0 |
| Electricity | 100 million kilowatt-hours | 93.02 | 22.9 |
| Aluminum | 10 000 tons | 40.27 | -2.4 |
| Rolled Steel | 10 000 tons | 55.54 | 15.6 |
| Tires | 10 000 tires | 622.78 | 16.0 |
| Phosphorus Ore(the Total Output) | 10 000 tons | 1072.83 | 10.5 |
| Chemical Fertilizers | 10 000 tons | 332.32 | 55.8 |
| Color Television Set | 10 000 sets | 90.61 | 29.5 |
| Cement | 10 000 tons | 1047.69 | 20.0 |
| Cigarettes | 100 million pieces | 561.24 | -0.5 |
| Traditional Chinese Medicine | 10 000 tons | 3.40 | 6.7 |

The revenue made by the industrial enterprises above the designated size was 161.032 billion yuan, an increase of 18.6 percent over last year. The total taxes and profits were 33.747 billion yuan, up by 31.9 percent. The profit was 10.495 billion yuan, up by 62.6 percent. The overall efficiency index for industries was 259.50, a growth of 33.5 percentage point over last year.

The value added of construction in Guiyang was 18.259 billion yuan, up by 28.0 percent over the previous year.The area of building under construction was 58352.1 thousand square meters,up by 18.0 percent over last year. The area of building completed was 6165.3 thousand square meters, down by 1.8 percent.

Figure 4: Value Added of Consrtuction Industry and the Growth Rates (2008—2012)

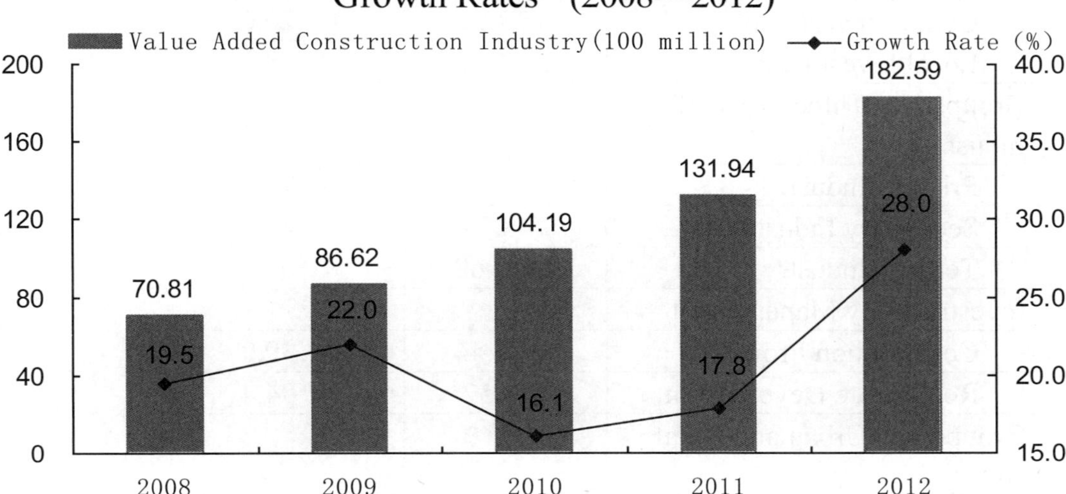


## IV. Investment in Fixed Assets

The completed investment in fixed assets of Guiyang in 2012 was 248.256 billion yuan, up by 55.1 percent over the previous year. Of the total investment, the investment in fixed assets of urban area was 240.248 billion yuan, up by 56.3 percent; and the investment in industry reached 72.386 billion yuan, up by 42.2 percent.

**Table 5: Total Completed Investment in Fixed Assets of the Whole Country in 2012**

Unit: 100 million yuan

| Item | Volume | Increase over 2011 (%) |
|---|---|---|
| Total Investment in Fixed Assets | 2482.56 | 55.1 |
| Private Investment | 1129.95 | 47.0 |
| Investment by Jurisdiction of Management | | |
| Central Investment | 157.03 | 20.0 |
| Local Investment | 2325.53 | 58.2 |
| Grouped by Three Strata of Industry | | |
| Primary Industry | 70.10 | 78.2 |
| Secondary Industry | 748.78 | 41.5 |
| Tertiary Industry | 1663.68 | 61.2 |
| Investment by Management | | |
| Construction Projects | 1571.44 | 39.9 |
| Real Estate Development | 908.52 | 94.4 |
| Grouped by Urban and Rural Areas | | |
| Urban Areas | 2402.48 | 56.3 |
| Rural Areas | 80.08 | 26.6 |

Figure5: Investment in Fixed Assets and the Growth Rates 2008—2012

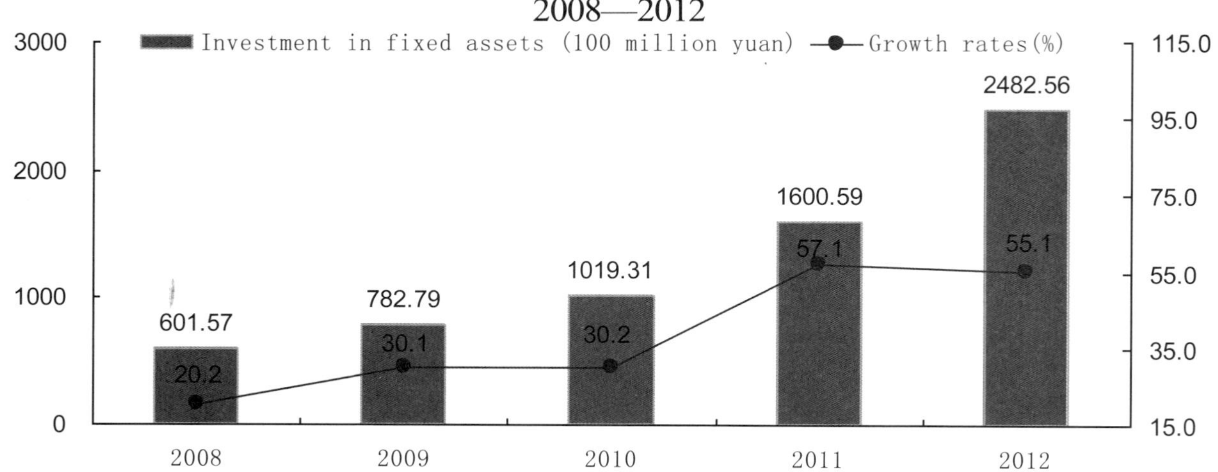

In 2012, the investment in real estate development was 90.852 billion yuan, up by 94.4 percent. Of this total, the investment in residential buildings reached 57.367 billion yuan, an increase of 102.4 percent, those office buildings was 3.355 billion yuan, up by 136.9 percent, those buildings for commercial business was 11.318 billion yuan, up by 110.3 percent, and that of other investment got 18.813 billion yuan, up by 62.3 percent.

**Table 6: Investment and Sales in Real Estate Development in 2012**

| Item | Unit | Volume | Increase over 2011（%） |
|---|---|---|---|
| Investment in real estate completed | 100 million yuan | 908.52 | 94.4 |
| Actually realized foreign investment | 100 million yuan | 746.57 | 5.1 |
| Domestic loans | 100 million yuan | 146.78 | 40.7 |
| Self-raising | 100 million yuan | 196.77 | -29.8 |
| Foreign investment | 100 million yuan | 4.29 | -2.7 |
| Others | 100 million yuan | 398.73 | 24.0 |
| Floor space of buildings under construction | 10 000 square meters | 5835.21 | 18.0 |
| Floor space started this year | 10 000 square meters | 1642.10 | 37.7 |
| Floor space of buildings completed | 10 000 square meters | 616.53 | -1.8 |
| Floor space of commercialized buildings sold | 10 000 square meters | 1040.63 | 25.6 |
| Land space purchased this year | 10 000 square meters | 197.17 | -40.5 |

## Ⅴ. Domestic Trade

In 2012, the total retail sales of consumer goods reached 68.319 billion yuan, a growth of 16.9 percent over the previous year. By areas, the retail sales amount of consumer goods in cities and towns was 68.034 billion yuan, up to 16.9 percent. Of the total, the retail sales of consumer goods in urban areas stood at 67.325 billion yuan, up by 16.6 percent, and that in rural areas reached 285 million yuan, up by 15.2 percent. By sectors, the retail sales of wholesale was 8.39 billion yuan, up by 38.9 percent; the retail sales of retailing was 53.589 billion yuan, up by 14.5 percent; the retail sales of lodging industry was 1.111 billion yuan, up by 18.9 percent; and that of catering industry was 5.229 billion yuan, up by 12.6 percent.

Figure 6: Total Retail Sales of Consumer Goods and The Growth Rate, 2008-2012

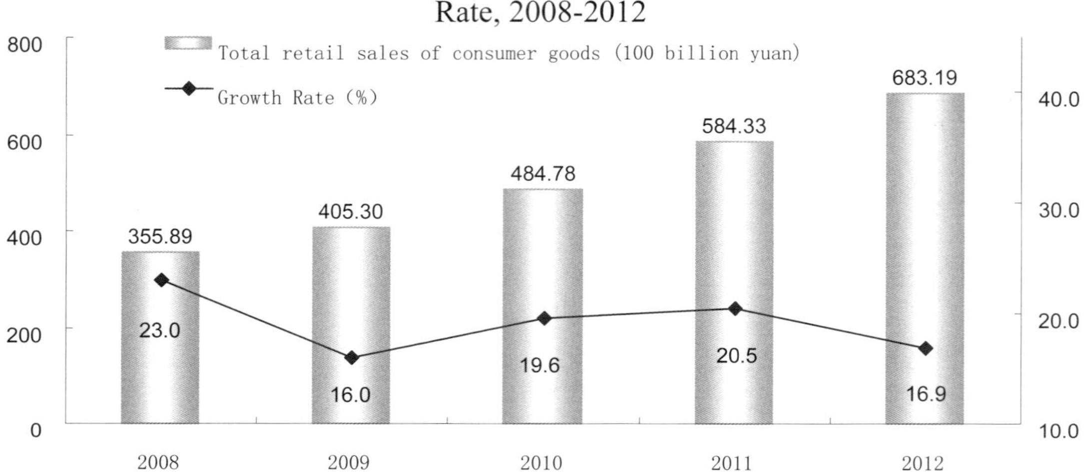


## VI. Foreign Economic Relations

The total value of imports and exports in 2012 reached 5.051 billion US dollars, up by 34 percent over the previous year. Of this total, the value of goods export was 4.214 billion US dollars, increased by 51.6 percent, and the value of goods import was 837 million US dollars, dropping by 15.4 percent.

The number of project of foreign investment approved in 2012 is 21, dropping by 30 percent. The actually utilized foreign investment reached 474.15 million US dollars, up by 70.1 percent over the previous year.

**Table7: Imports and Exports in 2012**

Unit: 100 million U.S.D.

| Item | Volume | Increase over 2011 (%) |
|---|---|---|
| Total import and export of goods | 50.51 | 34.0 |
| Grouped by enterprises properties | | |
| Three-capital enterprises | 1.25 | -25.3 |
| State-owned enterprises | 27.43 | -14.4 |
| Collective-owned enterprises | 1.15 | 58.1 |
| Private enterprises and others | 20.67 | 537.6 |
| Grouped by trade modes | | |
| General trade | 43.75 | 35.4 |
| Processing trade | 4.78 | 0.6 |
| Others | 1.99 | 218.0 |
| Total value of exports | 42.14 | 51.6 |
| Grouped by trade modes | | |
| Three-capital enterprises | 0.86 | -23.0 |
| State-owned enterprises | 20.74 | -13.4 |
| Collective-owned enterprises | 0.57 | -3.9 |
| Private enterprises and others | 19.97 | 839.2 |
| Grouped by trade modes | | |
| General trade | 36.97 | 53.3 |
| Processing trade | 3.40 | 3.5 |
| Others | 1.77 | 345.6 |
| Total value of imports | 8.37 | -15.4 |
| Grouped by enterprises properties | | |
| Three-capital enterprises | 0.39 | -30.0 |
| State-owned enterprises | 6.69 | -17.2 |
| Collective-owned enterprises | 0.59 | 316.6 |
| Private enterprises and others | 0.70 | -37.0 |
| Grouped by trade modes | | |
| General trade | 6.78 | -17.3 |
| Processing trade | 1.37 | -6.0 |
| Others | 0.21 | -5.4 |

Figure 7: Total Value of Imports and Exports and the Growth Rates in 2012

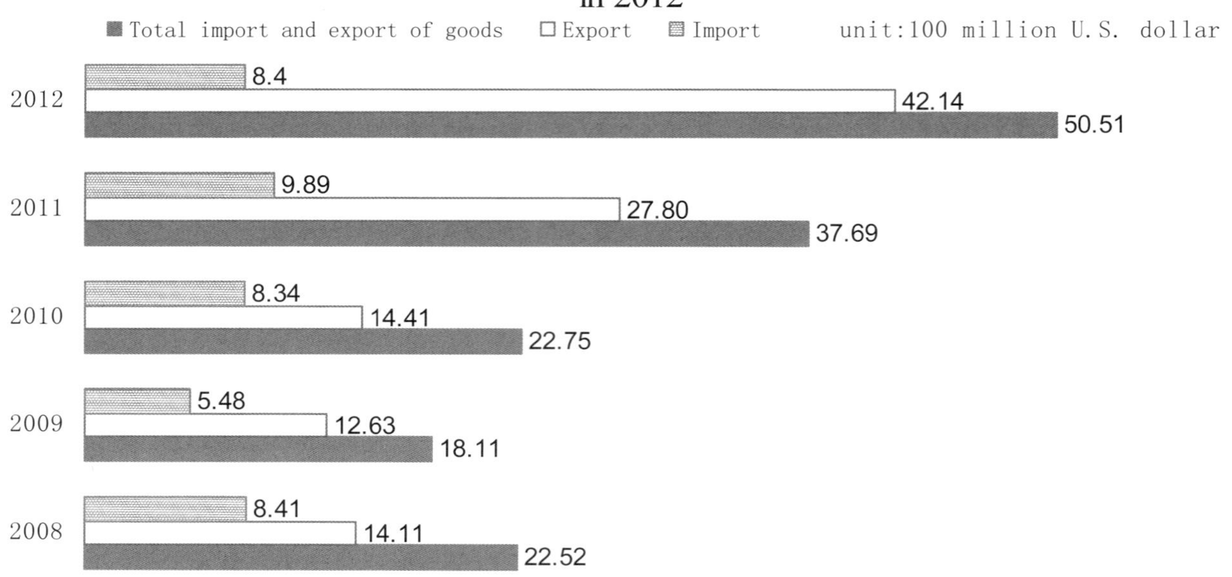


**Table8: Imports and Exports by Countries and Regions in 2012**

unit: 100 million U.S.D

| Countries or Regions | Total value of imports and exports | Exports | Imports |
|---|---|---|---|
| Total | 50.51 | 42.14 | 8.37 |
| Asia | 31.32 | 26.12 | 5.20 |
| #Hong Kong | 2.02 | 2.02 | 0.00 |
| India | 5.92 | 5.85 | 0.07 |
| Japan | 1.22 | 0.91 | 0.31 |
| South Korea | 0.80 | 0.74 | 0.07 |
| Taiwan | 0.21 | 0.20 | 0.01 |
| Association of Southeast Asian Nations | 15.27 | 12.26 | 3.00 |
| Africa | 2.67 | 2.63 | 0.04 |
| Europe | 5.30 | 4.54 | 0.76 |
| #European Union | 4.84 | 4.11 | 0.73 |
| Latin America | 2.07 | 1.97 | 0.10 |
| North America | 7.18 | 4.95 | 2.23 |
| #The United States | 5.87 | 4.54 | 1.32 |
| Oceania | 1.97 | 1.92 | 0.04 |
| #Australia | 1.36 | 1.33 | 0.03 |

## VII. Transportation, Post, Telecommunications and Tourism

In 2012, the total passenger traffic by all means reached 464.8916 million persons, up by 21.5 percent over 2011; the total freight traffic reached 166.3502 million tons, up by 19.8 percent over the previous year.

### Table 9: Passenger and Freight Traffic by All Means of Transportation and the Growth Rates in 2012

| Item | Volume | Increase over 2011 (%) |
|---|---|---|
| **Total passenger traffic (10 000 persons)** | 46489.16 | 21.5 |
| Railways | 1284.00 | -1.2 |
| Highways | 44299.00 | 22.7 |
| Civil aviation | 874.62 | 19.2 |
| Waterways | 31.54 | -80.7 |
| **Total freight traffic (10 000 tons)** | 16635.02 | 19.8 |
| Railways | 1548.00 | -5.9 |
| Highways | 15074.00 | 23.4 |
| Civil aviation | 7.90 | 14.3 |
| Waterways | 5.12 | -65.2 |

The total number of motor vehicles for civilian use reached 673.6 thousand by the end of 2012, up by 4.5 percent. The total number of cars for civilian use stood at 555 thousand, up by 10.6 percent. Private-owned cars numbered 463.5 thousand, up by 11.4 percent.

The turnover of post and telecommunication services totaled 6.605 billion yuan, up by 17.8 percent over the previous year. Of this total, post services accounted for 328 million yuan, dropped by 10.2%, and telecommunication services 6.277 billion yuan, up by 19.7 percent. The year also saw 1.0197 million fixed telephone subscribers, up by 2.7 percent. Mobile phone users numbered 6.4085 million, up by 17.8 percent over last year; of this total, the number of 3G mobile phone users reached 1.0972 million, with an increase of 112.8 percent. The number of Internet users was 4.5194 million, up by 27.2 percent, of which wide-band users was 807.7 thousand, with an increase of 18.4% over last year.

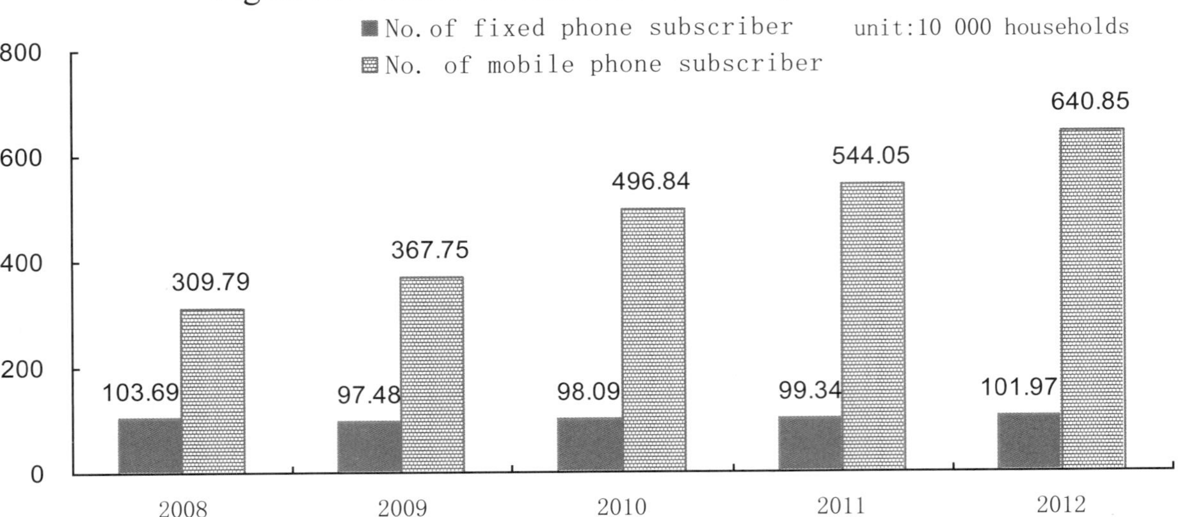


The revenue from tourism in 2012 totaled 60.27 billion yuan. Of which foreign exchange earnings from international tourism topped 44.7408 million US dollars. The year 2012 saw 63.3259 million domestic tourists and 116.181 thousand foreign tourists.

**Table 10: Basic Statistics on Tourism in 2012**

| Item | Unit | Volume |
|---|---|---|
| Number of foreign tourists | Person-time | 116181 |
| Foreigner | Person-time | 56734 |
| Compatriots from Hong Kong and Macao | Person-time | 33744 |
| Compatriots from Taiwan | Person-time | 25703 |
| Person days of foreign tourists | Person-day | 250703 |
| Foreigner | Person-day | 126557 |
| Compatriots from Hong Kong and Macao | Person-day | 65130 |
| Compatriots from Taiwan | Person-day | 59016 |
| Foreign Exchange Earnings | 10 000 U.S.D | 4474.08 |
| Domestic Tourism | | |
| Domestic Tourist | 10 000 person-times | 6332.59 |
| Tourism Earnings | 100 million yuan | 599.91 |
| Total Tourism Earnings | 100 million yuan | 602.70 |

## Ⅷ.Government Finance and Financial Intermediation

The total government revenue in 2012 reached 48.802 billion yuan, up by 21.6 percent. The public budgetary finance revenue was 24.12 billion yuan, up by 28.9 percent over last year; the public budgetary finance expenditure was 35.144 billion yuan, up by 26.7 percent.

**Table 11: Basic Statistic on Government Revenue and Expenditure**

unit:100 million yuan

| Item | Volume | Increase over 2011（%） |
|---|---|---|
| Total government revenue | 488.02 | 21.6 |
| # Public budgetary finance revenue | 241.20 | 28.9 |
| Total tax revenue | 193.65 | 25.4 |
| Added-value tax | 13.83 | 16.4 |
| Business tax | 75.87 | 28.3 |
| Corporate income tax | 26.86 | 15.1 |
| Individual income tax | 8.46 | -8.7 |
| Total non-tax revenue | 47.55 | 45.5 |
| Public budgetary finance expenditure | 351.44 | 26.7 |
| # Expenditure for general public services | 66.63 | 45.4 |
| Expenditure for public security | 27.16 | 37.3 |
| Expenditure for education | 62.71 | 29.6 |
| Expenditure for science and technology | 6.44 | 27.4 |
| Expenditure for social safety and employment effort | 25.06 | 25.1 |
| Expenditure for medical and health care | 21.04 | 17.8 |
| Expenditure for urban and rural community affairs | 23.45 | 13.8 |

Savings deposit in RMB in all items of financial institutions totaled 439.437 billion yuan at the year end, an increase of 79.124 billion yuan over the year begin. Of this total, the savings deposited by units stood at 258.14 billion yuan, an increase of 50.845 billion yuan; the savings deposited by household reached 149.82 billion yuan, an increase of 24.717 billion yuan. Loans in RMB in all items of financial institutions reached 347.947 billion yuan, an increase of 46.661 billion yuan. Of this total, short-term loans stood at 88.961 billion yuan, an increase of 18.704 billion yuan over the year begin; long –term loans stood at 249.318 billion yuan, an increase of 24.824 billion yuan over the year begin.

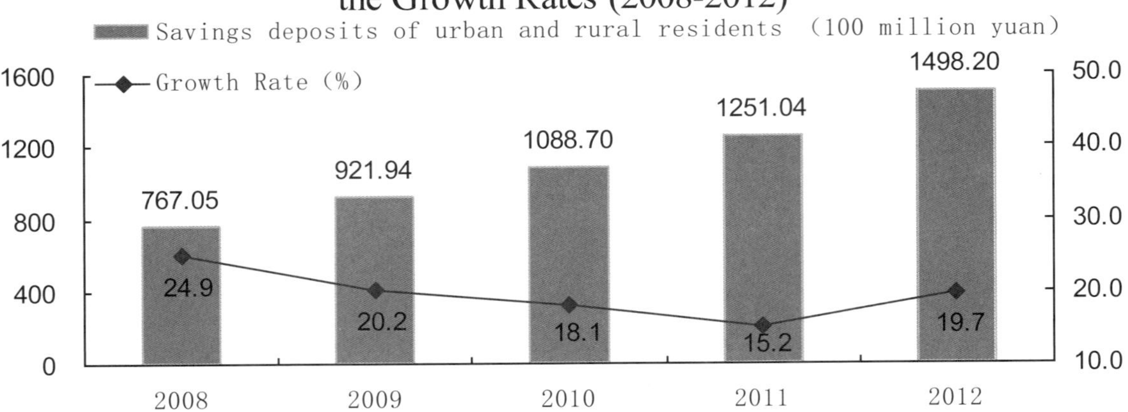


Annual insurance premium in 2012 reached 5.693 billion yuan, an increase of 13.8 percent. Payment in 2012 was 2.022 billion yuan, up by 45.8 percent over previous year.

**Table 12: Basic Statistic on Insurance**

Unit:100 million yuan

| Item | Volume | Increase over 2011 (%) |
|---|---|---|
| Premium | 56.93 | 13.8 |
| Property insurance | 27.28 | 19.6 |
| # Motor vehicle insurance | 20.09 | 26.1 |
| Personal Insurance | 29.65 | 8.9 |
| Life insurance | 26.75 | 8.7 |
| Health insurance | 2.01 | 11.6 |
| Accident injury insurance | 0.90 | 8.4 |
| Payment | 20.22 | 45.8 |
| Property insurance | 14.58 | 63.7 |
| # Motor vehicle insurance | 10.55 | 44.6 |
| Personal Insurance | 5.64 | 13.7 |
| Life insurance | 4.61 | 11.0 |
| Health insurance | 0.75 | 29.8 |
| Accident injury insurance | 0.28 | 22.0 |

The number of listed company of Guiyang in 2012 was 14, including 5 in Shanghai Stock Exchange and 9 in Shenzhen Stock Exchange. The total market value of those listed companies was 56.132 billion yuan, up by13.1 percent. There was a securities company and 32 securities business departments in Guiyang in 2012. And the number of share capital accounts was 394.1 thousand in 2012, up by 6.6 percent over previous year. Trading turnover reached 360.282 billion yuan, an increase of 50.6 percent.

## Ⅸ. Science, Technology and Education

A total of 684 science and technology projects were set up and the credit on projects reached 160 million yuan. Of this total, 66 projects were key science and technology projects, with funding of 61.05 million yuan; 9 projects were under National Science and Technology Major Project, with funding of 23.11 million yuan. The opening ceremony of Science and Technology Week, the launching ceremony of China Science and Technology Business Competition in Guizhou venue, the innovation factors Matchmaking on medicine and information technology, and the program under which officials, doctors, scientists and college students go to the countryside to spread scientific and literacy knowledge and offer medical service to farmers were held in Guiyang in 2012. Seven enterprise technical engineering centers, such as Guiyang Center of Standard Gases and Material, were authorized in 2012. Three key municipal laboratories, such as Guiyang Chemical Laboratory of PM2.5 and Air Pollution, were built in Guiyang in 2012. Science and technology parks of Guizhou University and Guizhou Normal University were nominated as provincial university-owned science and technology parks, which were the first batch science and technology parks owned by universities in Guizhou province.

A total number of 5,438 patent applications for new inventions were accepted, up by 53.2 percent over the previous year, and 2,997 patents were authorized in 2012, up by 47.0 percent. Of this total, 429 were patents for inventions; 1832 were utility patents; and 736 were design patents.

In 2012, the post-graduate education enrollment was 11.9 thousand students with 3420 new students and 3975 graduates. The general tertiary education enrollment was 295.3 thousand students with 100.1 thousand new students and 39.9 thousand graduates. Vocational secondary schools of various types had 146.3 thousand enrolled students, including 51.5 thousand new entrants, and 39.9 thousand graduates. Senior secondary schools had 81.3 thousand enrolled students, including 30.3 thousand new entrants and 21.8 thousand graduates. Students enrolled in junior secondary schools totaled 181.7 thousand, including 61.1 thousand new entrants and 58.9 thousand graduates. Guiyang had a primary education enrollment of 322.3 thousand students, including 56.4 thousand new entrants and 61.9 thousand graduates. There were 1,268 students enrolled in special education schools, with 221 entrants and 186 graduates. Kindergartens accommodated 100.4 thousand children.

Figure 10: New Entrance into Education,2008-2009

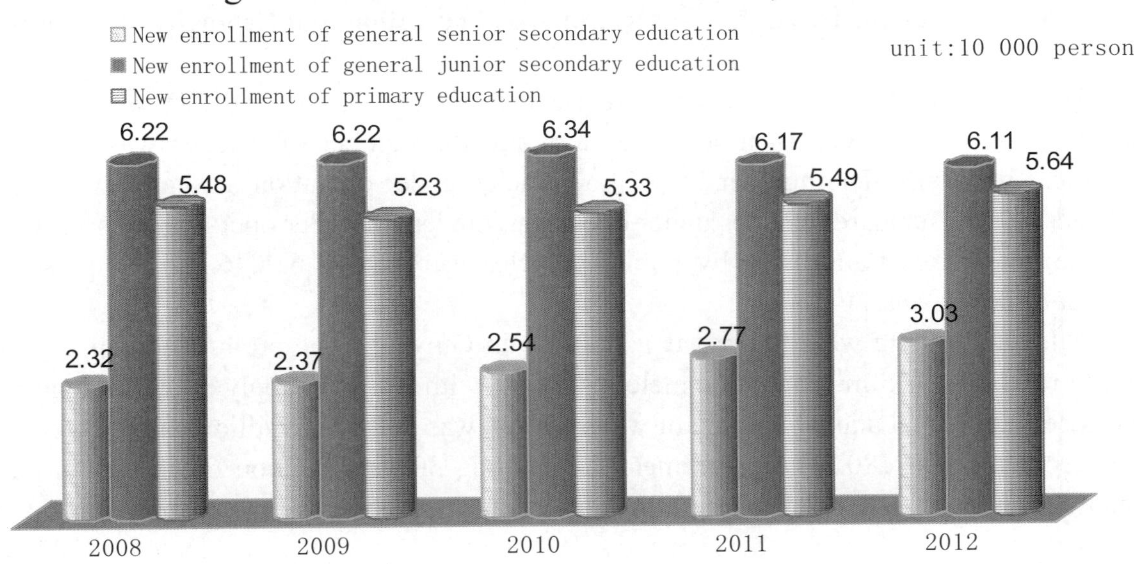

## X. Culture Development, Public Health and Physical Culture

At the end of 2012, there were 10 art-performing groups, 12 culture centers and mass art halls, 167 culture stations and 9 public libraries with 24,481 books. There were 2 broadcast stations and 7 radio transmission and relay stations. Radio broadcasting and rural radio broadcasting coverage rates were 100 percent and wireless radiocasting coverage rates was 98.19%. There stood 2 TV stations and 6 radio transmission and relay stations with 99.70% of television broadcasting coverage rate and 99.44% of rural television broadcasting coverage rate. A total of 1836 kinds of books, 111.1771 million copies of books were published and 74 kinds of magazines, 14.3554 million copies were issued. For newspapers, 30 kinds and 325.5899 million copies were issued and for audio-visual products, 9 kinds and 30.44 thousand(8) copies (boxes) were issued.

By the end of 2012, there were 2,922 medical and health institutions in Guiyang, including 178 general hospitals, 78 health centers, 108 community health service centers, 1,105 clinics, 1,405 village clinics, 13 epidemic disease prevention centers and 30385 beds possessed by medical and health institutions in Guiyang. There were 30,383 health workers in Guiyang, including 11,820 licensed doctors and licensed assistant doctor, 13,079 registered nurses, 1,428 apothecaries and 1,674 technicians.

In 2012, there were 58 sports schools, 7,728 athletes including 1,649 female athletes, 279 judges including 110 female judges and 87 coaches including 11 female coaches. Two hundred and forty-two nationwide fitness programs were held. Of the total, 135 nationwide fitness programs above 1,000 persons were held. The training courses were held 49 times with a trained population of 9079. In domestic sports tournaments, the athletes of Guiyang won 13 medals, including 8 gold medals, 2 silver medals and 3 bronze medals.

## XI. Urban Construction， Environmental Protection and Ecological Development

The total length of paved roads at year-end in urban area reached 872 kilometers, the area of paved roads was 13.48 million square meters and the number of bridges was 203, including 17 cloverleaf junctions. The number of public vehicles under operation at year-end was 2592, which equaled to 2920 standard vehicles under operation, the length under operation was 1196.9 kilometers and the passengers transported by public vehicles were up to 658.46 million person-times. The number of taxies was 7145.

Altogether, there were 9 tap water factories in Guiyang. The production capacity of tap water supply reached 1.175 million cubic meters per day, with a water supply pipelines length of 3223.88 kilometers. The total annual volume of water supply was 238.5507 million cubic meters and the total water sold reached 180.2112 cubic meters, including 30.0902 million cubic meters public service water consumption and 112.1901 million cubic meters household water consumption.

The number of subscribers of coal gas was 476.1 thousand, including 473.6 thousand households. The volume of gas supply was 269.09 million cubic meters, and household gas consumption was 110.54 million cubic meters. The number of subscribers of liquefied gas was 205 thousand and the volume of liquefied gas was 36 thousand tons. The number of subscribers of natural gas was 83.4 thousand, including 80.8 thousand households. The total volume of natural gas supply was 58.30 million cubic meters.

There were 7 sewage treatment works in Guiyang and the length of city sewage pipes was 1910 kilometers. The average air pollution index in Guiyang was 61. The PH value of annual average precipitation was 5.63. Proportion of days of Air Quality Equal to or above Grade II in the whole year was 95.9%. The annual average volume of particulate matters in urban areas reached 0.073 milligram per cubic meter, which attained the Grade II national standards for air quality. The annual average volume of particulate matters in urban areas reached 0.073 milligram per cubic meter, which attained the Grade II national standards for air quality. The annual average volume of Sulphur Dioxide in urban areas reached 0.031 milligram per cubic meter, which attained the Grade II national standards for air quality. The annual average volume of Nitrogen Dioxide in urban areas reached 0.028 milligram per cubic meter, keeping Grade I national standards for air quality. The quality of surface water was maintained good state and the qualified rate of surface water was 95.83% and the qualified rate of the source and quality of drinking water was 100%.

The average temperature of Guiyang in 2012 was 13.7℃ and the average relative humidity was 85% in 2012. The total precipitation reached 1226.4 millimeters and the sunshine hours was 681.6.

In completed areas of 2012, the area of green land at year-end was 6904.3 square kilometers, the green covered area was 7104.6 square kilometers, the area of public green land was 1450.3 square kilometers, the green land rate was 42.4%, the rate of green covered area was 43.15% and the per capital area of public green land was 10.85 square meters.

## XII. Living Conditions and Employment

In 2012, the annual per capita disposable income of urban households was 21,796 yuan, up by 12.2 percent, or a real increase of 9.4 percent over the previous year when the factors of price increase were deducted. The annual per capita nonproductive expenditure of urban households was 15,718 yuan, up by 9.9 percent, or a real increase of 7.1 percent over the previous year when the factors of price increase were deducted. Of this total, expenditure on transportation and health care were increased respectively by 51.4 percent and 35.6 percent; expenditure on food was increased by 8.7 percent; clothes, 3.9 percent; education, culture and entertainment, 9.1 percent; other commodity and service, 6.9 percent. However, expenditure on residency, household equipment was decreased respectively by 21.1 percent and 17.8 percent over previous year. The average number of family cars and telephones in every 100 households were respectively 16.8 and 221.39. The per capita living area in rural area reached 22.67 square meters, up by 1.8 percent over last year.

Figure 11:Income of Rural Household and Urban Household, 2008-2012

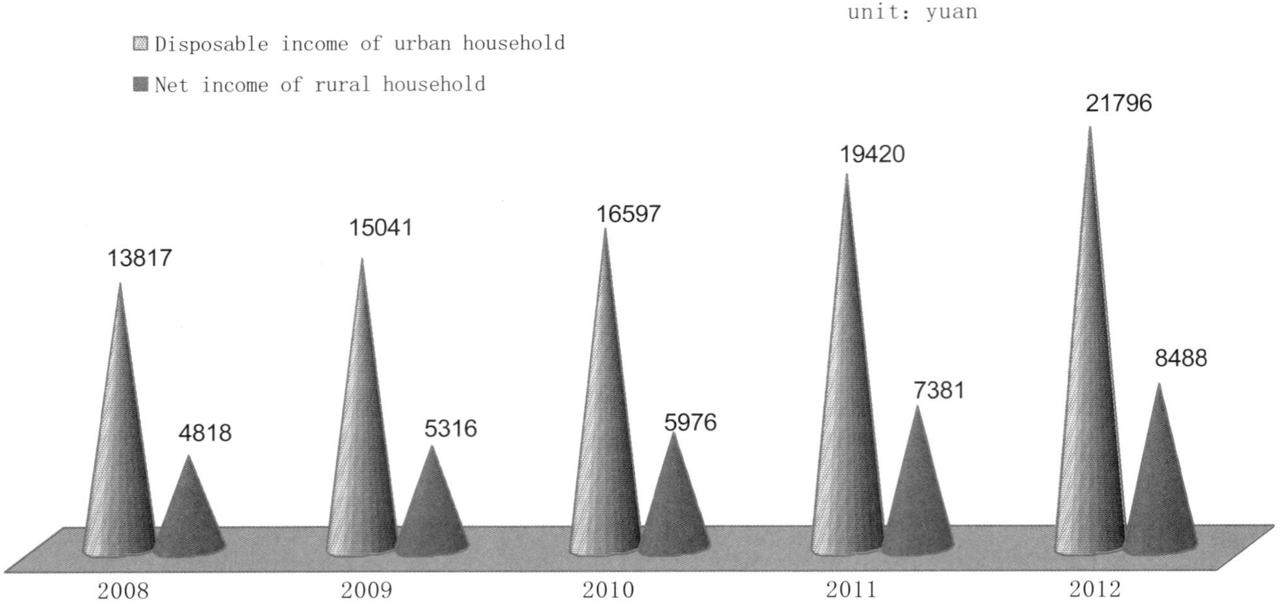


**Table13: Ownership of Major Durable Consumer Goods Per 100 Households at Year-end**

| Item | Unit | Volume | Increase over 2011 (%) |
|---|---|---|---|
| Color TV set | set | 120.49 | 0.4 |
| Refrigerator | set | 98.98 | -0.1 |
| Washing machine | set | 102.69 | 1.4 |
| Microwave oven | set | 60.87 | 1.5 |
| Hi-Fi stereo component system | set | 32.63 | -15.8 |
| Car | unit | 16.80 | 32.3 |
| Computer | set | 85.76 | 11.2 |
| Telephone | set | 64.31 | -6.2 |
| Mobile phone | set | 221.39 | 4.9 |
| Air conditioner | set | 19.48 | 2.3 |

In 2012, the annual per capita net income of rural households was 8,488 yuan, up by 15.0 percent, or a real increase of 11.9 percent over the previous year when the factors of price increase were deducted. The annual per capita nonproductive expenditure of rural households was 6,161 yuan, up by 12.1 percent, or a real increase of 9.0 percent over the previous year when the factors of price increase were deducted. Of this total, expenditure on education, culture, and entertainment services increased by 56.9 percent; expenditure on transportation and telecommunication increased by 51.4 percent; expenditure on clothes increased by 23.7 percent; expenditure on household appliances increased by 22.5 percent. Besides, expenditure on food was up by 6.2 percent; expenditure on health care was up by 11.8 percent and expenditure on other commodity and services was up by 10.8 percent. However, expenditure on dwelling dropped by 16.2 percent over the previous year. 49.4 percent of every one-hundred household had cars; 32.6 percent, computers; 19.6 percent, mobile phones. Per capita housing area of rural residents reached 58.97 square meters, up by 13.0 percent.

**Table14: Ownership of Major Durable Consumer Goods Per 100 Rural Households at Year-end**

| Item | Unit | Volume | Increase over 2011(%) |
|---|---|---|---|
| Motorcycle | unit | 56.71 | -3.6 |
| Car | unit | 8.10 | 49.4 |
| Water heater | set | 40.51 | 15.5 |
| Telephone | set | 24.31 | 2.4 |
| Mobile phone | set | 243.05 | 19.6 |
| Camera and radio camera | set | 8.10 | 16.5 |
| Color TV set | set | 109.37 | 3.4 |
| Washing machine | set | 97.22 | 4.5 |
| Refrigerator | set | 76.97 | 13.5 |
| Computer | set | 12.15 | 32.6 |

The overall number of employed persons both in urban and rural areas reached 211.2 thousand, up by 74.5% over last year. The number of those who had difficulty in finding jobs and re-employed was 11,146. The number of surplus rural labor transformed (from agriculture to secondary industry and tertiary industry) got 38,827. The new jobs created were 172400, increased by 101.8%. The registered unemployment rate in urban areas at year-end was 2.94%, decreased by 0.35 percentage point over last year.

Figure12: New Created Jobs, 2008-2012

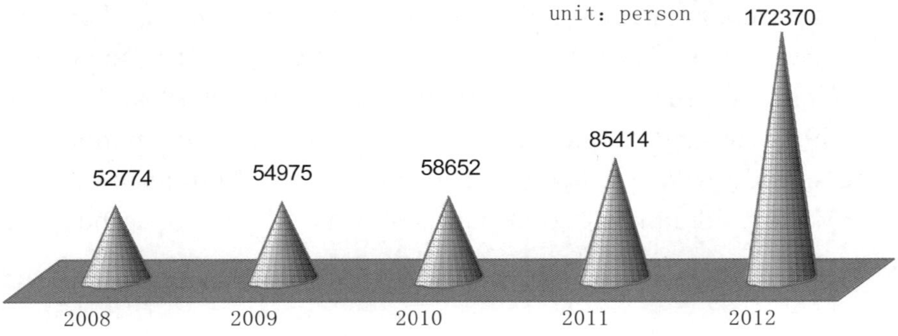

## XIII. Population, Social Security and Welfare Work

By the end of 2012, the total number of permanent population of Guiyang reached 4.4517 million and the annual average population was 4.4225 million persons. The birth rate of 2012 was 10.73‰, the death rate was 4.76‰, the natural growth rate of population was 5.97‰ and the urbanization rate was 70.53%.

**Table15: Permanent Residents and Composition at Year-end 2012**

Unit: 10 000 persons

| Item | Volume | Increase over 2011(%) |
|---|---|---|
| Annual average population | 442.25 | 1.4 |
| Total population at year-end | 445.17 | 1.3 |
| Grouped by urban and rural areas | | |
| Urban | 313.97 | 3.3 |
| Rural | 131.20 | -3.0 |
| Grouped by gender | | |
| Male | 229.14 | 1.5 |
| Female | 216.03 | 1.2 |

At the end of 2012, a total of 1182.6 thousand people participated in urban basic pension program, an increase of 13.7% over last year. Of this total, 983 thousand were staff and workers, an increase of 14.7% over last year and 199.6 thousand were retirees with an increase of 8.6%. Some 531 thousand people participated in unemployment insurance programs, an increase of 10.5%. A total of 1091.9 thousand people participated in basic health insurance program, an increase of 3.4%. A total of 932.2 thousand people participated in maternity insurance programs, an increase of 4.5%. The participation rate of cooperative medical care system in rural areas reached 97.99 percent.

By the end of 2012, there were all together 105[(11)] social welfare institutions of various types providing 6209 beds, accommodating 2403 inmates. In urban areas, there were 90 complex community service centers with 1112 community service facilities. The total number of residents receiving mining living allowance was 131.8 thousand, of this total, 72.7 thousand people were urban residents and 59.1 thousand people were rural residents. The total number of people receiving regular pension and subsidy were 16.275 thousand. The money from social donation received and managed directly by civil administration department was 59.121 thousand yuan, benefiting 60 thousand people.

## XIV. Work Safety

The death toll due to work accidents amounted to 228 people, a year-on-year decrease of 25.2 percent. The number of work accidents in industrial, mining and commercial enterprises was 22 and caused 29 deaths, respectively down 33.3 percent and 48.2 percent.

Notes:

1. All figures in this Communiqué are preliminary statistics.
2. Gross domestic product (GDP) and value added as quoted in this Communiqué are calculated at current prices, whereas their growth rates are at comparable price.
3. The data of industrial value added are from industrial enterprises above designated size with *major* business revenue over 5 million yuan.
4. Ten major industrial sectors include manufacture of tobacco, manufacture of raw chemical materials and chemical products, manufacture of medicines, manufacture of chemical fibers and plastics, manufacture of non-metallic mineral products, smelting and pressing of ferrous metals, smelting and pressing of non-ferrous metals, manufacture of electrical machinery and equipment, manufacture of computers, communication and other electronic equipment and production and supply of electric power and heat power.
5. The six special pillar industries include phosphorus and coal chemical industry, aluminum and aluminum chemical industry, characteristic food, tobacco products, modern medicine and manufacture of equipment.
6. Industrial parks include Longdongbao Food Industrial park in Nanming district, Yibai Industrial Park in Yunyan district, Guiyang Jinshi Stone Industrial Park , Medical and Food Industrial Park in Wudang district, Aluminum Industrial Base in Baiyun district, Maijia & Shawen High-tech Industrial Park, Xiaohe & Mengguan Eco-Industrial Park for Equipment Manufacturing Industry, Eco-industrial Demonstration Bases for Phosphorus and Coal Chemical Industry in Kaiyang District, Eco- industrial Base for Phosphorus and Coal Chemical Industry in Xifeng, Zazuo Medical Industrial Park in Xiuwen and Aluminium & Coal Chemical Industry Base in Qingzhen.
7. Industrial investment here excluded investment in infrastructure projects of industrial parks. Industrial investment including investment in infrastructure projects of industrial parks reached 86.475 billion yuan, up by 54.2 percent than the previous year.
8. Publications in the yearbook include books, newspaper, magazines and Online Publishing
9. Data of operating buses include figure from Xiuwen, Xifeng, Kaiyang and Qingzhen.
10. The total length of line operated only referred to the length of operated net before 2012. However, since 2012 total length of line referred to the length of operating lines, including overlapped ones.
11. Adoption units of social welfare include social welfare homes, social welfare homes for children, mental welfare hospitals, urban welfare hospitals for aged persons and rural institutions for aged persons.

**Data Sources:**

In this communiqué, date of telecommunication are from Guizhou Communication Administration; data of civil aviation are from Guizhou Airport Group; data of railway transportation are from Chengdu Railway Bureau; Data of listed companies are from China Securities Regulatory Commission (Guizhou); data of insurances are from China Insurance Regulatory Commission （Guizhou）;data of newspapers, magazines and books are from Administration of Press and Publication of Guidong Province; data of education are from Department of Education of Guihzou Province and Guiyang Education Bureau; data of art-performing groups, public libraries and culture centers are from Department of Culture of Guizhou Province and Guiyang Culture Bureau; data of radio, television and movies are from Radio, Film and Television Administration of Guizhou Province and Guiyang Bureau of Radio, Film and Television ;data of sports are from the Guizhou Administration of Sports and Guiyang bureau of Sports; data of newly increased employed people, unemployment rate through unemployment registration and social security are from the Guiyang Bureau of Human Resources and Social Security ;financial data are from the Guiyang Bureau of Finance; date of total agricultural machinery power and area ploughed by tractors are from Guiyang Municipal Commission of Rural Affairs； data of highway transportation are from Guiyang Bureau of Transport; data of waterway transportation are from Guiyang Bureau of Maritime Safety; data of gas supply are from Guiyang Bureau of Housing and Urban-rural Development； data of area with greenery coverage are from Guiyang Bureau of Landscape and Forestry； data of foreign investment，imports and exports are from the Ministry of Commerce; data of motor vehicles for civilian use are from Guiyang Public Security Bureau; data of post services are from Guiyang Post Bureau ;data of tourism are from Guiyang Tourism Development Commission ;data of finance are from Guiyang Central Sub-branch of the People's Bank of China; data of technology program are from Guiyang Bureau of Science and Technology; data of patents are from Guiyang Bureau of Intellectual Property ;data of, average temperature and humidity are from Guiyang Meteorological Bureau ;data of health and new cooperative medical care system in rural areas are from Guiyang Bureau of Health data of social welfare, minimum living allowances and social donation are from Guiyang Bureau of Civil Affairs ;data of environment monitoring are from Guiyang Bureau of Environmental Protection; data of urban construction are from Guiyang Bureau of City Administration； data of Public Traffic Operation Guiyang Bureau of Urban Public Transport data of work safety are from Guiyang Administration of Work Safety； data of commodity price, income and expenditure of urban and rural residents are from income of urban and rural residents;
All the other data are from Guiyang Bureau of Statistics.

*In case of any discrepancy between English translation and the original Chinese text, the Chinese edition shall prevail.*

# 贵阳风采

## The elegance of Guiyang

# 南明区

## Nanming District

省委书记赵克志，省委副书记、代省长陈敏尔，省委常委、市委书记李军，市委副书记、市长李再勇到南明区沙南社区服务中心调研，区委书记柯德来和区委副书记、区长朱丽霞陪同调研

Provincial Party Secretary Zhao Kezhi, Provincial Committee, Acting Governor Chen Miner, Provincial Committee and Party Secretary Li Jun, deputy secretary, Mayor Li Zaiyong to Nanming Shanan Community Service Center to have research, accompanied by the district party secretary Ke Delai, deputy secretary, mayor Zhu Lixia

省委常委、市委书记李军，市委常委、常务副市长刘文新到小车河湿地公园调研，区委书记柯德来和区委副书记、区长朱丽霞陪同调研

Provincial Committee and Municipal Party Secretary Li Jun, Municipal Committee, vice mayor Liu Wenxin to have research in Xiaochehe Wetland, and accompanied by the district party secretary Ke Delai, deputy secretary, mayor Zhu Lixia

2012年，南明区以科学发展观统揽全局，紧扣“主基调”，主攻“主战略”，突出抓好新城开发、园区建设和旧城改造，统筹做好保增长、调结构、增活力、惠民生、促和谐的各项工作，全区呈现“发展加快、后劲增强、位次前移、民生改善、社会稳定”的良好局面，增比进位预排名位列全省第三位、全市第一位，在科学发展、跨越赶超、全面小康建设中取得了历史性突破。

保增长，经济提速增效。2012年，全区实现生产总值375.5亿元，增长17.50%；财政总收入39.69亿元，增长31.61%，一般公共财政收入26.73亿元，增长43.63%；全社会固定资产投资302.68亿元，增长72.50%；社会消费品零售总额227.67亿元，增长18.30%；非公经济增加值189.81亿元，增长28.2%，占生产总值的50.54%；旅游服务水平、接待能力大幅提升，旅游总收入、接待人数达到288.25亿元、817.7万人次，分别增长67.9%、38.3%。

调结构，产业持续优化。着力做强三产、做大二产、做特一产，三次产业的比重为0.56：22.60：76.84，产业结构进一步优化；持续做强服务业，2012年三产增加值288.56亿元，占生产总值的76.84%；坚持做大工业，食品工业园区集聚发展，已入驻企业21家；大力做特农业，完成传统玉米新改种果树蔬菜7000亩，粮经比调整为1.4：8.6，农民人均年纯收入突破万元大关，达到10259元，增长13.60%。

In 2012, Nanming district took the scientific development concept as the overall situation, closely grasp "the main tone", assault the main target "main strategy", focus on new town development, park construction and transformation of the old town, co-ordinate efforts to guarantee growth, structural adjustment, increase vitality , benefit people's livelihood and promote harmony of the work, the district showed "accelerated development to enhance stamina, ranking forward, improve people's livelihood and social stability" the good situation, increasing more than carry the province ranks third in the pre-ranked, the city first one, in scientific development, leapfrog catch up, building a comprehensive well-off made a historic breakthrough.

Growth, economic speed efficiency. In 2012, the region's GDP reached 37.55 billion yuan, an increase of 17.50%; fiscal revenue 3.969 billion yuan, an increase of 31.61%, the general public revenue 2.673 billion yuan, an increase of 43.63%; total fixed asset investment 30.268 billion yuan, an increase of 72.50%; total retail sales of social consumer goods 22.767 billion yuan, an increase of 18.30%; non-public economic added value 18.981 billion yuan, an increase of 28.2%, accounting for 50.54%of GDP; tourism services, reception capacity significantly improved, the total tourism revenue, reception number reached 28.825 billion yuan, 8.177 million passengers, up 67.9%, 38.3%, respectively.

Structural adjustment, industrial continuous optimization. Efforts to strengthen the tertiary industry, bigger second industry, special first industry, three industries accounted for 0.56:22.60:76.84, further optimize the industrial structure; continued and stronger service sector, in 2012 the added value of tertiary industry 28.856 billion yuan, accounting for production the total value of 76.84%; adhere bigger industry, food industry park cluster development, enterprises have settled 21; vigorously do special agriculture, complete the traditional corn changed to 7,000 acres of vegetables, fruit trees, grain ratio is adjusted to 1.4:8.6, rural per capita annual net income exceeded the 10,000 mark, reaching 10,259 yuan, an increase of 13.60%.

Expanding investment, stamina significantly enhanced. First, Metro comprehensively promote the construction; second, construction of industrial parks bear fruit; third, shantytowns rapid advance; fourth, is positive for project funding.

Excellent environment, energy has been increasing. First, optimize government services; second, is to strengthen organizational security; third, improve the service system; fourth, to promote grass-roots management system.

筑城广场
Zhucehng Square

南明区连续六年举办"黔茶飘香 品茗健康"茶文化活动推黔茶出山

Nanming held for six consecutive years, "Qian fragrance tea health tea" tea cultural activities push Guizhou tea coming out

扩投资，后劲明显增强。一是新城建设全面推进；二是工业园区建设初见成效；三是棚户区改造快速推进；四是积极向上争取项目资金。

优环境，活力不断提升。一是优化政务服务；二是加强组织保障；三是完善服务机制；四是推进基层管理体制改革。

惠民生，幸福事业不断提升。民生投入进一步加大，区级财政对民生的投入19.92亿元，占财政预算支出的65.51%，高质量完成了为民办理的"十件实事"。一是优先发展教育，全年教育支出8.37亿元；二是扩大就业岗位；三是提高保障水平；四是推进"平安南明"建设。

抓统筹，社会事业全面进步。一是卫生事业加快发展；二是文化建设全面推进；三是创模攻坚扎实有力；四是城市管理切实加强；五是加强信访维稳工作；六是人口计生、安全生产等工作全面推进。

强队伍，建设成效显著。一是强干事之风；二是学干事之本；三是立干事之廉。

全国最大的城市综合体南明区花果园项目正成为城市新坐标、产业新高地、宜居新典范
The country's largest urban complex project Nanming Huaguo city is becoming a new coordinate, industrial new heights, livable new paradigm

Benefit people's livelihood, happiness career on the rise. Further increase investment in the people's livelihood, the livelihood of the district-level fiscal investment 1.992 billion yuan, accounting for 65.51% of the budgeted expenditure, high-quality completion handled by the people "10 things". First, priority to education, the annual education spending 837 million yuan; second, is to expand employment opportunities; third, is to improve the level of protection; fourth, to promote "Peace Nanming" building.

Grasping coordination, comprehensive social progress. First, accelerate the development of public health; second, comprehensively promote the cultural construction; third, are solid and strong tackling record mode; fourth, is to strengthen urban management; fifth, is to strengthen the petition holding stability; sixth, family planning, and comprehensively promote the safe production and other work.

Strong team, with remarkable results. First, strong the wind of doing work; second, learning of doing work; third, building of the low-cost of works.

花果园湿地公园
Huaguo Wetland Park

# 云岩区

# Yunyan District

2013年5月23日，中国科协申维辰书记、省委常委、省委宣传部长喻红秋一行到云岩区中天社区调研考察

May 23, 2013, China Association for Science secretary Shen Weichen, Provincial Party Committee and Provincial Publicity Minister Yu Hongqiu and the team to the Yunyan district Zhongtian community to have research and study

2013年5月4日，省委书记赵克志到苏宁调研

May 4, 2013, the provincial party secretary Zhao Kezhi to Suning to have research

2012年4月，贵阳市人民政府市长李再勇到贵阳市云岩区调研城市基层体制改革

April 2012, Guiyang Municipal People's Government Mayor Li Zaiyong to Guiyang City Yunyan District to research the urban grassroots system reform

云岩区2012年推进城中村棚户区改造。按照中心城区棚户区改造的总体安排部署，先后完成20多个棚户区改造项目的规划编制、房屋摸底和招商签约等工作，启动大营坡、转弯塘、九华大院、沙河村-百花山、茶店杨柳湾、省科学院等10余个地块的土地出让及房屋征收工作。

片区开发加大步伐。东线片区中天“未来方舟”项目房地产、基础设施、道路及安置房建设全面推进，顺利回迁村民3000余户；西线片区金西大道延伸段正式建成通车，新马王路、金钟河流域截污工程、中航城、万科城等工程和项目相继启动建设；北线片区按时完成盐沙线道路房屋和土地征收，确保了盐沙线的顺利建成通车，小关湖湿地公园、污水处理厂和片区农民安置房等项目前期工作有序推进。

狠抓生态文明建设。完成黔灵山路、北京路、瑞金北路、省政府周边房屋立面整治，启动贯城河综合整治及沿线开发，推进东山古玩城、黔灵公园正门等一批特色文化街区规划及建设工作；将保护阿哈水库饮用水源、小关湖景观用水、南明河长治久清作为环境保护和“创模”工作的重中之重，启动实施打石沟截污工程建设，三马片区污水收集系统建设项目成功获得省发改委立项。

2012年3月，王保健书记到中华社区调研
March,2013,the secretary Wang Baojian had research in Zhonghua community

2012年9月，聂雪松书记进行关于社会治安的调研
September 2012, Nie Xuesong secretary for research on social security

Yunyan District in 2012 to promote the transformation of the village squatter settlements. In accordance with the central urban shantytowns, the overall arrangements for the deployment, has completed more than 20 shantytowns project planning, housing thoroughly and investment contract work, started Dayingpo, Zhuanwantang, Jiuhua compound, Shahe Village - Baihuashan, Chadian Yangliu Bay, provincial Academy of Sciences, more than 10 plots of land and housing levy work.

2013年6月1日，杨继区长到市西商业街调研消防安全
June 1, 2013, Yang Ji mayor to City West Commercial Street Fire Safety to have nvestigation

Area Development to increase the pace. Eastern Area Zhongtian "Future's Ark" project real estate, infrastructure, roads and resettlement housing construction and comprehensively promote the smooth move back to more than 3,000 households villagers; West Area Golden West Avenue extension officially opened to traffic, the new champion road, Queens way, Jinzhong River cut sewage works, Zhonghang City, Wanke City and other works and projects have started construction; Northern Line Area timely completion of road salt sand line housing and land expropriation, to ensure the smooth salt sand line was opened to traffic, Xiaoguan Lake Wetland Park, sewage treatment plants and Area farmers resettlement housing project preparatory work in an orderly manner.

Pay close attention to ecological civilization. Complete Qianlingshan Road, Beijing Road, Ruijin Road, the provincial government of neighboring homes facade renovation, start Guancheng river along the moat comprehensive renovation and development, promoting Dongshan Antique, Qianling Park main entrance and a number of features and cultural district planning and construction work; Aha Reservoir will protect sources of drinking water, Xiaoguan lake landscape water off, Nanming long clearing as environmental protection and "model" the most important task, start the implementation of construction projects play gully interception, Sanma Area sewerage system construction project successful provincial Development and Reform project.

Co-ordinate the development of social undertakings. Completed Ya Guan kindergarten, Yu'an, Anjing school and City Northern nursery relocation and expansion, start Yu'an Middle School building; strengthen community health services building, the establishment

喷水池风景
Fountain landscape

合群路夜市
Hequn road night market

延安中路
Yan'an Road

社会事业统筹发展。完成雅关幼儿园、渔安安井学校迁建和市北幼儿园改扩建，启动渔安中学建设；加强社区卫生服务建设，成立15个新型社区卫生监督工作站；全力开展社会治安综合治理攻坚战役，全区共建立治安网格270个。

狠抓政府自身建设。按照市委、市政府关于基层管理体制改革工作的重大决策部署，撤销全区17个街道办事处，新组建25个新型社区。

政府实事项目全面完成。在26个社区实施“新型社区、温馨家园”建设工程；建立城乡医疗救助服务平台，医疗卫生救助做到“应救尽救”，医疗救助率达100%；实施云岩区中心敬老院（二期）建设，建立社区居家养老服务中心示范点2个；继续实施云岩区教育系统“中小学、幼儿园校园安全监管工程”；继续实施扶持微型企业政策，发展微型企业1100户，统筹城乡新增就业45000人；新增社区生鲜平价商店（点）20个，猪肉平价直销店（点）10个；加快推进城市棚户区、“城中村”改造，启动改造面积120万平方米，完成改造面积30万平方米；启动小关湖—鹿冲关湿地公园核心圈建设；实施阿哈水库饮用水源金钟河生态治理工程；进一步扩大法律援助覆盖面，新增移动执勤警车（室）65辆。

of 15 new community health supervision workstations; fully carry out social security comprehensive management crucial battle, the region law and order were established grid 270.

Pay close attention to the government self-construction. In accordance with the municipal committee, municipal government on the work of grass-roots management system major decisions and plans, revocation of the region's 17 district offices, the newly formed 25 new communities.

Government practical projects completed. 26 communities in the implementation of "new communities, warm home" construction; establish urban and rural medical assistance services platform, health care assistance to achieve "should help to make save", medical aid rate of 100%; implementation Yunyan district nursing home (II phase) and build a community home care service center demonstration sites 2; continue to implement Yunyan district education system, "schools, kindergartens campus safety supervision project"; continue to implement policies to support micro-enterprises, the development of micro-enterprises 1100, added 45,000 new jobs in urban and rural areas; New Community fresh price shops (points) 20, pork parity outlets (points) 10; accelerating urban shantytowns, "Villages int the city" to start the transformation of an area of 1,200,000 square meters, complete transformation of an area 300,000 square meters; Start Xiaoguan Lake - Luchongguan Wetland Core Area Construction; implementation Aha Reservoir drinking water source Jinzhong River Ecological Engineering; further expand the coverage of legal aid, new mobile duty police (room) 65.

2013年1月17日，省、市红会进宅吉社区慰问
January 17, 2013, provincial and municipal Red Cross into the Zhaiji Community to have condolences

2012年7月，云岩区首届文化旅游年活动开幕
July 2012, Yunyyan district of the first cultural tourism year activities opening ceremony

# 生态文明引领三化同步 加快建生态文明示范区
# ——花溪区

Ecological civilization to lead three of the synchronization Accelerate the construction of ecological civilization demonstration area
— Huaxi District

区委书记李泽（右一）、区长向子琨（左一）陪同市委书记李军、市长李再勇调研
Party secretary Li Ze(first from right), district head Xiang Zikun (first from left), accompanied by party secretary Li Jun, Mayor Li Zaiyong has research

行政区划调整——新花溪区正式成立
Adjustment of administrative divisions - new Huaxi District was formally established

创新社会管理——建设新型社区
Innovation and social management - construction of new community

2012年，全区上下抢抓贯彻落实国发2号文件的历史机遇，牢牢把握“主基调”、大力实施“主战略”，经济社会呈现出发展加快、质量提升、民生改善、社会稳定的良好局面。全区生产总值119.53亿元，同比增长17.0%；规模以上工业增加值24.46亿元，同比增长23.8%；全社会固定资产投资达210.68亿元，同比增长64.7%；实现财政总收入14.61亿元，同比增长31.2%；公共财政预算收入8.95亿元，同比增长37.3%；社会消费品零售总额26.63亿元，同比增长18.0%；城镇居民人均可支配收入21785元，同比增长12.8%；农民人均纯收入8665元，同比增长15.4%。

结构调整明显加快，三次产业结构比为7.69:39.32:52.99，为持续推进“加速发展，加快转型，推动跨越”主基调不断夯实发展基础。发展动力显著增强，继续坚持发挥投资对拉动经济增长的关键作用，以大项目建设带动大发展。社会事业全面发展。统筹发展深入推进。

传承中华文化——孔学堂
Chinese culture heritage - Kong Xuetang

孟关国际汽贸城（一期）
Mengguan international Carsell City (I phase)

全国键盘邀请赛在青岩堡举行
The national keyboard Invitational held in Qingyan Fort

高坡苗族“四月八”民族风情节
The high slope Miao minority "April eight"national wind plot

In 2012, the whole region to seize the historical opportunity to implement the State Issued NO.2 document, firmly grasp the "main tone", vigorously implement the "main strategy", economic society shows good situation to accelerate development, enhance quality, improve people's livelihood and social stability. The region's GDP of 11.953 billion yuan, an increase of 17.0%; scale industrial added value of 2.446 billion yuan, an increase of 23.8%; total fixed asset investment of 21.068 billion yuan, an increase of 64.7%; achieve total fiscal revenue 1.461 billion yuan, an increase of 31.2%; public budget revenue of 895 million yuan, an increase of 37.3%; social retail sales of 2.663 billion yuan, an increase of 18.0%; per capita disposable income of urban residents was 21,785 yuan, an increase of 12.8%; the per capita net income of farmers was 8,665 yuan, an increase of 15.4%.

The structural adjustment significantly accelerated, three industrial structure was 7.69:39.32:52.99 and to continue to promote the "accelerated development, speed up transformation and promote leapfrog"the main tone continue to lay a solid foundation for the development. The momentum significantly enhanced, continue to adhere to play the key role of investment to stimulate economic growth, led the development of the construction of large projects. Social undertakings got full development. Co-ordinate the development got further deepened.

# 乌当区
## Wudang District

乌当区行政中心
Wudang District Administrative Center

乌当区驻地新添寨街景
Wudang District resident Xintian Village street

贵阳市乌当中学
Guiyang City Wudang middle school

乌当区人民医院
Wudang District People's Hospital

乌当区位于贵阳市东北部，面积686平方公里，辖5乡3镇、5个新型社区、74个村（场）、19个居委会。人口24万人，居住有汉、布依、苗等33个民族。辖区山环水绕，气候宜人，森林覆盖率达到49.33%。区内地热资源十分丰富，已建成的保利国际温泉、贵御温泉获“国家4A级旅游景区”称号，享有“林中泉城”的美誉。

乌当区将突出“加速发展、加快转型、推动跨越”的主基调，按照“坚持走科学发展路，加快建生态文明区”的发展路径，以工业化带动城镇化、城镇化促进工业化为主线，以“四区”建设（即：以“生物制药、绿色食品”为主导的黔中新型工业化先行区；以“温泉、体育、民俗、生态”为主题的西南高品位休闲度假区；以“生态、高效、创意、循环”为特色的贵州都市型现代农业示范区；以“公共服务均等化、基础设施一体化”为重点的全省城乡一体化

新添寨立交桥通往贵遵、贵新高速公路
Xintian Village overpass leading to Guizun, Guixin expressway

水东洪边宋氏书、特刊和乌当史志概要
Shuidong Hongbian Song books, special issues and Wudang Chronicles Summary

省市领导视察乌当工业园区
Provincial leaders visited Wudang Industrial Park

1997年组建的中国振华集团科技股份有限公司
Established in 1997, China Zhenhua Group Science and Technologies Inc

Wudang District City is located in the northeast of Guiyang, an area of 686 square kilometers, jurisdiction over 5 townships 3 towns, 5 new communities, 74 villages (field), 19 neighborhood. Population of 240,000 people, living with the Han, Buyi, Miao and other 33 ethnic groups. Mountains and water around the area, a pleasant climate, the forest coverage rate reached 49.33%. The region is rich in geothermal resources have been built Poly International Spa, the Royal Spa won the "national 4A level scenic spots" the title, enjoy "Spring city in forest" in the world.

Wudang District, will highlight the "accelerated development, speed up transformation and promote across" main tone, according to "stick to the road of scientific development, accelerate the construction of ecological civilization zone" development path, urbanization driven by industrialization, urbanization promote industrialization as the main line, to the "four areas" construction (ie: the "bio-pharmaceuticals, green food" new industrialization led Guizhou first area; with "spa, sports, folklore, ecology" as the theme of high-grade leisure resort southwest; "Ecology , efficient, creative, loop" Guizhou featuring urban modern agriculture demonstration zones; to the "equalization of public services, infrastructure integration" as the focus of the province's urban and rural test area) as the goal, to carry out provincial urban and rural areas and new industrialization comprehensive reform as an opportunity to project construction as the carrier, the full implementation of the two major industrial modernization and urban-rural integration strategy, struggling to promote economic and social development to achieve a historic leap.

贵阳国家高新技术产业开发区新天园区
Guiyang National High-tech Industrial Development Zone, Xintian Park

阿栗杨梅
A Li Bayberry

贵州贵阳国家农业科技园区
Guiyang National Agricultural Science and Technology Park

明代后所祖师庙
After the Temple of the Ming Dynasty

明代乌当协天宫
Ming Wudang Xietian Temple

明代洛湾万松阁
Ming dynasty Luowan Wansong pavilion

试验区）为目标，以开展省级城乡统筹和新型工业化综合配套改革试点为契机，以项目建设为载体，全面实施产业现代化和城乡一体化两大战略，奋力推动经济社会发展实现历史性跨越。

经济持续较快增长，各项经济指标全面完成。2012年，全区完成地区生产总值156.57亿元，同比增长18%，其中：第一产业增加值完成9.18亿元，同比增长9.3%；第二产业增加值完成74.97亿元，同比增长23.3%；第三产业增加值完成72.42亿元，同比增长13.7%。全区财政总收入完成18.08亿元，同比增长28.83%；公共财政预算收入完成11.46亿元，增长30.67%；全社会固定资产投资完成161.26亿元，同比增长60.80%。全区社会消费品零售总额完成12.33亿元，增长18.10%；城镇居民人均可支配收入达21791元，增长12.72%；农民人均纯收入达9607元，增长15.30%。创新重大项目推进体制机制，项目建设得到加强。工业经济增长较快，质量效益稳步提升，新型工业化先行区建设迈上新台阶。服务业蒸蒸日上，发展特色日益凸显，西南高品位休闲度假区建设得到新提升。农业经济稳步发展，基础地位更加巩固，都市型现代农业示范区建设取得新成效。

城镇建设步伐加快。交通基础设施继续完善。城市形象不断提升。生态建设步伐进一步加快。

教育事业成绩喜人。人口卫生事业亮点纷呈。社会保障全面给力。文体事业蓬勃发展。体制改革进一步深化。大力推进平安乌当建设。社会保持和谐稳定。

明代乌当莱仙阁
Ming dynasty Wudang Laixian pavilion

明代乌当桥，又名洪济桥
Ming Wudang Bridge, also known as Hongji Bridge

情人谷
The Valentine Valley

渔洞峡
Yudong Gorge

Sustained and rapid economic growth, the economic indicators fully completed. In 2012, the region' s GDP of 15.657 billion yuan, an increase of 18%, including: first industrial added value 918 million yuan, an increase of 9.3%; second industrial added value reached 7.497 billion yuan, an increase of 23.3% ; tertiary industry added value 7.242 billion yuan, an increase of 13.7%. The region's total fiscal revenue 1.808 billion yuan, an increase of 28.83%; public budget revenue of 1.146 billion yuan, an increase of 30.67%; total fixed asset investment of 16.126 billion yuan, an increase of 60.80%. The region's total retail sales of social consumer goods completed 1.233 billion yuan, an increase of 18.10%; urban residents per capita disposable income reached 21,791 yuan, an increase of 12.72%; rural per capita net income reached 9,607 yuan, an increase of 15.30%. Innovative institutional mechanisms to promote major projects, the project construction has been strengthened. Rapid industrial growth, steady improvement in quality and efficiency, new industrialization pilot area construction to a new level. Booming service sector, the development of specialized increasingly prominent, high-grade leisure resort southwest building get a new upgrade. Steady development of agricultural economy, more solid foundation, urban modern agriculture demonstration zones to achieve new results.

香纸沟古法造纸作坊
Xiangzhi ditch ancient papermaking workshop

Accelerate the pace of urban construction. Transportation infrastructure continue to improve. Image of the city has been increasing. Further accelerate the pace of ecological construction.

Education got gratifying results. Highlights trends in population health. Comprehensive social security to the force. Sports career flourish. Restructuring was further deepened. Vigorously promote peace Wudang construction. Maintain social harmony and stability.

相思河
Acacia Creek

保利•国际温泉
Poly• International Spa

# 白云区

# Baiyun District

时任省委书记、省人大常委会主任栗战书，时任省委副书记、省长赵克志，时任省委常委、贵阳市委书记李军等省、市、区领导在中泉电气听取企业发展情况汇报

When he was provincial secretary of the provincial People's Congress Chairman Li Zhanshu, when he was Provincial Committee deputy secretary, Governor Zhao Kezhi, when he was Provincial Committee and Guiyang City Party Secretary Li Jun and other provinces, municipalities and district leaders to listen in IDEC reports on the situation of enterprise development

时任贵州省委常委、贵阳市委书记李军参与元旦、春节筑城送温暖活动集中慰问活动

When he was Guizhou PProvincial Committee and Guiyang City Party Secretary Li Jun involved the New Year and Spring Festival activities are concentrated fortification warmth condolences events

白云区是贵阳市的六个市辖区和新规划建设的城市中心区之一，是省级经济技术开发区，全省首批建立的20个经济强县之一，全国最大的铝工业基地和全省重要的新材料建设基地。全区面积272平方公里，下辖二乡（都拉乡、牛场乡）三镇（艳山红镇、麦架镇、沙文镇）六社区（红云社区、大山洞社区、艳山红社区、白沙关社区、铝兴社区、都新社区），56个行政村，人口27余万人。2010年被批准为“国家可持续发展实验区”，2011年被评为“全省先进开发区”。2012年全区地区生产总值达101.86亿元，增长18.1%；财政总收入15.93亿元，增长22.5%；农民人均纯收入10256元，增长15.4%；城镇居民可支配收入21796元，增长12.4%；规模以上工业总产值达260.35亿元；招商引资到位市外内资157.03亿元，实际利用外资4489万美元。

白云区新貌

Baiyun District new look

高新区党工委书记、白云区委书记丁雄军调研燕京啤酒项目
High-tech Zone Party Work Committee, Baiyun District secretary Ding Xiongjun research Yanjing Beer project

高新区党工委书记、白云区委书记丁雄军、区委副书记、区长黄昌祥、区人大党组书记、人大主任张朝栋、区政协党组书记、主席卢瑞礼出席七冶建设有限责任公司共赢发展座谈会
High-tech Zone Party Work Committee, Baiyun District secretary Ding Xiongjun, deputy secretary, mayor Huang Changxiang, District People's Congress party secretary, director Zhang Zhaodong NPC, CPPCC district party secretary, chairman Lu Ruili attended Seven Metallurgical Construction Co., Ltd. and win-win development forum

区委副书记、区长黄昌祥（左）和香港俊发集团总裁赵彬（右）签署黑石头项目合作协议
District Deputy Secretary, mayor Huang Changxiang (left) and Hongkong Junfa group president Zhao Bin (right) signed a cooperation agreement of black stone

Baiyun District is one of Guiyang City six municipal districts and the new planning and construction of urban centers, is one of the provincial-level economic and technological development zone, one of the first province to establish 20 economy county, the country' s largest aluminum industrial base and the province' s major construction of new material base. Covering an area of 272 square kilometers, has jurisdiction over 2 townships (Dula Township, Niuchang Township) 3 towns (Yanshanhong town, Maijia town, Shawen town) 6 communities (Hongyun community, Dashandong communities, Yanshanhong mountain communities, Baishaguan communities, LVing communities, Duxing communities), 56 administrative villages, population of 270,000 people. In 2010, it was approved as "National Sustainable Development Experimental Zone", in 2011 was named "the province' s advanced development zone". Region' s GDP in 2012 reached 10.186 billion yuan, an increase of 18.1%; fiscal revenue 1.593 billion yuan, an increase of 22.5%; rural per capita net income of 10,256 yuan, an increase of 15.4%; disposable income of urban residents 21,796 yuan, an increase of 12.4%; above-scale industrial output value reached 26.035 billion yuan; investment in place outside the city-funded 15.703 billion yuan, the actual utilization of foreign capital $ 44,890,000.

区委常委、区政府常务副区长宋旭升与太平洋建设集团公司参加云环路通车典礼暨与太平洋建设集团投资合作框架协议签约仪式

District Committee, district government deputy mayor Song Xusheng and Pacific Construction Group Corporation to participate in the opening ceremony and cloud loop investment and Pacific Construction Group cooperation framework agreement signing ceremony

贵阳市白云区第十届人民代表大会第一次会议胜利召开

Baiyun District, Guiyang City, the tenth session of the first people's congress was held with victory

中共白云区委八届三次全体（扩大）会议胜利召开

Baiyun District Party committee of the Communist Party of China eight session of the three plenary (enlarged) conference was held with victory

贵阳市白云区第九届委员会第一次会议胜利召开

Baiyun District of Guiyang City the first meeting of the ninth session of the committee was held with victory

白云区的优势特点：一是区位优越。白云地处贵阳市中心地带，毗邻金阳市级行政中心，距老城区13公里，距4D级贵阳国际机场约20公里，位于贵遵和贵黄高等级公路的扇面上，是通往四川、广西、云南的重要通道。二是交通便捷。210国道、贵遵高等级公路、贵阳环城高速公路、川黔铁路、贵广快速铁路和即将开工建设的环城快速铁路汇集域内，区内道路网络已经形成，32条地方公路通往全区各地。三是工业基础较雄厚。区域内聚集了中国铝业贵州分公司、中国航空工业标准件制造有限公司等一批规模大、产品技术含量高、人才富集、技术水平较高的国有大中型企业。四是开发区初具规模。自1992年成立省级经济开发区以来，经过多年的建设，完善基础设施建设，扩大招商引资力度，陆续引进了600余家各类企业，初步形成了铝及铝加工基地、贵阳（国际）新材料产业园、食品工业园、数字产业园等“一区多园”的发展态势，促进白云经济快速增长。五是城市化水平较高。由于主城区扇面不断延伸，白云区比邻城市中心城区，区位优势优越，城市化率达73.82%，并在全省率先实现了村村“八通一改一化一中心”和通乡公路“半小时白云”工程。

Baiyun District Advantages: First, position is superior. Baiyun is located in downtown Guiyang, adjacent to the Jinyang municipal administrative center, 13 km from the old town, from the 4D level Guiyang International Airport is about 20 km, is located in Guizun and Guihuang highway fan, is an important channel to Sichuan, Guangxi, Yunnan. Second, the transportation is convenient. State Road 210, the Guizun highway, Guiyang city highway, Sichuan-Guizhou railway, the Guangzhou express railway and upcoming construction area around the city express railway collection, local road network has been formed, 32 local roads leading to the region country. Third, relatively strong industrial base. Region gathered Guizhou Branch of China Aluminum Industry, China Aviation Industry Standard Parts Manufacturing Co., Ltd. and a number of large-scale, high-tech products, human enrichment, high technical level state-owned enterprises. Fourth, the development zone to take shape. Since its establishment in 1992 the provincial economic development zone, after years of construction, improve infrastructure, and expand investment, have introduced more than 600 kinds of enterprises, initially formed aluminum and aluminum base, Guiyang (International) New material Industrial Park, food Industrial Park, industrial Park and other digital "one Zone various parks" development trend, and promote rapid economic growth in Baiyun. Fifth, the level of urbanization is higher. Since the main city fan continuous extension Baiyun District advantage is superior than the city near the center city, the urbanization rate reached 73.82%, and in the province to achieve the village "to change one of eight pass one center" and township roads "semi-hour Baiyun" project.

2012年全国有色金属加工行业技术进步产业升级大会暨贵州省有色金属加工产业发展研讨会

2012 National Non-ferrous Metal Industry Conference and industrial upgrading, technological progress Guizhou Nonferrous Metal Processing Industry Development Seminar

白云区产业分布图

Baiyun District Industrial Distribution

高新区白云区27个项目集中开工仪式

High-tech Zone Baiyun District 27 projects focused on groundbreaking ceremony

# 观山湖区

## Guanshanhu District

省委常委、贵阳市委书记李军调研观山湖区社区工作

Provincial Standing Committee, Guiyang Party Secretary Li Jun to research Guanshanhu District community work

省委常委、贵阳市委书记李军调研火车北站功能区

Provincial Standing Committee, Guiyang Party Secretary Li Jun had investigation of the functional district in North train station

成立观山湖区

The establishment of Guanshanhu district

观山湖区面积307平方公里，下辖金华镇、朱昌镇、百花湖乡及碧海、世纪城、金华园、新世界、逸景、金源、金麦、金岭8个社区服务中心。人口21.46万人，其中少数民族人口（含流动少数民族人口）30448人。2012年，全年生产总值90.23亿元，农林牧渔业总产值约2.74亿元，工业总产值15.72亿元；全年完成财政总收入38.3580亿元，同比增长20.95%，公共财政预算收入完成27.7623亿元，同比增长13.49%；完成固定资产投资380.2亿元，同比增长51.4%；完成社会消费品零售总额54.08亿元，同比增长18.1%。全年招商引资内资实际到位资金168.2亿元，同比增长84%，其中省外到位资金102.87亿元，同比增长109%，实际利用外资5688万美元，同比增长72%。

产业培育优化取得新进展。加大结构调整，产业培育发展成效明显；始终坚持“三产立区”理念，将培育引进现代服务业项目放在首要位置，结合实际统筹推进三次产业协调发展；积极抓好农业生产；积极稳妥发展工业；突出重点发展三产，三次产业结构优化为2.1:35.3:62.6；积极开展有针对性的国内外招商；全力助推项目建设，2012年新开工项目55个，完成建设项目42个。

观山湖区召开第一次党代会
Guanshanhu district held the first congress

观山湖区召开一届一次政协会议
Guanshanhu district held the first session of Political Consultative Conference

Guanshanhu District has an area of 307 square kilometers, under the jurisdiction of Jinhua town, Zhuchang town, Baihuahu village and Bihai, Shiji City, Jinhua Park, New World, Yijing, Jinyuan, Jinmai, Jinling eight community service centers. Population of 214,600, of which minority population (including current minority population) 30,448 people. In 2012, the annual GDP of 9.023 billion yuan, animal husbandry and fishery output value of about 274 million yuan, industrial output value of 1.572 billion yuan; Last year's total fiscal revenue 3.8358 billion yuan, an increase of 20.95%, public finance budget income 2.77623 billion yuan, an increase of 13.49%; 38.02 billion yuan in fixed assets investment, an increase of 51.4%; complete the total retail sales of social consumer goods 5.408 billion yuan, an increase of 18.1%. Annual investment funded the actual funds 16.82 billion yuan, an increase of 84%, of which the province capital in place of 10.287 billion yuan, an increase of 109%, the actual utilization of foreign capital $ 56,880,000, an increase of 72%.

Optimization of industrial training has made new progress. Intensify structural adjustment, industrial foster development effectiveness significantly; always adhere to the "three industries build the district" concept, will foster the introduction of modern service industry projects in the first place, combined with the actual co-ordination to promote the coordinated development of three industries; actively promote agricultural production; actively and steadily push industrial development; prominent focus on the development of tertiary, three industrial structure optimization is 2.1:35.3:62.6; actively targeted domestic and foreign investment; efforts to boost the project, in 2012, 55 new projects got started, the completion of construction projects 42.

观山湖区召开一届一次人代会
Guanshanhu district held the first session of National People's Congress

贵阳中加新世界国际学校正式落户金阳
Canadian International School of Guiyang officially settled in Jinyang New World

金阳新区管委会与中铁二十五局战略合作签约仪式
Jinyang New District Administrative Committee and the China Railway 25th Bureau strategic cooperation signing ceremony

贵阳市二环四路金阳新区火车北站功能区招商引资项目集中签约
Guiyang city two rings four roads city belt Jinyang new district North train station functional areas investment projects focused on signing

贵阳市二环四路城市带金阳新区火车北站功能区骨干路网开建
Guiyang city two rings four roads city belt Jinyang new district North train station with a ribbon CAPE backbone road construction

城市开发建设再上新台阶。不断完善以各个专项规划、控制性详细规划、城市设计、环境景观为一体的生态文明城乡规划体系，坚持以规划为先导，加快城市基础设施建设步伐，有效优化城区空间布局；完成总投资32.8亿元的重大基础设施项目19个，基础设施建设拓展至307平方公里规划范围。

生态文明建设提升新档次。充分发挥生态文明贵阳会议举办地的优势，牢固树立生态文明理念，依托“生态型、园林式、数字化”的城市规划定位，创建生态文明新城区；深入推进“创建国家环境保护模范城市”工作。

民生事务工作迈出新步伐。坚持优先发展教育；切实加强社会保障，城乡统筹就业1.58万人，完成城乡养老保险征缴33377人，开工建设保障性住房8614套，建成竣工4392套。

社会管理创新呈现新活力。深入推进城市基层管理体制改革，撤销金阳街道办事处，新建金源、金麦、金岭3个新型农村社区，基本实现建成区域服务全覆盖；深入推进社会治安综合治理，取得了“百名警察破案数、百名民警打击处理数全省排名第一，全市社会治安综合治理攻坚战综合排名第一”的优异成绩。

改革发展事业迎来新跨越。积极推进建制区工作，2012年12月24日，观山湖建制区在原金阳新区的基础上正式挂牌成立。

贵阳西南国际商贸城建设现场
Guiyang, Southwest International Trade City construction site

2012年贵阳国际山地自行车邀请赛
2012 Guiyang International Mountain Bike Invitational

观山湖湿地公园
Guanshanhu wetland park

Urban development to a new level. Continuous improvement to various special planning, detailed planning, urban design, environmental landscape as one of the ecological civilization urban planning system, adhere to planning for the pilot to speed up the pace of urban infrastructure construction, effectively optimize the layout of urban space; complete a total investment of 3.28 billion yuan element 19 major infrastructure projects, infrastructure expanded to 307 square kilometers planning area.

Enhance ecological civilization construction of new grade. Play the full advantage role of Guiyang ecological civilization conference venue, firmly establish the concept of ecological civilization, relying on "ecological, garden-style, digital" urban planning and positioning, create a new urban ecological civilization; further promote the "Create a National Environmental Protection Model City" work.

Livelihood affairs take new steps. Give priority to education; strengthen social security, urban and rural employment 15,800, to complete the rural old-age insurance premium paid 33,377 people, started construction of affordable housing units 8,614, will be completed 4,392 units.

Social management innovation presents a new vitality. Further promote the urban grass-roots management system, revocation Jinyang Street office, the new Jinyan, Jinmai, Jinling three new rural communities, the basic realization into a regional services coverage; further promote the social security order, and made "one hundred police solve the case number, the number of one hundred police crackdown ranked first in the province, the city's social security comprehensive management campaign ranking first" honors.

Reform and usher in a new career leap. Actively promote the establishment district work, December 21, 2012, Guanshanhu District in the original establishment on the basis of Jinyang New District was formally established.

2013观山湖灯会——红星
2013 Guanshanhu Lantern Festival - red star

2013观山湖灯会——欢聚
2013 Guanshanhu Lantern Festival - togetherness

# 清镇市

## Qingzhen City

市长李再勇在清镇调研

The mayor Li Zaiyong researched in Qingzhen

2012年，清镇市紧扣“两加一推”主基调，大力实施“西区工业化、东区城市化、全市生态化”主战略，以产业园区为主战场，以项目建设为主阵地，着力扩投资、调结构、增活力、惠民生，全市经济社会实现平稳较快发展。

主要经济指标实现两位数增长。全市生产总值完成144.16亿元，增长16.8%；财政总收入完成16.4亿元，增长25.8%；公共财政预算收入完成9.95亿元，增长26.9%；固定资产投资完成241.82亿元，增长60.7%；金融机构存贷款余额分别达87.74亿元、53.82亿元，增长17.47%、16.18%。

三次产业发展趋势持续向好。三次产业结构调整为8.96:48.67:42.38。一产方面：续建和新建13个农业产业化项目，推进全省核桃产业扶贫示范带建设，抓好烤烟、蔬菜等产业发展，粮经比达到3:7；畜牧业总产值占农业总产值的比重达35.61%，肉鸡年出栏量、奶牛养殖容量及绿色蔬菜认证数量均位列全省第一；被列为国家现代农业示范区和全国蔬菜产业重点县。二产方面：强力推进工业园区基础设施和产业项目建设，园区路网基本打通，供水主管网建成供水；塘寨电厂一期、广铝一期、海螺二期等15个项目相继建成投产或试运行；规模以上工业企业从2011年的83户增加至91户，规模以上工业总产值、增加值分别达139.7亿元、35.2亿元，增长16.1%、22.1%。三产方面：物流园区规划建设显现成效；新设、整合、提升旅游项目，全年接待旅游人数526.6万人次，实现旅游收入48.41亿元，分别增长54.37%、99.89%；对经济增长贡献率达38.78%。

清镇市城北新区一号路、职业教育聚集区连接线暨城市建设开发项目

Qingzhen City Beixin 1st Road, vocational education gathering area cable-cum-city construction development projects

卫城镇贺龙广场

Weicheng town Helong Plaza

城区白改黑后的新貌
New look after the white city changed into black

贵州出版社集团数字印刷（复印）物流基地项目签约
Guizhou Publishing Group Digital Printing (Copy) logistics base project contract

In 2012, Qingzhen city closely grasp "two plus one push" the main tone, vigorously implement the "Western industrialized Eastern urbanization, the city's ecology" main strategy, to industrial parks as the main battleground, project construction as the main front, focus expansion investment, structural adjustment, increase vitality and improve people, the city's economy and society to achieve stable and rapid development.

Major economic indicators to achieve double-digit growth. The city's GDP reached 14.416 billion yuan, an increase of 16.8%; fiscal revenue of 1.64 billion yuan, an increase of 25.8%; public budget revenue of 995 million yuan, an increase of 26.9%; fixed asset investment 24.182 billion yuan, an increase of 60.7%; deposits and loans of financial institutions amounted to 8.774 billion yuan, 5.382 billion yuan, an increase of 17.47%, 16.18%, respectively.

Three industry trends continued to improve. Three industrial structure adjustment 8.96:48.67:42.38. The first industry areas: continued construction and new 13 agricultural industrialization projects, promoting the province's poverty alleviation walnut industry demonstration zone construction, grasp tobacco, vegetables and other industries, grain ratio of 3:7; animal husbandry output value of total agricultural output the proportion of 35.61%, broiler slaughter, dairy farming capacity and the number of certified green vegetables are ranked first in the province;Was listed as national modern agriculture demonstration zones and the national vegetable industry focus counties. The second areas: Strongly promote industrial park infrastructure and industrial projects, basically open up the park road network, water supply network is completed in charge of

清镇市武术文化创意产业战略合作签约仪式
Qingzhen City Martial Arts cultural and creative industries strategic cooperation signing ceremony

贵州省水利投资有限责任公司、清镇市人民政府涉水项目战略合作框架协议签字仪式
Guizhou Province Water Conservancy Investment Co., Ltd., Qingzhen City People's Government wading project strategic cooperation framework agreement signing ceremony

贵阳职业教育聚集区暨贵州工商职业学院项目建设开工典礼
Guiyang Vocational Education enclave cum Guizhou Business Vocational College Project groundbreaking ceremony

动土开工情景
Groundbreaking start scenario

贵阳盘江海螺水泥点火投产
Guiyang Panjiang Hailuo ignition operation

城乡一体化发展步伐加快。突出“休闲世界•避暑天堂”的功能定位和“西贵清镇•中国黔景”的角色定位，完成城市总体规划修编和城市设计规划方案编制；农村地区基础设施不断配套完善；站街、卫城等示范性小城镇建设有序稳步推进。

生态文明建设深入推进。在贵阳市各区（市、县）第一家组建生态文明建设局，围绕“山青、天蓝、地绿、水净”目标，完善生态文明目标体系、考核办法及工作机制。

改革开放积聚经济发展“正能量”。推进城市基层管理体制改革，组建百花、巢凤、红塔三个社区服务中心，全面完成撤办事处组建新型社会工作；民营经济投资115亿元，占投资总额的47.56%；非公经济增加值72.18亿元，占地方生产总值的50.07%。

以改善民生为重点的社会建设不断加强。累计投入民生资金15.6亿元，扎实抓好就业和增收、扶贫济困、普教优教等十大民生工程，完成十件实事办理。

海螺——散装水泥发运通道
Hailuo- Bulk Cement Ship Channel

校园电视
Campus TV

科伦药业技术人员在生产线上紧张作业
Kelun medicine technician work on the production line in tension

the water supply; Tong Village plant I phase, wide aluminum I phase, conch II phase and other 15 projects have been completed and put into production or test run; industrial enterprises above designated size from 2011 to 83 increased to 91, above-scale industrial output value, added value reached 13.97 billion yuan, 35.2 billion yuan, respectively, an increase of 16.1%, 22.1%. The tertiary industry areas: logistics park planning and construction demonstrated effectiveness; newly established, integration, enhance the tourism project, the annual number of tourists received 5,266,000 passengers, tourism revenue 4.841 billion yuan, an increase of 54.37%, 99.89%, respectively; contribution to economic growth rate 38.78%.

建设中的翰弈汽车城
Construction Han Yi Motor City

Accelerate the pace of urban and rural development. Highlight the "Leisure World • summer paradise" feature to locate and "West Guizhou Qingzhen•China Guizhou scene" role, to complete the revision of the overall urban planning and urban design and planning programming; infrastructure in rural areas continue to complete and perfect; Zhanjie, Weicheng and other small towns pushed orderly demonstration steadily.

Further promote the construction of ecological civilization. In the District of Guiyang City (city and county) first build ecological civilization construction bureau, around the "green mountains, sky blue, green land, clean water" target, improving ecological civilization target system, evaluation methods and working mechanisms.

Accumulation of economic development, reform and opening up "positive energy". Promote urban grass-roots management system reform, the formation of Baihua, Chaofeng, Hongta three community service center, complete withdrawal of offices to build a new social work; private economic investment 11.5 billion yuan, accounting for 47.56% of total investment; non-public economic value added 7.218 billion yuan, accounting for 50.07% of local GDP.

In order to improve people's livelihood and social construction has been continuously strengthened. Livelihood funds invested a total of 1.56 billion yuan, a solid grasp of employment and income, and helping the poor, education and other general education gifted ten livelihood projects, the completion of ten practical handle.

# 修文县

## Xiuwen County

县城新貌

County new look

修文县位于贵州省中部，贵阳市北部。面积1075.7平方公里，辖4镇6乡，2个社区服务中心，217个行政村，人口31.13万，有汉、苗、布依等22个民族。

2012年全年实现生产总值71.24亿元，增长20.23%；完成财政总收入9.18亿元，增长29.01%。完成全社会固定资产投资145.02亿元，增长60.67%；完成城镇和农村居民人均可支配收入分别为21720元、7766元，分别增长16.02%、20.03%。

汇聚了发展共识。全县上下在抢抓机遇、自身“发力”、争取“给力”、借助“外力”发展上形成了新的共识，在创新方法、勇于担当、推动跨越上形成了新的共识，在夯实基础、挖掘潜力、聚力冲刺、后发赶超上形成了新的共识。

筑牢了跨越基础。白云至修文、金阳至扎佐、龙场至扎佐3条城市干道开工建设；扎佐工业园区升级为省级经济开发区；积极争取14个批次9000多亩建设用地指标；落实国发2号文件编制申报502个项目；扎佐镇、六广镇列入省、市示范城镇推进建设。

信树了干事群像。四大班子成员牵头负责重大项目指挥部，班子间相互补台、相互支持、顾全大局、勇挑重担，全县上下齐心协力、扎实苦干，在共谋发展中树立了新形象。

贵钢黔轮胎安置小区

The Guizhou steel tires placement cell

2012年11月26日，龙场至扎佐城市道路建设及两侧土地整治项目开工
November 26, 2012, Longchang to Zhazuo both sides urban road construction and land remediation project started

贵钢项目施工现场
The Guizhou steel project construction site

Xiuwen County is located in central Guizhou Province, northern Guiyang. Area of 1,075.7 square kilometers, jurisdiction over 4 towns, 6 townships, 2 community service centers, 217 administrative villages, population 311,300, Han, Miao, Buyi and other 22 ethnic groups.

In 2012, annual GDP of 7.124 billion yuan, an increase of 20.23%; total fiscal revenue 918 million yuan, an increase of 29.01%. In fixed asset investment 14.502 billion yuan, an increase of 60.67%; complete urban and rural residents per capita disposable income was 21,720 yuan, 7,766 yuan, respectively, an increase of 16.02%, 20.03%.

Brought together a development consensus. The whole county in seizing the opportunity to own "force" to fight "to force", with "external force" the development of a consensus on the formation of a new, innovative approach in the courage to play, pushing across a new consensus on the form, in solid foundation , tap potential, cohesion sprint, after catching up on the formation of a new consensus.

Build a strong foundation across. Baiyun to Xiuwen, Jinyang to Zhazuo, Longchang to Zhazuo three city roads construction; Zhazuo industrial park upgrade provincial economic development zone; actively seeking 14 batches of 9,000 acres of land for construction indicators; implementation of the State Issued No. 2 Document 502 projects reporting documentation; Zhazuo town, Liuguang the town included provinces and municipalities to promote the construction of urban demonstration.

Advocating the officer portrait. Four members of the team to take charge of major project headquarters, team sets complement each other and support each other, take care of the overall situation, heavy responsibilities, the county concerted effort, solid work, in the common development and establish a new image.

洒坪乡党员创业带富示范基地
Saping village party member with a rich entrepreneurial base model

同济堂制药有限公司
Tongjitang Pharmaceutical Co., Ltd.

# 息烽县

# Xingfeng County

集商贸居住于一体的息烽县城虎城大道

Set-commerce living in one of Xifeng County Tiger City Avenue

息烽阳朗旅游风情小镇——旅游商品一条街

Xifeng Yang Lang travel style town - tourism commodity street

息烽县城一角

Xifeng County Corner

息烽县地处贵阳市北部、乌江南岸，面积1036.5平方公里，辖4镇6乡、1个社区服务中心、161个村、13个居委会。人口26万人，有苗、布依、彝族等19个少数民族。县域交通便利，区位优势明显。旅游资源丰富，环境气候宜人，森林覆盖率达46.91%，已获得“全国集体林权制度改革百强县”、“全国生态文明先进县”、“中国绿色名县”、“全省绿化模范县”、“贵州省和谐县市”、“2011-2012年平安建设先进县”等荣誉。

水岭沟乡村旅游示范点

Shuiling ditch rural tourism demonstration sites

2012年，息烽县抢抓国发2号文件和省、市加快县域经济发展的机遇，坚持“加速发展、加快转型、推动跨越”主基调，深入实施“科教兴县、工业强县、旅游活县、环境立县”四大战略，全力推动“三化同步”，加快生态文明建设，圆满完成了各项目标任务，全县经济社会健康快速发展。

发展速度明显提升，综合实力显著增强。2012年，全县完成地方生产总值84.34亿元，增长18%；全社会固定资产投资完成137.71亿元，增长61.5%；财政总收入9.6亿元，增长35.4%，公共财政预算收入完成6亿元，增长36.6%；社会消费品零售总额完成12.21亿元，增长17.5%；实现旅游总收入12.92亿元，增长9.4%；金融机构存贷款余额分别达到47.28亿元和42.94亿元，增长33.8%和21%；完成城镇新增就业8790人，增长103%；城镇居民人均可支配收入达20421元，增长16.5%；农民人均纯收入达7456元，增长15.9%，增速连续六年排全市第1位；人均GDP达39357元，突破6000

5万吨二氧化碳尾气回收项目
50,000 tons of carbon dioxide exhaust gas recycling project

30万吨硝基复合肥造粒塔
300,000 tons of compound fertilizer granulation tower nitro

Xifeng County is located in the northern part of Guiyang City, south bank of Wujiang , an area of 1,036.5 square kilometers, jurisdiction over 4 towns, 6 townships, 1 community service center, 161 villages, 13 neighborhood. Population of 260,000 people, there are Miao, Buyi, Yi and other 19 ethnic minorities. County transportation facilities, location advantages are obvious. Rich in tourism resources, the environment and pleasant weather, the forest coverage rate reached 46.91%, has won the "national collective forest right system reform hundred counties", "National Advanced ecological civilization county", "China Green county", "green model for the province's counties", "harmonious cities and counties in Guizhou Province", "peace building advanced counties 2011-2012" and other honors.

息烽宏盛塑料公司生产车间一角
Xifeng Hongsheng Plastics Production Workshop

In 2012, Xifeng County seize the State Issued No.2 document and provincial, city speed up the county's economic development opportunities, adhere to "accelerate the development, accelerate the transformation and promote across" main tone, in-depth implementation of the "county through science and education, industrial strong county, tourism live county, county environmental legislation" four strategies, to promote the "three synchronization" to speed up construction of ecological civilization, the successful completion of the objectives and tasks, the county's economic and social got health and rapid development.

息烽农业企业产品走向大市场
Xifeng large agricultural enterprise products to market

息烽60万吨合成氨厂区
Xifeng 600,000 tons of synthetic ammonia plant

乌江姊妹峰
Wujiang Sisters

息烽温泉度假村
Xifeng Hot Spring Resort

息烽木烙画
Xifeng wood pyrography

西望山佛教胜地
Buddhist resort Xiwangshan

西望山虫茶
Xiwangshan worm tea

美元，增长17.4%，已完成全面建成小康社会的“三个核心指标”，在全省市县经济发展增比进位综合测评排位中，位列全市第3位，全省第12位。

经济结构不断优化，发展质量明显提高。深入实施工业强县战略，完成规模以上工业总产值217.4亿元，增长22.7%，首次迈上200亿元新台阶；完成规模以上工业增加值51.56亿元，增长23.5%；工业经济占GDP比重达61.1%，提高了6.1个百分点。

基础设施不断夯实，发展后劲持续增强。实施重大项目107个，11个省级重点工程和重大项目投资计划全面完成；全年引进市外、省外到位资金和直接利用外资分别达到48.1亿元、38.2亿元和1676万美元，增长83%、452.2%和68.3%；争取中央、省、市项目资金5.9亿元，增长44.2%。

城镇建设发展加快，环境面貌极大改观。社会事业不断进步，幸福指数明显提升。社会管理长足优化，和谐息烽成效明显。

明代守备来仙阁
Ming dynasty Wudang Laixian pavilion

息烽乌江峡全国红色旅游经典景区
Xifeng Wujiang Gorge National classic red tourism attractions

新建落成的息烽县中医院综合大楼
Newly completed Xifeng County Traditional Chinese Medical Hospital Complex

生态文明新农村
New rural ecological civilization

翠绿包围中的特驱养殖基地
Special breeding base drive surrounded by green

The pace of development has improved significantly, the overall strength significantly enhanced. In 2012, the county completed GDP of 8.434 billion yuan, an increase of 18%; total fixed asset investment of 13.771 billion yuan, an increase of 61.5%; fiscal revenue 960 million yuan, an increase of 35.4%, the public budget revenue of 600 million yuan, an increase of 36.6%; total retail sales of social consumer goods completed 1.221 billion yuan, an increase of 17.5%; achieve total tourism income of 1.292 billion yuan, an increase of 9.4%; financial institutions loans reached 4.728 billion yuan and 4.294 billion yuan, an increase of 33.8%, and 21%; complete new urban jobs 8,790, an increase of 103%; urban residents per capita disposable income reached 20,421 yuan, an increase of 16.5%; rural per capita net income reached 7,456 yuan, an increase of 15.9%, growth for six consecutive years ranked the

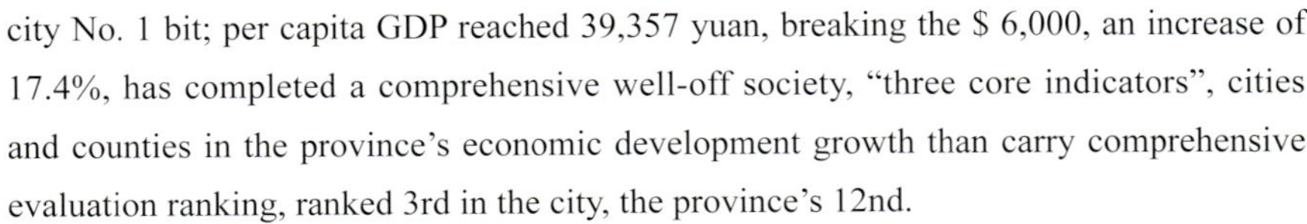

city No. 1 bit; per capita GDP reached 39,357 yuan, breaking the $ 6,000, an increase of 17.4%, has completed a comprehensive well-off society, "three core indicators", cities and counties in the province's economic development growth than carry comprehensive evaluation ranking, ranked 3rd in the city, the province's 12nd.

特驱养殖基地车间
Special breeding base drive workshop

Optimize the economic structure, the development of quality has improved significantly. Depth implementation of the industrial stong county strategy, above-scale industrial output value of 21.74 billion yuan, an increase of 22.7%, 20 billion yuan for the first time onto a new level; completion of above-scale industrial added value of 5.156 billion yuan, an increase of 23.5%; industrial economy to GDP reached 61.1%, increased 6.1 percentage points.

Constantly reinforce infrastructure, development potential has continued to improve. Implementation of major projects 107, 11 provincial key projects and major project investment plan fully completed; annual introduction of foreign, Foreign capital in place and direct foreign investment reached 4.81 billion yuan, 3.82 billion yuan and 16.76 million U.S. dollars, respectively, an increase of 83%, 452.2% and 68.3%; strive for the central government, provincial and municipal project funding 590 million yuan, an increase of 44.2%.

Accelerate the development of urban construction, environmental outlook greatly improved. Social progress, happiness index improved significantly. Considerable social management optimization, harmony Xifeng marked success.

# 贵阳国家高新技术产业开发区

Guiyang National High-tech Industrial Development Zone

2012年7月28日 时任高新区党工委书记宗文在生态文明贵阳会议闭幕式上发表绿色倡议
July 28, 2012 when he was the Party Work Committees secretary of High-tech Zone, Zong Wen published Green Initiatives at the ecological civilization Guiyang closing meeting

2013年3月28日，高新区党工委书记、白云区委书记丁雄军在人才博览会上做主旨演讲
March 28, 2013, High-tech Zone Party Work Committee secretary, Baiyun District secretary Ding Xiongjun made keynote speech in the talent Expo

2012年12月6日，高新区党工委副书记、管委会主任徐昊调研项目建设情况
December 6, 2012, High-tech Zone Party Working Committee secretary, the CMC director Xu Hao had the research in project construction

贵阳国家高新区是贵州省唯一的国家级高新区和人才特区。1992年，贵州省、贵阳市依托振华集团，以“三线企业”调迁为契机，大力开发建设新天高新技术工业园区，同年，贵阳国家高新区获国务院批准设立。2000年，贵州省、贵阳市全力开发建设金阳新区，并提出规划建设金阳科技园，以高新技术产业引领和带动城市新区发展，同年获国务院批准。2008年，为拓展贵阳国家高新区的发展空间，规划建设沙文生态科技产业园。2009年11月，沙文生态科技产业园获国务院批准设立。目前，已形成金阳园区、沙文园区、新天园区、罗格园区、环保生态园区、综合保税区、铝及铝加工园区“一区七园”的发展布局，全区规划面积89.94平方公里。

高新区金阳科技产业园白鹭湖畔
High-tech Zone of Jinyang science and Technology Industrial Park Egret Lak

2012年12月12日，中航工业贵阳基地投产暨综合办公大楼奠基仪式
December 12, 2012 ,Japan-China Aviation Industry Guiyang Base production and comprehensive office building the foundation stone laying ceremony

全省第二轮第一次重点项目建设现场观摩会代表在科学院现场
The representative of the province's second round of the first key projects to observe the academy scene

Guiyang National High-tech Zoneis the only national high-tech zones and the talent zone in Guizhou Province . In 1992, Guizhou Province, Guiyang City, relying Zhenhua Group, with "three-line enterprise" transfer as an opportunity to vigorously develop new Tiangao high-tech industrial park construction, the same year, Guiyang National High-tech Zone was approved the establishment by the State Council. In 2000, Guizhou, Guiyang city made efforts to construct Jinyang new development zone, and made plans to build Jinyang Science and Technology Park, the high-tech industry leading and driving the development of new urban areas, the same year by the State Council for approval. In 2008, Guiyang National High-tech Zone to expand space for development, planning and construction Shawen eco-technology industrial park. On November 2009, Shawen eco-technology industrial park was approved the establishment by the State Council. At present, the park has formed Jinyang park, Shawen park, Xintian parks, Luoge park, eco parks, comprehensive Free Trade Zone, aluminum and aluminum production park, "one zone seven parks" development layout, the whole planning area of 89.94 square kilometers.

金苏大道
Jinsu Avenue

位于金阳科技产业园内的贵阳科技大厦
Guiyang Science and Technology Building located in Jinyang Science and Technology Industrial Park

贵阳留学归国人才创业园
Guiyang talent returning from abroad Pioneer Park

高新区大学生创业园
High-tech Zone Students Pioneering Park

高新区少数民族大学生创业园
High-tech Zone business park of Minority College Students

贵阳国家高新区结合自身实际，提出“筑梦‘北纬26度’，建设创新•生态城”的品牌，围绕“一区七园”（金阳园区、沙文园区、新天园区、罗格园区、环保生态园区、综合保税区、铝及铝加工园区）的战略布局，突出“一体四区”（科技创新驱动区、高新产业集聚区、现代商务服务区、人才特区）的战略定位，大力实施“五五四三”（科技研发、技术交易、科技金融、孵化加速、云数据“五大中心”；新能源新材料产业、高端装备制造业、生物医药产业、软件与信息服务业、光电产业“五大基地”；产城互动、文化创意与数字内容、现代商贸、第2.5产业“四大板块”；人才优选教育、人才多样性、人才栖息环境“三大工程”）的战略任务，全力建设未来科技城、未来产业城、未来文教城、未来人才城。

国家数字内容产业园
National Digital Content Industry Park

贵阳国家高新区科技企业孵化器
Guiyang National High-tech Zone Science and technology business incubator

贵阳高峰机械有限公司
Guiyang Gaofeng Machinery Co. Ltd.

Guiyang National High-tech Zone of its own reality, put "Dream 'north latitude 26 degrees', building an innovative & eco-city" brand, focusing on"one zone seven parks" (Jinyang park, Shawen park, Xintian park, Luoge park, environmental and ecological parks, comprehensive Free Trade Zone, aluminum and aluminum production park) the strategic layout, highlighting the "one integration four districts" (technological innovation drive area, high-tech industrial agglomeration area, modern business services area, the talent zone) strategic positioning, vigorously implement the "five five four three" (Research and development of science and technology, technical trading, technology finance, hatching acceleration, cloud data "five centers"; New energy and new materials industries, high-end equipment manufacturing, bio-pharmaceutical industry, software and information services, optoelectronics industry "five bases"; produce city interaction, cultural creativity and digital content, modern commerce, 2.5 Industry "four plates"; talent preferred education, talent diversity, talent habitat "three major projects") strategic task, make efforts build the future science and technology city, industrial city of the future, the future city of culture and education, future talent city.

贵州航宇科技发展股份有限公司
Guizhou Hangyu Science and Technology Development Co., Ltd.

贵州皓天光电科技有限公司生产车间
Guizhou Haotian Optoelectronics Technology Co., Ltd. production workshop

贵州雅光电子科技股份有限公司
Guizhou Yaguang Electronic Science and Technology Co., Ltd.,

# 贵阳市国土资源局

Guiyang City Land Resources Bureau

贵阳市人民政府、贵州省地质矿产勘查开发局合作开展贵阳市优势矿产勘查开发及基础性地质调查
Guiyang Municipal People's Government, Guizhou Bureau of Geology and Mineral Exploration and Development had cooperation of Guiyang advantage mineral exploration and development, and basic geological survey

贵阳市国土资源系统勤政廉政建设经验交流会
Guiyang City Land Resources System diligent and honest work experience exchange

今年以来，局党组带领全系统干部职工，牢牢把握“主基调”，重点实施“主战略”，积极推进各项工作。

高度重视、超前谋划，积极为省市重点项目、棚户区改造和保障性住房建设用地提供用地保障。

开展土地利用总体规划动态评估与适时修改的前期工作。《贵阳市土地利用总体规划（2006-2020年）》于2012年9月18日经国务院正式批复实施。

创新土地利用方式，积极推进低丘缓坡等未利用土地开发试点项目。

有序推进城乡建设用地增减挂钩工作，统筹城乡用地。

积极做好土地供应工作。截至2013年7月12日，全市共供应土地358宗，面积2325.0280公顷。

加强对耕地和基本农田的保护。一是编制完成了《贵阳市土地整治规划（2011-2015）》，并审查通过；二是全面开展高标准基本农田建设工作；三是开展非农业建设占用耕地耕作层剥离利用试点工作；四是按要求组织开展全市“整治非法占耕”专项行动。

严格执法监察。一是开展国土资源动态巡查工作、严肃查处各类国土资源违法案件；二是开展违法违规用地专项整治行动工作；三是认真做好土地矿产卫片执法检查各项工作；四是加强联合执法。

加强矿产资源管理。高度重视地质灾害防治。夯实基础工作。

This year, the bureau party to lead the whole system cadres and workers, firmly grasp the "main tone", focusing on the implementation of the "main strategy", and actively promote the work.

Attaches great importance to plan ahead, positive for provincial key projects in shantytowns, and to provide land for construction of affordable housing land protection.

Implementation of land use planning dynamic assessment and timely modification of the preliminary work. "Guiyang City Land Use Planning (2006-2020)" officially approved the implementation by the State Council on September 18, 2012.

Innovative land use patterns, and actively promote the hilly slope and other unused land development and pilot projects.

全市国土资源工作暨国土资源系统党风廉政建设工作会议
The city's land and resources work and land resources system diligent and honest work conference

Orderly push the urban and rural construction sites linked to work, co-ordinating urban and rural land.

Actively carry out the work of land supply. By July 12, 2013, the city's total land supply 358 cases, an area of 2,325.0280 hectares.

Strengthen the protection of arable land and basic farmland. First, the preparation of the completion of the "Guiyang City Planning land remediation (2011-2015)" and reviewed and approved; Second, carry out a comprehensive high standard basic farmland construction work; Third, is to carry out the construction of farmland for non-agricultural use of the plow layer peeling experimental work; Fourth, on request organize the city's "illegal occupation remediation farming" special action.

Strict law enforcement. First, carry out inspections of Land and Resources dynamically, and severely punish all kinds of cases of illegal land resources; Second, is to carry out special rectification actions illegal land work; Third, land and mineral Guardian piece earnestly enforcement inspection work; Fourth, is to strengthen the joint law enforcement.

Strengthen the management of mineral resources. Attaches great importance to prevention of geological disasters. Reinforce the foundation work.

贵阳市国土资源局主动走进云岩智慧龙城的金龙社区，开展了"服务社区 方便群众 快速办理"的土地登记发证上门服务活动
Guiyang City Land Resources Bureau initiative into Yunyan Zhihui Long city Jinlong community, launched the "service to the community to facilitate the masses express check-in" of the land registration and certification site service activities

贵阳市国土资源局积极开展办证服务进社区活动
Guiyang City Land Resources Bureau actively carry out accreditation services into community activities

# 跨越发展中的盘江集团

## Leapfrog Development of Guizhou Panjiang Investment Holdings (Group) Co., Ltd.

盘江集团
Panjiang Group

在建的盘江集团总部大楼效果图
Panjiang Group in the construction of the headquarters building renderings

荣誉证书
HONORARY CREDENTIAL
贵州盘江投资控股（集团）有限公司:
贵州省十大最具社会责任感企业
贵州省企业文化促进会
贵州省企业文化促进会品牌战略工作部
二〇一二年十二月

贵州省十大最具社会责任感企业
Guizhou Province the top ten most socially responsible companies

贵州盘江投资控股（集团）有限公司（以下简称盘江控股）系省属国有独资企业，前身是原煤炭部所属盘江矿务局。1997年进行公司制改革，更名为盘江煤电（集团）有限公司。2010年经贵州省国资委批准业务转型并更名为贵州盘江投资控股（集团）有限公司，总部由贵州盘县搬迁至贵阳市。

盘江控股是全国520户国有重点企业、贵州省十大企业之一，2012年在中国煤炭企业100强和煤炭产量50强中位列第41位和第36位。到2012年底，盘江控股有全资子公司、分公司和控股公司50多家，其中，盘江精煤股份有限公司（sh.600395）是贵州省内第一家煤炭行业上市公司。

盘江控股有着悠久的发展历史，改革开放特别是上世纪90年代以来，公司进行了多次资产重组。2001年5月盘江股份在上海证券交易所挂牌上市。2009年4月集团主业资产整体上市后，盘江股份已发展成为实力雄厚的煤炭上市公司。

近年来，公司坚持“以煤为主、多业并举、科学发展”的战

十佳著名商标
Ten well-known trademarks

十佳银行信贷诚信企业
Top Ten bank credit corporate integrity

盘江集团为第九届民运会合作伙伴
Panjiang Group of the Ninth National Games of Minorities partners

帮扶地方煤矿
Helping local coal mines

为地方捐赠物资
Donations for local

Panjiang holdings is one of the 520 key state-owned enterprises, top ten enterprises in Guizhou Province, in 2012, it ranked forty-first and thirty-sixth place in 100 strong Chinese coal enterprises and the top 50 coal production. By the end of 2012, Panjiang Holdings subsidiary, branch and holding more than 50 companies, among which, Panjiang Coal Stock Corporation (sh.600395)is the first coal industry listing corporation in Guizhou province .

Panjiang Holdings has a long history of development, since reform and opening especially 90's of the last century, the

Guizhou Panjiang Investment Holdings (Group) Co., Ltd. (hereinafter referred to as Panjiang Holdings) system is the provincial state-owned enterprises, the predecessor is subordinate to the Ministry of Coal Panjiang Mining Bureau. In 1997, the company system got reformed, renamed Panjiang Coal (Group) Co., ltd.. In 2010, the Guizhou province SASAC approved business transformation and changed its name to Guizhou Panjiang Investment Holdings (Group) Co., Ltd., the headquarters moved from Panxian Guizhou province to Guiyang city.

盘江地产楼盘开盘
The Panjiang real estate opened

创立国际投资贸易公司
The creation of the International Investment and Trade Company

签署战略框架协议
Signed a strategic framework agreement

十六大产业板块
16 big industry sector

被列为省重点项目的中煤盘江重工项目
The Panjiang Heavy Coal Project as provincial key projects

粉煤灰制砖
Fly ash brick

略，秉承“开放、合作、共赢”的理念，遵循“投资主体多元化、开发经营专业化”的原则，集团业务实现了由生产经营向资本经营、产业拓展、战略管控成功转型。目前，已初步形成“煤炭及关联产业、清洁能源产业、石头资源产业、装备制造产业、特色农业、现代服务业、城市开发、金融与贸易”八大产业集群、十六个产业板块。其中，煤炭产业在我国长江以南居首位，煤层气产业中低浓度瓦斯利用规模居全国第一，水泥等多个产业已成为区域内的龙头企业。

煤炭产业持续发展。盘江控股是中国南方最大的煤炭工业企业，实际控制的煤炭资源量140亿吨以上，年产能3000万吨以上。其中，盘江矿区已探明储量达94.8亿吨，品种齐全，煤质优良，低硫炼焦煤被誉为“天然精块”，因地处“攀西-六盘水资源开发区”的最南端，被誉为“资源金三角下的一颗明珠”。盘江煤”连续两年获“贵州省行业第一品牌”称号，“盘江煤”品牌享誉大江南北。

大力发展循环经济。盘江控股长期坚持生态立企、生态强企战略，立足打造绿色企业、推进生态文明建设，先后建设和完善了各矿、厂的污水处理工程，洗煤水均实现了闭路循环零排放，矿井水处理已达到100%、利用率70%以上，投资2300万元建设的金佳矿井水处理二期工程，可向30万人口提供生活用水；煤矸石变废为宝，现有三座矸石电厂总装机容量达

海螺盘江水泥厂
Hailuo Panjiang cement plant

company conducted a number of asset reorganization. In May 2001, Panjiang shares listed on the Shanghai stock exchange. In April 2009, the group overall listing of assets of the main industry, Panjiang shares has become the strength of the coal listing corporation.

In recent years, the company adhere to the "coal-based, multi-industry simultaneously, scientific development" strategy, adhere to the "open, cooperation, win-win" concept, follow the "investment diversification, development business specialization" principle, group business achieved by the production operation to capital operation, industrial development, strategic management of successful transformation. At present, has formed "coal and related industries, clean energy industry, stone industry, equipment manufacturing industry, characteristic agriculture, modern service industry, city development, financial and trade" eight industry clusters, sixteen industry sectors. Among them, the coal industry ranks the first place in the south of the Yangtze River in the country, scale of the utilization of low concentration gas in coalbed methane industry ranked first in the country, the cement industry and a number of industry have become the leading enterprises in the region.

矿井污水被处理成生活用水
The mine sewage to be treated into the life water

Sustainable development of coal industry. Panjiang holdings is the largest coal industrial enterprises in southern China, the actual control of the coal resource of 14 billion tons, annual production capacity of 30,000,000 tons or more. Among them, Panjiang Mining Area has proven reserves of 9.48 billion tons, complete varieties, good quality, low sulfur coking coal is known as "natural refined block", located in the most south tip of"Panxi - Liupanshui Development Zone", known as the "Pearl of the resources of Golden Triangle". "The Panjiang Coal" for two consecutive years won the " first brand in the industry of Guizhou Province" title, "Panjiang coal" brand is known from north to south.

Vigorously develop the circular economy. Panjiang holdings has long-term adherence of ecological legislation enterprises, ecological

盘江矿区
Panjiang mining area

项目建设工地
Project site

9万千瓦；2011年建成年生产6000万块砖的粉煤灰砖厂一座，2012年底追加投资建设煤矸石及粉煤灰综合利用项目二期，填补了省内复合纤维水泥轻质墙板和粉煤灰陶粒的生产空白；煤层气产业已成为盘江控股新的增长点，到2012年底盘江煤层气公司已建成投产20余座低浓度瓦斯发电站，总装机容量10.01万千瓦。

积极履行企业社会责任。近三年来，公司大力支持第九届民运会、酒博会和投资洽谈会等贵州省内大型活动，捐赠赞助超过4000万元；帮扶贵州50对地方小煤矿；在贵州省"保电煤、保民生"工作中供应省内电煤、让利约25亿元……荣获贵州省"抗凝冻、保民生"先进单位、贵州省慈善捐赠先进集体、贵州省最具社会责任感企业等荣誉，并被授予省抗旱救灾和森林防火工作一等功。

竖井•霞光
Shaft • Rays

2012年，集团继续保持强劲的发展势头，生产原煤2025万吨、焦炭391万吨、水泥661万吨、发电9.9亿千瓦时；实现生产经营总值260亿元，同比增长80%；税费24.7亿元，同比增长28%；企业总资产达到342亿元，同比增长31.5%；净资产达到145亿元，同比增长23.9%。

根据贵州省委、省政府提出的"工业强省、城镇化带动"发展战略和盘江打造千亿元产值集团的发展目标，到2017年，生产经营总值力争达到1000亿元，利税100亿元，营业收入750亿元。

盘江煤矸石发电厂
Panjiang coal gangue power plant

strong business strategy, based on making green enterprises, the promotion of ecological civilization construction, has the construction and improvement of the sewage treatment project of mine, mill, coal washing water to achieve zero discharge of closed cycle, mine water has reached 100%, the utilization rate of more than 70%, 23,000,000 yuan investment in the construction of the Jinjia mine water treatment project phase two, can provide water to a population of 300,000; Coal gangue turning waste into treasure, the existing three gangue power plants total installed capacity of 90,000 kilowatts; in 2011, to build the annual production 60,000,000 bricks of fly ash brick plant one, by the end of 2012, additional investment in the construction of coal gangue and fly ash comprehensive utilization of the two phase of the project, to fill the composite cement and fly ash ceramsite lightweight wallboard production blank in the province; coalbed gas industry has become a new growth point of Panjiang holdings, to the end of 2012, Pangjiang coal bed methane has been completed and put into operation more than 20 low-concentration gas power stations, the total installed capacity of 100,100 kilowatts.

瓦斯余热锅炉
Gas waste heat boiler

Actively fulfill the social responsibility of the enterprise. In the past three years, the company vigorously support the Ninth National Games of Minorities, Wine Expo and Investment Fair and large-scale activities in Guizhou Province, to donate more than 40,000,000 yuan; to help 50 local small coal mines in Guizhou; in the work of " ensure coal electricity, ensure people's livelihood" in Guizhou province, it supplied coal for the province, allowing more profits to about 2.5 billion yuan......won the "anticoagulant, ensure people's livelihood" advanced unit in Guizhou Province, Guizhou province advanced collective of charitable donation, the sense of social responsibility of enterprises and other honors, and was awarded the province drought and forest fire prevention work.

In 2012, the group continued to maintain a strong momentum of development, production of 20.25 million tons of raw coal, 3.91 million tons of coke, 6.61 million tons of cement, generating 990 million kwh; achieve production value 26 billion yuan, grow 80% compared to the same period; tax 2.47 billion yuan, an increase of 28%; total assets of enterprises reached 34.2 billion yuan, an increase of 31.5%; net assets reached 14.5 billion yuan, year-on-year growth of 23.9%.

According to Guizhou provincial committee, provincial government's "industry strong the province and urbanization led" development strategy and build one hundred billion yuan output value Panjiang Group's development goals by 2017, gross production and operation strive to reach 100 billion yuan, profits of 10 billion yuan, sales income of 75 billion yuan.

# 贵阳移动公司

## Guiyang Mobile Corporation

贵阳移动公司引进在线式除硫技术提升基站蓄电池使用寿命

Guiyang mobile corporation to introduce on-line sulfur removal technology to enhance the base station battery life

2012年贵阳移动公司通过引进、自主与联合开发多项新型技术，在网络提升、业务优化、节能减排等多方面工作取得了实效。

绿色行动助力节能减排工作。贵阳移动公司开展专项“绿色行动”，针对不同环境引进和使用了多项新技术，有效使单位业务综合能耗下降26%，2012年绿色行动积分在全省移动公司内排名第一。

新型系统完善业务管理流程。一是完成了“快速业务开发平台”的开发和部署工作，为公司各部门开发可视化的企业级应用；二是启动了手机业务优化项目研究工作，从手机终端、应用软件、使用场景等多方面入手开展手机业务测试，记录各类出现问题的业务，并在问题业务使用过程中通过专业设备对其信令进行追踪，采集核心网数据，将正常业务与问题业务进行逐项对比，通过梳理排查发现问题并进行解决；三是自主创立集团专线建设监控流程，搭建“管理制度细化、建设流程简化、施工监管强化、过程把控优化”四化体系，有效将集团专线建设周期由45工作日缩短为15天，较上级指导时间缩短了46%；四是自主研发了面向公司内部员工的投诉管理平台；五是自主开发了新业务体验平台；六是成功研发了基于商用手机的网络测试软件；七是联合贵阳广电公司共同研究搭建了“无线多屏看业务试点网络”。

贵阳移动各区县分公司利用宜居通报警技术与当地公安部门共同开展“平安小区”工作

Guiyang Mobile county branch through the use of alarm technology with local public security departments jointly carry out the “safe area” work

贵阳移动公司创新基站天线搭建方法助力TD网络工程建设
Guiyang Mobile's innovative method of helping to build a base station antenna TD network construction

In 2012, Guiyang Mobile Corporation through the introduction of a number of independent and joint development of new technologies, network upgrade, business optimization, energy conservation and other aspects of the work achieved tangible results.

Green Action boost energy conservation work. Guiyang Mobile Corporation to carry out special "green action", for different environments introduced a number of new technologies and the use of effective comprehensive energy consumption per unit of business decreased by 26%, in 2012 the green action points within the company in the province ranked first.

New system to improve business management processes. First, the completion of the "rapid business development platform" the development and deployment of work, for each department develops visualization products for enterprise applications; second, is to start a mobile phone business optimization project research work, from mobile terminals, application software, and other aspects of the scene to start using the mobile phone business to carry out the test, recording all kinds of business problems and business problems through the process of using specialized equipment to its letter Order tracking, collecting data core network, will conduct its normal business operations and problems itemized comparison, the investigation found combing through and solve problems; third, is the independent creation of

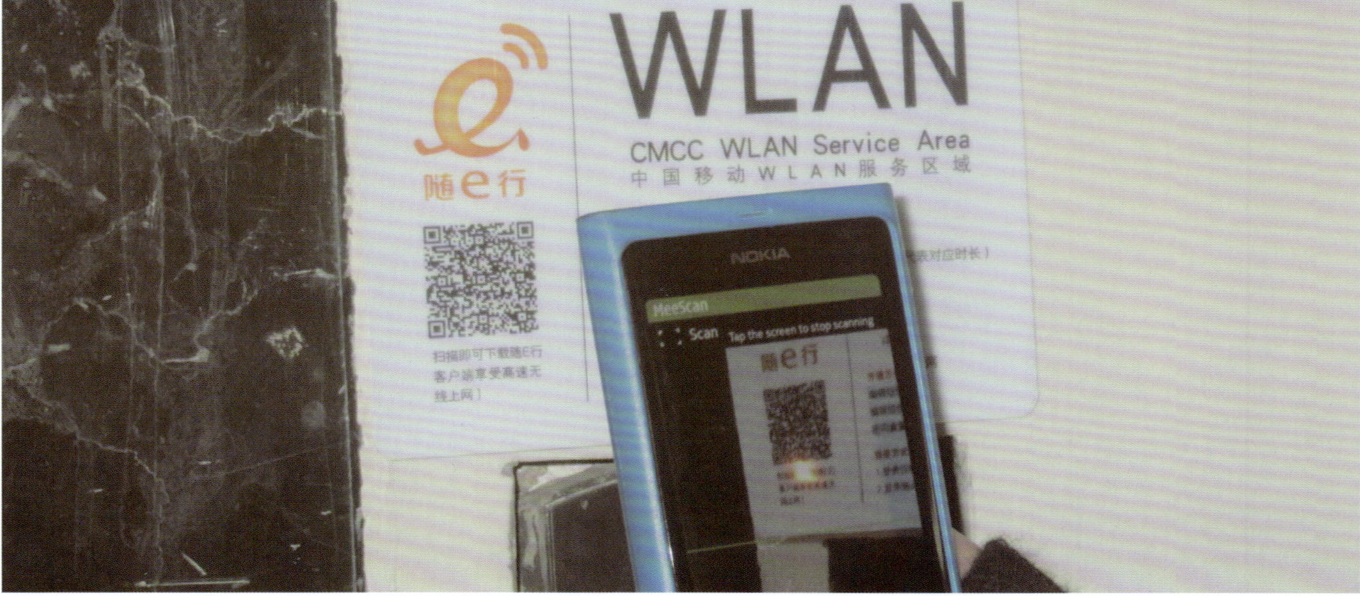


贵阳移动公司推出了二维码扫描下载随E行业务的服务，便于用户在WLAN网络覆盖区域上网
Guiyang mobile corporation launched a two-dimensional code scanner download with the E line business services, user access the WLAN network coverage area

贵阳移动公司在各类小村镇与商家合作建设村级服务站为村民提供便利服务
Guiyang mobile corporation in various small towns and village service station construction business cooperation to provide convenient services to villagers

科学技术带动网络质量提升。一是从流量监控、工程质量保障、维护能力提升等多维度保证WLAN网络覆盖效果；二是在室内分布方面，针对部分小区室内无信号的情况，率先引进了MOC（移动信号延伸）设备试点并成功，设备使用后小区住户家中接收电频（均匀分布）可达到-65dbm以上，有效解决了相关小区的室内分布问题；三是利用仿真软件对新建基站的话务量承载及覆盖范围进行科学预估，合理规划基站载频容量；四是结合贵州实际情况，引入西部支援成果《G/T分流策略的研究》项目，并邀请了在G/T分流项目成绩显著的江苏分公司专家团到贵州进行指导交流，科学推进TD网络建设；五是引进了全业务三网融合接入系统（RAS）并在贵州师范大学白云校区投入试点。

发挥所长配合各类安全工作。一是在“十八大”召开期间做好信息安全工作；二是积极配合当地公安系统伪基站建设工作，完成了核心区域900余基站的增补邻区工作及2个基站的LAC调整工作。

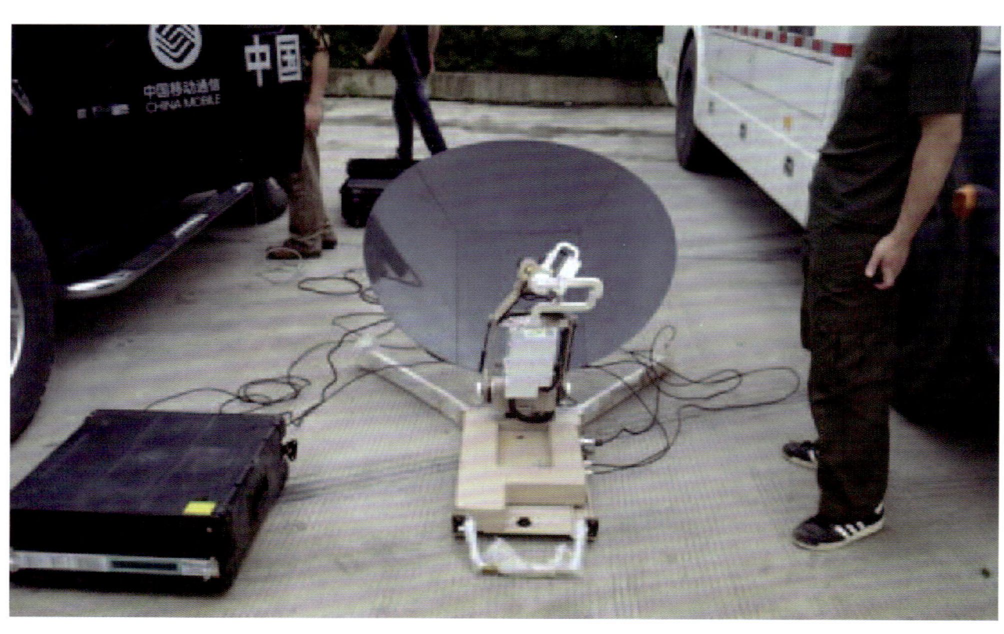


新型设备运用于应急通信保障工作
New equipment used in emergency communications security work

green building group monitoring process, to build "management system refinement, simplifying the construction process, construction supervision strengthened, process control optimization" four modernizations system, effective group dedicated to working to shorten the construction period from 45 to 15 days, compared with superior guidance time by 46%; fourth, independent research and development within the company oriented staff complaints management platform; fifth developed a new business experience platform; sixth is successfully developed based on commercial mobile phone network testing software; seventh joint Guiyang is built to study radio and television companies "wireless multi-screen to see business pilot network".

山地自行车比赛中，贵阳移动公司搭建户外临时WLAN网络

Mountain bike race, Guiyang mobile corporation to build temporary outdoor WLAN network

Science and technology-driven network quality improvement. First, from the traffic monitoring, engineering, quality assurance, maintenance, capacity building and other multi-dimensional effect to ensure WLAN network coverage; second,in indoor distribution, for some cell interior no signal condition, the first introduction of the MOC (mobile signal extension) equipment pilot and got successfully, the device after use residential households receiving radio frequency (uniform distribution) can be achieved-65dbm, more effective solve problems related to indoor distribution cell; third, is to use simulation software on the new base station traffic load and coverage of scientific estimates, rational planning capacity of the base station carrier frequency; fourth, is a combination of the actual situation in Guizhou, the results support the introduction of western "G / T triage strategy research" project, and invited the G / T diversion project remarkable achievements in Guizhou, Jiangsu Branch expert mission to guide the exchange of scientific advance TD network construction; fifth, triple play is the introduction of a full-service access system (RAS) and Guizhou Normal university Baiyun campus into the pilot.

Their talents with various safety. First, during the "he eighteen National Congress of the Communist Party of China"holding good information security; second, actively cooperate with local public security system pseudo base station construction work, completed core area of more than 900 work station additions and 2 neighboring base stations LAC adjustments.

# 贵州燃气集团

# Guizhou Gas Group

2012年10月14日，国家发展改革委稽查办副主任赵文彪（左二）、稽查办副处长许奕敏（左三）贵阳市委常委、常务副市长马长青（右二）检查集团公司煤气管网改造工程

October 14, 2012, the National Development and Reform Commission inspection deputy director Zhao Wenbiao (second from left), Inspection Office Deputy Director Xu Yimin (third from left) Guiyang Municipal Committee, vice mayor Ma Changqing (second from right) checks Corporation gas pipeline network renovation project

2012年6月2日，贵阳市委常委、副市长刘文新（左二）视察贵阳市天然气置换工作

June 2, 2012, Guiyang Municipal Committee, vice mayor Liu Wen Xin (second from left) visited Guiyang gas replacement work

2012年8月14日，贵阳市副市长刘玉海（左二）在集团公司调度中心了解贵阳市燃气输配及运行情况

August 14, 2012, Guiyang City Vice Mayor Liu Yuhai (second from left) in the group to understand the dispatch center in Guiyang and operation of gas transmission and distribution

2012年，贵州燃气集团紧扣省委、省政府“两加一推”主基调，按照贵州经济社会发展实施工业强省、城镇化带动战略要求，积极服务贵州省能源战略的实施，将做好能源保障作为科学发展最大的实践。

2012年，贵州燃气集团全年总收入13.56亿元，居民用气用户从2011年的12.2万户扩展到13.61万户，公建用气用户从2011年的323户扩展到372户，煤气销售总量为2.69亿立方米，天然气销售总量为1.97亿立方米。同时，贵州燃气集团在天然气置换工作、工程建设与运营、客户服务、市场拓展、企业文化、履行社会责任等方面均取得了优异的成绩。

领导关怀。2012年，国家发展改革委稽查办副主任赵文彪，贵阳市委常委、常务副市长马长青，贵阳市委常委、副市长刘文新，贵阳市副市长刘玉海等领导先后莅临贵州燃气集团视察工作，看望慰问燃气员工。

天然气置换工作。2012年，贵州燃气集团全面启动了贵阳市天然气置换工作，相继完成了小河区大兴星城、观山湖区世纪城、乌当区083厂、保利温泉新城、二戈寨南站等区域的天然气置换工作，让10万户居民用户和82户公建用户用上了清洁高效、安全环保的天然气。

工程建设与生产运营。2012年，贵州燃气集团积极贯彻落实国发【2012】2号文件中关于“依托中缅天然气管

2012年3月9日，集团公司与中石油西南油气田公司签订《中贵中缅管道天然气购销意向书》
March 9, 2012, the Group and Petro China Southwest Oil and Gas Field Company signed a "purchase and sale of piped natural gas in the China-Burma Letter of Intent"

2012年6月2日，贵阳市2012年天然气置换暨小河区大兴星城天然气置换启动仪式
June 2, 2012, Guiyang City 2012 Gas Swap and replacement of natural gas Xiaohe District Daxing Xing city launch ceremony

In 2012, Guizhou Gas Group closely linked to the provincial committee, procincial government, "two plus one push" the main tone, in accordance with the implementation of economic and social development in Guizhou industrial province and urbanization led strategy requirements, and actively serve Guizhou province's energy strategy will be implemented in good energy security as the biggest scientific development practice.

In 2012, Guizhou Gas Group total revenue 1.356 billion yuan, residential gas users from 122,000 in 2011 expanded to 136,100, public buildings gas users from 323 in 2011 expanded to 372, the total gas sales capacity of 269 million cubic meters of natural gas sales totaled 197 million cubic meters. Meanwhile, Guizhou Gas Group in the gas replacement work, engineering, construction and operations, customer service, marketing, corporate culture, social responsibility, etc. have achieved excellent results.

Leadership caring. In 2012, the National Development and Reform Commission deputy director Zhao Wenbiao inspectors, Guiyang Municipal Committee, vice mayor Ma Changqing, Guiyang Municipal Committee, vice mayor Liu Wenxin, Guiyang city vice mayor Liu Yuhai and other leaders have come to inspect the work of Guizhou Gas Group, visit condolences gas employees.

Natural gas replacement work. In 2012, Guizhou Gas Group launched a comprehensive Guiyang gas replacement work, have completed the Xiaohe District Daxing Star City, Century City Guanshan Lake District, Wudang District 083 Factory, Baoli Wenquan New city, Erge Village South Station

集团公司举行学习贯彻党的十八大精神培训
Group held the training of the study and implementation of the spirit of the eighteen National Congress of the Communist Party of China

贵州（燃气）集团有限责任公司贵阳白云液化天然气储配站
Guizhou (Gas) Group Co., Ltd. Guiyang Baiyun liquefied natural gas storage and distribution station

2012年贵州100强企业

2012 top 100 enterprises in Guizhou

道、中卫至贵阳天然气管道，建设支线管网，提高天然气供应能力”的战略部署，积极做好天然气引进、建设工作。

客户服务。2012年，贵州燃气集团民用客户满意率为98.6%，公建、工业客户满意率达100%。

市场拓展。目前，贵州燃气集团已成为拥有13家主业子公司，7家辅业子公司，6家参股公司的全省大型能源企业，管道燃气供应范围覆盖全省十二个城市和园区，长输管道天然气沿线区域大部分已进入公司经营范围，实现了占领主要市场，面向全省网状放射发展的战略布局。

企业文化。2012年，贵州燃气集团不断深入践行企业核心价值理念，通过丰富多彩、形式多样的企业文化活动，共同营造属于贵州燃气人的精神家园。

社会责任。2012年，贵州燃气集团始终履行社会责任和倡导文明风尚，以企业的和谐发展促进社会的和谐发展。

荣誉表彰。2012年，贵州燃气集团先后被评为“贵阳市国资委先进基层党组织、“贵阳市五好基层党组织”、“贵阳市安康杯竞赛优胜企业”、“贵阳市生态文明企业”、“中国共产党贵阳市第九次代表大会组织服务工作优秀协作单位”、“全省五四红旗团委”、“成都军区民兵工作先进单位”等荣誉称号，并在贵州百强企业排名榜上跃升到第六十五位。

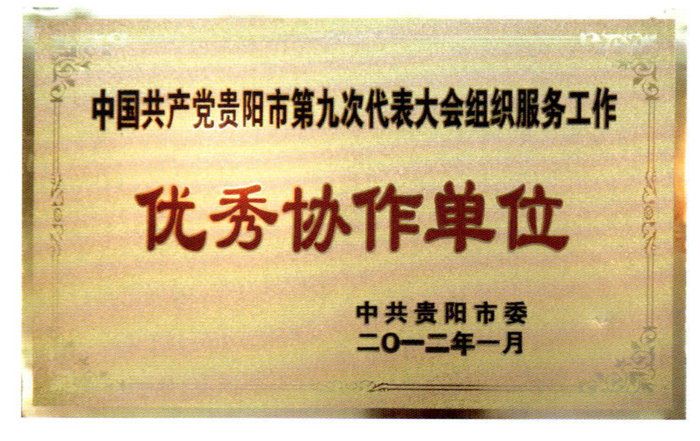


中国共产党贵阳市第九次代表大会组织服务工作“优秀协作单位”

Communist Party of China Guiyang Ninth Congress Organization Services Job “excellent collaboration unit”

生态文明企业

Ecological civilization enterprise

各参演单位联合进行抢险处置

Conducted jointly by the participating units rescue deal

and other regional natural gas replacement work, so that 100,000 residential customers and 82 public buildings were using clean and efficient user, safe and environmentally friendly natural gas.

Construction and production operations. In 2012, Guizhou Gas Group actively implemented State Issued [2012] No. 2 document on the "relying on Myanmar gas pipeline, gas pipeline Zhongwei to Guiyang, the construction branch pipe network, increase natural gas supply capacity" the strategic plan, actively carry natural gas introduction of construction work.

Customer service. In 2012, Guizhou Gas Group civilian customers satisfaction rate of 98.6%, public buildings, industrial customers 100% satisfaction rate.

Market expansion. Currently, Guizhou Gas Group has become the main industry has 13 subsidiaries, 7 secondary industry subsidiaries, 6 joint stock companies of the province of large energy companies, pipeline gas supply scope covers the province's twelve cities and parks, long-distance pipeline most areas along the natural gas has entered the business scope to achieve the occupation of the main market, for the development of the province's strategic layout mesh radiation.

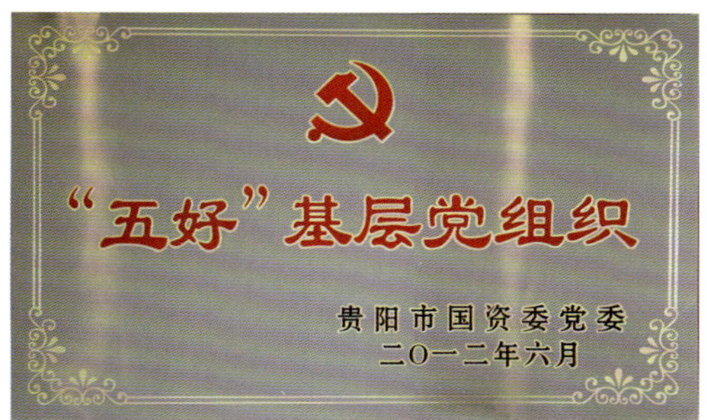


"五好"基层党组织
"Five goods" grassroots party organizations

全省五四红旗团委
The province's May four red flag Youth League

Corporate culture. In 2012, Guizhou Gas Group deepening practicing corporate core values, through the colorful, diverse forms of business and cultural activities, and jointly create a person belonging to the spiritual home of Guizhou Gas.

Social responsibility. In 2012, Guizhou Gas Group always fulfill their social responsibility and promote a civilized fashion, in order to promote the harmonious development of enterprises harmonious development of society.

2010-2011年度贵阳市"安康杯"竞赛"优胜企业"
Guiyang City 2010-2011, "Health Cup" race "winning enterprise"

先进基层党组织
Advanced grassroots party organizations

Honorary recognition. In 2012, Guizhou Gas Group has been named "Guiyang City SASAC advanced grassroots party organizations", "five-good grass-roots party organizations Guiyang City", "Guiyang City Ankang Cup race winning enterprise", "ecological civilization Guiyang enterprises", "China ninth Congress of the Communist Party of Guiyang excellent collaborative work organization services unit", "the province's May four red flag Youth League", "Chengdu Military militia work advanced unit" and the honorary title, and in the hundred enterprises in Guizhou ranking jumped to 65th.

民兵工作先进单位
Militia advanced units

# 贵阳农村商业银行股份有限公司

## Guiyang Rural Commercial Bank Co., Ltd.

2012年8月9日，“金博会”开幕式当天的巡馆仪式中，省委书记、省长赵克志、市委书记李军等领导来到贵阳农商行展台，听取董事长索美英介绍“农商情”系列金融产品，并对贵阳农商行的快速发展给予了充分肯定

August 9, 2012, the “Golden Fair” the opening ceremony day of patrolling the hall ceremony, the provincial party secretary and governor Zhao Kezhi, Party Secretary Li Jun and other leaders came to Guiyang Rural Commercial Bank stand to listen to the chairman Suo Meiying introduce the “Guiyang Rural Commercial Bank Feelings” series of financial products, and fully affirmed the rapid development of Guiyang Rural Commercial Ban

贵阳农村商业银行股份有限公司（下称“贵阳农商行”）是经中国银监会批准，由原贵阳市云岩、南明、小河、白云四城区农村信用社（合行）合并成立的全省第一家股份制农村商业银行。2011年12月23日正式挂牌，注册资本为18亿元人民币。

业务发展迈上台阶，提高了整体综合实力。截止2012年12月31日，全行总资产达290.22亿元，较2011年末增加71.06亿元，增长32.42%；各项存款余额为204.76亿元，突破200亿元大关，较年初增加49.04亿元，增长31.49%，完成全年目标计划的110.77%；各项贷款余额为130.76亿元，较年初增加30.03亿元，增长29.81%，完成全年目标计划的100%；实现各项收入17.34亿元，较2011年增加4.14亿元，增长31.36%，完成省联社下达任务数的107.9%；实现净利润1.88亿元，较2011年增加0.62亿元，增长48.65%。不良贷款较年初下降0.17个百分点，不良率为3.69%；2012年增提拨备2.59亿元，拨备覆盖率172.47%，超过监管机构160%的监管标准12.47个百分点，资本充足率16.07%，超过监管机构监管标准1.07个百分点，流动性比例为

2012年7月26日，由贵阳市农委与贵阳农村商业银行共同组织40余家涉农企业，在贵州饭店国际会议中心贵阳厅举行银企信贷业务交流会

July 26, 2012, Guiyang Agriculture Commission and Guiyang Rural Commercial Bank co-organized more than 40 agriculture-related enterprises in Guiyang, held the the bank and credit business exchanges in Guizhou Park Hotel International Conference Center Hall

在贵阳市政府召开的2012年度金融机构助推贵阳经济社会发展大会上，贵阳农商行以综合评分第一的成绩获得金融机构突出贡献奖第一名

In the year 2012, held in Guiyang municipal government financial institutions boost economic and social development conference in Guiyang, Guiyang Rural Commercial Bank with comprehensive score the first results obtained first financial institution Outstanding Contribution Award

Guiyang Rural Commercial Bank Co., Ltd. (hereinafter referred to as "Guiyang Rural Commercial Bank") was approved by the China Banking Regulatory Commission, the original Guiyang Yunyan, Nanming, Xiaohe, Baiyun four districts of rural credit cooperatives (co-bank) merged to form the province's first joint-stock commercial banks in rural areas. December 23, 2011 formally registered capital of 1.8 billion yuan.

2012年5月18日，贵阳农村商业银行与贵阳市信息技术（IT）行业商会全面合作签约仪式在贵阳农村商业银行会议室举行
May 18, 2012, Guiyang Rural Commercial Bank and Guiyang information technology (IT) industry associations comprehensive cooperation signing ceremony in Guiyang Rural Commercial Bank Conference Room

Business development to a new level, to improve the overall comprehensive strength. By December 31, 2012, the Bank's total assets amounted to 29.022 billion yuan, representing an increase of 7.106 billion yuan than the end of 2011, an increase of 32.42%; deposits amounted to 20.476 billion yuan, exceeded 20 billion yuan, representing an increase of 4.904 billion yuan than the early year, an increase of 31.49%, the completion of the annual target plan 110.77%; The loan balance of 13.076 billion yuan, representing an increase of 3.003 billion yuan year, an increase of 29.81%, the completion of the annual target plan 100%; realized a total income 1.734 billion yuan, representing an increase of 414 million yuan than in 2011, an increase of 31.36%, the completion of provincial association task given the number of 107.9%; net profit of 188 million yuan, representing an increase of 62 million yuan than in 2011, an increase of 48.65%. Non-performing loans fell 0.17 percentage points compared with the beginning of the year, poor rate of 3.69%; In 2012, provided for 259 million yuan increase in provision coverage ratio 172.47%, more than 160% of regulatory agencies regulatory standards 12.47 percent, 16.07% capital adequacy

贵阳农商行"六位一体"的风险防控体系初步建立
Guiyang Rural Commercial Bank "Six in One" risk prevention and control system has been initially established

贵阳农商行在全行辖内共9个具有代表性的社区开展主题为“贵阳农商行，您身边的社区银行”进社区营销宣传活动

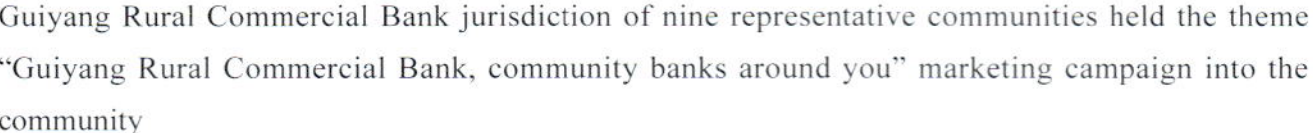
Guiyang Rural Commercial Bank jurisdiction of nine representative communities held the theme “Guiyang Rural Commercial Bank, community banks around you” marketing campaign into the community

2012年12月起，贵阳农商行开展起“绿丝带”志愿服务活动

December 2012, Guiyang Rural Commercial Bank carry out the “Green Ribbon” voluntary service activities

45.85%，高于25%的标准20.85个百分点。截止年末，全行涉农贷款余额为14.4亿元，较年初增加1.72亿元，增速为13.56%；小微企业贷款余额为84.15亿元，较年初增加20.76亿元，增量较去年同期增加7.76亿元，增速为32.75%，高于各项贷款增速2.94个百分点；全年累计办理承兑业务125.16亿元，余额57.78亿元，实现承兑手续费收入446.6万元，实现代理保险中间业务收入74.84万元。

各项工作成效明显，提高了整体经营效益。一是坚持“有扶有控、有保有压”，严格把握信贷投向；二是加大同业合作力度，积极拓展表外业务；三是加快产品和服务创新，金融服务能力进一步增强；四是加快科技发展，努力推进科技信息化建设。

建立内控管理体系，提高了经营管理水平。一是建立转授权机制；二是统一授信业务管理；三是建立信贷业务风险管理机制；四是建立中介机构合作准入机制；五是建立票据业务管理机制；六是建立工作督办制度。

坚持合规审慎经营，提高了风险防控能力。一是加大不良贷款处置力度；二是加强业务风险的实时监测；三是大力开展经营管理的监督检查工作；四是加强案防管理，着力构建案件专项治理长效机制；五是加强合规文化建设，增强干部员工合规意识。

2012年8月25至9月29日，贵阳农商行组织开展首届“五人制”足球赛，董事长在赛场上“身手不凡”

August 25 to September 29, 2012, Guiyang Rural Commercial Bank organize the first “Futsal” soccer, chairman shows “extraordinary skill” in the game ratio, regulatory standards of regulatory agencies over 1.07 percentage points to 45.85% liquidity ratio, higher than the 25% standard 20.85 percent. By the end of year, the Bank agriculture-related loans of 1.44 billion yuan, increasing 172 million yuan over the beginning of the year, the growth rate was 13.56%; small micro-enterprise loans totaled 8.415 billion yuan, an increase of 2.076 billion yuan over the beginning of the year, the incremental increase over last year 776 million yuan, the growth rate of 32.75%, higher than the growth rate of 2.94 percent of loans; annual total for acceptances 12.516 billion yuan, balance of 5.778 billion yuan, to achieve acceptance commission income 4,466,000 yuan, the insurance intermediary business to achieve agency income of 748,400 yuan.

2012年6月30日，贵阳农商行庆祝中国共产党成立91周年主题活动暨创先争优先进典型表彰大会在贵阳国艺剧场隆重召开

June 30, 2012, Guiyang Rural Commercial Bank celebrates 91 anniversary of the establishment of the Chinese Communist Party theme cum strive for excellence and first advanced models awards ceremony was held in Guiyang National Arts Theatre

The effectiveness of the work significantly improve the overall operating efficiency. First, adhere to the "support and control, to maintain pressure", strictly grasp the flow of credit; second, is to increase cooperation with industry, and actively expand the balance sheet business; third, accelerate product and service innovation, financial services capabilities further enhanced; fourth, accelerate the technological development, efforts to promote science and technology and information technology.

Establish internal control management system, improve the management level. First, is to establish mechanisms to delegate; second, a unified credit business management; third, establish credit risk management mechanisms; fourth, establish a cooperative agency access mechanism; fifth, establish bill business management mechanism; sixth, is to establish a working supervision system.

Adhere to prudent management of compliance, improve risk prevention and control capabilities. First, increase the disposal of NPLs; second, strengthen the real-time monitoring of business risks; third, vigorously carry out the management of the supervision and inspection work; fourth, is to strengthen the case against management, focused on building long-term mechanism for cases of special treatment; fifth, is to strengthen compliance culture, and enhance awareness of cadres and staff compliance.

2013年1月27日，贵阳农商行"奔向新目标"颁奖晚会在贵阳大剧院拉开帷幕。图为员工表演舞蹈《水姑娘》

January 27, 2013, Guiyang Rural Commercial Bank "toward a new goal" awards show kicked off in Guiyang Grand Theatre. The picture shows the staff dance "water girl"

# 贵阳市水利交通发展投资（集团）有限公司

## Guiyang Water Transportation Development Investment (Group) Co., Ltd.

2012年8月，省委副书记（时任省委常委）、市委书记李军（前排左三）等领导调研龙洞堡大道贵惠大道项目建设情况

August 2012, the provincial deputy secretary (when he was Provincial Committee member), Party Secretary Li Jun (third from left in the front row) and other leaders research Longdongbao Avenue Guihui Avenue project construction

2013年6月，市委副书记、市长李再勇（左一），副市长高卫东（右一）、吴军（左三）及乌当区领导在北京东路延伸段调研指导工作

June 2013, municipal committee vice secretary, mayor Li Zaiyong(first from left), Vice Mayor Gao Weidong (first from right), Wu Jun(third from left) and Wudang District leadership in Beijing East Road extension to research and guide the work

2012年以来，贵阳市水交集团公司坚持以科学发展观为指导，紧紧围绕"坚持走科学发展路，加快建生态文明市"的总路径，狠抓融资突破、重点工程建设和队伍建设，奋力开创了各项工作的新局面。2013年上半年，公司上下认真按照市委、市政府的决策部署和任务要求，强化措施、狠抓落实，各项工作继续保持良好发展势头，为加快建设生态文明示范城市做出了应有的贡献。

资产规模快速扩张。经向市政府积极争取充实资本、注入资产、实施资产及债权债务重组，公司资产总额从2012年初的约168亿元快速扩张至2013年5月底的约430亿元，净资产约280亿元，初步奠定了公司加快发展的资产基础。

2012年9月，市委常委、市委统战部长、市龙洞堡大道贵惠大道建设指挥部指挥长帅文（左二）及指挥部副指挥长苏永泓（右二，时任市水交集团时任党委书记、董事长）、郑勇（左一，时任党委副书记、总经理）在工地检查指导工作

September 2012, Municipal Committee, Party secretary united front station, city Longdongbao Avenue Guihui Avenue building Command commander Shuai Wen (second from left) and Command deputy commander Su Yonghong (second from the right, when he was the City Water Transportation Development Investment (Group) Co., Ltd. Party Secretary, Chairman), Zheng Yong (first from left, when he was party secretary and general manager) to inspect and guide the work on site

2013年5月，市水交集团公司党委书记、董事长郑勇（左四），党委副书记、总经理吕鸿（右四）实地踏勘观潭大道线路走向

May 2013, the City Water Transportation Development Investment (Group) Co., Ltd. party secretary and chairman Zheng Yong (fourth from left), deputy party secretary and general manager Lu Hong (fourth from right) field reconnaissance concept Tan Road alignments

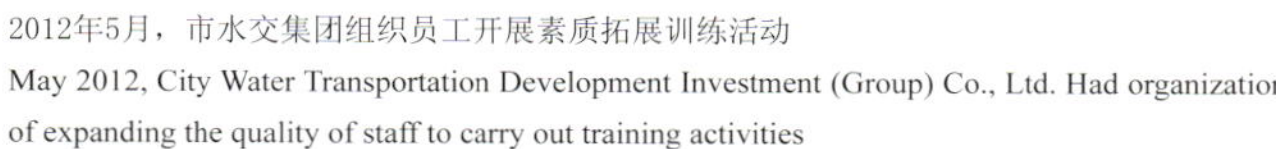
2012年5月，市水交集团组织员工开展素质拓展训练活动
May 2012, City Water Transportation Development Investment (Group) Co., Ltd. Had organization of expanding the quality of staff to carry out training activities

鱼洞峡水库（大坝）
Yudong Gorge Reservoir (Dam)

Since 2012,Guiyang Water Transportation Development Investment (Group) Co., Ltd. adhere to the scientific concept of development, closely around the "stick to the road of scientific development, accelerate the construction of ecological civilization city" main path, pay close attention to financing breakthrough, key projects and team building, struggling to create a new situation in the work. First half of 2013, the company conscientiously in accordance with the municipal committee, municipal government's decision to deploy and task requirements, and strengthen measures to implement the plan, the work has maintained a good momentum of development, made its due contribution to accelerate the construction of ecological civilization model city.

Rapid expansion of asset size. The government actively seek to enrich the capital injection of assets, the implementation of restructuring of assets and debts, the total assets of the company from the early 2012's to the rapid expansion of about 16.8 billion yuan by the end of May 2013 to about 43 billion yuan, net assets of about 28 billion yuan, initially laid accelerate the development of the asset base of the company.

Multi-channel financing a major breakthrough. In 2012, the company financing in place 6.1 billion yuan; first half of 2013, the company financing in place 3.3 billion yuan, to promote Guiyang City transportation, water conservancy infrastructure construction strengthened financial security, to ensure the success of the project company is a "sign demolition funds continue to stall, construction funds to keep up, workers wages are not owed".

A strong push forward key projects. In 2012, the company focused projects accumulated fixed assets investment 6.2 billion yuan; first half of 2013, the company focused projects accumulated fixed assets investment 3.717 billion yuan, with practical actions reflect resolutely

客运东站主站房施工
East Bus Station the main station house construction

北京东路延伸段路基施工
Beijing East Road extension roadbed construction

北京东路延伸段高枧一号桥施工
Beijing East Road extension Gaojian One Bridge Construction

多渠道融资取得重大突破。2012年度，公司融资到位61亿元；2013年上半年，公司融资到位33亿元，为促进贵阳市交通、水利基础设施建设加强了资金保障，成功确保了司属项目“征拆资金不断档、建设资金跟得上、民工工资不拖欠”。

重点建设项目强势推进。2012年度，公司重点项目建设累计完成固定资产投资62亿元；2013年上半年，公司重点项目建设累计完成固定资产投资37.17亿元，以实际行动体现了坚决贯彻落实市委、市政府重大决策部署，加快推进生态文明城市建设的强大执行力。

拟建及储备项目准备工作稳步推进。2012年至2013年上半年期间，公司拟建及储备项目总投资规模预计超过200亿元，目前相关准备工作进展顺利。

企业管理水平持续提升。2012年度，公司被市委、市政府评为“2012年度招商引资工作目标责任先进单位”，被市安委会评为“2012年度安全生产工作先进单位”；公司党委被评为市国资委系统“创先争优先进基层党组织”；下属筑水公司党支部被命名为市国资委系统“五好基层党组织”；司属项目贵惠大道第7合同段被省住房和城乡建设厅授予“2012年度贵州省建筑安全文明施工样板工地”称号。

北京东路情人谷特大桥施工
Beijing East Road Qingrengu Bridge Construction

贵惠大道主线建成通车
The Guihui avenue main road was opened to traffic

implement the municipal committee, municipal government major decisions and plans, accelerate the construction of ecological civilization city strong execution.

And reserves proposed project preparation work steadily. From 2012 to the first half of 2013 period, the company proposed and reserves total investment is expected to more than 20 billion yuan, the current relevant preparatory work smoothly.

Continue to improve enterprise management level. In 2012, the company was rewarded by the municipal committee, municipal government as "2012 annual investment objectives responsibility advanced unit", the Municipal Safety Committee as "2012 annual production safety work advanced unit"; company party SAC system was named the city "make effort for excellence and first advanced grassroots party organizations"; subordinate branch water companies to build the city was named SAC system "five-good grass-roots party organizations"; the Provincial Department of Housing and Urban-Rural Development awarded division Guihui Avenue is a project contract section "the 2012 annual Guizhou Architecture safe and civilized construction site model" title.

龙洞堡大道主线建成通车
Longdongbao main road was opened to traffic

龙洞堡大道主线建成通车贵阳东收费站
Longdongbao Guiyang East Avenue mainline toll stations opened

# 贵阳市公共住宅投资建设（集团）有限公司

## Guiyang City Public Housing Investment and Construction (Group) Co., Ltd.

贵阳市人民检察院、贵阳市住投公司集团共同举办的贵阳市保障房建设工程预防职务犯罪启动仪式

Guiyang Municipal People's Procurator-ate, the Guiyang City Housing Investment Group, jointly organized the protection of housing construction in Guiyang prevention of crimes launch

市住投公司茶园工地现场“正风强企”推进会

City Housing Investment Company tea construction site "positive style of work thriving enterprise" will promote

贵阳市公共住宅投资建设（集团）有限公司自2009年组建成立以来，严格按照贵阳市委、市政府确定的“政企并力、建储并举、公廉并轨、租补并行”十六字方针加快推进保障性住房建设、融资、管理等各项工作。

贵阳市公共住宅建设投资有限公司（以下简称市住投公司）于2009年4月挂牌成立，在市综合公司、市经房公司、市危旧房公司及市属八家房管所基础上搭建。2012年6月，为实现市住投公司多元化发展目标，市委、市政府批准同意市住投公司在现有基础上组建贵阳市公共住宅投资建设（集团）有限公司（以下简称公司），主要承担城市保障性住房建设、棚户区城中村改造、投融资运作、国有资产经营、保障性住房物业管理和服务、金融类投资及服务等工作。

公司注册资本21.83亿元，净资产95.76亿元；已组织实施保障性住房项目、棚户区城中村改造项目、市政重点项目、代建项目、商业房开项目等50个，总投资超过200亿元；现有职工总数为1046人，其中在岗职工454人；现有下属单位20家，其中直属事业单位8家，全资子公司8家，控股子公司2家，受市国资委授权委托管理公司2家。

乌当新庄保障房项目

Wudang Xinzhuang affordable housing projects

主体施工的金阳窦官保障房项目
The main construction of Jinyangdouguan affordable housing projects

已入住的桐木岭保障房小区
Has been staying Tongmuling affordable housing area

Guiyang City Public Housing Investment and Construction (Group) Co., Ltd. since has been founded in 2009, in strict accordance with the Guiyang municipal committee, municipal government to determine the "government-enterprise lie at the root, built storage simultaneously, public diligent and honest merged, rent supplement parallel" guiding principles to accelerate promoting the protection of housing construction, financing, management and other work.

Guiyang City Public Housing Investment and Construction Co., Ltd. (hereinafter referred to as city housing investment company) formally established in April 2009, on the basis of the consolidated companies in the city, the city approved by the Housing Corporation, the city inhabitable companies and municipal structures eight houses management stattions. June 2012, in order to achieve the city housing investment company diversified development goals, the municipal committee, municipal government approved city housing investment company agreed to establish on the basis of the existing Guiyang City Public Housing Investment and Construction (Group) Co., Ltd. (hereinafter referred to as the Company), the main undertake urban construction of affordable housing, shantytowns transformation of villages, investment and financing operations of state-owned assets management, affordable housing property management and services, financial investment and service work.

云岩茶园保障房项目
Yunyan Tea Garden affordable housing projects

Companies registered capital of 2.183 billion yuan, net assets of 9.576 billion yuan; has organized the implementation of affordable housing projects, city reconstruction project shantytowns, municipal key projects, on behalf of construction projects, commercial room to open more than 50 project, total investment of over 20 billion yuan; existing staff a total of 1,046 people, including 454 workers in the post; existing subordinate units 20, which institutions directly under 8, a wholly-owned subsidiary of 8, 2 holding subsidiaries, managed by the Municipal SASAC authorization companies 2.

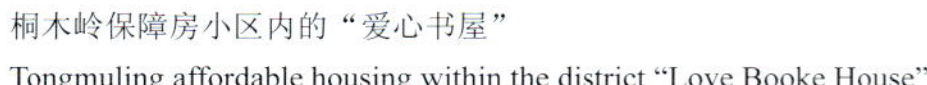
桐木岭保障房小区内的“爱心书屋”
Tongmuling affordable housing within the district “Love Booke House”

桐木岭保障房小区内的“职工书屋”
Tongmuling affordable housing within the district “Staff Book House”

公司作为贵阳市保障性住房建设、融资、管理的主体，承担了全市80%的保障性住房建设任务。为确保保障性住房项目建设推进，公司采取“超前运作、齐头并进、交叉作业、倒排工期、分类突破”等措施，明确工作目标、重视项目策划、健全管理制度、打造优质队伍、完善制衡机制、严格控制成本、强化考评整改，扎扎实实地推进项目建设进度。正因如此，公司保障性住房建设工作多次荣获中央、省、市的表彰和奖励，并为贵阳市获得2012年保障性住房建设全省第一名的好成绩做出了突出贡献。

为解决保障房项目资金缺口，确保建设任务顺利完成，公司积极归集中央、省、市财政性资金，积极盘活存量资产，通过资本运营，理顺现有产权，发挥资金的放大效应，在此基础上，采取直接融资和间接融资相结合的方式，千方百计破解融资瓶颈。

截止2012年底，公司管理的已入住的保障性住房有蛮坡、花溪桐木岭、幸福里等6个小区及分散安置的廉租房，总建筑面积约18.72万平方米，共有房屋4165套，并根据已入住小区的实际情况，采取小区业主自治管理、专业物管公司管理、委托下属单位管理等不同的物业管理模式，为住房保障家庭提供物业管理服务，形成了良性互动机制，同时公司还提供人性化的物业服务。

桐木岭保障房住户安居乐业
Tongmuling area residents to live and work

位于花溪桐木岭的保障房小区场景
Tongmuling is located in Huaxi district security room scene

幸福里保障房内的体育设施
Xingfuli affordable room of sports facilities

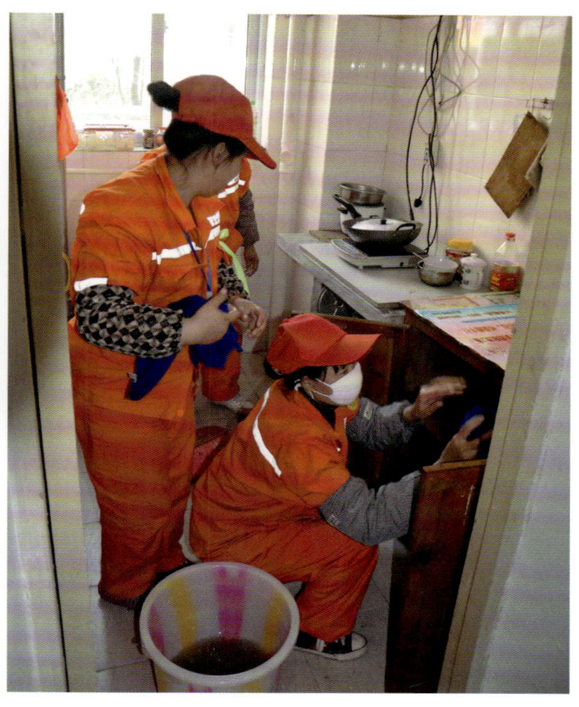

幸福里保障房小区保洁义务为孤寡老人打扫卫生
Xingfuli cleaning workers are obligation to clean up for the elderly in residential area

Company as the construction of affordable housing in Guiyang, financing, management as the main body, assumed 80% of the city's affordable housing construction tasks. To ensure that affordable housing projects to promote, the company to take "look ahead operation, go hand in hand, cross-operation, inverted schedule, classification breakthrough" and other measures, clear work objectives, emphasis on project planning, sound management system, create high-quality team, perfect balance mechanism, strict cost control, and strengthen evaluation rectification, and earnestly promote the progress of construction projects. For this reason, the company building affordable housing have been awarded the central government, provincial and municipal recognition and rewards, and have made outstanding contributions to obtain 2012 Guiyang construction of affordable housing across the province the first good results.

To address the funding gap of affordable housing projects, to ensure the successful completion of construction tasks, the company actively imputation central government, provincial and municipal fiscal funds, and actively revitalize the stock of assets, through capital operation, rationalize existing property rights, play money amplification effect, on the basis of direct and indirect financing to take a combination, made every possible crack financing bottleneck.

By the end of 2012, the company has managed to stay there are Mnapo, Huaxi Tongmuling, Xingfuli and other six quarters and scattered resettlement of low-rent housing, with a total construction area of about 187,200 square meters, a total of 4,165 housing units, and based on the check plot the actual situation, to take autonomous management of residential property owners, professional property management company management, entrusted management of subordinate units, such as different property management model for housing support families provide property management services, forming a virtuous interaction mechanism, while the company also offers personalized property services.

幸福里公租房项目
Xingfuli public rent project

# 贵阳市公共交通（集团）有限公司

## Guiyang City Public Transportation (Group) Co., Ltd.

十届全国人大常委会副委员长、中国工经联名誉会长顾秀莲向总经理陈兵（右三）颁发社会责任报告发布证书

Tenth NPC Standing Committee Vice Chairman, China Federation of Industrial Economics Honorary President of the General Manager Chen Bing (third from right) issued social responsibility report released certificate

董事长李涌泉（左二）向贵阳市领导介绍"环保公交"建设情况

Chairman Li Yongquan (second from left) introduced to Guiyang city leaders "green bus" construction

公司成立于1951年，原名为"贵阳市公共汽车管理处"，1995年更名为"贵阳市公共交通总公司"。为适应现代化生产和市场经济体制要求，2010年12月7日，经贵阳市人民政府和贵阳市国有资产监督管理委员会批准，公司改制更名为"贵阳市公共交通（集团）有限公司"，属国有独资企业，注册资本为26118.09万元。公司经营范围主要包括城市公共汽车、城市出租汽车经营，汽车修理，清洁能源的开发与应用、机动车安全性能检测等项目。截止2012年末，公司总资产达101654.58万元，拥有各种运营车辆3309辆，市、郊线路165条，运营里程26791.36万公里，年客运量66904.25万人次，营业收入80325.63万元，其中主营收入69263.61万元。

2012年5月18日，总经理陈兵在贵阳发布2011年度社会责任报告

May 18, 2012, general manager Chen Bing in Guiyang released 2011 Corporate Social Responsibility Report

集团公司领导为年度标兵颁发证书

Group leaders issue a certificate for the model of the year

Founded in 1951, formerly known as "Guiyang City bus management office", in 1995 renamed "Guiyang City Public Transportation Company". To meet the modern requirements of production and the market economy system, December 7, 2010, the Guiyang Municipal People's Government and Guiyang the State-owned Assets Supervision and Administration Commission approved restructuring the company was renamed "Guiyang City Public Transportation (Group) Co., Ltd", is a state-owned enterprises, registered capital of 261,180,900 yuan. The business scope includes city buses, city taxi operators, car repairs, development and application of clean energy, vehicle safety testing and other projects. By the end of 2012, the company's total assets amounted to 1,016,545,800 yuan, with a variety of operating vehicles 3,309, city and suburban lines 165, operating mileage of 267,913,600 kilometers, the annual passenger volume of 669,042,500 passengers, operating income of 803,256,300 yuan, of which the main income 692,636,100 yuan.

# 国家开发银行贵州省分行

## China Development Bank Guizhou Branch

国家开发银行贵州省分行与贵阳市政府签署《支持小微企业合作协议签约仪式》

China Development Bank Guizhou branch signed with the Guiyang municipal government "to support small and micro enterprise cooperation agreement signing ceremony"

2012年，国开行贵州分行认真贯彻落实国发2号文件精神，为贵阳市经济社会发展筹集资金121.61亿元，其中发放表内贷款56.61亿元，引领社会资金65亿元，大力支持贵阳城市基础设施建设、园区建设及民生社会事业发展。

截止2012年末，国开行贵州分行管理资产余额1517亿元，比年初增加335亿元。其中表内人民币贷款余额1037亿元，全省占比12.53%，位居同业第二；人民币非个人中长期贷款余额978亿元，省内占比21.90%，位居全省首位；外汇贷款余额4亿元，省内占比33.73%，位居全省第二。

In 2012, China Development Bank Guizhou branch conscientiously implement the spirit of the State Issued No.2 document,to raise funds 12.161 billion yuan for economic and social development of Guiyang City to raise funds 12.161 billion yuan, of which 5.661 billion yuan loans issued statement, leading the 6.5 billion yuan of social capital, Guiyang urban infrastructure support facilities construction, park construction and livelihood development of social undertakings.

By the end of 2012, China Development Bank Guizhou branch management asset balance 151.7 billion yuan, an increase of 33.5 billion yuan. Which sheet loans 103.7 billion yuan RMB, the province accounted for 12.53%, the highest in the industry second; RMB non-personal term loans of 97.8 billion yuan, the province accounted for 21.90%, ranking first in the province; foreign currency loans 400 million yuan, the province accounted for 33.73%, ranking second in the province.

国家开发银行贵州省分行独家支持的贵阳奥林匹克中心主体育场

China Development Bank Guizhou branch exclusive support Guiyang Olympic Center Stadium

# 贵阳市旅游产业发展委员会

## Guiyang Tourism Industry Development Committee

国家旅游局局长邵琪伟、中共贵州省委书记赵克志启动2013中国国内旅交会开幕
National Tourism Administration director, Shao Qiwei, the CPC Guizhou Provincial Committee secretary, Zhao Kezhi start 2013 China Domestic Travel Fair opening

贵阳市委副书记、市长李再勇在贵阳（兰州）旅游推介会上作推介
Guiyang City committee deputy secretary, mayor Li Zaiyong in Guiyang (Lanzhou) tourism promotion conference for promotion

贵阳市旅游产业发展委员会是贵阳市主管全市旅游产业工作的市政府工作部门。近年来，在打造城市旅游品牌形象、完善旅游基础设施、推进重点旅游项目建设、拓展旅游市场、提高旅游服务质量和服务水平等方面做了大量工作。全市旅游经济持续增长，产业规模不断扩展，队伍建设日益完善。目前，全市现有国家级风景名胜区1个，国家4A级旅游区9个，国家3A级旅游区6个；有旅行社140余家；旅游星级饭店80余家；旅游运输车辆1300多台；旅游直接从业人员10万人，间接就业人数约55万人，已初步形成“吃、住、行、游、购、娱”六要素协调发展的格局。

天河潭
Tianhe Pool

Guiiyang Tourism Industry Development Committee is the competent city's tourism industry in Guiyang municipal government departments to work. In recent years, creating urban tourism brand image, improve the tourism infrastructure, promote key tourism projects, expand the tourism market, improve the quality of tourism services and service levels, etc. a lot of work. The city's tourism economy continues to grow, expanding industrial scale, team building increasingly sophisticated. Currently, the city's existing national scenic area 1, national 4A grade tourism area 9, the national 3A class tourist area 6; has more than 140 travel agencies; tourist hotels more than 80; tourism transport vehicles more than 1,300 units; Tourism directly employing 100,000 people, indirect employment of about 550,000 people, has taken shape, "food, housing, transportation, travel, shopping and entertainment" six elements of coordinated development pattern.